CU00689377

LE VRAY SYSTEME

De
L'Eglise & la veritable Analyse
DE LA FOY.

Où

Sont diſſipées toutes les illuſions que les Controverſiſtes Modernes, Pretendus Catholiques, ont voulu faire au public ſur la Nature de l'Egliſe, ſon Infaillibilité & le Juge des Controverſes.

Pour ſervir principalement de Reſponce au Livre de M. NICOLE, *Intitulé, les Pretendus Reformés convaincus de ſchiſme, &c.*

Avec une reſponſe abbregée au Livre de M. Ferrand contre l'Autheur.

PAR
Le S. JURIEU, *Docteur & profeſſeur en Theologie.*

A DORDRECHT,

Chez la Veuve de CASPAR, & chez THEODORE GORIS.

M. D. C. LXXXVI.

PREFACE.

Q Uand l'Ouvrage de M. Nicole parut au jour on ne croyoit pas que ce fût le dernier son de la trompette deftiné à donner le Signal du plus furieux combat qui fut jamais, & de la plus tenebreufe journée que tous les fiecles du Chriftianifme ayent jamais vue. On y avoit refpondu d'un efprit tranquille croyant que l'on pourroit encore quelque temps plaider fa caufe à la veüe du public, devant que le dernier arreft de nôtre perte fut prononcé & executé. Mais dans le temps que nôtre refponfe à roulé fur la preffe ces Meffieurs fe defiant de leurs mefchantes raifons fe font bien fervis d'autres armes. Ainfi cet ouvrage paroift aujourd'huy comme l'oraifon funebre de l'Eglife reformée de france à laquelle on à donné la mort par le coup le plus enorme, & le plus terrible qui ait jamais eté frapé. Cependant bien loin que nous regardions ce trifte evenement comme la ruine de la verité, nous le regardons au contraire comme la preuve la plus forte que l'Eglife Romaine nous pouvoit donner qu'elle eft une fauffe Eglife, une Eglife reprouvée, l'Eglife des malins, & en un mot l'Eglife de l'Antechrift. Ce n'eft point icy un emportement, ni un mouvement de colere. C'eft un mouvement bien raifonné, & on l'a prouvé dans des ouvrages, ou qui ont desja paru, ou qui paroiftront bien toft. On à prouvé, dis je que le Papifme eft le veritable Antichriftianifme de maniere qu'on defie les fameux defenfeurs de l'Empire de la befte de laver cette tache. Mais quand on n'en auroit pas d'autre preuve que celle que nous avons dans la conduitte prefente du papifme, ce feroit affez pour en perfuader tous ceux qui ne font pas aveuglés par leurs interets,

* 2   rets,

rets, ou par leurs prejugés. Car enfin il ne fut jamais rien inuenté de plus infernal, & la conduitte presente du Papisme est un composé de fourbes & de violences qui n'a point d'exemple dans tous les siecles. A present nous contons pour rien la violation de la foy publique par la revocation des Edits de pacification si solennellement & si saintement jurés : nous faisons attention seulement à ces écrits publics par lesquels on proteste de ne se vouloir servir que des voyes de douceur, à ces edits de revocation par lesquels on promet, à la veüe de toute l'Europe, de laisser vivre les pretendus Reformés en paix & dans la jouissance de leurs biens, jusqu'á ce que Dieu les ait illuminés. Et on regarde en meme temps une armée de cent mille hommes éparse dans un grand Royaume, qui tombe sur le corps des reformés avec mille fois plus de violence, qu'on n'en commet dans un pays ennemy. Il est vray que les soldats ont ordre d'epargner la vie des hommes & l'honneur des femmes, C'est à dire de ne point tuer & de ne point violer. Mais cette apparente douceur est l'endroit le plus crüel de cette nouvelle persecution. Mille morts & mille massacres par la main du soldat ne sont rien au prix de ce nouveau genre de supplices. On abandonne toute une ville à une armée, on commence par la consomption des biens, on acheve par les supplices du corps, & on employe tout ce qui peut perdre l'esprit, le corps, & l'ame sans donner le dernier coup de la mort. On fait solliciter au changement de Religion par des soldats qui sont toujours plongés dans le vin, qui ont la bouche pleine de blasphemes, & qui agissent comme des monstres montés des enfers. Voila de terribles convertisseurs. *Tu creveras ou tu iras à la messe.* Voila un sermon bien edifiant pour la conversion.

On peut dire qu'à regarder l'exterieur de cette con-

conduitte elle eſt affreuſe, mais à regarder l'interieur, on y trouve des enormités qui donnent encore plus d'horreur. On y trouve un eſprit diabolique : car y a-t-il autre que le demon qui puiſſe inventer de-telles manieres? quels catholiques fait-on de ces gens qu'on traiſne à la meſſe par les dernieres violences? y a-t-il quelque eſpece d'exemple ou de precepte dans l'Eſcriture & dans la tradition qui puiſſe authoriſer une pareille choſe? Dieu ne veut-il pas des cœurs volontaires? accepte t-il des convertis qui deteſtent ſes myſteres en y participant? Trouvera-t-on même quelque choſe qui puiſſe authoriſer cette affreuſe maniere de convertir dans les plus cruelles loix de l'inquiſition? Elle fait bruler les heretiques, mais elle ne voudroit pas profaner les myſteres de ſa Religion en les donnant à des impies. Un heretique dans la main des inquiſiteurs auroit beau ſe retracter en apparence, il faut qu'il periſſe, parce que l'on ſçait bien que ſes retractations ne ſont pas de bonne foy. Combien d'impietés, combien de ſacrileges, fait on commettre & commet on tous les jours? on adminiſtre ce qu'on appelle le ſacrement de penitence à des impenitens recognus & qui ſont tels de profeſſion. On force à l'adoration de l'Euchariſtie papiſte des gens qui regardent ce myſtere Babylonien comme une abomination & comme un idole. On entreprend ſur les droits de Dieu, on veut commander aux conſciences, on veut s'emparer de l'Empire du cœur qui n'appartient qu'à Dieu, on oblige des gens à mentir par une profeſſion fauſſe, & cognüe telle de toute la terre : on met les conſciences & les ames dans la plus cruelle de toutes les gêſnes ; & ſi cruelle, que les bonnes ames qui ſuccombent par foibleſſe demandent à Dieu la mort mille & mille fois le jour. Quelle vertu n'eſt point mortellement offenſée par cette violence? la foy, dont on fait faire des profeſſions ſimulées & profanes ;

* 3   nes ;

nes; la charité! qui supporte les foibleffes, qui couvre une multitude de pechés, qui tolere les infirmes, qui attire les hommes par les cordeaux de
l'humanité, qui eft tendre & pleine de compaffion,
qui ne fçauroit faire de mal, qui eft emüe par les
larmes, qui veut attirer par l'amour, qui a en horreur la violence, n'eft elle pas mortellement blefiée
cette charité dans un Euangile prefenté par les bouches infames du foldat, foûtenu par leurs blafphemes, accompagné des derniers outrages & des plus
grandes cruautés? la bonne foy! par tant d'infidelités
& de fourbes, tant de la part de ceux qui convertiffent que de la part de ceux qui font convertis; la juftice! par de fi horribles iniquités.   L'humilité! par
une conduitte fi fuperbe qui certainement s'eleve contre Dieu luy meme fous pretexte de le fervir. Car
eft il rien de plus fuperbe que de commander â des
hommes de foumettre la foy, & la religion aux volontés d'un homme? l'humanité! par tant d'actions,
inhumaines qu'on exerce fur des innocents. La pudeur!
par tant d'outrages qui fe commettent contre les femmes. Car hors le viol il n'y a point d'inhumanités
& d'impudences que l'on ne commette contr'elles;
On les depouille toutes nües, on les traifne, on
les fouette, on les brule dans les parties les plus fe-
crettes. La fobrieté! par cette foule de convertiffeurs
qui commencent leur miffion par des debauches horribles, en beuvant autant de vin que leur corps en peut
contenir, en confumant en huit jours ce qui nourri-
roit une famille entiere plufieurs années; La pieté!
par la profanation des autels, & des chofes qu'on
eftime faintes. Le facré nom de Dieu! par mille infames parjures que l'on fait & que l'on fait faire; enfin l'honneur méme du monde! par tant d'actions
honteufes qu'on commet à là veue du ciel & de la
terre. En un mot on peut dire qu'il ny eut jamais
un

un ſi grand déchaînement de l'enfer & que de ſi horribles fumées ne monterent jamais du puits de l'abyſme. Il ſemble qu'on ait conjuré contre toute la Religion, & qu'on ait pour but de ſacrifier tout ce qu'il y a de vertus Chrétiennes & morales à une profeſſion externe de foy, ou plûtot à la vanité qui fait dire. Il ne ſera pas dit que nous ayons entre pris un ouvrage & que nous n'en ſoyons pas venus à bout.

Il faut que l'aveuglement des Evéques de france ſoit bien prodigieux puis qu'il va juſqu'á leur faire dire que depuis Conſtantin il n'y a point eu de Prince à qui l'Egliſe ait autant d'obligation qu'elle en à au Roy. Dieu veuille regarder en pitié ce grand Prince & le tirer des cruelles mains dans lequel il eſt tombé. Mais ceux qui luy inſpirent ces funeſtes deſſeins ſçauront quelque jour ſi Dieu le regarde comme un Conſtantin, & comme le conſervateur de l'Egliſe. Conſtantin avoit des armées auſſi bien que le Roy. Mais on n'a pas ſceu qu'il les ait employées à convertir les payens de l'empire.

Cette conduitte eſt d'une ſi grande laideur que même ceux qui l'inſpirent & qui la dictent la condamnent, en ſemant par tout des emiſſaires qui ſoutiennent que tout ce qui ſe dit des perſecutions de France eſt un malin Roman; que les converſions ſe font de la maniere du monde la plus volontaire : que c'eſt la douceur & la grandeur du Roy qui attirent ſes ſujets à ſe faire de ſa Religion. Et même afin que cette honteuſe perfidie ne puiſſe étre niée on à fait publier un formulaire dans lequel on fait ſigner à un miſerable qui aura eté accablé de cent dragons durant un mois, & qui n'aura eu dans tout ce temps pas un ſeul moment de repos, ni jour ni nuict ; on luy fait, dis je, prononcer ces horribles Paroles, *je jure ſur les ſaints Euangiles, &c. que je fais preſentement profeſſion ſans aucune contrainte.* Comment

* 4   ment

ment peut on appeller cela? Le démon a-t-il jamais rien fait de semblable? quelle espece de parjure est ce icy? qui est-ce qui en est coupable? le croira t-on & comment le peut on croire en le voiant? à qui persuade t-on une telle imposture? les violences qui se font, sont à la veüe de tous les ministres des princes protestants & Catholiques Romains, de tous les marchands & voyageurs estrangers qui sont repandus dans tout le Royaume; à la veüe de dix millions de témoins; & on a la hardiesse de nier ces faits; c'est la encore une fois une chose que la posterité ne croira jamais, & que les siecles passés n'ont jamais veüe. Au moins il faloit laisser écouler quelques années. Derriere ce voile du temps le mensonge auroit peu se cacher. Mais commencer la comedie à l'heure meme & au moment que la tragedie se joue actuellemeut, c'est avoir renoncé à toute pudeur. C'est icy que j'attend M. Nicole & M. Arnaud, ces heros du Jansenisme, ces restaurateurs de la morale des saints peres; ces partisants Zelés de la grace efficace, ces hommes d'un caractere & d'une patience Euangelique. C'est icy que je les atends pour justifier l'enorme conduitte de leur Eglise. Je ne sçay si Monsieur Arnaud continuera l'apologie de ces conversions comme il l'a des-ja commencée dans l'un de ses ouvrages. Cela sera fort curieux; ces Messieurs n'en seront pas quittes pour nier les faits comme leurs collegues. Car le public n'en croira rien; & s'ils font cela on se persuadera seulement qu'ils n'auront ni honneur ni conscience, non plus que les autres. Ils n'eschaperont pas non plus en rejettant la faute de cette conduitte sur quelques particuliers. Car on sçait que c'est l'esprit general. Et c'est une des singularités de cette persecution, qu'entre tant de gens, honnestes gens & qui passoient cy devant pour tels, ils ne s'en trouve aucun qui ose dire. *Il vaut mieux obeir à Dieu, qu'aux hommes.* Certainement c'est une chose prodi-

prodigieuse, que tous les miniftres d'un Roy puiffent devenir d'une maniere fi unanime les miniftres des fureurs du Papifme, & que tous fans exception facrifient leur honneur & leur confcience à une foumiffion aveugle, que nous ne deurions pas avoir pour Dieu s'il etoit capable de nous commander de pareilles chofes. Il faut donc que Meffieurs les Apologiftes fe refolvent en confeffant tout, à tout approuver, & à tout defendre, où a tomber d'accord que le Papifme eft une religion Antichreftienne. L'Eglife de tout temps à eu des particuliers crüels & mal honneftes gens & affés propres à faire des perfecuteurs, Mais il faut qu'on nous face voir en quelques fiecles, l'Eglife fuivant les infpirations de ces particuliers & fe laiffant emporter comme on fait aujourd'huy, à cet efprit de perfecution.

Non feulement on defie M. Nicole & M. Arnaud de trouver de femblables exemples dans l'Eglife. On les defie d'en trouver entre les Payens, & entre les heretiques. La perfecution prefente eft finguliere en tout: & c'eft ce qui me perfuade que le Papifme n'aura pas long temps lieu de fe glorifier des avantages qu'il pretend remporter aujourd'huy, fur la veritable religion. Dieu n'a permis un evenement fi étrange que pour étre le prefage d'autres encore plus érranges. Dieu bien toft culbutera cet empire pour lequel fes fuppots font aujourd'huy de fi grands efforts.

Je Regarde le tour que les controverfes ont pris en France par la providence de Dieu comme une marque de fa volonté la deffus. La controverfe de l'Eglife, de fon authorité & de fon infaillibilité avoit eu fa place entre les autres, mais on n'en avoit pas encor fait fon tout. Aujourd'huy & depuis plufieurs années, on ne conte prefque plus les autres controverfes, celle de l'Eglife occupe tout. C'eft fur fon authorité & fon infaillibilité que roulent ces belles methodes de prefcription qu'on à inventées dans ce fiecle. Et en

effet

effet c'eſt une affaire ſi importante que le tout en depend. On ne s'en etoit pas encore ſuffiſamment apperçu. Ruinés ce point de l'infaillibilité de l'Egliſe Romaine vous ruinés tout. C'eſt le fondement de toutes ſes Idolatries & de ſes ſuperſtitions. Dieu a donc voulu que l'Egliſe Romaine depuis vingt ans d'elle meme ait fait revivre cette controverſe. Il à permis que tout ce que l'eſprit d'erreur & de chicane peut inventer de plus ſpecieux ait eté imaginé pour ſouſtenir cette chimerique infaillibilité. Et cela afin que nous euſſions lieu de combattre cette abſurde hereſie, beaucoup plus fortement qu'on n'avoit encore fait. On l'a pouſſée juſqu'aux dernieres extremités. Et Dieu l'a voulu ainſi pour acheminer la ruine de l'Empire Antichreſtien, laquelle il nous prepare bien toſt.

Voicy ce me ſemble trois choſes ausquelles on doit faire une grande attention pour connoître le Papiſme & pour en avoir une legitime horreur: la premiere que le Papiſme eſt le veritable Antichriſtianiſme & l'Empire Antichreſtien. La ſeconde que la pretention d'infaillibilité eſt la plus folle & la plus abſurde, comme la plus dangereuſe de toutes les hereſies. La troiſieſme que la plus cruelle & la plus inhumaine de toutes les erreurs eſt celle du Papiſme, que l'Egliſe n'eſt que dans une ſeule communion viſible diſtinéte, liée ſous un ſeul chef viſible, & que tous les Chrétiens ſeparés de Rome ſans exception, ſont dans la voye de damnation. Appuyés ſur ces trois chefs, perſuadés vous ſur ces trois choſes, de la verité, & il faut que vous ayés en horreur le Papiſme.

En vous perſuadant que le Papiſme eſt l'Antichriſtianiſme vous reconnoiſſés que c'eſt un empire d'Orgueil, d'Idolatrie, d'avarice, de paillardiſes ſpirituelles & corporelles, de Paganiſme, de fables, de corruption de mœurs & vous recognoiſtrés par là, que ce ne peut pas etre l'Egliſe de Dieu.

En

En vous perſuadant que ſa pretention d'infaillibilité eſt non ſeulement injuſte, mais abſurde, vous rentrerés dans tous vos droits. Ce rempart oté vous percerés dans cette foreſt d'impuretés, d'Idolatries, de ſuperſtitions, d'hereſies & d'erreurs : vous les examinerés ſans prejugés & les condamnerés ſans miſericorde, & en meme temps vous conceurés une legitime averſion pour une proſtituée qui ſe vante d'etre la chaſteté meme, pour une Egliſe la plus corrompüe de toutes qui ſe pique d'eſtre incorruptible & infaillible. En vous perſuadant de la fauſſeté de cette maxime, que l'Egliſe ne peut ſubſiſter en differentes communions, & qu'elle eſt neceſſairement renfermée dans une ſeule communion; vous recognoiſtrés en meme temps que le Papiſme eſt la plus cruelle de toutes les Religions & par conſequent la plus oppoſée à l'eſprit du Chriſtianiſme, qui eſt la charité meme. Vous romprés cette épouvantable mur, qui retient les peuples de la communion de Rome dans ſon ſein. *Hors de l'Egliſe Romaine il n'y a point de ſalut.* C'eſt l'un des artifices du demon, le plus dangereux & le plus funeſte, c'eſt ce qui arreſte les peuples & les empeſche de chercher la verité, c'eſt ce qui leur inſpire cet eſprit de cruauté & de perſecution contre les autres Chrétiens. On leur fait un point de conſcience de les regarder comme des damnés & des reprouvés, & cela fait qu'ils n'ont aucun mouvement de compaſſion pour eux, & qu'ils ſe portent contr'eux aux derniers violences, damnées pour damnés, diſent ils, il vaut mieux qu'ils ſe damnent par une converſion ſimulée que par une perſeverance dans leur religion.

C'eſt pourquoy dans mes ouvrages je me ſuis attaché principalement à ces trois articles. *Mes prejugés legitimes contre le Papiſme & mon accompliſſement des Propheties* ſont deſtines à faire voir que le Papiſme à tous les caracteres de l'Antichriſtianiſme. Cette

Re-

Reponſe à Monſieur Nicole, à M. de Meaux & aux autres controverſiſtes modernes eſt employée aux deux autres choſes; c'eſt premierement à faire voir la fauſſeté de cette cruelle pretention que l'Egliſe doit etre renfermée dans une ſeule communion, ſecondement à prouver que la doctrine de l'infaillibilité de l'Egliſe Romaine & la ſoumiſſion aveugle à ſon authoritté eſt une penſée folle & abſurde. On n'avoit pas encore compris l'importance de cette premiere queſtion, ſçavoir ſi l'Egliſe doit etre renfermée neceſſairement dans une ſeule communion, ou je ne ſçay quelle politique avoit empeſché qu'on n'appuyait beaucoup la deſſus; & l'on ne s'appercevoit pas que de la depend la ruine du Papiſme; Car ſi l'Egliſe eſt renfermée en pluſieurs communions differentes, l'Egliſe Romaine n'eſt plus la veritable Egliſe, à l'excluſion des autres. Il n'eſt plus vray que hors de ſa communion il n'y a point de ſalut, il n'eſt plus vray que l'Egliſe ſoit infaillible en ſes Jugements, il n'eſt plus vray que l'adherence à l'Egliſe Romaine pour etre ſauvé ſoit neceſſaire. C'eſt cependant la ſon grand principe & un Principe qui va du pair avec ſon infaillibilité pretendüe. C'eſt la raiſon pourquoy dans cet ouvrage je me ſuis ſi fort etendu ſur cette queſtion qui juſquicy avoit eté ſi negligée. S'il plait à Dieu de benir nos ouvrages, ils doivent conttibuer de quelque choſe à la ruine de l'empire Antichreſtien que je regarde comme prochaine. On ferme la porte du Royaume à nos livres, c'eſt bien le moyen d'empeſcher leur effet. Mais Dieu la leur ouvrira & j'eſpere que cela ne tardera pas long temps. Nous irons bien tôt porter la verité juſque dans le throne du menſonge, & le relevement de ce que l'on vient d'abbatre ſe fera d'une maniere ſi glorieuſe que ce ſera l'etonnement de toute la terre.

TABLE

TABLE
Des Chapitres.

sens

sens les sectes des heretiques & des schismatiques peuvent estre membres, au moins du corps de l'Eglise.

CHAPITRE VII.

Origine de la fausse Idée de l'unité, par laquelle toutes les Societés du Christianisme sont mises hors de l'Eglise, excepté une, que cette Idée à commencé dans l'Asie & s'est achevée en Affrique.

CHAPITRE VIII.

Que S. Augustin n'a point eu une Idée nette & distincte de la veritable unité de l'Eglise quand il a exclus les schismatiques, & les heretiques de l'Eglise; & de la viennent ses embarras, & ses contradictions dans ses disputes sur la validité du baptesme des heretiques.

CHAPITRE IX.

Que S. Jerosme a eu une juste Idée de l'Eglise & qu'il n'a pas exclus de l'Eglise les schismatiques & tous les heretiques, preuves de cela tirées de sa dispute contre les Luciferiens.

CHAPITRE X.

Premiere preuve, que l'Eglise Catholique & universelle renferme toutes les Societés chretiennes qui retiennent les verités fondamentales, tirée de l'etendüe qui est une caractere de la veritable Eglise selon les péres; en quoy ils ont eü raison sur la matiere, & en quoy ils se sont trompés: que l'eglise Romaine est Donatiste, & qu'elle n'a point l'estendüe universelle.

CHAPITRE XI.

Seconde preuve que les Societés errantes ne sont pas necessairement hors de l'Eglise, tirée de ce que l'escriture depeint l'Eglise comme devant étre melée de bons & de mauvais, d'espines, d'yvroye & de froment: que les pechés contre la foy n'excluent pas d'avantage de la Societé de l'Eglise universelle, que les pechés contre la charité.

CHA-

Chapitre XII.

Troifieme preuve tirée, de ce que Dieu confervant la cognoiffance de la verité & la predication de fa parole dans les Societés fchismatiques & errantes, il n'y a pas d'apparence qu'il n'y aît pas d'elus, qu'il n'y fauve perfonne.

Chapitre XIII.

Quatriefme preuve tirée du fchifme de Ieroboam & des dix tribus; que Dieu à toujours continué de regarder cette Eglife fchifmatique comme fon peuple, qu'il y a eü des élus, faints & des Prophetes qui ont eu part au fchifme.

Chapitre XIV.

,, Cincquiefme Preuve tirée de l'hiftoire de la naiffan- ,, du Chriftianifme. Que les Iuifs convertis etoyent à ., la rigueur & heretiques & fchifmatiques, & que Ne- ,, antmoins Dieu les à tolerés long temps, & ne les a ,, point traités comme des gens hors de l'Eglife.

Chapitre XV.

Nouvelles preuves tirées des fentiments & de la conduitte de l'Eglife Romaine elle meme: fixjefme preuve prife du temoignage du P. Goar Jacopin, & de Leon d'Al- laffy, lesquels ont reconnu que les communions fchifma- tiques de l'orient n'etoient pas hors de l'Eglife.

Chapitre XVI.

Septiefme preuve prife de M. Nicole qui reconnoit que plufieurs perfonnes ont eté fauvées dans la communion des Arriens.

Huitieme preuve tirée de ce que l'Eglife Romaine re- connoit une vraye miffion, de vrays Sacrements & une grace falutaire dans les autres communions:

Neufviefme preuve tirée de la conduitte de Meffieurs de Port Royal qui fur le point de la Tranfubftantiation fe glorifient de conformité avec les communions fchif- matiques.

Cha-

Chapitre XVII.

Dixjefme preuve tirée de ce que le Papifme reconnoit les autres fectes pour Chrétiennes.

Onfieme preuve tirée des fchifmes des Papes & Anti-papes.

Refutation de ce que dit M. Nicole la deffus.

Chapitre XVIII.

Réponce aux arguments par lesquels on pretend combattre nôtre Idée de l'Eglife catholique qui renferme toutes les communions Chrétiennes lesquelles ne ruinent pas le fondement.

Examen du chap. x. du liv. 11. de M. Nicole que l'Idée de l'unité de l'Eglife ne renferme pas neceffairement l'unité de communion vifible.

Chapitre XIX.

Refponce aux objection de M. Arnaud contre le fyfteme qui renferme dans l'Eglife toutes les focietés Chrétiennes : que ce fyfteme n'induit pas l'indiference des Religions.

Explication de la queftion, fçavoir fi on Peut etre fauvé en differentes communions, en quel fens nous mettons toutes les fectes dans l'Eglife, qu'il n'eft pas vray qu'on puiffe etre fauvé par tout, & en croyant tout.

Chapitre XX.

Qu'il n'eft pas impoffible que quelques hommes foyent fauvés dans des fectes errantes, comment cela fe fait Deux voyes dont Dieu fe fert, celle de feparation ou de difcernement, & celle de tolerance &c.

Chapitre XXI.

Que de nôtre fyfteme de l'Eglife il ne s'enfuit pas ,, qu'on puiffe demeurer fans rifquer fon falut dans des ,, communions engagées dans l'erreur : en quel temps & ,, en quelles circonftances il eft neceffaire de fe feparer des ,, communions qui font dans l'erreur, &c.

Que nous avons du quitter l'Eglife Romaine, bien que

nous

nous cognoißions que Dieu s'y eſt autre fois conſervé des élûs.

CHAPITRE XXII.

„ Que de nôtre ſyſteme de l'Egliſe, il ne s'enſuit „ pas, ni qu'on puiſſe communier dans toutes les ſectes, „ ni qu'on puiſſe ſucceßivement paſſer de l'une a l'au-„ tre, ni qu'on les doive tolerer toutes. Reponce aux „ principaux Sophiſmes par lesquels les ſectaires veu-„ lent établir la tolerance generale de toutes les Re-„ ligions.

CHAPITRE XXIII.

Des droits de la verité & du menſonge que jamais l'erreur de droit ne peut entrer dans les droits de la verité.

CHAPITRE XXIV.

De l'empire d'une conſcience errante, qu'elle n'a point droit de commander à la volonté, qu'on n'eſt pas criminel en ne luy obeiſſant point que le ſouverain Magiſtrat peut empeſcher le progres de l'hereſie, qu'il peut traitter avec des heretiques & qu'il eſt obligé de leur tenir parole.

CHAPITRE XXV.

De la viſibilité de l'Egliſe. Diſtinction des deux queſtions. Si l'Egliſe eſt eſſentiellement viſible, ſi elle eſt neceſſairement toujours veüe. Que l'Egliſe abſolu-ment parlant eſt viſible que ſa viſibilité eſt dans ſes mar-ques quelles ſont ces marques de l'Egliſe.

CHAPITRE XXVI.

Examen de ce que M. de Meaux dit au ſujet de la viſibilité de l'Egliſe, que toutes ſes preuves ne nous font aucun mal puiſqu'elles ne peuvent établir que ce que nous confeſſons, & que d'ailleurs, il n'en peut tirer aucune bonne conſequence contre nos principes. Vray ſens de l'article, je croy l'Egliſe univerſelle.

** CHA-

Chapitre XXVII.

De la perpetuité de l'Eglise, qu'elle subsiste toujours dans le monde, qu'elle subsiste mesme toujours visible; qu'il y a toujours eû des adorateurs publics du vray Dieu dans les grandes corruptions de l'Eglise Judaïque: que sous le Nouveau Testament les persecutions & les heresies n'ont pas empeché que l'Eglise ne fût visible. Réponce a une difficulté de M. de Meaux &c.

LIVRE SECOND.

Chapitre I.

IUste Idée de l'authorité de l'Eglise, & de son infaillibilité. Que l'Eglise universelle du consentement de toutes les communions n'est pas infaillible. Qu'elle ne peut rendre aucuns jugements: Explication des equivoques en cette matiere que l'Eglise universelle a une espece de jugement infaillible. Regle pour connoitre les verités & les erreurs fondamentales.*

Chapitre II.

De l'authorité des conciles; que nous ne sommes la dessus, ni independants ni Papistes: le peuple est la source de l'authorité des Conciles; les Conciles font trois choses differentes, & soutiennent aussi trois differents caracteres. Des deux premiers caracteres des conciles, & des droits qu'ils exercent sous ces deux caracteres.

Chapitre III.

Du troisiesme Caractere que les Conciles soutiennent, qui est celuy de juges decernants des censures. Trois choses pour lesquelles ils decernent des censures. Sur quoy est fondé le droit qu'ils exercent en qualité de juges. Deux raisons pourquoy nous assignons 3. caracteres diffents aux Conciles.

Chapitre IV.

Des differents degrés de soumission qu'on doit aux
Con-

Conciles *felon les differents caracteres fous lesquels ils agiffent & felon les differents droits qu'ils exercent.*

CHAPITRE V.

Réponce à l'Argument par lequel M. de Meaux prouve que nous attribuons l'infaillibilité à nos Synodes, pendant que nous la refufons aux Conciles œcumeniques. Avantage que les independants tirent de l'argument de M. de Meaux: Refolution de la difficulté des indépendants.

CHAPITRE VI.

Difficulté de M. Nicole, Argument par lequel il veut prouver que nous faifons nos particuliers infaillibles. C'eft argument partagé en deux parties. Examen de la premiere partie de ce raifonnement qu'on peut etre affuré d'avoir rencontré la verité fans fe croire infaillible. Que nous n'attribuons pas aux fidelles une affurance de rencontrer la verité, mais une affurance, de l'avoir rencontrée.

CHAPITRE VII.

„Réponce à la feconde partie de L'argument de M. „Nicole, qui prouve que nous faifons nos particuliers „infaillibles. Avec quelles conditions la lecture & „l'ouye de la parole de Dieu eft un moyen infaillible „pour trouver la verité; que les élus par la grace „ont une efpece d'infaillibilité. Differences qui font „entre l'infaillibilité de privilege, & celle qui vient „de la grace efficace.

CHAPITRE VIII.

Examen de la propofition qu'on nous attribüe, que chaque particulier pour ignorant qu'il foit, peut mieux entendre le fens de l'écriture fur les articles neceffaires à falut que les conciles les plus univerfels & que toute l'Eglife enfemble, que cette propofition ainfi tournée n'eft pas de nous: quatre corrections qu'il y faus faire.

✱✱ 2   CHA-

luy du Chriſtianiſme, eux temps. Celuy de l'Euangile s'eſtabliſſant, & celuy de l'Euangile établi. Que ni dans l'un, ni dans l'autre, la foy n'a pû etre fondée ſur l'authorité.

CHAPITRE XIV.

De l'Egliſe Chretienne etablie. Que la voye d'authorité ne peut pas etre celle qui aſſure la foy. Divers etats où l'on peut conſiderer les hommes qui cherchent a aſſurer leur foy.

CHAPITRE XV.

Examen du chapitre 17e. du premier livre de l'ouvrage de M. Nicole où il eſſaye de repondre aux difficultés ſur la voye d'authorité: que pour decider le point de l'Egliſe par voye d'examen il faut tout autant de diſcuſſion & de lecture que pour toutes les controverſes, que ſi par la voye d'examen on peut vuider par l'eſcriture la controverſe de l'Egliſe on peut auſſi vuider toutes les autres.

CHAPITRE XVI.

Que les ſimples de M. Nicole ne peuvent avoir une voye courte facile & abbregée de connoitre par la tradition que l'Eg. Rom. eſt la veritable Egliſe & une Egliſe infaillible. Reſutation du 18me. chap. du 1er. livre de l'ouvrage de M. Nicole: ſes illuſions eſtranges ſur la matiere.

CHAPITRE XVII.

Que les marques exterieures de l'Egliſe Romaine ne ſçauroyent fournir une voye courte facile & aſſeurée aux ſimples de cognoitre qu'elle eſt la veritable Egliſe & qu'elle eſt infaillible. Reſutation du chap. 19. du 1er. livre de M. Nicole.

CHAPITRE XVIII.

Réponce directe aux ſophiſmes de M. Nicole ſur la voye qui conduit les ſimples à la foy. Deux principes ſur lesquels roulent toutes les raiſons: l'un eſt Pelagien

*** &

& le Pelagianiſme tout pur, l'autre eſt un principe qui detruit toute religion, toute authotité, toute certitude morale, toutes les ſciences, & toute la certitude de la foy: que la bonne methode pour repondre à M. Nicole n'eſt pas celle des Remonſtrants, de reduire les articles à un petit nombre.

CHAPITRE XIX.

Quelle eſt la veritable voye par laquelle la foy eſt produitte dans les fideles. Il y a trois voyes: explication de la veritable: que la verité s'eſtablit dans les ames non par authorité mais par elle meſme, & par l'operation de la grace, deux obſtacles que la grace leve. Neceſſité de la grace etablie par l'eſcriture & par S. Auguſtin que ces operations de la grace poſées, toutes les illuſions de M. Nicole s'evanouïſſent.

CHAPITRE XX.

Eſclairciſſement des difficultés ſur la matiere du chapitre precedent, que pour imprimer la certitude d'une verité dans l'eſprit, Dieu n'a pas beſoin d'evidence dans l'objet ou dans le teſmoignage. Explication des operations de l'entendement & de la volonté, que la volonté & les paſſions determinent l'entendement à la certitude par leur empire: deux eſpeces de certitude l'une de ſpeculation & l'autre d'adherence.

CHAPITRE XXI.

Que la certitude de la foy ne depend pas de l'evidence des motifs: que Dieu ne conduit pas les hommes au ſalut par la voye de l'evidence. Confeſſion des Meſſieurs de Port Royal la deſſus: deux ſortes de motifs qui ſervent à la production de la foy. Il n'y a proprement que ceux de ſentiment qui facent la foy.

CHAPITRE XXII.

,, De la voye d'examen, deux examens l'un d'applica-
,, tion & l'autre de diſcuſſion; trois ſortes d'habitudes
,, produites par ces trois voyes. Celle de l'authorité
,, ſans

„ fans examen , celle de l'examen fans authorité &
„ celle de l'authorité & de l'examen joints enfemble.
„ L'examen de difcuffion n'eft neceffaire a perfonne, il
„ n'eft pas toujours feur pour les fimples : il eft pourtant
„ permis : que les preuves d'impoffibilité ne tombent que
„ fur l'examen de difcuffion : que le droit d'examiner
„ dans les particuliers n'eft pas odieux. Que l'examen
„ d'application n'eft pas dangereux.

CHAPITRE XXIII.

De la voye d'authorité: qu'une telle voye d'authorithé fans examen eft impoffible & ridicule: que Dieu
nous permet à examiner apres luy, & qu'il nous l'ordonne. Qu'on pouvoit examiner apres J. Chrift & les Apôtres. Le cœur humain veut avoir des raifons à fe dire : que les Papiftes fimples croyent par raifon, par examen & non par authorité. Equivoque perpetuel dans
ces mots, croire par l'Eglife.

CHAPITRE XXIV.

Examen de la maniere dont la foy fe produit dans
les Catechumenes. Deux fortes de Catechumenes, que
les Catechumenes qui entrent dans l'Eglife eftant nés dehors, deviennent fideles par voye d'examen & non par
voye d'authorité. Confeffion de M. de Meaux la deffus.
Preuve convaincante de cela mefme : les Apôtres ont
debuté par prefcher les myfteres, & n'ont point commencé par établir l'infaillibilité de l'Eglife.

CHAPITRE XXV.

Que les enfants baptifez & qu'on inftruit dans l'enfance, arrivent à la foy par voye de fentiment &
d'examen, & non par celle d'authorité. Un enfant
ne peut pas connôitre les motifs qui peuvent induire à
croire l'authorité de l'Eglife, mais il peut fentir partie
des motifs qui induifent à croire la divinité de la revelation : deux fortes de motifs, les uns externes, les

au-

autres internes : quatre observations pour expliquer comment les enfants arrivent à la foy.

CHAPITRE XXVI.

Reponce à l'argument de M. de Meaux qui dit qu'il y a un certain point dans lequel un Chrétien est obligé selon nous à douter si l'Euangile est une fable ou „ non, que selon la methode & les principes de M. Nicole on est obligé de croire à l'Eglise devant que de „ croire en Dieu, & qu'un enfant par un acte de foy „ divine peut croire que l'Alcoran est un livre divin. Reponse directe à l'argument de M. de Condom.

LIVRE TROISIESME.

CHAPITRE I.

M Nicole en prouvant l'impossibilité de l'examen n'a rien pour le Papisme. Il n'a travaillé que pour les heretiques, pour les prophanes & pour les Payens contre la religion Chrestienne. Il ne faut point d'examen pour sentir que le Papisme n'est pas dans l'escriture : les principes de M. Nicole ruinent toute religion.

CHAPITRE II.

Qu'il est faux que selon nous la voye de l'authorité de l'Eglise, ne soit pas un moyen pour nous faire trouver la verité. Question si les simples sont obligés de sçavoir la controverse des livres canoniques & des apocryphes. M. Nicole prouve ce qu'on ne luy nie pas, & ne prouve pas ce qu'on luy nie. Reponce à l'objection, que nos simples ne peuvent prononcer sans mensonge nostre confession de foy.

CHAPITRE III.

Nous n'enseignons pas qu'on puisse connoitre la divinité d'un passage detaché : les caracteres divins sont dans les articles de foy rassemblés. M. Nicole veut que la doctri-

doctrine de l'Euangile ne merite pas une entiere creance sans les miracles. *Explication des paroles du 15.
de S. Jean.* si je n'avois fait entre eux les œuvres
que nul autre n'a faites, ils n'auroyent pas de peché.

CHAPITRE IV.

*Refutation des chicanes par les quelles M. Nicole
veut prouver que les simples ne peuvent être assurés de
la verité d'un article de foy, à moins qu'ils ne sçachent
par voye d'examen que les passages sur lesquels cêt article de foy est fondée ont eté bien & fidellement traduits.*

CHAPITRE V.

*Que par voye de sentiment les simples peuvent de-
meurer persuadés du vray sens d'un passage Analyse
de ce que M. Nicole dit en trois chapitres pour prouver
le contraire. Plusieurs reflexions generales sur la voye
de sentiment. Aveu de M. Nicole que par sentiment
on peut connoitre la verité aussi seurement que par reflexion.*

CHAPITRE VI.

*Refutation de ce que dit M. Nicole pour prouver que
les simples ne peuvent entendre l'escriture sans un
examen de discussion. Propositions horribles que M. Nicole avance contre l'escriture. Les Sociniens n'ont pas
de textes dont naturellement l'impression soit forte pour
leur heresie: moyens dont Dieu se sert pour determiner
les simples au vray sens.*

CHAPITRE VII.

*Que la voye de sentiment pour être une voye d'illu-
sion pour les heretiques, n'en est pas une pour les
vrays fideles. M. Nicole donne toutes sortes d'avantage aux profanes. Qu'il y a de la difference entre le
sentiment des fideles & celuy de ceux qui sont en erreur, bien qu'elle ne puisse être marquée. Il y a par*

*** 3   tout

tout enſquivoque & piege. Tout eſt ſeur avec la grace,
rien n'eſt ſeur ſans elle.

CHAPITRE VIII.

Qu'on ne trouve pas dans l'authorité de l'Egliſe de
remede contre le peril de l'illuſion, fauſſeté de ce que
M. Nicole dit la deſſus, prodiges de conſequences qui
naiſſent de ſes principes, contradictions de Meſſieurs de
Port Royal.

CHAPITRE IX.

Que ſans l'authorité de l'Egliſe, & ſans examen de
diſcuſſion les ſimples peuvent cognoitre quels ſont les articles de foy neceſſaires au ſalut, & quels ſont ceux
qui ne ſont pas neceſſaires.

CHAPITRE X.

Que par le ſentiment on peut tres bien connôitre la
ſuffiſance des articles de foy. M. Nicole par ſes excés
renverſe toujours le Chriſtianiſme; l'ame a ſes beſoins,
elle les conôit & connôit auſſi les choſes qui la ſatis-
font & qui rempliſſent ſes deſirs naturels.

CHAPITRE XI.

Que les ſimples ont pû facilement cognoitre que l'E-
gliſe Romaine a des erreurs damnables, que ſon Idolatrie eſt ſenſible. Que l'honneur qu'elle rend aux
ſaints, n'eſt pas un honneur de ſocieté, & qu'elle
n'invoque pas les ſaints dans le meſme eſprit dans lequel nous prions les fideles ſur la terre de prier pour nous.

CHAPITRE XII.

Analyſe de la foy ſelon S. Auguſtin M. Nicole l'a tres
infidelement rapportée. Cette Analyſe ſe trouve entierement dans le livre de utilitate credendi. Et dans
celuy de unitate Eccleſiæ. Analyſe des douze premiers chapitres de ce premier livre, où il paroit que
ſelon S. Auguſtin, le teſmoignage de l'Egliſe ne fait
que preparer à la foy & ne l'appuye pas.

CHAPITRE XIII.

Analyſe des cinq derniers chapitres du livre de utilitate

litate credendi: *confirmation de l'analyse de ce livre par ce-*
luy de unitate Ecclesiæ, reconsiliation de ces deux livres,
deux methodes selon S. Augustin pour convertir les incredu-
les & les heretiques.

CHAPITRE XIV.

La veritable idée de l'unité de l'Eglise. Plusieurs liens
font cette unité. Il y a unité universelle, & unité parti-
culiere.

CHAPITRE XV.

Veritable Idée du Chisme.

CHAPITTE XVI.

Que pour etre membre de la veritable Eglise il n'est pas
necessaire qu'une societé ait l'este due & la visibilité perpe-
tuelle entantque telle societé: il suffit qu'elle ait l'estendüe &
la visibilité dans l'Eglise universelle, dont elle fait partie:
Des fideles cachez: qu'il y a aujourd'huy des gens l'Eglise
Romaine qui mesprisent son culte & n'adherent pas à ses
erreurs.

CHAPITRE XVII.

Que nous ne sommes pas une Eglise nouvelle, qu'il y a grand-
difference entre une nouvelle confederation & une nouvelle Egli-
se. Qu'il n'est point necessaire en sortant d'une communion de
se joindre à une autre; que nostre societé n'est destituée ni de
vie, ni de pieté, ni de charité comme prétend M. Nicole.

CHAPITRE XVIII.

Que nos reformateurs pour estre vrays pasteurs n'ont pas
eû besoin de se faire absoudre par quelque Eglise du crime
d'heresie, dont ils avoient eté entachéz dans la communion de
Rome. De la vocation extraordinaire & ordinaire: en quel
sens la mission de nos Reformateurs a eté extraordinaire.

CHAPITRE XIX.

Institution de la vocation de pasteurs faite par des Laïques;
Abbregé des difficultez de M. Nicole; quatre propositions
ausquelles toute la dispute se reduit. Que I. Ch. n'a point
depouillé les societez Chrétiennes du droit commun à toute les
autres societez de se pouvoir faire des conducteurs & de pour-
voir à leur conservation.

CHAPITRE XX.

Que l'ordination n'est pas de l'essence du ministere, ni ce
qui fait sa validité. Nos raisons, & refutation de celles de
M. Nicole.

CHA-

CHAPITRE XXI.

Quel est le vray sens de S. Augustin, quand il dit que la puissance des clefs a eté donnée au peuple fidele. Chicane & mauvaise foy surprenante de Monsr. Nicole la dessus.

CHAPITRE XXII.

Que les ordinations sont legitimes, dans le gouvernement presbiterien: distinction du prestre & de l'Evêque. Origine de cette distinction; forme du gouvernement de l'Eglise Apostolique: les Apostres n'ont pas eû dessein, de fixer un certaine forme de gouvernement.

CHAPITRE XXIII.

Vanité des moyens que M. Nicole employe pour nous convaincre d'avoir fait schisme avec l'Eglise ancienne. Que nous ne sommes pas novateurs, que l'Eglise Romaine s'est departie de l'ancienne Eglise en plus de points que nous, qu'elle a abandonné ses canons & ses dogmes.

CHAPITRE XXIV.

Que l'invocation des saints telle qu'elle etoit tout au commencement n'etoit qu'une superstition, quoyque tres dangereuse, & que celle qui se pratique dans l'Eglise Romaine est une Idolatrie. Reponce à trois consequences M. Nicole tire de nôtre sentiment sur l'invocation des saints.

CHAPITRE XXV.

Que l'union de l'Eglise Romaine n'est pas un marque de la bonté de ses principes: que l'escriture sainte est un lien d'union suffisant pour tous les Chrétiens: que les mysteres y sont clairement exprimez. Preuve de cela par l'experience.

Le vray Systeme de l'Eglise, & la veritable Analyse de la Foy,

où

Sont dissipées toutes les illusions que les Controversistes Modernes, Pretendus Catholiques, ont voulu faire au public sur la Nature de l'Eglise, son Infaillibilité & le Juge des Controverses.

Pour servir principalement de responce au Livre de M. NICOLE, *Intitulé, les reformés convaincus de schisme, &c.*

Dessein de l'Ouvrage.

La teste de nos prejugés legitimes contre le Papisme, on à vû un systeme abbregé de l'Eglise. nous avons rendu raison pourquoy nous l'avons placé la. C'est qu'ayant à tirer nôtre premier prejugé contre le Papisme, de la fausse Idée que l'Eglise Romaine s'est formée de l'Eglise, nous avons crû qu'il étoit necessaire pour rendre plus Sensible la fausseté de cette idée, de faire marcher la veritable Idée devant, comme on fait marcher la lumiere devant soy, pour dissiper les tenebres. Ce systeme peut être aura paru Nouveau à quelques gens, mais dans le fonds il ne l'est pas ; ce n'est que le systeme ordinaire des reformés un peu plus expliqué & nettoyé de certaines expressions, & de certaines pensées confuses, dont on l'embarasse ordinairement. Il faut bien qu'il ne soit pas nouveau puisque M. Arnaud & M. Nicole le combattent comme l'ayant vû & trouvé dans nos ouvrages. Quoy qu'il en soit nous avons crû que cette methode nouvelle ou non, étoit beaucoup plus nette, & que d'ailleurs

A   elle

elle seroit plus propre à decouvrir le foible de la plus part des difficultés que les Docteurs de l'Eglise Romaine ont fait náitre sur la matiere. C'est une espece de prodige, que les efforts qu'ont fait dans ces derniers temps, les Controversistes du party pretendu Catholique, pour verser des tenebres sur la verité. On peut dire que les disputeurs du siécle passé, n'y ont rien entendu en comparaison de ceux du siécle présent, & qu'entre tous ces disputeurs, ceux de France l'ont infiniment emporté sur les autres. Chacun sçait les efforts d'imagination & d'esprit, que ces Messieurs ont fait depuis quelque temps, pour éblouïr les simples, & leur faire illusion. Ils en ont seduit un grand nombre, principalement de ceux qui cherchoient à se tromper, & à reconcilier leur conscience avec leur cupidité. Et l'une de ces voyes d'esgarement dont ils se sont servis avec le plus de succés, c'est l'Eglise, son authorité, son Infaillibilité, l'impossibilité de trouver un autre lieu ferme, où faire reposer la foy que l'authorité de cette Eglise : ce sont les absurdités, & les prodiges prétendus dans lesquels on s'engage quand on veut s'assurer des dogmes par la voye d'examen. C'est la le fondement du livre *des prejugés* dont Messieurs du port Royal, ont voulu se faire un si grand honneur. C'est surquoy ont roulé les difficultés & les disputes de M. de Meaux contre M. Claude. enfin c'est la matiere du dernier livre de M. Nicole, *les Pretendus Reformés convaincus de schisme.*

En achevant le systeme abregé de l'Eglise que j'ay mis au commencement, *des prejugés legitimes contre le papisme*, J'avois inuité les protestants à faire essay de cette methode, selon láquelle j'avois répondu aux questions, que l'on fait sur l'Eglise, pour voir si elle ne leur reüssiroit point aussi bien, ou peut étre mieux qu'aucune de celles dont on s'est servi pour repondre aux sophismes des Catholiques Romains. Et j'avoue que déslors j'avois quelque pensée de faire moy mesme cêt essay. Mais je croy que j'en serois demeuré à cette premiere intention, n'estoit que le livre de M. Nicole à reveillé tout le chagrin que j'avois contre ceux, qui abusent d'une maniere si criminelle de leur esprit, & de leurs lumieres pour tromper les ignorants, pour retenir les hommes dans l'erreur, & pour les y faire tomber.

J'ay

J'ay regardé cet ouvrage de M. Nicole, comme l'un des plus grands efforts de l'art des sophistes qui ait paru de puis long temps. Car encore qu'il n'y ait rien de nouveau, & que les sophismes qu'on y étale avec tant de Pompe, ayent eté repetés cent fois, & refutés autant, neantmoins le tour éblouïssant que M. Nicole donne à ses faux raisonnements, est capable de surprendre les esprits foibles. C'est pourquoy ayant appris que ce Grand homme qui avoit le principal interest à détruire cet ouvrage ne jugeoit pas à propos d'y travailler, & me trouvant en lieu où il est permis de dire & d'ecrire la verité sans craindre l'inquisition, J'ay crû que je ne ferois pas mal de refuter ce livre. Mais afin de rendre cet escrit de plus grand usage, j'ay pensé qu'il étoit bon d'entrer tout de bon dans un dessein pour lequel je n'avois eu que des tentations passageres. C'est de rassembler tout ce que j'ay medité sur la matiere de l'Eglise, de recueillir ce que j'en ay mesme écrit en divers endroits, & d'y joindre selon ces principes, une refutation de tous les sophismes que les controversistes modernes de France ont poussé contre nous, avec tant de fierté, & tant d'insultes. Ainsi je n'entreprends pas seulement la refutation de M. Nicole, & de son livre intitulé *les pretendus reformés convaincus de schisme.* J'entreprends aussi celle de M. de Meaux, celle de M. Arnaud, & celle du P. Maimbourg ; qui ont pretendu élever au devant de l'autorité de l'Eglise, & de la soumission aveugle, des remparts, & des boulevards, qu'il nous seroit impossible de forcer. Toute l'adresse de ces nouvelles methodes consiste à charger de mille & mille absurdités apparentes, la voye par laquelle nous pretendons que les hommes peuvent arriver à une solide foy, C'est la vanité de ces accusations que j'ay dessein de faire voir, en en descouvrant, l'illusion, & la mauvaise foy. Quoyque j'aye dessein, de repondre à tout ce qu'il y a d'embarassant, dans les raisonnements de tous ces Messieurs que je viens de nommer ; Cependant comme on a deja repondu à ceux de M. de Meaux, de M. Arnaud, & du P. Maimbourg ; ce sera principalement à M. Nicole que je m'attacheray. Puisqu'il est la principale cause du nouveau travail que nous allons entreprendre, il est juste que nous luy

en

en facions porter la peine, en decouvrant aux yeux du public, les honteuſes & malhonneſtes chicanes par leſquelles il s'efforce d'obſcurcir la verité.

Il me ſemble que l'explication du ſyſteme de l'Egliſe, depend de ces cinq queſtions generales & principales. 1. quelle eſt l'eſſence de l'Egliſe, ç'eſt à dire, quelles ſont ſes parties eſſentielles. 2. quelle eſt ſa viſibilité, & quelles ſont ſes marques. 3. quelle eſt ſon étendüe ſelon les divers lieux, & les divers temps, & comment cêt attribut luy convient dans tous les ſiecles. 4. quelle eſt ſon unité & ce que ceſt que le ſchiſme. 5. quel eſt ſon pouvoir, ſon authorité, & quels ſont ſes Jugements. Ceſt ſur cette diviſion que roulera le preſent ouvrage.

Dans l'explication du premier article, nous examinerons de quel poids, & de quelle importance eſt la queſtion agitée entre les docteurs de l'Egliſe Romaine & nous touchant les membres de l'Egliſe; ſçavoir ſi ce ſont les ſeuls predeſtinés, ou tout au moins les ſeuls juſtes. Nous verrons s'il y a dans ce que diſent M. de Meaux, & M. Nicole quelque choſe qui merite de nous arreſter. Mais ſur tout nous aurons à traiter dans cette premiere partie l'importante queſtion ſçavoir ſi la veritable Egliſe peut étre en diverſes Communions, nous prouverons qu'elle le peut, & refuterons tout ce qu'ont dit la deſſus M. Arnaud, dans le ſeptieme livre du *Renverſement*, & M. Nicole dans ſon dernier ouvrage.

Sur le ſecond article qui eſt Celuy de la viſibilité de l'Egliſe, nous ſerons obligés déxaminer ce qu'en dit M. de Meaux dans ſes inſtructions à Mademoiſelle de Duras, & dans les refléxions ſur la conference avec M. Claude, & ce qu'en dit M. Nicole dans ſon ſecond livre, J'eſpere que nous ne trouverons rien la qui merite que nous nous y arrêtions long temps.

Sur le troiſjeſme article qui eſt celuy de l'eſtendüe, nous trouverons plus de choſes à dire, parceque c'eſt le fondement du tiltre de Catholique & d'univerſelle, qui eſt donné à l'Egliſe. Cette étendüe ſe conſidere dans les temps, auſſi bien que dans les lieux car l'Egliſe eſt appellée Catholique par rapport à ce qu'elle à ſubſiſté dans tous les ſiecles, auſſi bien que par eſgard à ce quelle s'eſtend en tous lieux. C'eſt pourquoy nous aurons à parler dans cêt endroit de la perpetuelle durée

de

de l'Eglise, à examiner de quelle maniere elle a subfifté
dans les fiecles de la plus grande corruption & à refuter
ceque M. Nicole a dit la deffus pour detruire nos principes. Mais la matiere de l'eftendue ne fera pas un
traitté à part car la queftion de l'eftendüe felon les lieux
entrera dans l'examen de la queftion fçavoir fi l'Eglife
peut être dans des communions differentes, & dans
toutes les communions chrétiennes; & la queftion de
l'etendüe felon les temps fera examinée au lieu où l'on
parlera de la vifibilité de l'Eglife : ce fera la matiere
du premier livre.

l'Unité de l'Eglife & fon authorité font les deux
plus abondantes fources de controverfes : de l'intelligence de la premiere, dépend la queftion des fchifmes,
pour fçavoir qui font les communions fchifmatiques,
ou celles qui ne le font pas : de la feconde dependent
tous les grands démelés fur le juge des controverfes &
fur le fondement de la foy des fidelles. C'eft fur ces
deux attributs de l'Eglife que roule principalement
l'ouvrage de M. Nicole. Auffi feront-ce les deux chofes fur lefquelles nous nous arréterons principalement.
Il feroit plus naturel de parler de l'unité de l'Eglife
devant que de traitter de fon authorité parceque *l'unité*
eft conceüe comme un attribut effentiel à l'Eglife, &
l'authorité eft conceüe comme une action, & comme un
droit qu'elle exerce. Or il eft naturel de traitter des
attributs effentiels d'un fujet avantque de parler de fes
actions. Cependant afin de ne pas renverfer abfolument
l'ordre de M. Nicole nous ne fuivrons pas cette methode. M. Nicole dans fon premier livre traitte les
queftions qui font dependantes de celle de l'authorité
de l'Eglife; & dans le troisjefme il traitte du fchifme,
& particulierement de nôtre fchifme, ce qui eft dependant de la queftion de l'unité, c'eft pourquoy nous trait-
terons de l'authorité devantque de parler de l'unité,
autant qu'il nous fera poffible. Car il nous fera impoffible de ne pas traitter de l'unité de l'Eglife dés le
premier livre, dans la queftion fi l'Eglife peut être repandüe dans plufieurs communions parceque c'eft l'u
le veritable endroit de montrer que l'idée de l'unité de
l'Eglife, ne renferme pas l'unité de communion. Cependant nous differerons jufqu'au troisjefme livre à parler

A 3   des

des differens liens qui font l'unité , & dont la rupture
fait les fchifmes.

Nous mettrons donc pour noftre quatriefme article,
celuy de l'authorité de l'Eglife, de-fes jugements, &
de fon infaillibilité. Nous y ferons voir que ce qu'on
appelle des jugements de l'Eglife, ne font pas des jugements de l'Eglife Catholique ou univerfelle ; que
l'Eglife univerfelle felon le vray fyftême des Reformés,
n'a jamais rendu, ne rendra jamais , & ne peut jamais
rendre aucun jugement : c'eft pourquoy elle n'y peut
être infaillible; Nous ferons voir qu'il y a une perpetuelle equivoque dans ces expreflions dont on fe fert.
Authorité de l'Eglife , jugement de l'Eglife , être inftruit par
l'Eglife , recevoir la verité par le miniftere de l'Eglife,
croire fur le tefmoignage de l'Eglife, s'en rapporter à l'Egli-
fe , fuivre les decifions de l'Eglife &c. Dans toutes ces
expreflions les Catholiques Romains entendent l'Eglife
Catholique ou univerfelle; auquel fens elles font fauffes , illufoires, ne fignifient rien, ou ne fignifient rien
de vray ; puis qu'aucune des actions qui font fignifiées
par la ne peuvent être exercées que par des Eglifes
particulieres , & nullement par l'Eglife univerfelle.

De cette maniere on aura bien toft , & facilement
répondu , à toutes les raifons par lefquelles on pretend
nous prouver qu'on fe doit aveuglement foumettre aux
jugements de l'Eglife univerfelle. Mais nous ne nous
en arrefterons pas la , & nous parlerons de l'authorité
des Eglifes particulieres, des conciles, & des fynodes,
en la renfermant dans fes juftes bornes. Apres quoy la
premiere difficulté qui fe prefentera à examiner fera celle
de M. de Meaux , qui prétend que nous attribuons
l'infaillibilité a nos fynodes. En fuite viendra celle de
M. Nicole , qui va plus loin , & foutient que nous
attribuons l'infaillibilité à nos particuliers, pendant que
nous la refufons aux conciles. Naturellement apres cela il
faudra examiner cette propofition qu'on nous attribüe ;
que chaque particulier peut mieux entendre l'Ecriture
qu'aucun concile, & que l'Eglife univerfelle. En quatriefme lieu nous refpondrons à l'argument du fieur
Maimbourg , qui veut que felon nos principes , & nôtre
pratique on foit obligé de fe foumettre aux decifions de
l'Eglife dont on fait partie , dans toutes les controverfes.
                       Nous

Nous viendrons en dernier lieu aux objections de M. Nicole, dans lesquelles il s'agit de chercher la voye d'assurer la foy, & de rencontrer la verité. M. Nicole n'en fait que deux, la voye d'authorité & celle d'examen: ayant prouvé que celle de l'examen est impossible il conclud pour la voye d'authorité. d'Abord nous détruirons cette voye d'authorité, & montrerons qu'elle est absurde ridicule, impossible. Puis nous ferons voir que la voye ordinaire par laquelle la foy se produit dans les simples, n'est point cette voye d'examen que M. Nicole combat, mais la voye de sentiment, & d'un examen d'attention à la verité. Nous examinerons par quels progrés, & sur quels fondements s'avance la foy des simples & des catechumenes. C'est la matiere du second livre, & c'est l'a qu'on trouvera la veritable analyse de la foy: on y trouvera aussi la responce à l'objection de M. de Meaux, qui veut que, selon nous, il y ait un moment auquel un catéchumene baptisé, c'est à dire un enfant né chrétien est infidelle. Nous luy ferons voir que cela ne suit pas de nos principes, mais qu'il s'ensuit des siens une absurdité qu'il ne sçauroit eviter, c'est qu'on croit a l'Eglise avant que de croire à Dieu.

Dans le, troisjesme livre nous examinerons en détail les argumens de M. Nicole sur l'impossibilité de l'examen. C'est à dire que nous le suivrons pas à pas dans son premier livre, & refuterons tout ce qu'il dit contre la voye d'impression & de sentiment. C'est à la fin de cecy qu'on trouvera l'analyse de la foy selon S. Augustin à la quelle je prie le lecteur de faire attention. Cela servira à luy faire connoitre la bonne foy de ces Messieurs à qui nous avons à faire.

Le reste du troisjesme livre traittera du schisme: & par la veritable idée de l'unité de l'eglise l'on y fera voir que nous ne sommes pas schismatiques. Nous y examinerons le troisjesme livre de l'ouvrage de M. Nicole, & ferons voir qu'on ne sçauroit reüssir plus malheureusement dans un dessein qu'il a fait, dans celuy de nous convaincre de schisme.

Au reste si je me suis engagé à repondre à quelques difficultés auxquelles deplus habiles gens que moy avoient deja repondu, ce n'est pas que je ne fusse tres satisfait de leurs responces. Mais c'est en partie qu'ayant pris

A 4   un

un autre tour , il a falu neceſſairement tourner autrement les reſponces: en partie parce qu'ayant deſſein de
faire un ſyſteme complet de l'egliſe, il a falu neceſſairement y faire venir toutes les difficultés les plus conſiderables & c'eſt cette derniere raiſon qui m'a obligé
à retraiter icy , des matieres que je croyois avoir moy
meſme ſuffiſamment éclaircies ailleurs.

L I.

LIVRE PREMIER

LE VERITABLE SYSTEME

De

L'EGLISE:

Quels font fes Membres.

CHAPITRE I.

Explication de l'Effence de l'Eglife par l'emblême d'un corps humain animé. Que dans l'Eglife il y a corps & ame, que ces deux parties pour étre jointes ne laiffent pas d'etre diftinctes.

L'Eglife eft du nombre de ces chofes de la nature, defquelles on convient quand on fe contente d'une Idée confufe, & fur lef quelles on fe divife auffi toft qu'on en veut avoir une Idée diftincte. Tout le monde tombe d'accord que l'Eglife dans fon Idée confufe eft ce grand & vafte corps, où Dieu nourrit fes élus pour les conduire à la vie éternelle. Pour rendre diftincte cette Idée confufe, nous ne fçaurions prendre une voye plus fure que celle que le St. Efprit nous montre luy mefme. Il compare l'Eglife à un homme, il luy donne une tefte, il dit que Jefus Chrift a eté donné fur toutes chofes pour chef à l'Eglife. Il luy affigne des membres, & diverfité de membres. *Il y a* dit il *plufieurs membres toutefois il n'y a qu'un feul corps. Ce corps n'eft pas un feul membre mais plufieurs.* Dans ces membres il réprefente l'Efprit & les dons de Dieu qui font comme l'ame & qui operent differemment felon la diverfité des membres lefquels font animés par cette ame. *Ce feul & mefme efprit fait toutes ces chofes diftribuant à un chacun en particulier felon ce quil veut.* C'eft pourquoy l'Ecriture compare fi fouvent l'Eglife à un corps animé.

l'Efcriture nous reprefente l'Eglife comme un corps humain animé.

A 5   Elle

Elle l'appelle une femme, une Epouſe une mere. Suivons cetté penſée qui eſt la plus juſte, & cette Idée qui eſt la plus naturelle de toutes celles que l'eſcriture ſainte nous peut donner, & je ſuis perſuadé qu'elle nous menera tout droit à la cognoiſſance de la nature & de l'eſſence de l'Egliſe.

Parallele d'un corps humain animé & de l'Egliſe. l'Egliſe eſt un corps animé ou comme un corps animé. Dans un corps animé l'eſſence eſt dans les parties qui compoſent l'animal, & dans l'union de ſes parties. Dans un homme il y a corps & ame ce ſont les deux parties eſſentielles ; & il y a union de ce corps & de cette ame, laquelle union eſt auſſi de l'eſſence de l'homme. Une ame ſeule n'eſt pas un homme, ni auſſi un corps ſeul ; ou une ame & un corps qui ne ſeroient unis que comme les formes aſſiſtantes ſont quelque fois unies à la matiere, ne ſeroient pas non plus un homme, il faut une certaine eſpece d'union. Mais outre cette eſſence qui fait l'homme entier, chacune de ces deux parties qui le compoſent a ſon eſſence à part. l'Ame eſt une ſubſtance qui penſe, le corps eſt une ſubſtance étendüe & organiſée, & ces deux choſes ſont ſi differentes que ce qui convient à l'un comme une proprieté eſſentielle, ne peut pas convenir à l'autre ſous le meſme caractere. Ces deux parties ſont ſi diſtinctes qu'elles peuvent etre ſeparées. Le corps peut etre ſans l'ame, & l'ame peut etre ſans le corps. Mais avec cette difference que l'ame ſeule & ſeparée conſerve ce quil y a de grand, de noble & d'excellent dans l'homme, mais le corps ſeul ſeparé de l'ame n'a quaſi rien de l'homme, & ce qu'il en conſerve ne merite aucune conſideration. Neantmoins cette ame toute ſeule ſans corps. bien qu'elle ait toute la nobleſſe, & toute la grandeur de l'homme, n'eſt pourtant pas l'homme parfait ni à proprement parler un homme ; il faut qu'elle ſoit jointe au corps. Appliquons cela à l'Egliſe.

l'Egliſe eſt compoſée de corps & d'ame ; on en convient dans les deux communions : l'ame de l'Egliſe eſt la foy & la charité. Le corps de l'Egliſe, c'eſt la profeſſion de la foy, & la pratique des œuvres. C'eſt encore un point ſur lequel il ni a pas de controverſe. Et il eſt d'une neceſſité abſolüe de le remarquer, parceque ceux qui juſques icy ſont d'accord avec nous,

&

& qui ont fuivi comme nous l'idée que le St. Efprit nous donne de l'Eglife fous l'image d'un homme & d'un corps animé, s'efgarent vifiblement & fe trompent d'une façon groffiere en nous abandonnant, & en renonçant fi toft au parallele qui doit étre fait entre l'Eglife & le corps humain animé par fon ame.

Mais ces Meffieurs abandonneront s'il leur plait ce parallele, nous le pourfuivrons ainfy. l'Ame de l'Eglife. C'eft la foy & la charité, le corps de l'Eglife c'eft la profeffion de la foy & la pratique externe de la charité. Le corps & l'ame doivent étre joints & unis. La foy & la charité doivent étre jointes avec la profeffion de la foy: & l'effence de l'Eglife confifte proprement dans ces deux chofes, & dans l'union de ces deux chofes. Celuy qui n'auroit que la foy & la charité, fans la profeffion auroit une ame fans corps ; & celuy qui auroit la profeffion de la foy fans avoir la foy mefme feroit un corps fans ame. Celuy qui auroit la foy fans avoir la profeffion auroit affurement ce qu'il y a de plus grand & de plus noble dans l'effence de l'Eglife ; mais cependant il n'auroit pas tout, puifque la profeffion doit étre jointe à la foy, comme le corps le doit étre à l'ame & l'on ne pourroit pas dire qu'il fût de l'Eglife. Celuy qui a la profeffion de la foy fans avoir la foy mefme, n'a prefque rien de l'effence de l'Eglife, & l'on ne peut pas dire qu'il foit à proprement parler de l'Eglife. Comme on ne peut pas dire que le corps fans ame foit homme.

Outre l'effence commune à l'homme qui confifte dans le corps, dans l'ame, & dans l'union du corps & de l'ame. Nous avons vû que chaque partie à fon effence particuliere tres bien diftinguée de l'effence de l'autre. l'Effence de l'ame c'eft d'etre une fubftance qui penfe, celle du corps c'eft d'etre une fubftance eftendüe organifée & jamais il ne peut arriver que l'ame devienne l'eftendüe, n'y que l'eftendüe devienne l'ame. Difons de mefme outre l'effence commune à l'Eglife compofée de corps & d'ame, chacune de fes parties fçavoir fon corps & fon ame ont leur effence particuliere: autre eft l'effence de la foy, autre eft l'effence de la profeffion de la foy. Elles peuvent bien, & mefme elles doivent étre conjointes, mais elles ne fçauroient étre la mefme

cho-

l'Idée de l'Eglife renferme ce qu'il y a d'externe & ce qu'il y a d'interne.

Les deux parties de l'Eglife ont chacune leur effence diftinguée.

chofe : elles ont des fieges differents , la foy eft dans
le cœur, la profeſſion eft dans la bouche. Elles ont
des caracteres tous differents. La veritable foy eft invifible , & ne peut devenir vifible que par des fignes
externes , & jamais par elle mefme. La profeſſion eft
toujours & neceſſairement vifible. Elles peuvent étre
feparées ce qui eft la plus grande marque de diſtinction.
Un fidelle à qui, on ferme la bouche, à qui on impofe
filence, qu'on éloigne des facrements , ou bien quiſe
trouve dans un defert parmi des barbares élogné de tout
liéu ou il pourroit faire profeſſion, un tel homme,
dis-je, peut avoir la foy fans avoir la profeſſion de la
foy. Au contraire l'Eglife eft pleine d'hypocrites qui
font profeſſion de croire, qui participent aux facrements , & qui n'ont point de foy.

Les plus nobles proprietés de l'Eglife. doivent appartenir à fon ame. Le corps & l'ame de l'homme ont leurs proprietés
diſtinguées auſſi bien que leur effence ; auſſi ont l'inte-
rieur & l'exterieur, le corps & l'ame de l'Eglife. Or
les plus nobles proprietés appartiennent indubitablement à l'ame de l'homme. C'eft à elle qu' appartiennent la raifon, la liberté, l'intelligence: au corps appartiennent l'eftendüe, la vifibilité &c. à l'ame de
l'Eglife & à ceux qui ont cette ame doivent convenir
les grands attributs de l'Eglife, comme l'infaillibilité,
l'unité, la fainteté, la vie, le falut, la grace falutaire:
au corps & à ceux qui ont ce corps, fçavoir la profeſſion, conviennent les autres attributs moins nobles.
l'Eftendüe, la vifibilité, & une efpece d'unité externe
& accidentelle.

Un membre mort de l'Eglife, eft pourtant membre en quelque forte. Il eft à remarquer que pour étre partie du corps humain, il n'eft point neceſſaire d'avoir part à l'ame, &
à fes influences ; un bras mort, ne laiſſe pas détre un
bras. Javoüe que ce n'eft point un bras parfait, parce
qu'il ne participe pas à la vie. Mais c'eft pourtant un
bras, & une partie du corps humain. Car il a l'effence
particuliere du corps humain laquelle ne confifte pas
à étre animé mais à étre eftendu & organifé. Or un
bras foit vivant, foit mort, eft étendu & organifé
diſtingué en nerfs,' en os, en veines , & en arteres.
Pareillement pour appartenir à l'ame, il n'eft nullement
neceſſaire de participer au corps: la raifon eft une faculté de l'ame independamment du corps , car quand
l'ame

l'ame est separée de son corps, elle ne laisse pas d'avoir sa raison. Il en est de mesme du corps & de l'ame de l'Eglise.   Pour appartenir à l'Eglise proprement ainsi nommée, il faut avoir, & la foy & la profession de la foy; Mais pour appartenir à l'ame de l'Eglise seulement, il n'est point necessaire d'avoir part à son corps, c'est à dire à ce quelle a de visible.   Ce fidelle dont nous avons parlé relegué dans un desert, ayant la foy appartiendroit assurement à l'ame de l'Eglise, c'est à dire à ce quelle a d'interne, d'essentiel, de grand & de noble : il participeroit à la vie, à la grace, au salut de l'Eglise.   Mais à parler juste, on ne pourroit pas dire qu'il appartiendroit au corps de l'Eglise, c'est à dire à ce qu'elle a de visible.   Car il ne feroit point profession de foy, il ne communieroit pas aux sacrements, il ne feroit joint à aucune societé visible. d'autre part pour appartenir au corps de l'Eglise, c'est à dire à ce que l'Eglise à de visible, il n'est pas absolument necessaire d'appartenir à l'ame de l'Eglise; Pourvû qu'un membre ait de l'estendüe organisée, il est membre du corps humain, pourvû qu'un homme ait la profession externe de la foy, & la pratique exterieure des œuvres du christianisme il appartient au corps de l'Eglise sans appartenir pourtant à son ame, s'il est hypocrite.

Je m'imagine qu'icy on nous croira au bout de nostre parallele, parce, dira t-on, que voicy une grande difference entre le corps naturel de l'homme & le corps mystique de l'Eglise.   C'est que dans l'Eglise un membre qui n'appartient qu'au corps de l'Eglise, sans appartenir à son ame, peut pourtant exercer dans l'Eglise des fonctions qu'on appelle *vitales*, il peut être pasteur, enseigner, conduire, prescher, administrer les sacrements. Mais dans le corps humain un membre qui n'a plus d'ame & de vie, & qui ne participe point à l'ame, ne sçauroit faire aucunes fonctions. La raison de cette difference est bien aisée à rendre.   C'est que dans le composé humain le corps n'a par soy mesme aucune activité, tout luy vient de l'ame.   Je ne pretends point faire prejudice au sentiment des philosophes modernes, qui en distinguant plus exactement que les anciens, les operations de l'ame de celles du corps attribuent la raison, l'intelligence, le sentiment, les sensations, &

les

Raison pourquoy un membre mort dans l'Eglise peut exercer des fonctions vitales.

les perceptions à l'ame, & le mouvement à la matiere & au corps. Je sçay bien que cette philosophie est
fort raisonnable. Mais je parle selon les apparences :
Or quand l'Escriture sainte emprunte des images des
choses corporelles pour faire entendre les spirituelles,
elle suit tousjours les apparences. Car sans cela elle
ne seroit pas intelligible, & ses comparaisons obscurci-
roient les sujêts au lieu de les éclaircir. Quand donc
elle compare l'Eglise à un corps humain animé, c'est
selon les apparences. Or je dis que selon les apparences toutes les operations viennent de l'ame, & le corps
n'a par luy-mesme aucune activité. C'est pourquoy il
n'est pas étonnant qu'un membre humain bien qu'estendu & organisé n'ait aucune operation, quand il est de-
stitué des influences de l'ame. Mais il n'en est pas de
mesme du corps & de l'ame de l'Eglise, chacune de
ses deux parties, a son activité distincte & separée ; l'ame
de l'Eglise est le principe des operations internes, *croire*,
aimer, *esperer* : le corps de l'Eglise, est cause des operations externes, *confesser*, *professer*, *faire*, *agir*. Il est
bien vray que l'ame de l'Eglise qui est l'Esprit de Dieu,
qui produit la foy & la charité, est cause dans les
vrays fidelles de la *profession*, de la *confession*, & de
l'*action*. Mais dans les hypocrites qui n'ont point cette
ame de la grace, il y a pourtant *profession*, *confession*,
& *action* : parce que pour cela, il ne faut qu'une volonté
libre, pour vouloir feindre avoir ce qu'on n'a pas. Et
il paroit que la *profession*, la *confession*, l'*action*, ne sont
pas necessairement les actions de la foy interne, cela
paroit dis-je, de ce qu'il peut y avoir, foy interne
dans un homme qui n'est point en état de confesser,
de professer, n'y d'agir. Cela étant, que le corps &
la partie visible de l'Eglise a ses operations visibles independemment de l'ame. Il ne faut pas s'étonner si des
membres morts, & sans ame, peuvent faire des actions
& exercer des fonctions. Sans foy un homme peut
faire profession, pourquoy sans foy & sans grace un
homme ne pourroit il pas enseigner, précher, instruire,
administrer les Sacrements : Ce sont des actions externes, qui appartiennent à la partie visible & externe.
S'il n'est pas d'une absoluë necessité d'avoir la vraye foy
pour confesser, & professer, il ne peut être aussi d'une
ne-

Le corps de l'Eglise distingué de l'ame a son acti-vité parti-culiere.

neceſſité abſolüe d'avoir la vraye foy pour enſeigner, & adminiſtrer les Sacrements ; parce qu'enſeigner & adminiſtrer les Sacrements ont leur rapport prochain à la confeſſion , & à la profeſſion ; quoy qu'ils ſoient principalement deſtinés à produire la foy dans le cœur. Mais cette matiere ſera traittée plus amplement dans peu.

CHAPITRE II.

Que Selon la veritable Idée de l'Egliſe , elle ne rén-ferme ni l'Egliſe Triomphante , ni les Predeſtinés qui ſont encore à naitre, ou qui ne ſont pas encore convertis.

SI nous voulons nous attacher a l'Idée que nous ve-nons de donner dans le chapitre precedent , il me ſemble que nous trouverons facilement, le denoüement de toutes ces difficultés ſur la nature de l'Egliſe, dont on s'embarraſſe ſouvent ſans grande neceſſité. Par exemple nous trouverons aiſément ce que l'on doit pen-ſer ſur cette queſtion , d'ailleurs aſſéz peu importante ſçavoir , ſi l'Egliſe triomphante & recueillie dans les cieux fait partie de l'Egliſe. Je ne diſpute point icy de l'uſage des termes ; je ſcay bien qu'il y a long temps qu'on a diviſé l'Egliſe en *militante* & *triomphante* , je con-ſens tres volontiers qu'on demeure dans cêt ancien uſage. Mais je ne ſçaurois croire que cette Egliſe triomphante ſoit celle du ſymbole des Apôtres , encore moins celle de l'Ecriture. Ce n'eſt point celle du ſymbole, car le ſymbole nous parle d'une Egliſe qui non ſeulement croit, mais qui fait profeſſion & confeſſion devant les hommes, que nous devons ſuivre, & dans laquelle nous devons entrer. Or l'Egliſe Triomphante à proprement parler ni ne croit, ni ne fait profeſſion de croire. Elle ne croit pas, car elle chemine par veüe & non plus par foy : Elle ne fait point profeſſion ni confeſſion, car certaine-ment, & la confeſſion & la profeſſion ont leur rapport à ceux devant qui on confeſſe, & elles ſont viſibles. Or il eſt certain que les Saints glorieux dans le ciel, ne font plus de confeſſion ni de profeſſion qui nous ſoyent viſi-bles.

l'Egliſe tri-omphante n'eſt pas l'Egliſe du ſymbole.

bles. Enfin ce n'eſt point une Egliſe que nous ſoyons
obligés de ſuivre, car nous ne la voyons pas, elle
n'enſeigne rien, elle ne montre pas le chemin. Il eſt
bien vray que le ſymbole parle de la communion des
ſaints ; & je ne ſçay ſi l'intention de ceux qui ont fait
entrer cet article dans le ſymbole à eté d'eſtendre cette
communion aux ſaints qui ſont dans les cieux. Mais
je ſçay bien qu'il n'eſt nullement neceſſaire de l'y étendre, & quelle peut étre ſuffiſamment expliquée par cette
communion de foy, de charité, de confeſſion, & de
profeſſion qui eſt entre les ſaints ſur la terre ; & en
ce cas cêt article ſera une explication & une dependance
de celuy de l'Egliſe. Si on a voulu étendre cette communion juſqu'aux ſaints glorifiés ce n'eſt plus l'explication de l'article de l'Egliſe, c'eſt un article different.

l'Egliſe tri-
omphante
n'eſt pas
celle dont
l'Ecriture
parle.

Pour ce qui eſt de l'Ecriture il n'y a point d'apparence non plus que ſous le nom d'Egliſe elle comprenne l'Egliſe triomphante. Car c'eſt elle qui nous a fourni de l'Egliſe, l'Idée que nous en avons veüe : c'eſt
elle qui l'accompare à un homme & à un corps animé. Or un corps animé a deux parties, l'ame & le
corps ; toutes deux ſont de l'eſſence de l'Egliſe, l'ame
c'eſt la charité & la foy, le corps, c'eſt la profeſſion &
la confeſſion. Nous tombons tous d'accord de cela. Pourquoy donc abandonner ſi toſt cette Idée pour faire une
Egliſe qui n'a qu'une ame & point de corps. Car l'Egliſe
Triomphante a la charité, elle a la veüe qui luy tient
lieu de foy, C'eſt l'ame de l'Egliſe. Mais elle n'a ni
la profeſſion, ni la confeſſion, ni la communion aux
ſacrements, ni les aſſemblées, ni le culte externe, toutes choſes qui font le corps de l'Egliſe c'eſt à dire ſa
partie viſible.

Au reſte cette Egliſe Triomphante n'eſt point celle
dont S. Paul parle quand il dit *que Dieu en a donné les uns*
pour étre Apôtres, les autres pour étre Prophetes, les au-
tres pour étre Euangeliſtes, les autres pour étre Paſteurs &
Docteurs, pour l'aſſemblage des ſaints, pour l'œuvre du Mi-
niſtere &c. Car cette Egliſe qui eſt dans les cieux n'a
beſoin ni de Prophetes, ni d'Apôtres, ni de Paſteurs.
Ce n'eſt point cette Egliſe de laquelle il dit ailleurs,
qu'elle eſt l'appuy & la colomne de la verité. Car l'Egliſe
Triom-

Triomphante ni n'appuye la verité en la prêchant, ni elle ne l'enseigne, ni ne la deffend. Ce n'est point celle que l'Ecriture appelle *un troupeau*, *un petit troupeau*, & à la quelle il dit *ne crain point*. Car l'Eglise Triomphante n'est plus un troupeau, elle n'a plus besoin de defence contre les loups, de berger pour la conduire, de parole pour luy servir de nourriture & d'aliment. Ce n'est point elle qui est appellée *l'Epouse de Jesus Christ*; Car l'Eglise est Epouse parcequ'elle engendre des enfans à Dieu, par une heureuse fecondité. Or l'Eglise Triomphante n'engendre plus d'enfants à Dieu. Ce n'est point elle que l'Ecriture appelle *une maison sainte au seigneur*. Car S. Pierre adjoute que nous sommes edifiés dans cette maison comme des pierres vives. Or les membres de l'Eglise Triomphante ne sont plus édifiés, ils sont au dessus de l'Eglise. A proprement parler ils ne sont plus la maison du seigneur. Dieu n'habite pas chez eux ils habitent chez Dieu. Ce n'est point non plus cette Eglise qui est si souvent appellée *le Royaume des Cieux*. Car ce Royaume des Cieux est semblable à un rets qui enferme de la boüe avec des poissons, des cailloux, & des conques de perles; C'est à dire qu'il y a des bons & des mauvais. Il est semblable à un peu de levain qui fait lever une grande masse de paste, c'est à dire qu'il va tousjours en augmentant. Il est semblable à un champ, où partie de la semence se perd, est étouffée, est emportée & une autre partie germe, croist, & apporte du fruit. Tout cela dis-je ne convient nullement à l'Eglise Triomphante qui est pure sans yvroye, sans meslange de meschants, qui ne croist plus, qui ne perd aucune des semences qu'elle a receües. Ce n'est point même cette Eglise à laquelle il est dit que Jesus Christ à eté donné pour Chef. Dieu a donné *Jesus Christ, pour estre le Chef de l'Eglise laquelle est son corps, & l'accomplissement de celuy* Ephes. 1. *qui accomplit tout en tous*. Car Jesus Christ est appellé le Chef de l'Eglise, par rapport à ce que l'Eglise est composée de membres qui ont divers offices & divers dons, les uns sont Pasteurs, les autres sont Prophétes & Apôtres, les autres sont sçavants, les autres sont simples, les uns excellent dans une vertu, & les autres dans une autre. C'est ce qui est clair par le chap. 12. de la

B   1. aux

1. aux Corinthiens, où S. Paul apres avoir fait, l'enumeration des diverses parties, & des divers offices de
l'Eglise, il adjoute. *Or vous estes le corps de Iesus Christ,
& ses membres chacun en son endroit.* Cela ne se rencontre pas dans l'Eglise Triomphante, où les ames des
bienheureux, ne sont pas distingués par la diversité
de leurs offices & de leurs fonctions.

Les passa-
ges qui
pour-
royent
estre apli-
qués à l'E-
glise triom-
phante ne
la regar-
dent pour
tant pas
Ephes. 5.

Il est vray qu'il y a certains passages qu'on pourroit
bien appliquer à l'Eglise Triomphante conjointement
avec la militante, Par exemple ceuxcy. *Christ à aimé
l'Eglise & s'est donné soy mesme pour elle afin qu'il se la rendist une Eglise sans tâche, ni ride.* Car il est vray que
Jesus Christ aime l'Eglise Triomphante, qu'il l'a ra-
chetée, & qu'il l'a purifiée. Cependant il n'y a rien là
dedans qui nous puisse obliger à croire que l'Apôtre
l'a eû en veüe. Si je disois d'un homme. C'est un
esprit penetrant, qui à des lumieres surprenantes, &
qui cognoit tout ce qui se peut naturellement cognoitre
Cela pourroit tres commodement être entendu d'un
Ange, car cela luy convient. Cependant il n'y auroit
rien qui determinast ces paroles à être entendües de
l'ange au contraire l'usage ordinaire, & les autres circonstances determineroient facilement l'auditeur à comprendre que je parle d'un homme, encore que je
n'eusse point prononcé le nom d'homme. Ce que l'Apôtre dit dans ce passage que Jesus Christ *veut rendre l'Eglise sans tache ny ride,* ne prouve pas qu'il parle de l'Egli-
te Triomphante. Car ces Parolles signifient non ce que
Jesus Christ a fait pour l'Eglise dans le siecle present
mais ce qu'il fera quelque jour. Il n'y à point d'ellu
vivant dont je ne puisse dire la mesme chose. *Dieu
a racheté Pierre ou Jacques afin qu'il se le rendist sans tâche
& sans deffaut.* Cela ne signifieroit pas que Jacques ou
Pierre fussent deja morts, & dans l'etat de perfection.
Cela signifieroit seulement que le but de Dieu seroit de
les mettre quelque jour dans cet état de perfection.

Chap. 12.
Explication
du passage
du 12 chap
de l'epistre
aux he-
breux ou il
est parlé
de l'Eglise
que c'est
l'Eglise
militante.

Quand l'autheur de l'Epitre aux Hebreux appelle l'Eglise *la montagne de sion, la cité du Dieu vivant la Jerusalem
celeste, les milliers d'Anges, l'assemblée & l'Eglise des premiers néz dont les noms sont écrits aux cieux,* il n'entend
nullement n'y l'Eglise Triomphante seule comme le pretend M. de Meaux, ni l'Eglise Triomphante conjointement

ment avec la militante. Il décrit feulement l'Eglife militante fous l'Euangile par oppofition à l'Eglife Judaïque.
Cela eft clair puifque dans cêt endroit l'Apôtre fait
une oppofition entre l'Economie legale, & l'Evangile,
entre l'Eglife du vieux Teftament & celle du Nouveau.

*Vous n'eftes point venus à une montagne qu'on ne puiffe
toucher à la main, ni au tourbillon, ni au feu bruflant,
ni à l'obfcurité de la Tempefte, ni à la voix des paroles &c.
Mais vous êtes venus à la montagne de fion &c.* que feroit
la dedans l'Eglife Triomphante ou feule ou conjointe
avec la militante? on oppofe les chofes par les caractéres qui les diftinguent & enquoy ils different, &
non en ce enquoy elles conviennent. Or il eft certain
que l'ancien peuple avoit fon Eglife Triomphante aufli
bien que le nouveau. Il avoit donc une montagne
de Sion, une Jerufalem celefte, &c. Et qui ne voit
que l'Eglife militante fous le N. T. eft appellée *la montagne de Sion*, par oppofition à la montagne de Sinay
de l'ancienne Economie? Montagne qui n'eftoit acceffible à perfonne du peuple mais à Moyfe feul, au lieu
que la montagne de Sion fur laquelle étoit fitué le
Temple étoit acceffible au moindre du peuple. Ce qui
étoit la figure de l'Eglife Chrétienne fur la terre, ouverte à tous les peuples du monde, mais cela ne convient
point du tout à l'Eglife Triomphante laquelle n'eft acceffible à aucun homme vivant. l'Eglife Chrétienne eft
appellée *la cité du Dieu vivant*, par excellence, & par
oppofition à l'ancienne Jerufalem, qui n'eftoit la cité
du Dieu vivant qu'en figure; comme le Temple n'eftoit
la maifon de Dieu, que parce qu'il étoit la figure de
l'Eglife dans laquelle Dieu habite. Au refte ce tiltre
de *Cité du Dieu vivant* convient peu à l'Eglife Triomphante, car dans une cité il y a divers emplois, diverfes fonctions, & divers offices. On y vend, on y
achepte, on s'y marie, on y engendre des enfans, on
fe deffend contre des ennemis, il y a Police, loix, &
gouvernement: Et à tous ces égards l'Eglife mili ante
peut tres bien être appellée une cité; on y fait fpiritu-
ellement, tout ce qui fe fait corporellement dans une
ville. On s'y gouverne felon certaines loix, on y enfeigne, on y conduit, on y acquiert, on y achepte

com-

comme parle Efaye, les dons de Dieu fans argent, on y
engendre à Jefus Chrift, on lutte contre les ennemis
de la cité : Tout cela ne fe fait plus dans l'Eglife triomphante. Pour ces mefmes raifons l'Eglife Chretienne eft appellée *la Jerufalem celefte*, par oppofition à
la Jerufalem des Juifs qui étoit toute materielle & toute
terreftre. Il n'eft pas befoin que l'Eglife dont il eft parlé
foit dans le ciel, pour étre celefte, il fuffit qu'elle foit
defcendüe des cieux, que fes richeffes foyent du ciel que
fon efperance tende vers les cieux, que fes vertus foyent
celeftes & divines. Il eft parlé des *milliers d'Anges*,
dans cette defcription de l'Eglife chrétienne militante,
par oppofition à l'œconomie legale dans laquelle le
miniftere des Anges etoit fi fenfible, la loy fut donnée
par les Anges, un Ange conduifoit les Ifraelites par le
defert. Vous n'avés rien de moins en cela que les anciens, veut dire S. Paul, car vôtre Eglife eft gardée
par des milliers d'anges efprits adminiftrateurs envoyés
pour ceux qui doivent recevoir le falut. Enfin noftre
Eglife eft appellée *l'affemblée des premiers néz dont les*
noms font écrits aux cieux, par oppofition à l'ancienne
loy, où les feuls premiers néz étoient confacrés à Dieu
d'une facon particuliere. Tout mâle ouvrant la matrice
felon la loy, étoit à Dieu, & naturellement les aifnés
devoient étre les miniftres du Temple & du fervice :
Dieu s'etoit relaché de ce droit & avoit fubftitué la tribu
de Levi & la famille d'Aaron en la place des premiers
nés du peuple, pour luy étre facrificateurs. Et l'Apôtre
veut dire que tout les fidelles font aujourd'huy des
premiers nés rentrés dans leurs droits de facrificature.
Vous êtes un peuple de facrificateurs, dont les noms
font enregiftrés dans le temple celefte, comme autrefois on enregiftroit dans le temple de Jerufalem, tous
ceux qui avoient droit à la facrificature, & qui la devoient exercer. Car les facrificateurs divifés en 24
claffes, fervans par tour & par femaines devoient neceffairement avoir leur livre & leur regiftre, pour
fçavoir quand il faloit quils entraffent en fervice. J'ay
peine a croire que ceux qui liront cette explication du
paffage fans prejugé & avec attention n'avoüent que cel-
la le fens, & que nous n'avons nullement befoin d'
trouver une Eglife Triomphante. C'eft pourquoy
pou

pour conclurre, afin de ne pas multiplier les difputes fans neceffité, je prendrois l'Eglife dans l'ecriture pour l'Eglife militante fimplement. Auffi bien eft il certain que nous n'avons befoin que d'elle dans nôtre controverfe. C'eft d'elle feule dont nous parlons quand nous difputons de l'authorité de l'Eglife, des marques de l'Eglife, des cenfures de l'Eglife, de la puiffance des clefs de l'Eglife, de l'unité de l'Eglife & de fes fchifmes. C'eft mefme elle feule que nous definiffons, car ce ne cognois pas de Theologiens dont les definitions de l'Eglife ne reviennent à celle cy fçavoir, *que l'Eglife eft le corps & l'affemblée des fidelles, qui croyent en Dieu, & qui font profeffion d'y croire, qui font inftruits & conduits par la parole de Dieu, qui participent aux mefmes facrements, fous la direction des pafteurs legitimes.* Or à tout cela l'Eglife Triomphante n'apoint de part.

Comme nous ne diviferons point l'Eglife en militante & triomphante, fi nous fuivons fa veritable Idée qui eft prife de l'emblème d'un homme vivant compofé de corps & d'ame, nous ne la diviferons point non plus felon la mefme Idée, en *vifible* & en *invifible* ce font deux attributs d'une mefme Eglife, & non deux Eglifes. Elle à une ame, cette ame doit être invifible en elle mefme, c'eft la vraye foy, & la vraye charité qui n'eft connüe que de Dieu. Elle a un corps, & ce corps doit étre vifible, c'eft la profeffion & la confeffion qui font veües & cognües des hommes. Comme donc il n'y a pas deux hommes dans un feul homme, l'un vifible, & l'autre invifible, quoy qu'il y ait une ame invifible & un corps vifible, pareillement nous n'avons pas befoin de faire deux Eglifes dans une feule Eglife. Et comme non obftant l'invifibilité de l'ame, on ne laiffe pas de dire de l'homme qu'abfolument parlant il eft vifible, ainfi nonobftant l'invifibilité de la vraye foy qui eft l'ame de l'Eglife, on ne doit pas laiffer de dire que l'Eglife eft vifible. Mais puifque la vifibilité de l'Eglife doit avoir dans la fuite fon chapitre à part, ce n'eft pas icy le lieu d'en parler d'avantage. Ce que j'en viens de dire ne tend qu'a faire voir combien naturellement l'idée de l'Eglife empruntée de l'image d'un corps humain animé refout toutes les difficultés & repond à toutes les queftions. J'adjouteray feulement que cette obfer-

Il n'y a pas deux Eglifes, une vifible & l'autre invifible.

va-

vation fait voir que c'eft avec une tres grande injuftice
que l'Ecole Romaine s'eft fi fort élevée contre les Theologiens Reformés qui ont fait deux Eglifes, l'une vifible
& l'autre invifible. Car ils n'ont rien voulu dire autre
chofe que ce que nous difons icy, fçavoir que dans la
focieté generalle du Chriftianifme, il y a deux affemblées
ou plultôt deux corps, un corps qui eft uni à Jefus
Chrift par les liens invifibles de la foy, & de la charité, c'eft ce que nous appellons icy l'ame de l'Eglife:
Et un autre corps qui eft une focieté vifible, dont les
membres font liés entre eux, par le lien des mefmes
Sacrements : C'eft ce que nous appellons le corps de
l'Eglife.   Or les fcolaftiques reconnoiffent comme nous
dans l'Eglife corps & ame, partie vifible, & partie
invifible, & par confequent ce n'eft icy qu'une pure
difference de termes.   Et la queftion reelle confifte à
fçavoir fi cette partie invifible de l'Eglife eft de fon
effence ou non.   Et fi Dieu a attaché les privileges
qu'il à donnés a l'Eglife à cette partie invifible ou à
celle qui eft vifible, nous difons le premier, & l'Eglife
Romaine foutient le fecond.

Les prede-
ftinés à
naiftre ou
à donvertir
ne fçauro-
yent eftre
de l'Eglife.
    Si cette Idée de l'Eglife nous fait comprendre que les
predeftinés morts & glorifiés ne font pas renfermés
dans cette Eglife dont l'Ecriture parle, que le fymbole
croit, & que nous definiffons, elle nous fait auffi connoitre qu'a plus forte raifon les predeftinés qui font
encore à naitre, ou qui eftant néz font encore à convertir ne peuvent pas être regardés comme membres de
l'Eglife. Encore une fois tout le monde avoüe qu'il
y a corps & ame dans l'Eglife, vraye foy, & profeffion de foy. C'eft pour quoy j'ay peine à comprendre
pourquoy on met dans l'Eglife des fujets en qui on ne
trouve ni l'une ni l'autre des parties effentielles de l'E-
glife. Les Predeftinés qui font à naitre ne font point
de l'Eglife, car ils n'ont pas la vraye foy qui eft l'ame
de l'Eglife: ils n'ont pas la vraye foy, puifqu'ils n'ont
aucune efpece de foy, n'y aucune efpece d'eftre que celuy qu'on appelle *Idéal*. Ils n'ont pas la profeffion, &
la confeffion, car ces chofes prefuppofent l'eftre, que
les predeftinés à naitre, n'ont pas encore : ils n'ont donc
n'y le corps, n'y l'ame de l'Eglife.

    Les predeftinés qui font néz mais qui ne font pas
encore

encore convertis font encore dans un plus grand elogne-
ment de l'effence de l'Eglife.   Non feulement ils n'ont
pas la vraye foy mais ils font dans l'Infidelité actuelle ; non
feulement ils ne confeffent pas & ne profeffent pas la
foy, mais ils la renoncent, ils la blafphement, ils font
enfans du Diable & ne le peuvent être de Jefus Chrift.
C'eft bien avec affurance qu'on peut dire de ces deux
ordres de predeftinés que l'Écriture ne penfa j'amais à les
faire membres de l'Eglife.

Il eft vray que Jefus Chrift appelle fes *brebis*, des gens
qui n'eftoient pas encore convertis.   *Jay encore d'au-*
tres brebis qui ne font pas de cette bergerie.   C'eftoit des
payens dont il parloit : Mais il n'y à perfonne qui ne
fente que le Seigneur les appelloit *brebis* par rapport à
ce quils devoient être, & non par rapport à ce quils
étoient.   Au refte comme les interêts reglent fouvent
les opinions il auroit pû fe faire que l'on fe feroit engagé
par intereft à foutenir que les prédeftinés à naitre ou à
convertir feroyent membres de l'Eglife, Mais j'avoüe
que quand je cherche cêt intereft, je n'en puis decouvrir aucun. Ainfy c'eft une penfée fi elle eft fauffe qui
ne peut être que tre innocente, puifque elle ne fait ni
bien ni mal à aucun des deux partis.

Avant que de finir ce chapitre nous dirons un mot
des Catechumenes, & des excommuniés, dont on dé-
mande s'ils font membres de l'Eglife.   Quant à ceux
qui font juftement excommuniés, on peut dire qu'ils
font hors de l'Eglife, puis qu'ils font privés de l'ame
de l'Eglife qui eft la vraye foy, & la charité, & qu'ils
ont ete chaffés de fon corps & de fa communion vifible :
la difficulté ne peut être que des excommuniés injuftement.   Sans doute ils font dans l'Eglife, ils en ont l'a-
me qui eft la vraye foy & le charité.   Ils en ont le *corps*
qui eft la profeffion.   Car la participation aux Sacrements qui leur eft interdite & dont ils ne s'abftiennent
que pour ceder à la violence n'eft pas le feul acte de leur
profeffion : on ne les fçauroit empêcher de fe trouver dans
les faintes affemblées, d'affifter aux prieres, de confeffer les verités Chrétiennes devant tout le monde, & cela
fuffit pour les faire être du corps de l'Eglife.   Et à cet
égard ceux qui font excommuniés, juftement, peuvent
être encore dans l'exterieur de l'Eglife & dans fon corps

Des Cate-
chumenes
& des ex-
commu-
niés qu'ils
peuvent
eftre mem-
bres de
l'Eglife.

B 4   pour-

pourvuqu'ils facent encore profeſſion ouverte d'etre Chrétiens.   Au reſte c'eſt une fauſſe penſée que celle de
ceux qui definiſſent l'Excommunication un acte par le
quel on ſepare un homme de la communion de l'Egliſe
univerſelle.   On ne ſçauroit chaſſer un homme de
l'Egliſe univerſelle : toute excommunication ſe fait par
une Egliſe particuliere, & n'eſt rien qu'une expulſion
hors d'une ſocieté particuliere.

Quand aux Catechumenes il eſt certain qu'ils ſont
dans l'Egliſe des le moment meſme qu'ils ont la vraye
foy, & qu'ils enfont profeſſion, encore qu'ils ne ſoyent
pas baptiſés, & l'on ne doit pas prendre à larigueur ce
que diſent les Theologiens anciens & modernes que le
bapteſme eſt la porte de l'Egliſe.   Je veux bien qu'elle
ſoit la porte du ſanctuaire, & qu'on ne ſoit parfaitement dedans ce ſanctuaire que quand on a paſſé cette
porte.   Mais devant cette porte il y a un veſtibule,
c'eſt la profeſſion & la confeſſion, & ce veſtibule fait
partie de la maiſon : Les enfants avant leur bapteſme n'ont
pas encore fait profeſſion, & ne ſont pas en état de la
faire, mais leur naiſſance de parents fideles leur tient
lieu de profeſſion de foy, Ainſi on ne les doit pas
reputer hors de l'Egliſe, ni les damner quand ils meurent
dans ce veſtibule du ſanctuaire, comme fait cruellement
l'Egliſe Romaine.

CHAPITRE III.

Que les mondains qui ſont dans le corps de l'Egliſe,
ne ſont point vrays membres de l'Egliſe.   Extrava-
gance de la Theologie papiſte là deſſus.   Vains
efforts de M. Nicole pour reconcilier ſes Theologiens
avec S. Auguſtin.   Examen du 6e. chap. de ſon
2d. livre.

Il faut rai-
ſonner ſur
les ſectes
errante
commes
ſur les par-
ticuliers vi-

IL reſte deux queſtions importantes ſur les parties qui
compoſent l'Egliſe, c'eſt à dire ſes membres ; la
premiere regarde les hypocrites & les faux Chrétiens,
pour ſçavoir s'ils ſont vrays membres de l'Egliſe ; l'autre
regarde les religions corrompües, c'eſt à dire les ſectes
du Chriſtianiſme dans leſquelles on enſeigne des erreurs ;
ſça-

sçavoir si ces sectes font partie de l'Eglise. Pour avoir cieux, à l'e-
des principes uniformes, il est certain qu'il faut pro- gard de la
noncer la mesme sentence sur les uns, & sur les autres ; question.
Ou il faut les exclure tous de l'Eglise, ou il faut les membres
y laisser tous en quelque façon. Car si l'erreur des de l'Eglise.
communions errantes les exclud de l'Eglise, pourquoy
les vices des particuliers engagés dans l'hypocrisie &
dans le desordre ne les exclurroyent t-il pas de l'Eglise?
Et si les desordres des Chrétiens hypocrites, qui souvent vont jusqu'aux derniers excés ne les empêchent
pas détre membres de l'Eglise, je ne sçay pourquoy
les erreurs des sectes les émpécheroient d'estre parties de
l'Eglise. Ainsi il y a de la bifarerie dans la Theologie
du papisme, qui veut d'une part que les hypocrites &
les faux chrétiens puissent etre vrays membres de
l'Eglise, & qui d'autre part ne veut point laisser ce nom
& cêt advantage aux sectes engagées dans l'erreur.
Mais ces deux sortes de gens les hypocrites & les sectes
faisant deux questions il faut leur donner à chacun leur
chapitre.

La premiere question est si les hypocrites & les faux Que les
Chrétiens qui sont dans la communion externe de l'Eglise hypocrites
font vrays membres de l'Eglise. Nous respondons à ne sçauroyent
cette question comme aux autres par nôtre Idée de estre
l'Eglise empruntée d'un corps humain animé. Il y a membres
dans l'Eglise corps & ame, l'ame est la vraye charité de l'Eglise
a parler
& la veritable foy, le corps c'est la confession & la propre-
profession ; les hypocrites & les faux Chrétiens n'ont ment.
pas la foy & la charité, ils ne font donc pas de l'ame
de l'Eglise. Ils ont la profession & la confession ils
font donc du corps de l'Eglise. Nous avons dit que
ces deux parties essentielles de l'Eglise ont leur essence
à part ; on peut être corps sans avoir part a l'ame, on
peut avoir la foy sans confession & profession. Car
confesser & professer supposent toujours une commu-
nauté devant laquelle on confesse & on professe, or un
vray Chrétien peut être éloigné de toute societé en presence de laquelle il puisse confesser & professer. On
peut aussi avoir la confession & la profession sans foy,
ou sans veritable foy. L'un & l'autre ordre de ces personnes appartient à l'Eglise, mais les premieres appartiennent à l'ame seulement, & les derniers seulement

au

au corps: Il me semble que cela ne peut être contesté.

Que les
hippo-
crites,
n'ont pas
ce qui fait
un membre
de l'Eglise.
On demande si ces faux Chrétiens qui sont dans la communion externe de l'Eglise, ont non seulement tout ce qui est necessaire pour être du corps de l'Eglise, mais aussi tout ce qui est necessaire pour être vrays membres de l'Eglise, pour avoir part à toute son essence, pour entrer dans tous les advantages que Dieu à donnés à son Eglise dans le monde. Le papisme selon ses principes repond qu'oüy, & dit qu'un méchant Pape, un Eveque scelerat, un particulier impie qui sont dans la communion externe de l'Eglise, qui adherent aux pasteurs legitimes & qui communient aux sacrements sont vrays membres de l'Eglise, qu'ils ont tout ce qui fait l'essence d'un membre de l'Eglise. C'est un égarement qui me paroist prodigieux, & l'une de ces erreurs qu'on peut appeller folles & contradictoires. Les scholastiques avoüent qu'il y a corps & ame dans l'Eglise: ils ne sçavroient nier que l'ame ne soit la plus noble partie de l'Eglise : ils ayoüent que les faux Chrétiens n'ont point de part à cette ame de l'Eglise, & neantmoins ils ne laissent pas de dire que ces faux chrétiens ont tout ce qui est essentiel à un vray membre de l'Eglise. Est ce la une erreur humaine ; & n'est ce pas evidemment une de ces pensées extravagantes auxquelles on est poussé par une espece de violence à cause des faux principes qu'on s'est engagé de soutenir ? le papisme s'est engagé de soutenir que l'infaillibilité & la residence perpetuelle de l'Esprit de Dieu estoient attachées à cette partie visible de l'Eglise qui fait son corps. Il n'y avoit pas d'apparence de soutenir que ces beaux privileges pussent être attachés à de faux membres de l'Eglise. Il faloit donc soutenir que les impies & les scelerats qui souvent sont les gens en qui l'esprit d'infaillibilité reside, à ce que l'on pretend, sont les vrays membres du corps de Jesus Christ, & sont sa veritable Epouse.

Ces Messieurs nous parlent souvent de l'horreur qu'ils ont reconnüe dans nos reformés toutes les fois qu'ils leur ont parlé des suittes de nos dogmes ; entr'autres de celle cy, que selon nos principes un homme doit croire qu'il peut mieux juger d'une controverse, que tout un concile & mieux que l'Eglise universelle. Mais sont ils bien capables de soutenir la veüe de cette horrible

pro-

proposition qui eſt pourtant la leur, qu'un ſcelerat, un impie eſt vray membre de l'Egliſe. C'eſt à dire qu'une ſocieté de ſcelerats pourroit être l'Epouſe de Jeſus Chriſt ? Je ſuis perſuadé que quand nous propoſerons cela aux ſimples d'entre les pretendus Catholiques, ils rejetteront avec abomination cette penſée comme M. de Meaux dit que nos reformés auſquels il a parlé, ont rejetté avec horreur les propoſitions qui ſont, ſelon luy, les ſuittes neceſſaires de nos principes.

Cet objet eſt ſi affreux que Meſſieurs les pretendus Catholiques modernes n'en ont pû ſoutenir la veüe. Monſieur Arnaud dans ſa reponce à Malet le condamne ſans détour. M. de Meaux & M. Nicole le pallient, le desguiſent, & juſtifient les Scholaſtiques comme ils peuvent.

Il y a donc cette abſurdité dans ce dogme papiſte. La premiere eſt qu'on ôte a l'Egliſe ſon ame ce qu'il y a d'interieur, de grand, & de noble pour ne luy laiſ-ſer qu'une ſuperficie, que de l'exterieur. On luy oſte la foy, la charité, l'Eſperance; on avoüe que ces ver-tus ſe trouvent dans l'Egliſe & meſme qu'elles s'y trou-vent *neceſſairement* & dans certains ſujets, parceque le miniſtere ne peut être infructueux à legard de tous. Mais on nie que ces vertus faſſent l'eſſence de l'Egli-ſe, & l'on pretend que cette eſſence ne conſiſte qu'en ces trois choſes qui ſont toute fois externes, la premiere eſt la profeſſion de la foy, la ſeconde la partipation aux ſacrements, & la troiſieſme l'adherence aux paſteurs legitimes. Si l'on veut voir combien cette Idée eſt fauſ-ſe, contradictoire, oppoſée au S. Eſprit, & aux ſen-timents des Peres, on n'a qu'a lire l'excellente reſponce de M. Claude à M. de Meaux & ſi l'on veut voir qu'el-les ſont les horribles ſuittes de cette doctrine, on les peut trouver dans la reponce de M. Arnaud à Mallet.

Les autheurs de la verſion de Mons ſur le 13 verſet du 13 chap. de la premiere Epitre aux Corinthiens. *Or ces trois vertus, la foy, l'eſperance, & la charité de-meurent, mais la charité eſt la plus excellente des trois;* avoient mis à la marge *que ces trois vertus* ſont eſſentiel-les à l'Egliſe. Mallet condamne ſans façon cette pro-poſition comme heretique & calviniſte. M. Arnaud la deffend & luy fait voir que ſi la foy, l'eſperance &

la

Marginal notes:

Abſurdi-tés qui ſont dans ce dogme, qu'un hypocrite eſt vray membre de l'Egliſe.

Reſp. au diſcours de M. de Condom. 2. queſtion p. 13.

Confeſſion de M. Ar-naud la-deſſus

la charité ne font pas effentielles à l'Eglife. On pour-
roit concevoir le corps entier de l'Eglife fans foy, fans efpe-
rance, & fans charité. C'est à dire que lón pourroit fup-
pofer que la vraye Eglife de J. C. feroit encore dans le Monde
& que les portes d'enfer n'auroyent point prevalu contre elles,
quoy que ce ne fuft qu'une affemblée d'hypocrites qui profeffant
la vraye foy, ne l'auroient point dans le cœur, ou qui
auroient tous chaffé le St. Efprit de leur ame par le peché mor-
tel, & par l'extinction de la charité. Il à raifon de luy
dire la deffus, *il faut n'eftre pas chrétien pour avoir cette*
penfée & *d'affurer, que de quarante mille perfonnes qui ont*
lu la verfion de Mons, Mallet eft peut être le feul qui ait
eû cette vifion. Ce font precifement de ces vifions cho-
quantes dans lefquelles on n'entre jamais que quand on
y eft forcé par l'intereft d'une caufe, qu'on eft obligé de
deffendre à quelque prix que ce foit.

Lib. 11.
p. cap. 6.

   Ces Meffieurs qui veulent que les vertus chrétiennes foient de l'effence de l'Eglife, & qui voyent les
affreufes confequences de la Theologie de ceux qui ne
font entrer dans la definition de l'Eglife que des caracteres externes travaillent à les juftifier : ils difent avec
M. de Meaux que cette Eglife purement exterieure fans
vertus internes ne fubfifte que dans nôtre penfée, que
ce n'eft point celle des Cardinaux Bellarmin & du Perron, comme nous nous l'imaginons. C'eft un endroit fur
lequel il n'eft pas neceffaire de pouffer d'avantage M. de
Meaux. M. Claude l'a fait avec autant de force qu'on
le pourroit fouhaiter. Il a developé les equivoques,
il a fait voir que ceux que M. Nicole appelle les fcolaftiques non feulement ne renferment point les vertus
chrétiennes dans l'Idée & l'effence de l'Eglife, mais qu'ils
les excluent formellement. Il à fait voir que Bellarmin a bien avoüé qu'il y avoit certainement de veritables fideles dans l'Eglife mais qu'il a nié qu'ils fuffent
effentiels à l'Eglife. Il a prouvé que dans le fond M.
de Meaux, & ceux qui fuivent fa Methode ne fcauro-
ient être differents des autres, il a pouffé M. de Meaux
fur les adouciffements de, *plus effentiels, & de moins effen-*
tiels, de maniere quil aura de la peine à en revenir. Ce
n'eft donc plus la noftre affaire, puifque ceft une chofe
faite. Mais nous devons examiner ce que dit M. Nicole fur la matiere ; car il luy a donné deux chapitres
                                                     dans

dans son ouvrage. Dans le premier il travaille en ex- Luc. 2.
pliquant l'opinion regnante dans le papisme, à la recon- ch. 3. & 4.
cilier avec le sentiment de l'Ecriture, de la raison,
& de S. Augustin. Mais il le fait de la maniere du
monde la plus pitoyable.

Premierement on peut dire que ce chapitre est un ga- *Embarras*
limathias à peu prés inexplicable. Dans le chapitre *de M. Ni-*
precedent il accuse les Ministres d'embrouiller leurs sy- *cole où il*
steme, *plus ils ont d'Esprit*, dit il *plus l'Idée qu'ils don-* *veut prou-*
nent de l'Eglise est embarassée & plus difficile à demeler. *ver qu'il*
Si l'embarras est une marque assurée & d'une mauvaise *y a de la*
foy, & d'une mauvaise cause, M. Nicole nous fait bien *difference*
voir qu'il deffend un mauvais parti dans ce chapitre. *entre St.*
Il avoüe que S. Augustin dans un tres grand nombre *Augustin*
de lieux répandus dans tous ses livres contre les Dona- *& les mi-*
tistes, dit qu'il n'y a que les justes & les bons qui *nistres sur*
soyent de l'Eglise, & qui appartiennent à l'Eglise, que *l'Eglise.*
les méchans sont bien dans l'Eglise, mais qu'ils ne
sont pas de l'Eglise, & qu'ils ne luy appartiennent pas. Ce Pere dit mesme quelque fois qu'ils sont
hors de l'Eglise. *Mais toutes ces expressions dit M. Ni-*
cole; sont bien differentes dans la bouche de S. Augustin, &
celle des Ministres. Voyons donc en quoy elles sont
differentes. *Premierement dit il, par ces bons, ces justes,*
ces vrais fideles dans lesquels S. Augustin fait consister
l'Eglise il n'entend pas les justes comme justes seulement, mais
les justes comme unis entre eux. Est ce que les Ministres
ne disent pas la mesme chose? est ce la difference qu'il
trouve entre le sentiment de S. Augustin, & le nostre?
Ne definissons nous pas l'Eglise par une assemblée, une
societé, un corps? & une assemblée, une societé un
corps n'ont ils pas des membres unis? Disons nous
qu'une justice en l'air, & sans sujets unis les uns aux
autres fasse l'Eglise? Ne donnons nous pas à l'Eglise
une ame & un corps, & ce corps n'est ce pas la profession de plusieurs personnes qui sont liées ensemble par
les liens d'une communion externe? *secondement ajoute*
t-il *leur union ne doit pas être seulement interieure, mais*
exterieure par la communion des mesmes Sacrements. Autre
difference du sentiment de S. Augustin & de celuy des
ministres, Enverité ces Messieurs se moquent du public:
à qui persuaderont ils que nous ne facions consister
l'u-

l'union des membres de l'Eglise entre eux que dans des vertus internes & invisibles. Il n'y a point de Theologien entre nous qui ne diftingue l'eftat interieur de l'Eglise de l'eftat exterieur ; & qui ne dife qu'a l'egard de l'état interieur, les fideles font unis entre eux par la communion d'un mefme Esprit & d'une mefme foy ; Mais qu'a l'egard de l'eftat exterieur ils font unis par la communion d'un mefme baptefme , d'une mefme profeffion, & d'une mefme confeffion de foy. Pour troisjefme difference entre S. Auguftin & les Miniftres, M. Nicole trouve que felon S. Auguftin, *la communion des bons eft neceffairement meflée des méchants , Ce ne font point deux focittés exterieures ni deux communions, C'eft la mefme focieté , la mefme communion qui a diverfes parties.* Il faut apprendre à M. Nicole qu'il n'y a pas de Miniftre qui n'en confeffe autant. Ceux qui ont fait deux Eglifes l'une vifible & l'autre invifible, l'une liée avec des liens internes, & l'autre unie par des liens externes, ne font differents des autre que dans les termes ? Car perfonne ne pretend que ces deux Eglifes facent deux focietés differentes ; tout le monde avoüe qu'elles font confondües dans une mefme focieté vifible, dans la quelle il eft impoffible qu'il n'y ait des méchants & des hypocrites meflés avec les bons. Jufqu'icy je ne voy donc aucune ombre de difference entre les Miniftres & S. Auguftin.

Dans ces trois differences de faint Auguftin & des Miniftres. M. Nicole veut trouver auffi trois convenances pour faire voir que St. Auguftin & les Scolaftiques ne font differents que dans les termes, par ce que les Scolaftiques recognoiffent auffi. 1. quil y a des juftes dans l'Eglife. 2. que ces juftes font unis entre eux : par des liens externes & internes. 3. que dans l'Eglife il y a auffi des bons & des méchants. Il eft vray que S. Auguftin & les Scolaftiques conviennent en

Differences qui font entre l'opinion des Scolaftiques & celle de S. Auguftin fur les membres de l'Eglife.

cela, mais cela n'empeche pas qu'ils ne foyent tres differents. 1. les Scolaftiques & S. Auguftin difent qu'il y a des juftes dans l'Eglife. Mais S. Auguftin dit qu'ils y font comme la partie effentielle & pour ainfi dire *confiituante*. Les Scolaftiques difent qu'ils y font à la verité neceffairement , mais non qu'ils foient de l'effence de l'Eglife. Ils y font felon eux comme une partie *integrante*, qui eft à la verité la plus noble, mais

qui

qui pourroit pour tant n'y être pas fans que l'Eglife perdift fon effenfe. 2. S. Auguftin dit que les juftes font les feuls vrays membres de l'Eglife , & que les hypocrites n'en font pas les membres. Les Scolaftiques au contraire difent que les hypocrites & les méchants font également les membres de l'Eglife avec les juftes, pourvû qu'ils ayent ces trois caractères externes , la profeffion de la mefme foy , la communion aux mefmes Sacrements , & l'adherence aux mefmes pafteurs legitimes. 3. S. Auguftin & les Scolaftiques difent que dans l'Eglife il y a des bons & des méchants ; mais les Scolaftiques veulent que les méchants foyent dans l'Eglife comme parties de l'Eglife , & S. Auguftin veut qu'ils y foient feulement comme membres du corps de l'Eglife , mais membres morts & corrompus qui n'ont pas l'effence de l'Eglife. Il ne fert de rien de citer icy Bellarmin, comme fait M. Nicole pour prouver que les Scolaftiques regardent les faux Chrétiens comme des membres morts & fans vie , car ceft une de leurs contradictions, C'eft un hommage qu'ils ont rendu à la verité malgré eux & contre leurs principes. Je voudrois que dans ces principes ils me refpondiffent a cêt argument. Tout membre qui à les caractères effentiels de l'Eglife eft un membre vivant : les hypocrites ont tous les caractères effentiels à l'Eglife , fçavoir, la profeffion de la vraye foy, la communion aux veritables Sacrements , & l'adherence aux pafteurs legitimes. Donc les hypocrites font des membres vivants.

Ni M. de Meaux , ni M. Nicole ne prouveront jamais que la mineure foit fauffe , & par confequent, ils ne detruiront jamais la force de la confequence. *Selon les uns & les autres* , dit M. Nicole C'eft à dire felon S. Auguftin & les Scolaftiques , *les bons font liés d'un double lien, de charité interieure & de communion exterieure.* Il eft vray, mais felon S. Auguftin le lien de la charité & de la foy interieure eft le lien effentiel qui fait que les juftes font enfemble l'Eglife & felon les Scolaftiques le lien effentiel qui lie les bons & qui les fait être l'Eglife , C'eft le lien de la communion exterieure. *Selon les uns & les autres* dit il encore , *il eft effentiel à l'Eglife qu'elle ait des membres vivans , animés du S. Efprit.* Il eft vray , cela eft effentiel à l'Eglife felon

S. Au-

S. Augustin mais il est faux que cela soit essentiel selon les Scolastiques. J'en prend à tesmoin M. Arnaud, qui avoüe que selon les principes de Mallet l'Eglise pourroit être *une assemblée d'hypocrites qui professant la vraye foy ne l'auroient pas dans le cœur.* Or les principes de Malet sont ceux des Scolastiques. Malet les devoit bien sçavoir, puisqu'il les avoit etudiés, & qu'il les defendoit de bonne foy. Au lieu que M. Nicole ne tache de justifier les Scolastiques que par politique pour ôter de dessus le papisme une honteuse tâche.

Cest une chose admirable! tous les adversaires de ces Messieurs sont des novateurs quand ils deffendent quelques opinions qui ne sont pas au goust de quelques modernes. Mallet en soutenant que le peuple ne devoit pas avoir la permission de lire l'Ecriture soutient un Paradoxe aussi nouveau qu'il est impie, selon M. Arnaud: quand il soutient en propres termes, *que la charité n'est point essentielle à l'Eglise.* Selon M. Nicole il est un novateur qui n'a rien entendu dans le sentiment de Bellarmin lequel il à copié. Il y a bien apparence que Malet ait tant etudié Bellarmin sans l'entendre, & qu'ayant fait un si grand outrage à l'Eglise Romaine, en luy attribuant un sentiment extravagant & impie qu'elle n'a pas, il ne se soit trouvé personne qui l'ait relevé que M. Arnaud. Le sentiment de Malet selon M. Arnaud n'est *pas chrêtien,* cependant les approbateurs du livre de Malet l'ont laissé passer, & aucun de ses lecteurs ne s'en est plaint. En verité ces Messieurs agissent comme croyant qu'eux seuls ayant de l'Esprit, & que le reste des hommes estant des bestes on est en pouvoir de leur dire tout ce qu'on veut de plus incroyable.

Tous ces paralleles que M. Nicole fait entre S. Augustin & les Scolastiques pour les accorder sur l'Idée de l'Eglise, ne luy reüssissant fort bien, il veut les accorder par une comparaison. Il n'y a dit-il entre eux qu'une pure difference de mots, pareille à celle qu'il y auroit entre le langage *de deux personnes dont l'une diroit qu'elle auroit vû le Roy à la teste d'une armée de cinquante mille hommes & l'autre diroit qu'elle auroit vu le Roy & cinquante mille hommes.* Ou bien à celle qui seroit dans le langage de deux personnes, *dont l'une voyant de loin un homme monté sur un cheval diroit, que c'est un homme à cheval*

qui

qui vient, & l'autre diroit que c'est un homme & un cheval que s'approchent. Les comparaisons sont destinées à verser la lumiere sur un sujet, mais celle cy est tort propre à repandre des tenebres. Ceux qui la comprendront diront à M. Nicole, premierement que ce n'est pas une petite difference entre St. Augustin, & les Docteurs de l'Eglise Romaine, que St. Augustin dans son Idée de l'Eglise *attache sa pensée directement aux bons, & indirectement aux méchants; au lieu que ces Theologiens attachent leur pensée directement aux bons & aux méchants.* Car, selon cela, dans l'Idée de St. Augustin, il n'y a que les justes qui soient directement dans l'Eglise, & les injustes n'y sont qu'indirectement & tres imparfaitement au lieu que selon les Theologiens de l'Ecole, les justes & les hypocrites entrent directement & également dans l'Idée de l'Eglise & participent egalement à son essence, cest desia une grande difference. Secondement il est faux que les scolastiques *attachent directement leur pensée aux méchants & aux bons entant que tels.* Car selon eux ny la bonté ny la malice ne font rien pour être dans l'Eglise. Les justes ne sont pas dans l'Eglise par leurs justice, mais par leur profession externe, & par leur adherence aux pasteurs legitimes. Au lieu que selon St. Augustin les justes sont precisement dans l'Eglise à cause de leur justice & leur charité: la difference entre St. Augustin, & les scolastiques ne demeure t-elle donc pas, nonobstant l'ingenieuse comparaison de M. Nicole?

Ce qui rend ce chapitre plus incomprehensible, c'est que M. Nicole aprés avoir tant travaillé à reconcilier St. Augustin & ses Theologiens, par l'entremise de huit paraleles, & de deux comparaisons, ruine tout d'un coup tous ses travaux, & remet St. Augustin & les Docteurs de l'Ecole aux mains comme auparavant. *Quelle peut etre la difference? Elle n'est donc pas dans la chose mais dans le langage. Car elle ne consiste qu'en ce que St. Augustin renfermant la vie & la presence du St. Esprit dans la qualité de membres & de partie & prenant pour la mesme chose d'etre membre ou partie & d'etre membre vivant, & partie vivante, est obligé par cette difinition de dire que les méchants ne sont point membres, ni parties de l'Eglise, &c.*

Au lieu que d'autres Theologiens n'enfermant dans la qualité de membres que le lien exterieur de la communion des

C   *mes-*

mesmes sacrements qui convient univoquement & aux bons, & aux méchants. & qui suffit pour designer clairement l'Eglise, & non pour exprimer toute son essence ont eu raison de dire que les méchants étoient vrays membres & vrays parties de l'Eglise. Mais les uns & les autres admettent dans les bons & les méchants les mesmes liens reels, & les mesmes qualités effectives. Si quelqu'un nous veut expliquer cét enigme, & nous y faire voir quelque ombre de bonne raison il nous fera plaisir : mais pour moy je n'y voy que des tenebres & des contradictions qui ne sont pas humaines.

I. Jy voy que la difference entre les Theologiens Papistes & St. Augustin est en ce que St. Augustin *a renfermé la vie & la presence du St. Esprit dans la qualité de membre, & de partie de l'Eglise, & qu'il a pris pour méme chose d'estre membre de Eglise, & d'estre membre vivant. Au lieu que le papisme aujourd'huy n'enferme dans la qualité de membre de l'Eglise que le lien exterieur de la communion des Sacrements qui convient univoquement aux bons & aux méchants.* J'accepte cette difference ainsi qu'elle est icy definie; Mais comment peut on dire que cette difference n'est pas dans la chose mais dans le langage? St. Augustin prend pour la mesme chose *d'estre membre de l'Eglise, & d'estre membre vivant* : donc, selon luy, les pecheurs qui sont morts ne sont pas membres de l'Eglise : les Theologiens de M. Nicole au contraire, *n'enferment dans la qualité de membres de l'Eglise que le lien exterieur qui convient aussi aux méchants.* Donc les méchants, selon eux, sont vrays membres de l'Eglise. Il y a donc une aussi grande difference entre les sentiments de St. Augustin & ceux des Theologiens de M. Nicole qu'il y en a entre ces deux propositions *tous les vrais membres de l'Eglise, sont des membres vivants. Tous les vrais membres de l'Eglise ne sont pas des membres vivants.* Il me semble que ce sont deux contradictoires.

II. Secondement je voy dans ces paroles de M. Nicole que ses Theologiens *ont eû raison de dire que les méchants estoyent vrays membres & vrayes parties de l'Eglise.* On n'a jamais eû raison de dire ce qui est faux, & par consequent il faut que, selon M. Nicole il soit vray que les méchants soient vrays membres de l'Eglise : s'ils sont vrays membres de l'Eglise, ils sont vrays membres de

Je-

Iesus Christ & du Diable en mesme temps. C'est une contradiction avec l'Ecriture sainte : Mais c'est aussi une contradiction de M. Nicole avec luy mesme. Car il avoüe dans ce chapitre en plusieurs endroits que les méchants ne sont pas vrays membres de l'Eglise. Il avoüe que la foy & la charité sont essentielles à l'Eglise & à tous ses vrays membres. Il avoüe que selon St. Augustin un membre vivant, ou un vray fidele, & un membre de l'Eglise c'est la mesme chose. Il avoüe icy mesme que les scolastiques en definissant les membres de l'Eglise par le lien exterieur *n'ont pas exprimé toute l'essence:* qui n'a pas toute l'essence de l'Eglise n'est pas vray membre de l'Eglise. & cependant il nous dit ici que ses Theologiens *ont eu raison de dire que les méchants sont vrays membres & vrayes parties de l'Eglise.* Cela s'appelle se contredire dans les termes mesmes.

III. La troisiesme chose que je voy dans ces parolles de M. Nicole, C'est que ces Theologiens dans leurs definitions *n'enferment dans la qualité de membre de l'Eglise que le lien exterieur de la communion des mesmes sacrements:* Mais qu'en ce faisant ils n'ont pas eu dessein d'exprimer toute l'essence de l'Eglise, *non pour exprimer toute son essence,* mais seulement pour designer clairement l'Eglise. Premierement ce que suppose icy M. Nicole est faux, que le dessein de ses Theologiens n'a pas eté d'exprimer toute l'essence de l'Eglise en la renfermant dans le lien exterieur : s'ils n'avoient pas nommement exclus les vertus internes Monf. Nicole auroit un pretexte de dire ce qu'il dit. Mais & Malet & le Cardinal du Perron ont expressément dit que la *charité n'est pas essentielle à l'Eglise, que ce qui constitue l'etre formel de l'Eglise n'est ni la foy interne, ni la conjonction des Esprits par les offices de la charité.*

Mais ce que je souhaite qu'on remarque icy est une nouvelle contradiction de M. Nicole. Selon luy ses Theologiens en restreignant l'Idée de l'Eglise aux liens exterieurs n'ont pas dessein *d'exprimer toute son essence:* & cependant il avoüe que ces mesmes Theologiens *n'enferment dans la qualité de membre de l'Eglise que le lien exterieur.* S'ils n'enferment dans la qualité de membre de l'Eglise que le lien exterieur, ils content donc pour rien le lien interieur; ils excluent donc les vertus internes, ils expriment donc toute l'essence de l'Eglise en

ex-

exprimant ſes liens exterieurs ; Car dans la langue de
tous ceux qui raiſonnent , qui *dit enfermer dans l'Idée
d'un ſujet ou dans ſa qualité certains caracteres* , dit , definir
comprendre , tous les caracteres de ce ſujet & exclurre
tous les autres : peut on ſe contredire plus formellement ?

I V. Enfin la quatrieſme contradiction eſt dans ces
mots , *Mais les uns & les autres* , C'eſt à dire S. Auguſtin & les Theologiens de M. Nicole, *admettent dans
les bons & dans les méchants , les meſmes lien reels , & les
meſmes qualités effectives.* Comment eſt ce que S. Auguſtin peut reconnoitre dans les bons & dans les méchants.
Les meſmes liens reels & les meſmes qualités effectives ,
puiſque de l'aveu de M. Nicole peu de lignes auparavant , S. Auguſtin reconnoit dans les bons la qualité
de membres vivants , & de vrays membres de l'Egliſe ,
& nie que les méchants ſoient rien de tel ? étre membre
vivant & vray n'eſt ce pas une qualité effective , que
S. Auguſtin donne aux juſtes , & refuſe aux méchants ?
Peut on voir une contradiction plus ſenſible ? Voila
quatre contradictions groſſieres en autant de lignes ; &
à mon ſens c'eſt icy un des plus grands exemples de ceque
peut produire de desordres dans le raiſonnement la
meſintelligence de l'Eſprit & du Cœur , quand celuy
cy eſt d'un parti , & que celuy la en veut deffendre un
autre. Il faut à quelque prix que ce ſoit que S. Auguſtin ſoit toujours dans le ſentiment de ces Meſſieurs,
comme ils ne font pas un pas ſans luy, ils ne veulent
pas qu'il face un pas ſans eux. Mais malgré M. Nicole
les Theologiens demeureront s'il luy plait ſeuls chargés
du blâme d'avoir fait une Egliſe qui n'enfermant dans
ſon Idée aucune vertu interne pourroit étre l'Egliſe de
Jeſus Chriſt , & la Synagogue de Satan en meſme
temps. C'eſt la premiere abſurdité.

CHA-

CHAPITRE IV.

*Abſurdité quil y a a dire que Dieu conduit ſon Egliſe
en mettant ſon Eſprit d'infaillibilité dans des hommes
qui ne ſeroyent pas membres de la veritable Egliſe.*

Refutation du chapitre VII. *du* II *livre de
M. Nicole, esgarements de M. Nicole
qui ſont ſurprenants.*

LA ſeconde abſurdité renfermée dans l'Idée que le
Papiſme ſe fait de l'Egliſe. C'eſt qu'en faiſant
l'Egliſe infaillible, & ne la compoſant que de caracteres
externes & des liens exterieurs, il eſt obligé d'attacher
ce privilege de l'infaillibilité à une ſocieté qui peut
n'avoir aucune vertu interne, & qui peut être une
aſſemblée d'hypocrites, d'impies couverts, & meſme
de ſcelerats decouverts. Car quelque caractere qu'ils
ayent d'ailleurs pourvû qu'ils facent profeſſion de la
vraye foy, qu'ils participent aux ſacrements, & qu'ils
adherent à des paſteurs legitimes, ils ſont l'Egliſe, vrays
membres de l'Egliſe, & par conſequent infaillibles
toutes les fois qu'ils s'aſſembleront en concile œcume-
nique pour juger des controverſes. Selon ce principe
on pourra voir une alliance monſtrüeuſe entre l'Eſprit
de lumiere & d'infaillibilité d'une part, & l'Eſprit
impur du Demon de l'autre. C'eſt une des fortes raiſons
dont nous, nous ſervions pour combattre la pretendüe
infaillibilité des conciles & des aſſemblées ecleſiaſtiques:
dans les quelles il peut arriver que les mondains l'emportent; & meſme on peut aſſurer qu'il eſt arrivé ſouvent
que les faux chrétiens l'ont emporté pour le nombre
ſur les vrays fidelles. Dans ces occaſions il faut ſuppoſer de deux choſes l'une, ou que Dieu donne le
S. Eſprit pour juger infailliblement à des gens qui ne
ſont pas vrays membres de l'Egliſe; ou que les impies
& les hypocrites ne laiſſent pas d'etre vrays membres
de l'Egliſe, capables par conſequent de participer au
plus glorieux privilege qu'on prétend que l'Egliſe ait
receu de J. Chriſt. On ne ſçauroit quaſi dire lequel

C 3   de

de ces deux partis eſt le moins mauvais. Car enfin
quelque parti que l'on prenne, il faut toujours poſer que
Dieu preſide & peut preſider dans une aſſemblée de méchants, & les inſpirer par ſon eſprit pour les conduire
en toute verité.

Neantmoins juſqu'icy les Theologiens du Papiſme
avoyent ſuivi le dernier parti, qui eſt de dire que les Evéques & les docteurs quoy que méchants, & hypocrites
étoyent vrays membres de l'Egliſe; Et en effet cette
opinion eſt la moins incommode dans les principes du
papiſme. Car à dire que les méchants Evéques ne ſont
pas membres de l'Egliſe, & que cependant Dieu juge
par eux infailliblement, il y a une double abſurdité;
la premiere que Dieu donne ſon Eſprit d'infaillibilité à
des gens qui ſont poſſedés par l'Eſprit du Demon; la
ſeconde que Dieu fait juges infaillibles de ſon Egliſe
des gens qui ſont eſtrangers à cette Egliſe. Au lieu
qu'à ſuivre l'opinion commune du papiſme il n'y a que
l'une de ces deux abſurdités, ſçavoir que Dieu donne
ſon Eſprit d'infaillibilité à des méchants, mais au moins
ces méchants ont cêt avantage d'etre vrays membres de
l'Egliſe. C'eſt cela ſans doute qui a engagé les Theologiens papiſtes à ſoutenir cette extravagante Theologie.

Mais quelques Theologiens modernes, ſur tout ceux
de port Royal ont eté vivement frapés d'une autre abſurdité qui ſe trouve à dire que l'Egliſe dans ſon Idée
ne renferme neceſſairement aucune vertu interne, ni
foy ni charité, mais ſeulement le lien exterieur des ſacrements, & de l'adherence aux paſteurs legitimes.
Nous avons oüy cy-deſſus M. Arnaud avoüant que de
l'a s'enſuivroit qu'une ſocieté d'hypocrites & d'impies
pourroit étre cette ſocieté que Jeſus Chriſt appelle ſon
Epouſe, ſon unique, ſa colombe, ſon corps. Ces
Meſſieurs ne pouvant digerer cette doctrine, & d'autre
coſté ne voulant pas renoncer à l'infaillibilité des aſſemblées eccleſiaſtiques ſe trouvent d'une part engagés à
dire avec S. Auguſtin que les faux chrétiens n'ayant
pas la vraye foy, ny la charité ne ſont pas les membres
de l'Egliſe; & de l'autre, que ces hypocrites qui ne ſont
pas veritables membres de l'Egliſe ne laiſſent pas de juger & de conduire infailliblement l'Egliſe en toute verité. Ce dernier article eſt de ces doctrines monſtrüeuſes
dont

Aſſembla-
ge monſ-
trueux de
deux prin-
cipes de M.
Nicole.

dont tout le monde a horreur quand on s'en apperçoit
& qu'on ne sçauroit point ne pas appercevoit pour peu
d'attention qu'on y face. Cest pourtant, ce parti que
M. Nicole a jugé a propos de prendre, & de deffendre,
& c'est a cela qu'il employe le chapitre qui suit celuy Lib. 2.
que nous venons dexaminer. ch. 4.

Il commence ce chapitre en avoüant assez expressement que nous avons raison de dire avec S. Augustin
que les justes sont les seuls vrays membres de l'Eglise.
*Si les Ministres, dit il, s'estoyent contentés de demeurer dans
les termes de S. Augustin on ne leur auroit jamais fait un
procés pour avoir dit comme luy que l'Eglise ne consiste proprement que dans les justes, & que les méchants ne sont pas
des vrays membres de l'Eglise.* Apres avoir avoüé que cette
doctrine est raisonnable il desavoüe les consequences que
nous en tirons, & il nous fait raisonner ainsy.

*Nous n'avons, ont ils dit, aucune assurance que les chefs
de l'Eglise qui s'assemblent dans les Conciles ne soyent point
des mondains des hypocrites & des gens privés de l'Esprit
de Dieu, ou tous, ou au moins pour la pluspart: Nous n'a-
vons donc aucune certitude que ce qu'ils decident soit vray,
fussent ils assemblés des quatre parties de l'univers.* Nous
nous reconnoissons fort bien la dedans, c'est en effet
nôtre difficulté. Mais M. Nicole nous la va lever,
& d'une maniere admirable. Car non seulement il doit
montrer qu'il ne s'ensuit pas que les conciles ne soyent
pas infaillibles, de ce qu'ils peuvent être composés de
mondains & de faux chrétiens, mais qu'il s'ensuit de
cela mesme qu'ils sont necessairement infaillibles. *La
raison, dit il, oblige de tirer une conclusion toute opposée qui
établit clairement l'authorité des souverains jugements de
l'Eglise, & du corps de ses pasteurs.* Je voudrois bien
que M. Nicole pour justifier ces quatre lignes voulut
nous montrer la liaison de ces deux propositions; *les
conciles peuvent etre composés des mondains, au moins pour la
pluspart: dont ils doivent rendre des jugemens infaillibles.*

Le *medium;* duquel il se sert pour prouver les quatre Raisonne-
lignes que nous venons de lire cest celuy cy. *Que l'E-* ment de M.
glise, dit il, ne consiste tant qu'on voudra que dans les seuls d un tour
justes &c. Il est certain neantmoins qu'afin que l'Eglise sub- singulier
siste, ce corps de justes doit subsister dans la vraye foy, Or tablement
il n'y sçauroit subsister que par deux moyens, l'un est celuy absurde &
de illusoire.

C 4

de cet examen auquel les ministres veulent obliger chaque juste;
l'autre est celuy de regler la foy sur quelque autborité exte-
rieure qui face par elle mesme cet examen , & qui en decharge
les autres. Apres cela il suppose que cette voye de chercher la verité par l'examen *est l'un des plus grands égare-*
mens où l'Esprit des hommes soit jamais tombé. Et il le suppose
par ce qu'il prétend l'avoir prouvé dans son premier livre　De la donc il conclut que n'y ayant que la voye
de l'authorité qui puisse faire trouver la verité, il faut
bien necessairement que les conciles , quoyque composés
de mondains , soyent infaillibles. Il faut avoüer que voila
une plaisante maniere de prouver une chose , & de lever
des difficultés.

Premierement quand ce raisonnement vaudroit quelque chose , seroit il bon à prouver que l'idée que S. Augustin donne de l'Eglise n'y renfermant que les seuls
justes *oblige à tirer une conclusion toute opposée à celle des*
ministres , & à conclurre pour l'Infaillibilité de l'Eglise.
Tant s'en faut dit M. Nicole , qu'il s'ensuive de cette no-
tion de l'Eglise établie par S. Augustin que nous avons ex-
pliquée que le corps des pasteurs n'est pas infaillible , il s'ensuit
tout le contraire , & cela par une demonstration evidente.
Mettons un peu cette demonstration dans les formes ,
on ne la sçauroit former autrement.

Selon l'idée de l'Eglise établie par S. Augustin , l'E-
glise ne consiste proprement que dans les justes , & les
méchants n'en sont pas les vrays membres.

Or il se peut faire que les chefs de l'Eglise , qui
s'assemblent en concile ne soient que des mondains , ou
tous , ou au moins pour la plus part. C'est une proposition que M. Nicole nous avoüe.

Donc il s'ensuit de la notion de l'Eglise donnée par
S. Augustin que ces mondains assemblés en concile
doivent être infaillibles.

Voila le plus absurd de tous les raisonnements qui
ait jamais eté fait , & je ne me mets pas en peine de le
prouver , parceque M. Nicole ne le desavoüera pas.
Il dira que ce n'est pas le sien , & qu'il ne se reconnois
pas la dedans. Mais nous le prions de vouloir donc
nous dire , comment de la notion que S. Augustin a
donné de l'Eglise n'y enfermant que les seuls justes ,
il ensuit que les jugements de ses pasteurs sont infaillibles.

libles. Car pour le *medium*, dont il se sert qui est la necessité d'*une* authorité souveraine pour faire subsister les justes dans la verité il ne prouve point qu'il s'ensuive de ceque l'Elise n'est composée que de justes, que les faux membres, & l'assemblée des mondains doivent être infaillibles. Si M. Nicole, avoit dit simplement, l'Idée que S. Augustin a donné de l'Eglise n'y renfermant que les vrays justes n'empeche pas qu'elle ne soit infaillible dans ses conciles, par ce qu'il faut qu'elle ait un juge infaillible pour conduire les justes en toute verité. Et ainsy quoy que les conciles puissent être composées de sorte que les mondains y soyent en plus grand nombre, il faut pourtant que leurs jugements soient exempts d'erreur : si dis-je M. Nicole s'etoit contenté de raisonner ainsi, ce discours n'auroit rien d'absurde dans ses principes.

Mais c'est un égarement prodigieux de nous dire que de l'Idée de l'Eglise donnée par S. Augustin il s'ensuit au contraire que le corps des pasteurs quoy qu' hypocrites est infaillible. C'est là une assés petite chose, & qui ne meritoit peuteltre pas que nous nous y arrêtassions si long temps. Mais il est bon de faire voir de quels égarements sont capables les plus grands Esprits quand ils ont devant les yeux un autre interest que celuy de la verité.

Ma seconde observation sur cette réponce de M. Nicole c'est qu'elle est pitoyable, puis qu'elle ne leve aucune partie de nôtre difficulté, elle ne la touche pas mesme, ni directement, ni indirectement. Noltre difficulté consiste en ces deux articles. Le premier est que si un concile des mondains peut juger infailliblement, puisque les mondains dans l'hypothese de S. Augustin ne sont pas membres de l'Eglise, il s'ensuivra qu'il se peut faire que Dieu conduise son Eglise infailliblement par des gens qui, à proprement parler, ne sont point de l'Eglise, & qui par consequent à proprement parler sont hors de la veritable Eglise, au moins hors de l'ame de l'Eglise. Or c'est une grande absurdité que Dieu conduise son Eglise seurement & infailliblement dans le chemin de la verité par des gens qui ne sont point de l'Eglise. l'Autre article de nôtre difficulté c'est cette monstrüeuse alliance qu'il faut supposer dans un concile

M Nicole ne touche aucunement a la difficulté.

C 5

com-

composé de mondains : sçavoir une alliance de l'Esprit de lumiere, de verité, & d'infaillibilité avec l'Esprit du monde, & du Demon. Voila les deux points aux-quels il faloit répondre. Et pour toute réponce on nous dit. Il n'y a pas d'autre voye pour conduire les justes dans la verité que la voye de l'authorité, celle de l'Examen étant absurde : donc il faut qu'un concile quoy que composé de mondains ait privilege de l'infaillibilité ? Est ce la répondre ? J'en fay juge le public devant qui nous plaidons. Pour moy je pretends aussi avoir droit de raisonner à mon tour & de dire. Une voye qui nous engage à soutenir des absurdités prodigieuses ne peut étre vraye. Or la voye d'authorité nous engage à croire qu'un concile composé de gens qui ne sont point membres de l'Eglise peuvent pourtant conduire infailli-blement l'Eglise, & que Dieu donne son S. Esprit à des mondains. Ce qui est une absurdité prodigieuse : donc la voye d'authorité ne peut étre la vraye voye pour conserver les justes, desquels l'Eglise est composée, dans la possession de la verité. Ces affreuses absurdités que M. Nicole dissimule parce qu'il n'a osé les toucher, luy devoient faire soupçonner que ce qu'il à dit contre la voye d'examen n'est pas aussi convainquant qu'il se l'imagine. J'espere faire voir au public que son pre-mier livre qui est le fort de son ouvrage est un tissu de Sophismes les plus honteux qui ayent jamais eté faits.

CHAPITRE V.

Comment les mondains & hypocrites sont dans l'Eglise, qu'ils sont veritables membres de sa partie visible, que cela leur suffit pour pouvoir étre legitimes Pasteurs.

MAis enfin que déterminerons nous au sujet des mondains & des hypocrites, qui sont dans la protection exterieure de l'Eglise ? n'en sont ils membres en aucune façon comme S. Augustin semble le dire ? s'ils n'en sont les membres en aucune façon, comment en peuvent ils étre les chefs, les conducteurs, & les Pasteurs ? les pasteurs cessent ils d'etre vrays pasteurs

aussi

auſſi toſt qu'ils ſont engagés dans quelques deſordres criminels qui les privent de la grace, & qui les retranchent du corps de Jeſus Chriſt? C'eſt une des difficultés qui a pouſé les Theologiens de l'Egliſe Romaine, dans cette fauſſe Theologie que nous venons de combattre. C'eſt ce qui a fait dire à Malet, que la charité n'etoit point de l'eſſence de l'Egliſe. *Un pecheur dit il, n'etant plus membre de l'Egliſe les Papes, les Evêques & les Prêtres qui ſont en cet état de peché n'auront plus le pouvoir de commander au peuple, parceque n'etant plus de l'Egliſe, ils n'en ſont plus les ſuperieurs.* Ceſt une difficulté qui regarde comme nous Meſſieurs de Port Royal, qui ſont revenus à l'opinion de S. Auguſtin, & qui excluent les méchants, les mondains & les faux chrétiens du corps de l'Egliſe. Et c'eſt une difficulté qui n'eſt pas peu conſiderable. Car enfin c'eſt une dureté qu'on ne ſçavroit digerer, que des gens qui ne ſont point du tout membres de l'Egliſe, en puiſſent être les chefs. Le chef n'eſt il pas le principal des membres?

Monſr. Arnaud dans ſa réponce à Malet deſtine un chapitre à l'Explication de cette difficulté, & à faire comprendre comment S. Auguſtin a cru en meſme temps que les mondains n'etoient pas membres de l'Egliſe, & que cependant ils en pouvoient être les chefs & les conducteurs legitimes. Ce qu'il rapporte de S. Auguſtin revient à cecy. I. Que pendant le cours de tous les ſiecles, l'Egliſe icy bas dans ſon état exterieur doit toujours être compoſée de bons & de méchans. I I. Que dans ce meſlange de bons & de méchants, il n'y a que les bons qui appartiennent proprement à celle qui eſt la chaſte épouſe de Jeſus Chriſt. I I I. Que neantmoins les bons doivent pour le bien de la paix tolerer les méchants dans le champ de l'Egliſe. I V. Que Dieu peut adminiſter de vrays Sacrements par des gens qui ne ſont pas de ſon Egliſe, comme il paroit par les héretiques, qui ſelon Sr. Auguſtin ſont hors de l'Egliſe leſquels Baptiſent pourtant & dont l'Egliſe reçoit le Bapteſme. V. Que Dieu pareillement dans le champ & dans l'enceinte de l'Egliſe peut faire conferer de legitimes Sacrements par des gens qui ne ſont pas de ſon E-gliſe. Sil peut faire conferer ſes Sacremens par de telles gens, il peut auſſi faire exercer toutes les autres

fon-

Chap. 7. du liv. 2.

Principes de S. Auguſtin pour expliquer comment les faux membres de l'Egliſe peuvent eſtre de vrays paſteurs.

fonctions du ministere par ces mesmes gens. VI. Et la raison de cela est que ce ne sont pas proprement ces faux membres qui Baptisent, c'est Jesus Christ duquel il est dit, *hic est qui Baptisat.* Il faut dire de mesme, ce ne sont pas proprement ces faux membres, qui preschent, & qui administrent l'Eucharistie, c'est Jesus Christ qui le fait par eux. VII. En fin qu'il n'en est pas de Dieu comme de nôtre ame; au lieu que nôtre ame ne peut faire par un membre mort une action de vie, il est facile à Dieu de communiquer sa vie & ses graces par des membres morts. C'est à quoy s'en tient M. Arnaud luy même car je ne voy pas qu'il ajoute rien du sien à ce qu'il emprunte de S. Augustin. Si ce n'est qu'il semble approuver une pensée de Bellarmin, *que les méchants pasteurs ne sont vrays membres du corps de Jesus Christ, qu'entant qu'ils sont instruments operatifs établis en cette qualité par la puissance d'ordre, ou de jurisdiction, laquelle peut être sans grace.* Cette raison dit M. Arnaud, *n'ayant point de lieu dans de simples particuliers, il semble qu'à leur égard, il en faudra revenir à l'opinion de ces Theologiens, qui ont soutenu que les méchants ne sont point, absolument parlant, de veritables membres du corps de l'Eglise, mais seulement en quelque sorte & d'une maniere equivoque.* Il semble donc en joignant les pensées de St. Augustin à celles de Bellarmin, que l'authorité des pasteurs legitimes qui vivent pourtant dans le desordre soit fondé selon ces Messieurs sur ces deux raisons : la premiere que les pasteurs ne sont que les instruments de Jesus Christ qui excerce le ministere par eux : la seconde, que les mondains deviennent vrays membres du corps de Jesus Christ, par la vertu de la puissance d'ordre, & de jurisdiction qui leur est donnée.

St. Augustin & M. Arnaud ne levent pas la difficulté par leurs principes.

Mais il ne me parôit pas que cela leve les difficultés. Car pour ce que dit St. Augustin, que Jesus Christ confere un Baptesme legitime, par des gens qui sont entierement hors de l'Eglise comme sont les heretiques, cela n'est pas vray. Puisque nous pretendons prouver que tous ceux qu'on appelle heretiques ne sont pas absolument hors de l'Eglise. Ce qu'il adjoute que Jesus Christ Baptise par les mondains qui exercent le ministere dans l'Eglise n'est rien qui distingue les mauvais pasteurs des bons, car les uns & les autres ne sont que

les

les instruments de Jesus Chrift. La difficulté demeure tousjours; Comment des gens qui font hors de l'Eglife & qui n'en font point les membres peuvent être instruments de Jesus Chrift, exercer office de membre, & mefme le plus noble office.

Ce que Bellarmin dit, & que M. Arnaud femble approuver que les méchants deviennent vrays membres du corps de Jesus Chrift par la puiffance de l'ordre ou de jurifdiction qui leur eft communiquée, eft une vifion fans fondement, & qui choque de la mefme maniere & avec la mefme force l'Idée de la veritable epoufe de Jesus Chrift. Car enfin de quelque maniere que ces mondains devinffent les vrays membres de Jesus Chrift, il s'en fuivroit toujours, qu'un homme fans charité & fans foy pourroit étre vray membre de Jesus Chrift. Ainfy il ne feroit point de l'effence d'un membre de l'Eglife d'auoir de la charité. Ce que S. Auguftin, & Meffieurs de Port Royal ne veulent pas, non plus que nous. De plus cela feroit une abfurdité fort grande, dans la compofition de l'Eglife; Ceft que les particuliers mondains, ne feroient pas les membres du corps de Jesus Chrift, parce qu'ils feroient fans charité: Et d'autres mondains, également deftitués de charité ne laifferoient pas d'etre du corps de Jesus Chrift, ce qui feroit affurément bifarre.

Il n'y a donc pas d'autre parti à prendre qu'a s'en tenir à ce que M. Arnaud dit en paffant & fur quoy il n'appuye pas, C'eft que les mondains qui font dans l'Eglife font enquelque forte les membres du corps de l'Eglife. Et c'eft indubitablement ce qui les rend capables de foutenir & d'exercer le caracteres de pafteurs de l'Eglife. Pour comprendre comment cela peut fubfifter & avec le fentiment de S. Auguftin & avec le nôtre qui exclut de l'Eglife les mondains, il faut fe reffouvenir de l'emblême du corps humain animé dont nous nous fommes feruis pour donner l'Idée de l'Eglife. L'Homme eft compofé de deux parties le corps & l'ame. L'Eglife a fon ame; c'eft la foy & la charité dont les vrays juftes font participants, elle a fon corps, dans lequel eft la profeffion, la confeffion externe, & les liens exterieurs des Sacrements. Chacune des deux parties dont l'homme eft compofé a fon effence, diftinguée,

&

Vraye raifon pour quoy les faux chrétiens peuvent étre legitimes pafteurs, c'eft qu'ils font membres du corps de l'Eglife.

& on peut avoir l'une fans avoir l'autre. Ainfi l'effence de l'Eglife a fes deux parties, la charité & la foy, c'eft l'ame, la profeffion exterieure qui eft le corps. Le corps a fes trois caracteres, la profeffion de la vraye foy, la participation aux veritables Sacrements, l'adherence à des pafteurs legitimes. Celuy qui a ces trois caracteres appartient au corps de l'Eglife, comme tout membre humain organifé appartient au corps de l'homme. Et comme il n'eft pas neceffaire qu'un membre foit animé pour appartenir au corps humain ; auffi n'eft il pas neceffaire qu'un homme foit animé de l'Efprit de Dieu, & de la charité, pour étre membre du corps de l'Eglife.

S. Auguftin a nié que les méchants & les mondains renfermés dans l'enceinte de l'Eglife fuffent les membres de Jefus Chrift. En cela fans doute il a eû raifon, car il implique qu'un homme qui n'a pas l'Efprit de Dieu foit uni à Jefus Chrift en qualité de membre. Il a nié que ces méchants fuffent les membres de l'Eglife. C'eft à dire de celle qui eft la colombe, la fontaine cachetée, l'Epoufe du fils de Dieu. Il a encore eu tres grande raifon ; Car tous ces termes fignifient la partie interne de l'Eglife, la plus noble & la plus effentielle, fans laquelle il n'y a pas d'Eglife. Si on regarde un membre mort, à parler exactement on ne doit pas dire que c'eft le bras d'un homme, mais que c'eft le membre du corps d'un homme ; Ce n'eft pas le membre d'un homme, car un homme eft un compofé de corps & d'ame, & ce membre mort n'a plus d'ame ; mais on peut dire à parler exactement que c'eft le membre du corps d'un homme, car ce membre mort eft reellement attaché à un corps humain & en fait partie, il a l'effence d'un corps humain, il eft eftendu & organifé. Ainfi un méchant chrétien n'eft point membre de l'Eglife ; car l'Eglife eft compofée de vraye foy & de profeffion de foy, d'interieur & d'exterieur, & cêt homme n'a point l'interieur qui eft la partie la plus effentielle de l'Eglife ; Mais il peut étre veritable membre du corps de l'Eglife ; parceque le corps de l'Eglife precifement ne fignifie que la partie externe qui fe definit fort bien, *une focieté de gens qui font profeffion de croire la verité qui participent aux vrays facrements, & font adherens à des pafteurs legitimes.* C'eft
ainfi

ainſi que les *Theologiens* papiſtes definiſſent l'Egliſe en general. Ils ont tort, parce que c'eſt ſimplement la definition du corps de l'Egliſe, & non de l'Egliſe entiere. C'eſt tout de meſme que ſi je difiniſſois l'homme, *un corps organiſé diſtingué en membres de different uſage* ce ſeroit la definition du corps de l'homme & non de l'homme entier. Il faut donc mettre de la diſtinction entre ces quatre expreſſions que l'on confond pourtant. *Membres de Jeſus Chriſt, membres du corps de Jeſus Chriſt; membres de l'Egliſe; & membres du corps de l'Egliſe.* Les mondains renfermés dans la communion externe de l'Egliſe ne ſont point du tout *membres de Jeſus Chriſt*, ni en aucun ſens: Ils ne ſont point non plus du tout *membres du corps de Ieſus Chriſt*, en aucun ſens ni abſolument ni en quelque ſorte. Ils ſont *membres de l'Egliſe* non veritablement mais en quelque ſorte, comme un membre mort eſt en quelque ſorte le membre d'un homme. Et enfin ils *ſont membres du corps de l'Egliſe*, non plus en quelque ſorte, mais veritablement & reellement. Ils *ne ſont ni membres de Jeſus Chriſt*, ni *membres de ſon corps*, par ce qu'ils n'ont rien du tout de ce qui incorpore à Jeſus Chriſt. Ils ſont en quelque ſorte *membres de l'Egliſe*, parce qu'ils ont quelque choſe de ce qui fait l'Egliſe ſçavoir le corps, la profeſſion externe, mais ils le ſont tres imparfaitement, & d'une maniere equivoque, par ce que de deux parties *formelles* qui compoſent l'eſſence de l'Egliſe, ils n'ont que la moindre, & celle qui en comparaiſon de l'autre doit étre contée pour rien, c'eſt la profeſſion externe. Enfin ils ſont les membres du corps de l'Egliſe non plus en quelque ſorte, mais reellement, & veritablement, par ce qu'ils ont tout ce qui fait l'eſſence de ce corps de l'Egliſe, C'eſt la profeſſion, la confeſſion & l'adherence externe à la ſocieté qui poſſede la vraye foy.

Par cette methode nous levons toutes les difficultés. Premierement nous ôtons une pierre de ſcandale que les Theologiens papiſtes mettent devant eux quand ils ſuppoſent qu'un homme peut étre vray membre de l'Egliſe, & meſme vray membre du corps de Jeſus Chriſt, ſans avoir aucune vertu chrétienne. Ce qui fait à Jeſus Chriſt un corps ſale & impur. Secondement nous expliquons commodement comment & pourquoy

Quatre expreſſions fort differentes mais que l'on confond dans la matiere de l'Egliſe.

quoy l'ecriture appelle l'Eglise, la Ierusalem d'enhaut, la cité du Dieu vivant, la Ierusalem celeste, la nation sainte, la maison spirituelle, la sacrificature sainte, le troupeau de Jesus Christ, son Epouse, sa Colombe, sa bien aimée, son corps, sa parfaite, son unique, sa chair, ses os, le Temple du S. Esprit, la maison établie sur la roche, la societé contre laquelle les portes d'Enfer ne peuvent prévaloir, l'appuy & la colomne de verité &c. Tous ces tiltres luy conviennent reellement, & proprement, comme à l'homme ceux de vivant, de raisonnable d'intelligent, de libre, de juste, de sçavant, de bon. Ceux qui donnent ces noms à l'homme ne veulent pas signifier que le corps humain précisément en soy, est bon, saint, raisonnable, intelligent, vivant, & libre, mais ils veulent dire que tous ces attributs nobles conviennent a l'homme à cause de son ame. Ainsi ceux qui donnent à l'Eglise, les grands noms, & les grands attributs que nous venons d'entendre, la considerent par rapport à son ame & à son interieur. Mais comme ceux qui donnent à l'homme les tiltres de raisonnable, d'intelligent, de libre &c. n'ont pas dessein d'exclurre de la composition du corps de l'homme ses bras, ses jambes, ses yeux, ses oreilles, non pas mesme ses membres morts: Ainsi ceux qui donnent à l'Eglise ces grands tiltres qui ne luy conviennent que par rapport à ce qu'elle à d'interieur, ne veulent pas exclurre de la composition de l'Eglise ce qu'elle a d'exterieur. C'est la profession & les liens externes. Ils n'ont pas mesme dessein de nier que les membres morts de cette societé n'en soient en quelque sorte encore les membres. Et ainsi nous entendons en quel sens S. Augustin a nié tant de fois que les méchant fussent le corps de Jesus Christ, sa colombe, son troupeau, ses brebis, son epouse &c. Car en mesme temps il dit que ces méchants sont comme la paille dans l'aire, comme la boüe dans le filé, comme les vaisseaux à deshonneur dans une maison. Ils sont donc, selon luy, dedans la maison, & non hors de la maison, ils sont partie de la societé externe, ils en sont dont membres.

Par cette mesme methode nous levons cette grande difficulté; il paroist impossible que Dieu attachast les glorieux privileges de l'Infaillibilité, de l'assistance perpetuelle de son Esprit, à un corps qui souvent est composé

posé pour la plus grande partie d'impies, & de mondains.) Car ce n'est point au corps c'est à dire à la partie visible de l'Eglise qu'il a fait ces grandes promesses. C'est à la partie interne & invisible en elle mesme. Enfin par cette mesme methode nous comprenons comment des mondains peuvent être legitimes pasteurs dans l'Eglise. Ils sont membres de l'Eglise d'une maniere equivoque, mais ils sont membres du corps de l'Eglise, & de sa partie exterieure non plus d'une maniere equivoque, mais reellement & veritablement; c'est assés pour les rendre capables d'estre pasteurs & les instruments de l'Eglise pour baptiser, pour enseigner, & pour exercer toutes les fonctions ou ministere. I. Par ceque enseigner, prêcher, administrer des Sacrements sont des actes purement externes & qui par consequent se peuvent faire par ceux qui n'ont avec l'Eglise que des liens externes. Il est vray que ces actions, enseigner, baptiser, administrer des sacrements disent deux choses; l'une qui est interne, c'est de persuader, de sanctifier, de conferer la grace, & la remission des pechés, l'autre de parler, d'agir, de presenter; Mais la premiere action qui est interne est toute de Dieu, & de la grace elle n'est point du ministere. Paul plante, Apollos arrouse, & Dieu donne l'acroissement, c'est tout au plus l'oeuvre de la parole, or la parolle est independante de celuy qui parle il n'en est que l'Echo qui represente la voix de Dieu. N'importe d'ou vienne cet écho de la voix de Dieu, il agit non pas entant qu'Echo ou voix reflechie, mais entant que voix qui vient de Dieu & qui parle au cœur par le secours du S. Esprit Un mauvais chrétien qui est pourtant bon predicateur, c'est à dire qui presche purement. N'est rien que comme un lecteur, Il importe peu que le lecteur du livre soit bon, pourvu que le livre soit edifiant.

Raisons pourquoy les faux chrestiens peuvent estre vrays pasteurs.

II. Secondement il faut sçavoir, que selon la verité & selon S. Augustin, le Pasteur n'est que l'Instrument de l'Eglise. Car le ministere appartient proprement à l'Eglise, c'est elle proprement qui enseigne, qui baptise, qui administre les autres sacrements, & qui exerce la puissance des clefs. J'espere faire voir a M. Nicole que quand il a nié que ce ne soit la l'opinion de S. Augustin il a peché non seulement contre la verité mais contre la since-

D   rité

rité autant qu'on le peut faire. Cela suppofé que l'E-
glife eft celle qui adminiftre les chofes faintes & qui exerce la puiffance des clefs, il faut remarquer qu'elle n'adminiftre pas cette puiffance entant qu'espoufe de Jefus
Chrift, & fa colombe, entant qu'elle eft un corps invifible qui eft uni à Jefus Chrift par les liens invifibles
de fon Efprit. Elle les exerce entant qu'elle eft une focieté vifible, un corps dont les parties font liées par des
liens externes; ¡c'eft pourquoy afin de pouvoir exercer ces actes du miniftere, il fuffit d'etre dans la communion vifible, & d'eftre membre de fon corps fans avoir
part à fon ame. Celuy qui ne feroit point lié au corps
vifible de l'Eglife, bien qu'il fût de fon ame, c'eft à
dire quil eût interieurement la foy, un chrétien caché
entre les payens, par exemple qui n'auroit point encore
confeffé le nom de Jefus Chrift ni receu le baptême ne
feroit point capable d'exercer les fonctions du miniftere.
Au contraire un homme qui n'appartiendroit pas à l'a-
me de l'Eglife n'ayant ni foy ni charité s'il etoit baptifé & faifoit profeffion de la foy pourroit être pafteur legitime, tant il eft vray que c'eft la communion externe
au corps de l'Eglife qui donne cette capacité. Ainfi on ne
doit pas croire que les mondains qui font dans l'enceinte de l'Eglife foient abfolument étrangers à l'Eglife. Car
fi cela étoit ils ne pourroient être fes conducteurs.

Mais dira-t-on, fi la qualité de membres de corps de
l'Eglife peut convenir aux mondains, & que ce caractère
leur fuffife pour les rendre capables d'exercer le miniftere legitimement, pourquoy ne fuffiroit il pas pour
les rendre capables de recevoir cet Efprit d'infaillibilité
qui feroit fi neceffaire felon les principes des pretendus
catholiques pour la Conduitte de l'Eglife? Je reponds
que pour être legitime pafteur le caractere de membre
de la partie exterieure de l'Eglife fuffit, parce que les
devoirs de la charge de pafteur pour être exercés fur
l'exterieur ne demandent que des dons humains, de
l'Efprit, le don de parler, & la faculté d'agir, tout
au plus du fçavoir qui s'acquiert par l'Eftude. Il ne faut
pas que le S. Efprit entre la dedans d'une facon particuliere. Ainfi dans un méchant pafteur, on ne voit
point ce monftrüeux meflange de l'Efprit de lumiere
avec l'Efprit d'impureté : les lumieres d'un méchant pafteur

fleur ne luy viennent que de la nature, ou de l'induſtrie humaine. Car il n'y a rien dans ce qu'il fait qui ſurpaſſe les forces humaines, ſur tout dans la pluspart des preſtres de l'Egliſe Romaine qui ne ſçavent que lire & aſſés peu ecrire. Le S. Eſprit n'a rien afaire dans ces gens là. Mais ſuppoſé que les méchants paſteurs ſoyent infaillibles, ſoit qu'ils le ſoient quand ils ſont ſeparés, ſoit qu'ils le deviennent quand ils s'aſſemblent, il faudra que l'Eſprit de Dieu entre en eux, les inſpire, les conduiſe, & les eleve au deſſus de toute la nature humaine qui eſt ſujette à erreur; or c'eſt ce que nous croyons incompatible avec la ſageſſe de Dieu, & avec ſa pureté, & que nous ſoutenons n'eſtre point du cours ordinaire de la providence ſelon laquelle il conduit icy bas ſon Egliſe.

CHAPITRE VI.

Idée de l'Egliſe catholique, & de ſon unité; en quel ſens les ſectes des heretiques & des ſchiſmatiques peuvent eſtre membres, au moins du corps de l'Egliſe.

Apres avoir parlé des particuliers & montré en quel ſens ils ſont & ne ſont pas membres de l'Egliſe il faut parler des ſocietés entieres, & de ce qu'on appelle les ſectes du chriſtianiſme. l'Egliſe Romaine regarde comme un Paradoxe affreux qu'on face toutes les ſectes en quelque ſorte membres & parties de l'Egliſe chrétienne. Monſieur de Meaux appelle cela *un des myſteres de la nouvelle reforme* & M. Nicole dit que *ces penſées ſont de pures chimeres, & de pures viſions mais des viſions & des chimeres tres dangereuſes.* Ceſt ce qu'il devoit travailler à prouver un peu mieux qu'il n'a fait. Pour moy je pretends faire ſentir que l'opinion qui renferme l'Egliſe dans une ſeule communion eſt la plus abſurde qui ait jamais été ſoutenüe.

Je reviens à mon embléme d'un corps humain animé qui repreſente ſi bien l'Egliſe. Il y a quelque fois une ſi parfaite harmonie entre le corps & l'ame, & entre les humeurs, & les parties du corps entre elles, que le compoſé eſt parfaitement ſain, vivant, & vigoureux:

L. 11. ch. 9.

Mais

Mais souvent aussi cette harmonie est si fort gastée &
corrompüe que le tout en souffre & chacune des parties en est dans la langueur ; quelques parties sont malades , il arrive aussi que quelques unes meurent entierement
sans pourtant se détacher du tout , & sans cesser d'estre
parties du corps.   Ainsi il se trouve que l'ame en elle
même demeure , mais elle se distribue inegalement
aux parties du corps. C'est là l'image de l'Estat present
de l'Eglise : Au commencement c'estoit un corps sain
& vigoureux dont tous les membres recevoient également
ment les influences de l'ame. . Aujourd'huy ce corps
est devenu malade & languissant parce qu'il participe
inegalement à la verité & à la charité qui sont l'ame de
l'Eglise.   Mais à proportion de ce qu'il y a de vie dans
chacune des parties elles demeurent membres vrays &
vivants de l'Eglise , ou elles deviennent malades , ou
mesme elles meurent entierement.

l'Eglise   L'Eglise universelle est donc le grand & le vaste corps
universelle de tous ceux qui font profession du christianisme, quelque
est le corps part qu'ils soyent.   Dans ce corps il y a des parties sai-
entier du   nes , ce sont celles qui retiennent toutes les verités enseig-
Christia-   nées dans la parolle de Dieu.   Il y a des parties languis-
nisme.   santes, ce sont celles qui ont retenu les plus considerables verités , mais qui par l'ignorance dans laquelle elles
font ensevelies , & par le mélange de superstitions , ont
perdu la beauté & la vigueur du Christianisme : Il y
a d'autres parties qui sont tres malades de sorte qu'on
ne le peut pas être plus sans mourir ; Ce sont celles qui
ont à la verité retenu les verités fondamentales , mais
qui dessus ont basti du foin, & de la paille , de la boüe ,
des impuretés , c'est à dire des doctrines qui en laissant
le fondement le ruinent pourtant , & sont incompatibles
avec luy.   Enfin il y a d'autres parties qui sont absolument destituées d'ame, qui n'ont ni verité , ni charité ,
qui ont enlevé & ôté les verités fondamentales du
Christianisme ; & celles la sont mortes & sans vie ;
Cependant elles sont attachées au corps , elles sont partie
du Christianisme , absolument de mesme maniere que les
mondains dans les societés pures font partie du corps
de l'Eglise & de sa societé exterieure sans être vrays
membres de l'Eglise.
    Disons donc de ces sectes qui ont enlevé & ôté
                                                    les

les fondements du Chriſtianiſme comme nous diſions des faux chrétiens en general. Elles ne ſont point du tout *le corps de Jeſus Chriſt*, elles en ſont entierement retranchées, car le corps de Jeſus Chriſt n'eſt compoſé que de membres vivants & ſains, ayant au moins aſſés de vie pour être unis à Jeſus Chriſt : Elles ne ſont point *vrays membres de l'Egliſe*. Car un vray membre eſt un membre vivant, mais elles ſont membres d'une maniere equivoque, & en quelque ſorte, comme un membre mort eſt en quelque ſorte le membre d'un homme. Mais elles ſont *vrais membres du corps de l'Egliſe univerſelle*, par ce que pour cela il ne faut qu'eſtre dans une confederation generale, coneſſer Jeſus Chriſt fils de Dieu, le ſauveur du monde le vray Meſſie & recevoir le vieux & le Nouveau Teſtament pour la loy & la régle des Chrétiens. Un membre pour n'être plus que d'une maniere equivoque le membre d'un homme, eſt pourtant veritablement & d'une maniere univoque le membre du corps d'un homme. Un bras ſec dans un homme vivant n'eſt plus que d'une maniere tres imparfaite le bras d'un homme, mais que cêt homme meure, il eſt clair que ce bras ſera membre de ce corps mort également comme les autres. Ils ne ſeront plus les membres d'un homme, mais ils ſeront reellement & ſans equivoque les membres d'un corps humain. Pareillement une ſocieté qui a ruiné & oſté les fondements du Chriſtianiſme & qui n'a retenu que les plus generaux ſans demeurer membre de l'Egliſe, peut demeurer membre du corps de l'Egliſe.

Une ſocieté peuteſtre membre du corps de l'Egliſe ſans eſtre du corps de Ieſus Chriſt.

Dans les parties de l'Egliſe univerſelle qui ſont vivantes & ſaines, qui ont retenu toute la verité revelée, & qui n'y ont pas ajouté de dogmes & de cultes qui renverſent le fondement, on eſt ſauvé par ce qui s'y enſeigne ; Dans celles qui ont conſervé les fondements on peut être ſauvé par ce qui s'y conſerve de conforme à la revelation en rejettant formellement ce qui y eſt adjouté, ou tout au moins en n'y participant pas par une creance expreſſe, explicite, opiniâtre. Dans les ſocietés où il n'y a pas d'erreurs capitales & fondamentales, qui ôtent le fondement, ou qui le ruinent ſans l'oſter, on peut être ſauvé en adherant à ces erreurs, comme on peut être ſauvé dans les péchés qu'on appelle

Comment on peut eſtre ſauvé dans les diverſes ſectes du Chriſtianiſme.

ve-

veniels, dont on ne demande pas pardon d'une maniere
expliquée par ce qu'on ne les cognoît pas. Les erreurs
qui ne sont pas fondamentales sont du nombre des peches veniels qu'on ignore. On demande pardon en general de ses fautes cachées : Dieu les pardonne par
sa grande misericorde.

Voila quelle est l'Idée de la veritable Eglise & comment toutes les sectes luy appartiennent ou comme des
membres vivants & saincts ou comme des membres
morts; & voila pourquoy l'Eglise reçoit les sacrements
administrés chés les heretiques, & ne rebaptise point
ceux qui reviennent à la repentance & qui abjurent leurs
erreurs. C'est la, dis-je la seule raison de la validité
du baptême des societés errantes. Nous verrons que
ceux qui ont voulu rejetter ce principe, que toutes
les sectes des heretiques & schismatiques sont encore
en quelque façon de l'Eglise, & qui neantmoins ont
voulu recevoir le baptesme des heretiques se sont jettés
dans des embarras étranges.

C'est la ce que l'Eglise Romaine appelle des monstres
d'opinions, des paradoxes terribles, & affreux: C'est
s'opposer au sentiment de toute l'Eglise, c'est mesler le
ciel avec la terre, c'est fouler aux pieds l'authorité
de tous les peres. C'est faire à Jesus Christ un corps
monstrüeux. Nous sommes un peu accoutumés à ce
grand bruit, c'est pourquoy nous ne nous en étonnons
pas; & cela ne nous empêchera pas de soutenir que le
papisme est cruel au souverain degré, & que de plus
il s'engage dans mille absurdités en soutenant comme il
fait qu'entre toutes les societés qui divisent le Christianisme il n'y en a qu'une qui soit la vraye Eglise, dans
l'enceinte de laquelle seule se trouvent les élus & les
vrays fideles, où sont les membres de Jesus Christ,
hors de laquelle il n'y a pas de salut; & que toutes les
autres societés divisées de celle la par le schisme & par
l'erreur sont des membres non seulement morts, mais
separés de l'Eglise & qui ne luy appartiennent point
non pas mesme d'une maniere equivoque. Et le tout
pour conclurre que l'Eglise Romaine est cette Eglise
unique, la colombe, la fontaine cachetée, l'arche
hors de laquelle il n'y a pas de salut. Avant que
de faire voir la fausseté & l'absurdite de cette opinion,

nion , je croy qu'il fera bon d'en faire l'hiſtoire , & de voir ſon origine & ſa naiſſance.

CHAPITRE VII.

Origine de la fauſſe Idée de l'unité par laquelle toutes les Societés du Chriſtianiſme ſont miſes hors de l'Egliſe , excepté une , que cette Idée a commencé dans l'Aſie & s'eſt achevée en Affrique.

JE ſuis perſuadé que cette opinion qui reſtraint l'Egliſe où ſe trouvent les élus à une ſeule commu- nion , a pris ſa naiſſance dans l'Aſie , & que de la elle eſt paſſée en Affrique , d'où en ſuitte elle s'eſt re- pardüe ailleurs. Il paroit par la lettre de Firmilien Evêque de Cappadoce que les Evêques d'Aſie étoient dans le ſentiment que le baptefme des heretiques ne valoit rien , & qu'il faloit rebaptiſer ceux qui revenoi- ent de l'hereſie à l'Egliſe. Et leur erreur venoit de la fauſſe Idée qu'ils s'etoient formée de l'Egliſe & de ſon unités. *Si l'Epouſe de Jeſus Chriſt diſoit ce Firmilien, eſt unique & que ce ſoit l'Egliſe catholique , C'eſt elle ſeule qui engendre des enfans à Dieu. Car Ieſus Chriſt n'á pas pluſieurs epouſes , vû que l'Apôtre dit , je vous ay mariés à un ſeul mary &c. Or la Synagogue des heretiques n'eſt point une avec nous, par ce qu'eſtant adultere & proſtituée, elle n'eſt plus épouſe , & ne peut plus enfanter des enfans à Dieu.* Il appuye ce ſentiment , ſur les noms de Iardin clos , de fontaine cachetée , de paradis & de Iardin de pom- miers qui ſont donnés à l'Egliſe dans le cantique des cantiques , & ſur l'Arche de Noé qui étoit figure de la veritable Egliſe , hors de laquelle il n'y à point de ſalut ; petites preuves que S. Cyprien a adoptées , que S. Au- guſtin a ſuivies , & qui par tradition ſont paſſées juſqu'à M. Nicole , faute de meilleures.

Cette fauſſe Idée de l'unité s'etoit formée ſur l'hiſtoire de l'Egliſe des deux premiers ſiecles , juſqu' à la moitié ou la fin du troiſieſme. C'eſt que dans ces ſiecles , en Aſie particulierement , on n'avoit vû que des hereſies monſtrüeuſes , & dont les ſectateurs ne retenoient du chriſtianiſme que le nom. C'eſtoyent des deſcendants de Simon le magicien , magiciens comme luy impurs &

Les Egliſes d'Aſie ont les premie- res rejetté le batefme des hereti- ques.

Epître 75. inter Epiſt. Cypriani.

Les mon- ſtrueuſes hereſies des trois premiers ſiecles ont donné oc- caſion à la naiſ'a 1- ce de cette opinion , que toute hereſie u eſt hors de l'Egliſe.

abominables. C'etoient des gens qui nioient que Jesus Christ fût veritablement venu en chair & qui soutenoient qu'il n'avoit eté qu'un fantôme. C'etoyent des Basilidiens qui adoroient un souverain Dieu nommé Abraxas avec troiscent soixante & cinq Æones. C'etoyent des Nicolaïtes qui authorisoient les couches les plus sales & les plus impures. C'estoyent des Gnostiques, des Valentiniens, des Colarbasiens, & cent autres dont on peut voir les prodigieuses imaginations dans Irenée, & dans Tertullien. Il n'est point étonnant que l'Eglise en ce temps la regardast ces heretiques comme des membres entierement separés & coupés du corps de l'Eglise. Car cela étoit vray: & ces gens n'estoyent non plus chrétiens, & bien moins que ne le sont aujourd'huy les Turcs, ils avoient moins retenu du christianisme que les Mahometans. Ce fut donc dans les temps de ces prodigieuses sectes qu'on prît habitude de croire que les heretiques n'appartenoient aucunement à l'Eglise. Car il est à remarquer que dans chaque siecle l'on s'est formé une Idée de l'Eglise conforme à l'Etat dans laquelle on la voyoit. C'est pourquoy dans le siecle de St. Augustin on s'est persuadé qu'il etoit de l'essence de l'Eglise que la partie saine & qui retenoit la verité fût toujours la plus étenduë; par ce qu'alors cela estoit ainsi & qu'effectivement les Donatistes les Arriens &c. ne faisoient point de nombre en comparaison de l'Eglise ortodoxe. Le temps nous à decouvert qu'il ne se faut point former une Idée de l'Eglise sur une partie de son histoire & sur son etat présent, mais qu'il faut voir ce qu'elle a eté dans tous les temps.

En quel temps, l'opinion qui bannit tout heretique & schismatique hors de l'Eglise est venüe en Afrique. Quoy qu'il en soit cette fausse Idée de l'unité de l'Eglise passa d'Asie en Afrique. Tertullien qui a combatu les monstrueuses heresies dont nous venons de parler l'a adoptée; Et peu de temps après Tertullien, Agrippinus Evêque de Numidie avec tous ses Collegues la fit confirmer par un concile. En suitte S. Cyprien la voulut appliquer aux Novatiens, nouveaux schismatiques de son siecle, & pretendit qu'ils etoient hors de l'unité de l'Eglise, qu'ils n'etoient plus du tout partie de l'Eglise, & par consequent que leur baptesme ne valoit rien. Peut être par chagrin contre eux, & pour se vanger de ce qu'ils rebaptisoient les Catholiques lesquels ils seduisoient.

foient. Ce que les Afiatiques avoient eu raifon de dire
par rapport à ces monftrüeufes fectes qui avoient pris
naiffance entre eux, ne valoit rien contre les Novatiens
qui ne pechoient pas contre la foy : Tout leur crime
confiftoit dans une difcipline trop fevere, ne voulant pas
recevoir à la paix de l'Eglife ceux qui avoient fuccombé
dans la perfecution, & dans un éfprit de fchifme qui
les porta à rompre avec l'Eglife orthodoxe, pour un
fi leger fujet: mefme jufqu'â rebaptifer les catholiques
qui paffoient à leur parti. Sur cette fauffe Idée de
l'unité de l'Eglife qui eftoit venüe d'Afie, S. Cyprien
raifonnoit fi puiffamment contre le baptefme des heretiques, que ni Eftienne Evêque de Rome, qui foutenoit
alors la validité du baptefme des heretiques, ni tous les
autres docteurs qui font venus du depuis n'y ont rien
repondu de folide. *Nous devons fçavoir difoit il, que la
remiffion des pechés ne fe trouve que dans l'Eglife, & que
les ennemis de Iefus Chrift n'ont point droit de s'arroger
aucune chofe qui appartienne à fa grace &c.* Il ne faut pas,
difoit il à Jubaianus, *pour combattre la verité dire que par
tout où l'on eft baptifé au nom de Iefus Chrift, la on reçoit
la grace du baptefme: fi l'on attribues l'efficace du Baptefme
à la Majefté du nom, & qu'on dife que tous ceux qui font
baptifés au nom de Iefus Chrift font regardés comme renou-
vellés & fanctifiés pourquoy l'impofition des mains donnée au
nom de Iefus Chrift entre les heretiques, n'a telle pas la vertu
de donner le S. Efprit. Pourquoy la majefté de ce nom n'a
telle pas la mefme efficace dans l'impofition des mains, qu'elle
a dans le baptefme pour faire la fanctification ? voicy encore
une grande abfurdité, ils difent qu'on peut renaître fpiri-
tuellement par le baptefme, des heretiques. Or la feconde
naiffance par laquelle nous naiffons en Iefus Chrift par le
lavement de la regeneration eft fpirituelle. Cependant ils
avoüent que les heretiques n'ont pas le S. Efprit, car l'eau
feule ne peut pas nettoyer ni fanctifier l'homme, s'il n'a le
S. Efprit: par confequent il faut qu'ils avoüent que les heretiques ont le S. Efprit avec le baptême, ou qu'ils confeffent
qu'il n'y a pas de baptefme où le S. Efprit n'eft pas, par ce
que le baptefme ne fçauroit être fans le S. Efprit.* Les
objections & les preuves de S. Cyprien reviennent à
cecy que la où il n'y a ni Eglife, ni verité, ni vraye
foy, ni S. Efprit, ni communion à Jefus Chrift, il ne

D 5 fça-

Quelles
eftoyent
les erreurs
des Nova-
tiens,

Epift. 71.
fect. 4.

Epift. 73.
raifons in-
vincibles
de
S. Cyprien
contre le
baptefme
des hereti-
ques.

sçauroit y avoir ni de vrays sacremens, ni de grace, ni de veritable sanctification. Et c'est la raison à laquelle ceux qui mettent absolument les heretiques hors de l'Eglise & recoivent pourtant leur baptesme, ne repondront jamais. S. Cyprin pousse son Idée de l'unité de l'Eglise si loin qu'il va jusqu'à dire quelque part, qu'un homme qui souffre le martyre hors de l'Eglise, perd le fruit de sa confession. C'est à dire qu'un pauvre Novatien simple & du vulgaire qui ayant eté seduit par ses maitres mourroit pour signer la verité de l'Euangile persecuté par les Payens ne laissoit pas d'etre damné ; Se peut il rien dire de plus cruel? Cependant M. Nicole admire cela dans S. Fulgence.

Estienne & les autres adversaires de S. Cyprien n'ont pas eu une Idée distincte de l'unité de l'Eglise.

Les adversaires de S. Cyprien n'avoient par assurement de l'unité de l'Eglise les mesmes Idées que luy. Cependant ils n'avoient pas une Idée distincte de la veritable unité : ils ne pouvoient se resoudre à reconnoitre pour parties de l'Eglise les horribles sectes qui regnoient en ce siecle là, ils avouoient que ces sectes étoient absolument hors de l'Eglise, & ils avoient raison. Mais ils n'osoient dire que les autres sectes moins corrompües fussent encore dans l'Eglise. Seulement ils retenoient la tradition & les raisons de leurs ancêtres ; Tradition & raisons qui faisoient voir que l'on n'avoit pas toujours regardé toute sorte d'heretiques indifferemment, comme hors de l'Eglise. Car laisser à des gens le pouvoir de conferer la grace de la remission des pechés & le vray baptême c'est leur laisser quelque essence de l'Eglise, puis qu'un si grand privilege comme est celuy de donner la remission des pechés ne peut etré separé de l'essence de l'Eglise. Et mesme il est apparent que quand Agrippin Evesque environ trente

L'an 217.

ou quarante ans devant S. Cyprien fit confirmer par un concile que l'on rebaptiseroit les heretiques, sur ce fondement, que les sectes sont entierement hors de l'Eglise, il ne vouloit faire aucun prejudice à l'opinion qui fût depuis soutenüe par Estienne Evesque de Rome contre S. Cyprien. Car encore une fois & Tertullien & Agrippin n'ont consideré comme hors de l'Eglise que les heretiques qui leur étoient connus, comme des Hermogeniens, Praxeens, Cataphrigiens, Quintillianistes, Marcionistes, Carpocratiens & autres semblables

qui

qui ne pouvoient legitimement baptifer, ni explicite-
ment, ni implicitement au nom de la Trinité laquelle
ils ne croyoient point; & qui d'ailleurs n'avoient aucune
foy, ni caractere qui les pût faire conter entre les
chrêtiens.

Ce qui me confirme dans la penfée qu' Eftienne
Evefque de Rome n'avoit pas une Idée jufte de l'unité
de l'Eglife, & qu'il ne foutenoit la validité du Baptefme
des heretiques que pour fuivre une coutume qu'il avoit
veüe pratiquer à Rome; Ceft qu'il pouffoit plus loin
qu'il ne faut, cette maxime qu'on peut recevoir le
baptefme des heretiques. Car autant qu'on le peut
juger par les Ecrits de S. Cyprien il vouloit qu'on receût
le baptême de toutes les fectes, quelque abominables
& corrompües qu'elles fuffent. Ce qu'il n'auroit pas
fait s'il avoit compris qu'on ne doit regarder, comme
ayant confervé l'unité effentielle à l'Eglife que les fectes
qui ont confervé les verités fondamentales. Il eft vray
qu'entre celles qui ont rejetté quelques unes des verités
fondamentales, il y en a qui peuvent être encore contées
entre les parties du corps de l'Eglife univerfelle, à
caufe qu'elles confervent la foy en Jefus Chrift le vray
Meffie fauveur du monde: neantmoins par ce qu'en
effet cette foy n'eft que dans les parolles, & que reellement & dans le fonds elles réjettent le fils de Dieu,
en le faifant fimple creature, & nient la redemption
procurée par ce fils de Dieu, en ôtant à fa mort la vertu
propitiatoire, on peut dire de ces fectes qu'elles ont
entierement rompu l'unité de l'Eglife, par ce qu'elles
ont entierement rompu avec Jefus Chrift. C'eft pourquoy elles n'ont plus ni vrays facrements ni vray
baptefme, & l'on doit rebaptifer ceux qui viennent de
ces fortes de fectes. Si donc Eftienne Evêque de Rome
eût compris que la veritable unité de l'Eglife confifte
dans l'unité des verités fondamentales, il n'auroit pas
voulu recevoir comme legitime le baptefme des Gnoftiques, & des Marcionites. Et il ne fe feroit pas fervi
de cette mechante raifon que S. Cyprien a fi bien
refutée, *que par tout ou l'on reçoit le baptefme au nom de
Iefus Chrift, la eft la grace du baptefme, quiconque foit
celuy qui le confere.*

Ceux qui vinrent aprés Etienne & S. Cyprien rentrerent

Le concile, de Nicée a eu une idée plus juste de l'unité de l'Eglise.

rent dans la veritable Idée de l'unité de l'Eglise : & conceurent qu'il faloit diftinguer entre heretique & heretique, entre fecte & fecte. Le premier concile de Nicée ordonna *que les Paulianiftes, qui reviendroient à l'Eglife catholique abfolument feroient rebaptifés.* Mais

Canon 9.

pour les Cathares & Novatiens bien loin de les rebaptifer le mefme concile ordonne qu'ils demeuraffent dans le corps du clergé s'ils avoient eté preftres ou Evêques dans leur parti. Les Paulianiftes étoient les fectateurs de Paul de Samofate, qui tenoit l'herefie de nos Sociniens touchant la Trinité, & la nature de nôtre feigneur Jefus Chrift. Le concile qui vouloit qu'on rebaptifaft les Paulianiftes, à plus forte raifon ordonnoit la mefme chofe des Manicheens, des Marcionites, des Gnoftiques &c. Sectes incomparablement plus Antichrétiennes que celles de Paulianiftes. Mais il n'en dit rien parce que ou bien ces fectes etoient à peu pres comme abifmées, comme celle des Gnoftiques, ou peu connües dans l'orient comme celle des Manicheens. Or il eft evident que le concile à receu pour valable le baptefme des heretiques qui ne nioient pas la trinité des perfonnes en Dieu, & la divinité de Jefus Chrift par nôtre raifon, fçavoir que ces heretiques ne font pas abfolument hors de l'Eglife, & non par la raifon d'Eftienne adverfaire de S. Cyprien fçavoir que par tout où l'on eft baptifé au nom de Jefus Chrift, C'eft à dire avec le formulaire ordonné par le feigneur, & pratiqué par l'Eglife, la grace du batême eft conferée. Car fi le concile avoit admis le baptefme des heretiques par cette raifon d'Eftienne ; il eft conftant qu'il auroit dû recevoir le baptefme des Paulianiftes tout de mefme que celuy des autres. Nous n'apprenons pas que Paul de Samofate & fes fectateurs ayent changé le formulaire du baptefme. Et je ne doute pas qu'ils ne baptifaffent au nom du Pere, du Fils & du S. Efprit. S. Epiphane nous apprend qu'ils retenoient les noms de Pere, Fils, & S. Efprit, & confeffoient une efpece de Trinité. Mais ils difoient que le fils & le S. Efprit étoient dans le

Heres. 65.

Pere, comme *la raifon propre,* etoit dans l'homme ; C'eft à dire que le verbe étoit la raifon & l'intelligence de Dieu, & que le S. Efprit étoit fa vertu operante. Quand donc S. Auguftin dit que le concile de Nicée

re-

rejetta le baptefme des Paulianiftes , *à caufe qu'ils ne tenoient pas la regle du baptefme* , cela fe doit entendre qu'ils ne tenoient pas les dogmes qui font le fondement du baptefme , C'eft la Trinité , & la divinité de Jefus Chrift. Ou bien s'il entend qu'ils n'avoient pas retenu la forme externe du baptefme, ce qui me paroift plus apparent , il faut dire que S. Auguftin n'a parlé là que par conjecture. Et en effet c'eft ce que fignifient ces mots. *Unde credendum eft eos regulam baptifmatis non tenere.* Le concile de Nicée a ordonné que l'on rebaptiferoit les Paulianiftes qui revendroient à l'Eglife. C'eft pourquoy il faut croire qu'ils n'avoient pas retenu la regle du baptefme que plufieurs heretiques ont emportée avec eux en fortant de l'Eglife Le *Credendum*, il faut croire, ne fignifie autre chofe finon qu'il eft à préfumer, & qu'il y a apparence. Mais dans cette conjecture S. Auguftin s'eft trompé, & fon erreur venoit de ce qu'il n'avoit pas de l'unité de l'Eglife, les mefmes penfées, qu' avoient eu les peres du concile de Nicée. Il excluoit de l'unité de l'Eglife tous les heretiques & tous les fchifmatiques: Mais les Peres de Nicée diftinguoient entre heretique & heretique, & mefme entre heretique & fchifmatique : Ils regardoient tous ceux qui nioient la Trinité des perfonnes, & la divinité de Jefus Chrift comme des gens qui avoient rompu l'unité; & qui n'avoient plus de vrais facrements. Et au contraire ils confideroient les fchifmatiques qui retenoient les verités effentielles au Chriftianifme comme des freres errants, qui avoient retenu le fondement de la foy & de l'unité. Cela eft clair, & s'il y a quelque autre raifon pourquoy le concile ait rejetté le baptefme des Pauliciens, & admis celuy des Novatiens, ou Cathares, M. Nicole nous fera plaifir de nous l'appendre.

CHA-

CHAPITRE VIII.

Que S. Augustin n'a point eu une Idée nette & distincte de la veritable unité de l'Eglise quand il a exclus les schismatiques, & les heretiques de l'Eglise; & de là viennent ses embarras, & ses contradictions dans ses disputes sur la validité du baptême des heretiques.

LEs Docteurs de l'Eglise Romaine se font un grand honneur en toutes choses du suffrage de S. Augustin; Et nous ne nous y opposons pas, car assurement, c'est sans comparaison le plus habile Theologien de son siecle, & de tous les precedents jusqu'aux Apôtres. Mais cependant je ne croy pas qu'on nous le voulût donner pour infaillible. Ainsi quand nous dirions nettement qu'il s'est trompé sur l'Idée de l'unité de l'Eglise, nous ne croirions par luy faire un grand outrage. On ne peut nier qu'il n'ait eté fortement frappé des bonnes raisons mal appliquées par lesquelles S. Cyprien exclut totalement les heretiques & les schismatiques de l'Eglise sçavoir que l'Eglise est une, que Jesus Christ n'a qu'une Epouse, qu'une colombe, qu'il n'y avoit qu'une Arche &c. On ne peut nier non plus qu'il n'ait eté fortement persuadé que les vrays justes sont les seuls membres de l'Eglise, que les méchants & les heretiques ne sont que de la paille dans le champ du seigneur. Et ainsi il ne s'est pas fait une peine de mettre entierement hors de l'Eglise les schismatiques, lesquels en violant la charité avoient renoncé au lien qui unit à Jesus Christ ses vrays membres, & en renonçant à la communion de l'Eglise catholique avoient rompus les liens externes. Ainsi n'ayant plus selon luy ni liens internes avec Jesus Christ, ni liens externes avec l'Eglise, ils étoient absolument hors de l'Eglise. Les heretiques à plus forte raison dans ses principes ne pouvoient appartenir à la vraye Eglise par ce qu'ils avoient rompu les liens internes de la foy par l'heresie, & ceux de la charité qui nous unissent avec Jesus Christ, par le schisme. Outre cela ils avoient rompu par leur separation les

liens

liens externes de la communion ; Ainsi ils n'appartenoient ni à l'ame, ni au corps de l'Eglise. Nous verrons bien toſt ſi ces raiſons la ſont auſſi bonnes que
S. Auguſtin ſe les imaginoit.

Mais en attendant nous remarquerons qu'il eſt arrivé
à ce ſaint Docteur ce qui arrive à tous ceux qui errent
par ſurpriſe, & par un certain engagement en des principes mal entendus, & non par un deſſein de combatre
la verité. C'eſt qu'ils y reviennent inſenſiblement, & *St. Auguſ-*
lors qu'ils ne ſont pas ſur leurs gardes. On pourroit *ſtin eſt*
aſſurement marquer un grand nombre d'endroits où cela *ſouvent re-*
luy eſt arrivé. J'ay deja marqué dans un autre ouvrage *venu à la*
les embarras où il s'eſt trouvé en diſputant contre les *veritable*
Donatiſtes, qui avoient herité de l'erreur de St. Cyprien, *Idée de*
& qui l'avoient outrée. Car ſans faire aucune offence *l'Egliſe &*
à la memoire d'un ſi grand & glorieux martyr on peut *de ſon uni-*
dire qu'il jetta innocemment les ſemences du ſchiſme des *té.*
Donatiſtes par les deux nouvelles maximes qu'il voulut *Iuſtifica-*
établir dans l'Egliſe ; la premiere que tous les hereti- *tion de la*
ques & ſchiſmatiques revenants à l'Egliſe de quelque *Moralle*
ſecte que ce ſoit, doivent être rebaptiſés, erreur que *&c. Con-*
les Donatiſtes ſoûtinrent au pied de la letre & avec fu- *tre Monſ.*
reur : la ſeconde qu'il n'y a qu'une ſeule ſocieté viſible *Arnauld.*
qui ſoit l'Egliſe & qui ſoit de l'Egliſe. C'eſt ce que *v. ch. 15.*
les Donatiſtes adopterent & qui leur fit dire que l'Egliſe
étoit perie par toute la terre, & qu'elle ne ſubſiſtoit
plus qu'en Affrique dans le parti de Donat. Ils avoient
raiſon ſelon leur principes joint à celuy de S. Cyprien ; leur principe êtoit que quant à eux ils étoient
l'Egliſe & la ſocieté où la verité ſe trouvoit toute pure.
Joignant ce principe à celuy de S. Cyprien, qu'il n'y a
qu'une ſeule ſocieté de chrétiens qui ſoit l'Egliſe, il faloit neceſſairement qu'ils diſſent que toute l'Egliſe etoit
perie par tout ailleurs que dans leur parti.

Les Donatiſtes en rejettant le Bapteſme heretiques *Les Dona-*
raiſonnoient conſequemment au principe dont St. Augu- *tiſtes rai-*
ſtin vouloit bien demeurer d'accord, les heretiques n'ont *ſonnent*
pas d'Egliſe ils ne ſont pas l'Egliſe, ils ne ſont pas dans *mieux que*
l'Egliſe. Or la foy, le Bapteſme, la grace, la remiſ- *St. Augu-*
ſion des pechés appartiennent a l'Egliſe ſeule : donc *ſtin ſur le*
les heretiques & les ſchiſmatiques n'y ont point de part. *Bateſme*
S. Auguſtin dit des choſes abſurdes pour ſe tirer de ce *des hereti-*
ques.

mau-

mauvais pas... Tantost il dit que le Baptesme des heretiques ne donnoit pas la remiffion des pechés, & qu'il
ne fervoit qu'à la confecration, & non à la participation de
la vie éternelle. Or fi un enfant n'eft que confacré par le
Baptefme, & non preparé à la vie eternelle, il faut
qu'il periffe tout Baptifé qu'il peut être. Tantoft avoüant que le Baptême des heretiques confere la remiffion
des pechés, il donne dans un autre precipice, difant
qu'à la verité les pechés font pardonnés fur l'heure &
pour le moment à celuy qui reçoit le Baptefme, entre
les heretiques, mais qu'un moment aprés ces pechés
reviennent & font derechef imputés. Il faut etre bien
preffé pour fe laiffer pouffer dans un tel endroit ! quelle
imagination que Dieu pardonne les pechés, remette la
peine, reçoive en grace un homme pour un moment,
& qu'un clin d'oeil aprés fans que rien de nouveau foit
arrivé, il revoque il caffe cet arreft, & replonge un
miferable dans un abyfme de tenebres ? fi l'on fuppofoit
que cet homme aprés fon baptefme commit de nouveaux
pechés qui interrompiffent la grace, on pourroit trouver
quelque fens auquel on diroit que les pechés pardonnés
& éteins recommenceroient à revivre Mais S. Auguftin
dit expreffement *que les pechés lesquels la fainteté du baptefme avoit effacés retournent incontinent aprés fans fuppofer un nouveau crime entre deux.* Tantoft enfin il
revient à la veritable hypothefe, & dit des chofes qui
font vrayes mais qui feroient fauffes de toute fauffeté, fi
l'on ne fuppofe que les heretiques & les fchifmatiques
ne font pas abfolument hors de l'Eglife. Par exemple
quand il dit en repondant a l'objection de ceux qui luy
demandoient fi le baptême des Donatiftes engendre des
enfans à Jefus Chrift ou non. *l'Eglife de Donat n'a pas
la vertu d'enfanter des enfans à Iefus Chrift entant qu'elle
eft feparée, mais entant qu'elle eft encore conjointe. Elle eft
feparée du lien de la charité & de la paix, mais elle eft
jointe & unie par la communion d'un feul baptefme.* Il n'y
a donc qu'une Eglife qui eft feule appellée catholique, & c'eft
elle mefme qui dans les communions feparées de fon unité
engendre & fait renâître par ce qui eft venu d'elle & qui eft
à elle. La dedans S. Auguftin avoüe 1. *qu'une Eglife
fchifmatique enfante des enfans à Iefus Chrift.* Elle eft
donc mere puis qu'elle enfante, & fi elle eft mere,
elle

Epif. 23.
ad Bonif

Lib. 1.
contra Do-
nati. cap.
11.

Lib 1.
cont.
Donat.
cap. 10.

S. Auguftin
donne une
jufte Idée
de l'unité
de l'Eglife
en certains
endroits.

elle eſt encore Epouſe de Jeſus Chriſt, & ſi elle eſt Epouſe, elle eſt donc encore Egliſe. 2. Il dit qu'une Egliſe *ſchiſmatique eſt encore conjointe à l'Egliſe Catholique*, ſi elle eſt encore conjointe, elle n'a donc pas rompu tous les liens de l'unité. 3. Elle eſt conjointe *par l'union d'un ſeul Baptesme*, & non ſeulement cela, elle étoit auſſi conjointe cette Egliſe Donatiſte à l'Egliſe Catholique par l'union d'une meſme foy. Les Egliſes qui ſont conjointes par la meſme foy & par les meſmes Sacrements, ſont elles abſolument ſeparées & differentes? 4. C'eſt l'Egliſe Catholique dit S. Auguſtin *qui engendre, & fait renaitre dans les Egliſes ſeparées de ſon unité.* C'eſt cela même que nous diſons, que l'Egliſe univerſelle repandüe par tout, engendre & fait naître des enfans à Jeſus Chriſt, non par les erreurs qui ſont dans les ſectes ; erreurs qui n'ont point eté priſes de l'Egliſe, mais par la verité revelée qui a eté receüe de l'Egliſe, & qui conſtitüe l'Egliſe dans ſon eſſence. Cela eſt tres vray dans nôtre ſens. Mais cela n'a point de ſens comme on pretend que S. Auguſtin l'a entendu & comme aujourd'huy l'Egliſe Romaine l'entend. Si toutes les ſectes ſont empoiſonnées, ſi leur communion eſt mortelle, comment peuvent elles engendrer à Jeſus Chriſt? Comment peuvent t-elles ſauver des hommes par le bien qu'elles peuvent avoir emprunté de l'Egliſe, puiſque ce bien eſt gaſté, corrompu, & devenu mortel par le ſchiſme & par le mêlange du mal: Qu'on ait mis dans un vaiſſeau empoiſonné une bonne liqueur, cette liqueur nourrira elle ceux à qui on la donnera? on aura beau dire cette liqueur eſt venüe d'un bon lieu, elle a eté tirée d'un tonneau qui étoit fort ſain, elle tuera pourtant. Ainſi c'eſt la plus grande de toutes les contradictions de dire que l'enceinte des ſectes eſt en foy abſolument mortelle, mais que la doctrine & les Sacrements qui ſont pris de l'Egliſe peuvent donner la grace, meſme dans cette enceinte des ſectes, où il n'y a que damnation & mort.

Dés le commencement de cette diſpute du Baptême contre les Donatiſtes St. Auguſtin ruine tout ce qu'il peut dire ailleurs pour prouver que les Donatiſtes ſont entierement hors de l'Egliſe. Dans le premier chapitre de ſon premier livre de *Baptiſmo contra Donatiſtas*, il prouve

E ve

ve premierement que les hommes qui paſſoient dans le ſchiſme ne perdoient pas leur Bapteſme ; ce qui étoit cauſe que quand ils revenoient à l'Egliſe Catholique on ne les rebaptiſoit pas : d'ou il conclud que ſi on pouvoit dans le ſchiſme poſſeder un legitime Bapteſme, on pouvoit auſſi en donner un legitime dans le ſchiſme ; *quod ſi haberi foris poteſt, etiam dari cur non poteſt?* Deïa ſi un homme ne perd pas ſon Bapteſme, il eſt clair qu'il ne ſort pas abſolument de l'Egliſe. Car il conſerve le caractere & l'enſeigne de Jeſus Chriſt. Un homme qui ſe fait Turc, renonce à ſon Bapteſme, & ainſi il le perd entant qu'en luy eſt. Il eſt vray qu'il ne pourroit pas faire qu'il n'euſt eté baptiſé, & ce *caractere* externe conſiſtant en un rapport à une action paſſée en quelque ſorte eſt ineffacable. Mais ce ne peut etre. en ce ſens que St. Auguſtin dit que celuy qui paſſe dans le ſchiſme conſerve ſon Bapteſme, & que de la il conclud que puiſque l'on peut porter & conſerver dans le ſchiſme un veritable Bapteſme, on peut auſſi donner dans le ſchiſme un veritable Bapteſme. Car ſi c'etoit la ſon ſens on conclurroit tout de meſme de ce qu'un homme apoſtat peut porter dans le Paganiſme ſon veritable Bapteſme & l'y conſerver ! on pourroit auſſi conferer un legitime Bapteſme dans le Paganiſme : penſée que S. Auguſtin, n'a jamais eüe. Quoy qu'il en ſoit quelle qu'ait eté la penſée de S. Auguſtin, il eſt clair que de ce qu'il avoüe, on peut conclurre evidemment que celuy qui paſſe dans une ſecte où l'on peut donner un legitime Bapteſme, y conſerve & ſon Bapteſme & ſon Chriſtianiſme.

Saint Auguſtin dit en ſuitte que ceux qui aprés avoir receu les ordres de Preſtriſe dans l'Egliſe catholique paſſoient dans le ſchiſme des Donatiſtes conſervoient leur caractere de Preſtre. *Ordinatus ſi ab unitate receſſerit, ſacramentum dandi Baptiſmi non amiſit.* Et de la il conclut auſſi que l'on doit recovoir le Bapteſme des heretiques, parce que ceux qui avoient quitté la verité n'avoient pas perdu le pouvoir de Baptiſer en entrant dans le ſchiſme. *Comme on reçoit le Bapteſme que n'avoit pû perdre celuy qui avoit renoncé à l'unité ; Ainſi il faut recevoir le Bapteſme conferé par celuy qui en ſe retirant de l'Egliſe n'avoit pas perdu le pouvoir de conferer les ſacrements.* Si le Paſteur & le Preſtre qui entre dans le ſchiſme ou

Les Pretres de l'EgliſeCatholique conſervoyent leurs caracteres en ſortant de l'Egliſe ſelon St. Auguſtin.

dans

dans l'herefie, entroit dans une focieté qui ne fût plus du tout l'Eglife comment y pourroit il conferer & adminiftrer de legitimes facrements. Par qui feroit il authorifé? ce ne feroit pas par l'Eglife de laquelle il eft forti car l'Eglife ne l'a authorifé que pour adminiftrer les chofes faintes dans fon fein & dans fon unité. Un homme à qui un Prince a donné la commiffion de juger fes fujets, fe revoltant & paffant dans le parti des ennemis du Prince, confervera t'il encore la le caractere de luge, & le pouvoir de juger en l'authorité du Prince contre lequel il fe fera revolté? Il ne pourra non plus être authorifé par l'affemblée fchifmatique & heretique dans laquelle il eft entré, car une focieté qui n'eft point du tout l'Eglife & qui eft entierrement hors de l'Eglife, n'a pas l'authorité de donner pouvoir à un homme de faire & de conferer les vrays facrements de l'Eglife. Ainfi il eft clair ou qu'un Prêtre ne peut adminiftrer de vrays facrements dans une communion heretique, ce que S. Auguftin n'accorderoit pas puifqu'il dit le contraire; ou que ce Preftre n'eft pas abfolument forti hors de l'Eglife & qu'il n'adminiftre pas fes facrements, hors de l'Eglife catholique & univerfelle.

Enfin S. Auguftin conclud de tout cela. *Les Donatiftes commettent une impieté quand ils veulent rebaptifer le monde qui eft dans l'unité, mais quand a nous, nous faifons mieux en n'ofant pas rejetter les facrements de Dieu lors mefme qu'ils font dans le fchifme. A l'efgard des chofes dont nous convenons, ils font encore avec nous & ils font feparés de nous à l'efgard des chofes dans le quelles nous differons. Cette proximité & cet éloignement ne fe mefure pas par des mouvemens corporels, mais par des actions fpirituelles. Et comme l'union des corps fe fait par la continuité des lieux qu'ils occupent, l'union des Efprit fe fait auffi par l'union des volontés. Si celuy qui a renoncé l'unité, fait d'autres chofes que ce qu'il a receu dans l'unité il eft à cêt egard feparé & eloigné, Mais quand il fait ce qui fe fait dans l'unité alors faifant ce qu'il a receu & ce qu'il a appris il demeure en cela conjoint & uni.* Il n'y a pas là dedans un feul mot qui ne doive être un coup de foudre à M. Nicole, & qui ne le doive convaincre ou que S. Auguftin ne s'eft pas bien entendu fur la matiere, ou qu'il n'a pas defini l'unité, de l'Eglife par une exclufion totale &

Paffage ou S. Auguftin avoue expreffement que tous les fchifmatiques ne font pas hors de l'unité.

ab.

absoluë de toutes les sectes. Car si je voulois exprimer nettement mon Idée de l'Eglise universelle, je ne pourrois pas me seruir d'autres termes que de ceux la : C'est precisément ce que nous pensons, sçavoir que la veritable unité de l'Eglise ne consiste pas dans l'unité de lieu & d'assemblée, mais dans l'unité de Sacrements, & de la doctrine. De sorte que ceux qui se separent & qui vivent dans la separation demeurent dans l'unité spirituelle qui consiste *dans l'union des volontés*, pendant qu'ils retiennent les mêmes Sacrements, & la mesme foy qu'ont ceux dont ils se sont separés. Si ce n'est pas la le sens de S. Augustin & si on peut luy en donner un autre M. Nicole nous fera plaisir de nous le dire.

P 334.
l. 2, c. 10. *Il n'y a rien dit il de plus certain par l'Ecriture & par les Peres que cette maxime que l'unité de l'Eglise exclud la diversité de Communion.* Cependant voicy de la confession de S. Augustin les Donatistes, & les Catholiques qui sont dans *l'unité* à l'egard de toutes les creances, & de tous les Sacremens qui leur estoient communs, quoy qu'ils fussent dans des communions differentes. M. Nicole avoüe luy mesme que S. Augustin conte les heresies, & mesme les Idolatries entre les sisanies, au milieu desquelles croissent les froments, c'est à dire les justes. *Il y a seulement un ou deux lieux* dit il, *où S. Augustin conte les heretiques entre les vases d'ignominie, qui sont dans cette grande maison.* C'est à dire dans l'Eglise. Il en avoüe deux passages, & nous en rapporte celuy cy, cap. 51. tiré du 7me. livre *de baptismo contra Donatistas l'Apôtre S. Paul declare que dans une grande maison, il n'y a pas seulement des vaisseaux d'or, & d'argent, mais aussi des vaisseaux de bois & de terre, & qu'il y a des vaisseaux d'honneur, & des vaisseaux d'ignominie. De ce nombre &c. Sont non seulement la troupe des méchans, mais les heretiques & les schismatiques.* En effet cela est assés exprés. Mais M. Nicole veut detruire la conclusion qu'on en pourroit tirer, par ces paroles que S. Augustin adioute, *qui jam magis ex domo, quam in domo esse dicendi sunt.* Ils sont plutost sortis hors de la maison qu'ils ne sont dans la maison ; cela est sans doute selon les principes de S. Augustin qui ne recognoist pour Eglise & pour maison du Dieu vivant que les vrays fidelles. Ils sont plus separés dit encore S. Augustin, que les méchants

qui

qui font dans l'Eglife. Je l'advoüe ils font plus feparés
parce qu'*ils* ont rompu la liaifon exterieure que les
autres *ont* confervée; Mais il ne s'enfuit pourtant pas
que *ces* heretiques & fchifmatiques foient abfolument
felon S. Auguftin hors de l'unité de l'Eglife, puifque
felon luy; *Ils font dans l'unité quand ils font & enfeignent
ce qu'ils ont appris & vû faire dans l'unité.*

Adjoutes à tout cela que felon S. Auguftin il pouvoit
y avoir dans les communions heretiques des fidelles
cachés, que plufieurs fimples dans l'Arrianifme avoient
des fentiments orthodoxes, que plufieurs y demeuroient
par lâcheté & par crainte. S. Auguftin veut bien qu'on
fauve tous ces gens la, & M. Nicole mefme y confent.
Or cela même detruit entierement l'hypothefe que
S. Auguftin femble pofer ailleurs; C'eft qu'on ne peut
étre fauvé hors de la communion vifible de l'Eglife
orthodoxe. Car ces gens etoient hors de l'unité de
l'Eglife, fi cette unité confifte dans des liens vifibles.
Ainfi il y a une evidente contradiction à dire que l'Eglife
n'eft que dans la feule communion des orthodoxes, &
à confeffer pourtant qu'il y a eu des gens fauvés dans des
communions heretiques; Et ceft ce que nous efperons
prouver clairement dans la fuitte quand nous combat-
trons la fauffe Idée de l'unité de M. Nicole par luy
mefme.

C'eft affés pour éclaircir le fentiment de S. Auguftin,
fi on le peut éclaircir, car c'eft dequoy je doute fort:
cela fuffit aufli pour repondre à deux chapitres du fecond
livre de Monf. Nicole, ou il veut prouver que felon
S. Auguftin l'Eglife n'eft que dans une feule communion, que les heretiques font abfolument hors de l'Eglife,
qu'ils n'appartiennent point à l'Eglife &c. s'il veut
me paffer & mes preuves & mes paffages je luy pafferay
les fiens, & nous conclurrons tous deux que S. Auguftin n'a jamais eû une Idée nette & diftincte de l'unité
de l'Eglife, & de ce qui fait être dans cette unité ou
hors de cette unité; & de la vient qu'il s'eft jetté dans
de fi grands embarras, & dans des contradictions mani-
feftes, en difputant contre les Donatiftes fur la validité
du baptefme des heretiques.

S. Auguftin avoüe formelle-ment qu'-on pouvoit eftre fauvé dans des communi-ons hereti-ques.

E 3   CHA-

CHAPITRE. IX.

Que S. Jerosme a eu une juste Idée de l'Eglise & qu'il n'a pas exclu de l'Eglise les schismatiques & tous les heretiques, preuves de cela tirées de sa dispute contre les Luciferiens.

QUelle qu'ait esté l'Idée que S. Augustin a eüe de l'unité de l'Eglise & de l'estat des societés schismatiques & heretiques ; & quant il auroit crú qu'elles sont absolument hors de l'Eglise, il est certain que ce n'etoit point l'opinion des sçavants de son siecle. Au moins ce n'etoit pas celle de S. Jérôme, comme je pretends le faire voir evidement dans ce chapitre. Nous avons un ouvrage de ce Pere contre les Luciferiens ; espece de schismatiques, qui avoient comme succedé aux Donatistes, & qui avoient herité de leurs sentiments, par un pretexte fort semblable à celuy qui servoit de fondement au schisme que Donat avoit fait à Carthage.

Origine du schisme des Luciferiens Lucifer Evêque de Cagliari en Sardaigne, etoit un de ces honnestes gens qui outrent les maximes de la morale, & qui ne gardent pas asses de mesures. Apres le concile d'Arimini beaucoup d'Evêques qui avoient eté surpris par les ruses des Arriens revinrent à l'Eglise, & revoquerent leur signature, sans conter grand nombre d'Evêques Arriens qui quitterent l'heresie Arrienne, quand elle commença à être moins à la mode ; Et comme les *traditeurs* c'est à dire ceux qui durant la persecution de Diocletien avoient donné les livres sacrés aux payens pour être brulés se pardonnerent les uns aux autres, & se laisserent mutuellement dans l'Episcopat. Ainsi les Evêques Arriens, ou qui avoient connivé à l'Arrianisme se pardonnerent mutuellement ils rentrerent dans la communion des Catholiques sans être obligés de renoncer à leurs dignités. Mais Lucifer Evêque de Cagliari s'opposa ou voulut s'opposer à cela pretendant que les Evêques qui revenoient de l'Arrianisme devoient être deposés & demeurer laïques. Il ne fût pas écouté, il persista, son Esprit s'aigrit par la resistance. Enfin il se separa ou fût separé de l'Eglise

&

& ſes partiſans formerent une ſecte qu'on appella des *Luciferiens*, qui tomberent preciſement dans les erreurs des Donatiſtes excepté celle de la nullité du Bapteſme des heretiques.

Comme les Donatiſtes prîrent pour fondement de leur ſchiſme que Cecilien Evêque de Carthage avoit eté ou *traditeur* ou ordonné par des *traditeurs* ; poſant comme un principe que ceux qui avoient livré les livres ſacrés ne devoient point étre receus à l'Epiſcopat, Ainſi les Luciferiens poſerent comme le dogme fondamental de leur ſeparation que les Evéques qui avoient communié avec les Arriens devoient etre privés de leur ſieges & de leur caractere. En ſuitte les Luciferiens preciſement comme les Donatiſtes tomberent dans cét excés de fo-lie que l'Egliſe etoit perie hors de leur communion, & qu'il n'y avoit plus d'Egliſe que chez eux. *Le Luci-ferien diſoit que tout le monde etoit tombé ſous la puiſſance du Diable, & comme ils ont accoutumé de s'exprimer que l'E-gliſe étoit devenüe un Bordel. Mais le nourriſſon de l'Egliſe repondoit à propos quoy que le lieu & le temps ne luy fuſſent pas favorables, que Jeſus Chriſt n'etoit pas mort pour neant, & que le fils de Dieu n'etoit pas deſcendu ſeulement pour ſauver les payſans de Sardaigne.* Ainſi voila quels ont eté les predeceſſeurs des pretendus Catholiques d'aujour-d'huy ce ſont les Donatiſtes, & les Luciferiens. Car les Papiſtes diſent comme eux hors de nôtre commu-nion il n'y a pas de Chrêtiens, tout le reſte de l'Egliſe eſt proſtitué au Démon, il n'y a pas de ſalut, tout y eſt damné & peuples, & conducteurs. St. Jerôme écri-vit contre les Luciferiens un traitté en forme de Dialo-gue, où il prouve qu'on avoit raiſon de recevoir les Evêques Arriens, qui revenoient de l'Arrianiſme ſans les depoſer. Il diſpute auſſi contre un Hilaire, Diacre de l'Egliſe Romaine qui étoit tombé dans l'erreur des Donatiſtes quil faloit rébaptiſer les heretiques. Ce traitté de St. Jerôme, eſt fort propre à nous faire voir s'il à cru que les ſocietés heretiques & ſchiſmatiques fuſſent abſolument hors de l'Egliſe.

Il commence cette diſpute contre le Luciferien par des queſtions qui engagent ce luy cy à des reſponces abſurdes. *Les Arriens avoit dit le Luciferien, ſont ils chrêtiens ou non ?* L'orthodoxe luy repondit. *Je vous demande bien*

Hieróny-mus adver-ſus Luci-ferianos Dialog.

Les papi-ſtes ſont entiere-ment Dona tiſtes & luciferiens.

E 4   *plus.*

plus. Tous les heretiques sont ils **Chrétiens ?** *le Luciferien* luy repond que non *que qui dit un heretique dit un homme qui n'est pas* **Chrêtien.** L'orthodoxe le pousse *ils ne sont pas à Jesus Christ ils sont au Diable. S'ils sont au Diable il n'importe donc pas quils soient heretiques ou payens.* Le Luciferien tombe d'accord de tout cela, & en tire sa conséquence en ces termes. *Si tous les heretiques sont payens puisque les Arriens sont heretiques, il est clair qu'ils sont aussi payens. Or s'ils sont payens & qu'il soit constant qu'il n'y a nulle Eglise entre eux il est evident que vôtre Eglise qui recoit des Evêques retournans de l'Arrianisme c'est à dire du Paganisme, admet & recoit pour Evêques proprement des Prêtres venants du Capitole. C'est pourquoy il faut l'appeller la synagogue de l'Antechrist, plutôt que Eglise de Jesus Christ.* C'etoit raisonner fort juste selon les principes des Luciferiens, & selon ceux des pretendus Catholiques d'aujourd'huy, comme nous le ferons voir dans la suite. De sorte que si St. Jerôme eût eté dans les principes du Papisme, il n'avoit precisement rien à repondre au Luciferien ; Cependant il ne se taist pas, & il luy montre en peu de paroles, que ce qu'il soutient & advance, que les heretiques sont comme les payens est absurde & contre ses propres principes. *La prophetie dit il est accomplie, il m'a creusé une fosse & il est tombé dedans Comment cela ?* dit le Luciferien, *si les Arriens comme vous le pretendés sont payens & leurs conventicules le camp du Diable pourquoy recevés vous un homme baptisé dans le camp du Diable.* Ce sont les paroles de l'orthodoxe, En effet c'est la plus grande de toutes les absurdités que supposer que des heretiques sont au mesme rang que les Payens, & cependant recevoir leurs sacrements. Le Luciferien poussé à bout par cette absurdité tourne à gauche ; il advoüe que l'interrogation captieuse de l'orthodoxe, l'a fait avancer mal à propos, qu'il faloit regarder les heretiques comme des payens. C'est pourquoy il passe à une autre chose, & prouve que l'on devoit recevoir les laïques Arriens à la penitence sans les rebaptiser, Mais qu'il ne faloit pas souffrir les Evêques Arriens dans les chaires. Cela seul pourroit suffire pour nous decouvrir le sentiment de St. Jerôme touchant les heretiques ; car ce qu'il dit qu'ils ne sont pas payens, que leurs conventicules ne sont pas le camp du Diable

fait

Si les heretiques estoyent entierement hors de l'Eglise ils seroyent payens, selon St. Ierosme.

fait affez voir qu'il les regardoit comme étant dans l'E-
glife. Mais continuons d'écouter S. Jerôme.

Il preffe les Luciferiens fur l'incompatibilité de leurs
principes & leur dit vous recevés des laïques venants
de l'Arrianifme fans les rebaptifer. Vous reconnoiffés
donc leur baptefme pour bon. Pourquoy donc ne
voulés vous pas recevoir leur ordination, & la reconnoitre pour bonne? Desja dans cette objection, nous
avons une preuve invincible que du temps de S. Jerôme
l'on ne regardoit point les Arriens comme hors de
l'Eglife. C'eft qu'on regardoit les Evêques & les
Prêtres qui avoient receu leur miffion dans le fein de
l'Arrianifme, & de l'Eglife Arrienne comme des
Paftéurs legitimement ordonnés. *Ceft pourquoy je vous
prie difoit l'Ortodoxe au Luciferien, ou donnés la permiffion
de facrifier à celuy duquel vous approuvés le baptefme, ou
rejettés le baptême de celuy que vous ne reconnoiffés plus pour
preftre. Car il ne fe peut pas faire que celuy qui eft faint
dans le baptefme.* C'eft à dire qui baptife legitimement,
devienne prevaricateur à l'autel, c'eft à dire quand il fa-
crifie. Et afin qu'on ne dife pas qu'il s'agiffoit entre
les Luciferiens, & les Orthodoxes, de ces Evêques qui
ayant leur miffion de l'Eglife, s'etoient engagés dans
l'Arrianifme, & apres étoient revenus à l'Eglife; S. Jerôme declare nettement que c'étoit des Evêques & des
Prêtres qui avoient receu leur ordination & leur miffion
dans l'Eglife Arrienne, dont il parloit; Car, dans la
fuitte, il fait ainfi parler l'orthodoxe. *Pour le prefent
je ne rejette ni ne deffens les Arriens, feulement je pour-
fuis mon chemin & je prouve que l'on doit recevoir l'Evêque,*
(fçavoir fans reordination) *par la mefme raifon pour laquel
le vous recevés le laïque,* (fçavoir fans le rebaptifer.) *Si
vous pardonnés à un laïque qui s'eftoit égaré, pareillement
moy je pardonne à un Evêque penitent. Si le baptifant n'a
pû nuire par fa foy au baptifé, celuy qui donne les ordres de
preftrife, ne fçauroit par fa foy fouiller le preftre qui les
recoit.* Les orthodoxes reconnoiffoient donc l'ordination, & la miffion des Arriens pour legitime. Or
certainement il auroit falu qu'ils euffent renoncé aux
lumieres de la raifon, autant qu'il fe peut, pour reconnoitre pour bonne la miffion d'une focieté qui n'auroit
point du tout eté l'Eglife. Recevroit t'on la miffion

E 5   des

*Du temps
de S. Ierof-
me on ne
regardoit
pas les
heretiques
comme ab-
folument
hors de
l'Eglife.*

*On regar-
doit l'ordi-
nation des
heretiques
comme
legitime.*

des payens? une societé de gens separés de Jesus Christ
ont ils le pouvoir de faire des Ambassadeurs de Jesus
Christ?

Ainsi déja dans l'objection de S. Jerôme au Luciferiens
on voit quel est son sentiment, & celuy de toute l'Eglise
sur nostre question. Mais on le voit encore bien mieux,
dans ce qu'il repond au Luciferien. Celuy cy en re-
poussant l'objection de l'orthodoxe a recours à la vieille
maxime d'Estienne Evêque de Rome du temps de
S. Cyprien, laquelle a depuis eté acceptée par tous les
anciens qui ont soutenu la validité du baptesme des
heretiques. C'est que le baptesme des heretiques étoit
bon parce qu'il donnoit la remission des pechés, mais
qu'il n'estoit pas suffisant pour donner le S. Esprit, c'est
pourquoy on imposoit les mains aux heretiques qui
revenoient à l'Eglise ce qu'on appelle aujourd'huy
confirmer. S. Jerôme terrasse cette vaine réponce, &
fait voir avec une clarté grande comme celle du soleil
que le baptême des heretiques donnoit aussi bien le
S. Esprit, comme la remission des pechés. Le passage
est un peu long mais il merite bien d'etre vû tout entier.

Selon
S. Ierosme
le baptes-
me des he-
retiques
donne le
saintEsprit.

Toutes les routes de vôtre raisonnement dit l'orthodoxe,
*reviennent à un mesme carrefour, & vous faites comme les
cerfs timides qui s'epouvantant du bruit de quelques âiles
feintes qu'on fait battre devant eux vont donner dans les pan-
neaux qui leur sont tendus. Car puisque l'homme baptisé au
nom du Pere, du Fils, & du S. Esprit cesse d'etre un vieu
temple & devient le nouveau Temple de la Trinité. Comment
pouvés vous dire qu'entre les Arriens les pechés peuvent etre
pardonnés sans la veüe du S. Esprit. Comment une ame
peut elle etre purifiée de ses anciennes souillûres, n'ayant pas
le S. Esprit? Car ce n'est pas l'eau qui lave l'ame, mais elle
est premierement lavée par le S. Esprit, afin qu'elle puisse
laver les autres. l'Esprit de Dieu dit Moyse, se mouvoit
sur le dessus des eaux. Ce qui fait voir que le baptesme n'est
pas sans le S. Esprit. Le lavoir de Bethesda de Judée ne
guerrissoit les membres de maladies corporelles que parce qu'un
Ange y descendoit; & vous me venés parler d'une ame qui est
lavée par une eau toute simple comme celle d'an bain. Le
seigneur Iesus Christ luy même qui n'a pas eté purifié dans le
baptesme, mais qui par son baptesme a sanctifié toutes les
eaux, aussi tôt qu'il tira sa teste de l'eau receut le S. Esprit.*

Non

Non qu'il ait jamais eté sans le S. Esprit, puis qu'il étoit
né en chair par le S. Esprit ; mais ce fut pour nous apprendre, que par le vray baptesme nous recevons le S. Esprit.
Si donc l'Arrien ne peut pas donner le S. Esprit il ne peut
pas non plus donner de veritable baptesme : Car le baptesme
de l'Eglise sans le S. Esprit est nul. Puis donc que vous
recevés celuy qui a eté baptisé par l'Arrien & que vous
invoqués le S. Esprit sur luy, ou vous le devés rebaptiser,
par ce qu'il n'a pû étre baptisé sans le S. Esprit ou s'il est
baptisé par l'Esprit, n'invoqués plus sur luy le S. Esprit
lequel il a receu dans son baptesme.

Remarqués bien : les Arriens selon S. Jerôme avoient
le droit d'ordonner des Prêtres, & des Evêques. Ils
avoient un baptesme legitime ; ils avoient le pouvoir de
donner le S. Esprit. Il faudroit aprés cela que S. Jerofme eût perdu le sens s'il avoit cru que les Arriens
étoient absolument hors de l'Eglise.

Dans la suitte de la dispute il fait dire encore à son
Orthodoxe, parlant au Luciferien. *Vous me dites la,* Les hete-
une choses bien nouvelle ! qu'un homme puisse étre fait Chrêtien, tiques
par celuy qui n'est pas Chrêtien ; Celuy qui se fait baptiser par peuvent
les Arriens, en quelle foy est-il baptisé ? C'est sans doute en faire des
celle des Arriens. Selon S. Jerôme les Arriens étoient chrestiens
donc Chrêtiens, ils pouvoient faire des chrêtiens, selon
nonobstant la foy corrumpüe dans laquelle ils bapti- S. Ierosme.
soient.

Mais enfin dira t'on, en tout cela saint Jerôme ne dit
pas nettement, que les heretiques sont dans l'Eglise.
Il faut donc continuer à l'entendre. Aprés avoir
convaincu le Luciferien ; à la priere de ce schismatique
converti, il tourne teste contre Hilaire Diacre de l'Eglise
Romaine, qui étoit dans l'erreur des Donatistes, voulant qu'on rebaptisast les heretiques. Le Luciferien dit.
Il ne reste plus qu'un point que je vous prie de m'expliquer,
qu'est ce qu'il faut repondre à Hilaire, qui soutient qu'on ne Les hereti-
dois pas recevoir ceux qui ont eté baptisés par les Arriens &c. ques sont
Pourquoy reçoit on ceux qui sont baptisés par les heretiques ? dans l'E-
l'orthodoxe repondant dit ; *Cest ce que je vous ay dit,* glise com-
escoutés comme il faut concevoir l'Eglise universelle, Car la me les
difficulté que vous avés touchée fait de la peine à bien des animaux
gens. Je seray peut étre un peu long a l'expliquer, mais la impurs
verité vaut bien la peine d'estre achetée à ce prix. l'Arche estoyent
de Noé.

de Noë etoit la figure de l'Eglise ; Ce qui paroit par ce que dit l'Apôtre S. Pierre, peu de gens sçavoir, huit personnes dans l'arche furent sauvés par l'eau, & aujourd'huy nous sommes sauvés par un baptesme de mesme forme. Comme dans cette arche, il y avoit toute sorte d'animaux, ainsi dans l'Eglise il y a des hommes de toutes nations, & de toutes mœurs: Comme la il y avoit des leopards, des boucs, des loups, & des agneaux ; pareillement en celle cy, il y a des justes & des pecheurs: *C'est a dire que les vaisseaux d'or & d'argent, sont placés en mesme lieu que les vaisseaux de bois & de terre.* Voila donc les heretiques placés dans l'Eglise comme les boucs, les loups &c. étoient dans une mesme arche avec les brebis & les agneaux : comme les vaisseaux de terre sont dans une mesme maison avec les vaisseaux d'or & d'argent. Et qu'on ne me dise point que par *les pecheurs* opposés *aux justes* il faut entendre icy simplement les mondains qui sont dans l'enceinte de la communion de l'Eglise orthodoxe. Car c'est rendre St. Jerôme ridicule. On luy parle des heretiques, & on luy demande comment ils peuvent baptiser, n'estant pas dans l'Eglise, & il repondroit par les mondains qui sont dans la communion externe de l'Eglise catholique.

Mais continuons, & S. Jerôme s'expliquera. Il poursuit l'explication des mysteres de l'arche tant bien que mal ; ce que signifioit ce qu'elle étoit divisée par logettes, que huit personnes seulement y furent sauvées, que le corbeau en fût lasché, que la colombe en suitte fût envoyée. Ce qu'elle avoit 30. coudées de largeur &c. Apres cela il conclud: *le temps me manqueroit si je voulois expliquer tous les mysteres de l'arche en la comparaut a l'Eglise, qui sont ceux entre nous qui répondent aux aigles, aux pigeons, aux lions, aux Cerfs, aux petits vers, aux serpents. Ie me contenteray de toucher brievement ce qui regarde l'affaire presente. Dans l'Eglise ne demeurent pas seulement des brebis, & on n'y voit pas seulement voler des oyseaux nets ; on seme de bon froment dans le champ, mais parmi le bled croissent les chardons, le yvroyes & les berbes steriles. Que doit faire le laboureur ? faut il qu'il arrache l'yvroye? Mais en ce faisant il arrachera aussi tout le bon bled &c. On ne sçauroit posseder le champ avec une entiere confiance : pendant que le pere de famille dormoit,* l'en-

l'ennemy vint & fema de l'yvroye dans le champ : Les fervi-
teurs propoferent de l'aracher. Mais le feigneur le leur
deffendit, fe refervant à luy feul la feparation de la paille,
& du bon bled. Ce font la les vaiffeaux d'ire & de mife-
ricorde que l'Apôtre dit être dans la maifon de Dieu. Il
viendra donc un jour que le thréfor de l'Eglife étant ouvert,
le feigneur mettra au jour les vaiffeaux de fa colere; &
quand ils fortiront les juftes diront ils font fortis d'entre
nous, mais ils n'etoient pas d'entre nous, Car s'ils euffent
été d'entre nous, ils fuffent demeurés avec nous. Nul n'eft en
droit de s'emparer des droits de Jefus Chrift, nul ne peut
juger des hommes devant le jour du jugement. Si aujour-
d'huy l'Eglife étoit nettoyée que referveroit on à faire au
Seigneur ? il y a telle voye qui femble droitte à l'homme, dont
les iffües menent au profond de l'Enfer. Comment pourroit
on porter une fentence jufte & certaine vû qu'on fe trompe fi
fort en jugeant ?

Il faut être aveugle pour ne pas voir ce que dit S. Jerôme; on comprend bien la raifon pourquoy il a voulu
s'exprimer d'une maniere un peu enigmatique, mais on
comprend bien auffi que felon luy. 1. Les heretiques
font dans l'enceinte de cette maifon dans laquelle il y
a des vaiffeaux à honneur, & deshonneur, dans cette
Arche unique hors de laquelle il n'y a pas de falut; &
où l'on trouve des loups & des agneaux. II. Qu'il y
a de la temerité à vouloir juger & condamner, en mar-
quant precifément ceux la font les boucs, qui feront
mis à la gauche. III. Qu'il eft temeraire auffi à l'e-
gard des heretiques de marquer precifément ceux la
font des boucs & des reprouvés. IV. Que Jefus Chrift
s'eft refervé ce droit de feparation à luy feul & que cette
parfaitte diftinction des élus & des reprouvés dans les focietés heretiques ne fe fera qu'au dernier jour du jugement.
V. Qu'alors feulement & non devant, les juftes auront droit de dire, ils n'etoient pas d'entre nous pource
qu'a prefent ils fortent d'entre nous. Si les juftes ne
peuvent avoir droit de dire des heretiques qu'au jour du
jugement, ils fortent d'entre nous, il s'enfuit que dans
le fiecle prefent ils ne font pas encore abfolument fortis
d'entre nous. C'eft à dire, ils n'ont pas abfolument
quitté l'Eglife. VI. En ce jour la feulement dit
S. Jerôme, Dieu ouvrira le threfor de l'Eglife pour en
tirer

tirer les vaiſſeaux d'ire qui ſont les heretiques, & qui periront, à cauſe de leur hereſie : ils ſont donc encore aujourd'huy dans le threſor & dans le ſein de l'Egliſe. VII. Enfin on comprend bien que tout cela ſignifie que l'on reçoit le bapteſme des heretiques parce qu'ils ſont encore dans l'Egliſe, & que Dieu leur laiſſe l'efficace de ſes vrays Sacrements, & le don de ſon Eſprit à certaine meſure : Et qu'il y a de la temerité à prononcer que tous les heretiques ne ſont pas Chrétiens. S. Jerôme en finiſſant ſa diſpute preſſe Hilaire par un argument, auquel dit-il, on ne pouvoit répondre. *Nous dirons encore une choſe*

Il l'appelle le Deucalion du monde par ce qu'il pretendoit que toute l'Egliſe etoit per- düe & noyée & que luy ſeul la pouvoit rétablir par un nouveau bapteſme.

contre laquelle Hilaire le Deucalion du monde, n'aura pas un petit mot à dire. Si les heretiques n'ont pas de bapteſme, & s'ils doivent être baptiſés par l'Egliſe parce qu'ils n'ont pas eté dans l'Egliſe. Hilaire luy meſme n'eſt pas Chrétien; car il a eſté baptiſé dans cette Egliſe qui a toujours receu pour bon le bapteſme des heretiques. Dans ces paroles, S. Jerôme. I. Prend pour la meſme choſe être dans l'Egliſe, & être Chrétien. Et ayant prouvé cy deſſus que les heretiques ſont Chrétiens il conclud auſſi qu'ils ſont dans l'Egliſe. II. De plus il rejette formellement cette theſe. *Les heretiques ne ſont pas dans l'Egliſe* & il en prouve l'abſurdité à Hilaire par un de ces arguments qu'on appelle *ad hominem*. Je ne ſçay ſi après cela M. Nicole nous voudra perſuader qué S. Jerôme eſt auſſi de ſon opinion, & je ne ſçay s'il pourſuivra à dire que c'eſt s'oppoſer à tous les peres que de ſoutenir que les ſectes des heretiques, ſans diſtinction ne ſont pas abſolument hors de l'Egliſe. Ceſt aſſés pour la ſource de l'authorité humaine, il faut voir dans la ſuitte ſi la revelation divine, & la raiſon favoriſent d'avantage l'Idée de M. Nicole ou la nôtre.

CHA-

CHAPITRE X.

Premiere preuve , que l'Eglise Catholique & univer-
selle renferme toutes les Societés chrétiennes qui re-
tiennent les veritez fondamentales , tirée de l'eten-
düe qui est un caractere de la veritable Eglise selon
les péres; en quoy ils ont eü raison sur la matiere ,
& en quoy ils se sont trompés : que l'Eglise Romaine
est Donatiste , & qu'elle n'a point l'Estendüe uni-
verselle.

NOtre opinion n'est point difficile à distinguer de
celle de M. Nicole. Il n'est rien de plus opposé. Nous voulons que l'Eglise appellée catholique, &
universelle soit répandüe dans toutes le sectes , & qu'elle
ait de vrais membres dans toutes celles de ces societés
qui n'ont pas renversé le fondement de la religion Chrétienne, fussent elles en desunion les unes avec les autres ,
jusqu'a s'excommunier mutuellement. M. Nicole au
contraire veut que l'Eglise soit refermée dans une seule
societé chrétienne, separée de toutes les autres. N'importe à present quelle soit cette societé si c'est l'Eglise
Grecque ou la Latine , l'Eglise Æthiopienne, la Nestorienne, l'Armenienne quoy qu'il en soit on veut que
ce soit une societé particuliere à l'exclusion de toutes
les autres. Or c'est la cette opinion dont je dis que c'est
la plus cruelle & la plus absurde qui fut jamais auancée ;
si absurde qu'on ne me persuadera jamais que ceux qui
la deffendent la croyent veritable. C'est la politique
& une ruse du Demon qui soutient ce Paradoxe sans
le croire, afin de retenir par la, les simples dans une
communion de laquelle ils pourroient bien sortir , si on
ne leur opposoit continuellemeut cette barriere espou-
vantable , qu' hors de cette societé particuliere il n'y a
pas de salut, Je ne suis point en peine où trouver des
armes pour combattre cette chimere. Je ne suis qu'en
peine par ou commencer , parceque la multitude des
raisons nous enveloppe, & nous cause une espece d'embarras. Il faut commencer pourtant par le raisons qui
ont leur fondement dans l'Ecriture sainte.

Ma

Ma premiere raison sera prise de tous les passages, que S. Augustin dans son livre de l'unité de l'Eglise a ramassés pour prouver contre les Donatistes que la veritable Eglise catholique & universelle doit étre repanduë par toute la Terre, & n'a pü étre renfermée dans le parti des Donatistes. Il cite pour cela, ce que Dieu dans la Genese dit à Abraham. *Je multiplieray ta semence comme le sablon de la mer, toutes les nations seront benites en ta semence: ta semence sera comme le sablon de la mer elle s'ettendra au de la de la mer vers l'occident, le septentrion & l'orient & toutes les familles de la Terre seront benites en toy & en ta semence.*

Il apporte plusieurs passages d'Esaye, & on pourroit en apporter beaucoup d'avantage, Car ce Prophete est plein de magnifiques oracles, qui prédisent que la gloire de l'Evangile & l'Eglise du Nouveau Testament se devoient estendre jusqu'au bout du monde & jusqu'aux isles. C'est a dire jusqu'aux pays les plus éloignés. *Je diray à l'Aquilon donne, & au midy ne mets point d'empéchement qu'on amene mes fils de loin, & mes filles du bout de la terre. C'est peu de chose que tu me sois serviteur pour rétablir les tribus de Jacob, & pour restaurer les desolations d'Israël c'est pourquoy je t'ay donné pour lumiere aux nations afin que tu sois mon salut jusqu'au bout du monde. Esjouy toy femme qui n'enfantois point, chante en Triomphe sterile qui ne sçavois ce que c'est de travail d'enfants, car les enfants de celle qui étoit abandonnée seront en plus grand nombre que ceux de celle qui avoit un mary &c. Tu t'estendras à droite & à gauche, & ta posterité possedera les nations & rendra habitables les villes desertes. Depuis le soleil levant, jusqu'au soleil couchant mon nom sera grand entre les nations, & on offrira du parfum en mon nom en tous lieux, & oblation pure.* Ces Oracles ont eté accomplis par les admirables progrés de l'Euangile qui s'est repandu par toute la terre, quand la muraille de separation qui dinstinguoit le Juif du payen a eté levée. *l'Euangile a eté prêché à toute creature qui est sous le ciel. La grace salutaire à tous hommes est clairement apparüe.* Nous ne disons pas avec les Donatistes que ces propheties ayent eté accomplies dans leur temps, & que depuis cela l'Eglise ait eté renfermée dans de plus étroittes bornes. C'est le papisme qui est precisément dans l'erreur des Donatistes, & quand à nous, nous !

Selon l'Ecriture l'Eglise catholique doit estre repanduë par toute. la terre.
Genese 22. & 20, 2, 8.

Esaye 43. 6.

Esaye 49. 6.

Esaye 54. 1. 3.

Malach. 1. 13.

nous fommes dans le fentiment de S. Auguftin, ou du moins nous en fommes bien moins eloignés que ne font les pretendus catholiques.

L'Autheur des prejugés legitimes contre les Calvi- *pag.176.* niftes, reduit le fentiment de S. Auguftin fur l'eftendüe *Quatre* à trois chefs. I. Qu'il a crû que c'eft un des caractéres *caractéres* de l'Eglife, hors de laquelle il ny a pas de falut, d'etre *de l Eglife* repandüe dans toutes les nations. II. Qu'il a regardé *Auguftin.* cette étendüe univerfelle comme devant convenir à l'Eglife dans tous les temps. III. Et Enfin qu'il a entendu cela d'une Eglife vifible. à ces trois articles j'en ajoute un quatriefme. C'eft que S. Auguftin a crû qu'entre ces focietés qui s'appellent chrétiennes, celle qui devoit conferver la pureté feroit toujours la plus étendüe, ou qu'au moins fes interruptions & fes obfcurciffements ne feroient pas de longue durée. A l'egard des trois premiers chefs S. Auguftin à eü raifon dans la *thefe* comme on parle, mais il s'eft trompé dans *l'hypothefe.* C'eft à dire que la notion quil a eüe de l'Étendüe de l'Eglife catholique étoit jufte & raifonnable, mais l'application qu'il en a fait à eté malheureufe. Il avoit raifon de croire que l'Eglife doit étre étendüe par toute la terre, que cette étendüe doit étre vifible, & qu'elle doit convenir à l'Eglife dans tous les temps, au moins dans la plus confiderable partie des temps. Mais il avoit tort d'exclurre de cette Eglife les communions fchifmatiques, & les errantes qui ne detruifoient pas le fondement. Son erreur venoit de deux fources. 1. De ce quil formoit fon Idée de *Deux* l'Eglife fur l'hiftoire de fon temps, il avoit remarqué *fources de* que depuis les Apôtres jufqu'á luy, la partie la plus *l'erreurde* faine de l'Eglife avoit toujours eté affés étendüe pour *S. Augu-* fauver la verité de ces Oracles qui predifoient que l'Eglife *l'eftendüe* devoit occuper tout le monde, & il ne s'eft point ap- *de l Eglife.* perceü que pour cela il fût neceffaire de joindre des communions differentes. L'autre fource de fon erreur, c'eft l'Equivoque du mot, *de veritable Eglife*; il a reconnu que cette étendüe univerfelle qui étoit promife par les Oracles facrés à l'Eglife, regardoit la veritable Eglife: & prevenu des erreurs de fon fiecle, & fur tout de celle de S. Cyprien qu'il avoit fort lû, qui étoit de mefme pays que luy, & pour qui il avoit un grand

F re-

respect, il n'a pas conceu qu'on pût donner le nom de veritable Eglise aux societés separées de celle qui conservoit le plus de verités. Cependant nous avons vû dans le chapitre où nous avons parlé de son opinion la dessus, qu'il a dit des choses si peu accordantes sur l'exclusion des sectes, qu'on peut affurer que s'il vivoit aujourd'huy il reconnoitroit qu'il s'eft trompé dans l'application de son Idée de l'Eglise. Car il verroit qu'on ne peut plus fauver ce que l'Ecriture fainte dit de l'eftendüe de l'Eglise, qu'en y renfermant finon toutes les societés qui se difent chrétiennes, au moins toutes celles qui le font, & qui ont retenu les verités fondamentales.

A l'egard du quatrième article de l'Idée que S. Augustin a eüe de l'eftendüe de l'Eglise, fçavoir que la partie la plus faine feroit toujours la plus étendüe; c'eft une erreur tout à fait pardonnable: Car l'ecriture n'etoit pas affés claire fur cêt article pour empêfcher que les peres du 4me. & 5me. fiecle ne formaffent leur Idée fur l'hiftoire de leur temps, & des fiecles qui les avoient précedés. Ils avoient remarqué que jufqu'à eux la partie la plus faine de l'Eglise avoit eté la plus eftendüe; il n'eft pas étonnant qu'ils ayent conclu, qu'il en devoit étre toujours ainfi. S'ils euffent bien entendu fes Propheties du Nouveau Teftament auquelles ils devoient faire plus d'attention qu'a celles du Vieu, ils ne feroyent pas tombés dans cette perfée. Car ils auroient vû qu'il devoit arriver une grande revolte, qu'elle feroit caufée par le fils *de perdition* que ce fils *de perdition* ne devoit point fortir de l'Eglise, ni entrainer fes partifans hors de l'Eglise. Mais que luy, devoit étre affis *dans le temple de Dieu*, c'eft à dire au milieu de l'Eglise. Ils auroient compris que ce fils de perdition devoit étre la befte de l'Apôcalypfe, le Chef de la Babylon fpirituellé, & que Dieu conferveroit fes enfants durant un temps dans cette Babylon, puis qu'il leur diroit un jour, *fortés de Babylon mon peuple.* Les propheties ne font intelligibles, que quand elles ont été éclaircies par les evenemens. C'eft pourquoy il eft pardonnable aux anciens de ne les avoir pas bien entendües: mais ceux qui vivent aujourd'huy ne font pas excufables, de ne pas comprendre que l'Eglise demeu-

rant

On se forme une Idée de l'Eglise fur l'hiftoire de son temps.

rant étendüe, & repandüe par toute la terre, ce qui luy est essentiel, elle devoit demeurer dans son extension ensevelie sous la captivité de la Babylon spirituelle.

Il est evident de ce que nous venons de dire que nous convenons avec S. Augustin, & avec tous les anciens dans la vraye notion de l'Etendüe de l'Eglise, & que nous ne differons que dans l'application. Mais M. Nicole, & les pretendus catholiques ne conviennent que dans les mots avec S. Augustin, & dans le fonds ils sont Donatistes. Ils conviennent dans les mots avec S. Augustin, car ils disent comme luy. I. Que l'Eglise doit être étendüe par toute la terre. II. Que cette étendüe doit être perpetuelle. III. Que cette étendüe est une etendüe visible. Mais ils renversent tout ces principes en voulant appliquer ces caractères a un sujet auquel ils ne peuvent pas convenir. L'Eglise doit être étendüe par toute la terre, & cependant on la renferme dans une seule communion, qui en de certains temps, & mesme assés longs n'a pas occupé le demiquart du monde chrétien. Cette étendüe doit être perpetuelle, & neantmoins on montrera des siecles, & mesme plusieurs siecles durant lesquels cette étendüe universelle à souffert interruption. En un mot en convenant dans les termes avec les peres, dans le fonds de la chose l'Eglise Romaine est Donatiste: Elle dit comme les Donatistes, toute l'Eglise est perie hors de ma communion. *Orbis terrarum apostatavit, & sola remansit Donati communio. Toute la terre est tombée dans l'apostasie, & l'Eglise est demeurée dans la seule communion de Donat.* Ainsi dit le papisme, toute la terre, l'orient, le midy & le septentrion, est tombée dans l'apostasie, l'Eglise est demeurée dans la seule communion de l'Evêque de Rome. Comme cette pretention est absolument semblable à celle des Donatistes, je ne fais pas difficulté de luy appliquer les paroles de S. Augustin, & de dire, *que c'est une parole detestable, & pleine de presomption.*

C'est de la que je tire ma premiere preuve pour mon Idée de l'Eglise qui renferme toutes les societés chrétiennes, lesquelles n'ont pas renversé les fondements. Car je dis, si l'Eglise est renfermée dans une seule societé quelle quelle soit, les promesses de Dieu sur l'étendüe

l'Eglise Romaine est purement Donatiste sur l'étendue de l'Eglise.

De Agone Christi cap. 6.

Si l'Eglise doit estre estendüe partoute la terre, elle doit renfermer toutes les communions chretiennes.

F 2

düe de l'Eglife font peries, l'Eglife eft renfermée en une partie de la terre, elle n'eft plus étendüe par tout.

Dial. adverfus Luciferianos.

Et j'ay droit de dire avec S. Jerôme *Iefus Chrift eft il, donc mort uniquement pour les payfans de Sardaigne? le fort eft lié & fes armes font pillées. Ou voit on l'accompliffement de cette parole du pere, demande moi, & je te donnerai les nations pour heritage ?* Si le Gréc, fi l'Æthiopien, fi l'Egyptien font aujourd'huy l'heritage du Demon, comme ils le font felon l'hypothefe des pretendus catholiques, comment demeure t-il vray que le fils de Dieu a receu de fon pere toutes les nations pour heritage ? *où font donc ces perfonnes fcrupuleufes* ajoute S. Jerôme, *ou plûtoft prophanes, qui enfeignent qu'il y a maintenant plus de fynagogues que d'Eglifes ?* les voicy dans le papifme, ces perfonnes fcrupuleufes ou plutoft profanes ; qui difent il y a bien plus de fynagogues de Satan que d'Eglifes. Car il n'y a qu'une feule Eglife , c'eft l'Eglife Romaine : l'Eglife Grecque, celle des Ruffes, celle des Armeniens, celle des Cophtes, celle des Abyffins &c. & toutes les autres font des fynagogues de Satan. *S'il n'y a de fideles qu'en Sardaigne, il faut dire que Iefus Chrift eft devenu pauvre jufqu'a l'excés.* Je dis de mefme s'il n'y a de chrétiens que dans l'Eglife Romaine , la plus corrompüe & de dogmes, & de moeurs, de toutes les focietés chretiennes, Jefus Chrift eft pauvre , il n'eft plus le maitre du monde. S. Jerôme continue, *fi Satan poffede l'ifle de la grande Bretagne, les Gaules, l'orient, les nations barbares & tout le monde en general, comment les trophées de la croix ont ils eté relegués dans un petit coin de terre? C'eft que ce puiffant adverfaire a cedé à Iefus une partie de l'Efpagne, & ne s'eft pas foucié de la province des Ethiopiens.* Je dis de mefme fi Satan poffede l'Angleterre, l'Ecoffe, l'Yrlande, les Paysbas des provinces unies, le Dannemarck, la Suede, la plus grande partie de l'Allemagne, la Transfylvanie, la Moldavie, la Valachie, la Ruffie, le grand Empire des Mofcovites, les Grecs, les Armeniens, les Ægyptiens, les Afiatiques, les Abyffins, que font devenües les trophées de la croix, & la victoire de Jefus Chrift.

Les Donatiftes ne damnoyent pas plus de gens que le papiftes.

Par ce que l'Eglife Romaine n'eft pas fi refferrée qu'eftoit le parti des Donatiftes ou le fchifme des Luciferiens, s'enfuit il qu'elle ne peche pas de la mefme ma-

maniere qu'eux en damnant tant de Royaumes, de Provinces, & d'Eglifes chrétiennes? Je foutiens que les Donatiftes ne damnoient pas plus de gens que font aujourd'huy les Papiftes; les Donatiftes etoyent à la verité en beaucoup plus petit nombre que ne font les fujets de l'Eglife Romaine, mais auffi l'Eglife chrétienne étoit alors bien moins étendüe. Toute l'Allemagne, tout le grand Empire des Mofcovites, toute l'Ethiopie font entrées dans l'Eglife depuis ce temps la; fans conter que l'Angleterre, la France, les Pays bas, avoient du temps des Donatiftes peu de chrétiens, en comparaifon de ce qu'il y avoit de payens. Je fuis perfuadé que les Peres les plus attachés à leur Idée de l'unité auroient horreur, s'ils voyoient combien il leur faudroit damner de focietés chrétiennes, pour ne conferver l'Eglife qu'en une feule focieté d'entre celles qui profeffent le Chriftianifme.

M. Nicole ne repondra jamais à cette difficulté, il luy a deftiné un chapitre auquel il a donné le tiltre, de *Reponce aux objections de M. Claude*: La dedans il effaye de prouver que l'Eglife Romaine eft repandüe par toute la terre. Il apporte un paffage du livre des prejugés qui dit que cela fe doit entendre au mefme fens auquel les propheties difent de l'Empire de Nabucodnofor & de celuy d'Alexandre qu'ils fe devoient étendre par toute la terre quoy qu'ils n'ayent pas actuellement compris tous les Royaumes de la terre, ni à beaucoup prés. Cela fignifioit feulement que ces Empires devoient être fort étendus, & qu'ils ne devoient pas être renfermés dans une feule province. Quelle miferable chicane, eft cela? on ne parle point de l'eftendüe de l'Eglife principalement par rapport à la terre, mais par rapport aux focietés chrétiennes. Si l'Eglife Romaine renfermoit toutes les focietés chrétiennes qui font au monde, encore que ces focietés ne fuffent pas toute la terre, ni repandües par tout, elle auroit pourtant toute l'eftendüe qu'elle pourroit avoir je l'avoue. Mais c'eft fe moquer de nous que de luy attribuer l'eftendüe univerfelle du monde chrétien pendant qu'il eft conftant qu'elle n'occupe pas le quart de ce monde chrétien. Ce paffage extrait du livre des prejugés ne peut prouver qu'une chofe, c'eft que la focieté des Calviniftes n'a pas le

l'Eglife Romaine n'a pas l'etendüe düe à l'Eglife univerfelle.

F 3   Ca-

caractere de l'Etendüe univerſelle que S. Auguſtin a
attribuée à la veritable Egliſe. Or c'eſt prouver ce qui
n'eſt point en queſtion. Nous n'avons jamais dit que
nôtre ſecte, puis qu'on veut l'appeller ainſi, fut repandüe
dans toute la terre, nous n'avons jamais dit que nous
fuſſions l'Egliſe univerſelle, nous n'avons jamais dit que
les Egliſes de l'orient & du Midy ne fuſſent pas Egliſes,
& que Dieu n'y puſt avoir d'eſlûs. C'eſt tout auſſi
bien raiſonner que ſi l'on prouvoit que le bras n'eſt pas
du corps, parce qu'il n'eſt pas tout le corps.

M. Nicole abandonne l'Idée que S Auguſtin a eu de l'eſtendüe de l'Egliſe. Dans ce meſme paſſage que M. Nicole a tiré du livre
des preſugés, c'eſt a dire de ſon propre ouvrage, il y
a cinq ou ſix lignes qui meritent que nous y faſſions
quelque reflexion en paſſant. *Quand il ſeroit donc vray
dit il, que S Auguſtin ſe ſeroit formé une trop grande Idée
de l'eſtendüe de l'Egliſe, ſur ces expreſſions de l'Ecriture, il
ne s'enſuivroit pas que la concluſion qu'il en tire ſçavoir que
l'Egliſe ne peut eſtre reſſerrée dans une province fût moins certaine.* Ces Meſſieurs qui ſe font par tout un ſi grand
honneur de l'Idée de l'etendüe de l'Egliſe, ſelon S.Au-
guſtin, s'en trouvent incommodés à preſent, & trouvent
que S. Auguſtin s'eſt formé une trop grande Idée de
l'etendüe de l'Egliſe ſur les expreſſions de l'ecriture:
parce que S. Auguſtin veut que la veritable Egliſe ſoit
par tout, & ces Meſſieurs ont peine à ſe trouver dans
la pluspart des lieux ▸ tant il eſt vray qu'on forme toujours l'Idée de l'Egliſe ſur l'hiſtoire de ſon tems jointe
à ſes interets. S. Auguſtin avoit d'une part intéreſt
dans ſa diſpute contre les Donatiſtes, d'etablir la veritable Egliſe repandüe par toute la terre. D'autre part il
voyoit qu'effectivement elle étoit ainſi repandüe, c'eſt
pourquoy il n'a donné aucunes bornes à l'extenſion de
de l'Egliſe. Aujourd'huy le Papiſme ne ſe trouve plus
étendu par tout, c'eſt pourquoy il veut reformer l'Idée
de S. Auguſtin. Mais pour nous, nous voulons bien
nous y tenir, & nous ſoûtenons que l'Egliſe catholique
eſt par tout, comme elle étoit dans le quatrieſme, & le
cinquieſme ſiecle, & meſme qu'elle eſt beaucoup plus
eſtendüe, parce que le chriſtianiſme a gagné beaucoup
de pays depuis ce temps la.

M. Nicole craignant que s'il abandonne S. Auguſtin
toute ſa machine tombera, ſemble y revenir, & il oſe
dire

dire aprés le Cardinal du Perron, qu'aujourd'huy l'Eglife Romaine, qu'il confond avec l'Eglife catholique, n'eft pas moins étendüe qu'elle étoit du temps de S. Auguftin. Il le prouve par ce qu'elle eft repandüe en Italie, en France, en Efpagne, en Allemagne, en Angleterre, dans les pays des Provinces unies &c. En plufieurs lieux de l'Afiê, dans le Congo, en diverfes coftes de l'Affrique, dans toute l'Amerique Meridionale, & Septentrionale, dans les Malabarres, dans le Royaume de Siam, de Tonquin, de la Cochinchine, & de la Chine. Premierement quand aujourd'huy l'Eglife Romaine feroit auffi étendüe à l'egard de la terre, qu'eftoit l'Eglife univerfelle dans le temps de S. Auguftin, cela ne feroit rien. Car encore une fois l'eftendüe de l'Eglife felon qu'on en difpute fe doit rapporter, non pas principalement à toutes les parties de la terre, mais à toutes les focietés chrétiennes. Or l'Eglife Romaine d'aujourd'huy n'eft plus repandüe dans toutes les focietés chrétiennes, comme elle l'eftoit du temps de S. Auguftin. Dans le fiecle duquel, les Eglifes Grecque, Affricaine, Afiatique, Romaine &c. Ne faifoient qu'un corps d'Eglife, & ne fe confideroient que comme une feule communion, quoy qu'elles euffent leurs fieges, leurs, conciles, & mefme fouvent leurs coutumes & leur difciplines diftinctes. Aujourd'huy le Papifme retranche de la communion de l'Eglife toutes les Eglifes d'Orient & du Midy. Elle n'a donc plus l'eftendüe qu'avoit l'Eglife catholique du temps de S. Auguftin.

Il eft faux quel'Eglife Romaine foit eftendüe & repandüe par tout.

Secondement, voicy une plaifante maniere de concevoir l'eftendüe, l'Eglife Romaine dit M. Nicole eft repandüe dans l'Angleterre, les Pays bas, l'Allemagne, il devoit ajouter la Suede, & le Dannemark. Mais auffi il nous permettra deformais de conter que la fecte des Calviniftes, a le caractere de l'eftendüe univerfelle par ce qu'il y a des Lutheriens & des Calviniftes dans les états de l'Empereur, dans l'Italie, & fans doute dans Rome mefme. Ils font repandus dans le nouveau monde, dans les Indes &c. Par la mefme raifon l'Eglife Judaïque avoit obtenu avant Jefus Chrift le privilege de l'etendue univerfelle, qui étoit pour tant refervé à l'Eglife chrétienne. Car elle étoit repandüe dans toutes

Pour avoir le privilege de l'eftendüe en un lieu, il ne fuffit pas qu'une Eglife y ait quelques membres.

les

les parties de l'Afie, & de l'Europe, dans toute l'eftendüe de l'Empire Romain.   Et depuis la mort de Jefus
Chrift elle acquit encore une bien plus grande étendüe.
Car par la difperfion arrivée fous Vefpafien & par la
ruine de Jerufalem, les Iuifs étoient fi fort repandus
qu'il n'y avoit province dans l'Afie, dans l'Europe,
& dans l'Affrique ou il n'y en eût: comme on le peut
voir par l'Itineraire de Benjamin de Tolede juif de
l'onfiefme fiecle.   Par la mefme raifon il faudra avoüer
qu'au pied de la lettre l'Arrianifme a eü le caractere
de l'etendüe univerfelle.   Car cette herefie s'eft veüe
repandüe par toute l'Afie, dominante dans toute
l'Affrique, & femée dans tout l'occident, où elle
avoit par tout des partifants.   Les Sociniens pourroient
aufli fe vanter de leur etendüe univerfelle; car il n'y a
gueres de partie de l'Eglife chrétienne en Europe, ou
ils n'ayent des fauteurs, un icy, & un la.

Ce n'eft pas la ce qui fait l'eftendüe.   Une fecte
pour fe dire étendüe par tout doit avoir par tout fes
Temples, fes affemblées publiques; ou fi ce font des
affemblées cachées, elles doivent être affés confiderables pour faire quelque figure pour le nombre. Jamais
M. Nicole ne perfuadera à des gens de bon fens, qu'a
caufe que le Papifme à la faveur de je ne fçay quelles
millions pervertit quelques grecs, on doive dire que
l'Eglife Grecque appartient à l'Eglife Romaine.   En
troifiefme lieu, je voudrois bien que M. Nicole voulût
un peu remonter plus haut que ce fiecle, & celuy qui
eft immediatement precedent, car ce n'eft que depuis
environ deux cents ans, que le Papifme a penetré dans
les Indes Orientales, par les Portugais, & dans les
occidentales par les Efpagnols.   Ces millions chés les
Grecs pour les feduire ne font gueres plus vieilles non
plus.   Mais dans le dixiefme fiecle & dans l'onfiefme
quand le fchifme des Grecs fe forma & éclatta l'Eglife
Romaine avoit elle l'etendüe univerfelle ?   Elle fe vit
alors enlever quatre Patriarchats de cinq.   Celuy de
Conftantinople avec le grand Diocefe de Bulgarie, le
Patriarquat d'Antioche, fous lequel étoient toutes les
Eglifes d'Afie fi grandes & fi nombreufes ; le petit
Patriarquat de Jerufalem, & celuy d'Alexandrie, avec
toutes les Coftes d'Affrique, qui toutes ruinées qu'elles
étoient

étoient par les Sarrasins faisoient encore un corps tres
considerable. A quoy il faut ajouter la grande & vaste
Eglise des Abyssins. l'Eglise Romaine avoit elle alors
l'estendüe universelle ? Depuis que les Turcs se sont
rendus Maitres de l'Empire de l'orient, les Eglises Gré-
ques & Asiatiques sont fort diminuées, & l'Eglise
Romaine s'est fort accrüe. Cela fait qu'aujourd'huy
il y a plus de proportion entre elle & les societés qui
sont separées de sa communion. Mais je soutiens que
jusqu'au quatorsjesme siecle il n'y avoit aucune espece
de proportion. Par ce que dans l'Asie & dans l'Affrique
sous la domination des Sarrasins depuis le 8me. siecle
jusqu'a la fin du treisjesme les Eglises chrétiennes etoient
encore fort nombreuses, & en Europe ce que le
Patriarquat de Constantinople conservoit sous la domination des Empereurs grecs étoit encore tres considerable.

Enfin je voudrois bien que M. Nicole nous dit
comment cette seule & unique societé visible hors de
laquelle il n'y a pas de salut, avoit les marques de
l'universalité dans le temps des schismes des Antipapes.
Desia toutes les grandes communions de l'orient, du
midy, & du septentrion en etoient retranchées, & cette
seule partie qui étoit dans l'occident, étoit quelque fois
divisée en trois communions qui s'anathematisoient
mutuellement. Il ne pouvoit y en avoir qu'une qui fût
l'Eglise, car M. Nicole établit par tout qu'il est absurde
de composer l'Eglise de toutes les sectes, mesme jusqu'a celles qui s'excommunient mutuellement. Alors
l'Eglise avoit pour toute étendüe la moitié ou le tiers
de l'occident. Je sçay bien que M. Nicole dit quelque
chose la dessus. Mais nous le reserverons pour un
autre lieu, ou nous tirerons une preuve expressement de
ces schismes de l'Eglise Romaine.

Dans les schismes des Antipapes l'Eglise Romaine n'avoit pas l'estendüe universelle.

Aprés cela je concluds, que donc l'Eglise Romaine
n'a pas l'estendüe universelle, qu'elle n'a pas le caractere
que S. Augustin attache à la veritable Eglise ; qu'elle
est purement Donatiste, sur le chapitre de l'etendüe de
l'Eglise, & qu'il n'y a aucun moyen de conserver à
l'Eglise chretienne ce caractére d'universelle étendüe
qu'en y renfermant toutes les societés qui ont conservé
le fondement de la foy. Je repondray avant que de

F 5   finir

finir à une difficulté qu'on ne manquera pas de me faire, c'est que je semble être opposé a ceux d'entre nous qui ont nié que l'estendüe fut une marque de la veritable Eglise. Je reponds que par la veritable Eglise dans nos disputes nous entendons cette societé des Chrétiens qui enseigne le plus pur Christianisme. Et en ce sens il est tres certain qu'il n'est pas du tout de l'essence de la veritable Eglise d'etre la plus étendüe. Au contraire les societés les plus pures du Christianisme depuis plusieur siecles, ont toujours eté les plus resserrées. Mais nous n'avons jamais dit que le Christianisme & le salut fussent renfermés dans ces societés les plus pures, à l'exclusion de toutes les autres. On peut voir ce que *Page 289.* dit la dessus M. Claude dans le dernier chapitre de la trosiesme partie de sa reponce aux prejugés. Je ne cognoy personne entre nous qui soit d'un autre sentiment.

CHAPITRE XI.

Seconde preuve que les Societés errantes ne sont pas necessairement hors de l'Eglise, tirée de ce que l'escriture depeint l'Eglise comme devant étre mêlée de bons & de mauvais, d'espines, d'yvroye & de froment: que les pechés contre la foy n'excluent pas d'avantage de la Societé de l'Eglise universelle, que les pechés contre la charité.

JE tireray ma seconde preuve pour montrer que l'Eglise universelle & catholique renferme toutes les societés Chrétiennes qui n'ont pas ôté les fondemens, de tous les passages de l'ecriture sainte, qui nous representent l'Eglise comme un corps mêlé de bons & de mauvais. Selon le sentiment des peres, c'est une aire dans laquelle il y a de la paille & du froment. C'est d'elle dont parle Jean Baptiste quand il disoit de Jesus *Euang.* Christ. *Il a son van dans sa main, il nettoyera entierement* *Selon S.* *son aire, & il assemblera son froment au grenier, mais il* *Matth. ch.* *bruslera entierement la paille au feu qui ne s'esteint point.* *3. 12.* C'est le champ dans lequel le Maître ne jette que de *chap. 13.* bonne semence, mais l'ennemy vient pendant que les *24. 25. 26.* serviteurs dorment & y jette de l'yvroye, quand l'herbe est

est venüe l'yvroye paroît avec le bon grain. *Ceſt le filé qui eſt jetté en la mer, & qui amaſſe toutes ſortes de choſes, lequel étant plein les peſcheurs le tirent en haut ſur la rive,* Ys 44. 48. *& étant aſſis ils mettent ce qu'il y a de bon à part dans leurs vaiſſeaux, & jettent de hors ce qui ne vaut rien.* C'eſt cette grande maiſon dont parle S. Paul, où il y a des Rom.9.23. vaiſſeaux à honneur, & d'autres à ignominie. C'eſt l'Arche ou les hommes ſe doivent refugier pour ſe ſauver du deluge des jugements de Dieu. Mais dans cette Arche il y avoit des loups auſſi bien que des agneaux, des boucs auſſi bien que des brebis, des vautours auſſi bien que des tourterelles. On pourroit trouver dans l'Ecriture ſainte pluſieurs autres images & pluſieurs autres textes qui prouvent que ſelon le proiet de la providence l'Egliſe de Dieu doit être mêlée de bons & de mauvais. Mais il n'eſt pas neceſſaire d'en accumuler d'avantage par ce que ce n'eſt pas une choſe qui ſoit conteſtée, ni qui le puiſſe, être, puiſque l'experience a fait voir que l'Egliſe a tousjours eté un lis entre les eſpines.

De tous ces paſſages je concluds que les erreurs, meſme tres conſiderables, pourvû qu'elle n'oſtent pas le fondement de la religion Chrétienne n'empéchent pas qu'une ſocieté ne demeure l'Egliſe, qu'elle ne ſoit membre de l'Egliſe, & que Dieu n'y aît des élûs. les vices, les ſouillures, les crimes, les erreurs, les ſchiſmes, ſont ces épines & ces yvroyes au milieu des quelles Dieu conſerve ſon froment, par ſa miraculeuſe proteſtion; donc ces épines ces yvroyes, ces vices & ces erreurs n'empéchent pas que Dieu ne ſe conſerve des élûs dans les ſocietés corrompües. Si Dieu s'y conſerve des élûs, elles ſont donc encore l'Egliſe, & de l'Egliſe, car hors de l'Egliſe il n'y a point de ſalut.

Les yvro-yes n'em-péchent pas qu il ne puiſſe y avoir du bon grain dans les ſocietés corrom-pues pour les dog-mes.

Le Papiſme diſtingue icy les vicieux des heretiques, & les vices des hereſies & des erreurs. Il veut que les épines & les yvroyes au milieu desquelles croit le froment du ſeigneur ſoient les vices & non les erreurs. Il ne ſuffit pas diſent ces Meſſieurs que l'Egliſe croye une verité, il faut qu'elle les croye toutes. Sans doute il ne ſuffit pas que l'Egliſe croye une verité, il faut quelle croye toutes celles qui ſont eſſentielles & fonda-mentales. Mais il faut, dit-on, quelle les croye toutes de quelque nature & de quelqu' importance qu'elles ſoient,

Les yvro-yes de l'E-gliſe ſont les erreurs auſſi bien que les vices.

soient, autrement elle cesse d'etre Eglise, & devient une Synagogue de Satan. Je le dis encore une fois, c'est l'imagination la plus insensée qui soit montée dans l'esprit humain. M. Nicole nous dit, *que le concile de Milan & celuy de Carthage ont prononcé anatheme sur ceux qui disent qu'on peut être sauvé sans avoir été baptisés. Les definitions de ces conciles dit il, ayant été confirmées par le Pape, & inserées dans le Code de l'Eglise grecque, ceux qui y sont traittés d'heretiques doivent être regardés en tout tems comme separés de la communion de toute l'Eglise;* C'est a dire, qu'ils doivent être damnés mourant dans cette erreur. Ce sont la de ces choses que quand on jureroit mille fois qu'on les croit, on ne le persuadera jamais aux gens de bon sens. Un homme fort bon catholique d'ailleurs & croyant tout ce que l'Eglise croit excepté ce seul article de la necessité absoluë du baptesme est necessairement damné. Les Evêques sont hommes comme les autres, & souvent un peu plus, ils ont souvent des démelés, ils se brouillent les uns avec les autres, ils s'anathematisent & se foudroient pour de legers pretextes. Les peuples soumis à leur conduitte, ou entrent dans leurs passions, ou sans y entrer se laissent conduire où l'on veut; chacun suit son superieur ecclesiastique de bonne foy. Et il faut que tous ces peuples dans l'une ou l'autre de ces communions soient damnés éternellement, pour une faute à laquelle ils n'ont aucune part. Photius se broüille avec le siege de Rome, par ce qu'il ne veut pas relever du Pape, ses successeurs continuant le schisme cherchent à faire querelle a l'Eglise Romaine, sur les azymes, sur la procession du S. Esprit, démeslés dans lesquels il est impossible que le peuple entre: n'importe il faut qu'ils soient tous reprouvés, qu'ils meurent hors de l'Eglise, & sans esperance de salut! Sommes nous obligés de croire que M. Nicole croit cela, à cause qu'il le dit? nullement & nous avons trop bonne opinion de son bon sens. Mais cette consideration pourra revenir plus d'une fois, je la laisse pour prouver que ce qu'on appelle heresie, schisme, erreur ne fait pas plus de prejudice à la qualité de membre de l'Eglise, que le vice & les crimes contre la loy morale. Car enfin toute la question revient à sçavoir si la foy est plus essentielle à l'Eglise que la charité,

&

[left margin notes:]

Liv. III. chap. 11.

Selon M. Nicole qui ne croit pas la necessité absoluë du baptesme est damné pensée folle & qu'il ne croit pas.

& fi les pechés contre la foy excluent de l'Eglife d'avantage que ceux qui fe commettent contre la charité chrétienne.

Si la foy n'eft pas plus effentielle à l'Eglife que la charité, pourquoy veut on que les crimes qui violent la charité foyent compatibles avec la qualité de membres de l'Eglife, au moins en quelque forte, & que les péchés contre la foy foyent incompatibles? Pour établir une difference auffi grande entre les crimes & les erreurs, il faudroit avoir des textes formels, & il n'y en a pas mefme, d'ou l'on puiffe deduire ce prodige par quelque ombre de confequence. Dans ces textes où il eft parlé de vaiffeaux à honneur & à ignominie, de loups raviffants qui fe meilent avec les brebis & qui ravagent la bergerie, de rets qui raffemblent des chofes de toutes fortes, bonnes & mauvaifes, de champs où il y a des épines, des chardons & de l'yvroye avec le bon grain y a-t-il quelque chofe qui determine les termes d'efpines, d'yvroye, de chardons, de boucs, de loups raviffants à fignifier les vicieux a l'exclufion des heretiques?

La foy n'eft pas plus effen- tielle à l'Eglife que la charité.

Pour mieux decouvrir la bizarrerie de cette Theo- logie, il faut remarquer que les herétiques cachés, felon quelques uns de ces Meffieurs, peuvent être vrays mem- bres de l'Eglife, felon quelques autres en peuvent être du moins membres en quelque forte: & felon tous ils peuvent être vrays pafteurs & legitimes chefs de l'Eglife. Mais les heretiques decouverts, qui ne font aucun myftere de leurs erreurs, n'en peuvent être les membres. Je vous prie que fait au fonds de la chofe d'eftre caché ou decouvert? fi l'herefie eft incompatible avec la qualité de membre de l'Eglife, par ce que la foy & la charité font l'effence de l'Eglife, pourquoy ne feroit- elle pas auffi incompatible des qu'elle s'eft emparée du cœur & de l'Efprit, que quand elle eft arrivée à la profeffion? C'eft dit-on que l'effence de l'Eglife confifte dans la profeffion de foy: pourvû qu'on profeffe la veritable foy, & qu'on adhere aux pafteurs legitimes on eft par cela feul dans l'Eglife, la foy & la charité n'y font rien. Nous difputons contre M. Nicole qui a eü honte de cette affreufe theologie, qui l'a renoncée, & qui avoüe que la foy & la charité font plus de l'effence de l'Eglife que la profeffion. Ainfi il ne fçavroit fe

Eftre caché ou de cou- vert ne fait rien pour le fonds de l'herefie, fi un hereti- que caché peut eftre dans l'E- glife auffi peut y eftre un hereti- que de couvert.

fer-

servir de cette rêponce. Il doit donc confeſſer, ou que
ceux qui errent dans la foy quoyque leurs erreurs ſoyent
cachées, par la ceſſent d'eſtre de l'Egliſe, ou que ceux
qui errent en confeſſant leurs erreurs, ſont encore en
quelque ſorte membres de l'Egliſe.   Il dira peut étre
que les heretiques cachés ſont dans l'Egliſe parce qu'ils
ne ſont pas excommuniés, au lieu que les heretiques
declarés ſont bannis de l'Egliſe par l'excommunication.
Ils n'y ſont pas à légard de la communion interieure,
puis qu'ils ont renoncé à la vraye foy & par conſequent
à la charité, ils n'y ſont pas non plus à l'egard de la
communion exterieure puis qu'ils ſont excommuniés.
A fin que cette reponce valuſt quelque choſe, il faudroit
avoir prouvé que l'on a le pouvoir par l'excommunication de chaſſer les gens de toute communion de l'Egliſe
univerſelle.   Et c'eſt ce que l'on ne prouvera jamais;
l'excommunication chaſſe un homme d'un troupeau,
mais non de toute l'Egliſe : un homme banni d'un
Royaume, n'eſt pas banni de toute la terre. C'eſt
répondre preciſement par ce qui eſt en queſtion. Il
s'agit de ſçavoir ſi des ſocietés qui s'excommunient
mutuellement par la ſe mettent l'une ou l'autre hors de
l'Egliſe, c'eſt ce que nous nions, & ce que l'on ne
prouvera jamais.

Voicy un autre prodige de la theologie Papiſte qui
donne à l'erreur la vertu d'exclurre non ſeulement des
particuliers, mais des ſocietés entieres du corps de
l'Egliſe.   C'eſt que ſelon les Docteurs de l'Égliſe
Romaine, il n'y à point de diſtinctions d'erreurs, toutes chaſſent également les hommes de l'Egliſe.   Croire
que Dieu eſt méchant, injuſte, cruel, autheur du
peché, que la Religion Chrétienne eſt une fable, Jeſus
Chriſt un impoſteur; Croire qu'il n'y à qu'un Dieu,
ou qu'il y en a trois, que la Trinité eſt un ſonge, l'incarnation une reſuêrie, les enfers une invention humaine;
ou croire que le bapteſme n'eſt pas abſolument neceſſaire
pour avoir la vie éternelle, que le bapteſme des heretiques ne vaut rien, qu'il n'y a pas ſept Sacrements,
que la coupe a eté injuſtement retranchée au peuple;
que le peché originel demeure apres le bapteſme, que
l'Euêque & le Preſtre ne ſont pas des ordres differents,
que le mariage eſt diſſous par l'adultere, c'eſt la meſme
choſe.

Le dogme
papiſte in-
duit que
toutes les
erreurs
condam-
rées ſont
également
damnables.

chofe. La moindre de ces erreurs qui ont eté anathe-
matifées par l'Eglife met les hommes hors de l'Eglife,
quand ils s'y obftinent. Ainfi les Prefbiteriens Anglois
quand ils n'auroient pas d'autre erreur que celle de croire
que le Preftre & l'Euêque ne font pas diftingués de
droit divin font hors de l'enceinte de l'Eglife, tout comme les Mahometants. Calviniftes, Arriens, Sociniens
Gnoftiques, Manichéens ; tout cela eft la mefme
chofe. Y a t-il quelque aveuglement qui approche de
celuy la ? Il n'y a donc plus de difference entre les
crimes, les pechés font tous egaux. Les erreurs font
également pernicieufes au moins par rapport au falut
de ceux qui errent. Car il faut que tous les errants
dans quelque degré d'erreur qu'ils foient, periffent également.

Aujourd'huy les herefies qui ont caufé de fi grands
fchifmes dans l'orient, celles de Neftorius, & Eutiches
font evanoüies Il y a toute apparence que ce ne font
plus que des difputes de mots. On en peut voir des
preuves dans l'hiftoire de Jobius qui rapporte les conferences que les Jefuites ont eües avec les Abyffins, lesquels fuivent le fchifme d'Eutiches ; Le Roy d'Æthiopie
nommé Claude plus fçavant en Theologie que tout fon
Clergé, fit une deduction fi claire de la foy de fon
Eglife qu'il parût clairement qu'il n'y avoit entre eux
& nous qu'une difference de termes. On peut voir ce
qu'efcrit le fçavant Autheur du livre intitulé, *hiftoire
critique de la creance, & des couftumes des Eglifes d'orient
par le Sieur de Moni.* Cependant ces gens s'obftinent
dans leur fchifme, & à foutenir leur creance dans leurs
termes ; faut il les damner pour cela ? condamner au
feu éternel ces grandes focietés d'Abyffins, qui rem-
pliffent l'Æthiopie ; de Cophtes qui peuplent l'Egypte,
d'Armeniens, & de Jacobites qui font répandus dans
l'Afie ? Je fouftiens encore une fois qu'il faut étre deftitué
de bon fens pour penfer cela.

Au refte S. Paul fait bien voir que toutes les erreurs
ne mettent pas les particuliers, à plus forte raifon les
focietés hors de l'Eglife, quand il dit aux Corinthiens
que ceux qui bâtiffent fur le fondement de Jefus Chrift
de mauvaifes doctrines perdront leur ouvrage, mais
que quant à eux ils feront fauvés comme par feu *Nous*

*Les herefies Euty-
chiennes &
Neftorien-
nes ne font
plus au-
jourd'huy
que des
difputes
de mots.*

*S. Paul ne
damne pas
tous les
heretiques.*

fom-

sommes dit-il *ouvriers avec Dieu &c. J'ay posé selon la grace de Dieu qui m'a eté donnée le fondement comme un Architecte bien expert & un autre edifie dessus. Mais que chacun regarde comment il edifie dessus. Car nul ne peut poser autre fondement que celuy qui est posé, lequel est Jesus Christ: que si quelqu'un edifie sur le fondement or, argent, pierres precieuses, bois, foin, chaume, l'oeuvre d'un chacun sera manifestée, car le jour la declarera, d'autant qu'elle sera manifestée par le feu, & le feu éprouvera quelle sera l'oeuvre de chacun &c. Si l'oeuvre de quelqu'un brûle il en fera perte, mais ils sera sauvé quant à luy, toute fois comme par feu.*

1 Cor. ch. 3. 9. 10. 11. &c.

Sans toucher a ce qu'on regarde comme difficile dans ce texte aumoins est il clair & evident. I. Que ces Ouvriers dont parle icy S. Paul, ce sont les Pasteurs, & les Docteurs. II. Que les choses qui sont édifiées sur le fondement de Jesus Christ, ce sont les doctrines. III. Que l'or & l'argent ce sont les bonnes doctrines veritables & solides. IV. Que le bois, la paille, & le chaume sont les erreurs & les mauvaises doctrines. V. Que ceux qui auront enseigné ces fausses doctrines seront pourtant sauvés. Remarqués qu'il ne s'agit point icy d'heresies cachées, ce sont des doctrines qu'on enseigne publiquement & qu'on pose sur le fondement de la Religion. De plus voyés qu'il ne s'agit pas icy des peuples qui sont enseignés, & qui sont par consequent moins coupables, mais des docteurs qui enseignent, & qui sont les autheurs de la seduction. Ces gens cependant sont sauvés avec leurs méchants enseignements; de quel droit est ce donc que l'on exclurra du salut de pauvres peuples qui sont dans la bonne foy d'une part, & qui d'ailleurs retiennent le fondement de Jesus Christ fils de Dieu, éternel, crucifié pour leur redemption, & resuscité pour leur Justification?

S. Paul ne parle pas seulement d'erreurs legeres.

On dira peut etre que les erreurs dont l'Apôtre parle icy ne sont que de tres petites & tres legeres erreurs. Comment prouvera t'on cela? A cause qu'il appelle ces doctrines de la paille, du chaume & du bois, on croit que ce ne sont que des erreurs legeres. Et qui ne voit que l'Apôtre a choisi le bois, la paille, & le chaume pour les faire l'emblême generalement de toutes les erreurs, quelques grossieres qu'elles soyent, pourvû quelles ne renversent pas le fondement, par rapport au

feu

feu dont il alloit parler , c'eſt à dire au jugement de
Dieu. Il appelle en general ces erreurs paille , bois ,
& chaume ; parce que ce ſont des matieres combuſtibles ,
& qui ne peuvent ſoutenir l'effort du feu , comme ces
doctrines ne pourront ſoutenir l'examen du jugement de
Dieu. S'il avoit employé d'autres termes , comme , pierre ,
boüe , fiente , &c. pour exprimer les erreurs , il ſeroit
ſorti de ſa metaphore , car ces matieres la ne ſont pas
combuſtibles , & ſoutiennent l'effort du feu , ſinon
autant que l'or , du moins beaucoup mieux que la paille
& le bois. S'il avoit repreſenté le jugement de Dieu
comme un marteau , il auroit appellé les veritez fer ,
bronſe , & d'autres noms de choſes qui reſiſtent au marteau.
Et il auroit appellé les erreurs , terre , argile , poudre ,
qui ſe diſſipent au moindre effort.

De plus quant on poſeroit que l'Apôtre deſigneroit
de legeres erreurs , en peut-on concevoir de plus legeres
que celles pour leſquelles l'Egliſe Romaine damne les
gens ? croire par exemple que le peché originel demeure
apres le baptême quand à la tâche , croire que le
baptême n'eſt pas d'une neceſſité abſolüe , croire que le
prêtre & l'Evêque ne ſont pas diſtingués de droit
divin. Enfin on dira que l'Apôtre parle de ces doctrines
fauſſes qui n'ont pas encore eté condamnées par l'Egliſe
qu'on peut enſeigner ſans riſquer ſon ſalut , mais qu'on
ne peut plus tenir des que l'Egliſe les a anathematiſeés ,
ſans ſe mettre entierement hors de l'Egliſe. Ou eſt
cela dans le texte ? y a t-il quelque veſtige de cette
diſtinction ? ne parle t-il pas des Paſteurs dont la doctrine
eſt publique & ſur la predication deſquels on veille &
qui par conſequent ne peuvent long tems prêcher des
eterodoxies ſans qu'on s'en appercoive & ſans qu'ils
en ſoyent châtiés ? Paroit-il par le texte que Dieu
faſſe dependre ſon jugement de douceur ou de ſeverité
d'un jugement de l'Egliſe ? Toy faux Docteur qui
auras baſti ſur le fondement de Jeſus Chriſt de la paille ,
ſans permiſſion de l'Egliſe , mais pourtant avant ſon
jugement , ton ouvrage perira , mais quant à toy tu
ſeras ſauvé. Mais quant à toi , qui as baſti de la
paille au lieu d'or , aprés la deffence de l'Egliſe tu ſeras
damné , quoyque ta doctrine ne ſoit pas plus pernicieuſe
que celle de cêt autre. Il eſt vray que quand on ſe

G   don-

donne la liberté de paraphraser l'Escriture ainsi, on n'a que faire de la craindre. C'est assés pour faire comprendre à toutes les personnes equitables que l'erreur n'exclut pas d'avantage de l'Eglise que le crime, & que si Dieu peut avoir des elûs dans des societés de moeurs tres corrompües, il s'en peut aussi conserver au milieu des épines & des yvroyes des erreurs & des superstitions.

CHAPITRE XII.

Trofiefme preuve tirée, de ce que Dieu conservant la cognoissance de sa verité & la predication de sa parole dans les Societés schismatiques & errantes, il n'y a pas d'apparence qu'il n'y ait pas d'elus, quil n'y sauve personne.

La parole n'est jamais preschée sans fruit.

JE trouve une autre preuve de cette verité que Dieu se conserve des élus dans toutes les societés Chrétiennes, qui conservent les fondemens, dans les passages de l'ecriture sainte qui expriment la force & l'efficace de la parole de Dieu. Elle est appellée *un marteau, une epée a deux tranchans qui atteint jusqu'à la division de l'ame, des jointures & des möuelles, un instrument puissant pour abbatre les hauteurs qui s'elevent dans l'ame, contre la connoissance de Dieu, un filé qui amene les hommes dans l'Eglise, & qui les tire de la mer du monde.* Ces passages & tous les autres semblables font voir qu'il est impossible que la parole de Dieu demeure absolument inefficace, & que la connoissance de la verité soit absolument infructueuse dans les lieux où elle est établie. Mais sur tout cette proposition est evidemment prouvée par ces paroles du seigneur dans le Prophete Esaye.

Esaye 55. 10. 11.

Ainsi que la pluye & la neige descend des cieux, & n'y retourne plus, mais arrouse la terre, & la fait produire & la fait germer tellement qu'elle rend la semence à celuy qui a semé, & donne le pain à celuy qui mange. Ainsi sera ma parole qui sera sortie de ma bouche, elle ne retournera point à moy sans effet, mais elle fera selon mon bon plaisir & prosperera dans les choses pour lesquelles je l'auray envoyée.

Matth. 13. 3.

La parabole des semences prouve encore la mesme chose

avec

avec plus d'evidence. *Un femeur eſt ſorti pour ſemer* c'eſt le predicateur de l'Euangile. La femence c'eſt la parole. *Une partie de la femence tombe auprés du chemin,* *& les oyſeaux viennent & la mangent. Une autre partie* *tombe dans des lieux pierreux, où elle n'a point de terre.* *Une troisjeſme partie tombe entre les épines, les épines mon-* *tent & l'eſſouffent. Mais enfin une derniere partie tombe* *en bonne terre, & rend du fruit ; un grain en fait trente,* *ſoixante, & cent.* Cela dis-je fait voir que jamais la prédication de la parole de Dieu ne peut demeurer ſans produire quelque veritable ſanctification & le ſalut de quelques ames. Or voicy un prodige qu'on nous ſup-poſe, que Dieu donne ſa connoiſance, la continue, la conſerve, donne ſa parole, écrite & préſchée & an-noncée, à des millions d'ames, à des ſociétés grandes, nombreuſes, etendües par toute la terre ſans ſauver aucune ame ; la femence n'eſt plus partagée entre les lieux pierreux, les épines & la bonne terre, elle tombe par tout dans des lieux infertiles. Eſt ce la concevoir un Dieu ſage & miſericordieux ? à quoy bon fait-il an noncer ſa parole à des peuples entre leſquels il n'a pas d'elûs, cela ne ſert qu'à les rendre plus inexcuſables ; c'eſt cruauté & non pas miſericorde. C'eſt un deffaut de ſageſſe qu'on ne pardonneroit pas au moins ſage de tous les hommes ; eſt il juſte de l'attribuer à celuy qui eſt la ſageſſe infinie ? la ſageſſe veut qu'on n'employe jamais les moyens que quand on veut arriver à la fin où ces moyens conduiſent, & doivent naturellement conduire. Ce ſeroit une extravagance dans un homme d'equipper une grande flotte, de faire un grand amas de matelots, & de proviſions neceſſaires pour un long voyage de mer, dans la veüe de ne monter, n'y faire monter ſur cette flotte, & de demeurer à terre à cul-tiver ſes choux & ſes oignons. La predication de la parole, l'envoy des Predicateurs, l'inſtruction que les paſteurs donnent à leurs cathecumenes ſont des moyens dont Dieu ſe ſert & qui ſont naturellement deſtinés à produire la foy, la grace, & le ſalut des hommes. Mais il faut icy ſuppoſer que Dieu entretient des prédi-cateurs dans toutes les ſociétés de l'orient & du Midy, qu'il y fait élever des chatecumenes, qu'il y fait admi-niſtrer des Sacrements, & le tout ſans avoir pour but

G 2   de

℣s 4. 5

7.

8.

de fauver perfonne ; parce que tous ceux qui font dans ces focietés étant feparés de la feule communion qui eft l'Eglife, font autant de reprouvés deftinés à la mort. Je foutiens que pour digerer ces duretés, il faut avoir un cœur de pierre impenetrable à toute raifon.

Pour mieux fentir la force de cette raifon il faut fe fouvenir que Dieu ne fait rien dans l'Eglife que pour les élûs. C'eft pour eux quil a envoyé fon fils au monde, c'eft pour eux qu'il l'a livré à la mort, c'eft pour eux qu'il eftablit & envoye des prophetes, des Apôtres, des Docteurs, des Pafteurs. l'Apôtre le fignifie clairement quand il dit que c'eft pour l'affemblage du corps de Jefus Chrift que Dieu fait tout cela. Il ne fait rien pour les reprouvés que par accident & par rapport aux élûs. C'eft purement par accident, parce qu'ils fe trouvent meflés avec les élûs lesquels il veut fauver par la predication de la parole. Un femeur jette fa femence fur des Pierres, c'eft par accident à caufe que ces Pierres font dans la bonne terre : qui doit faire germer la femence. Cette confideration leve la difficulté qu'on auroit pü faire contre notre troisjefme preuve ; c'eft qu'on ne manquera pas de dire que Dieu jette fa parole inutilement fur une infinité de reprouvés qui vivent dans la veritable Eglife, & qu'il n'y a pas plus d'inconvenient à fuppofer qu'il la jette inutilement fur les communions qui font hors de l'Eglife. Je répons que fi Dieu adreffe fa parole aux reprouvés qui font dans la veritable Eglife, c'eft par accident ; que la parole n'eft en façon du monde deftinée à ces gens la dans la veüe de Dieu, qui n'a point d'autre deffein que de fauver les élûs lesquels font meflés avec les reprouvés. Si Dieu prêchoit luy mefme, comme il connoît les fecrets de fon élection, il eft certain qu'il n'appelleroit pas les reprouvés parce qu'il ne fait rien inutilement, & qu'il luy feroit inutile d'appeller des gens ausquels il n'a aucun deffein de donner la grace de répondre à la vocation. Mais parce qu'il fait prêcher par des hommes, qui ne connoiffent ni l'election, ni la reprobation, ni les élûs ni les reprouvés, ces hommes doivent les appeller tous indifferemment, & prefuppofer par un efprit de charité qu'ils peuvent être tous élûs, & par un efprit de foy que s'ils ne font pas tous

Dieu ne fait rien dans l'Eglife que pour les elus.

Dieu n'adreffe la parole aux reprouvés que par accident parcequ'ils font mêlés avec les elus.

tous élûs au moins , il y en a un certain nombre de cachés dans la foule ; & ne les connoiſſant pas ils doivent addreſſer la parole à tous. C'eſt ce qui fait que les réprouvés meſme demeurent inexcuſables , encore qu'ils ayent eté appellés ſans que Dieu ait eu deſſein de leur faire addreſſer de vocation. Car celuy qui les appelle immediatement ſçavoir le Predicateur , leur addreſſe à tous egalement la vocation avec une intention ſerieuſe de procurer leur vocation , Et cela ſuffira pour les rendres inexcuſables devant Dieu ; puiſque la raiſon de leur impenitence n'eſt pas dans le deffaut d'intention en Dieu de les appeller , mais dans la propre dureté de leur cœur. Quoyquil en ſoit ce qui eſt certain , c'eſt que Dieu ne fait jetter la ſemence de ſa parole que dans le deſſein de la faire germer dans les élûs. C'eſt pourquoy cette parole ne peut jamais retourner à luy ſans effet. J'ay d'autant plus de droit de ſuppoſer cela , que je diſpute contre M. Nicole qui fait profeſſion d'eſtre diſciple de S. Auguſtin. Or dans la Theologie de ce Pere Dieu n'ayant envoyé ſon fils que pour le ſalut des Predeſtinés , c'eſt à eux ſeuls , qu'il deſtine la predication de ſa parole , Car à ceux à qui ſeuls appartient la fin , à ceux la ſeuls ſans doute appartiennent ‑les moyens.

Cela étant certain il eſt clair auſſi que Dieu ne peut pas entretenir ſa connoiſſance ni faire preſcher ſa Parole , pour des ſocietés dans leſquelles il n'auroit point d'élûs. Telles ſont ſelon M. Nicole l'Egliſe Æthyopienne , les Jacobites , les Neſtoriens , l'Egliſe Grecque , & generalement toutes les communions de l'Orient qui ſont en ſchiſme , & entre elles , & avec l'Egliſe Romaine. Il faut donc que ſelon M. Nicole Dieu ait pris ſoin de conſerver ſa parole , & la connoiſſance de Jeſus Chriſt depuis ſept ou huit cent ans ſans en tirer aucun fruit que la damnation d'une infinité d'ames qui ſeront beaucoup plus ſeverement punies pour la connoiſſance de la verité dont ils auront fait un mauvais uſage.

Il ne faut point dire que Dieu ſauve dans ces Egliſes ſchiſmatiques une infinité d'enfans , par le bapteſme , car premierement cette reponce ſeroit pour nous , comme nous le ferons voir bien toſt ; mais ſur tout il faut ſçavoir que c'eſt pour les adultes , que la parole eſt

en-

enseignée, & non pour les enfants ; Ainsi il seroit
toujours vray que la parole de Dieu demeureroit sans
effet à l'egard de tous ceux à qui elle seroit annoncée.

On ne me doit pas dire non plus que par mon raisonnement il s'ensuivroit que Dieu pourroit avoir des
élûs dans les societés Sociniennes, qui conservent l'Euangile, le prêchent, & le lisent : Et que cependant j'ay
mis les societés qui ruinent le fondement entre celles
où Dieu ne le conserve point d'elûs.   Je repons que si
Dieu avoit permis que le Socinianisme se fût autant
répandu que l'est par exemple le Papisme, ou la Religion Grecque, il auroit aussi trouvé des moyens d'y
nourrir ses élûs & de les empescher de participer aux
heresies mortelles de cette secte : comme autrefois il
trouva bien moyen de conserver dans l'Arrianisme un
nombre d'elûs & de bonnes ames, qui se garantirent
de l'heresie des Arriens.   Mais comme les Sociniens ne
font point de nombre dans le monde, qu'ils y sont
dispersés sans y faire figure, qu'en la pluspart des lieux
ils n'ont point d'assemblées, ou de tres petites assemblées, il n'est point necessaire de supposer que Dieu y
sauve personne, parce qu'une aussi petite exception ne
fait aucun prejudice à la regle generales sçavoir que Dieu
ne fait jamais prescher sa parole, d'ou il n'a pas d'elûs.
Ce qui se doit entendre bien plus des communions que
des troupeaux particuliers.

CHAPITRE XIII.

Quatriesme preuve tirée du schisme de Ieroboam &
des dix tribus ; que Dieu à toujours continué de
regarder cette Eglise schismatique comme son peuple,
qu'il y a eü des élûs, des saints & des Prophetes
qui ont eu part au schisme.

L'Escriture sainte nous fournira encore deux preuves
que les assemblées qu'on appelle heretiques &
schismatiques ne doivent pas toujours être regardées
comme retranchées du corps de l'Eglise universelle. La
premiere de ces deux preuves sera prise de l'histoire du
schisme de Jeroboam & des dix tribus.   Jeroboam
ayant

ayant engagé dix tribus du peuple d'Israël dans la revolte contre la maison de David, les fit aussi entrer dans un schisme contre Dieu, & contre l'Eglise de Jerusalem. Dieu avoit fait veritablement sous l'ancienne Alliance ce que l'on veut qu'il ait fait sous la nouvelle. Il avoit marqué un certain lieu auquel il vouloit que toutes les parties de la nation & de l'Eglise eussent une particuliere adherence, c'estoit la ville de Jerusalem, parce que le temple y étoit basti, & le temple parce que l'Arche y étoit enfermée. Jerusalem étoit donc en ce temps la, ce que l'on veut que Rome soit aujourd'huy. C'estoit la source des oracles, le siege de Dieu, & de ses sacrificateurs. C'estoit le seul lieu ou il avoit commandé de luy sacrifier, deffendant de le faire par tout ailleurs. Cette ville & ce siege avoit les marques de la plus grande authorité qui fût au monde ; Elle avoit la loy, elle avoit les interpretes de cette loy, elle avoit l'Arche & les Cherubins du milieu desquels Dieu parloit, elle avoit comme on le suppose le grand *Sanhedrin*, ou grand conseil de la nation & de la Religion. C'etoit donc directement se rendre coupable de schisme que de rompre avec ce souverain siege de la Religion. Jeroboam le fit. Il établit des veaux en Bethel & en Dan, & il voulut qu'on y serût Dieu selon les ceremonies portées par la loy de Moyse, mais alterées par ses additions. Ce fût un schisme le mieux formé & sans doute le plus criminel qui fut jamais ; car tous les schismes qui sont arrivés dans l'Eglise Chrétienne n'en approchent pas, puisqu'il n'y a plus d'Eglise particuliere à laquelle il soit de necessité d'adherer sous peine d'estre schismatique. Voyons donc si l'ecriture parle de ces dix tribus comme d'un peuple entierement rejetté & qui fust retranché de l'Eglise. Premierement nous voyons que les deux tribus qui étoient demeurées sous la domination de la maison de David les appellent freres, & les traittent comme tels. Leurs Roys font alliance ensemble, ils ont des interets communs, ils se regardent comme un mesme peuple distingué de tous les autres. Quand ils sont prets à entrer en guerre, ils s'en abstiennent par cette raison quils sont freres, enfants d'un mesme Dieu & d'une mesme Religion.

Ce n'est la que le jugement des hommes ; c'est peut

Ierusalem estoit autrefois ce que l'on veut que soit Rome aujourd'huy.

Le schisme de Ieroboam est le plus criminel de tous les schismes.

être

être peu de chofe. Mais voicy le jugement de Dieu. Il a foin de leur envoyer des Prophetes, fous le Regne du malheureux Achab qui joignit au fchifme de Jeroboam, l'idolatrie des Dieux des nations il y avoit Elie l'un des plus grands Prophetes qui ait jamais eté, & qui a plus fait de miracles luy feul, que n'en ont fait tous les prophetes qui ont prophetifé dans la Tribu de Juda depuis Salomon, jufqu'á la captivité. Aprés Elie vient Elifée qui n'eft pas moins extraordinare qu' Elie. Joas Roy d'Ifraël avoit perfeveré dans les peché de Jeroboam. Cependant ce Joas ne laiffe pas d'appeller Elifée fon pere. *Mon Pere, Mon Pere* dit il, *chariot d'Ifraël & fa chevalerie,* dit il, en pleurant fur Elifée. Elifée d'autre part ne le traitte pas en reprouvé comme Elie avoit traitté Achab, & il paroit par l'hiftoire qui fe lit au mefme lieu qu'il entroit bien avant dans fes interets, & qu'il luy prédit avec beaucoup de chaleur les avantages qu'il devoit remporter fur les Syriens; jufqu'á fe mettre en colere contre luy, de ce qu'il n'avoit pas frappé cinq ou fix fois du pied contre terre, ce qui luy eût eté un figne qu'il auroit frappé les Syriens jufqu'á les confumer.

Michée fut un autre prophete envoyé de Dieu pour le falut de ce peuple, du temps d'Achab & de Jofaphat, & il y en avoit beaucoup d'autres. Puifque la malheureufe Jefabel en avoit tué un fi grand nombre. *Ils ont tué tes prophetes,* difoit le prophete Elie, en parlant d'elle, & de ce que les Ifraëlites avoient fait par fon ordre : Y a t-il apparence que Dieu eût un foin fi particulier d'un peuple reprouvé, d'un peuple qui eût eté hors de l'Eglife, d'une fecte au milieu de laquelle on n'eût pû faire fon falut? veut-on quelque chofe de plus formel? C'eft ce que Dieu declare à Elie que dans la plus grande corruption de ce peuple fchifmatique & Idolatre, il s'eft refervé fept mille hommes qui n'avoyent pas ployé le genou devant Bahal. Ces gens l'a n'eftoient pas Idolatres, je l'advoüe, mais ils êtoient fchifmatiques, car ils ne montoient point en Jerufalem, ils faifoient leurs facrifices dans le pays contre la deffence de Dieu. Ils n'avoient aucune communion avec l'Eglife de Juda. Il eft certain même qu' Elie, & Elifée, & tous les autres prophetes des dix tribus, ne

com-

Dieu agit avec les dix tribus comme eftant encore dans l'Eglife.

2 Roys 19 ÿs 14.

Dieu envoyoit les prophetes a ces 10. tribus comme eftant fon peuple.

1 Roys 19. 15 Les 7 mille hommes que Dieu s'eftoit referve, dars les 10. tribus eftoyent fchifmatiques.

communiquoient point avec Juda : Ils facrifioient à Dieu fur des autels particuliers. Elie en fit baftir un exprés fur la montagne de Carmel. Il fe plaint des Ifraëlites, non de ce qu'ils avoient abandonné le temple de Ierufalem : mais de ce quils avoient abattu les autels confacrés à Dieu, *ils ont abbatu ses autels.* A la rigueur, 1 Roys 18. c'eftoient des autels fchifmatiques, autels, contre l'unique autel que Dieu s'eftoit fait elever à Jerufalem. Neantmoins Dieu ne laiffe pas de les reconnoitre pour fes autels. Il eft vray que la loy defendoit de Sacrifier dans les hauts lieux, mais ce n'etoit point une loy de rigueur, puifque que plufieurs faints perfonnages s'en font difpenfés comme il paroit par l'hiftoire de Gedeon, La defenfe & par celle de Manoah pere de Samfon & mefme de facrifier fous les Roys de Juda qui avoient en leur poffeffion le dans les hauts lieux Temple, Dieu ne laiffoit pas de tolerer les facrifices n'eftoit pas dans les hauts lieux. On lit d'Afa & d'Efechias qu'ils une defenfe firent ce qui etoit agreable à Dieu, & bannirent les de rigueur. Idoles, mais qu'on facrifia pourtant de leur temps dans les hauts lieux. Si donc les dix tribus fe fuffent contentées de facrifier fur les hauts lieux mais qu'elles euffent auffi facrifié à Jerufalem leurs facrifices n'euffent pas eté fchifmatiques : Mais elles facrifioient fur leurs hauts lieux fans aller à Jerufalem. La loy ordonnoit de fe rendre dans le lieu où Dieu avoit pofé fon Tabernacle & fon Temple pour y payer fes voeux, & y folemnifer les feftes folennelles. Mais les Ifraëlites ne pouvant qu' avec peril monter aux feftes à Jerufalem, s'en difpenferent fans la permiffion de Dieu, qui pourtant les tolera dans le fchifme fans retirer d'eux fon efprit ni fes prophetes. Il faudroit qu'on nous donnaft des raifons qui nous fiffent voir que Dieu ne fait plus, & ne peut plus faire aujourd'huy ce qu'il a fait autrefois, qu'il ne peut plus pardonner aux foibleffes humaines : ni fupporter un peuple qui a eté engagé dans une feparation par la malice, & par la revolte de fes conducteurs : qu'on dife que Dieu châtiera les autheurs du fchifme nous ne nous y oppofons pas, mais de damner des millions d'innocents pour les crimes d'un feul homme, c'eft ce que nous ne jugerons jamais conforme à la fageffe de Dieu & a fa mifericorde.

Ces Meffieurs ont accoutumé de dire, que ceux de

ces

Les fideles des dix tribus ne monto yent pas aux festes solemnel-les a Ierusalem.

ces tribus que Dieu se reserva, n'adheroient point au schisme, & qu'ils montoient à Jerusalem tous les ans pour sacrifier. Mais, cela est fort eloigné de la verité & l'histoire ne dit rien de tel. Elle dit seulement, *que les levites, & les sacrificateurs qui étoient repandus dans les dix tribus d'Israël, se rendirent auprés de Roboam qu'ils abandonnerent leurs bourgs & leurs possessions, & vinrent à luy à Ierusalem parce que Ieroboam & ses fils les avoient chassés afin qu'ils ne servissent plus de sacrificateurs à l'Eternel &c. Et qu'apres eux aussi ceux d'entre les dix tribus d'Israël qui avoient tourné leur cœur à chercher le Dieu d'Israël, vinrent à Ierusalem, pour sacrifier au seigneur le Dieu de leurs Peres, & fortifierent le Royaume de Juda, & renforcerent Roboam le fils de Salomon.* Cela signifie qu'ils transporterent leur demeure à Jerusalem, & dans les villes de Juda, & non pas qu'ils y montoient tous les ans aux festes. Autrement si le sejour qu'ils firent à Ierusalem ne fut que de peu de jours qu'elle force apporterent ils au Royaume de Juda? il est donc certain que tous ceux qui resterent sans en excepter les prophetes vescurent dans le schisme, & que ceux qui n'eurent point de part a l'Idolatrie ne furent pas traittés de reprouvés.

CHAPITRE XIV.

„ *Cinquiesme preuve tirée de l'histoire de la naissance*
„ *du Christianisme. Que les Iuifs convertis etoyent*
„ *à la rigueur & heretiques & schismatiques, &*
„ *que Neantmoins Dieu les à tolerés long temps,*
„ *& ne les a point traités comme des gens hors de*
„ *l'Eglise.*

L'Histoire de la naissance de la religion Chrétienne nous fournira une preuve evidente que tous ceux qui errent dans des choses, mésme de tres grande importance, & qui refusent d'entrer en communion avec des Eglises beaucoup plus pures, ne sont pourtant pas regardés comme des reprouvés & comme des gens hors de l'Eglise. Les premiers convertis au Christianisme furent Juifs, & tous ces nouveaux Chrétiens
étoient

étoient souverainement entestés de ce faux principe que
Jesus Christ le vray Messie n'estoit pas venu pour abolir
la loy de Moyse. Ainsi ils vouloient étre Chrétiens
sans cesser en façon du monde d'estre Juifs, car ils ne
quitterent pas la moindre de leurs Ceremonies. Ils
observoient la circoncision, la pasque, les sacrifices, la
distinction des viandes, les purifications, les lavements,
les voeux selon la loy. En mesme tems il se forma
une autre Eglise de convertis d'entre les payens qui ne
voulurent pas se charger du joug de la loy. Ces zelateurs de Moyse firent tout ce qui leur fût possible pour
les y amener, ils envoyerent des Apôtres d'entreux qui
en seduisirent un grand nombre, & entr'autres les
Eglises de Galatie. S. Paul eut de grands démelés avec
ces prétendus Apôtres, il soutint contre eux que les
gentils n'estoient pas obligés d'observer la loy ceremo-
niele de Moyse. l'Affaire fut jugée par les Apotres,
& par les freres qui étoient à Jerusalem. Les payens
convertis demeurerent dechargés de la necessité d'observer la loy, à l'exception des choses etouffées, & du
sang, dont on fut d'avis quils s'abtinssent.

Mais les deux societés demeurerent distinctes sans
union & sans communion, plus distinctes & plus opposées sans comparaison que ne sont aujourd'huy ou les
Grecs ou les Latins, ou les Calvinistes ou les Lutheriens.
Presqu'autant que le sont le Papiste & le Protestant.
l'Eglise Chrétienne d'entre les Juifs avoit son temple,
son lieu saint, ses sacrifices, ses festes, ses Sabats, ses
Lavements, ses animaux nets & souillés : à tout cela
l'Eglise Chrétienne d'entre les payens ne prenoit point
de part. Avant que les payens fussent convertis au
Christianisme, ils étoient à l'egard des Juifs dans une
veritable Excommunication. Car le Juif selon ses loix
n'osoit avoir de communion avec le payen, il n'entroit
point dans ses temples, il ne mangeoit point avec luy,
il ne le vouloit pas souffrir entrer dans le Temple de Jerusalem, plus avant que dans les lieux ou les personnes
les plus souillées pouvoient aller. Tout cela subsista
après que les payens furent convertis au Christianisme.
Il est vray que le payen converti eût bien voulu communier avec le Juif. Mais les Juifs demeurerent toujours dans leur separation, ils ne priojent point dans
les

Les Juifs convertis, & les convertis d'entre les payens firent deux communions beaucoup plus separées que ne sont les Grecs & les Latins.

les mesmes Temples , avec les payens convertis. Ils
ne participoient point ensemble aux Sacrements, ils ne
mangeoient point à leurs tables ; ils ne vouloient pas
souffrir qu'ils entrassent dans le Temple de Ierusalem.
Les Apôtres mesmes ayant la complaisance de se laisser
aller à ce zele mal conduit, S. Pierre en fut repris par
S. Paul, comme celuy cy nous l'apprend au second
chapitre de son Epitre aux Galates. Enfin ce furent
ces gens qui formerent la secte des Ebionites & Nasa-
réens ; dont il y avoit encore des restes du tems de
S. Jerôme & de S. Augustin.

Les zela-
teurs de la
loy ont
fait la
secte des
Ebionites.
Ebion n'a
jamais eté
au monde.

Ce furent dis-je ces Juifs convertis au Christianisme,
& cependant zelateurs de la loy qui firent la secte des
Ebionites. Car cette Ebion heretique, dont nous
parlent S. Jerôme & S. Ephiphane, est un homme
chimerique, & qui n'a jamais eté. S. Irenée plus voisin
des Apôtres, que S. Jerôme, & que S. Epiphane parle
bien des Ebionites, mais nullement d'Ebion. Eusebe
en traitte plus amplement, & ne parle point de l'Here-

Ireneus ad
versus he-
reses lib. 1.
cap. 26.

siarque Ebion. Origenes nous apprend d'où les Juifs
convertis au Christianisme avoient pris ce nom. Cel-
sus reprochoit à la religion Chrétienne qu'elle avoit tiré
son origine de quelques Juifs Apostats qui avoient a-

Euseb. lib.
3. cap. 27.
hist. Eccle.

bandonné leur foy. *Certains Juifs*, disoit il, *ayant a-
bandonné les loix de leurs ancestres sont passés sous un autre
nom.* Origenes luy apprend qu'il se trompe, *Vous ne
sçavés pas*, luy dit-il *que les Juifs qui crûrent en Jesus

d'Ou est
venu le
nom d'E-
bionites.

Christ, n'abandonnerent pas les loix de leurs ancêtres, car
ils les suivent, & a cause de cela ils ont neçeu un nom qui
signifie la pauvreté de leur loy. Car E B I O N en langue
Juifue signifie pauvre, & ceux d'entre les Juifs qui crûrent
en Jesus Christ furent appellés Ebioniens par les autres Juifs.*
En effet אביון *Ebion* & *Ebionim* dans la langue des Hebreux signifie pauvre. S. Epiphane dans l'heresie 30. dit

Lib. 2.
contra
cels.

*qu'ils se glorifioient de ce nom, & qu'ils s'appelloient pauvres
ou mendiants, parce que du temps des Apôtres c'étoit la coutume de renoncer à ses biens & les jetter à leurs pieds, &
qu'a cêt exemple ils se reduisoient à la pauvreté & renon-
coient à leurs biens.* Origene dit qu'ils furent ainsi appellés par mépris par les autres Juifs. Mais il y a bien
autant d'apparence que ce furent les autres Chrétiens
qui leur donnerent ce nom , en faisant allusion a ce
que

que S. Paul appelle la loy dont ces gens étoient zelateurs, *les pauvres elemens du monde.* Il femble qu' Eufebe foit dans le fentiment que ce nom de mépris leur eft venu des Chrétiens. Car il dit, *qu'ils ont eté appellés Ebioniens par les anciens, parce qu'ils avoient de Iefus Chrift de pauvres & de bas fentimens.*

Lib. 3. cap. 27.

On a fait ces gens ennemis de la divinité du Seigneur Jefus Chrift, Mais Irenée les en juftifie. *Ceux dit il, qui font appellés Ebionites avoüent que le monde a ete créé de Dieu, Mais ils n'ont pas les mefmes fentimens du Seigneur que Cerinthus & Carpocrates, qui nioient fa divinité. Ils ne reçoivent que le feul Euangile felon S. Matthieu, ils rejettent l'Apôtre S. Paul, & difent que c'eft un Apoftat de la loy. Ils étudient avec grand foin les Propheties, ils fe circoncifent, ils vivent dans toutes les coutumes qui font felon la loy, & felon le caractere juif, Ils adorent Jerufalem comme la maifon de Dieu;* C'eft à dire qu'ils fe profternoient du cofté de Jerufalem à la maniere des Juifs. C'eft la précifement la defcription des Zelateurs de la loy du livre des actes. Toutes les autres herefies qu'on attribüe à ces Ebioniens, comme d'avoir eté ennemis de la divinité de Jefus Chrift, & mefme d'eftre tombés dans les erreurs des Gnoftiques, ce qu' Epiphane leur impute, leur font venues du depuis leur entiere feparation de l'Eglife Chrétienne, & mefme du temps de St. Jerôme il femble que quelques unes de leurs fynagogues, auoient encore confervé quelque pureté. Car c'etoient les mefmes que les Nazariens dont S. Jerôme parle ainfi? *que diray-je des Ebionites, qui font femblant d'eftre Chrétiens. Jufqu'au temps prefent l'orient eft plein de fynagogues qui paffent pour heretiques entre les Juifs, qu'ils appellent Miniens & que les Pharifiens condamnent les appellant Nazaréens. Ils croyent en Jefus Chrift fils de Dieu, né de la vierge marie, & difent que c'eft celuy qui a fouffert fous Ponce Pilate & qui eft reffufcité, auquel auffi nous croyons. Mais voulant être & Juifs & Chrétiens, ils ne font ni Chrétiens ni Juifs.*

Les Ebionites n'ont pas efté ennemis de la divinité de Iefus Chrift. Lib. 1. cap. 26.

Heres. 30.

Les Ebionites & les Nazariens font les mefmes.

Epiftola ad Auguft. de diffimul.

Ces gens au commencement n'avoient pas d'autres erreurs que celles que leur attribue S. Irenée, de croire que la loy devoit être obfervée comme auparavant, qu'il faloit circoncir les masles, au 8me. jour, & qu'il faloit adorer à Jerufalem. Mais ces erreus n'etoient pas legeres, il ne faut que voir ce qu'en dit S. Paul. il va jufqua dire

Quelles ont efté les veritables erreurs des Ebionites.

que

que si quelqu'un est circoncis, Jesus Christ ne luy pro-
fitera de rien, Christ est aneanti à l'egard de vous tous qui
voulés être justifiés par la loy & vous êtes dechûs de lagrace.
Cependant voyés quels ménagements observent les Apôtres, & St. Paul luy-mesme, avec ces gens. l'Apôtre
revenu de ses voyages dans lesquels il avoit fait tant de
glorieuses conquestes à Jesus Christ, en rendit conte
à l'assemblée des Apôtres & des Anciens qui étoient à
Jerusalem. *Ce qu'ayant oüy ils donnerent gloire au Seigneur*
& luy dirent, Frere tu vois combien il y a de milliers de
Iuifs qui ont crû, & tous sont Zelateurs de la loy. Or ils
ont esté informés de toy que tu enseignes tous les Iuifs qui sont
entre les gentils à se departir de Moyse, disant qu'ils ne doi-
vent point circoncir leurs enfants, ni cheminer selon les or-
donnances: que faut-il donc faire? Il faut assembler toute la
multitude, car ils apprendront que tu es venu: fais donc ce
que nous te dirons, nous avons quatre hommes qui ont fait
voeu, prends les, & te purifie & contribue avec eux afin
qu'ils se rasent la teste, & que tous sçachent qu'il n'est rien
des choses qu'on leur a rapportées, mais que toy-aussi chemi-
nes gardant la loy. Je demande si ces gens la étoient
hors de l'Eglise ou dedans? Ce n'est point le premier,
car les Apôtres n'auroient pas eû de si grands égards
pour des heretiques ou des schismatiques qu'ils auroient
regardé comme des synagogues de Satan. Ces gens
avoient les Apôtres à leur teste, les saints communioi-
ent avec eux, mille & mille gens d'entreux moururent
dans cette erreur; Les Apôtres ne les regarderent pas
comme des reprouvés & des damnés. Cependant leur
erreur etoit si capitale qu'aujourd'huy nous ne voudrions pas mesme donner le nom de Chrétienne à une
societé qui les deffendroit. Je ne dis pas que leur erreur
fût fondamentale c'est à dire de celles qui enlevent, &
qui ostent les fondements; Car ces Juifs croyoient que
Jesus Christ étoit le vray Messie redempteur du monde,
Fils éternel de Dieu, incarné dans le temps, né d'une
vierge, ressuscité des morts, monté aux cieux, Roy de
l'Eglise, sauveur du genre humain, ayant fait la veritable propitiation des péchés de laquelle les propitiations legales n'etoient que les types. Ainsi ils retenoient les fondements. Neantmoins il y a tant d'incompatibilité entre les deux œconomies, que les vouloir
unir

Margin notes:

Gal. 2.
Vs 2.4.

l'Apôtre
ne traitte
point les
Ebionites
en hereti-
ques re-
prouvés.
Actes 21.
20.21. &c.

Les er-
reurs des
Ebionites
estoient
capitales
sans pour-
tant oster
le fonde-
ment.

unir c'eſt errer autant qu'on le peut, ſans ruiner de fonds en comble la Religion Chrétienne. Cependant nous voyons que les Apôtres tolerent ces premiers Chrétiens Juifs, dans leur eſprit d'erreur, & dans leur eſprit de ſchiſme, contre les Payens convertis.

On dira qu'il y a quelque choſe de ſingulier la dedans, & que Dieu toleroit pour un tems cette erreur dans ces nouveaux convertis pour deux raiſons; la premiere que l'amour pour la loy de Moyſe avoit pris en eux de ſi profondes racines, qu'il étoit, impoſſible de rompre tout d'un coup ces liens: & cet amour ayant d'ailleurs un bon principe, ſçavoir le reſpect pour Dieu qui avoit donné cette loy, les Apôtres jugerent à propos de les tolerer dans cette prevention, juſqu'à ce que peu à peu on eût travaillé à les en faire revenir. La ſeconde afin de ne pas mettre un obſtacle invincible à la converſion des Juifs, en les voulant obliger à toute rigueur à quitter leur ancienne loy. Je ne doute pas que les Apôtres n'euſſent de tres bonnes raiſons de faire ce qu'ils faiſoient, & je veux bien admettre celles cy; Mais ne peut-on pas avoir auſſi aujourd'huy de tres bonnes raiſons pour tolerer les infirmes dans des erreurs qui ne ruinent pas le fondement? Et comme Dieu conſervoit dans cette ſynagogue de Jufs un nombre d'elûs qui le ſervoient dans la ſimplicité de leur cœur, nonobſtant cêt eſprit de ſchiſme dont toute la ſocieté étoit animée, Dieu ne peut-il pas auſſi dans les communions qu'on appelle ſchiſmatiques, ſe conſerver des elûs qu'il ſauve par la prédication de la parole & par une foy ſimple laquelle ne s'embarraſſe pas des ſentiments qui font le ſchiſme? Les pretendües erreurs que l'Egliſe Romaine impute aux communions de l'orient, ne ſont que des bagatelles, en comparaiſon de cette erreur des premiers Juifs convertis, & l'eſprit de ſchiſme qui ſepare les Grecs des Latins, n'eſt pas à beaucoup prés ſi violent que celuy qui ſeparoit les Juifs Chrétiens des Payens convertis.

Avant que de finir ce chapitre je ſouhaite qu'on obſerve que ſelon les principes du papiſme, la plus grande de toutes les erreurs eſt tolerable quand elle n'a point eté condamnée par l'Egliſe. On n'eſt point anathéme ni hors de l'Egliſe pour deffendre une hereſie pourvû qu'on

Raiſon pourquoy Dieu toleroit dans les premiers Ebionites des erreurs ſi conſiderables.

Les premiers Ebionites defendirent leurs erreurs, meſme apres la deciſion du concile Apoſtolique.

qu'on ne la deffende pas opiniatrement, & qu'on soit
disposé à se soumettre, quand un Concile aura decidé la
controverse.   Alors quand l'Eglise a decidé non seulement on ne peut plus sans être coupable d'heresie soutenir & defendre les erreurs capitales, mais on ne peut
mesme soutenir les opinions les plus tolerables sans se
mettre hors de l'Eglise.   Or notés que les Juifs convertis dont nous avons parlé s'obstinerent dans cette erreur qu'on ne devoit point avoir de communion avec
les payens convertis, s'ils ne se faisoient Juifs, apres que
le Concile de Jerusalem dont il est parlé au 15me. des
actes en eût decidé autrement.   Ils continuerent à faire
un crime à S. Paul, de ce qu'il disoit à ses nouveaux
convertis qu'ils n'etoient pas obligés à se faire circoncir : & c'est ce qui donna à cette secte l'horrible aversion
qu'elle avoit pour S. Paul qu'elle appelloit un Apostat
de la loy.   Ainsi rien ne manquoit selon les principes
de l'Eglise Romaine pour faire de ces prémiers Ebionites des heretiques & des schismatiques achevés. Cependant nous avons vû comme les Apôtres & les saints
les épargnoient.   Jusqu'a obliger S. Paul qui avoit renoncé au Judaïsme, d'en pratiquer les ceremonies par
une espece de dissimulation.

CHAPITRE XV.

Nouvelles preuves tirées des sentiments & de la con-
duitte de l'Eglise Romaine elle meme : sixiesme preu-
ve prise du temoignage du P. Goar Jacopin, & de
Leon d'Allassy lesquels ont reconnu que les commu-
nions schismatiques de L'orient n'etoient pas hors de
l'Eglise.

Rien n'est si concluant contre ceux qui sont dans
l'erreur, que leurs propres actions & leurs propres
paroles.   Le mensonge n'est jamais uniforme, au
lieu que la verité est toûjours elle mesme.   Elle est si
forte qu'on ne la sçauroit bannir absolument, on peut
dire qu'elle se conserve un reste d'empire sur ceux qui
l'ont abandonnée.   Elle les met aux mains contre eux
mesmes, & les jette dans un état de contradiction. Je
ne

ne veux donc que l'Eglise Romaine seule pour la convaincre qu'elle ne croit point & ne peut croire ce qu'elle dit, & ce que dit M. Nicole qu'il est impossible que l'Eglise soit composée de plusieurs societés visibles separées de communion, & qui mesme s'excommunient mutuellement.

Page 332. & 341.

On sçait bien que l'Eglise Romaine est separée de communion de l'Eglise Grecque, on sçait bien que les Grecs sont schismatiques selon la pensée des Latins : on sçait bien que ces deux Eglises se sont mutuellement excommuniées ; on sçait bien aussi que le Pape dans la bulle *de cæna Domini*, tous les ans dans la semaine sainte excommunie les Grecs comme les autres schismatiques. Et les Latins n'oseroient avoüer que les Grecs soient membres de la veritable Eglise. Cependant voyons comme ils en parlent, aprés nous verrons comme ils agissent avec elle ; car les paroles vont naturellement devant les actions, parceque les paroles sont les images des pensées.

L'Eglise Romaine est en schisme avec l'Eglise Grecque.

Il faut écouter le P. Goar Jacopin dans la préface qu'il a mise à la teste de l'Euchologe ou rituel des Grecs dont il nous a donné la version, l'original, & des notes. Il se compare d'abord à ces voyageurs qui dans leurs courses sur la mer decouvrent de nouveaux pays dont ils font faire de nouvelles cartes. *Je vous vas tracer icy cher lecteur* dit il, *l'Eglise Grecque dans les tables de l'Euchologe, comme un pays étranger & comme une province inconnüe à la pluspart de ceux qui habitent cette partie du monde où nous sommes. En cela je n'entreprends autre chose que de vous mettre devant les yeux une partie considerable de l'Eglise universelle repandüe en tous lieux car de mesme que Vespusius Americus n'a pas decouvert un nouveau monde, mais une partie de ce monde unique lequel Dieu a créé, dans lequel il n'a pas trouvé des hommes qui fussent d'autre race que nous, quoy qu'il ayent des mœurs & des coutumes fort differentes des nôtres. Ainsi je veux vous depeindre non pas une nouvelle Eglise, mais une Eglise qui bien qu'elle paroisse fort eloignée de la nostre, en coutumes & en usages, & mesme qu'elle soit eloignée de nous de cœur & d'affection, est pourtant autrefois sortie du costé de nôtre Seigneur Iesus Christ, & n'a pas peu contribué avec les autres membres & contribüe encore par ceux de ses sujets, qui sont les plus fideles, à l'embellissement de l'unique*

Le P. Goar Iacopin recognoist l'Eglise Grecque pour une veritable Eglise bien que schismatique.

.H.   Epouse

Epouse de Iesus Christ. Car l'Eglise universelle n'est pas moins unique que le monde ; mais elle renferme dans son sein plusieurs Eglise, comme le monde renferme plusieurs provinces, & plusieurs villes. Elle est unique, dis-je, & de cette unité elle à tiré le nom d'amie, uniquement aimée par son seigneur & son Epoux. Cependant elle est diverse en coutumes, selon les differents peuples. Et pourvû qu'elle soit liée d'un mesme lien & d'un mesme esprit de foy & de charité, elle ne laisse pas de renfermer & nourrir des enfants qui malgré les diverses manieres dont ils adorent Dieu recevront de luy la beatitude : Tout de mesme que plusieurs lignes tracées sur une superficie en partant de differents points arrivent à un mesme centre, Ainsi l'Egise Orientale n'est pas si differente de la nôtre, qu'elle ne convienne avec elle, dans toutes les choses qui font une parfaite unité de foy & une entiere conformité de Religion. Et sans crime elle peut bien differer en rites & ceremonies. Ce que j'entends de l'Eglise Orientale du premier âage, & de cette partie qui est encore aujourd'huy saine, qui est helas bien petïe. Il poursuit à faire voir que la difference des coutumes & des ceremonies ne ruine point l'unité & l'essence de l'Eglise. Et recommence ainsi. l'Eglise d'occident & celle d'orient n'est qu'une seule & mesme Eglise, elles adorent un seul Dieu autheur de toutes choses, & ne font differentes que dans les rites externes de l'adoration : un seul & mesme esprit opere dans l'une & dans l'autre ; sçavoir cét esprit qui avoit promis de faire à l'Epouze des châtons d'or damasquinés d'argent Dieu donc tres grand & tres bon est l'unique obiet de la foy de l'une & de l'autre, Eglise : C'est pourquoy si vous demandés aux membres de l'une & de l'autre, quelle est leur esperance, ce qu'ils desirent & ce qu'ils souhaittent, ils vous repondront que la beatitude est l'objet de leur attente parce quils sont nourris & croissent par la reception des mesmes sacrements. puisque l'Eglise Latine partage le monde avec l'Eglise Grecque il ne faut pas s'etonner qu'elles soient partagées sur les ceremonies. Elles parlent des langues differentes, mais dans la diversité des sons il y a un même sens qui se rapporte au service de Dieu. Ces deux Eglises sont ces deux mammelles de l'Epouse que le bien aimé dit estre meilleures que le vin : & ausquelles il attache d'une main & de l'autre, il allaite, & enyvre ses enfants. L'autheur poursuit la mesme figure encore quelques periodes, puis il ajoute. Plust à Dieu que les Grecs d'aujourd'huy demeurant dans leur vocation eussent la mesme bien-veillance pour les Latins

sins que les Latins ont pour eux. Car les Latins conservent precieusement l'honneur des Grecs ; ils loüent leurs peres, ils venerent leurs ecrits, ils suivent leur doctrine, & s'ils remarquent en eux quelques marques de la fragilité humaine, ne les pouvant approuver ni les recevoir, au moins ils les excusent autant qu'ils peuvent.

A quoy se reduit la theologie du P. Goar sur l'unité del Eglise.

Il n'est rien de mieux pensé dans nos principes & si j'avois voulu emprunter les parolles d'un autre pour exprimer mes sentimens sur la veritable Idée de l'unité de l'Eglise je n'en aurois pas pris d'autres que celles la. Car le P. Goar pretend. I. Que l'unité de l'Eglise ne consiste pas dans la conformité des ceremonies. II. Que la veritable unité consiste dans les liens d'un mesme esprit, d'une mesme foy & d'une mesme charité. III. Que les Eglises qui adorent Dieu en diverses manieres en convenant en ce qui est essentiel ne laissent pas de donner la beatitude à leurs enfants. IV. Que l'Eglise d'orient est une seule Eglise avec celle d'occident. V. Qu'un seul & mesme esprit opere dans l'une & dans l'autre, & y sauve ses elûs. VI. Que dans ces deux Eglises on a la mesme esperance & qu'on tend à la mesme fin. VII. Que dans l'une & dans l'autre on y recoit la grace & les sacrements. VIII. Que ces deux Eglises sont à la verité separées & distinctes, mais qu'elles le sont comme deux mammelles d'une mesme mere. IX. Que Jesus Christ attache à ces deux mammelles egalement ses enfants, les en fait succer le lait, & le nourrit de ce lait. Il faloit que le P. Goar eût perdu le sens parlant ainsi, s'il a crû que l'Eglise d'orient étant une Eglise schismatique etoit par consequent hors de la veritable Eglise, & une synagogue de Satan. Si les Grecs sont hors de l'Eglise comment elevent ils des enfants à Jesus Christ ? comment leur fournissent ils le lait d'intelligence qui fait croître l'homme dedans ? Comment menent-ils les hommes à la beatitude ?

On croira peut être pouvoir répondre à cela par cette parenthese de deux lignes du P. Goar. *Ce que j'entends de l'Eglise orientale du premier âage, & de cette partie laquelle est encore aujourd'huy saine, qui est helas bien petite.* Cette partie saine ce sont les Grecs Latinisés qui ont eté gagnés par les millions des Latins, & qui vivent en communion avec l'Eglise Romaine. Il aüoue que cette por-

Pourquoy le P. Goar a adjousté une petite exception : qu'elle est contredite par tout le reste.

tion

tion eſt tres petite, & peut etre dira-on que tout ce qu'il
dit en faveur des Grecs ne doit étre appliqué qu'a ces
Grecs Latiniſés.   Mais qui ne voit dans quel eſprit &
dans quelle veüe ces deux lignes ont eté inſerées? Ceſt
pour s'y ſauver en cas qu'on luy voulût faire une affaire
de ſon jugement favorable pour une Egliſe qu'on appelle
ſchiſmatique. Car au reſte il eſt clair comme le jour
qu'il a intention de parler de toute l'Egliſe d'orient.
Ce petit nombre de Grecs Latiniſés s'appelle t'elle l'E-
gliſe orientale en general? eſt cela le nouveau pays que
le P. Goar à decouvert, & qu'il compare au nouveau
monde decouvert par nos voyageurs? Eſt ce cette Egliſe
de laquelle il dit, *qu'elle veut paroître fort éloignée de
l'Egliſe Latine en coutumes & en uſages?* & au contraire les
Grecs Latiniſés ne ſe conforment ils pas au rit Latin?
ne dit-il pas que l'Egliſe dont il parle *eſt fort éloignée de
l'Egliſe Latine de cœur & d'affection?* C'eſt donc de l'E-
gliſe Grecque ſchiſmatique dont il parle.   Eſt ce par
rapport à ces Grecs Latiniſés qui ne ſont aucune figure
dans l'orient qu'il dit que l'Egliſe univerſelle renferme
pluſieurs Egliſes, comme le monde univerſel renferme
pluſieurs villes & pluſieurs provinces? Cela ne ſignifie
il pas clairement les diverſes communions qui ſont au
monde? S'il ne penſe qu'a ces Grecs reünis a l'Egliſe Latine, leſquels il avoüe eſtre en tres petit nombre comment peut-il dire que *l'Egliſe Grecque partage le monde avec
l'Egliſe Latine?* quel partage & quelle proportion y a-
t'il entre l'Egliſe Latine & le petit nombre de Grecs
Latiniſés qui ſont dans l'orient.   E fin cette Egliſe d'o-
rient de laquelle il a de ſi favorables ſentiments n'eſt
ce pas celle la meſme dont il nous donne l'Euchologe
& les prieres? Or il me ſemble que ce rituel eſt proprement celuy de l'Egliſe Grecque ſchiſmatique.

Les Grecs
ſelon les
principes
du papiſme
doivent
eſtre hors
de l'Egliſe
comme les
Sociniens.

     Il ne faut point dire non plus qu'on doit diſtinguer
entre ſecte & ſecte, que l'on peut avoir des penſées favorables des Grecs, que pour les dogmes ils ſont dans
une aſſez grande conformité avec l'Egliſe Latine, qu'ils
ont de vrays Evêques, que leur miſſion deſcend des A-
pôtres, qu'ils ont conſervé tous les ſacrements de l'Egliſe.   Mais qu'on ne peut pas avoir la meſme tolerance
pour les nouvelles ſectes, Comme la Calviniſte, la
Lutherienne, leſquelles ſont non ſeulement ſchiſmatiques
                              mais

mais heretiques, qui n'ont ni miſſion, ni legitimes paſteurs ni vrays ſacrements. Cette reponce ne vaut rien dans les principes de l'Egliſe Romaine. Il n'y a que deux cités dans le monde, la cité de Dieu, & la cité du Diable, la Jeruſalem qui deſcend d'enhaut, & Babylon qui tend en bas. Il faut tout ou rien, qui n'eſt pas de l'une eſt neceſſairement de l'autre : avoir quatre doits d'eau au deſſus de la teſte, ou en avoir quatre piques, c'eſt la meſme choſe il faut perir également. Eſtre proche ou éloigné de l'Egliſe quand on en eſt dehors ne fait aucune difference eſſentielle aux ſocietés qui ſont en diviſion avec l'Egliſe Romaine. Car il faut eſtre l'Egliſe de Jeſus Chriſt, ſelon ces Meſſieurs, ou la ſynagogue de Satan ; Toute Egliſe qui conduit ſes enfants à la mort, qui les fait revolter contre la veritable Epouſe de Jeſus Chriſt eſt dans le chemin de l'enfer elle eſt une ſynagogue de Satan. C'eſt s'oublier au dela de ce qui ſe peut imaginer que de dire qu'une telle Egliſe eſt une mammelle par laquelle Jeſus Chriſt nourrit ſes enfans, une des mains qui les conduiſent à la beatitude ; qu'elle a un meſme eſprit de foy & de charité & qu'elle eleve les hommes a l'eſperance de la vie eternelle. De plus l'Egliſe Grecque eſt dans une parfaite oppoſition avec la Latine, non par ces petites controverſes des azymes du purgatoire, & de la proceſſion du S. Eſprit, mais par deux affaires capitales. Elle croit que l'Egliſe Romaine n'eſt pas infaillible. Elle croit que le Pape n'eſt point le chef de l'Egliſe univerſelle. Ce ſont deux articles qui renverſent le papiſme de fonds encomble : le Calviniſme & le Lutheraniſme n'ont point de dogmes plus mortels a l'Egliſe Romaine que ceux la.

Outre la ſeparation l'Egliſe grecque eſt dans une oppoſition irreconciliable avec l'Egliſe Latine pour le dogmes.

Leon d'Allaſſy eſt un temoin qu'on peut bien joindre au P. Goar ; Aſſurement à peine peut on trouver un autheur dont le zele pour le papiſme ſoit plus outré. Grec d'origine il avoit paſſé dans le ſentiment des latins ſans garder de meſures. Cependant il ne veut pas abandonner ſon Egliſe Grecque. Il ne faut que le tiltre de ſon livre pour faire voir quelles eſtoient ſes penſées, *du perpetuel contentement de l'Egliſe orientale & occidentale.* L'Egliſe orientale & occidentale, dit-il, ſont une ſeule & meſme Egliſe, comme elles n'ont qu'une ſeule foy encore qu'elles s'expriment en differents termes. *Et l'on*

Leon d'Allaſſy prouve que les Grecs appellés ſchiſmatiques ſont dans l'Egliſe.

auroit

auroit tort de dire que l'une se seroit detachée de l'autre, à moins que l'on ne demontraft que l'une se seroit departie de la foy qui est deffendüe par l'autre.   Voila son theme, & son ouvrage n'est rien que la preuve de ce fait, sçavoir que l'Eglise Grecque & la Latine à proprement parler ne sont pas deux Eglises, qu'elles sont & qu'elles ont toujours eté dans l'union.   Il n'importe comment il y reüssisse & s'il est toujours de bonne foy, quoy qu'il en soit il trouve dans l'Eglise Grecque des saints, des martyrs, des miracles.   Naturellement cela ne se doit pas trouver dans une Eglise schismatique.   Au moins selon les principes du papisme il est impossible qu'on les y trouve, on ne les y doit pas mesme chercher, & tout Papiste qui les trouve, dans l'Eglise Grecque par cela mesme recognoit que cette Eglise toute separée quelle est de communion avec l'Eglise Latine n'est pas une fausse Eglise. Et par cela seul il reconnoit que l'Eglise catholique peut étre composée de communions differentes qui s'excommunient les unes les autres.

CHAPITRE XVI.

Septiesme preuve prise de M. Nicole qui reconnoit que plusieurs personnes ont eté sauvées dans la communion des Airiens.

Huitieme preuve tirée de ce que l'Eglise Romaine reconnoit une vraye mission, de vrays Sacrements & une grace salutaire dans les autres communions.

Neufviesme preuve tirée de la conduitte de Messieurs de Port Royal qui sur le point de la Transubstantiation se glorifient de conformité avec les communions schismatiques.

AUx deux tesmoins du chapitre precedent, nous pouvons joindre M. Nicole luy mesme pour un troisiesme. Luy mesme dis-je nous apprendra que Dieu peut avoir des elüs dans des communions qui s'excommunient.

il

Il a donné un chapitre à montrer que nous avons tort de comparer l'obscurciſſement lequel nous prétendons étre arrivé dans l'Egliſe par le papiſme, a celuy qui y arriva dans le quatriême ſiecle par l'Arrianiſme. Et voicy quelque choſe de ce qu'il y dit. *En ſuitte les Arriens commencerent à exciter de nouveaux troubles, mais ils couvrirent leur pernicieux deſſein de tant d'artifices que le peuple ne vit point que la foy y fût intereſſée &c. La quatriéme difference, n'eſt pas moins réele. C'eſt que les points dont il s'agiſſoit dans l'Arrianiſme étant aſſez embarraſſez par les équivoques & les ſubſtilités dont les Arriens & ſemi-arriens deguiſoient la verité, il y avoit une infinité de ſimples qui n'y entendoient rien, & qui demeuroient dans la veritable foy en adherant aux Evêques heretiques. Les Arriens ſe ſervoient de la plus part des expreſſions catholiques & orthodoxes. Ils faiſoient ſemblant qu'ils ne rejettoient le terme de conſubſtantiel, que parce qu'il n'etoit pas dans l'Ecriture, & qu'il pouvoit avoir un mauvais ſens.* S. Auguſtin avoit fait toutes ces reflexions avant M. Nicole.

A quoy tend cela ? C'eſt à faire voir qu'on ſe pouvoit ſauver dans l'Arrianiſme à la faveur des équivoques, & n'errer que dans le fait, ſçavoir ſi les Arriens enſeignoient une doctrine contraire à celle de l'Egliſe. Au lieu qu'il étoit impoſſible qu'avant Luther & Calvin ceux qui étoient dans l'Egliſe Romaine erraſſent dans le fait, & ignoraſſent qu'on y invoquoit les ſaints, qu'on y rendoit un culte religieux aux reliques &c. Ainſi puiſque, ſelon nous, l'invocation des ſaints & le culte des reliques renverſent la religion & ſont des Idolatries, il étoit impoſſible que Dieu ſe conſervaſt des élûs dans le Papiſme.

Pour le preſent je n'examine pas la conſequence nous y viendrons quelque jour ; je m'arreſte au principe. C'eſt que dans la communion des Arriens qui vivoient dans la ſimplicité de leur cœur, & qui croyoient que la doctrine des Arriens étoit tres orthodoxe, parce qu'ils prenoient leurs expreſſions ambigües dans un ſens catholique, étoient ſauvés. Pourquoy M. Nicole aprés S. Auguſtin diſtingue-t'il les ſimples des autres ? C'eſt apparemment pour les ſauver ; car s'il les veut damner que ne les laiſſe t-il perir avec la multitude ? De plus ſi ces ſimples ſont damnés comme les autres Arriens

pour-

H 4

Marginal notes:
Lin. II. chap. 13.
pag. 382.
pag. 395.
Les Chreſtiens pouvoient eſtre ſauvés dans la communion Arrienne ſelon M. Nicole.

pourquoy nous les produit il pour faire une quatriefme
difference entre l'eftat où étoit l'Eglife fous l'Arrianifme
& celuy où nous fuppofons qu'elle étoit fous le papifme
avant la réformation. Car fon deffein eft de prouver
que dans l'obfcurciffement de l'Arrianifme Dieu fe pouvoit conferver des gens qui n'adheraffent point aux
herefies mortelles de cette fecte; mais qu'il étoit impoffible que Dieu fe confervaft dans le papifme des
gens qui n'adheraffent pas à ces erreurs que nous efti-
mons mortelles dans l'Eglife Romaine.   Nous ne pouvons donc pas douter que M. Nicole n'ait deffein de
fauver ces fimples qui donnoient aux confeffions ambigües des Arriens un fens catholique.   Voil donc des
gens fauvés dans une communion differente de l'Eglife
catholique & dans une communion excommuniée &
anathematifée par le grand Concile de Nicée.   Ils
avoient à la verité une même foy : mais que cela fait
il ? ils ne laiffoient pas d'eftre dans une communion
qui n'eftoit plus l'Eglife, ils adheroient à des pafteurs
qui n'etoient pas legitimes, ils n'adheroient plus au
Pape qui eft le chef de l'Eglife.   Ils anathematifoient
de bon cœur l'Eglife Catholique par une erreur de fait
je l'advoüe, mais quoy-qu'il en foit ils l'anathematifoient.   Et ainfi ou ces fimples étoient damnés, ce que
M. Nicole n'oferoit dire aprés ce qu'il avoüe, ou bien
Dieu avoit des elûs dans des communions feparées &
qui s'excommunioient; propofition que M. Nicole regarde ailleurs comme une grande extravagance.

Les fideles cachés entre les Arriens eftoient au moins fchifmatiques.

M. Nicole en fuivant S. Auguftin va bien plus avant,
il fauve non feulement les fimples qui étoient trompés
par des equivoques mais ceux qui cedoient à la perfecution, & qui diffimuloient leur fentiments. *Ce n'eft
pas encore une fuppofition moins réele* dit-il, *& moins effective
que ce que S. Auguftin ajoute au mefme lieu, q'il y en avoit qui
ne marchant pas droit felon la verité de l'Euangile cedoient
par crainte à l'herefie avec deguifement & avec crainte. Et
les frequents changement des Evêques de ce temps la ne le
juftifient que trop.*   Je demande encore une fois à
M. Nicole, pourquoy diftingue t-il ces gens la des
heretiques, c'eft à dire de ceux qui erroyent effectivement en la foy ? S'il ne les veut pas fauver; je ne
fçay pourquoy il les tire de la foule, & pourquoy il
s'en

M. Nicole fauve mefme dans la commu-nion des Arriens les diffimula-teurs.

s'en fert pour nous faire fa quatrième difference. S'il les fauve, il fauve donc des gens qui n'adheroient pas aux pafteurs legitimes, qui les anathematifoient bien que malgré eux. Ils avoient rompu les liens de la communion avec l'Eglife catholique. Ils ne faifoient pas profeffion de la mefme foy, ils ne participoient pas aux mefmes facrements. Ils n'adheroient pas aux mefmes pafteurs. Or qu'on fe fouvienne que felon M. Nicole la profeffion de la mefme foy, le lien externe des mefmes facrements, l'adherence aux pafteurs legitimes font tout au moins une bonne partie de l'effence de l'Eglife. Selon tous ces Meffieurs manquer à l'un de ces trois points c'eft fe mettre hors de l'Eglife. Voicy des gens qui manquent à tous ces trois points, enfemble qui par confequent font hors de l'Eglife felon toutes les formes, & qui pourtant font fauvés. M. Nicole repondra a cela quand il luy plaira.

Puifque nous fommes en train de tirer de M. Nicole luy mefme des preuves pour ruiner fa propofition, qu'il eft faux que l'Eglife foit compofée de communions differentes, fur tout de communions qui s'excommunient mutuellement. Efcoutons le parlant encore dans un autre lieu; c'eft dans le chapitre où il veut prouver que l'Eglife Romaine à réellement & de fait une étendüe univerfelle. Aprés avoir fait le denombrement de toutes les provinces de l'Europe, de l'Afie, de l'Affrique & de l'Amerique, où le Papifme eft établi, il ajoute que *l'Eglife a divers membres dans les autres communions*, pag. 376. *comme les enfants, & qu'à elle appartiennent generalement tous ceux qui reçoivent la grace dans les autres fectes par le moyen des Sacrements.* En quatre lignes voila toute nôtre controverfe finie, nous ne difons rien autre chofe. Ceux qui fe fauvent dans les fectes ne s'y fauvent point par les erreurs, qui y font, mais par la grace, & les facrements, c'eft a dire par la verité qui y eft confervée & par les facrements qui s'y adminiftrent.

Cette Periode qui dans le fonds eft decifive de nôtre queftion, eft fondée fur un principe qui prouve avec la derniere evidence que le papifme en foutenant que l'Eglife ne peut être compofée de communions qui s'excommunient mutuellement, ou parle contre la confcience, ou dit des chofes qui font entierement contradictoires.

M. Nicole tombe expreffement d'accord que Dieu a des élus dans les fectes.

L'eglife Romaine recognoft de vrays pafteurs & de vrays facrements dans les communions feparées d'elle.

res. L'Eglife Romaine damne fans mifericorde toutes les communions qui font feparées d'elle. Cependant elle recognoit de vrays Pafteurs & de vrays facrements dans les communions feparées. Il faut bien
qu'elle y reconnoiffe de vrays Pafteurs, puis qu'elle y
reconnoit des facrements falutaires. Car comme difoit
bien S. Jerôme aux Luciferiens. *Le Prêtre qui eft faint
au fonds de baptefme; ne peut pas être profane à l'autel.* l'E-
glife Romaine pretend que l'Eglife Grecque & toutes
les communions d'orient font de mefme fentiment qu'elle
fur la tranffubftantiation. Elle n'oferoit nier que les
preftres Grecs ne confacrent réellement, elle avoûe que
leur euchariftie, leur confirmation, & leurs autres
facrements font de vrays facrements; Et c'eft pourquoy M. Nicole pretend que ces facrements conferent la grace. Il ne fçauroit donc contefter aux prêtres
Grecs leur miffion, & leur legitime vocation: or dire
qu'une focieté eft entierement hors de l'Eglife & qu'elle
eft par confequent la fynagogue de Satan, & que neantmoins elle a une legitime vocation, une legitime miffion, de legitimes Evêques, des facrements legitimes qui
donnent la grace, une remiffion de péchés, une nouvelle
naiffance, C'eft à mon fens un des grands égaremens d'efprit, & l'une des contradictions les plus folles où l'efprit humain foit jamais tombé.

Si les fchifmatiques ont les Pafteurs, les facrements la grace, ils font de l'Eglife.

Les fchifmatiques & les heretiques, dit on, regenerent,
donnent une nouvelle naiffance, conferent la grace par
ce qu'ils ont emporté de l'Eglife. C'eft la reponce generale dont on fe fert. Je l'accepte de bon cœur; les
heretiques & les fchifmatiques fauvent & regenerent par
ce qu'ils ont emporté de l'Eglife. Mais par cela mefme je prouve qu'ils font encore l'Eglife, ou du moins
qu'ils font de l'Eglife. N'eft ce pas à l'Eglife que Dieu
a commis les facrements? Neft ce pas elle qui à le pouvoir de diftribuer les graces de Dieu? n'eft ce pas elle à
qui à eté donné le veritable miniftere? & toute focieté où
fe trouve un veritable miniftere, de vrays facrements, &
une grace qui fauve n'eft elle pas de l'Eglife?

Si les fchifmatiques font fortis de l'Eglife ils n'ont pû emporter avec eux ni legitime miffion ni vrays facrements.

Suppofons que l'Eglife Orientale foit fchifmatique &
excommuniée, d'où luy viennent fes Evêques? font ils
legitimes, ne le font ils pas? s'ils font legitimes, qui
les a faits? Ce n'eft pas le Pape: leur miffion leur vient
des

des Apôtres, dira t-on, & du temps qu'ils étoient encore unis à l'Eglise. Quand ils se sont separés ils avoient des pasteurs legitimement appellés. Ces pasteurs legitimes ont eû le pouvoir d'en ordonner d'autres qui ayant receu leur vocation des Evêques ont eû le pouvoir de la communiquer à d'autres. Et ainsi il se trouvera que c'est proprement le ministere de l'Eglise que les schismatiques ont emporté avec eux. En conscience y a t-il quelque raison la dedans? si un Gouverneur de Province se revoltoit contre son Prince, & faisoit soulever une grande partie de l'estat conserveroit il son caractere en son entier? & parce que cet homme avoit avant sa revolte le pouvoir d'establir des juges & des Magistrats, des Gouverneurs de villes, des Intendants dans les Provinces, des Commandants dans les armées : s'ensuivra-il qu'aprés sa revolte il aura le mesme pouvoir, & que les nouveaux Magistrats qu'il etablira, les nouveaux Commandants qu'il fera seront legitimes & auront une legitime authorité? Toute authorité subalterne ne reçoit elle pas perpetuellement ses influences de l'authorité souveraine? Et tout de mesme que quand un membre qui vivoit joint au corps est mort quand il en est separé, ainsi toute authorité subalterne perit & devient illegitime quand elle se separe de l'authorité souveraine qui luy donnoit l'estre. Il est donc clair que tous les Pasteurs d'une societé qui n'est plus de l'Eglise sont de faux Pasteurs, des Tyrans, des Usurpateurs. Et par consequent ou il faut que ces Messieurs avoüent que les communions separées d'eux sont encore de l'Eglise, ou qu'ils disent qu'elles n'ont ni pasteurs, ni sacrements legitimes, ni grace.

Tous ceux, nous vient de dire M. Nicole, *qui reçoivent la grace dans les sectes, appartiennent à l'Eglise catholique.* Ils luy appartiennent dans mes principes, parce que l'Eglise universelle, selon moy, est dans toutes les societés Chrétiennes qui ne ruinent pas le fondement. Mais ils ne luy peuvent appartenir, selon M. Nicole qui renferme l'Eglise dans une seule communion visible à l'exclusion de tous les autres. Comment ces gens qui reçoivent la grace dans les autres sectes par les sacrements pourroient ils appartenir à l'Eglise Romaine, puisqu'ils ne font pas profession de la mesme foy, puisqu'ils

qu'ils ne participent pas aux mefmes facrements, puisqu'ils n'adherent pas aux mefmes Pafteurs, puisqu'ils
confentent aux anathemes que la communion dans laquelle ils font, prononce contre l'Eglife Romaine? Ce
font la de ces abfurdités que l'on ne comprend pas qu'elles puiffent étre detendues par des gens de bon fens.

Si les com-
munions
d'orient
font hors
de l'Eglife,
c'est mal à
propos
qu on en-
veut faire
une preuve
contre nous
au fujet de
la tranfub-
ftantiation.

M. Nicole eft obligé de nous repondre de ce qu'il
avance en qualité de catholique, mais auffi je croy qu'il
eft obligé de nous repondre de ce qu'il fait, ou de ce
que fa focieté fait de mal accordant avec ce principe,
que l'Eglife eft dans la feule communion de l'Eglue
Romaine. Si ainfi eft, pourquoy Meffieurs de Port
Royal fe font ils donné la peine de nous faire venir
d'orient des atteftations comme les Grecs, les Neftoriens, les Armeniens & toutes les autres fectes croyent
la tranfubftantiation & la prefence réelle? Je vous prie
de quelle force eft leur témoignage pour nous perfuader une verité, ou mefme pour former un prejugé,
s'ils font hors de l'Eglife, fi ce font des Synagogues
de Satan, des cités du Diable, des Babylons fpirituelles
à tous égards? fi l'efprit de Dieu ne preflde plus dans
leurs focietés pour y conferver les verités effentielles au
falut, s'ils font abandonnés à l'efprit d'erreur leur temoignage fait plus de tort à l'Eglife Romaine qu'il ne
luy fait de bien. Y a-t-il de la gloire à fe trouver conforme à des focietés que Dieu a chaffées de fon corps,
qui ne font plus à luy où il n'a plus rien? Pour moy
je conclurrois contre l'Eglife Romaine bien fortement
ce me femble en raifonnant ainfi: vous avés prouvé que
toutes les communions de l'orient croyent la tranfubftantiation. Si vous avés raifon ce m'eft un prejugé
contre cette opinion puisqu'elle a pour protecteurs des
communions damnées, des cités du Demon.

La preuve
tirée du
confente-
ment una-
nime des
fectes eft
bon dans
nos princi-
pes, & ne-
vaut rien
dans ceux
du papif-
me.

Dans mes principes je raifonne tres confequemment
& tres folidement du confentement de toutes les fectes.
Je dis au Socinien, c'eft à vous une temerité prodigieufe de nier l'incarnation du fils de Dieu & la Trinité des perfonnes, parce que dans tous les fiecles, &
dans toutes les communions differentes du Chriftianifme, ces verités font receües. Ce raifonnement dis-je,
eft tres bon dans mes principes, parce que je fuppofe
que toutes ces communions font encore de l'Eglife, &
que

que Dieu y preſide à la conſervation des verités fondamentales. Tellement que de ce qu'une verité a éte
conſervée dans toutes les communions qui ont fait quelque figure dans le monde, je concluds qu'elle eſt fondamentale & qu'elle ne peut étre rejèttée. Mais en
verité dans les principes de l'Egliſe Romaine on ne
peut pas raiſonner plus follement que de nous vouloir
convaincre par le temoignage des ſectes reprouvées.
C'eſt abſolument de meſme que ſi le papiſme me vouloit
prouver les images & leur culte, par toutes les communions ſeparées de l'Egliſe. Le Payen adore les images, l'Indien en a dans ſes Pagodes, le Chinois dans
ſes Temples, l'Ameriquain en avoit dans ſes lieux de
devotion. Et c'eſt à cauſe de cela meſme, luy dirois-
je, que je les rejette. Elles ſont une marque de la
reprobation d'une ſocieté, & vous me prouvés vos
dogmes par des ſocietés reprouvées, & que Dieu a
abandonnées à l'eſprit d'erreur.

Cependant me dira quelqu'un nous prouvons bien la
divinité par le contentement de toutes les Religions
dont la pluspart ſont reprouvées. Cela eſt bon dans
les verités qui ſortent du fonds de la conſcience, &
qui viennent des lumieres naturelles. Je puis prouver
la providence, l'Immortalité de l'ame, la divinité, par
un amas de temoignages des ſocietés reprouvées, en
montrant que c'eſt une lumiere naturelle qui les enſeigne. Mais ni le culte des Images, ni le dogme de
la tranſubſtantiation n'ont point leur ſource dans la lumiere naturelle, & ces pretendües verités n'ont pû ſe
conſerver ou dans les ſocietés payennes, ou dans les
fauſſes Egliſes par la vertu de la raiſon; car la raiſon
les combat, mais par la vertu d'une revelation, &
meſme d'une conduitte particuliere de l'Eſprit de Dieu.
Comme la tranſubſtantiation n'a pû entrer avec toutes
ſes terribles conſequences dans les eſprits des hommes,
ſans une operation ſurnaturelle de la grace; Pareillement cette opinion ſi combattüe par la raiſon & par
les ſens n'a pû ſe conſerver durant ſeize ſiecles dans
toutes les communions du monde ſans une operation,
& une conduitte ſinguliere de l'eſprit de Dieu. Ainſi
il faudra ſuppoſer ou que ces communions ſont encore
l'Egliſe & de l'Egliſe puisqu'elles ſont conduittes par

l'eſprit

*Dans les
verités qui
ſortent du
fonds de la
conſcience
le conſen-
tement des
religions
fauſſes
peut ſervir.*

l'esprit de Dieu, ce que M. Nicole ne veut pas ; ou que Dieu conduit les Synagogues de Satan par son esprit, pour les empêcher de perdre des verités qu'elles perdroient si elles étoient abandonnées à l'esprit d'erreur. C'est à quoy font reduits ces Messieurs, & c'est ce que je soutiens être de la derniere absurdité.

CHAPITRE XVII.

Dixiesme preuve tirée de ce que le papisme reconnoit les autres sectes pour Chrétiennes.

Onsieme preuve tirée des schismes des Papes & Antipapes.

Refutation de ce que dit M. Nicole la dessus.

JE continue à presser ces Messieurs par leur langage & par leur conduitte pour leur faire comprendre que mesme, selon eux, toutes les communions separées ne font pas hors de l'Eglise. Je leur demande donc comme S. Jerôme demandoit aux Luciferiens. *Les heretiques font ils Chretiens ?* le Luciferien repondit sans detour, non, ils ne font pas Chrétiens. *Quem hereticum dixeris, Christianum negabi,* qui dit un heretique dit un homme qui n'est pas Chrétien. Quand on faisoit la mesme question aux Donatistes, ils repondoient de mesme que les Luciferiens. *Ils font profession d'être Chrétiens,* dit S. Augustin, *mais ils soutiennent qu'il n'y a qu'eux qui le soient. Ils ne se font point une peine de dire qu'il n'y a pas de Chrétiens hors de leur secte.* Je soutiens que les Donatistes & les Luciferiens parloient bien & consequemment à leurs principes. Toute secte qui est dans l'opinion des Luciferiens & des Donatistes doit parler comme eux. Et tous ceux qui ne parlent pas comme eux ne font pas dans leurs sentimens quoy qu'ils paroissent y être, ou ils se contredisent grossierement. Le Papisme est dans l'opinion du Donatiste, il dit comme luy, je suis l'Eglise à l'exclusion de toute autre secte : hors de mon enceinte & de ma communion il n'y a pas d'Eglise, l'Eglise est perie par tout ailleurs. Il est certain qu'il

doit

Les Donatistes & les Luciferiens avoyent raison dans leurs principes de dire qu'eux seuls estoient Chrétiens.

Lib. 1. c. 2. contra Epist. Parm.

doit franchir le pas, achever & dire avec les Donatiftes, nous fommes Chrétiens & nous fommes les feuls. E-tre Chrétien c'eft etre en Jefus Chrift. S. Paul prend l'un pour l'autre. *Si quelqu'un eft en Jefus Chrift qu'il foit nouvelle creature.* C'eft à dire fi quelqu'un eft Chrétien. Or je voudrois bien fçavoir comment on peut etre en Jefus Chrift fans etre dans l'Eglife, *fi Chrifti non funt, Diaboli funt.* S'ils n'appartiennent pas à Jefus Chrift, ils appartiennent au Diable, difoit S. Jerôme. Cela eft clair, parce qu'il n'y a pas de milieu point de place en-tre le camp du Diable, & la cité de Dieu fi donc les heretiques & fchifmatiques, & ceux qu'on appelle tels font hors de la cité de Dieu ils font fous les enfeignes du Demon. Or appeller des gens Chrétiens qui font fous l'enfeigne du Demon. C'eft extremement abufer des termes.

Il eft vray qu'on appelle Chretiens des gens qui com-battent fous les enfeignes du Demon par ce qu'ils com-battent & detruifent la charité. Ce font les yvroyes & les epines qui font dans le champ du feigneur, les hypocrites & les prophanes. Mais cette appellation quoy qu'abufive a fon fondement. Ces gens là font dans la communion externe de l'Eglife, ils font avec les Chréftiens profeffion de la vraye foy, ils participent eux mefmes aux facrements, ils adherent aux Pafteurs legitimes, felon les pretendus Catholiques, c'eft tout ce qui eft neceffaire pour etré membre de l'Eglife : ainfi ils parlent confequemment à leurs principes, quand ils appellent ces gens là Chrétiens. Il eft vray que felon nous ces gens là n'ont ni toute l'effence de l'Eglife, ni la plus noble partie de cette effence, mais ayant la pro-feffion, le lien de la communion, & la confeffion de Jefus Chrift, ils ont l'effence exterieure de l'Eglife, ainfi nous avons auffi raifon de les appeller Chrétiens.

Mais dans l'hypothefe des Docteurs pretendus Catho-liques, ceux qu'ils appellent heretiques & fchifmatiques ne font pas dans la communion interne de Jefus Chrift, non plus que les hypocrites de la veritable Eglife, ils ne font pas dans la communion exterieure, car ils en font formellement exclus donc ils ne peuvent etre en façon du monde Chrétiens. S'ils ne font pas Chré-tiens pourquoy le Papifme les appelle-il ainfi ? pour-quoy

On appelle les hypo-crites Chre-ftiens, mais felon les princi-pes du Pa-pifme on ne devroit pas donner le mefme nom aux heretiques.

quoy les appelle t-il *ses freres égarés ?* pourquoy autre

fois a t'on fait ces fameufes expeditions que l'on nomme des Croifades pour aller delivrer les Chrétiens de
l'orient de deffous l'efclavage des Sarrazins? Je fçay
bien que ce n'etoit, qu'un pretexte; cependant c'étoit
la raifon qui fe difoit, & c'etoit la raifon qui menoit
plufieurs perfonnes qui étoient dans la fimplicité. Toutes les communions d'orient qu'on vouloit aller de
livrer comme Chrétiennes étoient dans le fchifme, &
mefme dans la chaleur du fchifme, car c'eft dans le
mefme fiecle que Michel Cerularius Patriarche de Conftantinople, & Leon d'Acride Evêque de Bulgarie ecrivi-
rent avec tant d'aigreur contre l'Eglife Romaine. Si
ces gens la n'étoient plus du tout l'Eglife & étoient
abfolument hors de Jefus Chrift & de l'Eglife, il y
avoit tout autant de merite a aller rompre leurs fers,
qu'il y en auroit aujourd'huy à fe tranfporter au fonds
de l'Afie pour delivrer les Chinois de la Domination
des Tartares. Enfin c'eft une temerité fi prodigieufe
de dire que toutes les fectes qui croyent en Jefus Chrift le
Meffie Fils eternel de Dieu, fauveur du monde, ne
font pas Chrétiennes, que l'Eglife Romaine ne l'oferoit
dire : & c'eft une nouvelle preuve contre elle, que
mefme, felon fes principes & fon langage, toutes les
communions qui font feparées d'elle ne font pas hors
de l'Eglife.

Je ne veux plus tirer qu'une raifon de la conduitte
de l'Eglife Romaine, pour luy prouver qu'elle ne fçauroit enfeigner de bonne foy que l'Eglife ne peut être
compofée de plufieurs communions differentes. C'eft
la preuve que nous trouvons dans l'hiftoire de fes
fchifmes fous les Antipapes. Tout le monde fçait, que
durant ces fchifmes il y avoit deux communions differentes, & quelques fois trois, & deux communions
qui s'excommunioient mutuellement. Durant pres de
quarante ans l'Eglife Romaine fut partagée; une partie
étoit de l'obedience de Rome, & l'autre partie étoit
de l'obedience d'Avignon. Chacun de ces Papes dam-
noit non feulement fon Antipape, mais tous fes fauteurs & adherants. Et en effet ils étoient damnés &
le devroient être felon les principes du papifme. Car
touté perfonne qui regarde le fucceffeur de Jefus Chrift,

le

le second Epoux de l'Eglise, le Lieutenant de Dieu en terre, & le Juge infaillible des controverses comme un Antechrist, & qui l'anathematise, est luy-mesme anathematisé. C'estoient deux communions differentes dont l'une des deux n'estoient pas l'Eglise. Elles étoient separées, on en tombe d'accord; l'une des deux adheroit à des faux pasteurs, dont elle n'avoit pas ce que les Docteurs Papistes disent qui est de l'essence des vrays membres de l'Eglise sçavoir l'adherence aux Pasteurs legitimes. Selon M. Nicole, *on a droit de conclurre que si une communion est l'Eglise une autre communion separée ne l'est pas, parce qu'il n'y a qu'une Eglise.* L'Eglise qui adheroit à Urbain. VI. seant à Rome etoit l'Eglise, ou elle ne l'estoit pas: si elle etoit l'Eglise il est clair que l'Eglise d'Avignon qui obeissoit a Clement: VII. ne l'estoit pas. M. Nicole ne veut pas cela, il veut qu'elles fussent toutes deux l'Eglise, & qu'on se pust sauver dans l'une & dans l'autre. C'est aussi le sentiment du sieur Maimbourg dans son histoire du grand schisme, Et je croy qu'on peut conter que cette opinion est aujourd'huy generale dans l'Eglise Romaine: il est donc vray aussi, selon elle, que l'Eglise peut être dans des communions separées & qui s'excommunient mutuellement.

Pag. 339.

De toutes nos raisons il n'a plu à M. Nicole de repondre qu'à celle-la, escoutons le donc avec d'autant plus d'attention que c'est la seule difficulté qu'il a crû digne de luy. *Il ne faut point*, dit il, *qu'il pretende se mettre à couvert par certaines divisions qui sont arrivées dans l'Eglise ausquelles on donne le nom de schisme, mais qui n'en ont pas toute l'essence. Quand par exemple, on est en doute quel est le veritable Pape, & que les uns se rangent sous l'obeissance de l'un de ceux qui s'attribuent cette qualité, & les autres sous celle d'un autre, Comme il arriva au quatorsiesme siecle dans le grand schisme d'Occident en suitte de l'Election d'Urbain VI. Il peut arriver à la verité qu'on fasse son salut dans l'une & dans l'autre communion, pourveu que l'on y soit de bonne foy, & qu'on cherche sincerement la verité & l'union, par ce que ce n'est qu'une erreur de fait qui les divise, & que ces deux partis demeurent unis par la disposition de recognoistre le vray Pape, par l'union au saint siege & par la soumission au concile general: Mais il n'en est pas*

Exceptions de M. Nicole contre l'argument tiré des schismes des Antipapes.
Liu. 2. chap. 20.

I
de

de mesme quand il s'agit d'un ou plusieurs dogmes qui sont
soutenus par les uns comme de foy, & traittés d'heretiques par
les autres, & qu'on ne reconnoit plus pour Juge commun l'E-
glise assemblée en concile General. le schisme est alors complet
& achevé, & il n'y a pas de doute que la vraye Eglise ne
sçauroit être dans tous les deux partis.

Cette reponce revient à cecy. I. Que les schismes
des Papes & des Antipapes n'avoient pas toute l'essence
du schisme. II. Que l'un & l'autre des partis étoit dans
la bonne foy. III. Qu'ils étoient unis par la disposition de reconnoitre le vray Pape. IV. Que ce qui les
divisoit n'etoit qu'une erreur de fait. V. Que quand un
ou plusieurs dogmes sont soutenus comme de foy par
les uns, & traittés d'heresies par les autres, alors le
schisme est complet. VI. Monf. Nicole insinue une
sixjesme chose qu'il n'ose dire ouvertement. C'est que
l'unité de l'Eglise ne consiste pas dans l'adherence au Pape, mais dans l'adherence au concile. Il n'y a pas un
de ces articles qui ne soit ou faux ou illusoire, ou inutile, pour repondre à l'objection qui se tire de ces schismes des Antipapes.

Les schif-
mes des
Antipapes
avoyent
toute l'ef-
fence des
schifmes
on peut
estre schif-
matique
sans estre
heretique.

· Premierement ce qu'on dit que ces schismes n'avoient
pas toute l'essence du schisme, est faux de toute fausseté. Car le schisme en soy & consideré comme distingué
de l'heresie n'emporte aucune erreur dans la foy. On
peut être schismatique sans être heretique. L'Essence du
schisme selon l'Eglise Romaine consiste purement dans
la rupture de ce qu'on appelle l'unité. Et cette rupture a ces quatre caracteres. I. Qu'on fait ses assemblées
dans des lieux differents. II. Qu'on ne communie pas
aux mesmes sacrements. III. Qu'on n'adhere pas aux
mesmes Pasteurs. IV. Qu'on s'anathematise les uns
les autres: si l'essence du schisme selon M. Nicole consiste en autre chose il nous fera plaisir de nous le dire.
Et si les differentes communions sous les Antipapes n'a-
voient pas tous ces caracteres il fera fort bien de le prouver, car cela est fort important pour sa cause. Secondement ce qu'il ajoute que ces deux partis étoient dans la
bonne foy seroit tres bon pour moy, mais ne vaut rien
pour luy. J'avoue que la bonne foy est de grande consideration devant Dieu pour l'empecher d'imputer aux
simples qui se trouvent engagés dans un schisme les crimes

mes de ceux qui font les autheurs du fchifme. Il eſt
aſſurément du caractere de Dieu qui eſt infiniment
miſericordieux de pardonner à des ignorances auſſi innocentes que font celles d'un peuple qui ne ſçauroit entrer dans le fonds d'une cauſe & qui ſe laiſſe entrainer
par des Paſteurs ſchiſmatiques fans ſouffrir pourtant d'alteration dans fa foy. Mais cette raiſon ne vaut rien pour
M. Nicole ni pour tous les autres Docteurs Papiſtes.
Car enfin je demande fi les gens qui etoient dans la
bonne foy ſous l'obeïſſance du faux Pape étoient dans
l'enceinte de l'unique communion viſible qui étoit l'E-
pouſe de Jeſus Chriſt? On ne ſçauroit dire qu'il y étoient fans ruiner tout ce qu'on dit de la neceſſité de l'adherence aux Paſteurs legitimes. S'ils etoient hors de la
communion de l'Egliſe que fait à leur ſalut la bonne
foy? les Payens feront ils ou pourroient ils étre ſauvés
hors de l'Egliſe, parce qu'ils font dans la bonne foy?
De plus fi la bonne foy eſt utile au moins aux Chrétiens ſchiſmatiques, pourquoy cette bonne foy ne ſauvera
t'elle pas les Grecs? Ils y font fans doute, & ce d'autant
plus que la plufpart, pour ne pas dire tous, font incapables de cognoitre à fonds les controverſes qui feparent
l'Egliſe Grecque de l'Egliſe Latine.

Ce que dit M. Nicole qu'ils étoient unis dans la diſpoſition de recognoitre le vray Pape, quelque part qu'il
fût, & que ce qui les diviſoit n'etoit qu'une erreur de
fait, eſt fort propre à juſtifier les Juifs qui vivoient du
temps de Jeſus Chriſt & meſme ceux d'aujourd'huy. Les
Juifs avoüoient que le Meſſie devoit venir, ils tomboient d'accord qu'ils devoit étre un grand Prophete, ils
étoient donc d'accord avec les diſciples du ſeigneur dans
les choſes de droit, ils n'etoient diviſés que par un erreur de fait, tout femblable à celuy qui diviſoit les Papiſtes dans leurs ſchiſmes. Il s'agiſſoit de ſçavoir entre
les Papiſtes, fi Clement VII. etoit un vray Pape, ou
un Antipape: pareillement il s'agiſſoit entre les Juifs de
ſçavoir fi Jeſus fils de Joſeph & de Marie étoit le vray
Meſſie. Ils étoient tous unis par la diſpoſition de reconnoitre le vray Meſſie, *comme les deux partis étoient
unis par la diſpoſition de reconnoitre le vray Pape.* On me
fera plaiſir de me faire voir la difference.

Il faut donc remarquer que qui dit une erreur de fait,

La bonne
foy ne
peut fervir
à excuſer
de ſchiſme
ceux qui
adheroyent
au faux
Pape.

Toure er-
reut de fait
en matiere
de religion
n'est pas
tousjours
une petite
affaire.

ne dit pas toujours quelque chofe de petite importance.
C'eft un fait de fçavoir fi Jefus Chrift a été envoyé de Dieu
au monde avec vocation de donner une nouvelle religion,
tout de mefme que c'etoit un fait de fçavoir fi Urbain V I.
étoit canoniquement élû, ou ne l'eftoit pas. Et c'eft
pourtant ce fait qui partage tres juftement le Chrétien
du Juif. C'eft un fait de fçavoir fi Mahomet étoit un
faux Prophete ou non : Et ce fait conftitue la difference fondementale qui eft entre le Chriftianifme & le Ma-
humetifme. Le fait dont il s'agiffoit entre les deux communions fous les Antipapes, étoit de cette nature, c'eft
à dire un fait important, & qui emportoit avec foy une
feparation neceffaire. Il s'agiffoit de fçavoir fi Urbain V I.
étoit Pape, ou Antipape : C'eft à dire qu'il s'agiffoit
de fçavoir fi Urbain V I. étoit un Antechrift, Car tout
homme qui fe dit le Vicaire de Jefus Chrift, & le Lieutenant de Dieu ne l'eftant pas, eft un veritable Antechrift.
Cette queftion de fait dans les principes du Papifme fuffifoit pour obliger à une actuelle feparation. *Ils étoient
unis*, nous dit on, *par la difpofition de reconnoitre le vray
Pape.* Excellent moyen pour remettre dans l'unité de
l'Eglife, non feulement les fchifmatiques mais tous les
heretiques. Car toutes les fectes font unies par la difpofition de reconnoitre la vraye foy & de s'y foumettre !
A quoy fert d'avoir la difpofition de reconnoitre la vraye
foy, le vray Chef &c. Selon ces Meff. ? Car cette intention & cette difpofition ne fait qu'une union interne.
Et felon ces Meff. l'union interne fans la communion
externe eft entierement inutile, mefme quand cette union
interne confifte dans l'unité de la foy, & non pas feulement dans la difpofition de la chercher & de s'y foumettre quand on l'aura trouvée.

La diffe-
rence dans
les dogmes
n'eft pas
de l'effen-
ce des
fchifmes.

Monf. Nicole dit en cinquiefme lieu que *le fchifme eft
complet, quand il s'agit d'un, ou de plufieurs dogmes qui
font foutenus par les uns comme de foy, & traittés d'heretiques par les autres, & qu'on ne recognoit plus pour juge l'E-
glife affemblée en concile general.* Voila un procedé qui
n'eft guere honnefte. Il eft queftion du fchifme diftingué & feparé de l'herefie comme il peut etre, & on
nous repond par l'herefie conjointe avec le fchifme.
Ces paroles de M. Nicole fignifient naturellement, qu'il
n'y a jamais de vray fchifme qu'où il y a herefie & difference

ference de dogmes. Si c'eſt la ſon ſens, je le renvoye
à ſes autheurs, & je ſuis aſſuré qu'on traittera cette opinion de veritable hereſie.

De là il s'enſuivroit qu'on pourroit vivre dans un
ſchiſme continué avec l'Egliſe Romaine, ſans etre ſchiſmatique & ſans etre hors de l'Egliſe: ſi par exemple au
lieu que le ſchiſme d'Avignon n'a duré que 40. ans, il
avoit duré juſqu'à preſent, & que chacun des deux partis fût demeuré dans la bonne foy, ce qui etoit tres poſſible, aujourd'huy l'un & l'autre ſeroit l'Egliſe Catholique.
Quelle difference de dogmes y avoit t'il entre les Grecs
& les Latins, quand le ſchiſme ſe fit ſous Photius?
l'Egliſe Grecque ne fût donc point ſchiſmatique durant
tout le dixjeſme ſiecle, & la moitié de l'onſieſme. Car
ces deux Egliſes n'eurent aucune controverſe entre elles
pour les dogmes. Ce fût le chagrin de Michel Cerularius, & de Leon d'Acride ſous le Pontificat de Leon IX.
qui donna commencement aux controverſes. Et pour
donner de l'averſion à leurs peuples pour les Latins, ils
commencerent à chicaner ceux cy ſur les azymes, &
ſur l'addition du *filioque* au ſymbole. Si M. Nicole n'a
pas intention de dire que l'hereſie eſt eſſentielle au ſchiſme il n'a nulle raiſon de nous dire icy que les communions qui vivoient ſous les Antipapes n'eſtoyent pas
ſchiſmatiques parce qu'elles ne differoient pas des autres
dans les dogmes.

La derniere choſe que M. Nicole ne veut pas nous
dire, mais qu'il ſouhaite que nous entendions; c'eſt
que ces communions des deux. Antipapes n'eſtoient pas
ſchiſmatiques parce qu'elles avoient un lien commun
qui ſeul eſt eſſentiel, c'eſt l'adherence & la ſoumiſſion
au concile general. C'eſt ce que ſignifient ces paroles
inferées fort adroittement *& qu'on ne reconnoit plus pour
Iuge commun l'Egliſe aſſemblée en concile general.* C'eſt la
dans le fonds l'opinion de tout le parti de Port Royal,
que le concile general étant ſeul Iuge infaillible, c'eſt
l'adherence a ce Iuge infaillible qui fait l'unité de la
communion externe. Et javoüe que ce remede peut
faire quelque choſe au mal dont il s'agit. C'eſt la ſeule
réponſe qui ait quelque ſolidité, qu'on puiſſe faire pour
ſoutenir que les communions diviſées & qui s'excommunient ſous les Antipapes eſtoyent pourtant encore de

I 3   l'Eglil'Eglise : c'est qu'elles adheroient au point fixe qui fait la veritable unité de l'Eglise, sçavoir la submission au concile general. Mais cette bonne raison ruine le papisme de fond en comble.

L'opinion que l'adherence au concile & non au Pape est le point de l'unité de l'Eglise ruine le papisme.

De la il s'ensuit que le Pape n'est plus le centre de l'unité comme on l'appelle, ce n'est plus la clef de la voute, ce n'est plus celuy en qui toutes les parties reünies ensemble font le corps de l'Eglise comme on le pretend. Ce n'est plus le chef unique & essentiel à l'Eglise, on peut se passer de Pape, une Eglise peut être vraye Eglise sans adherer à un vray Pape, pourvû qu'elle adhere au concile general. Car il est clair par cette hypothese que la communion qui adheroit à l'Antipape contre le vray Pape demeuroit Eglise par son adherence au concile futur general. Ainsi on se peut passer de Pape ; & par consequent le Pape n'est plus la teste du corps, car il est impossible qu'un corps vive sans teste. Ce sont ces terribles consequences qui ont empêché M. Nicole de s'ouvrir d'avantage, quand il luy plaira de prendre parti, & de parler plus ouvertement, nous verrons ce que nous aurons à répondre. C'est assez ce me semble pour convaincre toute personne raisonnable de cette importante verité, que l'Eglise n'est point renfermée dans une seule communion visible, à l'exclusion de toutes les autres, & qu'elle peut être composée de communions séparées, & mesme qui s'excommunient mutuellement.

CHAPITRE XVIII.

Réponce aux arguments par lesquels on pretend combattre noître Idée de l'Eglise catholique qui renferme toutes les communions Chretiennes lesquelles ne ruinent pas le fondement.

Examen du chap. x. du liv. II. de M. Nicole que l'Idée de l'unité de l'Eglise ne renferme pas necessairement l'unité de communion visible.

APrés avoir dit nos raisons, il est juste dans une si grande affaire d'ecouter les raisons de nos parties. M. Ni-

M. Nicole a donné deux chapitres à prouver que l'unité de l'Eglise confiste dans l'unité de communion vifible, *& que fi une communion eft l'Eglife, une autre communion feparée ne l'eft pas.* Qu'il eft faux que l'Eglise univerfelle foit compofée de toutes les fectes, c'eft à dire de toutes les focietés qu'on peut raifonnablement appeller Chrétiennes. Ces deux chapitres font le neuf jéme & le dixjême de fon fecond livre, qui font affurement les plus pitoyables parties de fon ouvrage. Et je ne voudrois pas d'autre preuve de la verité de noftre Idée de l'Eglife que les raifons qu'on luy oppofe. Je ne fçay fi c'eft que M. Nicole fe foit relaché dans cêt endroit dans la penfée que l'affaire n'eft pas confiderable. Mais il faut qu'il fcache que c'eft la plus importante queftion qui fe traitte dans toute la controverfe de l'Eglife. De celle cy depend la decifion de toutes les autres comme nous le ferons voir. Si l'Eglife catholique eft l'amas de toutes les focietés Chrétiennes qui retiennent le foudement, tout ce que l'on dit pour prouver que l'Eglife Romaine eft l'Eglife, qu'elle eft infaillibles, qu'elle a une fouveraine authorité dans fes jugements, qu'elle a feule les marques de la perpetuité, l'eftendüe, la vifibilité &c. Tout cela dis-je tombe à terre en un moment. Et c'eft pourquoy, nous nous fommes deja fi étendus fur cette queftion comme fur celle qui eft la clef de toutes les autres. M. Nicole traitte donc cette matiere foiblement, mais pourtant fierement à fon ordinaire, car aprés avoir employé deux chapitres á ne rien dire. Il ne laiffe pas de triompher dans la fuitte & de fuppofer par tout que l'Eglife ne peut pas être dans des communions vifibles differentes ; comme s'il l'avoit fort bien prouvé.

La queftion fi l'Idée de l'Eglife renferme plufieurs communions eft la plus importante de la controverfe de l'Eglife.

Le premier de ces deux chapitres eft employé à montrer que, felon l'Idée de S. Auguftin, l'unité que les Donatiftes avoient rompüe n'étoit pas cette enceinte generale du Chriftianifme qui renferme toutes les fectes, mais l'unité de la communion des orthodoxes qui feule eft l'Eglife, que les heretiques, felon le mefme S. Auguftin, tous font hors de l'Eglife, enfin que l'Eglife n'eft pas l'amas de toutes les fectes. Mais M. Nicole devoit concevoir que dans cette controverfe la grande affaire n'eft pas de trouver le fentiment de S. Auguftin, c'eft de trouver

Il eft plus utile de chercher la verité tous droit que de chercher le fentiment de S. Auguftin.

I 4 la

la verité. S'il avoit cherché de bonne foy le sentiment
de S. Augustin, il auroit decouvert que ses pensées &
ses paroles sont incompatibles, & qu'il a eû une Idée
de l'Eglise & de son unité tout à fait embarraflée. C'est
ce que nous avons fait voir dans un chapitre exprès,
& ce chapitre suffit pour repondre à celuy de M. Nicole.

L'autre chapitre a pour tiltre, *de l'unité de l'Eglise.*
Il eût eté commode pour nous de renvoyer l'examen
de ce chapitre dans l'endroit où nous parlerons de l'unité
& du schisme, cependant il est impossible de nous ém-
pecher de l'examiner icy, parce que c'est la que se trouvent toutes les raisons de M. Nicole contre cette Idée
de l'Eglise qui renferme toutes les sociétés Chrétiennes,
lesquelles ne ruinent pas les fondements. D'abord
M. Nicole feint de ne pas entendre M. Claude qui
avoit dit, *Nous ne croyons pas que l'Eglise fût restrainte à
ces sociétés, que la passion de leurs ennemis a tâché de decrier
sous le nom de sectes, en les appellant Berengariens, Vaudois,
Albigeois, Petrobrusiens, Wiclefistes, Henriciens, Hussites.*
Il appelle cela, *la Nouvelle hypothese de M. Claude.* C'est
à dire qu'il n'en avoit jamais ouy parler, car tout ce
que ces Messieurs n'ont pas vû & oüy est nouveau,
parce qu'ils presupposent que rien ne peut échaper à
leur connoisance. Cependant la verité est qu'ils ne se
sont jamais donné la peine de lire nos livres, & qu'ils
ne sçavent de nos opinions que ce qu'ils en ont vû dans
les ouvrages modernes, & dans quelques extraits de
Luther, & de Calvin. C'est à luy à prouver que cette
hypothese est nouvelle, & il ne le fera jamais. Il faut
pour le prouver qu'il trouve des autheurs qui condamnent aux flammes eternelles tous les adultes sans exception qui ont vescu hors de la communion des Vaudois
& Albigeois, dans les Eglises Grecque, Russe, Armenienne, Nestorienne, Cophte, Abyssine, & mesme
dans l'Eglise Romaine. Or c'est ce qu'on le defie de
trouver. Il pourra rencontrer des endroits où les Albigeois sont appellés la veritable Eglise par opposition
à l'Eglise Romaine, & où l'Eglise Romaine est appellée
une fausse Eglise, une societé corrompüe, la Babylon
spirituelle, l'Empire de l'Antechrist. Mais on luy declare dés à present qu'il se peut dispenser de ramasser
tous

Marginal notes:
Lib. II.
chap. 10.

Nos au-
theurs
n'ont ja-
mais dit
qu'il n y
euft en cha-
que siecle
qu'une
communi-
on où l'on
lût estre
sauvé.

tous ces paſſages parce qu'on les admet, on les tient
pour bons , mais dans la veüe de M. Nicole on les
conte pour rien. Une ſocieté peut étre une Babylon,
une Egliſe corrompüe , l'Empire de l'Antechriſt &
renfermer pourtant des élûs. Et tandis qu'elle aura
des elûs qui ſont l'ame de l'Egliſe , elle ſera encore
Egliſe, c'eſt à dire partie de l'Egliſe univerſelle.

Aprés cela il demande , *à qui nous croyons qu'on dût
donner le titre de vraye Egliſe, à l'Egliſe Romaine ou aux
Berengariens & Henriciens ſeparement, ou à ces ſocietés conjointement.* Je reponds que le mot de *vray* eſt equivoque, & que nous ne donnerons jamais le nom de vraye
Egliſe a l'Egliſe Romaine , parce que ce mot de *vray*
dans le ſens qui vient d'abord à l'eſprit donne l'Idée
d'une Egliſe qui n'a point d'erreurs, & de ſuperſtitions,
& l'Egliſe Romaine en eſt pleine. Mais en niant que
l'Egliſe Romaine ſoit la vraye Egliſe , nous n'avons
pas deſſein de dire qu'elle a perdu toute l'eſſence de
l'Egliſe. Un homme malade à l'extremité, qui a perdu
non ſeulement l'uſage de ſes membres, mais celuy de
ſa raiſon , n'á pas perdu toute l'eſſence de l'homme.
Il y a un ſens auquel il ſeroit vray de dire que ce ſeroit
encore un veritable homme : mais il y a auſſi un ſens
auquel on ne peut plus dire que c'eſt un veritable homme, parce qu'il n'en fait pas les fonctions. Toutes
les communions des Chrétiens ſont l'Egliſe catholique
& univerſelle. C'eſt un grand corps bien malade,
mais il y a des parties ſaines, & celles qui ſont ſaines
meritent de porter le nom de veritable Egliſe à l'excluſion des autres. Nous diſons des communions d'orient
ce que nous diſons de l'Egliſe Romaine à proportion
de ce qu'elles ont ajouté d'erreurs & de ſuperſtitions
ſur le fondement de Jeſus Chriſt. Si elles ſont moins
corrompües, elles meritent mieux le nom de veritable
Egliſe ; Il n'y en a point qui le merite moins que
l'Egliſe Latine.

M. Nicole dit en ſuitte que nôtre hypotheſe *qui eſt
que deux ſocietés ſeparées de communion & qui ſe traittent
mutuellement d'heretiques puiſſent étre en meſme temps de vrayes Egliſes eſt deja détruite,* puiſque nous avons établi, dit
il , *que les heretiques ne ſont pas de l'Egliſe, & que les membres de la vray Egliſe doivent étre liés entr'eux de communion.*

I 5   J'avoüe

L'Egliſe Romaine n'eſt pas la vraye Egliſe.

J'avoüe que je ne sçay pas où il a détruit cette hypothese : car jusques la il n'a apporté aucune preuve de sa fausseté que le prétendu témoignage de St. Augustin. Mais peut être dans la suitte nous apporte t'il quelque chose de plus fort. En effet il commence & nous dit. *l'Eglise est l'Epouse de Jesus Christ selon S. Paul. Or Jesus Christ n'a pas plusieurs Epouses, & quoy que châque ame en particulier soit l'Epouse de Jesus Christ neantmoins toutes ces ames ensemble ne font qu'une Epouse, dont l'Apôtre dit, despondi vos uni viro, virginem castam exhibere Christo.* Nous le voulons bien que Jesus Christ n'ait qu'une Epouse, & nous n'avons jamais dit le contraire. Son Epouse n'est pas proprement ce vaste corps des Chrétiens repandus par tout le monde. Ce n'est pas mesme aucune societé visible entant que visible, quelque pure qu'elle soit. Car si cela étoit Jesus Christ seroit non seulement marié avec des heretiques, mais avec des hypocrites, des impies, des avares, des ambitieux, des profanes ; parcequ'il n'y a point de societé si pure où il n'y ait de ces gens la. L'espouse de Jesus Christ selon S. Augustin, & selon nous, ce sont les élûs, les justes, & les sanctifiés. Ces justes repandus dans toutes les communions Chrétiennes sont l'Epouse de Jesus Christ & ne font qu'une Epouse, parce qu'ils sont liés ensemble & unis á leur chef par la communion d'un mesme esprit & d'une mesme grace.

Les Juifs & les gentils, selon le mesme Apôtre, ne font qu'un seul edifice basti sur Jesus Christ qui est la Pierre Angulaire Je l'avoüe ; c'est ce que veut dire S. Paul sur la fin du second chapitre de l'Epitre aux Ephesiens *que l'Euangile avoit eté annoncé à ceux qui etoient prés, & à ceux qui etoient loin, afin de rallier les Juifs & les gentils, & d'en faire un seul temple au seigneur.* On ne doute pas que l'Eglise ne soit une & unique, quand on parle de l'Eglise universelle ; mais la question est si l'unité de communion visible, est de l'essence de l'unité essentielle à l'Eglise. C'est ce que S. Paul ne dit point du tout. Dans le temps qu'il disoit que le Juif & le Gentil ne faisoient qu'un temple au seigneur, ces deux peuples faisoient deux communions si separées, que le Juif ne vouloit point communier avec le Gentil. comme nous l'avons prouvé dans un chapitre exprés. Non pas que tous les Juifs con-

Iesus Christ n'a qu'une Espouse, mais cette Espouse n'est pas dans une seule communion.

Paroles de M. Nicole.

Les Iuifs & les Gentils convertis au commencement ne faisoyent qu'une Eglise & deux communions.

convertis creuſſent que les Payens qui avoiente mbraſſé le Chriſtianiſme fuſſent hors de l'Egliſe & de la voye de ſalut. Car meſme ils regardoient ceux qu'ils appelloient proſelytes de la porte, comme des gens dans la bonne voye, & leur promettoient les biens de la vie à venir ; Cependant ils ne vouloient pas communier avec eux. Ils ne regardoient pas autrement les Payens convertis au Chriſtianiſme, que comme des proſelytes de la porte. C'eſt pourquoy l'Egliſe de Jeruſalem leur impoſa la neceſſité de s'abſtenir des choſes étouffées & du ſang, ce qu'on ordonnoit auſſi aux proſelytes de la porte. Ce qui fait voir qu'àlors on ne faiſoit pas conſiſter l'unité dans la communion viſible. Dans le meſme endroit que M. Nicole nous cite ; S. Paul *dit, en qui vous eſtes enſemble edifiés pour être un tabernacle de Dieu en eſprit.* C'eſt à dire un tabernacle ſpirituel. Si l'Egliſe eſt un tabernacle ſpirituel, elle n'eſt donc pas viſible entant que tabernacle & demeure de l'eſprit de Dieu, car les choſes ſpirituelles en elles meſmes ſont inviſibles. Que les diverſes ſocietés qui compoſent l'Egliſe ſoient unies de communion ou non, qu'elles ſoient eloignées ou non, qu'elles ſe connoiſſent, qu'elles s'aiment, ou qu'elles ne s'aiment pas, elles ne laiſſent pas de faire un meſme temple, ou une meſme maiſon dans laquelle maiſon Dieu à ſa maiſon c'eſt à dire ſes élus dans leſquels il habite. L'Egliſe eſt une & ſon unité depend de l'unité de la foy dans les choſes eſſentielles, & dans les ſacrements. Or l'unité qui vient du lien des ſacrements ne conſiſte pas à communier & à ſe recevoir à une meſme table, mais à retenir les ſacrements que Jeſus Chriſt à établi pour être les livrées de ſon Egliſe.

L'Egliſe eſt encore nommée par l'Apôtre le corps de Jeſus Chriſt. Or Jeſus Chriſt n'a pas pluſieurs corps, quoy que ce corps ait pluſieurs membres. Le corps de Jeſus Chriſt non plus que ſon Epouſe n'eſt compoſé que de juſtes & de ſaints, & l'amas des ſocietés Chrétiennes n'eſt le corps de Jeſus Chriſt que d'une maniere equivoque parceque ces ſocietés renferment le corps des élus & des ſaints. Ce corps eſt unique, cela eſt indubitable, & ſon unité depend non pas de l'unité de la communion viſible, mais de l'unité de grace, d'eſprit, de foy & de charité. Et quant à ce qu'il y a de viſible dans ces ſocietés Chrétien-

Paroles de M. Nicole.

tiennes elles font un feul & mefme corps : mais non
pas un corps uniforme & fain. C'eft un corps malade
en quelques parties, fain & vivant en d'autres.

Ce font là les feules preuves que M. Nicole nous apporte de l'Ecriture fainte pour prouver que l'Idée de
l'unité de l'Eglife renferme neceffairement l'unité de communion vifible. Je veux bien que l'on juge entre luy
& moy, fi fur ces trois paffages il a droit de prononcer comme il fait, *qu'auffi n'y a t'il rien plus certain par*
l'ecriture que cette maxime que l'unité d'Eglife exclut la di-
verfité de communion. Apiés avoir paffé auffi legerement fur l'Ecriture il retourne aux peres, & nous dit
que les peres veulent que cette unité de l'Eglife ait eté figurée
par l'unité de l'arche, hors de laquelle perfonne ne fut fauvé
des eaux du d·luge. Je reconnois cette penfée pour être

En quel
fens hors
de l'Eglife
il n'y a pas
de falut,

des Peres. Je veux bien mefme qu'elle foit de l'intention du S. Efprit, & que l'Arche ait eté la figure de
l'Eglife & de fon unité, hors de laquelle il n'y a pas
de falut. Nous l'avoüons que hors de l'Eglife il n'y
à pas de falut, c'eft à dire hors de l'ame de l'Eglife,
hors de cette partie noble & effentielle de l'Eglife qui
eft l'Epoufe de Jefus Chrift & fon facré corps compofé
de fes élûs. A Dieu ne plaife que nous donnions à
Jefus Chrift pour Epoufes des impies, feulement parce
qu'ils font dans la communion vifible de l'Eglife. Cette
communion vifible n'eft point cette partie de l'Eglife
hors de laquelle il n'y a pas de falut. Il faut fçavoir

On ne peut
eftre dam-
né dans
cette Eglife
hors de la-
quelle, il
n'y a pas
de falut.

que la partie de l'Eglife hors de laquelle on ne peut
être fauvé eft celle là mefme dans laquelle on ne peut
être damné ; en quoy elle repond admirablement à
l'arche qui étoit fa figure. Pas un de ceux qui étoient
hors de l'arche ne fut fauvé des eaux du deluge, mais
auffi pas un de ceux qui étoient dans l'arche ne pût
perir par les eaux du deluge. Afin que la verité reponde à la figure, il faut que tous ceux qui font hors de
l'Eglife periffent, mais il faut auffi que tous ceux qui
font dans l'Eglife foient neceffairement fauvés & par
confequent que cette Eglife hors de laquelle il n'y a pas
de falut, ne foit pas une certaine communion vifible diftinguée de toutes les autres, car il n'y en a point où
l'on foit neceffairement fauvé quoy qu'on y demeure
jufqu'à la fin.

Nous

Nous admettons donc cette figure de l'arche & la raison qu'on en tire, autant que cela s'accorde avec ce que l'escriture sainte dit. Mais nous ne nous sentons pas obligés à passer plus avant, quoy-que les peres l'ayent fait. Quand on nous vient produire comme des oracles ce que les peres ont dit, qu'un enfant né de Chrétiens, mort sans baptesme est damné eternellement: & qu'un Donatiste qui dans la simplicité de son cœur suivroit le schisme de ses Ancestres, d'ailleurs plein de foy, de charité & de zele pour le veritable euangile jusqu'á se laisser bruler vif pour Jesus Christ seroit pourtant puni du supplice éternel, parce que l'un seroit mort, & l'autre auroit souffert le martyre hors de la communion visible de l'Eglise. Quand dis je on nous vient produire de semblables choses nous fremissons & nous deplorons l'aveuglement de ceux qui au lieu de tirer le rideau sur ces endroits des anciens, les estalent & en font gloire. Ce sont la des prodiges de cruauté que nous ne troirons jamais qu'aucun homme de bon sens puisse digerer aujourd'huy. Nous ne doutons pas que Dieu ne les ait tolerés dans les peres qui se sont laissé aller à ces expressions par une passion ardente qu'ils avoient de remedier aux maux du schisme, & par un excés de zele. Mais nous ne sçaurions croire qu'ils ne fussent revenus de la, si quelqu'un les en eût avertis avec un esprit de charité. Les Donatistes n'etoient pas plus hors de l'Eglise du temps de S. Augustin, qu'aujourd'huy les Grecs qu'on appelle schismatiques sont hors de l'Eglise Romaine. Or je doute qu'il y ait dans la communion de Rome, aucun homme assés cruel pour assigner au supplice éternel un Grec à qui les Turcs auroient fait souffrir mille cruels tourments pour la foy, & qui l'auroit retenüe jusqu'au dernier soupir de sa vie.

M. Nicole ajoute que selon les Peres *l'unité de l'Eglise a été figurée par l'unité de la maison dans laquelle on mangeoit l'agneau pascal; par l'unité de la maison de Raab donc il est dit que quiconque sortira la porte de cette maison sera coupable de la mort, par l'unité de la tunique de Jesus Christ qui ne fut point partagée & qui ne pût etre possedée que par un seul.* Nous donnons les mains à toutes ces pensées entant qu'elles vont à établir l'unité de l'Eglise
que

Il y a de endroits dans les anciens sur lesquels il est de la chatité de tirer le rideau: entre autres ce qu'ils ont dit qu'un martyr hors de la communion de l'E-glise n'est pas sauvé. M. Nicole pag. 337.

que nous deffendrons toujours avec autant de zele que
personne. Mais encore une fois il faut bien definir en
quoy confiste cette unité, & c'est ce que S. Cyprien
qu'on nous cite en marge n'a pas fort bien fait. Je ne
trouve plus rien dans ce chapitre tendant à nostre but,
que quelques passages de S. Augustin & de S. Chrysostome, dont M. Nicole fait tel usage que bon luy
semble. Mais quelque sens qu'ils ayent & qu'on leur
donne ils ne feront jamais de prejudice à la verité qui
est plus vieille que S. Chrysostome & S. Augustin. Il
est vray que dans le mesme chapitre on y trouve quelque chose tendant à faire voir que cette Idée qui renferme toutes les communions Chrétiennes dans l'Eglise
est absurde, parce que de la il s'ensuit qu'on auroit pü
communier autrefois avec les Vaudois & avec l'Eglise
Romaine en mesme temps. Et qu'on pourroit aujour-
d'huy communier avec toutes les sectes qui s'appellent
Chrétiennes. Mais cette difficulté sera bien tost eclaircie dans la suitte.

CHAPITRE XIX.

Responce aux objections de M. Arnaud contre le systeme
qui renferme dans l'Eglise toutes les societés
Chrétiennes : que ce systeme n'induit
pas l'indifference des Religions.

Explication de la question, sçavoir si on peut étre
sauvé en differentes communions, en quel sens nous
mettons toutes les sectes dans l'Eglise, qu'il n'est
pas vray qu'on puisse étre sauvé par tout, & en
croyant tout.

MOns. Arnaud dans le 7me. livre du renversement de
la morale, a trouvé moyen par ses machines qui
tirent tout de tout, de faire entrer dans son livre
cette question, si l'Eglise Catholique est composée de
toutes les societés Chrétiennes. Et pour refuter nôtre
sentiment il se sert de quelques raisons que nous devons
examiner, afin de lever toutes les difficultés. Il dit
premierement *qu'il faut avoir l'esprit renversé pour croire*
que

que le nom d'Eglise sous la notion de corps de Jesus Christ purifiée & sanctifiée dans le baptesme, sous la notion de la baze & de la colomne de la verité, puisse convenir à une secte & à un amas de sectes qui ont renoncé à la verité & qui sont impures. Je voudrois bien sçavoir si ce qu'on appelle les heresies & le schismes sont une plus grande souïllure que les vices & les crimes les plus enormes? Ne me seroit-il point permis de raisonner ainsi sur le Principe de M. Arnaud. Il faut avoir l'esprit renversé pour croire que le nom d'Eglise & de seule veritable Eglise puisse convenir à une societé pleine d'avares, d'ambitieux, d'adulteres, de fornicateurs, de voluptueux, de brutaux, de Sodomites? on luy pourroit montrer une Eglise ainsi faite qui se dit pourtant la veritable Eglise. Est-il necessaire d'avoir l'esprit renversé pour donner le nom d'homme raisonnable, libre & intelligent à un corps humain, animé à la verité, mais couvert d'ulceres & de playes. Encore une fois dans ce grand & vaste corps des communions Chrétiennes Dieu a ses élûs, Jesus Christ à son corps & son Epouse. Il a cette Eglise qui est l'appuy, la base, & la colomne de verité, qui ne peut perir, & dans laquelle on ne peut manquer d'estre sauvé. Quand nous disons que l'Eglise renferme toutes les sectes, nous n'entendons pas cela sous *la notion de corps de Jesus Christ* comme il parle. Nous sçavons bien que le corps de Jesus Christ n'est pas composé, de ceux qui ont renoncé à la verité, c'est a dire aux verités fondamentales & essentielles. Mais nous disons que parmi ceux qui errent comme parmi les vicieux Dieu se reserve des saints & des elus qui font son corps.

M. Arnaud continuant ses objections en tire une de ce qu'il a lû dans nos Theologiens *qu'il n'est point permis de mepriser l'authorité de l'Eglise, ni de rejetter ses avertissements, ni de resister à ses conseils, ni de se moquer de ses reprimendes & de ses censures, bien moins de la quitter & de rompre son unité.* Il est impossible, dit il, que l'Eglise se prenne la dedans pour l'amas de toutes les sectes; Car si l'on étoit obligé de se soumettre à l'authorité de l'Eglise prise en ce sens, on se verroit engagé dans mille erreurs. Il est vray, le mot d'Eglise ne signifie pas la dedans l'amas de toutes les sectes, Car l'Eglise Catholique

lique & univerfelle à proprement parler ne donne ni avis ,
ni confeil , ne fait ni reprimendes , ni cenfures , ne rend
ni arrets , ni jugements. Ce font des Eglifes & des
affemblées particulieres qui font tout cela. Il y a une equivoque qui regne perpetuellement dans ces fortes de propofitions. *L'Eglife inftruit fes enfants , l'Eglife commande , l'E-*
glife prêche , l'Eglife excommunie. Quand l'Eglife Romaine parle ainfi elle veut que nous entendions que l'Eglife
univerfelle fait tout cela ; Ce qui implique , & qui par
confequent eft faux. Car l'Eglife univerfelle dans fa
veritable Idée ne fait rien. Ce font les affemblées particulieres qui font tout. Pour nous quand nous difons
qu'il ne faut point méprifer l'Eglife , nous entendons
qu'il faut écouter les confeils & les exhortations des
affemblées dont nous faifons partie & ausquelles nous
nous fommes foumis , foit que ces affemblées foient des
troupeaux particuliers , foit que ce foient des Eglifes pro-
vinciales ou nationales. Encore cela n'eft il vray qu'avec
cette reftriction. C'eft que nous ne devons nous foumettre
aux Jugements des affemblées particulieres qu'entant qu'elles font encore Eglifes. Elles ne le font point dans ce
qu'elles errent , mais dans la verité qu'elles retiennent ,
& c'eft à cêt egard que nous leur devons l'obeiffance &
la foumiffion que nous devons à Dieu.

Babylon eft dans l Eglife & l Eglife eft dans Babylon.   M. Arnaud nous furprend encore à ce qu'il pretend
dans une autre contradiction , felon nous l'Eglife eft com-
pofée de toutes les Religions Chrétiennes qu'on appelle
fecte , il faut donc que l'Eglife Romaine au moins faffe
une partie de cette Eglife Catholique. Cependant ailleurs nous la decrions comme fi elle n'etoit plus du tout
l'Eglife , comme fi elle étoit une veritable Babylon.
Nous avons prevenu cette objection dans le chapitre precedent , en difant que l'Eglife peut étre dans Babylon ,
& que Babylon peut entrer dans l'Eglife. Il eft vray
nous foutenons , & nous avons raifon de foutenir que
l'Eglife Romaine eft la Babylon fpirituelle depeinte dans
l'Apocalypfe. Mais Dieu dit de cette Babylon , *for-*
tés de Babylon mon peuple de peur que participant à fes pechés ,
vous ne participiés à fes playes. Pour fortir d'un lieu , il
faut y etre. Et il ne faut pas dire que le peuple de
Dieu fort de Babylon , comme les Chrétiens fortent
du milieu des payens , quand ceux cy fe convertiffent.

Car

Car Dieu n'appelle point son peuple des gens en état de damnation: & si le peuple de Dieu renfermé dans Babylon étoit lui mesme un peuple Babylonien, Dieu ne le pourroit plus appeller son peuple. Il est plus clair que le jour que Dieu dans ces paroles, *sortés de Babylon mon peuple*, fait allusion au retour du peuple Juif de la captivité de Babylon. Or pendant que les Juifs furent dans Babylon ils ne cesserent pas d'être Juifs & le peuple de Dieu.

Il ne reste plus qu'une difficulté ; la seule qui ait quelque apparence, & qui soit capable de faire quelque peine , c'est pourquoy il faut s'y arréter beaucoup d'avantage. M. Arnaud la propose de cette sorte *Si les sociétés Chrétiennes qu'on appelle des sectes sont encore l'Eglise, & membres de l'Eglise, les promesses de l'Euangile qui sont la grace, la Iustification, l'adoption, la sanctification & le salut leur conviennent.* Or, dit il, y a t-il rien de plus impie que de vouloir que le salut, & l'adoption divine appartiennent à des assemblées herétiques , qui renversent le fondement de la foy , *n'est ce pas porter jusqu'à un excés horrible l'indifference des religions ?* Nous pouvons ajouter pour rendre l'objection plus forte, & pour avoir lieu de donner plus d'eclaircissements, que si toutes les sectes sont de l'Eglise on se pourra sauver par tout ; qu'il ne sera pas necessaire de sortir d'une secte pour être sauvé quand mesme on connoitroit ses erreur ; qu'il faudra tolerer indifferemment toutes sortes de religions, qu'on pourra communier dans deux sociétés differentes alternativement, tantôt avec le Lutherien, tantôt avec le Calviniste, tantost avec le Papiste ; qu'on pourra passer d'une secte à l'autre. Voila bien des articles : il me semble qu'il est bon de les distinguer, & de voir. 1. Premierement si selon nôtre Idée de l'Eglise l'on se peut sauver dans toutes les sectes & comment. 2. si l'on est obligé de sortir d'une secte quand on la reconnoît mauvaise & que l'on sent ses erreurs. 3. si l'on peut communier en deux sectes differentes. 4. si l'on peut passer d'une secte à l'autre. 5. si l'Idée que nous avons donnée de l'Eglise induit qu'on doit tolerer toutes sortes de religions. Toutes ces questions se pourroient traitter particulierement par rapport à l'Eglise Romaine, pour sçavoir comment on s'y est pû

Il n'y a qu'une seule difficulté considerable contre nostre hypothese.

K

saufauver autre fois. Mais parce que dans la refutation du fixiefme livre de l'ouvrage de M. Nicole il faudra neceffairement en dire quelque chofe pour le fuivre, nous nous arréterons à prefent fur des confiderations qui peuvent être appliquées à toutes les feétes.

Sur le premier article nous n'avons pas voulu diftinguer ces deux propofitions: la premiere, fi les promeffes de l'Euangile l'adoption & la juftification appartiennent à ces focietés qu'on appelle heretiques, la feconde fçavoir fi on peut être fauvé dans toutes les feétes, parce que c'eft la mefme chofe: fi les promeffes du falut appartiennent à toutes les feétes, on y peut être fauvé, & fi l'on y peut être fauvé affurement, les promeffes de l'Euangile leur appartiennent. Il faut feulement fçavoir que les promeffes de l'Euangile n'appartiennent proprement qu'á la verité, & à ce qui s'appelle l'Euangile de Jefus Chrift, & non pas à l'Euangile des hommes. Si Neftorius a enfeigné qu'il y a deux perfonnes dans Jefus Chrift auffi bien que deux natures, c'eft la fon Euangile & le falut n'y eft point attaché. Si Eutyches à enfeigné qu'il n'y a qu'une nature en Jefus Chrift, comme il n'y a qu'une perfonne, c'eft la fon Euangile, & le falut, n'y eft point attaché. l'Eglife Romaine enfeigne qu'il faut invoquer les faints, adorer les Images, ne communier que fous une efpece, adorer le facrement &c. C'eft la fon Euangile, & ce n'eft point à cela que font attachées les promeffes de grace. Si donc il y a des feétes differentes dans lefquelles on puiffe trouver fon falut on ne doit pas dire que le falut & l'adoption divine appartiennent à des feétes errantes; car ce n'eft point par rapport à leurs erreurs que les promeffes leur appartiennent. C'eft en vertu de la verité, & de l'Euangile de Chrift qu'elles retiennent. Un vin dans lequel on à meflé du poifon, fi le poifon ne predomine pas, & qu'il foit furmonté de beaucoup par la quantité & la force des efprits qui font dans cette liqueur ne laiffe pas de nourrir, mais il ne nourrit point par le poifon, c'eft par la fubftance du vin. Les promeffes de l'adoption divine appartiennent à la verité, par tout où elle demeure en fon entier malgré les erreurs que les hommes y ont ajoutées, mais fi les erreurs predominent & aneantiffent la verité, où il n'y a plus

de

Les promeffes de l'Euangile n'appartiennent qu'á la verité.

de verités entieres, il n'y a plus de falut.

A Dieu ne plaife donc que nous ayons deffein d'etablir cette dangereufe maxime qu'on fe peut fauver dans
toutes les Religions qui conteffent Jefus Chrift le fils
de Dieu, le Meffie crucifié mort & reffufcité des morts.
Au contraire nous la regardons comme l'une des plus
mortelles herefies du Socinianifme, la plus capable de
ruiner de fonds en comble la religion Chrétienne.
Premierement donc nous diftinguons les fectes qui ruinent le fondement de celles qui le laiffent en fon entier,
& nous difons que celles qui ruinent le fondement font
des focietés mortes, des membres du corps de l'Eglife
à la verité, mais des membres fans vie & qui n'ayant
pas de vie, n'en fçauroient communiquer à ceux qui
vivent au milieu d'elles. Or s'il y a quelques fectes
qui ruinent le fondement ce font celles qui ruinent les
auguftes myfteres de la Trinité, de l'incarnation, & de
la fatisfaction de Jefus Chrift, la perpetuelle exiftence
de l'ame, l'eternité des peines, & la refurrection des
corps. Il y a trois religions, la religion naturelle, la
religion Juifue, la religion Chrétienne. Le fondement
de la religion naturelle, c'eft de cognoître une feule
divinité, qui veut être adorée. Le fondement de la
religion Juifue, c'eft de cognoitre un feul Dieu qui
veut être adoré felon certaines loix qu'il a données à
Moyfe; & le fondement de la religion Chrétienne,
c'eft de cognoitre un Dieu en trois perfonnes avec toutes les fuittes neceffaires de la trinité des perfonnes,
c'eft l'incarnation du fils, & la propitiation pour le
falut du genre humain. Si l'on peut fe fauver dans la
religion Chrétienne fans retenir les fondements, il eft
clair qu'on fe peut fauver dans la religion naturelle en
y adorant un feul Dieu comme la nature l'enfeigne,
& en effet c'eft où va la Theologie Socinienne.

L'Autheur d'un livre intitulé *Traitté de la raifon humaine*, quoyque d'ailleurs il tombe dans les excés que
nous, condamnons a pourtant raifon quand il dit que
ceux qui ne regardent Jefus Chrift que comme un fimple homme, & un grand Prophete n'ont pas plus de
de raifon de s'appeller *Chrétiens* que de s'appeller *Ab a-
hamites & Davidites*. Car s'ils font Chrétiens parce
qu'ils pretendent fuivre la doctrine de Jefus Chrift, auffi

*On ne fe
peut pas
fauver par
tout où le
nom de Je-
fus Chrift
eft con-
feffé.*

*Les fectes
qui ruinent
& detrui-
font le fon-
dement
font mor-
tes ou ne
s'y peut
fauver.*

*Les Soci-
niens n'ont
pas droit
de s'appel-
ler Chré-
tiens.*

font

sont ils *Abrahamites* & *Davidites* par la profession dans laquelle ils sont d'imiter la foy d'Abraham & de suivre la doctrine de David. Nous ne mettons ces sortes de sectes dans l'Eglise que d'une maniere tres equivoque, precisement comme nous y mettons les impies, & les profanes qui sont dans l'enceinte de la veritable Eglise. Car c'est nôtre principe que le crime exclut de l'Eglise comme l'heresie. Nous nions que ces impies soient le corps de Jesus Christ, nous ajoutons qu'ils ne sont membres de l'Eglise que d'une maniere equivoque, mais nous avoüons qu'ils sont membres du corps de l'Eglise sans equivoque, parce qu'ils ont la profession externe du Christianisme. Pareillement ces societés qui ont renversé le fondement ne sont en nulle sorte le corps de Jesus Christ, ne sont membres de l'Eglise Chrétienne que d'une maniere tres equivoque comme des membres morts. Cependant on les peut dire membres du corps du Christianisme, parce que pour être cela, il ne faut que reconnoître Jesus Christ crucifié, mort & ressuscité, le vray Messie que Dieu devoit envoyer au monde; c'est le dogme qui fait l'enceinte generale du Christianisme.

Le Mahumetisme est une secte du Christianisme, mais une secte qui en a rejetté tous les fondemens.

Entre les sectes qui renversent le fondement il y en a quelques unes qui le renversent entier, & qui n'en retiennent rien ou presque rien. Ces sectes sortent entierement de l'enceinte generale du Christianisme. Tel est par exemple le Mahumetisme; dans le fonds c'est une secte du Christianisme, car il recognoit Jesus Christ pour un grand prophete. Mais cette secte n'ayant rien retenu de Chretien que cela, est entierement sortie de l'enceinte generale, & ne fait point partie du corps des Chrériens. Les monstrueuses sectes qui ne nous sont connües que par les anciens catalogues d'heresies, comme les Marcionites, Gnostiques, Manicheens &c. étoient sorties de cette enceinte generale, & n'avoient rien de Chrétien que le nom. Dans les unes & dans les autres de ces sectes, il est certain qu'il n'y a ni verité, ni promesses de grace, ni salut, ni sacremens; c'est pourquoy on avoit raison autrefois de rejetter leur baptesme, & nous sommes obligés par la mesme raison de regarder tous les sacremens qui s'administrent entre les Sociniens comme nuls, quoy qu'ils

soient

foient un peu plus dans l'enceinte generale du Chriftianifme, que les Mahometans.

Secondement il faut fçavoir que quand nous mettons
dans le corps de l'Eglife univerfelle les diverfes focietés
Chrétiennes, nous entendons celles qui ont fait corps
& communion dans le monde, qui y fubfiftent, qui y
occupent une partie confiderable de l'Eglife, qui ont
forme d'Eglife, qui ont des facrements, des affemblées
bien reglées, un gouvernement & une difcipline. Car
une fecte qui n'a point de fectateurs ou qui en a trespeu,
qui ne fait point de corps ni de figure dans le monde,
& qui n'a aucune forme d'Eglife ne merite pas d'etre
contée pour quelque chofe. Dieu n'a jamais permis que
le Photinianifme ait formé de grandes focietés, on voit de
tems en tems des gens qui le reffufcitent, un Artemon,
un Paul de famofate, un Photin &c. Mais on ne voit
point qu'il occupe le monde, qu'il ait fes temples, fes
affemblées, fes conciles, fa difcipline. Et quoyque
dans ces derniers fiecles il face plus de figure qu'il n'a
jamais fait, cependant quelques affemblées qu'il a eü
autrefois en Pologne, & celles qu'il peut avoir aujour-
d'huy en Tranffylvanie ne meritent pas qu'on donne à
cette miferable fecte le nom de communion. Je fuis
mefme perfuadé que l'Arrianifme n'a jamais fait un grand
corps dans le monde. Il eft vray qu'il y a eu beaucoup
d'Evêques qui en ont fait profeffion. Mais cette herefie ne paffoit point au peuple. Ils entendoient dire que
Jefus Chrift étoit le fils de Dieu, qu'il étoit avant A-
braham, & avant que de naitre, qu'il étoit lumiere de
lumiere, Dieu de Dieu, le Createur du monde, & le
premier né de toute creature. Tous les fimples demeuroient dans la fimplicité & dans la pureté de la foy
Chrétienne à la faveur de ces termes generaux. Or
quand le peuple ne participe point à l'herefie, ou n'y
participe que dans les termes, encore que les Evêques &
les conducteurs foyent dans l'erreur, on ne doit pas regarder toute la communion comme heretique, car le
peuple fait la plus grande partie d'une communion.

Par la mefme raifon nous n'avons aucun egard aux
fectes des fanatiques, où il n'y a ni difcipline, ni gouvernement ecclefiaftique, ni facrements, & dans le fonds
ni verité ni foy; Car chacun y croit ce qu'il veut. La

K 3   plus-

On ne doit conter entre les Parties de l'Eglife univerfelle que les focietés qui font corps.

L'Arria-nifme n'a jamais fait corps.

On nedoit pas conter les communions fanatiques entre les parties de l'Eglife univerfelle.

pluspart font Sociniens ; & les autres ont autant de divers fentiments qu'il y a de teftes. Dieu n'a jamais permis non plus que ces gens la, fiffent corps dans l'Eglife. Ce n'eft point ce que nous appellons une communion & que nous renfermons dans l'Eglife univerfelle & Catholique. Nous appellons communions les Grecs, les Armeniens, les Cophtes, les Abyffins, les Ruffes, les Papiftes, les Proteftants. Toutes ces focietés ont forme d'Eglife, elles ont une confeffion de foy, des conducteurs, des facrements, une difcipline, la parole de Dieu y eft receüe, & Dieu y conferve fes verités fondamentales.

Differences entre les erreurs qui oftent le fondement, qui font contre le fondement, & qui font contre le fondement.

En troifiême lieu, il faut remarquer qu'on peut ruiner le fondement de la religion Chrétienne, en deux manieres : ou bien en oftant & enlevant ce fondement pour y en mettre un autre ; ou bien en le laiffant & baftiffant deffus des doctrines qui le renverfent & qui le detruifent. Du premier ordre étoient les anciens heretiques dont S. Irenée & Tertullien ont fait le Catalogue & la refutation. Du mefme ordre étoient les Arriens, & du mefme ordre font aujourd'huy les Sociniens. Ils enlevent le fondement, ils l'oftent. Car le fondement, c'eft un feul Dieu adorable en trois perfonnes, incarné dans la feconde ; C'eft un feul Jefus Chrift fils eternel de Dieu de mefme effence & de mefme fubftance que le Pere, c'eft Jefus Chrift qui eft mort, & reffufcité pour la redemption des hommes, qui eft monté aux cieux, & qui de la viendra pour juger les vivants & les morts &c. C'eft le fondement que les nouveaux heretiques ont enlevé, & à la place ils ont mis un Dieu chimerique, unique en perfonne auffi bien qu'en effence un faux Jefus Chrift qui n'eft point Dieu : une fauffe redemption qui n'eft que dans les termes, une fauffe propitiation de péchés, moins reelle que les propitiations typiques de la loy Mofaïque.

Du fecond ordre font plufieurs focietés Chrétiennes dans le monde, entre lesquelles le Papifme l'emporte infiniment fur les autres pour la corruption. Ces communions Chrétiennes ont confervé le fondement, Mais fur ce fondement elles ont bafti des dogmes qui font *outre* le fondement, & d'autres dogmes qui font *contre* le fondement. Par exemple, ce grand amas de vaines cere-

ceremonies que les Grecs & les Latins ont ajoutées à la religion, sous pretexte de la rendre plus majestueuse sont *outre* le fondement. Elles ne le ruinent pas, mais elles l'offusquent, elles l'enseueliffent. A ces Ceremonies & quelques vains dogmes qui sont moins importants, le Papisme *ajoute* des dogmes & des cultes qui sont *contre* le fondement. Adorer un seul Dieu, C'est le fondement. Joindre à ce Dieu sous pretexte d'une adoration inferieure le culte des creatures, C'est edifier contre le fondement. Rendre à Jesus Christ des honneurs divins, C'est le fondement. Adorer le sacrement de l'Euchariftie sous pretexte que c'est Jesus Christ, C'est renverser le fondement. Croire que Dieu le seul objet de nôtre adoration, est un Esprit infini & sans bornes, seul adorable, & qui doit etre adoré en esprit, c'est le fondement. Elever cependant les Images dans les temples à Dieu & aux creatures, & les adorer d'une adoration religieuse c'est renverser le fondement. Croire que Jesus Christ a offert dans la croix un sacrifice suffisant pour expier tous les péchés des hommes, C'est le fondement : Supposer que l'Eglise a besoin d'un autre sacrifice propitiatoire qui se renouvelle, & se reïtere tous les jours, C'est renverser le fondement.

Or il y a cette difference confiderable entre ces deux fortes de fectes errantes; C'est que l'on ne sçauroit étre sauvé dans les fectes du premier ordre. Mais il peut arriver qu'en certains lieux, & en certains tems, & à cause de certaines circonftances on peut étre sauvé dans les fectes errantes du second ordre, quoy que l'on adhere à la plus-part de leurs erreurs. Mais cela s'expliquera mieux dans la seconde queftion du premier article. Car la premiere queftion êtoit, fi l'on se peut fauver dans des fectes engagées dans l'erreur, & la seconde queftion est comment on s'y peut fauver.

CHA-

CHAPITRE XX.

Qu'il n'est pas impossible que quelques hommes soyent sauvés dans des sectes errantes, comment cela se fait. Deux voyes dont Dieu se sert, celle de separation ou de discernement; & celle de tolerance &c.

SUr cette question comment on se peut sauver dans les sectes errantes, Il faut sçavoir premierement que pour celle qui ont ôté & enlevé le fondement, on ne s'y peut sauver qu'en n'adherant pas à leurs dogmes & à leurs Idolatries, si elles en ont. Il y a mille & mille simples qui ne poussent leur instruction que jusqu'aux premiers elements du Christianisme qu'on leur enseigne dans leur enfance, qui venant dans l'âge de raison forment leurs Idées sur les termes de l'Ecriture, laquelle ils lisent, & qu'ils ont sous les yeux. Ils ne penetrent point dans les subtilités de leurs Docteurs, & ne parvienent pas jusqu'au point de division qui les partage. Ils demeurent en deça & dans des Idées generales. C'est de cette maniere que, selon S. Augustin, il y a eu une infinité d'orthodoxes dans la communion des Arriens. Un simple pouvoit souscrire à la pluspart de leurs confessions de foy, toute la verité n'y étoit pas, mais ce qui y étoit étoit veritable. Et l'on pouvoit bien se sauver en se tenant dans la generalité des termes, parceque l'on pouvoit bien ne s'appercevoir pas de la fraude qui etoit cachée sous ces termes generaux. Le peuple lisoit l'Ecriture, il y voyoit que Jesus Christ etoit fils de Dieu, qu'il etoit au commencement du monde, qu'il étoit le createur du monde, qu'il est au ciel, & en la terre; les Arriens convenoient de tout cela, & ces termes conduisant naturellement à croire que Jesus Christ etoit vray Dieu faisoient des orthodoxes dans la communion des Arriens, & malgré l'Arrianisme.

Outre ces gens qui suivoient la revelation sans penetrer dans le sens de leurs mauvais conducteurs, Il y en avoit une infinité d'autres qui faisoient une distinction du bien & du mal, qui connoissoient la verité, la retenoient, & rejettoient l'heresie. Mais ils toleroient,
ils

[marginal notes:]

On se sauve dans les sectes qui ont ôté le fondement en n'adherant pas aux heresies de la secte.

On peut estre sauvé en certaines rencontres en retenant la verité sans en faire une profession ouverte, pourvu qu'on ne face pas profession de l'erreur.

ils se laissoient aller à la dissimulation, ne croyant pas que la necessité de travailler à leur salut les obligeait à renoncer à leur Patrie, à leurs biens & à leurs honneurs, pour aller chercher des communions orthodoxes au bout du monde : Nous ne devons pas croire que ces gens la fussent tous en état de damnation, ils pechoient sans doute, mais il n'y a pas d'apparence que leur peché fût du nombre de ceux qui detruisent la grace. Et ce qui nous donne lieu de croire cela, C'est que Dieu conte pour des gens à luy, ces sept mille hommes des dix tribus du temps d'Achab, qui n'avoient point adoré Bahal. Il est certain que ces gens la ne s'etoient pas separés visiblement de l'Eglise Idolatre, ils n'avoient pas fait d'assemblées à part; Car Elie n'auroit pû l'ignorer; Ils n'avoient pas transporté leur demeure dans le Royaume de Juda. Car Dieu dit expressement qu'il s'etoit reservé ces sept mille hommes au milieu des dix tribus. Ils avoient donc dissimulé, non pas en adorant Bahal exterieurement & sans que le cœur y eût de part; Car Dieu ne dit pas qu'ils n'avoient point adheré de cœur, mais qu'ils n'avoient pas plié le genou devant l'Idole; Ils avoient dissimulé dis-je en se cachant, en se retirant de ces assemblées Idolâtres, en priant en secret, en ne participant qu'aux cultes qui pouvoient être rendus à Dieu.

C'est de ces deux manieres que Dieu a sauvé des gens dans les sectes qui ont ôté & enlevé le fondement. Je suis assuré que si Dieu avoit permis que le Socinianisme eût occupé une grande partie du monde Chrétien, comme le monde ne peut pas être sans Eglise Dieu s'y seroit conservé des élûs pas ces deux voyes ; la premiere en empéchant plusieurs simples de participer aux heresies de cette secte, la seconde en conservant plusieurs fideles dans la vraye foy par une rejection formelle de l'heresie. Mais de la maniere que cette secte est constituée aujourd'huy, il n'est pas necessaire ni même possible qu'il y ait aucune personne dans cêt etat. Premierement il n'est pas necessaire de supposer cela, c'est à dire que Dieu s'y conserve des élûs par ces deux voyes, parceque cette societé n'est rien. Les autres communions Chrétiennes sont suffisantes pour nourrir & renfermes les élûs, & il n'est pas necessaire que Dieu fasse

De quelle maniere Dieu pourroit sauver des hommes entre les Socinies.

K 5   un

un espece de miracle pour en nourrir dans la communion Socinienne. Secondement il n'est pas possible de supposer que la communion des Sociniens nourrisse des gens qui ignorent ses dogmes ou qui ne les croyant pas y demeurent. Parceque d'une part ces gens sont en petit nombre, leurs simples ne sçauroient se cacher dans la multitude; De plus il sont la plupart engagés dans l'erreur par choix à cause qu'ils sont dans une si grande opposition avec tous les autres Chrétiens qu'ils ne peuvent pas ignorer ce que les autres croyent, & ce que leur secte croit. D'autre part comme nulle part ils ne sont maîtres, on ne peut demeurer dans leur secte par crainte & par dissimulation.

Pour ce qui est des sectes qui retiennent le fondement, mais qui le renversent & le detruisent, il faut distinguer celles qui le detruisent par consequence, de celles qui le detruisent formellement, & sans le secours des consequences.

Les Euty-chiens ne ruinoient le mystere de l'incarnation que par des consequences desavoüées. Les Eutychiens renversoient le fondement, c'est à dire l'incarnation du verbe, car en supposant que le verbe s'etoit fait chair, non par voye d'assomption, mais par voye de changement comme l'air se fait eau, & l'eau se fait air; en supposant que la nature humaine étoit absorbée dans la nature divine & entierement confondüe, si tel a eté leur sentiment, il est certain qu'ils ruinoient le mystere de l'Incarnation. Mais c'étoit seulement par consequence, car, d'ailleurs ils reconnoissoient en Jesus Christ divinité & humanité; & ils avoüoient que le verbe avoit pris chair reellement & de fait. Si Nestorius a crû qu'il y a dans Jesus Christ deux personnes aussi bien que deux natures; son heresie étoit notoire, cependant elle ne detruisoit l'incarnation que par consequence; car cêt heresiarque confessoit un Redempteur, Dieu benit éternellement avec le Pere.

Dieu se peut conserver des élûs dans des sectes qui ne ruinent les fondements que par consequence. Dans ces sortes de sectes il est aisé que Dieu se conserve des élûs, parce qu'il y a dans ces communions mille & mille gens qui ne vont point jusqu'aux consequences, & d'autres qui y allant les rejettent formellement. Tels sont les Nestoriens, & les Eutychiens d'aujourd'huy qui ne sont heretiques que de nom. L'on peut voir la dessus *l'histoire critique des Chrétiens du levant*, par le sçavant sieur de Mony, qui change de nom aussi souvent qu'il fait de nouyeaux livres, & dont le caractere d'had'habileté se recognoist pourtant par tout. On peut aussi voir l'histoire Ethiopique de Jobius, où il rapporte les explications que les Ethiopiens donnent au dogme d'Eutyches, lequel ils suivent; & l'on verra que ces heresies ne sont plus que dans les mots.

Dans les sectes qui detruisent le fondement, formellement, & sans consequence, il est vray qu'il est plus difficile de concevoir comment on s'y peut sauver. Mais il faut encore icy distinguer; car toutes ces sectes ne sont pas également criminelles; parce que des doctrines qui vont directement à la ruine du fondement, toutes ne sont pas également pernicieuses. Par exemple, dans le culte des creatures, bien que tout culte religieux rendu à ce qui n'est pas Dieu, aille à la ruine de ce fondement, *Tu adoreras le seigneur ton Dieu, & à luy seul tu serviras,* cependant tous les degrés de faux culte, ne sont pas également criminels: c'est pourquoy il est ridicule de comparer comme fait M. Nicole tant de fois, l'invocation des saints telle qu'elle est aujourd'huy dans le Papisme, à celle qui commença à s'introduire dans l'Eglise du temps de S. Augustin, & de S. Ambroise son maitre. Les commencements d'un mal peuvent être compatibles avec les principes de la vie, mais quand le mal est venu au comble il ruine les principes & donne la mort. Dans la suitte nous serons obligés de toucher cêt article avec un peu plus d'estendüe, parce que c'est une affaire donc Monsieur Nicole fait grand bruit.

Une maladie n'est pas mortelle, ni une heresie ou superstition incompatible avec le salut, quand elle est dans ses premiers degrés.

Il ne reste que ces sectes qui retiennent le fondement, & qui le ruinent en edifiant dessus des pratiques, ou des doctrines qui luy sont entierement opposées, comme est l'Idolatrie formelle. Cêt assemblage paroît bisarre, & mesme impossible, retenir le fondement, & bâtir dessus un culte Idolatre, cependant il n'est rien de si aisé à concevoir, & à faire. Supposons une secte qui recevroit de bonne foy tous les articles du symbole expliqué dans le sens de l'Eglise Catholique & universelle: Par exemple, qui ne voudroit adorer qu'un Dieu, qui ne reconnoitroit que Jesus Christ pour le vray Messie, qui l'adoreroit comme Dieu eternel avec son Pere &c. mais qui feroit application de ces principes à de faux sujets, par une méchante Philosophie: cette secte,

On peut retenir le fondement & bastir dessus un culte entierement Idolatre,

dis-

dis-je, pourroit être Idolatre fans rejecter les fondements. Elle pourroit fuppofer que ce Dieu qui veut
feul être adoré, eft l'ame du monde : c'eft une propofition qui peut avoir un bon fens, car Dieu en effet
eft le principe de tous les mouvements du monde, &
plus que l'ame ne l'eft des mouvements du corps ;
mais à la prendre dans un fens de rigueur elle eft tres
fauffe. Car elle fuppoferoit que Dieu feroit un grand
animal ayant corps & ame, duquel le monde entier feroit le corps. Sur ce principe il conclurroit qu'on
doit adorer Dieu par tout, & mefme qu'on devroit
adorer tout les corps dans lefquels il eft, parce qu'on
rend au corps animé les honneurs qui ne font proprement dûs qu'à l'ame. Par cette méchante Theologie
cette fecte adoreroit les arbres, les rochers, les mete-
ores, les elemens, & les Aftres ; & foutiendroit qu'elle ne feroit pas Idolatre, parceque ces honneurs divins fe rapporteroient tous à un feul & mefme Dieu.

La Theologie du Papifme a quelque rapport avec
celle la, & les pratiques fondées fur fa Theologie ne
fçauroient être innocentes. Il avoüe qu'il n'y a qu'un
Dieu, Il tombe d'accord qu'entre luy & les creatures
il y a une diftance infinie, il confeffe qu'il eft feul adorable à caufe de luy mefme. Mais il ajoute qu'il fait
part de fa gloire à fes faints, que ce font fes amis,
qu'il a toute forte d'egards pour eux, qu'il veut bien
qu'on leur rende un culte religieux par rapport à luy.
Et fur ce fondement on remplit les temples d'Images
de faints & de faintes, on fe profterne devant ces
Images, on adore les faints reprefentés par ces images,
d'un culte qu'on appelle adoration *de Dulie & d'hyper-
dulie.*

Le Papifme retient pareillement cêt autre fondement,
que Jefus Chrift le fils de Dieu eft digne d'une fouveraine adoration, & que fon corps étant participant de
la divinité doit être adoré a caufe de la divinité à laquelle il eft perfonnellement uni : Mais par une mechante
Philofophie elle fuppofe que le corps de Jefus Chrift eft
dans une petite oublie par voye de tranfubftantiation &
de prefence reelle. Et fur cela elle adore cette oublie ·
qui peut douter que ce ne foit une Idolatrie?

Il eft donc queftion de fçavoir fi Dieu fe peut confe-
fer-

ferver des élûs dans de telles focietés. Sur quoy il faut reponndre premierement qu'une telle communion eft damnable ; que le fort naturel de ceux qui y font, c'eft d'aller à la damnation, & que ceux que Dieu y fauve échappent en quelque forte par miracle. Il y a deux voyes generales par lesquelles Dieu fauve des gens dans les communions qui font tres corrompües. J'appelle la premiere la voye de *feparation* ou de difcernement, & la feconde la voye de *tolerance*. La voye de *feparation*, c'eft quand Dieu fait la grace à ceux qui foat elevés dans ces fectes Idolatres de feparer le bon du mauvais, de fe nourrir du fuc de la parole de Dieu, des verités fondamentales, & de laiffer ce qui eft ajouté par deffus. Et cette feparation fe fait ou par une cognoiffance diftincte, ou par une heureufe ignorance. Par une connoiffance diftincte quand on fçait precifement l'opinion de la fecte errante & qu'on la rejette, fans pourtant fortir de la communion de cette fecte. Par une heureufe ignorance quand on ne comprend pas ce que veulent dire les docteurs & qu'on en demeure à une Idée generale.

Le fort naturel de ceux qui font dans le Papifme: c'eft la damnation.

Comment on peut feparer le bien du mal dans une fecte corrompue.

Par exemple, on peut affurer que dans le Papifme durant plufieurs fiecles, il y a eu une infinité de gens qui n'ont point compris la maniere dont on vouloit qu'ils creuffent que le corps de Jefus Chrift eft prefent dans l'Euchariftie, & qui malgré les efforts de leurs faux predicateurs, font demeurés à croire que l'Euchariftie étoit le facrement, c'eft à dire l'Image & le memorial de Jefus Chrift; En quoy ils croyoient être du fentiment de leur Eglife. Ce n'eft point un fait que l'on fuppofe en l'air, on parle après l'experience ; Et puis que dans le fiecle prefent dans lequel les controverfes font fi émües, & le fonds de la queftion fi fort cognu de tout le monde, on a trouvé de ces gens, comment n'y en auroit il pas eû dans ces fiecles durant lesquels l'Eglife Romaine, n'eftant point en garde du cofté de ceux qu'elle appelle heretiques negligeoit d'inftruire fes peuples. Deja l'on fçait que dans tous les fiecles precedents l'ignorance étoit profonde: Ces fortes de dogmes, tel qu'eft la prefence reelle avec fes fuittes ne fe peuvent établir dans un efprit que par une longue & exacte inftruction qui forme un prejugé, & une fauffe foy.

Une infinité de gens ont vecu dans l'Eglife Romaine fans fçavoir qu'on y croyoit la tranffubftantiation.

foy. C'est pourquoy il est assez facile à comprendre que les peuples dans le Papisme étant abandonnés à eux mesmes ne se portent pas naturellement dans un sentiment qui fait tant de violence à l'Esprit. Ils s'entenoyent à des termes generaux, ils croyoient que c'étoit le corps de Jesus Christ autant qu'un petit morceau de pain le peut étre, & ces ignorants ne le croyant point Dieu, ne pouvoient luy rendre une adoration souveraine, à moins qu'ils ne fussent d'une souveraine brutalité. Peut étre que Dieu a sauvé ces Sortes de gens si d'ailleurs ils ont eté pieux, devots & sinceres dans leur simplicité.

Pour ce qui est de ceux qui faisoient separation de la verité d'avec l'erreur par une cognoissance distincte, il faut distinguer les temps.   Durant les siecles de la profonde ignorance, quand le Papisme occupoit presque le monde entier, on ne peut douter que Dieu n'ait sauvé ceux qui connoissant la verité & rectifiant leur culte autant que cela se pouvoit sont demeurés dans la communion de cette secte corrompüe ; parce qu'il y avoit une impossibilité absolüe à eux de se separer & de former une autre communion : à cause qu'ils ne se connoissoient pas mutuellement, & qu'il n'y avoit pas encore de banniere elevée sous laquelle ils pussent se ranger.   Aujourd'huy que Dieu a rallumé le flambeau de la verité, & qu'on sçait où trouver une communion pure, il est indubitable que ceux qui demeurent dans une communion Idôlatre, se contentant de rectifier & de diriger leurs intentions risquent visiblement leur salut, & se rendent indignes de la grace de Dieu.

Ceux qui demeurent dans le Papisme en pouvant sortir sont dans un peril certain de la damnation.

Il faut distinguer les lieux aussi bien que les temps ; Encore à present il y a des pays où ceux qui connoissent la verité n'en sçauroient faire une ouverte profession. l'Espagne par exemple, retient ses peuples dans ce qu'elle appelle l'unité de la foy, par la terreur du cruel tribunal de l'Inquisition ; les hommes y sont perpetuellement nourris dans une aversion effroyable pour ceux qu'on appelle *Lutheriens*, sans pourtant rien sçavoir de ce que les Lutheriens croyent.   Il ne seroit pas impossible que plusieurs de ces gens distinguassent l'erreur de le verité, s'ils avoient la liberté de lire l'escriture sainte.   Mais n'estant pas en lieu où ils pussent donner gloire à Dieu, il est apparent que Dieu auroit pour eux

une

une plus grande tolerance que pour ceux qui eſtant proche des lieux où la reformation eſt établie, ſe tiennent pourtant dans la communion de l'erreur par une tres criminelle diſſimulation. Cependant comme les ſaints Peres n'ont pas voulu regarder comme des reprouvés tous ceux que la crainte de la perſecution retenoit dans l'Arrianiſme contre les mouvements de leur conſcience, nous voulons bien laiſſer au jugement de Dieu le ſort de ces diſſimulateurs.

Mais nous ſonhaitons qu'on face une grande diſtinction entre ces gens la & ceux qui par une lacheté inexcuſable quittent par crainte ou par des intereſts mondains la profeſſion de la verité, pour s'aller jetter dans une ſecte infiniment corrompüe ; bien perſuadés en leur conſcience qu'ils abandonnent la verité. Pluſieurs perſonnes dans ces dernieres perſecutions abuſant de ce que nous ne voulons par damner univerſellement tous ceux qui ont vêcu dans l'Egliſe Romaine, concluent que, ſelon nous, on y peut faire ſon ſalut. Et ſur ce principe ils ſuivent ce que leur avarice & leur intereſt leur dicte. Mais ils doivent ſçavoir qu'il y a une difference infinie, entre être né dans l'erreur, être elevé dans des prejugés qu'on ne doit point rompre avec l'Egliſe bien qu'elle erre, tolerer ſes erreurs dans cette veüe ; & ſortir d'une communion pure, abjurer la verité & la blaſphemer à la veüe de toute la terre, faire profeſſion publiquement de faire des choſes que l'on ne croit pas. Il faut étre perdu pour ne pas voir la difference qu'il y a. Ce dernier crime eſt aſſurement une branche du peché contre le S. Eſprit. Je ne ſçay ſi on en revient, mais je ſçay bien que n'en revenant pas on ne peut eſperer ni grace ni miſericorde. S'aller proſterner devant l'Idole ſçachant que c'eſt une Idole, c'eſt un crime pour lequel il n'y a pas de pardon : on a beau diriger ſon intention & la detourner ailleurs. C'eſt une diſſimulation infame dont Dieu & les hommes ont horreur. Voila ce qui regarde la voye de *ſeparation*.

Pour ce qui eſt de la voye de tolerance, on ne peut douter que Dieu ne s'en ſoit ſerui & ne s'en ſerue pour ſauver des hommes dans les communions corrompües. Dieu tolere des pechés dans ſes élus, pourquoy ne tolereroit il pas des erreurs, puiſque les erreurs ſont des pe-

Ceux qui laiſſent une religion pure pour ſe jetter dans le Papiſme ne peuvent eſperer aucun ſalut.

Dieu ſauve des hommes dans des communions errantes, en les tolerant,

pechés? Mais, dit on, Dieu ne pardonne pas des pechés dont on ne se repent jamais. Je repond qu'il y
a deux sortes de repentance. Une *distincte* & l'autre *implicite*. Nous nous repentons en general de nos pechés,
nous en demandions pardon tous les jours par cette priere
quotidienne, *pardonne nous nos offences*. Il est impossible
que nous facions une application particuliere de cette
demande generale à tous nos péchéz, car nous ne les
cognoissons pas tous, & ne les cognoissant pas nous ne
pouvons pas dire que nous nous en repentons. C'est
dans cette vüe que le prophete David disoit, *pardonne
moy mes fautes cachées* Et cette observation peut étre
appliquée non seulement à ces pechés que l'Ecole Romaine appelle *veniels*, mais à d'autres qui dans leur matiere sont tresmortels: un homme a eté enlevé par des
barbares dans l'enfance. On le ramene en son pays.
Il n'y cognoit ni pere ni mere, ni parents, il y épouse
sa sœur, il vit avec elle dans un inceste abominable.
Il ignore ce qu'il fait, il est dans la bonne foy. Qui
peut douter que Dieu n'ait pitié d'un tel homme, au
crime duquel la volonté n'a part que parce qu'il est
dans l'ignorance? Cêt homme mourra sans se repentir ;
Ce seroit pourtant temerité que de prononcer qu'il est
damné. Si la bonne foy peut tant faire dans les pechéz
qui sont contre la charité, pourquoy ne feroit elle rien
dans ceux qui sont contre la foy?

Cependant il ne faut pas outrer cette maxime, comme
font les libertins, ni s'imaginer que Dieu puisse tolerer
des erreurs aussi abominables dans leur genre comme
peuvent étre certaines actions dans le genre des crimes,
sous le pretexte de la bonne foy. Et la raison de cette
difference, C'est que dans ces crimes abominables
que l'on commet par ignorance il peut y avoir un ob
stacle invincible à s'esclaircir de la verité des faits.
Tel est l'exemple que je viens d'apporter de cêt homme
qui epouse sa sœur. C'est pas une ignorance invincible.
Mais il n'y a pas d'erreurs qu'on puisse appeller abominables & fondamentales sur lesquelles il ne soit tres possible de s'eclaircir par la lecture de l'Ecriture sainte &
en étudiant la revelation avec un esprit d'humilité & de
bonne foy. C'est pourquoy ceux qui errent aujourd'huy
ne pourront se sauver par leur ignorance & à la faveur
                                                    de

de leur bonne foy. Car la bonne foy n'excuſe que
quand on eſt dans une impoſſibilité inſurmontable de
s'eſclaircir de la verité.

Mais quoy que la bonne foy ne ſerve pas à tout en
matiere d'erreur, il ne faut pas conclurre qu'elle ne ſert
à rien. Dans toutes les erreurs qui ne ruinent pas le
fondement, dans des cultes vains & meſme ſuperſtitieux, il n'y a aucun lieu de douter que Dieu ne tolere
beaucoup en conſideration du zele, de la bonne intention,
& de l'amour divin, qui peut étre dans une ame ſimple
& mal inſtruitte. Mais de definir juſqu'où Dieu porte
cette tolerance, c'eſt ce qu'a mon ſens il s'eſt reſervé à
lui ſeul, & qu'on ne ſçauroit entreprendre de definir
ſans temerité; par ce que cela depend de cent choſes que
Dieu ſeul cognoit; & parce qu'il a des voyes d'arriver
à ſon but qui nous ſont entierement inconnües. Nous
pouvons mieux ſçavoir juſqu'où ne s'etend pas cette
tolerance, que juſqu'où elle s'etend. Par exemple il n'y
a nulle apparence que la tolerance de Dieu s'etende juſqu'à ceux qui ont été les Autheurs de ces honteuſes ſuperſtitions leſquelles des honnorent la Religion Chrétienne, comme ſont ces miſerables Moynes qui ont mis
les creatures preciſement dans la place de Dieu, qui ont
inventé tant de cultes idôlatres, & abîmé la Religion
dans un ocean de fables. l'Eſprit de reprobation eſt ſi
viſible dans leurs productions qu'il eſt difficile de douter
qu'ils n'ayent été reprouves. On ne ſçauroit croire non
plus que la tolerance de Dieu s'eſtende à ceux qui
n'eſtant pas les autheurs de ces abominables ſuperſtitions en ont été les deffenceurs, les protecteurs & qui
les ont multipliés. Tous ces conducteurs aveugles qui
conduiſent les autres aveugles tombent les premiers dans
la foſſe. Encore moins peut on juger charitablement de
ces cruels perſecuteurs qui ſous pretexte de bonne intention & de zele perſecutent la verité & ceux qui en ſont
profeſſion: ou il faut croire que ces gens la ſont dans le
chemin de la mort, ou il faut croire que Saul perſecuteur de l'Egliſe etoit dans la voye de ſalut. Il n'y a
point de ſalut non plus, pour tous ces faux docteurs qui
retiennent la verité en injuſtice, qui la connoiſſent, qui
la combatent & laiſſent courir les hommes dans le chemin des tenebres, en ſupprimant la lumiere qu'ils ont

La bonne foy excuſe pourtant en matiere d'erreur pourvu que l'erreur ne ſoit pas mortelle.

On ne peut bien preſumer du ſalut de ceux qui ont corompu la Religion, comme ont fait les moynes.

L trou-

trouvée. Il n'y a pas de falut non plus pour tant de
miferables revoltés qui fe font laiffé feduire, moins par
de mauvaifes raifons, que par leur paffions. Ils croyent étre dans la bonne foy, & s'etre rendus à de certains éclairciffements qu'ils fe font fait donner ; mais la
verité eft, qu'ils croyent par ce qu'ils veulent croire.
Leurs paffions font les veritables caufes de leurs faux
jugements. Ie ne diftingue pas ces gens la de ces autres
revoltés qui font dans la mauvaife foy, qui fuivent l'erreur, & qui le fcavent bien.

Il faut auffi appliquer à cette voye de tolerance par
laquelle Dieu fauve les hommes dans les communions
errantes, la diftinction des lieux & des temps que nous
avons appliquée à la voye de feparation. Car il eft certain que Dieu portoit bien plus loin fa tolerance dans les
fiecles paffés qu'il ne fait en celuici parce qu'alors les
hommes n'avoient prefque point de moyen de fe garantir
de l'erreur. On arrachoit au peuple l'efcriture par une
pure violence, on le nourriffoit dans une haine pour la
verité : on ne permettoit pas mefme qu'il la cognuft,
de peur qu'en la lui propofant à deffein de la lui faire
haïr, il ne vint à l'aimer en la cognoiffant. Il eft apparent auffi que Dieu porte fa tolerance beaucoup plus
avant dans les pays où le Papifme exerce toute fa tyrannie que dans les lieux où la reformation a rallumé le
flambeau de la verité Non qu'il y fauve plus de perfonnes, car dans ces pays d'inquifition, on n'y voit aucune piete, mais par ce qu'il y tolere plus d'erreurs dans
ceux qui d'ailleurs craindroyent Dieu fincerement :
M. Nicole prononce contre nous une fentence terrible,
c'eft que parmy nous, il n'y a ni foy, ni charité : le
fondement de cêt Arreft temeraire n'eft pas comme : il
l'advoüe lui mefme que nôtre conduitte foit pleine de
defordres : mais c'eft la fauffe fuppofition que nous fommes hors de l'Eglife. Quant à nous, nous prononcons
fur un fondement plus feur, que dans les lieux où le Papifme eft encore dominant, il n'y a aucune veritable
pieté ; C'eft fur fe qui fe voit : l'Italie & l'Efpagne font
des lieux où il n'y a gueres plus de veritable vertu qu'en
Turquie. Et ce n'eft pas une petite marque de reprobation dans fette fecte.

Cha-

Dieu tole-
re plus
dans un
temps &
dans un
lieu que
dans un
autre.

CHAPITRE XXI.

Que de nôtre syfteme de l'Eglife il ne s'enfuit pas
„ *qu'on puiffe demeurer fans rifquer fon falut dans*
„ *des communions engagées dans l'erreur : en quel*
„ *temps & en quelles circonftances il eft neceffaire*
„ *de fe feparer des communions qui font dans l'er-*
„ *reur, &c.*

Que nous avons dû quitter l'Eglife Romaine, bien que
nous cognoiffions que Dieu s'y eft autre fois confervé
des élûs.

NOus avons divifé l'objeſtion principale qu'on
peut faire contre nôtre Idée de l'Eglife en cinq
articles. L'examen que nous venons de faire du premier, nous donnera bien de l'ouverture pour l'eclair-
ciffement des quatre autres. Le fecond eft que fi l'enceinte generale du Chriftianifme renferme toutes
les feſtes, fi Dieu fe conferve des élûs dans toutes les communions, il femble qu'il ne foit point
du tout neceffaire de paffer de l'une à l'autre, encore que celle où l'on fe trouve foit mauvaife & qu'on
la connoiffe pour telle. Car enfin puis qu'on peut
être fauvé par tout, il importe affez peu où l'on
foit, & quand d'ailleurs des confiderations ou d'intereft
ou de fcandale obligent un homme à fe tenir où il eft
il y doit demeurer, puis qu'il y peut demeurer en feureté. Et cela mefme femble nous convaincre de fchifme ;
car nous ne devions pas nous feparer de l'Eglife Romaine, puifqu'on s'y peut fauver, nous n'aurions en y
demeurant rien fait contre nôtre falut, felon nos principes, & nous aurions beaucoup fait pour la paix de
l'Eglife, & pour la confervation de la charité, voila ce
qu'on nous donne pour une grande difficulté.

Premierement cette objeſtion fuppofe une chofe fauffe
& qui a-eté fuffifamment eclaircie dans les derniers
châpitres : C'eft qu'on fe puiffe fauver, felon nous, dans
toutes les communions qui veulent être appellées Chrétiennes. Nous ne difons pas cela ; puifque, felon nous,
Dieu ne fe conferve ordinairement des élûs que dans

En quelles occafions on peut eftre fauvé fans fe feparer d'une feſte tres corrompue.

les

les focietés qui retiennent, les verités fondamentales.
Il eſt vray que Dieu ſe peut conſerver des elûs dans les
focietés heretiques par voye de ſeparation, & cela de
deux manieres. La premiere eſt quand les ſimples trompés par l'ambiguité des termes demeurent dans la pureté de la foy en expliquant les propoſitions des heretiques en un ſens orthodoxe. La ſeconde quand les fideles par eſprit de timidité n'oſent rompre le lien de l'u-
nion externe pour la crainte de quelque mal temporel
dans lequel ils s'engageroient ou de quelque peril ſpirituel auquel ils s'expoſeroient, ſelon leur penſée. Les
premiers ne ſont pas dans la neceſſité de ſe ſeparer des ſocietés heretiques pour être ſauvés, parce qu'ils les croyent
orthodoxes non par une erreur de droit, mais par une
erreur de fait. Ils ſont dans une ſocieté heretique, ſans
participer à l'hereſie. Les ſeconds qui connoiſſent l'hereſie,
& qui la rejettent ſont indubitablement obligés de ſortir de la communion heretique dans laquelle ils ſont,
ſur tout ſi cela leur eſt poſſible. Car les commandements affirmatifs n'obligent à des actions externes que
ſous la condition de la poſſibilité, & par conſequent ils
n'obligent pas dans toutes les circonſtances. Au lieu
que les commandements negatifs obligent toujours,
parce quils ſont toujours poſſibles. Si l'on eſt obligé de
donner l'aumoſne, c'eſt ſeulement quand on à dequoy
donner. Mais on eſt obligé de ne derober jamais par
ceque jamais on ne peut être dans l'impoſſibilité de ne
pas derober. Ainſi l'on eſt obligé de croire les verités

**On eſt tou-
ſiours obli-
gé de croire
les verités
fondamen-
tales, mais
on ne peut
pas tou-
ſiours les
confeſſer.**

fondamentales, & l'on eſt obligé de les croire dans
toutes les circonſtances, quoy que ce ſoit par un commandement affirmatif, par ce que jamais il ne peut être
impoſſible de croire la verité. On eſt obligé auſſi de
rejetter toujours les erreurs fondamentales, par ce qu'il
ne peut jamais être impoſſible de ne le pas faire. Mais
il ne peut être de neceſſité abſolüe de confeſſer hautement
la verité & de ſe ſeparer d'une communion errante, en
ſe joignant à une autre communion, parce que cela n'eſt
pas toujours poſſible : les ſimples qui du temps des Arriens
habitoient dans le fonds de l'orient, & dans le centre
de l'Arrianiſme pouvoient avoir conſervé verité. Mais
s'ils euſſent voulu aller ſe joindre à une autre communion ils ne l'auroient pu, car ils n'auroient ſçeu où la
trou-

trouver. Ce n'eſt pas qu'en ſe ſeparant d'une communion heretique il ſoit toujours neceſſaire de ſe joindre
à une autre communion. Quand ceux qui ſortent de
l'hereſie ſont eux meſmes en aſſés grand nombre pour
former une Egliſe, ils ſont obligés de le faire; Mais
un particulier peut prendre patience, juſqu'à ce que
Dieu luy face trouver lieu à conteſſer la verité & en
attendant il ne doit communiquer a l'erreur, ni de
bouche, ni de cœur, ni la croire, ni la conteſſer.

Entre les ſectes qui ont renverſé le fondement, il y
en a quelques unes qui l'ont renverſé tout entier, &
qui par conſequent ne meritent plus du tout le nom
de communions Chréciennes, telles étoyent autrefois
les anciennes hereſies qui ont eû cours dans les trois
premiers ſiecles de l'Egliſe, tel eſt aujourd'huy le Mahumetiſme: & telles ſont certaines ſectes abominables,
comme les Libertins, les Antinomiens, & quelques
ſectes Fanatiques. Comme il eſt impoſſible de ſe ſauver en aucune maniere dans ces ſectes, il eſt toujours
neceſſaire d'en ſortir ſi l'on veut être ſauvé. Car premierement on n'y peut pas étre ſauvé à la faveur des
equivoques, les abominables doctrines de ces heretiques
n'eſtant en rien ſemblables à la doctrine de l'Egliſe, ni
dans le fonds, ni dans les termes. On ne peut non
plus y demeurer en diſſimulant pour un temps: Car les
ſectes où l'on peut demeurer juſqu'à ce que l'occaſion
ſe preſente d'en ſortir ſont celles où il eſt facile de ſeparer le bon d'avec le mauvais, & où ce qu'il y a de
bon ſuffit pour nourrir l'ame. Dans l'Arrianiſme la
parole de Dieu étoit demeurée, elle étoit preſchée purement & dans ſon vray ſens, à l'exception d'un ſeul
article. Les ſacrements y étoient auſſi demeurés en
leur entier, le gouvernement y étoit le meſme que celuy des Egliſes orthodoxes. Il étoit donc facile d'adherer à ce qu'il y avoit de bon en attendant l'occa
ſion de rompre. Mais dans les ſocietés qui ont rejetté
tout le fondement, où la plus grande partie, ce qui
reſte n'eſt plus ſuffiſant. Où il n'y a plus de parole de
Dieu, plus d'aſſemblée, plus de ſacrements, il n'y a
plus de nourriture pour l'ame. Nous avons dit que les
ſectes auſquelles on peut faire l'honneur de les conter
pour parties de l'Egliſe univerſelle & de croire que

L 3   Dieu

marginal note: Il eſt toujours neceſſaire de ſortir des ſectes qui ont entierement ruiné le fondement.

Dieu s'y conferve des élûs, font celles qui font corps dans le monde, qui en occupent une partie confiderable, & qui ont forme d'Eglife. S'il y a aujourd'huy des fectes qui n'ayent pas ce caractere, qui n'ayent ni verité ni forme d'Eglife, ni etendüe, ni gouvernement Ecclefiaftique, il eft conftant qu'on eft obligé d'enfortir fous peine d'eternelle damnation. Un homme qui demeureroit aujourd'huy dans le Socinianifme ne pourroit efperer de falut, parce que cette fecte n'a ni verité, ni etendüe, ni forme d'Eglife. On eft donc toujours obligé d'en fortir foit qu'on en connoiffe les erreurs, foit qu'on ne les connoiffe pas. Car quoy qu'on ne les connoiffe pas on eft pourtant obligé de les connoitre, c'eft à dire de s'en inftruire

On doit fe feparer des communions errantes d'une feparation pofitive, ou negative

Apres avoir confideré ce qu'on doit faire à l'egard des focietés qui ruinent le fondement quand on s'y trouve engagé, il faut voir ce qu'on eft obligé de faire à lefgard de celles qui confervent le fondement. Il faut fe fouvenir que nous en avons fait deux claffes : les unes qui confervent le fondement, & qui ne baftiffent deffus que des erreurs legeres ou mediocres, ou qui du moins laiffent le fondement en fon entier ; les autres qui bâtiffent des erreurs mortelles, capitales, & qui ruinent le fondement que l'on avoit retenu. Des premieres focietés, c'eft à dire des focietés qui confervent le fondement, & dont les erreurs en elles mefmes ne font pas mortelles quoy qu'elles foyent confiderables, il eft certain qu'on s'en doit pourtant feparer par une feparation ou *pofitive*, ou *negative*. *Pofitive*, s'adjoignant a une autre focieté plus pure s'il y en a une laquelle on puiffe aifement rencontrer. *Negative* tout au moins en n'adherant ni de cœur ni de bouche aux erreurs qui font dans une communion.

Certaines erreurs font mortelles en certaines circonftances & ne le font pas en d'autres,

Sur cela il faut obferver qu'il y a des erreurs qui ne font pas mortelles quand on y eft né, & qu'on y perfevere de bonne foy car la bonne foy qui ne fert de rien dans les herefies qui oftent & enlevent le fondement, peut certainement fervir beaucoup dans les erreurs qui ne renverfent pas, & n'enlevent pas le fondement de la Religion. Mais ces mefmes erreurs que Dieu tolerera dans des perfonnes qui y auront cté clevcés, & qui y feront de bonne foy damneront un homme qui les foutiendra de mauvaife

foy,

foy, ou qui les embraſſera par un choix abſolument libre de ſa vôlonté. Nous avons une preuve evidente de cela dans un exemple que nous avons apporté cy devant, c'eſt celui de l'Egliſe Iudaïque uouvellement convertie au chriſtianiſme. Elle étoit enteſteé de ce faux principe, que l'alliance legale devoit etre éternelle, que l'obſervation de la loy Moſaïque étoit abſolument neceſſaire pour le ſalut. Cette erreur ne detruiſoit pas le fondement du chriſtianiſme, car cela n'empechoit pas qu'on ne crut en Ieſus Chriſt le veritable Meſſie fils de Dieu, Dieu lui meſme comme ſon pere, le Redempteur du monde; cependant c'étoit un erreur ſi conſiderable que l'apôtre S Paul ne fait pas de difficulté de dire *qu'elle anéantiſſoit la grace*, & que ceux qui etoient circoncis n'avoient rien à eſperer de Ieſus Chriſt. Mais ce qui eût damné les Payens qui l'auroient embraſſé étoit toleré de Dieu dans les Iuifs à cauſe qu'ils étoient nés dans la Religion Iudaïque, & que les prejugés de ſa neceſſité leur avoyent eté inſpirés par leur naiſſance & par leur education. On n'eſtoit pas obligé de ſe ſeparer de la communion de cette Egliſe Chrétienne Iudaïque, quoy que ce fût une Egliſe errante.

Dans ces ſocietés Chrétiennes qui retiennent le fondement & qui baſtiſſent deſſus des doctrines fauſſes quoy que ce ne ſoient pas de erreurs fondamentales, il faut mettre de la diſtinction entre celles qui n'ont ni l'advantage de l'etendüe, ni celui de la durée & celles qui ont l'une & l'autre. Car il eſt certain qu'on doit garder de beaucoup plus grandes meſures avec celles cy qu'avec celles la. Et on y doit tolerer beaucoup plus de choſes. Par exemple ſi l'Egliſe Romaine n'avoit que des erreurs mediocres & qui ne ruinaſſent pas le fondement, nous aurions eté obligés pour le bien de la paix de tolerer beaucoup de choſes. Nous n'aurions pas dû nous taire ſur ces erreurs, quoyque nous ne les euſſions pas conſiderées comme fondamentales. Mais on auroit dû en pourſuivre la reformation ſans paſſer à la ſeparation. Mais on n'eſt point obligé de garder les meſmes meſures à l'egard d'une ſocieté qui ſe ſeroit formée depuis peu, & qui n'auroit pas d'eſtendüe; on eſt obligé de s'en retirer & on le peut faire ſans violer les loix de la charité.

On doit beaucoup plus tolerer dans une egliſe qui a l'antiquité & l'eſtendue que dans les communions qui ne l'ont pas.

Il

On ne peut jamais faire profession de croire comme verité ce que l'on regarde comme erreur.

Il peut y avoir des sectes errantes, d'erreurs qui ne ruinent pas le fondement dans les quelles on peut demeurer y etant né ; C'est à dire, communier aux mesmes sacrements, quoy que l'on reconnoisse & qu'on sente ses erreur ; pourvû qu'on face profession de renoncer aux erreurs de la secte. Par exemple un homme né dans la communion des Lutheriens, & qui n'est pas en lieu commode pour se pouvoir joindre à des assemblées reformées peut communier avec les Lutheriens entre les quels il est né. Mais il ne sçauroit faire profession de croire tout ce qu'ils croyent s'il est dans une autre opinion. C'est trahir sa conscience & la verité, crimes qui ne se pardonnent pas. Il y a bien de la difference entre tolerer une erreur, & faire profession de la croire comme une verité, quand en effet on ne la croit pas telle. On peut faire le premier quand on est engagé par la naissance dans une communion, mais on ne sçauroit faire le second en quelque lieu & en quelque etat que l'on soit. C'est pourquoy ceux la se trompent infiniment, qui de ce que nous offrons la reünion aux Lutheriens concluent que nous sommes prets à rentrer dans leur communion pour faire profession de croire ce qu'ils croyent sur l'Eucharistie. Cela signifie seulement que nous voulons bien communier avec les Lutheriens pourvû qu'ils ne nous obligent pas à renoncer à nos sentimens, & que nous voulons bien les recevoir à communier avec nous, sans abjuration des dogmes qui les distinguent de nous.

La plus grande difficulté n'est pas sur ce que l'on doit faire à l'egard des societés Chrestiennes qui conservent le fondement & qui ne le ruinent point par d'autres doctrines. C'est pourquoy il n'est pas necessaire d'en dire d'avantage. Il est peut être plus difficile de determiner ce qu'on doit faire quand on est engagé dans ces societés qui renversent le fondement par les doctrines qu'elles ont bâties dessus. Et ce qui fait la difficulté est que nous avons avoüé que Dieu y sauve des gens, & par voye de separation, en leur faisant la grace de separer la verité de l'erreur, pour se nourrir de la premiere, & rejetter la seconde ; & par voye de tolerance parce qu'il tolere les erreurs & les superstitions des ames qui d'ailleurs aiment Dieu, & cherchent

chent fincerement leur falut. Si cela eſt ainſi il ſemble
que jamais il ne puiſſe y avoir de neceſſité à s'en ſeparer : ſur tout quand d'ailleurs la ſeparation entraiſne
apres elle des ſçandales, des guerres, des effuſions de
ſang, des cruautés, & des inimitiés mortélles entre les
Chrétiens. Ce qui fait un ſi grand obſtacle à l'avan-
cement du Chriſtianiſme.

La deſſus Premierement il faut ſe ſouvenir de ce que
nous avons dit que ſi Dieu ſauve quelques hommes dans ces
ſocietés, c'eſt par une eſpece de miracle, & pour ne pas
laiſſer tomber les promeſſes qu'il a faites que la terre ne ſeroit jamais ſans avoir d'elûs. Ces ſectes en elles mêmes ſont
damnables, s'y engager, naturellement c'eſt s'engager dans
le chemin de la damnation & courir au precipice. Dieu
par miracle à garanti quelques perſonnes de tomber
dans les precipices, où ces religions conduiſent, s'enſuit il donc qu'on ne doit pas montrer aux hommes un
·chemin ſeur, & leur preparer une communion dans
laquelle non ſeulement on puiſſe être ſauvé, mais dans
laquelle on ſoit neceſſairement ſauvé, moyennant qu'on
ait de ſa part une charité qui reponde à la pureté de la
foy dans laquelle cette communion inſtruit? Un pays
eſt plein de maladies contagieuſes, l'air y eſt ſouve-
rainement mal ſain, les hommes y meurent continuellement: mais parmi ceux qui ſont ſurmontés par la force
de la contagion quelques gens d'un temperament plus
fort échappent la mort. Faut il à cauſe de cela laiſſer
viure ce miſerable peuple dans ce pays infecté? La
charité & la raiſon ne diſent elles pas qu'on le doit
conduire dans un pays ſain doux & habitable? Deja
cette conſideration ſuffit pour montrer qu'on à du reformer l'Egliſe auſſi toſt qu'on l'á pû faire ; Et qu'on
a eté obligé de quitter l'Egliſe Romaine auſſi toſt
qu'on a pû former une autre communion. Un homme
que diroit de ce pays infecté où les hommes ne pourroient vivre ; quoy quil enſoit, il y a dans ce pays de
deux ou trois mille perſonnes une qui reſiſte au poiſon ;
c'eſt pourquoy je ne m'en retireray pas : Cêt homme
la ne tenteroit il pas Dieu evidemment, & ne ſeroit
il pas coupable de ſa mort? C'eſt preciſement ce qu'on
devroit dire d'un homme qui ne ſe voudroit pas tirer
d'une ſecte qui a renverſé les fondements, ſans les rejet-

*Si quel-
ques gens
ont eſté
ſauvés
dans le Pa-
piſne c'eſt
par mira-
cle, & cela
ne diminüe
pas la ne-
ceſſité
d'en ſortir.*

ter, fous pretexte que de noftre aveu il peut y avoir eu la de dans quelques gens fauvés.

L'eftat, de corruption eft à l'Eglife un eftat violent d'ou l'on eft obligé de la retirer auffi toft qu'on le peut.

Secondement il faut confiderer que cet état de corruption dans lequel eft l'Eglife au millieu d'une communion, qui a renverfé les fondements du Chriftianifme fans les rejetter, qui eft Idolatre fuperftitieufe & heretique, eft un eftat violent contraire aux ordres de Dieu & à fa volonté. Or n'eft on pas toujours dans une obligation indifpenfable de remettre, quand on le peut, l'Eglife dans fon état naturel, & de fe conformer à la volonté de Dieu? Ne feroit ce pas raifonner follement que de dire d'une focieté fouverainement corrompüe de mœurs: quoy qu'il en foit il y a un refidu la dedans felon l'election de grace bien que ce refidu foit invifible, & puis qu'on s'y fauve il ne faut point travailler à la reformer. Un homme eft malade mortellement, il n'eft pourtant pas mort, il y a encore en luy quelques principes de vie qui font fains, donc il ne faut pas travailler à le guerir: une maifon eft en ruine, elle tombe de toutes parts, cependant elle a encore quelques bons fondements, donc il ne faut pas travailler à la reparer. Affurément on feroit infenfé fi l'on raifonnoit ainfi. C'eft pourtant ainfi qu'on raifonne contre nous par nos principes. L'Eglife Romaine a confervé les fondements de la religion Chrétienne; cette communion n'etoit par encore tout à fait morte, cette maifon n'eftoit pas encore tout à fait tombée, donc il n'y faloit pas toucher, donc il ne la faloit pas reformer. On pouvoit travailler à la reformer, dit on, mais il ne faloit pas s'en feparer. Et n'avons nous pas demandé la reformation, ne la demandons nous pas encore? des gens s'appercoivent qu'une maifon tombe, fentent qu'on eft ecrafé fous les ruines, demandent qu'on la retabliffe, on leur refufe leur jufte demande. Ne font ils pas obligés parce qu'ils doivent à leur propre confervation de fe retirer de cette maifon, & de n'y rentrer jamais?

Encore qu'autre fois il y ait eu des gens fauvés dans l'Eglife Romaine il ne s'enfuit pas que cela foit encore aujourd'huy.

De plus quand nous difons qu'il y a eu des gens fauvés dans l'Eglife Romaine nous avons diftingué les lieux & les temps. Il y a eû un temps dans lequel il étoit abfolument impoffible aux particuliers de s'en feparer, parcequ'il n'y avoit pas de focieté à laquelle

ils

ils puſſent ſe joindre , n'y de perſonne qui leur levaſt
une enſeigne pour ſe ranger deſſous , & pour former une
nouvelle communion. On laiſſe à Dieu de ſçavoir que
ſont devenus la plus part des hommes dans ce temps la.
Mais de puis que Dieu a fait naitre des occaſions de
ſe tirer de deſſous cêt amas de ſuperſtitions qui ont en-
ſeveli la religion Chrétienne c'eſt un crime tres grand
que de ne le pas faire. La tolerance de Dieu dans un
temps n'eſt pas la regle de ſa tolerance dans tous les
autres. Il ſupporta Abraham vivant en mariage avec
ſa ſœur , Jacob qui epouſa deux ſœurs , par un mariage
doublement contraire aux loix de l'ancienne inſtitution ,
& à cauſe de l'inceſte & à cauſe de la polygamie : s'enſuit il qu'aujourd'huy il aura la meſme tolerance , &
qu'on ſe pourra ſauver vivant en concubinage avec pluſieurs femmes ſes proches parentes , ou parentes les unes
des autres ?

Enfin ſur ce que l'on dit que puis qu'on ſe pouvoit
ſauver dans l'Egliſe Romaine nous ne devions pas rompre avec elle par un ſchiſme qui a cauſé tant de maux
& tant de ſçandales , nous répondons qu'il faut peſer
les maux ; & choiſir les moindres. Les maux qui ſont
venus de la rupture n'approchent pas de ceux qui
naiſſoient de l'union avec une Egliſe auſſi corrompüe
qu'eſtoit l'Egliſe Romaine. De noſtre ſeparation ſont
venües des perſecutions , des ſupplices , des guerres &c.
Ce ſont des maux temporels qui ne ſont rien au prix
des peines eternelles auſquelles s'engageoient , des
milions de pauvres ames qui vivoient dans l'Idolatrie.
Le ſçandale a eté grand : il eſt vray , mais c'etoit un
bien plus grand ſçandale de voir la religion Chrétienne
habilée à la payenne , les temples pleins d'Idoles &
d'Images qui faiſoient le ſçandale du Turc & du Juif.
Au moins aujourd'huy ces gens la trouvent dans le
monde des perſonnes qui leur apprennent que ces deſordres ne doivent pas être imputés à la religion Chrétienne ,
& que jamais noſtre Meſſie n'a commandé de ſe proſterner devant le bois & la pierre.

Quand le mal qui vient de la rupture eſt moindre que ce luy auquel on s'expoſe en demeurant dans l'uni-on il faut rompre.

CHAPITRE XXII.

„ *Que de nôtre systeme de l'Eglise, il ne s'ensuit pas*
„ *ni qu'on puisse communier dans toutes les sectes,*
„ *ni qu'on puisse successivement passer de l'une à*
„ *l'autre, ni qu'on les doive tolerer toutes. Re-*
„ *ponce aux principaux Sophismes par lesquels les*
„ *sectaires veulent établir la tolerance generale de*
„ *toutes les Religions.*

LE troisiesme article de la grande difficulté qu'on peut faire contre nôtre Idée de l'Eglise pour prou-ver qu'elle porte à l'indifference des religions, c'est celuy que M. Nicole exprime en ces termes. *Voila donc, selon M. Claude, deux sortes de communions permises car il étoit permis de communiquer avec les Berengariens, Henriciens, Vaudois, puis qu'ils étoient selon luy, les plus pures portions de l'Eglise: & il étoit permis de communiquer avec l'Eglise catholique puis qu'il n'y avoit pas encore de necessité de s'en separer. Il n'y avoit nulle obligation de passer de l'une à l'autre, & il est remarquable que M. Claude accorde cette permission à ceux mesmes qui faisoient la separation du bien & du mal, c'est à dire à ceux qui cognoissoient les pretendües erreurs de l'Eglise Romaine* Je ne sçay si M. Nicole entend que, selon nous, il fût permis de communiquer alternatoft tantoft avec les pre-tendus catholiques, tantôt avec les Vaudois: ou bien s'il entend qu'il y avoit alors deux communions diffe-rentes ausquelles on pouvoit adherer sans risquer son salut. S'il entend la derniere de ces deux choses nous avons repondu à sa difficulté quand nous avons expli-qué comment on peut étre sauvé dans des communions differentes. S'il entend la premiere, c'est precisement la difficulté à laquelle nous avons maintenant à repon-dre, sçavoir si l'on peut communiquer alternativement à des sectes differentes, par la participation aux mesmes sacrements. Si toutes les sectes sont égalemens dans l'Eglise, si elles sont toutes des membres de l'Eglise on pourra, dit on, seurement communier par tout, à

Rome

Rome avec les papiftes, à Londre avec les Epifcopaux, à Charanton avec les Prefbyteriens, en Suede avec les Lutheriens.

Il eft facile de repondre à cela en peu de paroles aprés toutes les diftinctions que nous avons apportées fur les articles precedents.

On ne fçauroit communier fans crime avec les fectes qui ont deftruit le fondement de la religion, quand mefme ces fectes n'erigeroient pas une abjuration de la verité. Car c'eft montrer qu'on a peu d'amour pour la verité, & peu d'averfion pour des herefies qu'on doit avoir en horreur que de communier avec ceux qui deffendent ces herefies. Quant aux fectes qui retiennent le fondement & qui ne le deftruifent point par des erreurs edifiées deffus, on peut en bonne confcience communier avec elles, pourvûque ce foit fans qu'on oblige ceux qui demandent la communion à faire profeffion des erreurs de la fecte. *On ne doit jamais communier avec des fectes qui ont renverfé le fondement.*

Il ne doit jamais être permis de trahir la verité & fa confcience, & ceux qui nous y voudroient obliger pour cela feul meritent que nous facions fchifme avec eux. Celuy qui peut en bonne confcience communier avec les Grecs, pourroit affeurement communier avec les Armeniens fe trouvant en Perfe, avec les Abyffins fe trouvant en Ethyopie, avec les Copthes, fe trouvant en Egypte; car les difference qui diftinguent ces fectes ne font pas éffentielles. Ceux qui communient avec les Prefbyteriens, fans difficulté peuvent communier avec les Epifcopaux. La difference entre ces deux partis n'eftant que dans le gouvernement, & dans quelques ceremonies qui ne vont pas à l'effence de la Religion. Aprés avoir communié avec les Reformés nous ne ferions pas de difficulté de communier avec les Lutheriens, parce qu'ils ont retenu ce qu'il y a d'effentiel dans les dogmes & dans les facrements, fans y avoir rien ajouté qui engage dans une pratique oppofée à celle de l'Eglife orthodoxe. *On ne doit jamais communier avec des fectes qui exigent l'abjuration de la verité.*

Pour ce qui eft des fectes qui renverfent le fondement par leurs additions fans l'ôter pourtant, il eft certain qu'on n'y peut communier fans peché, & afin de pouvoir efperer de Dieu quelque tolerance il faut premierement qu'on y foit engagé par la naiffance. II. Qu'on ne *Il ne peut étre permis aux proteftants de communiquer avec l'Eglife Romaine, quand mefme elle ne nous obligeroit pas à adorer.*

ne puiſſe communier avec aucune autre ſocieté plus pure.
C'eſt pourquoy il n'euſt pas eté permis de communier
tantôt avec les Vaudois, & tantôt avec les pretendus
Catholiques. III. Qu'on y communique de bonne
foy, croyant qu'elle a conſervé l'eſſence des ſacrements,
& qu'elle n'oblige à rien contre la conſcience. Car ſi
on croit qu'elle oblige à quelque choſe contraire à la
conſcience, en communiant on peche mortellement,
quand on participe à ſes ſacrements. C'eſt pourquoy il
ne nous peut être permis de communier alternativement
avec les pretendus Catholiques, & avec les reformés,
parce qu'eſtant dans les ſentiments des reformés nous
ſommes perſuadés que le papiſme nous oblige dans la
communion a bien des choſes contre la conſcience. Et
quand meſme le Papiſme ſe relâcheroit juſqu'à nous
permettre non ſeulement de croire, mais de faire ce
qu'il nous plairoit en communiant; C'eſt a dire de
ne pas adorer le ſacrement, Cependant nous ne pourrions communier avec l'Egliſe Romaine pendant qu'elle
obligera les autres à l'adoration. Car par la nous ferions cognoitre que, ſelon nous, c'eſt une choſe indifferente que d'adorer ou ne pas adorer le ſacrement.
Sentiment tres pernicieux, qu'on ne doit pas avoir, &
que nous ne devons jamais donner aux autres ni par nos
paroles, ni par noſtre conduitte.

On ne
ſçauroit en
bonne
conſcience
paſſer dans
une ſecte
dont on ne
croit pas ;
les dogmes
veritables.

Le quatrieſme article nous tiendra encore moins long
temps que le troiſieme. Il ſemble que ſi l'Idée de l'E-
gliſe renferme generalement toutes les ſectes on puiſſe
ſans ſcrupule paſſer d'une ſecte à l'autre, être tantôt
Grec tantôt Latin, tantôt Reformé tantôt Papiſte, tantôt Calviniſte tantôt Lutherien. Si l'on eſt bien par
tout on peut paſſer par tout, comme on peut ſe tenir
ſeurement par tout. c'eſt etablir l'indifference des religion. Dans le ſtyle du monde, paſſer d'une ſecte à
l'autre, c'eſt apres avoir fait profeſſion des opinions
d'une ſecte, aller faire profeſſion des opinions de l'autre.
En prenant le ſens de la difficulté ſelon cêt uſage ordinaire des termes, je dis que non ſeulement il ne peut
être permis de paſſer d'une communion orthodoxe à une
ſecte qui a renverſé & entierement ruiné les principales
verités fondamentales en y mellant des erreurs. Mais
qu'on ne peut ſans lacheté & ſans ſe perdre paſſer dans
une

une communion qui a des erreurs confiderables pour
faire profeſſion de les croire bien qu'on ne les croye pas.
Car jamais on ne peut ſans crime faire profeſſion de croire
des opinions, qu'on croit fauſſes fuſſent elles veritables;
à plus forte raiſon quand elles ſont fauſſes. Si par paſ-
fer dans differentes ſectes on entend y paſſer par voye
de ſeduction, & parce que l'on ceſſe d'etre perſuadé
de certaines opinions qu'on avoit auparavant regardées
comme veritables, je dis qu'on peut paſſer en differentes communions ſans riſquer ſon ſalut, comme nous
avons dit qu'on y peut demeurer. Car ceux qui paſſent
dans les ſectes qui ne ruinent ni ne renverſent le fondement ne ſont pas en autre etat que ceux qui y ſont nés.
Si ce n'eſt que leurs erreurs ſont moins pardonnables
eſtant plus volontaires. Mais quoy qu'il en ſoit, ſi les
erreurs ſont tolerables, Dieu ſans doute les pardonne
à celuy qui les embraſſe comme à celuy qui les a ſuc-
cées avec le lait Enfin ſi l'on entend qu'on puiſſe paſſer d'une ſecte à l'autre, de celles qui n'ont que des erreurs tolerables en communiant tantôt avec l'une tantôt
avec l'autre, ſans pourtant adherer aux erreurs qui peuvent étre dans l'une ou dans l'autre ſecte. Je dis qu'on
le peut ſans crime, & qu'on le pourroit ſans ſcandale, ſi
l'uſage l'avoit ainſi etabli. Mais puiſque l'uſage le veut
autrement, je croy qu'on ſe doit tenir à une certaine
communion, parce qu'autrement on pourroit attirer ſur
ſoy un juſte blâme de legereté, & un ſoupçon de foibleſſe de foy. Cependant nous ne pretendons pas deffendre ce que nous venons de permettre ſçavoir de communier avec des ſectes differentes en differents lieux.
Quand une certaine communion qui n'a que des erreurs
tolerables, à laquelle pourtant nous n'avions jamais adheré, eſt la ſeule qui enſeigne le Chriſtianiſme, & qui
donne les ſacrements dans un pays, il eſt certain qu'on
peut prendre les ſacrements de ſa main, ſi elle ne les
a pas corrompu dans leur eſſence. Mais ſi dans un
meſme lieu deux ſocietes Chrétiennes ſont etablies, dont
l'une, ſelon nous, ſoit beaucoup plus pure que l'autre,
nous devons adherer à cette communion plus pure, &
ne pas voltiger de l'une à l'autre. Où la religion Lutherienne eſt la ſeule occupante, je ne ferois aucune
difficulté de recevoir les ſacrements par ſon miniſtere.

Mais

Mais dans un lieu où les deux communions seroient permises la Lutherienne & la Reformée, je suis obligé de communier avec celle cy, & je ne puis adherer à l'autre demeurant dans mes sentimens, sans une espece de scandale pour les infirmes.

De la tolerance des sectes. Que la veritable Idée de l'Eglise oblige a quelque tolerance.

Enfin le dernier article de la difficulté, c'est que nôtre Idée de l'Eglise semble porter à l'indifference des religions, parce qu'elle porte à la tolerance generale de toutes religions. Car si toutes les communions qui portent le nom de Chrétiennes sont l'Eglise, & de l'Eglise il faut tolerer toutes les sectes, & avoir pour elles un esprit de charité, les regardant comme des freres qui s'egarent, mais non pas pourtant comme des freres qui se perdent.

Il est certain que nostre Idée de l'Eglise porte à quelques tolerance, à Dieu ne plaise que nous nous en facions une honte. Nous ne voudrions pas regarder comme des reprouvés tous ceux qui s'escartent le moins du monde de la verité; ni mesme tous ceux qui nous excommunient. Toutes les voyes égarées ne menent pas necessairement à la mort, & nous nous sommes assés expliqués la dessus dans les chapitres precedents. Mais nous nions que nôtre Idée de l'Eglise porte à une tolerance Socinienne, l'un des plus dangereux dogmes qui soit né depuis la naissance des heresies.

Il ne peut être permis de tolerer les sectes qui ruinent les fondement.

Premierement il ne peut être permis de tolerer les societés qui ruinent les veritez fondamentales, elles donnent la mort selon nôtre Idée, & en permettre la propagation dans un pays, c'est exposer tout un peuple au peril de la mort eternelle; secondement nôtre Idée de l'Eglise ne porte pas mesme absolument à tolerer les sectes qui ne ruinant pas le fondement, defigurent pourtant la beauté de la religion par diverses fausses opinions, ou par des pratiques tres superstitieuses. Il s'ensuit bien de nôtre systeme de l'Eglise qu'on ne doit employer ni le fer ni le feu pour extirper ces sectes quand elles sont établies dans un pays; si elles retiennent les veritez essentielles au Christianisme on les doit considerer comme des parties malades & foibles, mais on ne les doit pas retrancher comme des parties mortes.

On peut empecher l'etablissement d'une secte, encore qu'elle ne ruine pas entierement les fondemens de la Religion.

Cependant il ne s'ensuit pas qu'on doive permettre l'establissement de ces sectes dans les lieux où elles ne
sont

font pas établies. Et ceux qui conservent chez eux l'u-
nité de la religion en supprimant toutes les erreurs naif-
santes ne sçauroient être blamés. Au contraire ils évi-
tent cette honteuse difformité qui nâît toujours de la
difference des religions. Bien que toutes les differentes
sectes qui partagent le Christianisme ne soyent pas toutes
des parties mortes, ce sont pourtant des parties malades,
& il est de la sagesse des superieurs de conserver non
seulement la vie mais la santé, autant qu'il est possible
dans toutes les parties d'un corps. Je dis autant qu'il
est possible; car souvent Dieu pour châtier son Eglise
permet que les schismes & les divisions se facent & se
fortifient avec tant de rapidité & de progrés qu'on n'y
peut plus remedier que par des moyens violents, par la
mort, le fer & le feu, moyens dont l'usage est entierement opposé à l'Esprit de l'Evangile & aux intentions
de Dieu.

J'ay distingué aussi les sectes à etablir, ou qui naissent Quand les sectes sont etablies, il n'est pas conforme a l'Esprit de l'Evangile de les extriper par la force.
de celles qui sont établies, la prudence Chrétienne doit
agir autrement contre celles cy, que contre celles la.
Quand une secte ne ruine pas la religion Chrétienne,
qu'elle entretient les fondements, qu'on y peut faire son
salut; & que d'ailleurs elle est nombreuse, qu'elle fait
un corps dans l'estat, & qu'il y auroit plus de peril en
la supprimant de faire plus de mal, & de causer plus
de scandales que sa suppression n'apporteroit de bien à
l'Eglise, il est indubitable qu'elle doit etre tolerée. Il
n'y a pas de regle dans le monde ni dans l'Eglise qui
oblige à couper un bras, seulement parce qu'il est malade: on essaye de le guerir. Sur tout si l'on a traitté
avec une secte, si on luy a donné des edits & des conces-
sions authorisées par les souverains, on n'est plus en droit
d'examiner si ses dogmes sont tolerables, ou ne le sont
pas. Car alors on est lié par les promesses, par les serments, & par le nom de Dieu qui est intervenu dans
les traittés. Pour ce qui est des sectes naissantes, c'est
à dire qui ne sont pas établies dans un pays, encore une
fois nous ne trouvons pas estrange que les souverains
qui ont soin & de la tranquillité de l'estat & de la pureté de la religion en empêchent l'establissement. La
diversité de sentiments fait nâître des controverses, &
des divisions qui ont leurs influences sur tout un etat.

M   Ce-

Cependant ce n'eſt pas la principale raiſon, car il peut
arriver que diverſes ſectes s'accorderont bien dans un
meſme pays pourvu qu'elles ſe ſoumettent toutes au gouvernement civil. En cela on doit avoir ſur tout egard à
la gloire de Dieu & à la verité dont la beauté reçoit de
grandes tâches de ce melange d'erreurs.

On ne doit
pas em-
ployer le
fer & le
feu pour
empecher
l'etabliſ-
ſement
d'une
ſecte.

Les ſectaires qui veulent une tolerance generale pour
toutes les ſectes, & dans toutes les circonſtances diſent
que ſelon ce principe, nous n'avons pas ſujet de nous
plaindre des moyens violents que l'on a emploiés en
divers lieux de l'Europe pour empeſcher l'etabliſſement
de nôtre reformation.   Mais nous repondons premierement, que nous avons ſujet de nous plaindre de la violence des moyens dont on s'eſt ſervi ; parce que nous
ne diſons-pas qu'il ſoit permis d'employer le fer & le
feu pour l'etabliſſement d'une ſecte : ſecondement nous
diſons qu'on a employé ces moyens, non pas contre une
ſecte à établir, mais contre une ſocieté deja formée.
Quand il y a des millions d'ames qui ſont dans un ſentiment on peut dire que la ſecte eſt établie. Or il y avoit dans
la France, dans l'Angleterre, & dans les Pays bas pluſieurs millions d'ames qui s'eſtoient jettées dans le parti
de la reformation à l'heure que l'on faiſoit ſervir les
plus cruels ſupplices à l'extirpation de cette hereſie pretendüe.   Enfin nous repondons aux ſectaires qu'ils n'ont
jamais compris le ſens de cette maxime. *Nous pouvons
tout pour la verité & ne pouvons rien contre la verité.* Sur
ce que nous leur diſons que la prudence & la ſageſſe des
magiſtrats ſe pourroit & ſe devroit êtendre juſqu'à uſer
de leur authorité pour les empecher de dogmatiſer & de
repandre leurs mortelles hereſies & de vive voix, &
par écrit, ils nous répondent avec inſulte, que dans les
lieux où le Papiſte eſt dominant, il a donc le droit
d'employer auſſi l'authorité des magiſtrats pour nous
empêcher d'inſtruire & d'edifier nos peuples. J'aimerois
tout autant raiſonner ainſi, les Magiſtrats ont droit de
punir les criminels & de les faire mourir, donc ils ont
auſſi droit de punir les innocents & de les faire perir
dans les ſupplices.   Par tout ou la juſtice & la verité ſe
rencontrent elles y attachent des droits qui ne ſe peuvent
pas communiquer à ceux qui n'ont que l'injuſtice & le
menſonge pour eux. Un Souverain a le droit de lever des
tributs

tributs fur fes peuples, mais il n'a pas le droit de piller & defoler fes provinces, d'ou vient la difference?
Ceft indublitablement de ce que le premier eft jufte &
neceffaire pour le bien de l'eftat & que le fecond eft injufte contre toutes les loix divines & humaines. C'eft
donc la juftice & la verité qui donnent le droit. Un Prince a droit de brûler les fodomites, mais il n'a pas droit
de bruller ceux qui paffent à de fecondes nôces. D'ou
vient la difference? C'eft fans doute de ce que le premier eft jufte, & le fecond eft injufte. C'eft donc la
verité & la juftice qui donnent le droit. Pareillement
un Prince a droit d'impofer filence à des heretiques qui
veulent infecter fon eftat : s'enfuit il qu'il ait droit d'empécher ceux qui veulent prefcher la verité? Nullement :
& cela pour cette raifon fi evidente, c'eft qu'il n'y a
que la juftice & la verité qui donnent droit de faire une
chofe.

Icy quelques perfonnes foutiennent que les Roys ont
droit de faire tout ce que nous venons de dire, fçavoir
par exemple de piller, & defoler leurs provinces, de
brufler les perfonnes qui paffent à de fecondes nôces,
& de commettre toutes fortes de crimes : & leur raifon c'eft que les fouverains ne font refponfables qu'à
Dieu : donc ils ont droit de tout faire. Je ne veux point
icy entrer dans la difpute du droit des Roys. On perfuadera malaifement cela à tout le monde que les Roys
foyent en droit de paffer à tels excés qu'il leur plaira,
fans étre obligés d'en repondre à autre qu'à Dieu. Mais
fuppofons que cela foit vray. Je dis que cette reponce
ruine entierement la pretention des fectaires. Ils veulent
que par les loix de Dieu & le droit des gens il foit permis à tout le monde non feulement de croire mais d'enfeigner tout ce qu'on trouve bon. Et quand les fouverains leur deffendent de dogmatifer, de s'affembler,
d'enfeigner ils crient à l'injuftice. Ils ont tort felon ce
principe, que le Prince en qualité de fouverain a droit
de faire ce qu'il veut.

Secondement je reponds que ceux qui difent que le
fouverain a droit de faire tout ce de quoy il n'eft
pas refponfable à autre qu'à Dieu, etabliffent une maxime la plus oppofée au bon fens & à la raifon qui ait
jamais eté avaucée. Un Prince n'éft refponfable à per-

Si les fou-
verains ont
pouvoir de
faire tout
ce qui leur
femble
bon les
heretiques
n'ont pas
droit de le
plaindre
quand on
les reprime
par autho-
rité.

Bien que
les Souve-
rains ne
refpondent
devant au-
cun tribu-
nal, de
leurs
crimes, ils
n'ont pour
tant pas
droit de les
commet-
tre.

foune

fonne de fes actions & de fes crimes parce qu'il n'y a
pas de tribunal au deffus de luy. Mais s'enfuit il qu'il
ait droit de commettre des crimes? Si cela eft, qu'a-
voir droit de faire une chofe, & n'én eftre refponfable
à perfonne foit la mefme chofe, Il s'enfuit qu'un Prince a le droit de commettre toutes fortes de crimes enormes, non feulement à l'esgard de fes fujets, mais
envers tous autres. Un fouverain s'emparera des etats
de fes voifins; pis que cela, il en verra des empoifon-
neurs & des affaffins dans les cours des autres fouverains, & les fera poignarder & affaffiner. Ce Prince
dira, jay droit de faire ce que je fays, & fa raifon fera
qu'il n'éft refponfable qu'a Dieu de fes actions. Cela eft
vray car il n'y a point fur la terre de tribunal commun pour
juger de fouverains à fouverains. Ils n'ont à repondre
que devant Dieu des injuftices & des violences qu'ils fe
fonts les uns aux autres. Mais cependant il faut renverfer tout le langage des hommes, & ruiner toutes
leurs Idées pour pouvoir dire qu'un fouverain a droit de
prendre les biens de fes voifins de les empoifonner &
de les faire affaffiner. Il faut donc mettre une grande
diftinction entre avoir droit de faire une action & n'en
étre refponfable à perfonne. Soit qu'un fouverain opprime la verité par fes edicts, foit qu'il fupprime l'herefie il n'en eft refponfable à perfonne je l'aduoüe, mais
cependant il n'a aucun droit d'opprimer la verité, & il
a tout droit de fupprimer l'herefie & d'en empécher la
propagation.

Un Prince qui opprime l'herefie fait bien donc il a droit de le faire. Mais afin d'eviter toute équivoque laiffons ces termes
d'avoir droit, & demandons; un Prince qui opprime
l'herefie fans violence fait il bien? Il faut etré entefté
d'une maniere prodigieufe pour repondre que non, comme pourront répondre le fectaires. C'eft pourquoy fans
m'arréter à des gens qui ont corrompu tout le bon fens,
Je fuppofe qu'on me repondra tout d'une voix, qu'on
fait toujours bien quand on empefche un mal, que l'herefie & l'Idolatrie font de grands maux. Aprés cela je
demanderay; Ce Prince fait il mal quand il opprime
la verité. On me repondra de mefme, d'une voix unanime, que c'eft faire un mal que de detruire le bien, &
que la verité eft le premier bien du monde. Prefentement je demande, n'a t'on pas le droit de faire le
bien?

bien? si le magistrats fait bien en supprimant l'heresie il a donc droit de le faire. Au contraire on n'a jamais droit de faire le mal, C'est faire du mal que d'opprimer la verité, donc jamais un Prince ne peut avoir droit de le faire. Je demande encore, Celuy qui opprime la verité offence t'il Dieu? Sans doute me dira t'on. Celuy qui supprime l'heresie rend-il service à Dieu & à l'Eglise? Je ne sçay pas comment on pourroit nier cela? Si un Prince offence Dieu en supprimant la verité, Il ne peut donc avoir droit de le faire, Car on ne peut avoir droit d'offencer Dieu. Mais si un Prince fait service à Dieu en supprimant l'heresie, il a donc droit de le faire. Car on a toujours droit de faire service a Dieu.

Mais dira t-on par ce raisonnement vous mettés les Magistrats en droit d'extirper l'heresie par le feu & par le fer. En le faisant, ils rendent service à Dieu. Je repons qu'on ne rend jamais service à Dieu en faisant ce qui est contre sa volonté. La volonté de Dieu est que l'on épargne la vie des heretiques, car son Euangile n'est point un Euangile de sang. Mais sa volonté n'est pas qu'on laisse prêcher & dogmatiser les heretiques. Il faut que les sectaires le prouvent; que sa volonté est qu'on permette à tous d'enseigner ce que bon leur semblera Le Magistrat a donc droit de supprimer les heresies par la deffence de dogmatiser, mais non par l'effusion du sang des heretiques. Il ne rend pas service à Dieu en violentant la conscience, par ce que la conscience est de l'empire de Dieu seul; Et de plus, c'est qu'on ne fait point service à Dieu en faisant des hypocrites qui confessent la verité de bouche, & qui la renient du cœur. Mais on rend service à Dieu en ôtant à l'heretique la liberté de parler & d'infecter les ames. J'avoüe que je n'ay plus rien a dire a ceux qui ne sentiront pas la force de la raison en cét endroit. Mais je suis persuadé que toute personne qui n'aura pas rendu sa raison esclave de ses prejugés tombera d'accord que la verité & la justice donnent un droit qu'on ne sçauroit avoir sans elles.

Mais dit-on les Magistrats croyent avoir la verité & la justice de leur costé quand ils persecutent la Religion reformée. Et que cela fait il? En sont-ils plus innocents parce quils sont dans l'erreur? L'erreur peut elle aneantir le crime? Ils sont precisement dans l'etat

(marginal notes:)
Un Magistrat n'a pas droit de supprimer l'heresie par des moyens violents.

Les Magistrats n'ont pas droit de persecuter la verité bien qu'ils la prenent pour heresie.

où

où étoit le grand conseil des Juifs qui persecutoient les Apôtres. Il croyoit que les Apôtres de Jesus Christ préchoient un faux Euangile. Cependant Gamaliel l'advertit qu'il faisoit la guerre à Dieu. Il y a des erreurs de fait qui excusent entierement parce qu'elles sont insurmontables. Mais quand des Magistrats abusent de leur authorité pour persecuter une societé chrétienne sous pretexte qu'elle est heretique, ils pechent par une erreur facile à dissiper. Il leur est aisé de prendre cognoissance eux mesmes de l'innocence de la Religion qu'ils persecutent sans en croire des Ecclesiastiques avares, malins, & de meschante foy, qui veulent ruiner une Religion bien plus parce qu'elle est opposée à leurs interets, que parce qu'elle est contraire à la Religion de Iesus Christ.

Pour avoir droit il ne suffit pas de croire avoir la justice & la verité de son coste.

Supposons qu'un souverain Magistrat s'enteste de cette folle pensée, que les secondes nôces, sont des pechés, comme la Polygamie, & la Sodomie & que sur ce principe, il pende & brusle tous ceux qui se trouveront engagés dans de secondes nôces. Aura t'il raison, & peut on dire qu'il en aura le droit? Aprés cela posons que les Libertins qui croyent que la Polygamie & la Somie sont des choses indefferentes disent à ceux qui veulent les bruler & les pendre; Vous n'avés aucun droit de le faire. Car vous vous fondés sur ce que la Polygamie & les actions que vous appellés contre nature sont des crimes, & cela n'est pas. Si vôtre fausse opinion vous donne droit de nous brûler, la fausse opinion de cet autre Magistrat qui croit que les secondes nôces sont des abominations, luy donne aussi le droit de brûler les Bigames. Ou ce raisonnement des libertins est bon, ou il est mauvais. S'il est bon voila toutes les loix & toute l'authorité des juges renversées: on ne pourra plus punir que ceux qui seront persuadés qu'ils ont malfait. Si ce raisonnement est mauvais, comme il l'est sans doute, celuy des sectaires pour la tolerance ne peut être bon, puis qu'il est absolument semblable. Car comme les libertins disoient: ou la fausse opinion que vous avés que la Sódomie, & la Polygamie sont des abominations qui meritent la mort ne vous donne point de droit de nous faire mourir, ou la fausse opinion qu'a un tel Prince que les secondes nôces sont des abominations, lui donne le droit

droit de faire mourir les Bigames: pareillement les fectaires difent, ou la fauffe opinion que vous avez que
nos opinions font des blafphemes, ne vous donne aucun
droit de nous empécher de prêcher, ou la fauffe opinion
que le papifme à que vos dogmes font des herefies mortelles, lui donne le droit de vous perfecuter. Ainfi toute
l'illufion des fectaires la deffus, vient de ce qu'ils ne veulent pas comprendre cela, c'eft que la verité donne des
droits, que l'erreur & la fauffe prevention ne fçauroient
donner.

CHAPITRE XXIII.

*Des droits de la verité & du monfonge que jamais
l'erreur de droit ne peut entrer dans les
droits de la verité.*

LA maxime que nous venons d'avancer vaut bien la
peine que nous facions quelque digreffion pour la
deffendre contre les difficultés, dont l'un des meilleurs
écrivains de nôtre fiecle l'a chargée. Il a mis dans un
beau jour les preuves dont les fectaires fe fervent pour foutenir la neceffité de la tolerance univerfelle, il ne fçauroit trouver mauvais que n'eftant pas dans le fentiment
de cette tolerance nous garantiffions nôtre fentiment des
abfurdités fous lesquelles on effaye de l'abifmer.

Pour dêtruire nôtre maxime, on en avance deux autres. *La premiere que l'erreur travefiie en verité a tous les
droits de la verité mefme.* La feconde *que les droits de la
verité dependent abfolument de cette condition pourvû quelle
foit cognüe* tellement que la verité que nous ignorons n'a
aucune efpece de droit fur nous.

On ne fçauroit aller gueres plus loin que vont ces
maximes. Il eft vray que de la fort neceffairement il
s'enfuit qu'un heretique ennemi de tous les myfteres de
la religion Chrétienne, un Payen, un Turc, & un Infidelle ont droit de venir prêcher leurs dogmes, &
d'envoyer des Apôtres au milieu des Chrétiens, de prêcher dans les places, de pervertir les ames, de feduire
les hommes, & de bâtir par la voye de la perfuafion
leur religion fur la ruine du Chriftianifme fans en pouvoir

*Le men-
fonge ne
fçauroit
entrer
dans les
droits de
la verité.*

voir de droit etre empefchés. Car ce font la les droits
de la verité. Et fi le menfonge travefti dans nôtre e-
fprit acquiert tous les droits de la verité, il eft certain
qu'il acquiert tous ceux cy. Deja ces confequences
font bien de la peine non feulement aux bonnes ames,
mais aux efprits fages. Et l'on doute fort que ceux
qui pouffent le plus avant la tolerance, jugeaffent à propos
d'ouvrir la porte des Eglifes aux Payens, & aux Mahometans, & de leur permettre de dreffer leurs chaires au
milieu des rües pour crier à l'impofture fur le Chriftianifme.

Cette max-
ime que
l'erreur
traveftie
entre dans
tous les
droits de la
verité ren-
verfe la Re-
ligion &
la morale.

Mais ce ne font pourtant pas la les fuittes les plus
capables de donner de l'horreur, ce font celles au contraire qu'on a deffein d'eftablir. Il y a plus. Si le
menfonge travefti peut entrer dans les droits de la verité ;
il s'enfuivra qu'un Athée de bonne foy eft en droit de
blafphemer contre Dieu, de dire que ce qu'on appelle
Dieu eft un fantofme vain, & une Idole de nôtre imagination : qu'un homme perfuadé que chacun a naturellement droit fur la vie & fur les biens des autres
hommes, aura droit de tuer & de voler : que celuy qui
croira que la fodomie & les dernieres brutalités font des
actions indifferentes aura droit de les commettre : que
celuy qui croira que la polygamie n'eft pas deffendüe,
aura droit de prendre plufieurs femmes. Et fans m'e-
ftendre en exemples, en un mot tous les crimes feront
permis. Tout homme aura droit de commettre tout ce
qui fe peut imaginer de plus abominable, pourvû qu'il
fe perfuade avoir droit de les commettre Dieu n'aura
pas droit de punir un tel homme. Car c'eft la derniere
de toutes les abfurdites de dire que Dieu ait droit de
punir un homme pour des actions que cêt homme a eû
droit de faire. Si le gouverneur d'une place trompé
par un faux ordre qu'il prend pour un veritable ordre
de fon Prince a droit d'ouvrir les portes de fa place.
Certainement le Prince n'a aucun droit de le punir pour
une action innocente. Si un homme qui impofe à une
honnefte femme & luy perfuade qu'il eft fon mary acquiert un droit par la fauffe perfuafion de la femme,
on n'a nul droit de le punir comme un corrupteur. Je
ne comprends rien à ces paroles. *Encore que les erreurs
deguifées en verités, acquierent tous les droits de la verité,*

il

il ne s'enfuit pas que l'exercice de ces droits foit toujours une chofe innocente. Qui dit un *droit*, *avoir droit*, dit un pouvoir legitime. Il faut parler avec le refte des hommes fi l'on veut étre entendu. Or comment peut on pecher en exerceant un pouvoir legitime? un droit mal acquis, ne s'appella jamais un droit, C'eft ufurpation, c'eft tyrannie, & tout ce qui fe fait en confequence d'un tel droit eft criminel & tyrannique.

Si la verité n'a de droit qu'autant qu'elle eft re- cognüe pour telle. Il eft certain que l'Euangile prefché dans tout le monde, n'a aucun droit fur les incredules. Dieu n'aura aucun droit de les punir de leur increduli- té. Ils auront toujours à repondre que la verité qui a perdu fes lettres de creance ne doit pas etre receüe, qu'on ne doit rien à la verité pendant qu'on la mecog- noift. Et qu'ainfi Dieu n'a aucun lieu de les punir de ce qu'ils ont rejetté l'Euangile, parce qu'ils n'ont fait que leur devoir en rejettant une doctrine qu'ils ont pris pour une impofture. Cependant toute l'efcriture fainte fe re- crie contre cela. Le Seigneur Jefus Chrift dit des vil- les de Capernaum & de Bethfaïda qu'elles feront plus rigoureufement traittées aujour du jugement que Tyr & Sydon, & mefme que Sodome & Gomorrhe. Et la raifon eft que ces villes de Capernaüm & de Behtfaïda avoient rejetté la doctrine de l'Euangile. Elles n'avoi- ent pourtant rien fait que ce qu'elles avoient droit de faire, la verité n'avoit aucun droit fur elles parce qu'elle ne leur étoit pas cognüe. Pour bien caracterifer ces maximes, on peut dire qu'elles ne vont pas à moins qu'à la ruine de toute la religion, & de la foy, & de la mo- rale, quoyque l'intention de ceux qui les foutiennent foit fort eloignée de la.

Si la veri- té n'a au- cun droit que quand elle eft re- cognue les incredules ne font pas punifïables devant Dieu.

On foutient ces paradoxes par un grand nombre d'exemples, & par une feule raifon. La raifon c'eft qu'on eft toujours indifpenfablement obligé d'obeïr a fa con- fcience quoy qu'elle foit dans l'erreur. Les exemples font pris de cent endroits de la vie humaine & de la focieté civile où le menfonge travefti en erreur entre dans tous les droits de la verité. Un maitre qui s'en va en voyage donne ordre à fes domeftiques de ne laiffer en- trer perfonne dans la maifon fans un billet marqué de telles enfeignes. Un voleur vient qui a furpris, ou

Exemples d'en droits ou l'erreur femble avoir les droits de la verité.

M 5   contre

contre fait parfaitement le billet & les enseignes: les
Domestiques sont en pouvoir de laisser entrer ce voleur,
& le voleur a droit de demander l'entrée de la maison.
Un Gouverneur de place doit laisser entrer tous ceux
qui ont ordre du Prince. Dont les ennemis, ou les e-
spions qui ont l'adresse de luy persuader qu'ils viennent
de la part du Prince acquierent le droit d'entrer dans la
place. Un ayde de camp porte à un Colonel un faux
ordre, signé pourtant du general, de quitter son poste.
Il a droit de le quitter quoyque la perte de la bataille
en soit une suitte inevitable. Un homme n'est point
veritablement pere; à cause que sa femme luy a fait une
infidelité. Cependant il a sur le fils dont il n'est pas le
pere tous les droits d'un veritable pere. Un fils n'est point
veritablement fils de celuy qui est reputé son pere. Ce'
pendant il a droit de partager sa succession, s'il a des
freres, & de prétendre à l'heritage entier s'il n'en a point.
Une femme est trompée par un imposteur qui porte tous
les caracteres du veritable mary, au moins dans l'imagination de la femme. Elle permet. tout à cet imposteur, Elle a droit de le faire, & il a droit de l'exiger.

La conse-
quence
qu on tire
de ces ex-
emples ne
vaut rien.

Tous ces exemples n'en valent qu'un, & la consequence qu'on en tire ne vaut rien. Je ne m'estonnerois
pas que de petits esprits se laissassent surprendre par de
telles illusions. Mais je ne comprend pas comme un
esprit si penetrant ne s'est pas donné la peine de se dire
à soy mesme les deux ou trois petites choses que je m'en
vay luy dire. La premiere qu'il faut extremement distinguer entre les erreurs de fait, & celles de droit.
*Quand on dit qu'il n'y a que l'opinion qui face toute l'essence
& tous les droits de la verité.* Cela peut etre toleré quand
il s'agit des verités de fait, d'un pere, d'un fils putatif,
d'un mary veritable ou supposé. Mais quand on l'estend

Les erreurs
de droit ne
peuvent ja-
mais entrer
dans les
droits de la
verité.

à tout, jusqu'aux verités de droit, C'est la maxime du
monde la plus libertine. Tout gît en opinion, la justice
& la verité ne sont que des noms, des fantosmes vains,
on doit à l'ombre de ces choses tout autant de respect
qu'aux choses mesmes. C'est naturellement ce que ces
termes signifient, & c'est ce qui repugne au bon sens
conduit & animé par un peu de pieté. La vie humaine
& la societé civile roulent sur des faits de la verité desquels il est impossible d'avoir qu'une certitude morale.
On

On s'y doit conduire non fur ce qui eſt, car on ne ſçauroit le ſçavoir, mais fur ce qui paroiſt.

Et ce qui paroit clairement, quoy qu'il ne ſoit pas eſt de meſme uſage que ce qui eſt & a la meſme force. Si cela n'eſtoit ainſi la ſocieté civile ſeroit continuellement dans la confuſion. Mais eſt ce la meſme choſe à l'egard des verités de droit ? Et une erreur ſur le droit, produit elle le meſme effet que les erreurs ſur les faits ? Un homme tüe ſon pere ne le cognoiſſant pas, & le prenant pour un ennemi, c'eſt une action fondée ſur une erreur de fait. Un autre tüe auſſi ſon pere, le cognoiſſant pour ſon pere, mais perſuadé qu'un fils peut tuer un pere qui luy veut faire quelque injuſtice, ou quelque violence: de part & d'autre l'erreur eſt cauſe du meurtre, s'enſuit il que l'une & l'autre action ſoit également innocente ? Un homme couche avec ſa mere, la prenant pour une eſtrangere, un autre commet inceſte parce qu'il croit, comme ont cru les anciens Gnoſtiques, que toutes les couches etoyent permiſes. Ces deux crimes ſont ils de meſme nature ? Il eſt bien à remarquer que de tous les exemples qu'on apporte pour prouver que l'erreur deguiſé recoit tous les droits de la verité il n'y en a aucun qui ne ſoit pris des erreurs de fait. Il faloit en produire quelques uns pris des erreurs de droit. Il n'eſt pas difficile de rendre raiſon pourquoy les erreurs ſur les faits reveſtent quelque fois les droits de la verité & que cela n'arrive jamais aux erreurs de droit. C'eſt que les verités de droit portent ſur le front leurs caracteres de diſtinction, & ceux qui ne les voyent pas ne ſont pas digoes d'eſtre excuſés. Car c'eſt la cupidité, c'eſt la corruption du cœur, c'eſt la prevention, c'eſt l'orgueil, ce ſont les paſſions humaines qui font leurs tenebres. Mais les verités de fait ne ſont jamais viſibles par elles meſmes, leur evidence depend toujours de choſes externes qui peuvent être ſeparées, contrefaites & ſuppoſées. Cette conſideration fait voir combien eſt mauvais cêt enthymême.

Ceux qui ſe perſuadent à tort que le mary de leur mere, eſt leur pere, ſont auſſi obligés de l'aimer, de luy obeïr, & de procurer ſon avantage que s'ils en etoyent perſuadés avec raiſon.

Donc

Pourquoy certaines erreurs de fait entrent dans les droits de la verité.

Donc ceux qui se persuadent à tort qu'un doctrine est ve-
ritable, sont aussi obligés de la soutenir, & de la faire
fleurir, que s'ils en étoyent justement persuadés.

L'autheur se fait trois réponces, & ne se fait point
la veritable. C'est que dans la premiere partie de son
enthimême, il s'agit d'une erreur de fait, d'une erreur
invincible, d'une erreur qui ne vient ni des tenebres
du cœur ni de celles de l'esprit, & dans la seconde il
s'agit d'une erreur de droit, d'une erreur qui vient des
tenebres de l'esprit & du cœur, l'argument est tout aussi
bon que celuy cy.

Un homme qui tüe son pere, le prenant pour un
ennemi est innocent.

Donc celuy qui tüe son pere parce qu'il croit que cela
est permis est innocent.

La seconde chose dont je voulois avertir cét agreable
ecrivain, quiconque soit il, c'est qu'il confond deux
choses aussi differentes que le ciel & la terre; les
voici. *Une erreur de fait quand elle est invincible excuse*
de crime la personne qui souffre illusion, & ne fait aucun
prejudice à son innocence. Une tromperie donne droit a celuy
qui trompe, sur la personne qui souffre illusion. Ce sont là
les deux choses que je dis étre aussi differentes que le
ciel & la terre. Nôtre autheur les suppose toutes deux
veritables, & soutient que c'est la mesme chose; &
cependant la seconde proposition est une erreur qui ne
me semble pas pardonnable à un homme d'esprit & de
jugement. Un gouverneur de place ouvre les portes à
un homme qui luy vient apporter comme de la part du
prince des ordres si parfaitement bien contrefaits qu'on
ne sçauroit eviter d'y étre trompé, cette erreur de fait
indubitablement excuse ce gouverneur, s'il liure la
place. Mais dire que l'imposteur acquiert un droit sur
ce gouverneur & sur la place par son imposture c'est
confondre toutes les Idées: une femme est trompée par
un faux mary. Elle est innocente je l'aduoüe, elle n'est
pas adultere : mais dire que ce faux mary acquiert par
son illusion, un droit sur cette femme, c'est ruiner
toute la morale. Car si cêt homme s'acquiert le droit
de coucher avec une femme qu'il a trompée il n'est plus
adultere à cause de cela mesme, qu'il est heureux &
habile imposteur. Quand on souffre illusion de part &
　　　　　　　　　　　　　　　　　　　　　　　　　　d'au-

L'erreur
excuse
mais la
tromperie
ne donne
pas de
droit.

d'autre, quand on eſt par tout dans la bonne foy alors une erreur de fait peut donner le droit, parce qu'alors la choſe qui *paroiſt*, entre dans les droits de ce qui *eſt*. Et que *paroitre* & *eſtre* dans certaines choſes qui regardent la conduite de la vie civile ſont également bonnes. Un pere regarde un fils comme ſon vray fils quoy que cela ne ſoit pas: le fils dans la meſme erreur regarde un faux pere comme ſon vray pere: tous deux ſont dans la bonne foy, tous deux ſouffrent illuſion, tous deux ſont dans un erreur invincible, tous deux ſont dans une erreur innocente, tous deux ſont dans un cas ou le *paroiſtre* eſt auſſi bon pour la ſocieté civile que *l'eſtre*. C'eſt pourqouy leur erreur innocente fait qu'ils ſe doivent mutuellement ce qu'ils croyent ſe devoir. Mais eſtendre cela à un ſeducteur qui ſçait ſa ſeduction, & dire que par ſa ſeduction il acquiert un droit ſur la perſonne qu'il a ſeduitte, c'eſt ſe divertir à ſoutenir des paradoxes ſans deſſein de les perſuader. Ce qui apparemment a eté l'intention de l'Autheur.

[marginal note: En quelle occaſion l'erreur peut donner quelque droit.]

Si quelques gens pourtant prenoient ſerieuſement, ce qui apparement n'a eté avancé que pour un exercice d'eſprit il faudroit les avertir d'une troiſieſme choſe c'eſt que pour ramener à la verité & à la raiſon cette maxime. *La verité n'a point de droit que quand elle eſt cognüe.*

Il faut la corriger ainſi. La verité n'a point de droit que quand elle s'eſt bien & deüement fait connoitre par des moyens ſuffiſants. Un arreſt n'a point de vertu quelque juſte qu'il ſoit qu'il n'ait eté bien & deüement ſignifié aux parties intereſſées. La verité auſſi n'a pas de droit que quand elle a eté revelée & annoncée. C'eſt pourquoy les payens qui n'ont jamais oüy parler de l'Euangile ne ſeront point jugés par l'Euanglie. *Ceux qui ſont ſans loy* dit St. Paul, *periront ſans loy.* C'eſt à dire ceux auſqu'els la loy de Moyſe n'a pas eté ſignifiée ſeront jugés par une autre loy, c'eſt celle de la nature que les oeuvres de Dieu & la conſcience enſeignent à tous les hommes. Mais dire outre cela qu'afin que la verité ait droit ſur nous, il faut qu'elle ſoit actuellement connüe comme verité, c'eſt non ſeulement renverſer toute la Theologie Chrétienne, mais toute la juriſprudence. Car c'eſt tout de meſme que ſi on diſoit qu'un arreſt ſignifié aux parties condamnées n'a aucune

[marginal note: Que la verité à droit d'exiger le contentement quand elle s'eſt fait cognoitre bien & devement.]

ver-

vertu ni force que quand les parties font convaincues de fa juſtice & de fon équité. Toute verité ſuffiſamment revelée notifiée à l'eſprit a droit d'exiger ſon conſentement : & ſi l'eſprit refuſe ce conſentement Dieu a droit de punir l'homme pour ce refus. Il ne faut pas chicaner ſur la ſuffiſance, ou l'inſuffiſance de la notification. Car ſi on permet à l'heretique de ſe cacher ſous cette excuſe, une telle verité ne m'eſt pas ſuffiſamment notifiée, Il faudra auſſi donner la meſme permiſſion à l'Athée, & à tous ceux qui s'enteſtent des plus abominables opinions. Ie n'ay pas deſſein de faire un livre ſur la matiere à preſent, c'eſt pourquoy il faut paſſer des exemples à la raiſon par laquelle l'autheur a voulu ſoutenir ſon paradoxe.

CHAPITRE XXIV.

De l'empire d'une conſcience errante, qu'elle n'a point droit de commander à la volonté, qu'on n'eſt pas criminel en ne luy obeiſſant point que le ſouverain Magiſtrat peut empeſcher le progres de l'hereſie, qu'il peut traitter avec des heretiques & qu'il eſt obligé de leur tenir parole.

CEtte raiſon, c'eſt qu'on eſt touſiours obligé d'obeir à ſa conſcience ; & qu'un heretique étant convaincu dans ſa conſcience que ce qu'on appelle des erreurs ſont des verités, il leur doit le meſme hommage que ſi c'etoyent effectivement des verités. L'illuſion eſt plus fine & plus dangereuſe que la precedente, parce qu'elle eſt fondée ſur ce principe veritable mais mal entendu que la conſcience eſt le lieutenant de Dieu, qu'on la doit écouter, qu'on ne s'en peut éloigner ſans crime. On ſe perſuade qu'on eſt toujours criminel, quand on ne ſuit pas les mouvements de cette conſcience. On dit, la conſcience nous a eté donnée pour guide. Il faut l'inſtruire autant qu'il eſt poſſible, mais quand elle a pris d'inſtruction ce qu'elle eſt capable d'enprendre on ne ſçauroit plus refuſer de s'y laiſſer conduire. Si l'on eſt coupable en refuſant de ſuivre les mouvements de ſa conſcience, on eſt innocent en les ſuivant ; c'eſt une

De l'empire de la conſcience qu'on le porte ordinairement trop loin.

des

des raisons dont se servent ceux qui combattent pour la tolerance universelle des sectes. Un sectaire disent ils est persuadé que ce qu'il enseigne est la verité, sa conscience luy dicte qu'il ne faut pas supprimer la verité, mais qu'il la faut prêcher. Ainsi quand il presche l'heresie il fait son devoir, il suit sa conscience, personne n'a droit de s'y opposer ; Il pecheroit mesme s'il ne le faisoit pas, il ne peche donc pas en le faisant. Je ne m'etonne pas que des esprits aussi gastés que sont ceux des heretiques & des fanatiques raisonnent ainsi, mais je trouve étrange que des gens qui ont de la penetration se laissent surprendre à de semblables raisons. Je ne sçay comment ils ne voyent pas que de telles maximes vont directement à la ruine de toute la morale.

Si ce principe est veritable qu'on ne peche point en suivant les mouvements de sa conscience, un homme qui s'est persuadé que les Tyrans doivent être tués : un papiste qui sera du sentiment de ceux qui disent que tout prince qui n'obeit pas à l'Eglise doit étre exterminé, & que cháque particulier en a le droit, pourra assassiner le souverain sans en ettre coupable devant Dieu, & sans mesme qu'on soit en droit de s'y opposer. Les anciens Gnostiques etoyent persuadés que leur homme spirituel pouvoit sans crime commettre toutes sortes d'abominations ; fornications, adulteres, incestes, Sodomies, brutalités. Ils etoyent donc obligés en conscience de commettre ces crimes, ils n'etoyent pas coupables en les commettant. On ne peut pas s'empécher de concevoir que cette maxime est detestable dans la morale. C'est deja assés pour faire comprendre qu'elle ne vaut rien dans les dogmes. Car on ne sçauroit rendre raison pourquoy étant bonne en un lieu elle ne vaut rien dans l'autre.

Qu'on peut pécher en suivant les mouvement de sa conscience.

Pour repondre directement, je dis que l'on n'est point obligé d'obeïr à une conscience errante trompée & criminelle ; non plus qu'on n'est pas obligé d'obeïr à un legislateur méchant, qui nous commande ce qui est contraire à la loy de Dieu. Car la conscience est un veritable legislateur. *Estre obligé* signifie etre obligé à l'obeïssance, ou à la peine : une conscience errante ne peut obliger, à l'obeïssance, car ce qu'elle commande est contraire au commandement de Dieu ; elle ne peut obli-

On n'est pas obligé d'obeïr à une conscience errante.

ger

ger à la peine, car estre obligé à la peine de la conscience; c'est estre soumis à la malediction. Dieu est celuy qui punit & qui prend les interets de la conscience laquelle est son Lieutenant. Mais quand ce Lieutenant se laisse corrompre, & devient le Lieutenant du Demon, Dieu ne prend plus ses interets, & ne les sçauroit plus prendre, & c'est une folie de croire que Dieu soumet à sa colere & à sa malediction un homme qui n'a pas suivi les mouvemants d'une conscience, laquelle luy ordonnoit de desobeir à Dieu. Ce n'est pas pécher contre le S. Esprit, que de ne point obeïr à une conscience errante, c'est pécher contre l'esprit du Demon, qui est l'autheur de la conscience errante. Or je ne pense pas que Dieu prenne les interets du Diable.

Pécher contre sa conscience & pécher contre Dieu n'est pas la mesme chose.

Que veut donc dire cela, on est coupable quand on n'obeit pas à une conscience errante? cela signifie qu'on est coupable contre sa conscience & non pas devant Dieu tout de mesme qu'un homme qui refuse d'obeïr à un ordre illegitime du souverain péche contre le souverain, & non pas contre Dieu. La peine qu'il recevra de la part de sa conscience, c'est qu'il en sentira les remords. C'est tout le mal qui luy en reviendra. Dieu laisse à la conscience le soin de se vanger, & ne s'en mesle pas. Si cêt homme qui ne suit pas les mouvements de sa conscience pour faire du mal, est puni, ce ne sera pas pour avoir refusé de suivre sa conscience errante, mais ce sera pour avoir eû une conscience errante & criminelle. Un Gnostique qui a crû être en pouvoir & en droit de commettre toutes sortes de brutalités, & ne les aura pourtant pas commises sera puni pour ces mauvais jugements de sa conscience. Car on est obligé de repondre des dispositions de son cœur, aussi bien que de ses actions. Celuy a qui la conscience dicte qu'il est obligé de commettre un crime péche en cela seul, & celuy qui execute ce crime pour obeïr à sa conscience fait un nouveau peché. Il en est comme des méchantes promesses celuy qui promet de faire un crime péche, mais celuy qui tient cette mechante promesse, péche beaucoup plus.

Mais, dit-on, en refusant de suivre une conscience errante, on peche contre Dieu, car cette conscience nous parle comme de la part de Dieu, & quoyque ce soit faussement, cependant en la meprisant, on meprise
l'au-

l'auhorité de Dieu puifqu'on croit que c'eft luy qui parle. Pour refpondre à cela il faut fçavoir que Dieu ne prend rien pour luy de ce qui eft fait contre luy, une confcience errante parle pour Dieu, mais Dieu ne met aucunement cela fur fon conte. Cela eft clair, premierement par les Idôlatres. Ils ont deffein d'adorer le vray Dieu l'eftre infinimeent parfait; les Ifraëlites en adorant le veau d'or avoient deffein d'adorer le Dieu qui les avoit tirés d'Egypte; Cependant ils font Idolatres, & Dieu les punit comme tels. Rien ne fe termine à Dieu que ce que Dieu a commandé. Secondement cela paroit par l'eftat où fe mettent ceux qui font le mal à bonne intention, qui tuent & qui brûlent les juftes & les fainûs à deffein de defendre ce qu'ils appellent la veritable religion. Dire que ces gens la font fervice à Dieu, & que Dieu leur en doit tenir conte c'eft aller contre toutes fortes d'Idées, contre la revelation, & contre le bon fens; Neantmoins ils font, difent ils, ce que la confcience leur commande de la part de Dieu. Enfin fi l'on pechoit contre Dieu en n'obeiffant pas à une confcience errante qui commande comme de la part de Dieu, on obeiroit à Dieu en fuivant cette confcience, c'eft à dire qu'on obeiroit à Dieu en violant fes commandements. Si on faifoit bien en écoutant une confcience qui nous commande un crime comme de la part de Dieu, on feroit encor mieux en executant le crime qu'elle commande; ce qui eft abfurde.

La confcience comme les autres legiflateurs eft capable d'ufurper le nom de Dieu, mais on n'eft point obligé d'obeïr à celuy qui nous parle fauffement au nom de Dieu: Ce que l'on meprife quand on meprife les ordres d'une confcience errante, n'eft pas Dieu luy mefme, c'eft une chimere, c'eft une production de l'efprit humain & de la cupidité, C'eft une fauffe divinité. Tout de mefme qu'un Idolatre en penfant adorer le vray Dieu n'adore pourtant qu'un fantofme de fon Imagination. Et tout de mefme que celuy qui adore le vray Dieu par des cultes abominables & deffendus, n'adore pas non plus le vray Dieu mais au contraire le deshonnore: ainfi la confcience qui commande fauffement de la part de Dieu ne peut jamais être reveftüe de l'authorité de Dieu.

C'eft une plaifante vifion que Dieu puiffe ceder fes droits & fon authorité a une confcience errante qui commande

N

Dieu ne prend point pour foy ce que la confcience errante dit en fa faveur.

Une confcience qui parle fauffement au nom de Dieu n'a point l'authorité de Dieu.

Un impo-
steur ne
peut jamais
obtenir fur
une con-
fcience
trompée les
droits que
donne la
verité.

mande contre ce que Dieu commande. Et qu'un imposteur qui vient tromper une femme, en luy persuadant
faussement qu'il est son mary acquiere par la un droit
sur cette femme, en sorte qu'elle soit obligée de luy
obeïr, & de souffrir de luy, tout ce qu'une femme sou-
fre de son mary. Si elle le fait dans la persuasion où
elle est que cêt imposteur est son mary, elle sera excu-
sée d'adultere à cause de l'ignorance du fait: mais si elle
ne le fait pas elle ne sera nullement coupable. Car si elle
étoit coupable, elle auroit à en repondre à Dieu, &
seroit punissable dans sa justice, ce qui est absurde. Où
il ny a pas de droit de la part de celuy qui exige l'o-
beissance, il n'y a pas d'obligation de la part de celuy
qui doit obeïr. Cela est clair. Or un mary imposteur
n'a pas de droit d'exiger l'obeissance quand mesme il auroit persuadé la femme, donc la femme n'a aucune obligation à obeïr: autrement la verité & le mensonge,
la fausse & la veritable persuasion donneroient les mesmes droits: ce qui est la chose du monde la plus evidemment fausse. Pareillement la conscience errante &
trompée n'a point de droit de commander, car son droit
ne pourroit être fondé que sur l'illusion & sur le mensonge. Si la conscience errante n'a pas le droit de commander, les facultés qui sont soumises à la conscience ne
sont pas dans l'obligation d'obeïr, & par consequent
elles ne pechent pas en n'obeissant pas.

De quelles
sources
vient l'er-
reur dans
cette ma-
tiere.

L'erreur en cecy vient de deux sources. La premiere
qu'on partage les devoirs de l'homme & du cœur en
deux. On distingue la conscience, ou la cognoissance
du mal & du bien, de la volonté, en assujettissant la
volonté à ce qu'on appelle la conscience. On n'oblige
la conscience à rien à l'égard de la cognoissance, & on
oblige la volonté à tout selon l'instruction de la conscience: on raisonne comme si l'on n'estoit pas obligé de
connoitre la verité, & comme si l'on étoit obligé d'a-
gir selon ce que l'on cognoit. Mais il faut comprendre
que le devoir de cognoitre le vray bien pour le distinguer du faux, ne fait qu'un devoir avec l'obligation de
le suivre. L'homme est obligé à cognoitre la verité &
son devoir, par la mesme loy par laquelle il est obligé
de les suivre, & il ne peut jamais être obligé à suivre
le jugement d'une conscience qui prend le faux bien pour
le

le vray, & la verité pour le menfonge.

L'autre fource de l'erreur c'eſt qu'on etend trop loin l'empire de la confcience, on le porte à tout. Il eſt vray que cêt empire a quelque chofe de fort fingulier, de fort delicat & de fort difficile à expliquer ; mais la plus dangereufe illufion où l'on puiſſe tomber la deſſus, c'eſt celle la, qu'on foit obligé de fuivre une confcience errante. Qu'on fe fouvienne bien de ce que nous avons dit que toute *obligation* dit obligation à la peine, ou à l'obeiſſance: qu'on ne peut etre obligé à l'obeiſſance à l'egard d'une confcience errante, parce qu'un Athée de bonne foy feroit obligé à blafphemer Dieu, qu'on ne peut être obligé à la peine, parce que Dieu feroit obligé de punir un homme qui ne l'auroit pas blafphemé, ou un homme qui n'auroit pas tué fon Roy comme un Tyran à caufe que leur confcience leur auroit diſté qu'il n'y a pas de Dieu, & qu'on doit exterminer les Roys Tyrans. En un mot Dieu feroit obligé de punir les hommes à caufe qu'ils n'auroyent pas commis des crimes que leur confcience leur auroit diſté être de bonnes aſtions. Ce qui eſt la plus grande de toutes les abfurdités.

Mais dira-on l'aſtion par laquelle un homme refiſte à fa confcience qui luy commande un crime fous l'Idée d'une bonne aſtion peche tres aſſurement. Car fon aſtion eſt ou bonne ou mauvaife ou indifferente. Elle n'eſt pas bonne, quisqu'elles n'eſt pas faite avec une bonne confcience ni en foy. Elle n'eſt pas indifferente car dans les aſtions morales rien n'eſt indifferent: tout eſt bon ou mauvais moralement, au moins à caufe du principe & de la fin. Elle eſt donc mauvaife. Par exemple un Payen pour complaire aux Chrétiens blafpheme fes Dieux, qu'il croit être de veritables divinités. Il refufe de les adorer bien que fa confcience luy dife qu'ils font dignes d'adoration. La premiere de ces deux chofes eſt un peché de *commiſſion*, comme on parle, & la feconde un peché d'*omiſſion*. Mais l'un & l'autre font des pechés puisque ce ne font pas de bonnes aſtions. Sans doute ce font des pechés, puisque toute aſtion d'un homme fans grace eſt peché, tout ce qui eſt fait fans foy eſt peché. Ce Payen refufe d'adorer fes faux Dieux, felon le diſtamen de fa confcience. Il ne fait

L'aſtion d'un homme qui fait le bien en refiſtant à fa confcience ne laiſſe pas d'eſtre un peché comment & pourquoy.

fait point ce refus dans un efprit de foy. Et par confequent ce ne peut etre une bonne œuvre. Mais en
quoy confifte le peché? il ne confifte pas en ce que ce
payen refufe d'adorer fes Dieux au contraire, cela precifément en foy eft bon. Il ne peche pas non plus en
ce qu'il n'obeit pas à fa confcience errante; car une confcience qui erre n'oblige pas. Mais le peché confifte
en ce que le refus d'adorer l'idole, refus qui eft bon
en foy, ne vient pas d'un principe de foy & de cognoiffance, mais de crainte, & d'amour propre. Appeller
une Idole par fon nom, dire d'un faux Dieu que c'eft
un Demon, c'eft une bonne œuvre en foy. Mais le
payen qui fait cela contre fa confcience peche pourtant.
Non en ce qu'il parle contre ce que fa confcience luy
dicte, mais parce que ce qu'il dit quoy que vray & bien
dit, eft dit fans foy & fans perfuafion par un principe de
lacheté & d'amour propre.

Cela fuffit ce me femble pour diffiper l'illufion que
fait à tant de gens ce faux principe: les heretiques croyent etre obligés en confcience de prefcher & de multiplier leurs herefies, l'empire de la confcience n'eft
pas du reffort des hommes, donc les puiffances ne font
pas en droit d'empefcher les heretiques, ni de parler,
ni de dogmatifer comme bon leur femble. Encore une
fois l'erreur n'a pas le mefme droit que la verité. Les
Apôtres & leurs fucceffeurs ont droit de prefcher la
verité. Mais les herefiarques n'ont pas droit de pref-
2 Cor.13.
ý. 8. cher le menfonge & l'herefie. Quand S. Paul dit *que*
nous ne pouvons rien contre la verité, mais pour la verité,
cela ne peut etre entendu que de la puiffance de droit,
autrement, il eft certain que nous pouvons plus
faire contre la verité que pour la verité. Car il eft plus
aifé aux hommes de femer les erreurs, que d'eftablir
la verité. Dieu pour l'eftabliffement de l'Euangile a
Les perfe- bien employé de grandes machines, & fouvent un feul
cuteurs de heretique fans miracle, & fans autre fecours qu'une
la verité, fauffe Philofophie a perverti des nations entieres.
ne peuvent
prendre   Ces mefmes principes nous apprennent ce que nous
droit fur   devons repondre à ceux qui prétendent que nous
ces maxi-   fourniffons des armes aux perfecuteurs de la religion
mes,   Chrétienne en General, & à ceux de la religion Reformée
en particulier. On nous dit ces gens la croyent
                                                      avoir

avoir la verité, ils font perfuadés que vous eftes des heretiques, ils font donc obligés en confcience de vous empefcher de répandre vôtre doctrine. Je reponds encore une fois qu'il ne fuffit pas de croire avoir droit pour pouvoir faire legitiment une chofe, il faut effectivement avoir le droit qu'on croit avoir. Ce n'eft pas affés de croire avoir la verité pour avoir le droit de s'oppofer à l'eftabliffement des opinions contraires, il faut l'avoir en effet cette verité. Mais qui eft ce qui jugera de cela? qui fera Juge entre le fouverain Magiftrat & l'heretique prétendu, pour fçavoir qui a droit dans le fonds? Je reponds que ce fera le fouverain Magiftrat luy mefme, à fa damnation s'il juge mal. Je fays la mefme queftion au fujet du Libertin qui croit que les voluptés contre nature ne font pas criminelles. Le Magiftrat foutient qu'elles meritent la mort, le Libertin foutient qu'elles font innocentes: qui en Jugera? le Magiftrat fans doute. A fa damnation s'il fe trompe, car s'il a tort dans le fonds, il a tort en tout, & fon erreur ne luy donne aucun legitime droit. Un Magiftrat qui eft perfuadé de cette verité, qu'il eft obligé de fupprimer par fes loix toutes les herefies mortelles qui font capables de damner les hommes, doit bien prendre garde à ne pas faire une mauvaife application de ce principe, parce qu'il y va de fon falut eternel. S'il fe fert de cette verité contre la verité mefme, & qu'il travaille à fupprimer la veritable religion en fuppofant qu'elle eft fauffe, il commet un crime enorme. Mais fon crime n'ofte en aucune façon le droit à celuy qui defendra la veritable religion d'employer la voye de l'authorité pour empecher l'eftabliffement d'une fauffe religion.

Je foutiens que le Sophifme des fectaires qui veulent que le magiftrat ne foit point en droit d'employer fon authorité pour empefcher la propagation de l'herefie va à la ruine de toutes les loix, & de toutes les focietes. Car enfin tout revient à cecy, que le Magiftrat n'a point d'empire fur toutes les chofes qui font du reffort de la confcience laquelle appartient à Dieu feul, & que fi une fois on permet au magiftrat de fe fervir de fon authorité pour fupprimer ce qu'on appelle l'herefie, il faut luy donner aufli le pouvoir de perfecuter la verité quand il croira de bonne foy que ce qui eft verité fera

En quel fens il faut entendre ce principe que Dieu feul tient l'empire de la confcience.

une

une herefie mortelle. C'eft dis-je ce méchant raifonnement qui renverfe toutes les loix. Le principe eft,
Dieu feul tient l'empire de la confcience, & ce principe eft
vray. Mais je m'en vays en conclurre felon la methode
des fectaires que le Magiftrat n'á aucun droit de punir
les crimes. Dieu feul tient l'empire de la confcience,
ma confcience me dicte que tous les biens doivent étre
communs, & que ce droit de proprieté qui affigne à
chacun fa portion eft une pure ufurpation, & une pure
violence. Je fuis obligé de fuivre les mouvements de
ma confcience & par confequent j'ay droit de me fervir de tout le bien que je trouve à mon ufage, fans
m'enquerir qui pretend en avoir la poffeffion, parce que
c'eft une poffeffion injufte: Les actions font des fuittes
naturelles des penfées, je croy que tous les biens doivent
étre communs,. en fuivant cette penfée ma confcience
m'oblige à me mettre en poffeffion de mon droit, &
de me fervir de tout le bien d'autruy, fans que le Magiftrat ait droit de s'en mêler; car c'eft une affaire de
confcience. L'heretique raifonne tout de mefme & dit,
je croy que Jefus Chrift n'eft qu'une creature, & que
fa pretendue redemption n'eft qu'une vifion: Nul n'á
d'empire fur ma confcience, je puis croire ce qu'il me
plaira; les actions font des fuittes naturelles des penfées; Il m'eft permis de dire ce que je croy & par confequent d'enfeigner & de dogmatifer. L'un & l'autre
Sophifme eft fondé fur la mefme illufion.

Les actions viennent qui à la fuitte des mauvaifes penfées peuvent étre du reffort de la juftice humaine. Il eft vray l'empire de la confcience appartient à
Dieu feul. C'eft pourquoy je tiens qu'on ne fçauroit
faire le proces à un homme ou parce qu'il croit avoir
droit d'ufage dans tous les biens de fes prochains, ou
parce qu'il croit quelque herefie mortelle, quelque mortelle quelle puiffe étre. Dieu feul eft maitre & Iuge
du cœur. Mais il eft faux que les actions qui viennent
à la fuitte des fauffes penfées du cœur, & qui en font
les confequences foyent du reffort de Dieu feul & de
la confcience. Rien n'eft de l'empire de la feule
confcience que ce qui eft renfermé dans les bornes de la confcience & qui n'en fort point. Mais
tout ce qui fort de la confcience, & qui fe produit au
dehors eft du reffort de ceux à qui Dieu a donné l'authorité de regler les actions & les paroles. Un Magiftrat

ſtrat n'eſt pas en droit de punir un fanatique qui croit
que tout les biens doivent étre communs, mais il eſt
en droit de punir ce fanatique s'il veut agir conſequemment à ſes principes, & prendre le bien d'autruy. Un
Magiſtrat n'eſt pas non plus en droit de punir un heretique qui nourrit en ſon ſein de mortelles hereſies, ce
ſont des penſées elles ſont du reſſort de Dieu ſeul. Mais
ſi cêt heretique dogmatiſe, enſeigne, parle, ecrit, afin
de corrompre les autres le Magiſtrat eſt en droit de le
defendre, & s'il le fait il le peut punir; Ce ſont des
actions & des parolles & cela eſt de ſon reſſort. Quand
a ce que l'objection ajoute qu'on ne doit pas donc trouver mauvais qu'un Magiſtrat perſecute la verité la regardant comme hereſie, j'y ay deja repondu, & fait
voir qu'on doit trouver mauvais tout ce qui eſt mauvais
en effet, & que la fauſe opinion ne donne pas droit
d'agir contre la verité, comme la verité donne droit
d'agir contre l'hereſie.

Il faut donc remarquer qu'il y a de veritables prin- *Le mauvais*
cipes, dont on fait une mechante application; mais que *uſage que*
la meſchante application n'oſte pas le droit qu'on a d'en *l'on fait*
faire un legitime uſage. Par exemple ſuppoſons que le *principe*
principe commun de l'Egliſe Romaine ſoit vray, qu'il *n'oſte pas*
y a une certaine ſocieté viſible dans le monde diſtinguée *d'en faire*
de toutes les autres qui ſoit infaillible. Suppoſons auſſi que *un bon*
ce que M. Nicole nous aſſûre ſoit veritable, ſçavoir que *uſage.*
toutes les communions, les Grecs, les Neſtoriens, les Armeniens &c. ſont dans la meſme opinion, c'eſt qu'il y a
une certaine ſocieté viſible, infaillible hors de la quelle il
n'y a point de ſalut: il eſt clair que toutes ces ſectes ſe ſer-
viront de ce principe contre l'Egliſe Romaine meſme &
diront. Il n'y a qu'une ſeule ſocieté infaillible hors de
laquelle il n'y a point de ſalut, nous Grecs ſommes
cette unique ſocieté viſible infaillible, dont vous Latins
eſtes hors de l'Egliſe & ſans eſperance de ſalut. Cette
application injuſte d'un principe vray, oſterat'elle à l'E-
gliſe Romaine le droit de faire une juſte application de
ce principe lequel on pretend étre vray.

Prenons un autre exemple plus commode, C'eſt un
principe qui paſſe pour veritable entre tous les reformés
qu'on ne doit regarder pour un point fondamental &
neceſſaire au ſalut que ce qui eſt contenu clairement dans

l'e-

l'escriture. Le Socinien se saisit de cette regle & l'applique mal, pretendant que l'on ne doit regarder comme article de foy, que ce qui est dans l'escriture mot à mot c'est à dire qu'a proprement parler on ne doit tenir comme article de foy que les termes de l'escriture, & non les sens qui peuvent être cachés sous ces termes. Est ce dont que le mauvais usage que le Socinien fait de cette regle m'oste le droit de m'enservir contre le Papisme & de luy dire je ne voy point dans l'escriture ni l'adoration des images, ni l'invocation des saints &c. Donc je ne suis pas obligé de recevoir ces cultes superstitieux. En un mot il n'y a point de principe si pur & si bon dont on n'abuse, mais ce seroit une injustice terrible d'aneantir l'usage à cause des abus.

J'applique tout cecy à l'affaire de question le principe des oxthodoxes, c'est que la tolerance ne doit pas être universelle, & que le Magistrat a droit d'empécher un heretique de multiplier son heresie. Le Papiste outre ce principe il en fait un mauvais usage & une méchante application, il brusle, il pend, il interdit les predicateurs de la verité. Est ce donc que la mauvaise application que le Papisme fait de cette regle oste à la veritable Eglise & aux orthodoxes le pouvoir de l'appliquer à son legitime usage?

Si le contract de tolerer les heretiques est d'une matiere illicite, & que par consequent il ne doive pas étre tenu.

Toutes les considerations precedentes nous fourniront responce à une autre objection dont les protecteurs de la tolerance universelle se font comme un dernier retranchement. Ils disent s'il y a des sectes qui ne doivent pas être tolerées jamais on ne peut traitter avec elles pour leur accorder des temples, des exercices publics, & le droit de précher: parce que la matiere d'un contrat legitime doit être ou bonne ou du moins indifferente. Si l'on peut contracter avec des heretiques pour la tolerance, il faut que cette tolerance des heretiques soit bonne ou tout au moins indifferente. Vous n'avés aucun droit de vous plaindre des Papistes qui ne vous tiennent rien de ce qui vous a eté promis, si la tolerance des sectes n'est pas permise: car on n'est point obligé à observer les clauses d'un contract dont la matiere est illegitime: & cela mesme ruine la these que nous deffendons, qu'on est obligé de tenir la foy aux heretiques. Quand on a promis une chose mauvaise, cest un crime que d'accomplir sa promesse.   Pre-

Premierement suppofons qu'en effet tout contract avec les heretiques pour la tolerance foit illegitime, & qu'il ne foit jamais permis de leur donner des excercices publics, Cela ne prouve pas que les prétendus Catholiques n'ayent pû traitter avec les Proteftants & leur accorder des temples, & le droit d'y précher publiquement; car les Proteftants ne font pas heretiques. Mais dit on, ils le font dans la penfée des Catholiques Romains, & ceux cy regardent les proteftants tout de mefme que nous regardons les Sociniens Sur cela je dis en paffant qu'il n'eft pas vray que les Pretendus Catholiques regardent ou puiffent regarder les Proteftants comme nous regardons les Sociniens. Car le Socinien rejette du Papifme tout ce que nous en rejettons, & outre cela il rejette le Chriftianifme qui nous eft commun avec l'Eglife Romaine. De forte qu'il eft clair que le Papifte doit regarder le Socinien comme errant infiniment plus que nous, & ainfi il ne peut croire que nous devions étre en mefmes termes pour la tolerance. Il eft vray que le Papifte nous regarde comme hors de l'Eglife, & comme une focieté de reprouvés auffi bien que les Sociniens, mais il regarde auffi les Payens comme reprouvés: cependant les gens raifonnables & moderés d'entre les pretendus Catholiques ne diront jamais qu'on doive agir avec nous comme avec des Payens. De forte qu'ils pourroient tres bien croire qu'on nous peut tolerer fans croire qu'on puiffe tolerer les Sociniens ou les Payens.

Les reformés ne font pas heretiques, & la penfée qu'en ont les Catholiques Romains ne peut rendre le contract de tolerance illicite.

L'Eglife Romaine ne nous fçauroit mettre au rang des Sociniens.

Mais ce fur quoy infifte principalement, c'eft que cette objection eft fondée fur les principes que nous avons refutés. Quand il feroit vray qu'on ne pourroit traitter de tolerance avec des heretiques, cela n'empecheroit pas que l'on ne pût traitter de tolerance avec des gens reputés fauffement heretiques. Car la confcience erronée n'oblige pas comme nous l'avons prouvé. Suppofé qu'un fouverain peche en tolerant des heretiques, il eft certain qu'il ne peche pas en tolerant ceux qu'il croit heretiques & ne le font pas; & au contraire il peche en tolerant des heretiques lefquels il croit orthodoxes: parce qu'il n'y a que la juftice & la verité qui donnent le droit & qui obligent veritablement la confcience.

On peut fans peché traitter de tolerance avec des gens qu'on repute heretiques quand ils ne le font pas.

Un fouverain, dit-on, n'eft pas obligé de donner la tolerance que fes predeceffeurs ont promife à des heretiques:

N 5

tiques. Quand cela seroit vray il seroit toujours obligé devant Dieu de tenir sa promesse à des gens qui ne sont que reputés heretiques. Parce que la seule chose qui le pourroit excuser devant Dieu de la violation de sa parolle ce seroit cette regle. *On ne doit pas tenir un contraĉt dont la matiere est illegitime.* Or tenir sa parole sur la tolerance à des gens qui ne sont pas heretiques, quoy qu'ils passent pour tels n'est pas une matiere illegitime de contraĉt. Mais dit-on, encore une fois ils passent pour heretiques dans son esprit : mais encore une fois aussi la fausse persuasion ne donne pas le mesme droit que la veritable, & la conscience errante ne fait pas d'obligation devant Dieu & Dieu ne redemandera point conte des actions qu'on aura faites au prejudice d'une conscience errante.

Les Empereurs Romains croyoient que les Chrétiens ettoyent des impies. Ils le devoient croire. Car ces Chrétiens appelloient les Dieux des Empereurs des Demons. C'estoit la derniere impieté par rapport aux Payens. Or des impies ne doivent pas être tolerés. Cependant les Empereurs Payens ont souvent toleré les Chrétiens : seront ils punis de cette tolerance pour le Christianisme, comme d'un crime parce qu'ils ont agi contre les regles & les sentiments de leur conscience ? Ces mesmes Payens ont persecuté les Chrétiens selon l'obligation de leur conscience, en seront ils moins punis ? n'avoient ils pas tort dans les procedures, puisqu'ils avoient tort dans le fonds de la cause ? Ainsi cette objection n'oste pas aux protestants le droit de se plaindre des persecutions qu'on leur fait, & du manquement aux paroles que les Catholiques Romains leur ont données ; parce que si ceux cy ont tort dans le fonds, ils ont tort en tout.

J'aïoute au sujet de ceux qui sont veritablement heretiques, & de cette regle, *un contraĉt de chose illegitime ne doit pas être fait ni gardé quand il est fait :* Qu'il faut distinguer entre heretique & heretique, & entre les particuliers & le public. Il y a telles gens qu'on appelle heretiques, & qui errent effectivement, qu'on peut tolerer sans crime parce que leurs erreurs ne vont ni à la ruine de la societé ni à celle de la religion. La tolerance de telles gens n'est point illegitime, on en peut

Tout contraĉt de tolerance avec des societes errantes n'est pas illegitime.

tait-

traitter, & quand on en a traitté, l'on est obligé de garder sa parolle. Il faut aussi distinguer le public du particulier. Je suis persuadé qu'un Prince qui auroit permis à un heresiarque de prêcher sa doctrine publiquement auroit tres mal fait, & qu'il ne seroit nullement obligé de tenir sa promesse.

Mais si tout un peuple est dans l'heresie on ne sçauroit plus l'en tirer par des voyes de rigueur. On peut souffrir un moindre mal, pour eviter un plus grand mal. Il ne faut pas dire la dessus qu'il *est deffendu de faire du mal afin que bien en advienne.* Car il y a bien de la difference entre souffrir le mal & le faire. Et c'est faire un bien que de souffrir un moindre mal pour en eviter un plus grand. Si c'est par cette raison, dira t'on, ce ne sera plus à cause du serment & du nom de Dieu qui est intervenu. Ce ne sera plus que par une raison humaine, tellement que quand l'occasion de supprimer l'heresie sans faire grand prejudice à l'estat & à l'Eglise se trouvera, on pourra revoquer toutes les paroles qu'on aura données. Je responds qu'il peut y avoir telle circonstance, & tel changement dans une societé heretique, que la necessité de la tolerer cessera, mais si elle demeure dans l'estat où elle étoit quand on a jugé que ce seroit un moindre mal de la tolerer que de ne la tolerer pas, la force des traittés & la vertu des serments demeurent. Quand on a traitté avec des heretiques qui font un peuple, ou partie d'un peuple, il est certain qu'on est obligé de tenir le traitté pendant que ces heretiques font un peuple ou une partie du peuple. Car les souverains n'ont par le droit de rompre les traittés qu'ils ont faits avec leurs propres peuples. Mais si ces heretiques cessoyent d'estre peuple, & n'estoyent plus une assemblée, on ne les pouroit plus regarder que comme des particuliers, & ils ne seroyent pas en assez grand nombre pour representer tout le corps.

Ce que nous venons de dire de la tolerance paroitra digression. Et en effet cela n'etoit pas necessaire pour justifier nôtre Idée de l'Eglise. Il suffisoit de montrer qu'il ne s'ensuit pas qu'on doive avoir une tolerance universelle pour toutes les sectes de ce que les communions Chrétiennes font toutes dans l'enceinte generale du Christianisme. Mais étant obligé de parler de la tolerance, je n'ay pû me refuſer ces eſclairciſſements en faveur d'un Chapitre de nôtre hiſtoire du Papiſme qui a chagriné les ſectaires, parce que nous y avons établi que le Magiſtrat eſt en pouvoir & en droit, & de ſupprimer leurs aſſemblées, & de les empécher de dogmatiſer. Ce n'eſt pas que nous ayons aucun égard, ni au chagrin de ces ſectaires, ni à certaines plumes infames qu'ils employent pour deffendre leur cauſe : Mais il n'y a que trop d'honneſtes & d'habiles gens qui s'embarraſſent des ſophiſmes des heretiques en ce point. Il etoit juſte d'avoir egard à eux & de leur faire connoitre qu'on n'a rien avancé dans ce Chapitre qui ne ſoit conforme à la raiſon & à la religion. Peut étre pourra t'on quelque jour travailler là deſſus avec plus d'eſtendüe & plus d'exactitude.

CHAPITRE XXV.

De la viſibilité de l'Egliſe. Diſtinction des deux queſtions. Si l'Egliſe eſt eſſentiellement viſible, ſi elle eſt neceſſairement toujours veüe. Que l'Egliſe abſolument parlant eſt viſible que ſa viſibilité eſt dans ſes marques quelles ſont ces marques de l'Egliſe.

APres avoir traité des membres & des parties de l'Egliſe l'ordre naturel veut que l'on parle de ſes attributs eſſentiels. Qui ſont l'unité, l'eſtendüe, la viſibilité & la perpetuité. Pour l'unité tout ce que nous avons dit pour prouver que l'Egliſe n'eſt pas renfermée dans une ſeule communion ſert à l'expliquer, & ce qui nous reſte à dire là deſſus ſe trouvera dans le troiſieſme livre. De l'eſtendüe nous en avons parlé ſuffiſamment dans la premiere preuve que nous avons apportée pour deffendre nôtre ſyſteme de l'Egliſe, compoſée de toutes les communions Chrétiennes qui retiennent le fondement. La nous avons fait voir que cette eſtendüe eſſentielle à la religion Chrétienne & à l'Egliſe embraſſe & doit embraſſer toutes les ſocietés qui confeſſent Ieſus Chriſt, le fils eternel de Dieu, Dieu luy meſme benit eternellement, le ſauveur & le redempteur du monde, qui a fait la veritable propitiation pour nos pechés. Nous y avons demonſtré que nous ſommes ſur ce ſujet dans les
prin-

principes de S. Auguſtin & des Peres, & que l'Egliſe Romaine eſt la deſſus Donatiſte & Luciferienne. Ainſi nous avons à parler preſentement de la viſibilité de l'Egliſe.

Il y a ſur cette matiere deux queſtions fort voiſines & que l'on confond ſouvent. La premiere, ſi l'Egliſe eſt eſſentiellement & neceſſairement viſible, la ſeconde ſi l'Egliſe eſt toujours en lieu & en place où on la puiſſe voir. Ces deux queſtions voiſines ſont pourtant fort differentes, comme on peut voir par l'exemple de l'homme, ſur lequel on peut faire ces deux queſtions. La premiere, s'il eſt neceſſairement viſible. La ſeconde ſi on le peut toujours voir. A la premiere queſtion on repond qu'ouy, à la ſeconde que non. L'homme eſt neceſſairement viſible, Car il eſt compoſé de corps & d'ame, & ſon corps eſt neceſſairement viſible. Mais il n'eſt pas neceſſaire qu'on le puiſſe voir toujours, car il peut être caché. Il en eſt de meſme de l'Egliſe : quand on demande ſi elle eſt viſible, on doit repondre qu'elle l'eſt, mais quand on demande ſi elle eſt toujours viſible, toujours en lieu eminent où on la puiſſe voir, c'eſt une autre queſtion, & il n'eſt pas neceſſaire de repondre qu'ouy, ſelon le ſentiment de nos docteurs; parce qu'ils ſuppoſent que l'Egliſe peut etre diminuée & par la perſecution, & par l'hereſie de maniere qu'a peine la peut on voir. Au contraire ſelon les Docteurs pretendus Catholiques l'Egliſe eſt viſible, toujours viſible, & toujours veüe, toujours en lieu eminent où elle ne peut être cachée.

L'Egliſe eſt neceſſairement viſible, mais il n'eſt pas neceſſaire qu'on la voye toujours actuellement ſelon pluſieurs Theologiens.

Ce que jay fait cette diſtinction n'eſt pas proprement pour mon uſage, Car ſelon mon ſyſteme l'Egliſe eſt toujours viſible & toujours veüe, & je ne croy pas qu'elle puiſſe étre cachée, au moins un fort long temps. C'eſt donc pour lever une equivoque qui fait ſouvent broncher nos adverſaires quand ils diſputent contre nous; Ils ſuppoſent que, ſelon nos Theologiens, l'Egliſe n'eſt pas viſible. En cela ils ſe trompent. Il eſt vray que quelques uns des noſtres ont diviſé l'Egliſe en Egliſe viſible & Egliſe inviſible, mais c'eſt une diſpute, & une difference de noms. Ce qu'ils appellent l'Egliſe inviſible, n'eſt rien que ce que nous appellons la partie interne de l'Egliſe, ſon ame, la foy & les vrays fideles,

cela

cela est invisible, à le considerer précisement en soy. Et l'Eglise visible, c'est la partie externe de l'Eglise, c'est la profession de foy, & ceux qui font profession de la vraye foy, cette partie est visible. Mais nous avons deja remarqué qu'il n'est nullement necessaire de distinguer l'Eglise en visible & invisible. Entre ceux de nos Docteurs qui avoüent qu'il n'y a qu'une seule Eglise qui est visible & invisible à divers egards, Il y en a pourtant qui croyent que l'Eglise n'est pas toujours en état & en lieu d'estre veüe, parce qu'elle peut être cachée, selon eux, ou à cause de la persecution, ou par l'heresie. Mais leur intention n'est pourtant pas de dire que l'Eglise puisse devenir absolument invisible, quoy qu'on puisse cesser de la voir actuellement. C'est peut être ce qui trompe ces Messieurs dans cette dispute, & qui leur persuade que selon nous la visibilité n'est point essentielle à l'Eglise.

Bien que nous n'ayons pas apporté cette distinction d'Eglise *toujours visible* & d'Eglise *toujours vüe* pour nostre usage, c'est à dire dans le dessein d'avoüer que l'Eglise est toujours visible, mais qu'elle n'est pas toujours vüe, cependant il est necessaire de distinguer ces deux questions, parce que l'une appartient à cêt attribut de l'Eglise que nous appellons sa visibilité, l'autre à celuy que nous appellons sa perpetuité. Ainsi c'est de la premiere question que nous avons presentement à parler.

Pour peu que l'on soit entré dans nôtre systeme de l'Eglise, on comprendra aisement ce que nous devons repondre à cette question si l'Eglise est visible. Il n'y a pas deux Eglises dont l'une soit visible & l'autre invisible. Il n'y en a qu'une composée comme l'homme de corps & d'ame. Ce corps de l'Eglise est composé de toutes les societés Chrétiennes qui sont au monde, au moins de toutes celles qui retiennent le fondement. Ce corps est visible, il est composé d'hommes qui font profession de la foy Chrétienne. Cette profession de foy est exterieure, elle tombe sous les sens, dont il est clair que l'Eglise est visible. Dans ce corps sont répandus les fideles & les élüs qui craignent Dieu & qui l'aiment veritablement, c'est l'ame de l'Eglise. Cette

ame

ame est invisible en elle mesme , car personne ne sçait distinctement & certainement qui sont les veritables fideles. Cette ame est sans doute la partie la plus noble , & mesme la plus essentielle de l'Eglise. A cause de cela doit-on dire que l'Eglise absolument parlant est invisible? Nullement: Tout de mesme qu'on ne dit point que l'homme est invisible , quoyque son ame sa partie la plus noble & la plus essentielle soit invisible.

La raison pourquoy on ne dit pas que l'homme soit invisible , quoyque son ame le soit. C'est premierement que son corps qui est une partie de l'homme est proprement visible : secondement c'est que son ame qui n'est pas visible en elle mesme l'est par ses actions ; & ses operations qui paroissent au dehors sont visibles. Nous voyons bien quand un homme raisonne juste , agit sagement & librement & par la nous voyons son ame. Pareillement l'Eglise catholique est visible , premierement parce que nous voyons son corps repandu dans toutes les parties du monde , secondement parce que nous voyons la profession de la foy & l'exercice de la charité qui nous sont comme les actions de l'ame de l'Eglise, & qui nous rendent visible cette ame de l'Eglise.

Mais dit-on la comparaison ne vaut rien , parce que les actions de raison qu'un homme fait sont des marques indubitables de sa raison ; ce ne sont pas des signes equivoques. Au contraire les actes de pieté de foy & de charité qui se voyent au dehors sont equivoques ; Ils peuvent partir d'un fonds d'hypocrisie aussi bien que d'un fonds de pieté. Cela est vray des particuliers , mais cela ne l'est pas du general. Il est vray que nous ne pouvons sçavoir distinctement & certainement de chaque particulier si la foy & la charité internes sont les principes des actions externes qui semblent sortir de ces vertus. Mais nous sçavons avec certitude que dans les assemblées où nous voyons la profession de la vraye foy , la pratique de la charité , & la parole de Dieu preschée, nous sçavons dis-je avec certitude que la dedans il y a des élûs & par consequent de la vraye foy , & de la vraye charité , parce qu'il est impossible que la parole de Dieu demeure absolument sans effet.

Il faut donc se ressouvenir que nous avons distingué les membres du corps de l'Eglise , des membres de Jesus Christ.

La partie la plus noble de l'Eglise est invisible : on doit pourtant dire absolument parlant que l'Eglise est visible.

Les actions de foy & de charité sont equivoques à l'egard de chaque particulier, mais elles ne le sont par à l'egard de toute une assemblée.

Les vrays fideles sont visibles d'une veüe certaine mais confuse.

Chrift. Pour étre membres du corps de l'Eglife il ne faut autre chofe que la profeffion de la vraye foy. Ces membres la font vifibles par eux mefmes. Pour eftre membres de Jefus Chrift il faut avoir non feulement la profeffion, mais la vertu de la veritable foy. Ces membres ne font pas vifibles d'une veüe diftinéte, mais d'une veüe confufe & pourtant certaine, parce que nous fçavons & pouvons fçavoir certainement que dans une telle focieté de Chrétiens, Il y a des élûs.

Entre les focietés qui compofent ce grand & vafte corps vifible de l'Eglife univerfelle, Il y a des feétes qui font mortes, quelques unes qui font vivantes, d'autres qui font extrememement malades, & d'autres enfin qui ne le font que mediocrement. l'Eglife eft vifible dans toutes ces focietés. Elle eft vifible dans les feétes mortes qui ont rejetté les verités fondamentales, car il eft vifible que les herefies de ces feétes font mortelles & qu'on ne fçauroit eftre fauvé en y adherant. Elle eft vifible dans les focietés vivantes pures & faines, Car par la mefme raifon qu'on voit quand une focieté eft morte ou malade, on voit auffi fi elle eft vivante & faine. Sçavoir fi elle eft exempte des erreurs & des vices qui tuent une focieté, & qui la rendent fans vie, ou qui du moins diminuent fa fanté. Elle eft vifible dans les communions extrememement corrompües : Car quand on fçait quels font les fondements de la foy Chrétienne, on voit facilement quelles font les focietés qui bleffent mortellement les verités fondamentales. Enfin elle eft vifible dans les focietés dont les erreurs ne font pas mortelles, parce qu'on diftingue facilement une grande erreur d'avec une legere.

Dans toutes ces differentes focietés les vrays membres de Jefus Chrift quand il-y en a font vifibles, non d'une veüe diftinéte, mais d'une veüe certaine. Parce que l'on peut definir fans temerité qu'il n'y a point d'elus dans les focietés qui ont rejetté le fondement : qu'il y en a un grand nombre dans celles qui n'ont point d'erreurs ; qu'il peut y en avoir beaucoup dans celles qui n'ont que des erreurs legeres, qu'il y en a tres peu dans les focietés qui detruifent le fondement fans le rejetter, & que s'il y en a ils y vivent par une efpece de miracle.

Comment on peut voir les vrays membres de l'Eglife dans chaque focieté Chrétienne.

Il

Il faut auſſi ſe ſouvenir que nous avons diſtingué les lieux & les temps, à propos de la queſtion, comment on ſe peut ſauver dans les communions qui ſont extremement corrompües: Dans un ſiecle où il n'y avoit pas de ſocieté pure, ſur la terre on peut croire que Dieu ſauvoit beaucoup plus de gens dans les Egliſes corrompües; quand la providence a fait une ſeparation & qu'elle a erigé des ſocietés reformées, il eſt vray-ſemblable qu'il y a moins d'elus dans les ſocietés corrompües, parce que ce qu'il y avoit de juſtes & de purs ſe ſont ſeparés & ſe ſont mis à part. C'eſt pourquoy la partie interne de l'Egliſe compoſée de ſaints & d'elus eſt beaucoup moins viſible dans les ſocietés extremement corrompües, quand Dieu a formé d'autres ſocietés plus pures, qu'elle n'eſtoit quand ces ſocietés corrompües eſtoyent les ſeules qui fuſſent au monde. C'eſt à dire qu'on a beaucoup moins de certitude que Dieu s'y conſerve grand nombre d'elus.

L'unique moyen par lequel & l'Egliſe univerſelle en general, & châque ſocieté particuliere eſt viſible en qualité de membre de l'Egliſe, c'eſt la parole de Dieu & la revelation. C'eſt pourquoy l'unique marque pour connoitre l'Egliſe, c'eſt la conformité avec la revelation. Par la parole de Dieu, premierement nous cognoiſſons ſi une ſocieté eſt renfermée dans l'enceinte generale de l'Egliſe univerſelle. Si elle reçoit cette parole comme la regle de ſa foy, elle eſt chrétienne. Si elle la rejette, ou en tout comme les Payens, ou dans ſa principale partie comme les Iuifs & les Mahometans, elle n'eſt point Chretienne. Secondement par cette meſme parole de Dieu nous connoiſſons ſi une ſocieté eſt un membre mort de l'Egliſe, & ſi elle rejette les verités fondamentales. Car encore que l'eſcriture ſainte ne nous diſe pas preciſement une telle verité eſt fondamentale, & celle la ne l'eſt pas, cependant elle nous donne des regles par leſquelles nous pouvons diſtinguer les verités fondamentales des autres. Ces regles ſont, que ce qui ruine la gloire de Dieu & ce qui détruit la ſouveraine fin de l'homme c'eſt à dire ſa ſouveraine beatitude eſt une erreur fondamentale. Or l'eſcriture ſainte nous revele ſuffiſamment qu'elle eſt la gloire de Dieu, & la ſouveraine beatitude de l'homme, & nous fait aſſez connoitre ce qui les ruine.

L'Egliſe eſt viſible par la parole de Dieu. Il n'y a qu'une marque de l'Egliſe.

O   Par

Par cette mesme parole enfin nous cognoissons quelles societés destruisent ou blessent plus ou moins les fondements, & ainsi par le secours de cette parole de Dieu nous voyons premierement l'Eglise dans sa partie externe, c'est à dire dans la profession de la foy ; car faire profession de la foy, c'est faire profession de croire ce que la parole de Dieu nous revele.   Nous voyons aussi la partie interne de l'Eglise, c'est à dire ses élûs & ses saints, par le moyen de la parole de Dieu, parce que par tout où cette parole est preschée, nous sçavons que Dieu s'y conserve des élûs : Enfin par cette mesme parole nous distinguons les parties saines & vivantes, des parties mortes & malades.   Une societé est plus ou moins l'Eglise selon qu'elle a plus ou moins de conformité avec la parole de Dieu.

Fausseté
des autres
marques
qu'on at-
tribüe à
l'Eglise.
Toutes les autres marques sont equivoques, ou elles se rapportent à celles cy.   La pureté de la doctrine n'est rien autre chose que la conformité avec les dogmes revelés ; la sainteté des mœurs n'est rien que la conformité avec les preceptes de la parole de Dieu.   L'estendüe, l'unité, l'antiquité ne sont pas des marques de l'Eglise.   L'estendüe luy convient & luy peut convenir au sens que nous l'avons expliqué, mais c'est une marque equivoque, puisque les fausses religions ont eû & ont encore leur estendüe.   L'unité est de l'essence de l'Eglise.   Mais elle ne peut point servir de marque pour distinguer l'Eglise, parce que cette unité consiste bien d'avantage dans des liens invisibles que dans des liens visibles.   Or toute marque doit étre visible.   L'antiquité de l'Eglise n'est rien autre chose que la perpetuité.   Car l'Eglise n'est ancienne que parce qu'elle dure perpetuellement dans le monde, & qu'elle ne peut jamais estre éteinte.   Mais ce ne peut estre une marque de l'Eglise parce que cette antiquité convient à l'erreur comme à la verité.   Ce n'est pas qu'il ne soit veritable que ce qui est vray est le plus ancien, & ainsi quand on a de bonnes preuves à produire qu'un dogme est de la premiere antiquité, nous ne nions pas que ce ne soit un moyen solide de prouver sa verité.   Mais parce que l'erreur est venüe peu aprés la verité, & que la longue suitte des siecles a obscurci & confondu les origines de la verité & de l'erreur qui étoyent autrefois fort distinctes,

il

Il est malaisé de cognoître & de distinguer une verité ancienne d'avec une vieille erreur. Il n'y a point d'antiquité seure que celle de la parole de Dieu ; tout dogme qui est aussi ancien que l'escriture sainte, & dont
l'antiquité se prouve parce qu'il est dans cette écriture
est veritable ; mais en ce sens l'antiquité revient à nôtre
unique marque de l'Eglise qui est la conformité avec la
parole de Dieu. Les miracles ne peuvent pas estre une
marque de l'Eglise, parce que les veritables marques de
l'Eglise doivent être constantes & uniformes, estre de
tous les lieux, & de tous les temps. Or il est certain
que les miracles ne sont ni de tous les aages de l'Eglise, ni de tous les lieux.

Je n'ay pas dessein de m'estendre davantage sur les
marques de l'Eglise, parce que cela n'est pas necessaire
pour l'esclaircissement des difficultés auxquelles je me
suis proposé de repondre. Il faut seulement observer
que ces marques sont une dependance de la visibilité
de l'Eglise ; Car l'Eglise n'est visible que par ses marques. C'est à dire qu'on ne la sçauroit distinguer des
autres societés qui ne sont pas l'Eglise que par ces caracteres qu'on appelle ses marques. L'Eglise Romaine
multiplie ces caracteres autant qu'elle peut, & nous les
reduisons à deux sçavoir la vraye predication de la parole, & la pure administration des sacrements. Encore
pouvons nous reduire ces deux marques à une, C'est la
conformité avec la parole escrite.

Il est bon de considerer que dans la dispute que nous
avons avec l'Eglise Romaine la dessus, on cherche de
part & d'autre des marques de l'Eglise par rapport aux
autres societés Chrétiennes ausquelles on ne veut pas
donner le nom de veritable Eglise. Ainsi chaque societé pose pour marques de la veritable Eglise les caracteres qu'elle croit avoir. C'est pourquoy l'Eglise Romaine met entre ses marques l'antiquité & l'estendüe
parce qu'elle s'imagine estre ancienne, & qu'elle croit
occuper une place considerable dans le monde. Mais
ce n'est pas la chercher les marques de l'Eglise universelle en general, C'est chercher en particulier les marques de la societé la plus pure entre les communions
Chrétiennes. Cette recherche n'est point inutile, au
contraire elle est tres necessaire & il est bon de chercher

En dispu-
tant des
marques
de l'Eglise
on a de
contume
de cher-
cher les
marques
d'une Egli-
se particu-
liere &
non de l'E-
glise uni-
verselle.

la

la communion la plus pure afin de s'y joindre fi l'on peut. Mais cependant cela caufe une perpetuelle equivoque dans la difpute de l'Eglife, & fait que l'on confond l'Eglife univerfelle avec la focieté des Chrétiens la plus pure, comme s'il n'y avoit pas d'autre Eglife que cette focieté pure ; & que toutes les autres focietés qui font moins pures n'eftoyent pas de l'Eglife, Ce qui eft faux comme nous l'avons prouvé cy devant : C'eft pourquoi pour parler exactement en cette matiere il faut dire que la marque de l'Eglife univerfelle en general, C'eft la conformité avec la parole de Dieu dans les veritès fondamentales, & que la marque de l'Eglife la plus pure entre les communions Chrétiennes, C'eft la conformité avec la parole de Dieu generalement dans toutes les verités ; c'eft à dire en celles qui font de quelque importance encore qu'elles ne foyent pas fondamentales.

CHAPITRE XXVI.

Examen de ce que M. de Meaux dit au fujet de la vifibilité de l'Eglife, que toutes fes preuves ne nous font aucun mal puisqu'elles ne peuvent établir que ce que nous confeffons, & que d'ailleurs, il n'en peut tirer aucune bonne confequence contre nos principes. Vray fens de l'article, je croy l'Eglife univerfelle.

PUifque je me fuis propofé de répondre à M. de Meaux auffi bien qu'à M. Nicole, il faut voir fi le premier de ces Meffieurs dit quelque chofe au fujet de la vifibilité de l'Eglife qui nous puiffe incommoder ou ruiner nos principes. Il en parle en deux lieux, dans la preparation à la conference, ou inftruction particuliere de Mademoifelle de Duras & dans l'onziefme de fes reflexions fur l'efcrit de M. Claude ; Nous allons parcourir ces deux endroits, & voir s'il y a quelque chofe qui merite de nous arréter.

Dans l'inftruction à Mademoifelle de Duras, M. de Meaux prouve que la fignification la plus propre, & la
plus

plus naturelle du mot d'Eglise est celle qui fait concevoir une Eglise visible laquelle fait profession de croire
la doctrine de Iesus Christ, & de se gouverner par sa
parole. S'il a dessein parla d'establir que l'essence de
l'Eglise consiste uniquement en ce qu'elle a de visible &
d'exterieur, il n'a pas raison, & nous avons refuté cette
pensée ; s'il veut dire que l'Eglise est visible, parce
qu'une des parties qui composent son essence est externe
& visible sçavoir la profession de foy, nous n'avons nul
dessein de le contredire, & cela s'accorde tres bien avec
nostre Idée, selon laquelle il y a partie visible & partie
invisible dans l'Eglise. Il suffit qu'il y ait une partie
visible, & que la partie invisible se produise par des
actions visibles afin qu'on puisse attribuer la visibilité au
tout : comme il suffit que le corps de l'homme soit visible, & que son ame se produise par des actions raisonnables visibles pour pouvoir dire que l'homme entier
est visible. Ie reçois donc pour bonnes toutes les preuves
qu'il avance dans le dessein d'establir la visibilité de
l'Eglise, mais il est pourtant bon de les revoir afin de les
corriger & de les rectifier.

Premierement M. de Meaux prouve la visibilité de
l'Eglise par nous mesmes, c'est à dire par nôtre langage.
Quand ils parlent, dit il, *de leurs prieres ecclesiastiques, de
la discipline de l'Eglise, de la foy de l'Eglise, des pasteurs &
des diacres de l'Eglise, ils n'entendent pas que ce soient les prieres
des predestinés ni leur discipline, ni leur foy, mais les prieres,
la foy & la discipline de tous les fideles assemblés dans la societé exterieure du peuple de Dieu. Quand ils disent qu'un
homme edifie l'Eglise, ou qu'il scandalise l'Eglise, ou qu'ils
recoivent quelqu'un dans l'Eglise, ou qu'ils excluent quel
qu'un de l'Eglise ; tout cela s'entend sans doute de la societé
exterieure du peuple de Dieu.* Cela est vray : mais il est
bon d'avertir M. de Meaux que dans toutes ces expressions il y a equivoque. Nous n'entendons pas l'E-
glise universelle dans toutes ces propositions. Ce sont
les Eglises particulieres dont il est parlé. Il n'y a pas
d'homme qui edifie toute l'Eglise, ou qui scandalise
toute l'Eglise. Nous ne pretendons point par l'excommunication chasser un homme de toute l'Eglise ; on ne
le bannit que d'une certaine Eglise particuliere confederée par de certains reglements. Ceux que l'Eglise

Propositi-
ons equi-
voques ou
le nom de
l'Eglise en-
tre, il sig-
nifie sou-
vent les
Eglises
particulie-
res,

An-

Anglicane peut & veut excommunier, nous ne nous croyons pas obligés de les tenir pour excommuniés. Et pareillement si l'Eglise Anglicane ou la Lutherienne reçoit à sa communion ceux que nous aurions chassés de la nôtre, nous ne le devons pas trouver mauvais.

Par exemple si quelqu'un entre nous enseignoit que la distinction de l'Evêque & du Prêtre est de droit divin, & qu'il n'y a pas de vray ministere sans Evêque, nous ne le pourrions souffrir dans nôtre communion, c'est à dire au moins dans nôtre ministere, car autrement dans un particulier, on pourroit tolerer cette pensée pourvû qu'elle n'allast pas au schisme. Mais un Pasteur qui n'auroit reçeu l'ordination que des prestres sans Evêques, & qui croiroit que son ordination ne vaudroit rien, par cela mesme, il se retrancheroit luy mesme du corps des pasteurs dans une communion Presbyterienne. Puisque dans ces propositions que M. de Meaux a ramassées il ne s'agit que d'Eglise particuliere, elles ne sont pas bonnes pour prouver que par l'Eglise universelle nous entendons une societé visible.

Il signifie aussi quelque fois l'Eglise universelle. Il a plus de raison quand il se sert de ce que nous disons d'un enfant baptisé *qu'il est receu dans la compagnie de l'Eglise Chrétienne.* Car il est vray que la l'Eglise ne se prend pas seulement pour une societé particuliere. Nous entendons qu'il est receu dans le corps de l'Eglise Chrétienne en general, parce qu'il reçoit un sacrement qui appartient à toute l'Eglise. Dans l'article 25. de nôtre confession de foy ou il est dit *que l'ordre de l'Eglise qui a eté établi de l'authorité de Jesus Christ doit étre sacré* & qu'il doit y avoir des pasteurs, le mot d'Eglise se prend encore pour l'Eglise universelle. Car avoir des pasteurs est un ordre commun & necessaire à toutes les societés Chrétiennes. Et j'avoüe que l'Eglise se prend la pour une societé visible. Aussi n'avons nous jamais eû dessein de nier que l'Eglise fût un corps visible.

Dans l'escriture le mot d'Eglise signifie toujours une assemblée visible. Je confesse aussi que l'Eglise dans l'escriture se prend pour une societé visible, & je vas mesme plus avant que M. de Meaux. Il avoüe qu'il y a des passages ou l'Eglise se prend pour une societé invisible, sçavoir pour l'Eglise triomphante. Tel est le lieu ou S. Paul appelle l'Eglise, *l'assemblée des premiers nés, la cité du*

Dieu

Dieu vivant &c. Mais je croy avoir montré qu'il n'y a rien la dedans qu'on ne puiſſe appliquer à l'Egliſe militante & viſible. Ces grands attributs ne luy conviennent pas entant que viſible, c'eſt à dire ne conviennent pas à ſa partie viſible, mais ils conviennent à ſon ame ou à ſa partie inviſible, comme les tiltres de raiſonnable & de libre ne conviennent pas à l'homme par rapport à ſon corps mais par rapport à ſon ame. Mais comme cela n'empeche pas que cêt etre qu'on appelle *raiſonnable* & *libre* ne ſoit viſible parce qu'il a un corps, & que d'ailleurs il fait des actions de raiſon & de liberté qui ſont viſibles, ainſi rien ne peut empêcher que l'Egliſe viſible ne ſoit appellée *l'aſſemblee des premiers nés & des eſprits des juſtes ſanctifiés,* quoy que ces tiltres ne luy conviennent pas par eſgard à ſa partie viſible.

J'avoue auſſi que c'eſt l'Egliſe viſible dont S. Paul parle quand il dit que Jeſus Chriſt *s'eſt fait une Egliſe glorieuſe qui n'a ni ride, ni tâche, ni rien de ſemblable.* Epheſ. 5. Mais ce n'eſt point par rapport à ſon exterieur, ni à 27. ſa partie viſible, qui eſt toute gaſtée de vices & d'erreurs: C'eſt par rapport à la partie inviſible, aux ſaints & aux élûs que Dieu ſanctifie & qu'il rend juſtes par ſa grace & par ſon eſprit. Quand au paſſage de S. Mathieu où le Seigneur Jeſus Chriſt dit, *dis le à l'Egliſe,* Matth. 18. il faut bien neceſſairement l'entendre d'une Egliſe viſible, 17. mais cela ne fait ni pour l'Idée que M. de Meaux s'eſt formée de l'Egliſe, ni pour la mienne. Car ſi on ne ſçauroit faire un rapport à une Egliſe inviſible, on ne peut non plus parler a l'Egliſe Catholique & univerſelle. Dans cêt endroit l'Egliſe ſe prend pour une Egliſe & une ſocieté particuliere. Il eſt vray auſſi que quand Jeſus Chriſt dit *ſur cette pierre j'edifieray mon E-* Matth. 16. *gliſe,* il entend l'Egliſe univerſelle, car il veut dire que 18. par le moyen de Pierre & de ſes collegues, il repandroit la cognoiſſance de la verité par toute la terre; & que cette Egliſe croiroit en luy, le precheroit & feroit profeſſion de croire. Ainſi nous advoüons à M. de Meaux que l'Egliſe dont Jeſus Chriſt parle la, *eſt une Egliſe confeſſante, une Egliſe qui publie la foy, une Egliſe par conſequent exterieure & viſible.* Mais nous nions que cette Egliſe confeſſante, & qui publie la foy ſoit une certaine communion Chrétienne diſtincte & ſeparée de

tou-

toutes les autres. C'eſt l'amas de toutes les communions qui preſchent un meſme Jeſus Chriſt, qui annon-
cent le meſme ſalut, qui donnent les meſmes ſacrements
en ſubſtance, & qui enſeignent la meſme doctrine. Nous
tombons d'accord auſſi que l'Egliſe dont parle S. Paul
au chap. 4. de l'Epitre aux Epheſiens eſt une Egliſe viſible laquelle eſt appellée le corps de Jeſus Chriſt. Il
*en a établi dit l'Apôtre, les uns pour être Apoſtres, les
autres pour être Prophettes, les autres pour être Euangeliſtes,
les autres pour être Paſteurs & Docteurs, pour l'aſſemblage
des ſaints pour l'œuvre du miniſtere, pour l'edification du
corps de Jeſus Chriſt.* Mais il n'eſt pas vray que cette
ſocieté ſoit le corps de Jeſus Chriſt entant qu'elle eſt
viſible, c'eſt à dire par le benefice de ſa ſocieté exte-

L'Egliſe entant qu' elle eſt une ſocieté externe & viſible n'eſt pas le corps de Ieſus Chriſt.

rieure. *Les pretendus reformés, dit*, M. de Meaux, *ne
veulent pas que l'Egliſe viſible ſoit celle qui s'appelle le corps
de Jeſus Chriſt, quel eſt donc ce corps où Dieu a établi les
uns Apôtres, les autres Prophettes, les autres Paſteurs &
Docteurs.* Nous avons raiſon de ne vouloir pas que
cette ſocieté exterieure & viſible entant que telle ſoit le
corps de Jeſus Chriſt parce que ſi cela étoit il y auroit
des impies, des prophanes, & des monſtres de vices
qui ſeroient le corps de Jeſus Chriſt. Ce qui eſt abſurde & ce qui implique contradiction. Mais dans ce
corps viſible & externe eſt renfermée l'ame de l'Egliſe,
les fideles & les vrays ſaints. Ce ſont eux qui ſont
le vray corps de Jeſus Chriſt. Les Paſteurs & les
Docteurs ſont établis dans la partie exterieure de l'E-
gliſe, pour l'aſſemblage du corps de Chriſt, c'eſt à
dire pour l'edification & la ſanctification des élûs. Et
ſouvent ces Paſteurs travaillent à l'edification du corps
de Jeſus Chriſt ſans eſtre membres de ce corps; un
Architecte baſtit la maiſon, ſans faire partie de la maiſon. Ils baſtiſſent Jeruſalem, & ils, ſont les citoiens
de Babel.

L'Egliſe qui edifie le corps de Chriſt eſt une ſocieté viſible,

Mais cela n'empéche pas que la ſocieté dont S. Paul
parle ne ſoit une ſocieté viſible: Par ce qu'elle a d'inviſible & d'interne, elle eſt le corps de Jeſus Chriſt:
par ce qu'elle a de viſible, elle poſſede, elle exerce le
miniſtere, elle fait profeſſion de croire, elle enſeigne,
elle inſtruit, elle edifie. Comme un homme par ſon
ame raiſonne, & par ſon corps il agit, il parle, il ſe
meut.

meut. Or cette societé visible qui contient & renferme le corps de Jesus Christ n'est point une certaine communion qui exclüe toutes les autres. C'est un corps qui renferme toutes les communions lesquelles retiennent le fondement de la foy. Ainsi M. de Meaux ne fait rien en faveur de l'Eglise Romaine quand il prouve que l'Eglise qui préche qui enseigne qui a des Pasteurs & des Docteurs est une Eglise visible.

Enfin je ne veux point nier que l'Eglise laquelle le symbole nous oblige de croire ne soit une Eglise visible. J'ay expliqué ailleurs quel est le sens de cêt article, & je m'en tiens la, jusqu'a ce qu'on m'ait apporté quelque chose de meilleur. Cêt article, *Ie croy l'Eglise catholique ou universelle*, pourroit signifier, je croy qu'il y a en terre une certaine societé dans laquelle Dieu se nourrit des elûs pour les conduire à la vie eternelle ; Mais je trouve plus vray semblable que ceux qui ont composé le symbole ont eû intention de signifier. Je croy que la communion qui confesse tous les articles précedents est la veritable Eglise. Mais quelque sens que l'on donne à cêt article, & quoyque l'on avoüe que par la, il faut entendre une Eglise visible, les prétendus catholiques n'en pourront tirer aucun advantage, puisque cette Eglise visible laquelle nous faisons profession de croire est celle qui est repandüe dans toutes les communions veritablement Chrétiennes, & dans laquelle est renfermée la partie invisible qui sont les elûs & les vrays saints.

De tous les sens qui peuvent étre donnés à cêt article, il n'y en a pas un moins raisonnable que celuy que luy donne M. de Meaux. *Vos Ministres* disoit il à Mademoiselle de Duras, *veulent que nous croyons que c'est autre chose de croire l'Eglise, c'est à dire de croire qu'elle soit ; autre chose de croire à l'Eglise, c'est à dire toutes ses decisions. Mais cette distinction est frivole.* C'est ce qu'il faudroit prouver, que cette distinction est frivole. Si l'intention des autheurs du symbole à eté de nous dire que nous devons croire tout ce que l'Eglise enseigne, pourquoy ne nous l'ont ils pas dit ? pourquoy n'ont ils pas dit, *je croy à l'Eglise*, comme ils ont dit, *je croy au S. Esprit ?* & qui ne voit l'evidente distinction qu'ils ont mis entre le S. Esprit & l'Eglise ? pour le S. Esprit

O 5   ils

Préjugés legitimes chap. 1.

Vray sens de l'article, je croy l'Eglise Catholique.

Le sens de l'article n'est pas que nous croyons tout ce que l'Eglise dit ou peut dire.

ils ont dit *le croy au S. Esprit*, afin que nous comprissions que nous devions non seulement croire qu'il y a un S. Esprit, mais aussi qu'il est veritable dans toutes ses paroles. S'ils avoient intention de dire la mesme chose de l'Eglise, ils devoient concevoir l'article dans la mesme forme que le precedent, & ne pas dire, *je croy l'Eglise.*

Mais dit M. de Meaux, *qui croit que l'Eglise est toujours, croit qu'elle est toujours confessant & enseignant la verité.* Cela n'est pas necessaire. Car premierement nous ferons voir dans la suitte que l'Eglise universelle dont il est parlé dans le symbole ne peut à proprement parler ni enseigner, ni precher la verité. C'est l'office d'une Eglise particuliere que d'enseigner : Et il n'est point vray que l'Eglise Catholique & universelle, ait une certaine bouche par laquelle, elle s'exprime & pronnonce ses oracles, secondement il n'y a aucun texte qui nous apprenne que l'Eglise doit toujours enseigner la verité sans aucun melange d'erreur.

Ce n'est pas une chose nouvelle entre nous de reconnoitre que l'Eglise est visible.

M. de Meaux dans l'onziesme de ses reflexions recommance à parler de la visibilité de l'Eglise, & regarde comme quelque chose de bien nouveau ce que M. Claude de luy avoüe, que l'Eglise selon nous est visible, parce que ne sçachant pas à la verité certainement, *quels sont en particulier les vrays fideles, ni quels sont les hypocrites, nous sçavons certainement qu'il y a de vrays fideles, comme il y a des hypocrites : ce qui suffit pour faire la visibilité de la vraye Eglise. J'ecoute cecy avec joye.* Dit M. de Meaux on diroit que ce seroit la premiere fois qu'il auroit oüy une semblable chose, & que M. Claude seroit le premier qui l'a dite.

Il semble que nous venions d'un autre monde, & que M. de Meaux ne sçache rien de ce qui se passe en celuy cy. Qu'est ce qu'il y a de nouveau la dedans? Si nous ne reconnoissons pas que la vraye Eglise est visible, pourquoy disputons nous des marques de la veritable Eglise? ne disons nous pas que l'Eglise a ses marques? & qu'estce que des marques si ce ne sont les caracteres visibles d'un corps visible? les choses invisibles ont elles des marques?

De la maniere que M. de Meaux recoit cette confession de M. Claude, il semble qu'il y gagne beaucoup, & qu'il en tire de grands avantages *que je suis aise* dit il, il, *d'estre repris pourvûque nous avancions.* Cependant quand je cherche ces advantages je ne les decouvre point. Je trouve seulement qu'il conclut, que si l'Eglise est visible, elle est donc perpetuellement visible, & si elle est perpetuellement visible, il faut qu'il y ait une suitte sans interruption de pasteurs legitimes qui enseignent la verité & ausquels il faut croire & se laisser conduire. *Il faudra donc à la fin,* dit il, *que comme il recognoit dans l'Eglise une perpetuelle visibilité, il en vienne à nous montrer une succession dans le ministere, & en un mot une suitte de legitimes pasteurs ;* & quelques pages après, *il y aura donc toujours des docteurs avec lesquels Jesus Christ enseignera, & la vraye prédication ne cessera jamais dans l'Eglise.* Cette difficulté, si c'en est une, regarde le point de la perpetuité de l'Eglise, ainsi nous ne l'esclaircirons que dans le chapitre qui suit.

On ne sçauroit tirer aucun avantage de ce que nous recognois sons que l'Eglise universelle est visible.

CHAPITRE XXVII.

De la perpetuité de l'Eglise, qu'elle subsiste toujours dans le monde, quelle subsiste mesme toujours visible ; qu'il y a toujours eû des adorateurs publics du vray Dieu dans les grandes corruptions de l'Eglise Judaïque : que sous le nouveau Testament les persecutions & les heresies n'ont pas empeché que l'Eglise ne fût visible. Réponce à une difficulté de M. de Meaux &c.

NOus n'aurons gueres plus de controverse avec ces Messieurs, sur le point de la perpetuité de l'Eglise, que sur celuy de la visibilité. Cette question doit être divisée en deux autres, l'une est, sçavoir si l'Eglise doit être perpetuelle sur la terre, l'autre si elle y doit etre perpetuellement visible. L'Eglise pourroit etre perpetuellement sur la terre, & n'estre pourtant pas tousjours visible ; car si l'Eglise étoit quelquefois absolument cachée, elle ne laisseroit pas de subsister, & d'estre sur la terre. Nous n'avons aucune dispute avec l'Eglise Romaine sur la premiere question sçavoir si l'Eglise peut defaillir de la terre. Nous tombons d'accord que

Que l'Eglise est d'une perpetuelle durée sur la terre.

que l'efcriture fainte s'exprime nettement fur la perpetuelle durée de l'Eglife: C'eft ce que veut dire le Seigneur, quand il dit a fes Apôtres *que fur cette pierre il*
edifieroit fon Eglife, & que les portes d'enfer ne pourroyent
prevaloir contre elle. Les portes d'enfer fignifient la for
ce de l'empire du Demon, parce que les forces d'une
ville font à fes portes, & dans fes ramparts. Si l'E-
glife pouvoit être éteinte fur la terre il eft clair que les
forces du Demon auroyent prevalu fur elle. C'eft ce
que vouloit dire l'Ange à la fainte vierge quand il luy
promit que fon fils *regneroit eternellement fur la maifon de*
Iacob, L'eternité fignifie tout au moins une durée conti-
nuée jufqu'á la fin du monde; fi l'Eglife pouvoit perir
abfolument, il feroit impoffible de juftifier & cette promeffe de l'Ange, & les oracles de tant de Prophetes
qui predifoient l'Eternité au Regne du Meffie. C'eft
cela mefme que le Seigneur vouloit enfeigner à fes Apôtres quand il leur difoit, *je feray avec vous jufqu' à la fin*
du monde. Les Apôtres ne devoient pas vivre jufqu'au
dernier jour du jugement, mais ils devoient laiffer une
Eglife apres eux que Jefus Chrift devoit affifter par fon
efprit jufqu'á la fin des fiecles. I I. Le Seigneur nous
fait affés comprendre que dans les temps les plus fom-
bres & les plus tenebreux, il y aura un refidu de fideles fur la terre, felon l'election de grace; quand il dit,
que *l'Antéchrift viendra pour feduire les élûs s'il etoit pof-*
fible. Ce qui nous fait afféz connoitre que mefme durant la violence de cêt empire de l'Antechrift, il y aura des élus qui ne pourront être feduits. I I I. Ce feroit une grande abfurdité que Jefus Chrift fût un Roy
fans Royaume, un chef fans corps, un Pere fans enfants,
un Epoux fans époufe. Or Jefus Chrift feroit tout cela
fi l'Eglife periffoit de deffus la terre. Il feroit Roy, car
il ne ceffera point d'eftre Roy en qualité de Mediateur
qu'a la fin du monde, quand il remettra fon Royaume
entre les mains de Dieu fon pere. Cependant il n'auroit ni Royaume, ni fujets s'il pouvoit arriver que l'E-
glife defaillit abfolument. I V. Il eft certain que Dieu
ne peut renoncer à l'Empire qu'il a fur le monde s'il
a permis au Demon de s'affujettir la plus grande partie
des hommes, Il s'en eft toujours pourtant refervé une
autre partie qui le recognoift, & ce feroit un prodige
in-

Matth. 16.
18.

Luc. 1.

inconcevable qu'il eût entierement abandonné le monde à ses ennemis, sans s'y conserver quelques bouches qui le confessassent & qui luy rendissent hommage pour les autres. V. Dieu ne conserve le monde qu'à cause des elûs: Ils sont le sel de la terre qui empesche sa corruption. Parce qu'il n'y avoit pas dix justes dans Sodome cette ville ne put eviter d'estre abismée, & de perir par le feu du ciel. Si le monde entier n'avoit plus de justes, il est indubitable qu'il periroit, car on ne peut concevoir que Dieu fît tant de merveilles, fît lever son soleil, versât sa pluye, couvrist les campagnes de moissons, & les arbres de fruits uniquement pour ses ennemis. V I. Si l'Eglise pouvoit defaillir, où trouverions nous les promesses de l'estendüe qui ont eté faites au regne de Jesus Christ? Et comment demeureroit veritable ce que Dieu luy disoit. *Ie te donneray pour heritage toutes les nations de la terre,* si Jesus Christ pouvoit être quelquefois sans avoir une Eglise & un seul troupeau à luy sur la terre? Ce n'est donc point en cela que consiste la difficulté. Mais la question est de sçavoir si l'Eglise est perpetuellement visible sur la terre.

Sur cela il faut observer que l'Eglise ne sçauroit étre visible que dans ses assemblées, & dans la predication de la parole, & des verités celestes qui y sont contenües : tellement que la question revient à sçavoir s'il peut arriver des temps dans lesquels l'Eglise puisse n'avoir plus aucunes assemblées, & dans lesquels on ne préche plus la verité. Durant lesquels temps le residu des fideles & des justes seroit épars, caché, ne se cognoissant pas les uns les autres, n'ayant pas de temples, ni de communion, en sorte qu'il fût impossible de marquer précisement l'Eglise est la, & c'est la que Dieu se nourrit & se conserve des elûs.

Quelques uns ont crû qu'il n'estoit pas impossible que l'Eglise fut reduite en cet etat. On ne sçauroit prouver le contraire, par ces preuves qu'on appelle de droit. Car toutes les raisons & les promesses tirées de l'Escriture sainte que nous avons apportées pour prouver la perpetuelle durée de l'Eglise pourroyent demeurer dans leur entier, encore que l'Eglise tombast dans un si grand obscurcissement, qu'on ne pûst marquer & dire, la est l'Eglise,

L'Eglise pourroit bien etre perpetuelle sans pourtant étre perpetuellement visible.

l'Eglise, & la Dieu se conserve des elûs. Des justes, cachés & épars pourroyent être le corps de Iesus Christ, son Royaume, son Epouse, ils pourroyent être le sel de la terre, & sa lumiere. Ils pourroient glorifier Dieu en secret, & luy rendre leurs hommages. Iesus Christ ne laisseroit pas de les unir par les liens de son esprit, & d'en faire un seul corps animé d'une seule & mesme ame, car l'union exterieure n'est pas de l'essence de l'E-glise. J'avoüe pourtant que l'accomplissement des pro-messes de Dieu ne seroit pas si visible dans ces fideles cachés, que dans des assemblées qui pourroyent être connües à toute la terre, & qui se voyent comme une ville assise sur une montagne.

L'Eglise est perpetuellement visible. Neantmoins il est certain que c'est un point à vui-der par des preuves de fait & par l'histoire. Il faut voir si en effet l'Eglise s'est trouvée dans un tel état d'ob-scurcissement que quelque fois elle ait eté sans assemblées sans ministres, sans sacrements, sans parole, sans predica-tion de la verité. Si cela est arrivé autrefois cela pour-roit arriver encore. Plusieurs pretendent que cela s'est vû sous l'ancienne loy. Et veritablement il est bien difficile de comprendre comment du temps d'Achaz & de Manassé, l'Eglise avoit ses assemblées visibles, ses sacrements & son ministere. Car en ce temps la ce mi-nistere, & ces assemblées ne se trouvoyent pas dans les dix tribus lesquelles étoyent Idolâtres de profession, & de plus transportées hors de leur terre, & dispersées dans l'empire des Assiriens. Il est malaisé aussi de les trouver dans les deux tribus qui estoyent demeurées dans la domination de la maison de David, puis qu'alors

Du temps de Manassé le vray Dieu avoit des adora-teurs pu-blics & connus. le culte des faux Dieux étoit établi jusques dans le temple de Ierusalem. Cependant je ne trouve pas apparent que Dieu n'eût alors aucuns adorateurs publics & connus. Les Roys Idolâtres ont bien introduit le culte des faux Dieux dans le temple mais ils n'ont jamais défendu d'a-dorer le vray Dieu; Cela ne se trouve pas, & nous pouvons mesme assurer que cela n'est point. Ils se don-noient la liberté d'adorer quel Dieu il leur plaisoit; ils laissoient aux autres la mesme liberté. Ainsi il êtoit permis aux Israëlites d'adorer publiquement le vray Dieu, & je ne doute pas que plusieurs ne se servissent de cette liberté. Dans le temps mesme que les Roys Idolâtres

occu-

occupoient le temple, on ne laiſſoit pas d'y ſervir le vray
Dieu, ſelon les ceremonies de la loy de Moyſe. Il eſt
bien dit d'Achaz qu'il fit baſtir un autel dans le temple
de Ieruſalem ſur le modele de celuy qu'il avoit vû à
Damas, & qu'il fit reculer l'autel d'airin à coſté vers
l'Aquilon. Mais il ne parôit pas que le culte des faux
Dieux ait eté mis en la place du culte du vray Dieu.
Le contraire paroit plûtoſt parce qui eſt dit. *Et le
Roy Achaz commanda à Urie le ſacrificateur diſant, fay* 2 Roys 16.
fumer l'holocauſte du Roy, & ſon gaſteau, & l'holocauſte 15.
de tout le peuple du pays, & leurs gaſteaux, & leurs aſper-
ſions ſur le grand autel, & reſpan tout le ſang des holocauſtes,
& tout le ſang des ſacrifices ſur cêt autel. Mais l'autel
d'airin ſera pour moy, & j'y interrogeray l'Eternel. Deux
choſes ſont claires la dedans. La premiere que ſur ce
nouvel autel fait ſur le patron envoyé de Damas on faiſoit les ſacrifices à Dieu ſelon la loy de Moyſe; la ſeconde qu'Achaz n'avoit pas renoncé au ſervice du vray
Dieu puiſqu'il s'eſtoit reſervé l'autel d'airin pour conſulter Dieu par *Urim & Thummim.* Et par conſequent
il eſt clair auſſi que le culte du vray Dieu ne fût pas
aboli. Il ne paroit pas meſme qu'Achaz ait fait faire
aucun acte d'Idolatrie dans le temple; ſeulement, *il*
ſacrifioit aux faux Dieux, & faiſoit des encenſements dans ℣.4.
les hauts lieux, & ſur les coſtaux, & ſous tout arbre ver-
doyant.

Manaſſé pouſſa plus loin la corruption, *car il baſtit* 2 Roys 21.
des autels en la maiſon de Dieu de laquelle l'Eternel avoit dit 5. 6.
je mettray mon nom à Ieruſalem, Il baſtit dis-je des autels
à toutes les armées des cieux, dans les deux parvis de la
maiſon de Dieu. Il poſa auſſi l'Image d'Aſhera ou d'Aſta-
roth qu'il avoit faite dans la maiſon de laquelle le Seigneur
avoit dit à David, & à Salomon ſon fils, je mettray mon
nom à perpetuité dans cette maiſon. Cependant il ne parôit
point par l'hiſtoire que le ſervice du vray Dieu fut in- Du temps
terdit, & le ſang qui fut répandu dans Jeruſalem par de Manaſſé
Manaſſé ne fut pas pour cauſe de religion comme ſe teurs du
l'eſt imaginé M. de Meaux. vray Dieu

Si l'on veut dire que les Iſraëlites qui demeurerent ſacrifioient
fideles à Dieu ne voulurent pas ſacrifier dans un temple ment à
de Jeruſalem. On pourra adjouſter qu'ils ſacrifioient à Dieu dans
la campagne, & dans les hauts lieux. Ce que Dieu lieux.
non

non seulement toleroit, mais agreoit souvent, comme il paroit par cent exemples, par celuy de Gedeon, par le sacrifice de Manoah pere de Samson, par les sacrifices que firent si souvent Elie & Elisée, & par ceux que faisoient les Israëlites dans le schisme des dix tribus sur les autels qu'Elie appelle les autels de Dieu ; *Ils ont demoli tes autels.* Il est mesme à remarquer que Manassé Idolatre & audacieux au souverain degré respecta pourtant le temple de Dieu ; c'est à dire la nef du temple, ce bastiment où étoit le sanctuaire. Le lieu saint & le lieu tres saint dans lequel étoyent l'Arche de l'Alliance, l'autel des parfums, le chandelier d'or, & la table des pains de proposition. Il est dit qu'il bastit seulement des autels aux faux Dieux dans les deux parvis, c'est à dire dans les deux cours qui etoyent autour du temple ce qui me persuade que malgré tous ces cultes Idolatres, on conserva tousjours un autel pour le vray Dieu, & que l'on continua le sacrifice du soir & du matin, & les parfums qu'on portoit tous les jours dans le lieu saint sur l'autel d'or. Ainsi je croy que Dieu depuis le commencement du monde à toujours eû des adorateurs publics ; & cognus, mesme dans les temps les plus corrompus dans les siecles qui ont précedé la venüe de Jesus Christ au monde.

Manassé ne mit pas d'Idoles dans le sanctuaire.

Cela paroit encore plus sensible dans l'histoire de l'Eglise du nouveau Testament. Si l'Eglise avoit cessé de stre visible, c'est à dire d'avoir des assemblées & un service public, c'auroit eté dans le temps des persecutions. Il y en a eu de cruelles & de bien generales. Mais on ne trouvera pas que les plus cruelles ayent aboli le culte de la Religion Chrétienne. Les Chrétiens avoyent leurs assemblées nocturnes & cachées, cependant, on sçavoit bien les trouver puisqu'on les y surprenoit, & qu'on desoloit leurs lieux d'exercices. En un mot on menoit les Chrétiens à la mort, Ils prechoient sur les échaffauts, l'Eglise donc étoit visible dans les feux, & la verité paroissoit au milieu des places.

L'Eglise n a pas cessé d'estre visible dans les persecutions.

Les obscurcissements qui sont arrivés à l'Eglise par le moyen des heresies & des schismes sont & bien plus grands & bien plus funestes que ceux qui luy sont arrivés par les persecutions. Cependant il n'y a point de siecle

Les heresies n ont pas interrompu la visibilité de l'Eglise.

fiecle dans lequel Dieu n'ait eû des adorateurs publics, & par confequent une Eglife vifible. Quand Dieu a voulu convertir les Payens au Chriftianifme jamais ces Payens n'ont pu eftre en peine où trouver l'Eglife dans laquelle ils pouvoient trouver les aliments fpirituels neceffaires pour la nourriture de leurs ames. Quand ce que dit S. Jerofme auroit eté vray au pied de la lettre, que tout le monde ce feroit trouvé Arrien, Il eft pourtant certain que Dieu auroit eû des adorateurs publics. Il eft bien plus difficile de concevoir comment on fe peut fauver dans le Papifme que dans l'Arrianifme. Car dans l'Arrianifme, il n'y avoit rien fi aifé que d'eftre orthodoxe, on n'obligeoit point les gens à une formelle abjuration du *confubftantiel*; ou tout au moins cette violence fe faifoit peu, & en peu de lieux; fouvent mefme les fimples ne penetroient pas dans le mauvais fens des heretiques, & comme dit S. Hilaire, *fanctiores aures plebis, quam corda facerdotum.* Les oreilles du peuple etoyent exemtes d'herefie, pendant que le cœur de des preftres en etoit infecté. De plus l'herefie des Arriens étoit une erreur de fpeculation, qui n'avoit point d'influence fur la pratique. Dans les temples on adoroit Dieu, & le feigneur Jefus Chrift comme à l'ordinaire, on préchoit la verité, c'eft à dire la plus grande partie des verites Chrétiennes, & ceux qui n'eftoyent pas en pouvoir de fortir de cette communion heretique, s'y pouvoient tenir facilement fans participer à l'herefie.

Mais dans le Papifme toutes les herefies ont leur influence fur le culte, elles le gaftent, & le corrompent. Neantmoins nous tenons pour affuré que Dieu a fauvé des gens qui font morts, & qui ont vefcu dans la communion du Papifme, & qu'on a pû s'y fauver dans les temps où il n'y avoit pas d'affemblées plus pures. Nous avons cy-deffus expliqué comment Dieu a pû fauver des hommes dans ces focietés corrompües, & nous en parlerons encore en refpondant au troifiefme livre de l'ouvrage de M. Nicole. Ainfi il eft clair que felon nous, il n'y a point eû de fiecle dans lequel il n'y ait eû des affemblées Chrétiennes vifibles, où Dieu pouvoit fauver fes élûs. Outre l'Eglife Romaine, il y avoit l'Eglife Grecque, l'Eglife Jacobite, Armenienne, Cophthe, Abyffine, Neftorienne, beaucoup moins corrompües que

P   l'Egli-

l'Eglife Latine, & dans lesquelles par confequent on fe
pouvoit beaucoup plus facilement fauver.

La queftion que nous avons avec ces Meffieurs n'eft
pas s'il y a toujours eû une Eglife vifible où Dieu ait
pû entretenir & elever fes élûs. Ils l'affirment, & nous
n'avons aucun intereft à le nier.   Mais la queftion confifte en deux chofes : la premiere fi cette Eglife qui eft
toujours vifible eft une certaine communion Chrétienne
diftin&le de toutes les autres, hors de laquelle il n'y ait
pas de falut ; la feconde fi cette Eglife qui eft toujours
vifible, eft une Eglife auffi toujours pure & qui n'enfeigne aucunes erreurs.   Les Do&teurs de l'Eglife Romaine prétendent l'un & l'autre, & nous nions l'un &
l'autre.

L'Eglife toujours vifible n'eft pas une cer-taine com-munion feparée de toutes les autres.

Il eft vray qu'il y a toujours dans le monde une Eglife vifible à laquelle les Payens qui fe convertiffent peuvent s'adioindre pour eftre fauvés ; mais il eft faux que
cette Eglife foit une certaine communion diftin&te &
feparée de toutes les autres communions. L'Eglife eft
demeurée vifible durant tous les fiecles, dans les communions qui malgré leur feparation & les anathemes
qu'elles ont mutuellement prononcé les unes contre les
autres, ont toujours confervé les verités principales, &
qui font l'effence du Chriftianifme.   Ce qui a porté quelques Do&teurs reformés à fe jetter dans l'embarras où
ils fe font engagés en niant que la vifibilité de l'Eglife
fuft perpetuelle, c'eft qu'ils ont crû qu'en advoüant que
l'Eglife eft toujours vifible, ils auroient eû peine à re-

Réponce a la queftion où etoit rôtre Egli-fe avant Luther, que noftre Eglife a tousjours eté, & tou-jours eté vifible dans les autres commu-nions qui ont prece-dé la no-ftre.

pondre a la queftion que l'Eglife Romaine nous fait fi
fouvent, où étoit nôtre Eglife il y a cent cinquante ans ?
fi l'Eglife eft toujours vifible vôtre Eglife Calvinifte &
Lutherienne n'eft pas la veritable Eglife, car elle n'e-
ftoit pas vifible. Nous devons répondre ; nôtre Eglife
eft l'Eglife de Dieu, & en fait partie. l'Eglife de Dieu
il y a deux cents ans n'étoit pas vifible dans les communions qu'on appelle Lutheriennes & Calviniftes, parce que ces communions n'eftoient pas encor formées :
mais l'Eglife etoit vifible dans les communions qui com-
pofoient le Chriftianifme, les Grecs, les Abyffins, les
Armeniens, & les Latins.   Nous ne difons pas qu'afin
qu'une communion particuliere marquée par certains
noms, & de certaines cara&teres foit de l'Eglife Chrétienne,

tienne, il foit neceffaire qu'elle ait toujours efté, & toujours eté vifible. C'eft ce que pretend l'Eglife Romaine & c'eft ce qui eft tres faux. La perpetuelle vifibilité de l'Eglife fubfifte dans la perpetuelle fubfiftence des communions Chrétiennes.

Il n'eft pas vray non plus que cette Eglife toujours vifible doive être toujours pure dans fa perpetuelle vifibilité. C'eft ce que l'on devroit prouver & non pas le fuppofer. L'Eglife eft toujours vifible, tout de mefme qu'un homme vivant demeure vifible dans tout le cours de fa vie. Ce qui n'empeche pas que cêt homme ne devienne malade & languiffant, qu'il n'ait des evanouiffements, des fyncopes, que quelques uns de fes membres ne meurent, & que les autres ne demeurent deftitués de force. L'Eglife Chrétienne demeure vifible de cette maniere, fes membres ce font fes communions differentes. Ces membres deviennent malades, quelques uns meurent. Ils font pourtant vifibles dans leurs erreurs: Et ils font vifibles dans les verités qu'ils confervent, Enfin ils font vifibles parce qu'on peut toujours cognoitre par la parole de Dieu fi ces communions retiennent les verités fondamentales & neceffaires au falut, ou ne les retienent pas.

L'Eglife toujours vifible n'eft pas toujours pure dans fa perpetuelle vifibilité.

C'eft icy que doit trouver fa réponce la difficulté de M. de Meaux qui prétend tirer un grand avantage de ce que nous confeffons que l'Eglife eft toujours vifible. *Il faudra*, dit il, *que comme on recognoit dans l'Eglife une perpetuelle vifibilité on en vienne à nous montrer une perpetuelle fucceffion dans le miniftere & en un mot une fuitte de legitimes fucceffeurs.* Qui en doute? fi Dieu fe conferve toujours des elûs dans le monde, il faut qu'il employe toujours les moyens qu'il a deftinés pour amener fes elûs au falut, c'eft le miniftere & la predication de fa parole. Comme il y a toujours eu des communions dont il a eté vray de dire, la dedans il y a des elûs, il y a toujours eû un miniftere dont on a pû dire voila un legitime miniftere. Mais comme en difant d'une communion, la dedans il y a, ou il y peut avoir des elûs, on ne dit pas que cette communion eft pure & exempte d'erreurs, mefme d'erreurs confiderables; on dit feulement qu'elle eft exempte d'erreurs fondamentales. C'eft à dire qui oftent et-nient le fondement; ainfi

En quel fens le miniftere de l'Eglife Romaine eft legitime.

P 2   en

en difant qu'un miniftere eft legitime on n'entend pas
que ce miniftere foit pur, qu'il n'y ait rien de faux,
& d'illegitime mêlé dedans, On entend feulement que
ce miniftere retient l'effence du miniftere, parce qu'il
adminiftre les facrements de l'Eglife Chrétienne, & qu'il
enfeigne les verités fondamentales, le miniftere de l'E-
glife Armenienne, Grecque, Latine a quelque chofe de
faux & d'illegitime, en ce qu'il eft authorifé pour enfeigner certaines erreurs & pratiquer certains cultes fuperftitieux.

Mais il a quelque chofe de vray & de legitime en ce
qu'il eft authorifé pour enfeigner les fondements de la
religion Chrétienne.   Au premier égard il n'á fon
authorité que des hommes, & cette authorité eft
vaine; au fecond il a fon authorité de Dieu & il peut

La validité du mini-ftere de-pend de la Doctrine. fauver. La validité du miniftere depend abfolument
de la doctrine, une communion qui a ruiné les fon-
dements de la religion Chrétienne n'a plus de vray
miniftere, ni de vrays facrements. Telle eft la communion des Sociniens, & celles de la plus part des
fectaires. Mais une communion qui a retenu l'effence
de la religion a auffi retenu l'effence du miniftere.
Ainfi toutes les communions feparées de la communion Romaine qui ont confervé les fondements du
Chriftianifme ont un miniftere tout auffi legitime, &
mefme plus legitime que le fien. Il y a donc une
perpetuelle fucceffion vifible dans le miniftere à proportion de ce qu'il y a une perpetuelle fucceffion dans
la doctrine. *Il faut* dit M. de Meaux, *qu'on nous
montre une fuitte de legitimes fucceffeurs.* Auffi faifons
nous, mais nous nions que ces legitimes fucceffeurs
foyent les feuls Evesques de l'Eglife Latine, & nous
nions que ces legitimes fucceffeurs foyent legitimes en
tout. Ils ne font legitimement authorifés que dans les
verités qu'ils enfeignent conformement à la parole de
Dieu.

Le mini-ftere eft perpetuel, mais il n'eft pas d'une pu-reté perpe-tuelle. Il y aura donc toufiours des Docteurs, dit M. de
Meaux, *avec lesquels Iefus Chrift enfeignera & la vraye
prédication ne ceffera jamais dans l'Eglife.* C'eft à dire
dans le fens de ces Meffieurs, que fi l'Eglife eft perpetuellement vifible, & fon miniftere perpetuel, il
faut que les pafteurs de l'Eglife foient infaillibles.
Nous

Nous nions cette confequence, & on ne la prouvera jamais. *Il y aura toufiours des Docteurs avec lesquels Iefus Chrift enfeignera.* Il eft vray avec lesquels Iefus Chrift enfeignera les verités fondamentales, & qui font neceffaires d'une neceffité abfolüe pour le falut des ames. Mais il n'implique nullement que l'Efprit de menfonge & de fuperftition n'enfeigne fes erreurs, par les mefmes bouches par lesquelles le feigneur Jefus Chrift enfeigne fes verités. Cela implique fi peu que cela fe voit quafi toufiours. Car les hommes mêlent presque toujours leurs imaginations avec les verités revelées. *La vraye prédication ne ceffera jamais dans l'Eglife.* Nous l'avoüons fi par la vraye prédication on entend, une prédication qui annonce les verités effentielles & fondamentales, mais nous le nions fi par la vraye predication on entend une Doctrine qui ne renferme aucunes erreurs. Et nous nions auffi qu'une prédication qui renferme quelques erreurs, mefme affez confiderables, detruife l'effence du miniftere, & la vifibilité de l'Eglife.

C'eft felon ces principes qu'il faut expliquer ces paroles de nôtre confeffion de foy, que nos adverfaires nous ont tant de fois objectées, *que l'eftat de l'Eglife a eté interrompu.* Nous ne voulons pas dire que l'Eglife ait ceffé d'eftre au monde ni mefme qu'elle ait ceffé d'eftre vifible. Mais nous voulons dire feulement que fon miniftere a eté gafté & corrompu, que fa Doctrine a efté accablée & enfevelie de fuperftitions & d'erreurs; quoy qu'elle n'ait pas perdu l'effence de l'Eglife. Dans la mefme confeffion de foy n'avoüons nous pas peu auparavant qu'il *eft demeuré quelque trace d'Eglife*, dans la communion des Latins, & que c'eft à caufe de cela que nous recevons fon Baptefme? Car certainement fi l'Eglife Romaine n'eftoit plus du tout Eglife, elle n'auroit plus de facrements, & fon Baptefme ne vaudroit rien non plus que celuy qui feroit adminiftré dans la communion des Turcs. Ne peut on pas dire que le gouvernement d'un état eft gafté & interrompu, quand des Tyrans l'ont poffedé, quand on a chargé un peuple d'injuftes loix, quoy que le fonds du gouvernement foit demeuré, ou Monarchique, ou Ari-

En quel fens l'eftat de l'Eglife a eté interrompu.

P 3   ftocra-

ſtocratique, comme il étoit dans ſon origine ; &
quoy que le corps de l'eſtat ne ſoit pas entierement peri?

LE

LE VERITABLE SYSTE-ME, DE L'EGLISE

Et la veritable Analyse de la Foy

LIVRE SECOND

De l'authorité de l'Eglise & des Synodes. Que la voye d'authorité n'est point la voye de trouver infailliblement la verité. De la veritable Analyse de la Foy.

CHAPITRE I.

Juste Idée de l'authorité de l'Eglise, & de son infaillibilité. Que l'Eglise universelle du consentement de toutes les communions n'est pas infaillible. Qu'elle ne peut rendre aucuns jugements: Explication des equivoques en cette matiere que l'Eglise universelle a une espece de jugement infaillible. Regle pour reconnoitre les verités & les erreurs fondamentales.

E second livre est destiné à examiner les difficultés de nos adversaires sur la maniere dont la foy se doit établir dans les ames. Ils pretendent que la seule voye pour produire & affermir la foy des elûs, c'est la voye d'authorité. Ils veulent donc qu'il y ait un Juge sur la terre, & un Docteur qui enseigne infailliblement. Ce Docteur, c'est l'Eglise sur l'authorité de laquelle il se faut reposer. C'est l'endroit sur lequel ces Messieurs ont fait leurs plus grands efforts, & c'est icy qu'on trouve leur plus dangereux sophismes. C'est pourquoy je prie mon lecteur de redoubler icy son attention. ⁃ D'abord il faut donner une juste Idée de l'infaillibilité de l'Eglise & de

P 4 son

son authorité Apres quoy les difficultés qu'on nous fait la deffus tomberont facilement devant nous.

L'infailli-
bilité ne
pourroit
convenir
qu'a l'E-
glife uni-
verfelle, &
par confe-
quent non
à l'Egl.
Romaine.

Premierement il faut fçavoir que quand on difpute de l'authorité infaillible de l'Eglife on entend l'Eglife univerfelle, & non aueune Eglife particuliere. Cette confideration fait voir combien implique, & combien eft abfurde la pretention d'infaillibilité dans l'Eglife Romaine. C'eft l'Eglife Romaine, ce n'eft pas ni l'Eglife Grecque, ni l'Ethiopienne, ni l'Armenienne. C'eft donc une Eglife particuliere diftinguée de toutes les autres; & cependant elle s'arroge un privelege qui n'appartient de fon aveu qu'a l'Eglife univerfelle. Mais afin de lever l'abfurdité elle s'appelle l'Eglife univerfelle. *C'eft l'Eglife Apoftolique, Catholique, & Romaine.* C'eft a dire qu'elle dit une nouvelle abfurdité pour fe tirer de la premiere, dire *l'eglife Catholique Romaine,* c'eft dire, *l'Eglife univerfelle particuliere:* fi elle eft Catholique elle eft univerfelle, car c'eft la fignification du mot; fi c'eft l'Eglife Romaine, c'eft donc une Eglife particuliere, diftinguée des autres. Cela s'appelle fe contredire dans les termes.

Pour avoir une Idée jufte de l'infaillibilité de l'Eglife univerfelle, il faut fe reffouvenir, ce que c'eft que l'Eglife univerfelle, felon le fyfteme que nous en avons établi, dans le livre précedent. C'eft l'amas de toutes les communions Chrétiennes qui retiennent le fondement, ou les verités fondamentales: fi nous avons bien établi cette verité, nous avons decidé cette grande controverfe de l'infaillibilité des jugements de l'Eglife. Et deformais avant toutes chofes il faudra que les Docteurs de l'Eglife Romaine prouvent que l'Eglife univerfelle eft renfermée dans une feule communion avant que de paffer plus avant. Autrement s'ils laiffent fubfifter noftre fyfteme de l'Eglife, tout ce qu'il diront pour appuyer l'enfaillibilité des decifions de l'Eglife eft vain comme la vanité mefme. C'eft ce qui va paroitre dans les reflexions fuivantes.

Si l'Eglife
eft en
diverfes
communi-
ons, elle
n'eft pas
infaillible.

Premierement fi l'Eglife univerfelle eft l'amas de toutes les communions lesquelles retiennent le fondement, il eft clair que l'Eglife univerfelle n'eft point infaillible & cela eft clair par le confentement de toutes les communions, excepté une feule. Car toutes les communions

nions ont erré, chacune en particulier l'avoüe des autres,
& travaille seulement à s'excepter de la regle generale.
L'Eglise Romaine avoüe & soutient que la communion
des Grecs, celle des Nestoriens, celle des Abyssins,
celle des Armeniens, celle des Protestants ont erré,
mais elle se dit seule exempte d'erreur. L'Eglise Grecque
soutient la mesme chose de l'Eglise latine, de l'Armenienne, de l'Ethiopienne & de toutes les autres; mais
elle se veut excepter de la regle generale. Autant en
disent les autres Eglises & des autres communions, &
de la leur propre. Chacune a son propre temoignage
pour elle, mais par malheur chacune a contre soy les
tesmoignages de toutes les autres; or on ne merite
gueres d'estre crû dans sa propre cause. Ce qui se peut
dire de mieux: C'est que tout au plus il n'y en a qu'une
qui n'est pas dans l'erreur; & toutes les autres y sont. Si
neantmoins ces autres communions qui ont erré ne laissent
pas d'estre de l'Eglise universelle, il est clair que l'E-
glise universelle n'est pas infaillible. Car si elle l'estoit
essentiellement, elle le seroit par tout, & dans toutes
les communions; ce qui n'est pas. Que s'il y a une de
ces communions qui effectivement n'ait point d'erreurs,
cela ne vient pas des ce qu'elle soit infaillible. Car on
ne sçauroit rendre raison pourquoy une communion faisant seulement partie de l'Eglise universelle seroit infaillible, & que les autres parties ne le seroyent pas. Cela
ne venant pas d'un privilege d'infaillibilité, cela viendroit necessairement de ce qu'il auroit plû a Dieu pour
un temps de la garantir d'erreur. Ainsi donc, pour
establir que l'Eglise universelle est infaillible, il faut
avoir prouvé auparavant qu'elle ne peut étre en plusieurs
communions Chrétiennes; & c'est ce que l'on ne prouvera jamais, & dont on ne nous a pas donné jusqu'icy
la moindre preuve qui ait quelque apparence de solidité.

Secondement, si toutes les communions Chrétiennes,
au moins celles qui ne rejettent pas les verités fondamentales sont l'Eglise, il est evident que tout ce qu'on
nous dit sur *les jugemens* de l'Eglise, des *decisions* de
l'Eglise, du *tribunal* de l'Eglise, tout cela, dis-je, est
illusion. Car l'Eglise universelle ne juge point, elle
ne decide pas, elle n'á pas de Tribunal, elle ne peut
pas s'assembler; qu'on nous montre des decisions de

l'Eglise universelle ne sçauroit faire ni jugements, ni decisions.

P 5   tou-

toutes les communions Chrétiennes qui se soyent assemblées en certains lieux & qui y soyent convenües de certains dogmes. Déja on convient qu'il n'y en a pas depuis ce qu'on appelle le grand schisme des Grecs, & des Latins. Avant cela les conciles, où se sont trouvés les Grecs & les Latins n'ont pas admis les communions Eutychiennes, Nestoriennes & autres, dans lesquelles nous soutenons que Dieu se conservoit des elûs ; quand il n'y auroit eû que ceux, qui a cause de leur simplicité n'entroyent point dans le sens d'Eutyches, & de Nestorius, & dont les oreilles étoient plus saines que les cœurs de leurs Docteurs, comme S. Hilaire nous a dit des simples qui vivoyent sous le ministere des Arriens. Le premier concile de Nicée, est le premier des conciles universels, & peut étre le plus universel qui ait jamais été tenu, parce qu'alors l'Eglise étoit beaucoup moins divisée en differents partis qu'elle n'a eté du depuis, cependant, il n'estoit pas assemblé de l'Eglise universelle. Il y avoit de grandes assemblées de Novatiens, dans l'orient, & de Donatistes dans l'Affrique qui n'y furent point appellées. Or malgré ces Messrs. nous laisserons à ces communions le nom de parties de l'Eglise car nous sommes persuadés que les peuples qui vivoyent dans ces communions, pourvû qu'ils vecûssent saintement, ne souffroyent rien de la temerité de ceux qui avoyent fait ces schismes & de ceux qui les entretenoyent : Puis que d'ailleurs ces societés n'estoyent en separation d'avec le reste de l'Eglise que pour quelques points de discipline. Aujourd'huy moins que jamais est on en état de faire une assemblée universelle, puisque le Christianisme est malheureusement divisé en tant de partis differents qui ne veulent pas se souffrir dans un mesme concile.

C'est icy l'endroit de remarquer cette illusion perpetuelle, qui regne dans les discours des Docteurs & des peuples de l'Eglise Romaine. Ils nous disent *l'Eglise*

Equivoque
perpetuelle
dans la dis-
pute de
l'Eglise.

nous instruit, *l'Eglise presche*, *l'Eglise enseigne*. Ils entendent par la l'Eglise universelle, or il n'est rien de plus faux en ce sens. l'Eglise universelle ne prêche point elle n'enseigne pas, elle ne sçauroit instruire, non plus qu'elle ne peut juger & decider ; ce sont les Eglises particulieres qui font tout cela. Où sont ces predicateurs ;

teurs, & ces cathechiftes authorifés par l'Eglife univerfelle qui nous prefchent & nous inftruifent? Cette remarque eft d'une abfoluë necettité pour diffiper certains
fantofmes que M. de Condom compofe de quelques
grands mots, & dont il veut épouvanter les fimples.
Vous pofés pour certain dit-il, *que l'Eglife vous peut tromper*
qu'eft ce que cela fignifie? veut-on dire que l'Eglife
univerfelle nous peut tromper? fi elle ne peut pas enfeigner, elle ne fçauroit nous donner de faux enfeigne-
ments. Ce font les Eglifes particulieres qui nous enfeignent, & par confequent ce font elles qui nous peuvent tromper. Or quel inconvenient y a il à dire qu'une
Eglife particuliere peut tromper, fes catechumenes?
cela n'arrive-til pas tous les jours? Ainfi quand il dit,
qu'on ne peut examiner, aprés l'Eglife fans un orgueil infup-
portable, il y a peu de gens qui ne fremiffent, & cela
frappe la veüe des ignorants; que nous donnons pouvoir
à un particulier *d'examiner aprés l'Eglife*. Mais c'eft une
pareille illufion. Si l'on entend examiner aprés l'E-
glife univerfelle, c'eft une chofe qui ne fe fit jamais,
& qui ne fe peut faire; l'Eglife univerfelle n'a jamais
rien decidé; au moins depuifque le Chriftianifme eft
divifé en plufieurs communions. Et ainfi nous ne fommes jamais en eftat d'examiner aprés l'Eglife. Si l'on
entend que nous donnons pouvoir d'examiner aprés une
Eglife particuliere, Voila un grand mal. L'Eglife Latine
donne bien le pouvoir d'examiner aprés l'Eglife Grecque, pourquoy ne donnerions nous pas le pouvoir d'examiner aprés l'Eglife Latine? la mefme illufion regne
dans le Sophifme dont M. de Meaux fe fait tant d'honneur, & dont il fait un piege aux ignorants. *Nous*
croyons dit-il, *qu'un particulier peut mieux juger que toute*
l'Eglife, C'eft à dire que l'Eglife univerfelle. L'Eglife
univerfelle ne juge de rien, encore une fois, & par
confequent nous ne fommes pas appellés à decider, fi
un particulier peut mieux juger que toute l'Eglife. Or
c'eft une grande herefie & une grande temerité de dire
que quelque fois un particulier, peut mieux juger qu'une
Eglife particuliere! Je voudrois bien fçavoir fi
St. Athanafe n'entendoit pas ces paroles, *le Pere eft plus*
grand que moy, mieux que les Eglifes d'orient qui etoyent
Arfiennes. Il eft clair, que ces confiderations aneantiffent

Vains fan-
tômes que
M. de
Meaux met
devant les
yeux à la
faveur des
equivo-
ques.

tissent toutes les disputes des pretendus Catholiques, sur les jugements, & sur l'infaillibilité de l'Eglise, jusqu'a ce qu'ils ayent rétabli cette Idée de l'Eglise que nous avons ruinée, & qu'ils ayent prouvé que l'Eglise n'a qu'une seule communion externe & visible.

L'Eglise Catholique ne rend point de jugements, & ainsi à proprement parler elle n'est pas infaillible. Cependant il y a une espece de jugement rendu par l'Eglise & pareillement elle a une espece d'infaillibilité. Le jugement de l'Eglise universelle, c'est le consentement unanime de toutes les communions à enseigner certaines verités. J'entends toutes les communions subsistantes, & qui font une figure considerable dans le monde. Car j'exclus ces heresies qui ont cessé d'estre comme les Arriens, & celles qui ne sont rien, comme les Sociniens, Fanatiques, & sectaires d'aujourd'huy.

Les communions subsistantes, & qui font figure, ce sont les Grecs, les Latins, les Protestants, les Abyssins, les Armeniens, les Nestoriens, les Russes, &c. Je dis que le consentement de toutes ces communions, à enseigner certaines verités est une espece de jugement, & de jugement infaillible. Car Dieu ne sçauroit permettre que de grandes societés Chrétiennes, se trouvent engagées dans des erreurs mortelles & qu'elles y perseverent long temps; Au moins à juger des choses par l'experience nous ne devons pas croire que cela soit possible, puisque cela n'est pas arrivé. L'Eglise universelle composée de toutes les communions est donc infaillible, jusqu'á certain degré. C'est à dire jusqu'á ces bornes qui divisent les verités fondamentales, de celles qui ne le sont pas.

Icy on peut faire valoir la regle de Vincent de Lerins, que ce que tous les Chrétiens, dans tous les temps & dans tous les lieux ont crû & tenu pour veritable l'est aussi. Je regarde cette maxime comme si certaine, que si le Papisme avoit bien prouvé que depuis les Apôtres constamment jusqu'á nous toutes les communions des Chrétiens ont crû & enseigné la transubstantiation, je ne croy pas que nous fussions en droit d'y rien opposer. Mais afin que ce consentement soit unanime, & qu'il face, par consequent, une regle de foy certaine il faut qu'il soit de tous les aâges de l'Eglise

aussi

L'Eglise universelle rend jugement, par le consentement unanime de toutes les communions.

En quel sens le jugement de l'Eglise est infaillible.

auffi bien que de toutes les communions. C'eſt pourquoy quand l'Autheur des livres écrits pour la perpetuité de la foy ſur l'Euchariſtie, auroit prouvé comme
il pretend avoir fait, que les Grecs, les Ruſſes, les
Neſtoriens, les Jacobites, &c. croyent aujourd'huy la
tranſubſtantiation, je ne regarderois pas meſme cela
comme un favorable prejugé, parce que toutes les communions de l'orient ſont dans une grande ignorance,
que les Latins y ont des emiſſaires par tout, & que les
orientaux ne ſçavent rien en Theologie que ce que leur
enſeignent les Latins.

Mais quand le conſentement de l'Egliſe univerſelle eſt Le juge-
general dans tous les ſiecles auſſi bien que dans toutes ment &
les communions, alors je ſoutiens que ce conſente- conſentement unanime fait une demonſtration. C'eſt pourquoy ment/ una-
on ne peut regarder que comme une temerité prodi- nime de
gieuſe & une marque certaine de reprobation l'auda- toutes les
ce des Sociniens, qui dans les articles de la divinité de ons fait
Jeſus Chriſt, de la trinité des perſonnes en Dieu, de une dela redemption, de la ſatisfaction, du peché originel, de monſtra-
la creation, de la grace, de l'immortalité de l'ame & de tion.
l'eternité des peines, ſe ſont éloignés du ſentiment de
toute l'Egliſe univerſelle. Que ces gens nous mon-
ſtrent une communion qui ait enſeigné leurs dogmes.
Pour trouver la ſucceſſion de leur doctrine ils commencent par un Cerinthus, ils continuent par un Artemon,
par un Paul de Samoſate, par un Photin & autres gens
ſemblables ; qui n'ont jamais aſſemblé en un quatre
mille perſonnes, qui n'ont jamais eû de communion, &
qui ont été l'abomination de toute l'Egliſe. Eſt-il apparent que Dieu ait abondonné l'Egliſe univerſelle à ce
point, que toutes les communions unanimement dans
tous les ſiecles, ayent renoncé des verités de la der- Marque
niere importance, & ſoyent tombées dans des erreurs pour di-
qui peuvent conduire les hommes à adorer comme Dieu ſtinguer les
une ſimple creature? points fon-
damentaux
Je croy que c'eſt encore icy, la regle la plus ſeure de ceux qui
pour juger quels ſont les points fondamentaux & les ne le ſont
diſtinguer de ceux qui ne le ſont pas ; queſtion ſi eſpi- pas : le
neuſe & ſi difficile à decider. C'eſt que tout ce que conſente-
les Chrétiens ont crû unanimement, & croyent encore ment una-
par tout eſt fondamental & neceſſaire au ſalut. Car nime de
toute
dans l'Egliſe.

dans la prodigieuse inconstance & agitation de l'Esprit humain, on ne peut rendre aucune raison, pourquoy certaines verités se sont conservées dans toutes les communions, plûtôt que d'autres, sinon celle cy ; que Dieu n'a point permis que les verités essentielles & qui sont necessaires pour la nourriture de l'ame fussent arrachées aux nations auxquelles il avoit donné sa cognoissance. Cecy ne doit pas être entendu dans le sens des sectaires, qui en effet ne veulent recevoir pour fondamental & essentiel à la religion, que ce que tous les Chrétiens reçoivent pour vray. Entendant par les Chrétiens non seulement les communions anciennes & étendües, mais ces miserables sectes qui se sont élevées dans les derniers siecles, & qui ne peuvent être appellées, ni communions, ni communions Chrétiennes, à parler proprement.

Il y a des erreurs fondamentales qui n'ont pas esté unanimement rejettées.

D'autre part, il faut regarder comme des erreurs fondamentales, celles que les Chrétiens ont rejettées unanimement dans tous les siecles. Mais il ne s'ensuit pas qu'on doive regarder comme non fondamentales, toutes les erreurs qui n'ont pas eté unanimement detestées. Car il y a deux sortes d'erreurs fondamentales. Celles qui enlevent, ostent & rejettent le fondement, & celles qui sans rejetter le fondement le destruisent & le renversent par quelque addition. Pour marque de la premiere espece d'erreurs, nous pouvons suivre nôtre regle. C'est que toute erreur qui a eté universellement rejettée est fondamentale, & que toute erreur positive, qui n'a pas eté unanimement rejettée dans tous les temps, n'est pas une de ces erreurs fondamentales qui rejettent le fondement. Mais quand aux erreurs qui ruinent le fondement par voye d'addition, il n'est pas necessaire qu'elles ayent eté unanimement rejettées pour être jugées fondamentales. Et la raison de la difference est que Dieu veille tout autrement pour empécher qu'on n'introduise dans la religion des erreurs fondamentales du premier ordre, que de celles du second, parce qu'on ne peut faire son salut dans une communion qui nie & rejette les fondements, en adherant à ses heresies. Au lieu que Dieu peut sauver les hommes en certain temps, & dans certaines circonstances dans les communions, qui ne renversent les fondements que par voye d'addition.

CHA-

CHAPITRE II.

De l'authorité des conciles ; que nous ne sommes la des-
sus, ni independants ni Papistes : le peuple est la
source de l'authorité des conciles ; les conciles font
trois choses differentes, & soutiennent aussi trois dif-
ferents caracteres. Des deux premiers caracteres des
conciles, & des droits qu'ils exercent sous ces deux
caracteres.

JE croy que ceux qui auront lû avec quelque attention & quelque liberté d'esprit, le chapitre precedent demeureront d'accord que dans la controverse
sur l'authorité & l'infaillibilité de l'Eglise il ne s'agit
plus de l'authorité de l'Eglise universelle, mais seulement de celles des Eglises particulieres. Car la verité
est que tout ce qu'on nous appelle canons, decrets,
decisions de l'Eglise universelles ne sont que des arrets
des Eglises particulieres. Les conciles qui rendent ces
arrets sont des assemblées particulieres, & mesme ils ne
peuvent representer l'Eglise universelle, car ils ne peuvent representer que ceux qui les ont assemblés, con-
voqués, & qui y ont envoyé leurs deputés. Or il n'y
a jamais eû de conciles où il y eût des deputés de toutes
les Eglises du monde. Ce principe que nous venons
de poser pourroit suffire pour répondre à tout ce qu'on
nous oppose sur le chapitre de l'authorité des conciles,
& de la soumission que nous devons à leurs decisions.
Cependant pour nous frayer le chemin à répondre le
plus solidement qu'il se peut aux objections de M. de
Meaux & de M. Nicole, je croy qu'il est necessaire de
parler de l'authorité des conciles dans lesquels ces deux
Messrs. supposent que reside la souveraine authorité de
l'Eglise, & son privilege d'infaillibilité. Je pourrois
sur cela renvoyer à un autre ouvrage, ou je m'imagine
avoir dit tout ce que je suis capable de penser la dessus.
Mais puisque je donne icy un systeme entier de l'Eglise, Je croy que je n'en dois pas retrancher un article
si important. Il vaut mieux se resoudre à la repetition
que d'obliger nôtre lecteur à chercher un ouvrage qu'il
ne

ne trouveroit peut être pas aifément. Ainfi nous abbregerons icy en quelques chapitres, ce que nous avons dit ailleurs d'une maniere plus étendüe.

Premierement, il faut fçavoir que nous ne tombons ni dans l'une, ni dans l'autre des extremités que nous attribüe M. de Meaux. D'une part il veut que nous foyons independants & que nous ne donnions pas plus aux Synodes que les independants. *Voila Monfieur*, difoit il, à M. Claude dans la conference, *voila l'independentifme tout entier, car enfin les independants ne refufent ni de tenir des Synodes, pour s'efclaircir mutuellement par les conferences, ni de recevoir ces Synodes quand ils trouveront que ces Synodes auront bien dit &c. les independants veulent bien les affemblées ecclefiaftiques pour l'inftruction; tout ce qu'ils ne veulent pas. C'eft la decifion par authorité que vous ne voulés pas non plus qu'eux. Vous ête donc en tout point conformes, & vous n'avé pas dû les condamner.* D'autre part le mefme M. de Meaux, veut que dans nôtre pratique nous donnions l'infaillibilité aux Synodes, parce que nous promettons de nous y foumettre dans l'affurance que Dieu y prefidera; parce que nous voulons qu'on s'en tienne a la derniere decifion du Synode National, ou qu'on foit chaffé de l'Eglife, & parce enfin que nous retranchons actuellement de nôtre communion ceux qui ne fe veulent pas foumettre au jugement de nos Synodes. Il eft impoffible d'eftre en mefme temps dans des fentiments fi oppofés, mais difent ces Meff. c'eft l'efprit de l'herefie & du fchifme. Ils abandonnent les fentiments de l'Eglife, & ils font contraints d'y revenir. Ils font en contradiction avec eux mefmes. J'efpere faire voir en fon lieu la vanité de cette objection.

Le peuple Chrétien eft la fource de l'authorité des Synodes.

Pour bien cognoitre la nature de l'authorité des Synodes, il faut fçavoir quelle eft la fource de cette authorité. Il eft indubitable que c'eft le peuple Chrétien. C'eft à luy que Jefus Chrift a donné la puiffance des clefs, & les Apôtres à qui Jefus Chrift parloit, quand il difoit à S. Pierre, je te donne les clefs du royaume des Cieux reprefentoyent non feulement les pafteurs mais toute l'Eglife. Cette puiffance de gouverner l'Eglife, & de la conduire s'eft diftribuée dans tous les troupeaux qui ont été formés par la predica-

tion

tion de l'Euangile. Ces troupeaux au commencement
n'avoient aucun maitre commun de qui ils depen-
diſſent. l'Egliſe d'Epheſe, ne dependoit pas de celle
de Smyrne, ni celle de Thyatyre de celle de Sardes.
Quand les Apôtres qui étoyent les gouverneurs de toute
l'Egliſe univerſelle furent morts, les troupeaux differents,
& parſemés dans toutes les parties du monde n'ayant
plus de maitre commun pour les conduire jugerent à
propos de ſe confederer ſelon la commodité qu'ils en
eûrent, ſelon la diverſité des provinces, des lieux, &
des etats dans lesquels ils vivoyent. Ils ordonnerent
qu'on enverroit de toutes les Egliſes un nombre de ſages aux jugement desquels ils voulurent bien ſe ſoumettre. Et ſe rapporter à eux des differents qui étoient néz & qui pouvoient naitre, ce qu'on appella Synodes & Conciles.

Avant la fin du ſecond ſiecle on n'avoit pas oüy parler de Concile dans l'Egliſe. Car les aſſemblées que
les Apôtres avoient tenües entre'ux & avec les preſtres
pour terminer les differents ne ſe peuvent pas appeller
Conciles. Les Conciles ſont compoſés neceſſairement
des deputés de differents troupeaux, & ces deputés re-
preſentent ceux qui les ont envoyés, & parlent en leur
nom. Mais dans les Conciles des Apôtres, tel que
fut celuy dont il eſt parlé dans le chapitre 15me. du livre
des actes, on n'appelloit que les Anciens ou Preſtres
qui ſe trouvoient ſur le lieu, & l'on ne convoquoit point
des Paſteurs des autres Egliſes. Ce fut la queſtion
touchant le jour auquel on devoit celebrer la paſque
qui donna lieu aux premiers Conciles, parce que ce fût
le premier demelé qui ait fait bruit dans l'Egliſe. Sur
cette controverſe, les Egliſes d'Aſie s'aſſemblerent pour
en conferer; Et dans la ſuitte la coutume s'eſtablit de con-
voquer de ces ſortes d'aſſemblées une ou deux fois l'an
dans chaque province, ſelon les diverſes confederations
qui ſe firent alors. De la, il parôit. I. Que ce ne
ſont pas les Apôtres qui ont établi cêt ordre d'aſſembler les Conciles, c'eſt à dire les deputés des troupeaux,
pour vuider les differents qui pourroyent naitre. Ce
ſont les troupeaux eux meſmes à qui Dieu a inſpiré
cette prudence. II. Que les Conciles tiennent leur
authorité de ceux qui les ont eſtablis, ce ſont les trou-

Les Con-
ciles n'ont
commencé
qu'a la fin
du ſecond
ſiecle.

peaux particuliers. III. Que cêt établissement s'est
fait par voye de confederation arbitraire, & qui a de-
pendu de ceux qui ont fait ces coufederations. IV. Que
ces confederations au commencement n'estoyent que
particulieres des troupeaux d'une seule province, &
qu'il n'y avoit point de confederation generale de toutes les provinces du Christianisme. Ce qui fait que
durant trois cents ans, on n'a pas oüy parler de Synodes qu'on ait appellés generaux, mais seulement de Conciles particuliers & provinciaux. V. Que ces assemblées ne sont pas de droit divin au moins immediat.
C'est à dire que Dieu ne les a point nommement établies, pour avoir une authorité autre que celle qui e-
manoit du peuple. VI. Que cependant les Conciles
font de droit divin mediatement, parce que les troupeaux étoyent revestus du pouvoir d'aviser aux moyens
qu'ils jugeroient les plus propres pour leur conservation. Ils ont jugé que les confederations, & les Synodes étoyent necessaires pour se conserver, ils les ont
établis, ils sont obligés d'y obeïr dans les affaires sur
lesquelles ils leur ont donné l'authorité & à proportion
de l'authorité qu'il leur ont donnée. Tout de mesme
qu'un peuple libre & qui n'a point de gouverneur, est
en pouvoir par le droit naturel de se faire ou un seul
maitre, en se faisant Monarchie, ou plusieurs maitres
en s'erigeant en Aristocratie. Il n'estoit pas obligé
à se determiner à l'une de ces deux especes de gouvernement, mais quand une fois il s'est determiné pour une
des deux especes, il est obligé de s'y soumettre. Cela
étant posé que l'authorité des Conciles vient du peuple,
il faut voir quelle authorité le peuple leur a donné &
leur a pû donner.

Les Con-
ciles font
trois cho-
ses diffe-
rentes.

Les Conciles font trois choses. 1. Ils jugent des
controverses, sur les dogmes & sur les verités de la
religion. 2. Ils font des reglements de discipline.
3. Enfin ils lancent des anathemes, ils excommunient,

1. Ils pro-
noncent
sur les con-
troverses.

ils retranchent de l'Eglise les heretiques & les rebelles. Ils prononcent sur les controverses, soit que
les verités qui sont attaquées soyent fondamentales, ou

2. Ils font
des regle-
ment de
discipline.

ne le soient pas. Ils font des canons pour l'establissement des Pasteurs, pour les ceremonies de l'Eglise &
pour tout ce qui regarde le gouvernement. Les anciens

Con-

Conciles ont tous fait cela, Aprés avoir examiné les queſtions, que l'inquietude des heretiques avoit fait naitre, ils ont fait ce qu'on appelle des canons, c'eſt à dire des regles pour le gouvernement. Et enfin ces anciens Conciles ont excommunié les hereſiarques, Arrius, Macedonius, Neſtorius, Eutyches, Dioſcorus. &c. Tout le monde avoüe le fait, c'eſt à dire, que les Conciles font ces trois choſes. Mais la ſource de l'erreur & des embarras dans cette matiere, c'eſt qu'on ne s'eſt pas apperceû que les Conciles ne faiſoyent pas ces trois choſes ſous le meſme caractere. Et parce qu'en certains cas ils agiſſent comme juges ayant authorité, on s'eſt perſuadé qu'ils agiſſoient en juges & avec authorité par tout. C'eſt cela qui non ſeulement a cauſé les illuſions de l'Egliſe Romaine dans la matiere de l'authorité des conciles, mais c'eſt auſſi ce qui fait que quelques orthodoxes qui ont écrit la deſſus l'ont fait avec ſi peu de netteté.

3. Ils excommunient & cenſurent.

Il faut donc remarquer que les Conciles, & les perſonnes, qui les compoſent ont trois caracteres differents, le premier eſt celuy de ſages aſſemblés en un meſme lieu pour ſe preſter mutuellement leur cognoiſſancés & leurs lumieres: le ſecond eſt celuy de gens confederés & de legiſlateurs par commiſſion, qui s'aſſemblent pour ſe faire une forme de gouvernement ou pour conſerver celle qui eſt deja faite: Le troiſieſme eſt celuy de juges etablis par leurs Egliſes pour cognoitre des prevarications commiſes contre la parole de Dieu, & contre les reglements de la ſocieté religieuſe. Et ils jugent des differentes choſes qui leur ſont propoſées, ſelon ces differents caracteres. Quand ils traittent des controverſes qui naiſſent ſur les verités de la religion, ils reveſtent le caractere d'experts & de ſages, & non pas de Juges. Quand ils font des reglements & des canons pour la diſcipline, ils reveſtent celuy de gens confederés, & de legiſlateurs commis, qui ſont convenus de leur bon gré & ſans y avoir eté forcés de vivre ſous un meſme gouvernement. Enfin quand ils cenſurent, & qu'ils ſeparent de leur communion les heretiques, les ſçandaleux & les perturbateurs de l'ordre, Ils ſont revêtus du caractere de Juges établis par l'Egliſe pour reprimer les ſçandales.

Les Conciles agiſſent ſous trois caracteres differents, de juges, de legiſlateurs delegués & de Juges commis.

Les Conciles agiſſent par un triple droit.

De ce triple caractere, nâit un triple droit: du premier caractere nâit ce droit que la nature & la raiſon donnent aux ſçavants qui ont beaucoup d'experience, & de cognoiſſance. Car ces perſonnes ſont comme autant de conſeillers nés & naturels, dans toutes les choſes dont la nature eſt obſcure, & dans les controverſes dont la deciſion eſt difficile. Le ſecond caractere donne le droit que donnent toutes les confederations, & toutes les commiſſions; Quand on eſt une fois convenu de ſe ſoumettre aux ordres de certaines gens qu'on a établis pour être gouvernés par eux, on eſt obligé de s'y ſoumettre, comme on eſt obligé de ſe ſoumettre à ſa propre volonté. Enfin le troiſieſme caractere qui eſt celuy de Juges établis par l'Egliſe pour cenſurer les ſçandaleux, donne un droit qui eſt le meſme que le droit de la nature par lequel toute ſocieté peut chaſſer de ſon corps tous ceux qui violent ſes loix. C'eſt dis-je un droit naturel à toutes les ſocietés de pouvoir chaſſer de leur corps ceux qui ne leur plaiſent pas, & ceux qui le meritent. C'eſt pourquoy on ne peut excuſer l'injuſtice de ceux qui veulent oſter aux Egliſes Chrétiennes le droit d'excommunication. Ils refuſent à l'Egliſe un droit qui convient à toutes les ſocietés du monde. C'eſt ce droit naturel que les Synodes exercent quand ils retranchent les rebelles de la communion des troupeaux. Car ils exercent par commiſſion le droit meſme des troupeaux, qui peuvent retrancher de leur ſocieté tous ceux qui ne ſe ſoumettent pas aux loix.

Les Papiſtes & les independans ne recognoiſſent qu'un ſeul caratere & un ſeul droit dans les ſynodes, & de la viennent leurs erreurs.

L'erreur de l'Egliſe Romaine vient de ce qu'en negligeant les deux premiers caracteres des Conciles, elle ne s'attache qu'au troiſieſme, & veut que les Conciles ſoyent juges proprement ainſi dits, en toute matiere, tant dans les points de Doctrine, que dans ceux de diſcipline. L'erreur des independans vient de ce qu'ils ne recognoiſſent dans les Conciles que le premier caractere qui eſt celuy de ſages & d'experts, & ne veulent pas qu'ils ſoyent juges dans aucun cas, ni dans aucune matiere. La verité tient le milieu entre les deux, & nous la ſuivons: Elle dit qu'en certaines choſes les Conciles ne ſont que des aſſemblées de ſages auxquels on n'eſt obligé de ſoumettre ſon jugement qu'autant qu'on ſçait qu'ils ont raiſon; & qu'en d'autres il s'y

faut

faut foumettre, & obeïr, ou fortir de la communion
de ces conciles, foit que leurs jugements foyent juftes,
foit qu'ils foient injuftes.

Premierement donc les conciles dans les affaires de
foy ne font que des fages, & des experts, & non des
juges. Ceux qui voudroient douter que ce fût la le
fentiment des proteftants, n'auroient pas fait attention
à ce que nous difons tous, que l'efcriture eft le feul
juge des controverfes, que nous ne devons avoir de foumiffion aveugle dans les affaires de foy, pour les decifions d'aucun homme vivant aujourd'huy, ni d'aucune
affemblée d'hommes : que châque fidele a droit de faire
pour foy ce jugement que nous appellons, *difcretionis* :
qu'un homme n'en fera pas quitté pour dire un jour
devant le Tribunal de Dieu, la femme que tu m'as donnée m'á feduite, les conducteurs ausquels ta providence
m'a foumis m'ont fait errer. C'eft la le fondement du
grand bruit que font contre nous M. de Meaux, &
M. Nicole, parce que voulons être en droit d'examiner apres l'Eglife, & que felon nous, à ce qu'ils
difent, un homme peut mieux juger que tout un
concile.

De la il s'enfuit que les conciles ne fçauroyent pas faire
d'articles de foy ils ne font feulement que les indiquer.
Quand ils decident une controverfe qui regarde des
verités fondamentales, il ne faut pas s'imaginer que
cette decifion ajoute un nouveau poids à cette verité,
& qu'elle face un article de foy neceffaire à falut de ce
qui ne l'eftoit pas auparavant. C'eft ce que pretendent
les Docteurs de Rome, & ce qu'ils doivent dire felon
leurs principes, mais je ne fçay s'il y a rien de plus
abfurde & mefme de plus impie. Car felon ce principe
on n'eft pas obligé de regarder comme un article neceffaire, tout ce qui n'a pas eté decidé par l'Eglife dans
un concile general. Ainfi avant le concile de Nicée,
il étoit permis d'eftre Arrien & Socinien fans rifquer fon
falut. Et ce qui eft admirable, c'eft que ces Meffieurs
nous veulent perfuader que nous fommes dans le mefme
fentiment fçavoir que les conciles peuvent faire de nouveaux articles de foy. Le P. Maimbourg dans fa methode pacifique fuppofe *que nous convenons tous, que l'E-*
glife a l'authorité fouveraine pour difinir & pour propofer

Q 3   *un*

Dans les
affaires de
foy les
conciles ne
font que
des fages
& des ex-
perts &
non des
juges.

Les conci-
les ne fçau-
roient faire
des articles
de foy.

un point de foy, ce que peut etre auparavant personne n'estoit obligé de croire. Cela n'est point ; Nous ne sommes obligés de croire sous peine d'eternelle damnation que ce que l'Eglise croyoit, avant que le nom de concile universel fût cognu dans le monde. Nous disons, on n'a pas toujours crû tel ou tel point, dont on n'est pas obligé de le croire comme une verité fondamentale, quand mesme cent conciles l'ordonneroyent. C'est ainsi que nous raisonnons malgré le P. Maimbourg. Il faudroit pour obliger les consciences que les conciles fussent infaillibles : ils ne le sont point, donc ils ne peuvent obliger la conscience. Mais pourquoy donc excommuniés vous les gens qui ne se veulent pas soumettre à vos Synodes, si ces Synodes n'obligent pas la conscience, nous dit-on ? C'est ce que nous verrons bien tôst, quand nous repondrons à l'argument de M. de Meaux. Pour le present ce n'est pas la peine de nous detourner de nôtre chemin.

Ainsi pour achever ce que j'avois à dire sur le premier caractere que les Synodes ont, qui est celuy d'experts & de sages pour juger des controverses de la foy ; Je remarqueray qu'il y a deux sortes de controverses, les unes sont déja decidées, par l'Eglise, les autres sont nouvelles. Dans les premieres, les conciles qui s'assemblent ne portent plus le caractere de sages & d'experts. Ils sont juges delegués, non pour examiner une question de droit mais pour examiner un fait, & pour en juger. Par exemple aujourd'huy les Sociniens ont renouvellé les erreurs de Paul de Samosate, & de Photin contre la divinité de Jesus Christ & ceux de Pelage contre la grace. Quand nous nous sommes confederés & que nous avons formé une communion differente de la communion Romaine, nous nous sommes obligés par nos confessions de foy à rejetter les erreurs de Photin & de Pelage. Si donc quelques particuliers, ou mesme quelques troupeaux entre nous s'elevoyent & enseignoient, les heresies de Photin & de Pelage, c'est a dire se faisoient Sociniens, sans doute on assembleroit un concile. Mais ce ne seroit pas pour juger du droit, & pour definir si Jesus Christ est Dieu ; nous tenons cela pour une affaire vuidée par la parole de Dieu, & par le commun consentement de tous les Chrétiens. Ce seroit

donc

Dans les controverses de doctrines deja decidées, les conciles ne sont que juges de la verité d'un fait.

donc pour cognoitre , d'un fait , & pour sçavoir si
effectivement tels & tels seroyent Sociniens ; & à cause
de cela dans cette affaire , ils ne seroyent pas seulement
sages & experts , ce seroyent des juges delegués & commis.

Voila ce que je voulois dire du premier caractere des
conciles , le second caractere est celuy de gens confederés
qui pour des raisons de prudence & de pieté veulent
vivre dans une confederation qui serve à conserver dans
leurs societés , la verité & la vertu. Il faut necessairement pour cette union vivre sous de certaines loix ,
& convenir ensemble d'une forme de gouvernement ,
avoir une discipline , former des canons , & attacher des
censures à la violation de ces canons. Les troupeaux
qui entrent dans la confederation choisissent des gens de
leurs corps , ausquels ils donnent un plein pouvoir de
faire tout cela. Ces gens la ne soutiennent plus le caractere de simples sages , & d'experts. Ils peuvent etre
sages & experts mais par accident ; car icy leurs propre caractere est celuy de juges delegués & commis, revêtus du pouvoir de ceux qui les ont commis. Châque
societé a le pouvoir de se faire des regles pour se conduire , où elle n'en trouve pas de faites. Dans les choses
où Dieu a posé des regles de gouvernement par sa parole , les troupeaux ne sont plus libres , mais où Dieu
n'a rien determiné toutes les Eglises particulieres confederées ont droit d'establir telles regles qu'il leur plait ;
mesme sans être obligées de se conformer aux autres
Eglises qui sont dans une autre confederation. Chaque
Eglise ayant droit de se faire des canons & des regles ;
& la multitude ne pouvant pas faire cela par elle mesme ;
cette multitude a droit des commettre des personnes qui
facent cela en son authorité. Et les reglements lesquels
auront eté faits par les juges commis & delegués ne seront
plus des conseils de sages , ce seront des loix ausquelles
on sera obligé de se soumettre : ou de souffrir d'estre
chassé de la communion & de la confederation. Quand
je dis qu'on sera obligé de suivre ces loix , ces reglements , & ces canons je ne pretends pas dire qu'on
y sera obligé sous peine d'eternelle damnation , ou dans
le barreau de la conscience. Car nous estimons qu'un
homme qui ne s'accommoderoit pas de certaines regles

Dans les
matieres
de discipli-
ne les con-
ciles sont
legislateurs
delegués
par le peu-
ple , &
n'ont que
l'authorité
du peuple.

de difcipline pourroit les quitter en renonçant à la focieté où elles s'obfervent, fans rifquer fon falut. Par exemple celuy qui ne gouteroit pas le gouvernement des Prefbyteriens, pourroit fort bien le quitter fans peril pour fe ranger à une Eglife dont le gouvernement feroit Epifcopal. Mais demeurant dans la communion des Prefbyteriens, il eft obligé de fe foumettre au gouvernement, ou de fouffrir qu'on le chaffe de la communion.

Chapitre III.

Du troifiefme Caractere que les Conciles foutiennent, qui eft celuy de juges decernants des cenfures. Trois chofes pour lesquelles ils decernent des cenfures. Sur quoy eft fondé le droit qu'ils exercent en qualité de juges. Deux raifons pourquoy nous affignons 3. caracteres differents aux Conciles.

LE troifiefme caractere des conciles eft celuy de juges. Et leur droit en cette qualité eft celuy de punir, de cenfurer, d'excommunier, de retrancher de la communion du Troupeau, les fçandaleux, les heretiques & les perturbateurs du repos public. Sur quoy premierement il eft bon de remarquer en paffant que nous mettons une grande diftinction entre l'excommunication & le retranchement de la communion d'une Eglife. Par excommunier on entend non feulement éloigner des facrements mais chaffer pour ainfi dire de tout le corps de l'Eglife univerfelle, declarer dechu de la grace, & digne des peines eternelles. Retrancher de la communion d'un troupeau ou d'une Eglife, c'eft declarer à des gens qu'on ne les peut plus regarder comme membres de la focieté dont auparavant ils faifoient partie, & qu'à caufe de cela on ne veut plus communier avec eux. L'un & l'autre eft de l'ufage de l'Eglife, & les conciles peuvent faire l'un & l'autre. Mais la premiere cenfure eft une fentence purement declarative. C'eft une vifion de croire que l'Eglife ait le pouvoir d'envoyer quelqu'un aux enfers, & de l'adjuger aux peines eternelles. La grande excommunication n'eft rien qu'une declaration que l'Eglife fait qu'un

te!

Excommunier & chaffer d'une Egl. n'eft pas la mefme chofe.

tel homme par sa conduitte & par ses desordres pour suivis a donné lieu de croire qu'il est separé de J.Christ. On s'est trompé quand on a crû que livrer à satan, & excommunier c'est la mesme chose. Livrer a satan étoit une dependance de la verge Apostolique par laquelle verge les Apôtres pouvoient punir corporellement les rebelles. Ainsi furent punis Ananias & Sapphira sa femme qui furent frappés de mort subite. Ainsi fût puni l'incestueus de Corinthe que S. Paul livra à satan pour souffrir de la part du Demon quelque vexation corporelle.

Livrer à satan ce n'est pas excommunier.

Quant au retranchement d'une certaine communion c'est une action positive, differente de l'excommunication qui n'est que declarative. Nous ne pretendons pas excommunier & declarer dechûs de la grace tous ceux que nous retranchons de nôtre communion. Les Eglises de la confession des Suisses & de Geneve retrancheroient de leur communion un semipelagien, & un homme qui soutiendroit les opinions des Remontrants. Ce n'est pas pourtant qu'ils eussent dessein de declarer cêt homme damné, comme si le semipelagianisme etoit une erreur qui damnast. Je suis persuadé qu'on à autrefois tres bien cognû cette distinction, mais la connoissance s'en est perdüe par le regne du Papisme. Et je ne croiray j'amais que quand Victor Evêque de Rome retrancha de sa communion les Eglises d'Asie pour la petite controverse touchant le jour auquel on devoit celebrer la pasque, il ait eû dessein d'excommunier ces Eglises, c'est à dire de les declarer separées de J. Ch. & de les mettre en état de damnation. Ce dessein eût eté insensé & impie. Il avoit seulement dessein de se separer de leur communion, c'est à dire de ne plus communier avec elles en signe de fraternité; afin de les obliger à penser à elles, & à laisser la pratique dans laquelle elles s'etoyent engagées.

On ne pretend pas declarer dechûs de la grace tous ceux que s'on separe de la communion d'un troupeau.

Ce sont donc deux peines differentes que les conciles peuvent faire tomber sur les rebelles & les heretiques, l'excommunication & le retranchement de la communion d'une certaine Eglise. Ce sont ces peines que les conciles infligent en qualité de juges.

Or pour sçavoir sur quoy est fondé le droit par lequel ils agissent dans ces censures, il faut remarquer que les

Q 5   con-

Les conciles peuvent censurer pour 3. choses differentes, pour des erreurs fondamentales, pour des erreurs moins importantes, & enfin pour des rebellions contre la discipline.

conciles peuvent censurer pour trois choses. Premierement pour des erreurs fondamentales, secondement pour des rebellions contre l'ordre de la discipline; Et enfin pour des erreurs non fondamentales, mais pourtant grandes & importantes. Quoy quils facent ces trois choses par le mesme caractere de juge, ils le font pourtant par des droits differents. Le droit par lequel un concile elogne des sacrements, excommunie ou retranche entierement de sa communion les heretiques ou les Idolatres qui ruinent les fondements de la religion Chrétienne est absolument le mesme que celuy par lequel l'Eglise punit les scandaleux en les separant de sa communion. La foy & les bonnes œuvres sont d'egale necessité pour obtenir le salut. Ce sont les deux grandes routes qui conduisent au Ciel; l'Eglise les doit tenir nettes l'une & l'autre. Il est constant qu'elle a droit de châtier les scandaleux, les criminels, les adulteres, les fornicateurs, les meutriers & de les separer de sa communion, Encore une fois c'est un droit inseparable de toutes les societés, elles ont droit de jetter hors de la societé ceux qui en violent les loix. Or les heretiques sont des especes de scandaleux, contre lesquels on a droit d'agir tout de mesme que l'on fait contre les vicieux. Ainsi pour soutenir le droit que l'Eglise a d'excommunier les heretiques, on n'a pas besoin d'autres appuys que de ceux dont on se sert pour soutenir le droit d'excommunication en general. Mais il faut sçavoir que le droit qu'un concile a d'excommunier un heretique n'est pas fondé sur les decisions qu'il a faites au sujet de la doctrine, ni sur les decisions d'un autre concile, mais sur ce que cêt heretique nie ce que Dieu a clairement revelé en sa parole. Ce n'est pas que l'excommunication des heretiques ne vienne & ne doive venir en suitte des decisions. Après qu'un concile a jugé d'une controverse en qualité d'assemblée de sages & d'experts; en qualité de juge il excommunie ceux qui ne se veulent pas soumettre à ses decisions: non parce que ce sont ses decisions, mais parce que ses decisions sont la parole de Dieu mesme. Ainsi le concile ne donne pas un nouveau droit en prononçant sur une controverse, mais il éclaircit & rend plus evident le droit que l'Eglise avoit deja, parce qu'il demele la controverse &
fait

Le jugement d'un concile sur une controverse ne donne pas un nouveau droit pour l'excommunication.

fait voir que la verité qu'un heretique avoit niée , eſt la parole de Dieu meſme. Tout de meſme qu'un Prince qui n'a pas aſſés de lumiere par luy meſme pour juger d'un crime & d'un fait fort embaraſſé , fait aſſembler pluſieurs expers & gens habiles dans le droit & dans les affaires criminelles. Quand il a cognu par le ſecours de ſes Juriſconſultes , quelle eſt la nature du crime & le genre de peine qui luy eſt deû , il fait prononcer par ces meſmes Juriſconſultes la ſentence de mort contre le criminel. Ces habiles Juriſconſultes ne font pas le droit que le Prince a de punir cêt homme , il l'avoit deja , il ne font que l'eclaircir & le rendre evident.

On peut dire la deſſus , que ce droit que nous donnons aux Conciles , n'eſtant fondé que ſur la ſuppoſition qu'un tel homme nie des verités révelées dans la parole de Dieu , cette ſuppoſition eſt un fait dont l'heretique ne tombe pas d'accord , car au contraire il eſt perſuadé que ſes ſentiments ſont conformes à la revelation. Je reponds que les illuſions d'un heretique qui s'eſt etourdi luy meſme de ſes mauvaiſes raiſons n'oſtent point du tout à l'Egliſe le droit qu'elle a de l'excommunier. Si un aſſaſſin & un empoiſonneur ſe perſuade qu'il a eû raiſon de faire ce qu'il a fait cette erreur ôtera t'elle au juge le droit qu'il a de l'envoyer au gibet? Il n'eſt pas impoſſible je l'advoüe qu'un concile ait fait de tres méchantes deciſions contraires à la parole de Dieu , & qu'en ſuitte il excommunie tous ceux qui ne ſe veulent pas ſoumettre , en ſuppoſant qu'ils ſe revoltent , beaucoup moins contre luy que contre Dieu ; En cela ce concile a tort , & il pêche , mais cela n'oſte pas le droit à un concile qui cherche de bonne foy la verité & qui l'a trouvée , de cenſurer ceux qui errent en effet. La negligence ou l'injuſtice d'un juge qui aura comdamné un innocent oſte-t-il le droit aux autres juges de punir les coupables ? on ne ſçauroit empécher que les plus ſages eſtabliſſements du monde ne ſoient ſujets à ces ſortes de malheurs. Un Innocent ſouffre afin que mille coupables ne demeurent pas impunis. Il ſe faut ſouvenir de ce que nous avons établi cy deſſus , c'eſt que la juſtice & la verité donnent un droit par tout où elles ſe trouvent , lequel l'erreur & la prevention ne ſçauroient arroger. L'abus ſe gliſſe dans les plus beaux

or-

La perſuaſion qu'un heretique a que ſa doctrine eſt dans la parole de Dieu n'oſte pas à l'Egliſe le droit de le condamner.

ordres, le moyen de reformer cêt abus : n'eſt pas de
ruiner l'ordre. Si la ſocieté de l'Egliſe, ſubſiſte, il faut
qu'elle ait droit de chaſſer de ſon corps les pécheurs &
les heretiques. Si la brigue, & la violence font tomber ſes cenſures ſur des innocents, ou ſur des orthodoxes, pour l'ordre il faut ſouffrir la ſeparation. Il y
aura lieu d'éclaircir davantage cet article en parlant de
la ſoumiſſion qu'on doit aux ſynodes.

La ſeconde choſe pour laquelle les conciles excommunient, ou ſeparent de leur communion, ce ſont
les rebellions contre l'ordre, & contre les regles de la
diſcipline qu'on appelle des Canons. Il eſt certain que les
Egliſes ont le droit de porter leurs cenſures contre ces
ſortes de pécheurs. Les Egliſes reformées des Pays
bas ſont convenues de puis plus de cent ans, d'une certaine diſcipline ſous laquelle ils vivent. Si aujourd'huy
cinq ou ſix troupeaux particuliers ſe revoltoient contre
cette diſcipline & entreprénoient de la renverſer de fond
en comble je ne doute pas qu'on n'eût droit, non pas
de les ſeparer de J. Chriſt & de l'Egliſe en general ;
mais de la communion des troupeaux leurs confederés
en particulier. l'Egliſe Anglicane s'eſt confederée au

On a le
droit de
ſeparer de
la commu-
nion con-
federée
ceux
qui ne veu-
lent pas ſe
ſoumettre
à la diſci-
pline.

ſortir du Papiſme ſous le gouvernement Epiſcopal, il
eſt certain qu'elle a droit de ſeparer de ſon corps tous
ceux qui ne ſe veulent pas ſoumettre à ſon ordre. Mais
elle n'a pas droit de les excommunier, de les ſeparer
de Jeſus Chriſt, ni de les empeſcher de tenir des aſſemblées à part pour leur conſolation. Si c'eſt une erreur
de croire que l'ordre Epiſcopal eſt oppoſé à l'edification Chrétienne, au moins ce n'eſt pas une erreur pour
laquelle on doive aſſigner les gens aux peines eternelles, & leur interdire toute aſſemblée, toute communion, & tous ſacrements en general.

On pourroit dire que le droit par lequel une Egliſe peut cenſurer & éloigner de ſes ſacrements ceux qui
violent les regles de la diſcipline, eſt à peuprés ſemblable à celuy par lequel on punit les ſçandaleux ; parce que troubler le repos public par un eſprit de diviſion c'eſt être en quelque ſorte ſçandaleux. Neantmoins
le plus ſûr eſt de dire que ce droit eſt fondé ſur la confederation. L'Egliſe étoit originellement partagée en
troupeaux qui n'avoient aucune liaiſon externe neceſſaire

re les uns avec les autres. Ces troupeaux se sont confederés, ils ont fait ce qu'on appelle des Eglises pro-
vinciales & nationalles. Ces provinces, & ces nations
ont assemblé des Synodes dans lesquels ils ont fait des
regles & des canons, le tout en vertu de leur confederation. Ces troupeaux qui sont entrés dans cette confederation, en y entrant se sont volontairement soumis
à certaines regles qu'eux mesmes ont faites, & ces loix
communes, sont proprement les liens de l'union & de
la confederation. Ainsi ceux qui violent ces loix, par
cela mesme rompent ces liens, & se separent du corps
dans lequel ils etoient entrés. Et par consequent ils
donnent le droit à ceux desquels ils se separent de les
bannir & de les chasser du milieu d'eux. Il paroît donc
que le droit que les Synodes ont de censurer & de châtier les violateurs de l'ordre est fondé sur la volonté mesme de ceux qui sont châtiés & censurés. Et on a droit
de leur dire, on vous censure, parce que vous l'avés ainsi
voulu, vous avés fait des loix, vous y avés ajouté des
peines, vous avés ensuitte violé ces loix; vous vous
etes donc en mesme tems exposé aux peines.

Ce droit de chasser ceux qui ne veulent pas se mettre à une discipline confederée n'est fondée que sur la confederation.

Le troisiesme ordre de choses pour lesquelles les Conciles exercent leurs censures, ce sont les erreurs qui ne
ruinent pas le fondement. Qu'on puisse censurer mesme, jusqu'a separer de sa communion des gens qui n'errent pas fondamentalement il est clair, parce que s'il
n'y avoit un ordre établi pour arréter les agitations de
de l'esprit humain, une seule & mesme societé pourroit étre pleine de differents sentiments, ce qui cause-
roit mille desordres. Nous ne regardons pas l'erreur
des Lutheriens & des Arminiens sur la grace, comme
des erreurs qui detruisent les fondements de la Religion Chretienne. Cependant si plusieurs troupeaux d'entre les Reformés, s'avisoient de vouloir deffendre ces
erreurs, nous aurions droit non pas de les damner,
mais de les separer de nôtre communion, & de les prier
de faire leurs assemblées à part.

Le droit par lequel on peut agir ainsi est un droit
mixte, mellé des deux précedents, de celuy par lequel
on a droit de retrancher les scandaleux, & les membres gastés d'un corps, afin qu'ils ne le corrompent pas;
& de celuy par lequel on a droit de retrancher ceux qui

On peut censurer ceux qui enseignent des erreurs non fonda-mentales par un droit mixte.

VIO-

violent les loix de la confederation. Les erreurs qui
ne font pas fondamentales, ne laiffent pas d'eftre des
fçandales ; fi ce font des erreurs, elles font oppofées à
la verité, elles gaftent & deffigurent la face de l'Eglife,
on a droit de s'y oppofer par la voye que Dieu nous
a fourni pour arréter le fçandales. Souvent la feule voye
pour empecher une erreur de fe repandre dans une E-
glife, eft de retrancher ceux qui l'enfeignent & l'on eft
en droit de fe fervir de ce remede, quand les autres ne
reuffiffent pas. Mais auffi il eft certain qu'on a le mefme pouvoir, c'eft à dire, de retrancher de fon corps
ces fortes d'errants, par les loix de la confederation.
Les Eglifes Reformées, en fortant du Papifme, fe font
confederées fous certaines confeffions de foy. Dans ces
confeffions de foy, elles font convenues d'enfeigner les
verités de la grace comme elles ont eté expliquées par
S. Auguftin. Ceux qui ne veulent pas s'en tenir la
s'en peuvent departir je l'advoüe, mais ils n'ont aucun
fujet de fe plaindre qu'on les fepare d'une confederation
dont ils ont violé les loix & rompu les liens. Et ces mefmes erreurs que nous ferions obligés de tolerer ailleurs
pour eviter le fchifme, nous ne fommes pas obligés de
les tolerer dans des troupeaux qui s'eftoient obligés avec
nous, à foutenir les verités contraires à ces nouvelles
opinions.

On ne doit
pas fe
feparer
d'une
Eglife pour
des erreurs
pour les-
quelles on
peut chaffer
de fa com-
munion
des parti-
culiers.

Par exemple l'Eglife Romaine du temps du Concile
de Trente, etoit pour le moins dans les fentiments d'Arminius fur la grace ; fi elle n'eut point eû d'autres erreurs nous euffions tres mal fait de nous en feparer. Il
eût fallu tolerer cela pour le bien de la paix parce que
c'eft une Eglife dont nous faifions partie & qui ne s'e-
toit pas confederée pour foutenir la grace felon la Theologie de S. Auguftin ; ou au moins elle avoit renoncé
à cet article il y avoit fi long temps qu'il n'y en avoit
quafi plus de memoire. Mais nous ne fommes pas obligés d'avoir les mefmes égards pour ceux d'entre nous
qui renouvellent les erreurs des Pelagiens & des femi-
Pelagiens ; parce que ces gens faifant partie de nôtre
corps s'eftoient obligés avec nous à rejetter le Pelagianifme & le femi-Pelagianifme. Si nous les feparons de
nôtre corps, ils n'ont pas fujet de s'en plaindre. Nous
fuivons en cela leur propre volonté, & nous avons droit
de

de leur dire, vous l'avés ainfy voulu; car vous vous
étes foumis à des confisfions de foy qui excluoient les
opinions que vous deffendés aujourd'huy.

Pour achever ce chapitre, il ne me refte qu'une cho- **Raifon pourquoy on donne trois Caracteres differens aux conciles.**
fe à faire, C'eft de rendre raifon pourquoy nous don-
nons aux Conciles ces trois caracteres differents; d'experts, de legiflateurs delegués, & de Juges. Car pourquoy, dira t-on mettre trois teftes fur un corps, & faire
joüer trois perfonnages à un feul Acteur? La reponce
eft facile: premierement pour la diverfité des caracteres
que nous donnons à une mefme affemblée, cela ne peut
faire aucune peine à ceux qui ont un peu d'exactitude,
qui fçavent faire l'anatomie des chofes, & qui les con-
fiderent fous tous les efgards fous lefquels on les peut
confiderer. On fçait bien que le caractere qu'un Prince
porte à la tefte de fes armées, eft different de celuy
qu'il a quand il eft affis fur fon lit de juftice. Dieu
luy mefme qui eft fi fimple agit pourtant fous differents
caracteres à divers égards: Tantôt il eft legiflateur, &
tantôt il difpofe des evenements, il ordonne une chofe
en qualité de legiflateur, & il en permet une autre
toute oppofée, en qualité de difpenfateur des evenements.

Il y a deux raifons principales, pour lefquelles les Conciles ne fçauroient etre juges dans toutes les chofes qu'ils
font. La premiere, C'eft que n'eftant pas infaillibles
ils ne fçauroient être Juges dans les decifions de foy. **Pour etre vray juge dans les matieres de controverfe il faut étre infail-lible.**
Qui dit un Juge, dit une perfonne à laquelle il faut fe
foumettre, or il eft impoffible de foumettre fa confcience en matiere de foy, à un Juge duquel on ne fçauroit
être affuré, s'il erre, ou s'il n'erre pas. On demeure
d'accord de ce principe dans l'Eglife Romaine, Car
c'eft pour cela mefme qu'elle fait les Conciles infaillibles afin qu'on s'y foumette fans peine. Mais pour
étre legiflateur Ecclefiaftique, pour faire des Canons & **Pour obli-ger en matiere de difcipline, il n'eft pas neceffaire d'etre in-faillible.**
des reglements de difcipline, il n'eft nullement neceffai-
re d'eftre infaillible, parce que ces reglements n'intereffent point du tout la confcience. Ce font des chofes pour la plufpart indifferentes, & qui ne peuvent
mettre le falut en peril. Pareillement pour juger de la
nature d'un fçandale, & pour ordonner de quelle maniere, il peut etre chatié par des cenfures ecclefiaftiques,

il

il n'eſt neceſſaire d'avoir l'eſprit d'infaillibilité, parce qu'il ne s'agit que d'une choſe externe dans laquelle le ſalut ne ſçauroit courir de riſque. Qu'un homme ſoit injuſtement excommunié, C'eſt tout ce qui peut arriver de pis ; cela ne luy ſçauroit faire de mal ; ainſi pour l'ordre il faut que des Conciles ſoyent revétus d'authorité à cêt egard, parce que l'abus de cette authorité ne ſçauroit engager perſonne dans la voye de damnation. Au lieu que s'ils avoient le pouvoir de lier les conſciences par leurs deciſions de foy, n'eſtant pas infaillibles, ils pourroient engager les autres dans des erreurs pernicieuſes & damnables.

L'autre raiſon pour laquelle les Conciles ne peuvent pas agir comme Juges en tout, C'eſt qu'ils n'ont aucune authorité que celle qui leur a eté donnée par le peuple. Ils ſont l'Egliſe repreſentative, ils ſont revêtus de ſes droits. Or ayant receu leur authorité des ſocietés Chretiennes, ces ſocietés n'ont pû leur donner d'autre droit que celuy qu'elles ont, car on ne ſçauroit donner ce qu'on n'a pas. Si les Conciles étoyent immediatement établis de Dieu, comme fûrent les Apôtres, leurs droits & leur authorité ſeroit independante de la multitude, & Dieu auroit pû leur donner tel pouvoir & tel caractere qu'il luy auroit plu ; Mais cela n'eſt pas ; les Conciles ſont bien de l'intention de Dieu, mais ils ne ſont pas de ſon inſtitution, C'eſt à dire que l'Egliſe a receu pouvoir de Dieu de travailler à ſa ſûreté & à ſa conſervation par les moyens les plus convenables. Celuy des Conciles s'eſt trouvé le plus naturel & le plus commode, elle l'a choiſy : en cela elle a repondu à l'intention de Dieu, mais Dieu n'a pas eté l'inſtituteur immediat des Conciles.

Les conciles ſont de l'intention de Dieu, mais ils ne ſont pas de ſon inſtitution.

Les Conciles ne tenant leur être & leur authorité que des ſocietés Chrétiennes, qui ſe ſont confederées par des liaiſons arbitraires, ne peuvent donc avoir que ce que la ſocieté leur donne. Et premierement les peuples n'eſtant pas infaillibles n'ont pu donner à leurs Conciles le privilege de l'infaillibilité, ni le caractere de Juges dans les points de controverſe, parce que Dieu s'eſt reſervé à luy ſeul le pouvoir d'eſtablir des Juges infaillibles ; C'eſt pourquoy les Prophetes & les Apôtres ont eu leur miſſion immediate de Dieu, & ſeuls ils ont

Les Conciles etablis par le peuple ne peuvent etre infaillibles, ni Juges en matieres de foy.

receu

receu de Dieu, & le privilege d'eftre infaillibles, & le caractere de Juges dans les affaires de foy. Pour ce qui eft de la difcipline & du gouvernement, Dieu en fait les troupeaux mâitres, il n'a rien ordonné la deffus, il a dit feulement en termes generaux, que tout fe faffe honneftement & par ordre. Mais il ne les a point fait maitres des points de doctrine ; il les à aftreints à fuivre ce qui eft exprimé dans fa parole fans y rien ajouter ni diminuer, c'eft pourquoy bien qu'ils n'ayent pû donner aux Conciles qui les reprefente aucune authorité fur les points de doctrine, ils ont pû leur donner un pouvoir abfolu fur les points de difcipline. Enfin à l'egard des cenfures, & du retranchement d'une certaine communion, c'eft encore un droit dont toute focieté eft neceffairement revetuë comme je l'ay dit plufieurs fois, car il n'y en a point qui ne foit en pouvoir de chaffer de fon corps un membre qui l'a dés honnoré & qui l'a pert. Si les focietés ont ce droit elles peuvent le communiquer à des perfonnes qu'elles choififfent pour l'exercer en leur nom ; c'eft precifément ce que font les Conciles au nom d'une focieté, ils chaffent les fcandaleux du corps par l'authorité qu'ils en ont receu de toute la focieté.

Au refte, fi quelquefois on trouve que nous appellons nos Synodes Juges dans les matieres de controverfes, il ne faut point tirer advantage de ce mot. On le prend dans un fens étendu. Quelque fois on entend des Juges de rigueur & d'authorité, quelque fois des Arbitres, des fages, & des experts à qui on donne commiffion de connoitre d'une affaire. C'eft en ce fens, que le Synode de Dordrech a dit qu'il etoit, *Juge legitime dans la caufe d'Arminius.* Paroles dont le P. Maimbourg dans la Methode pacifique, abufe, pour prouver que, felon nous, les Conciles font de vrays Juges, mefme dans les matieres de foy. Il eft vray que les conducteurs d'une Eglife eftant affemblés font les Juges, c'eft à dire les arbitres, les fages, les experts legitimes & naturellement authorifés par leur charge pour cognoitre des differents qui naiffent fur les matieres de la Religion. Mais cela ne fignifie pas, qu'ils foyent juges dans un fens de rigueur, c'eft à dire qu'ils ayent l'authorité de lier la confcience dans les decifions de foy.

R   C H A-

En quel fens nous difons quelque fois que les Conciles font juges dans les matieres de foy.

CHAPITRE IV.

Des differents degrés de soumißion qu'on doit aux con-
ciles selon les differents caracteres sous lesquels ils
agißent & selon les differents droits qu'ils exer-
cent.

APres avoir vû quels sont les droits des Conciles
& sur quoy sont fondés ces droits, il ne sera pas
difficile de determiner de quelle nature est la soumißion
que les fideles leur doivent. Il est evident qu'ayant distingué divers caracteres & divers droits dans les Conciles, il faut aussi distinguer divers degrés dans la soumißion qui leur est deüe. Nous pouvons dire en general qu'à tous égards le respect qu'on doit avoir pour leurs
decisions & leurs ordonnances est infiniment moindre
que celle que nous devons à Dieu. Leur authorité
ne s'estend pas jusqu'à la conscience laquelle est de l'empire de Dieu seul, & ne reconnoit pas d'autre maitre
que luy. C'est pourquoy nous regardons comme Tyrannique cêt empire que l'Eglise Romaine veut exercer
sur les ames, les obligeant à croire ses decisions & à
obeïr à ses ordonnances sous peine d'eternelle damnation. Nous verrons facilement quels degrés de soumißion on doit aux Conciles en repassant la veüe sur
leurs differents caracteres.

Premierement quand ils vuident des controverses &
jugent des points de foy, ce sont des sages & des experts qui nous donnent leurs advis : & mesme ce sont
des sages & des experts qui ne s'erigent point de leur
propre authorité en donneurs d'avis ; C'est nous qui les
avons commis pour cela, c'est la societé Chrétienne qui
leur a donné cette charge : de la il s'ensuit que nous
les devons écouter avec attention & nous soumettre
autant qu'il est possible. Leur sagesse, leur science , &
leur experience doivent former pour eux dans nôtre
esprit un favorable prejugé. Nous devons croire qu'e-
stant plus eclairés que nous , & s'etant appliqués avec
soin à chercher la verité ils ont dû reüßir à la tirer des
embarras du mensonge. Et ce respect doit être d'autant
plus

plus grand que ces conciles font les arbitres nés &
naturels des differents qui arrivent dans la societé.
Ainfi ce feroit temerité que de fe departir de leurs
opinions fans de juftes & de] legitimes caufes & fort
evidentes. Mais aprés tout cela il faut fe fouvenir que
ces confiderations ne doivent pas lier nos confciences,
ni nous ôter l'ufage de nos yeux. S'il nous parôit
clairement que ces conciles fe font trompés, non feulement nous pouvons, mais nous devons les abandonner. Il faut pourtant obferver que les controverfes fur
lesquelles les conciles peuvent errer font ou de la derniere importance, ou de moindre importance. Si les
controverfes font capitales, fi les erreurs dans lesquelles
les conciles font tombés, detruifent les fondements de
la religion foit en les niant, foit en les renverfant, il
eft tres certain qu'on ne doit garder aucune mefure, &
qu'on doit rompre avec de telles affemblées, fi on eft
en etat de le pouvoir faire. Mais fi les erreurs font
tolerables, on n'y doit pas confentir, ni les deffendre;
cependant on doit & on peut les tolerer & ne fe pas
feparer de la communion de ces conciles errants; parce
que le fcandale du fchifme étant grand on doit facrifier
quelques petits interets de la verité à l'edification de
tout un grand peuple.

Le fecond genre de chofes fur lesquelles les Synodes
prononcent & font des arretés ce font les reglements
des difcipline. Il eft clair parce que nous avons dit
dans les chapitres precedents que la foumiffion des peuples la deffus doit étre beaucoup plus entiere & pouffée
plus loin que fur les articles de foy. Ce font des gens
à qui nous avons donné pouvoir de nous conduire, &
de nous faire des regles & d'attacher des peines à l'inobfervation de ces regles; nous fommes obligés par
nôtre propre volonté à fuivre ces regles, ou à nous
foumettre à ces peines. Ces reglements peuvent n'eftre
pas trop juftes ni trop commodes. Mais ils ne fçauroient étre fort injuftes: car nous fuppofons que la
matiere eft de chofes indifferentes. Pour ne fe pas
tromper, il eft bon de faire quelques obfervations la
deffus.

Premierement il faut fçavoir que tout ce qui regarde
le gouvernement & la difcipline n'eft pas fujet fans ex-

Marginal note: Dans les affaires de foy la foumiffion aux conci-les, ne doit pas etre aveugle.

cep-

ception à l'authorité des conciles, & qu'ils pourroient faire certains reglements concernant l'ordre ausquels nous ne ferions nullement obligés d'obeir. Par exemple la diftinction des pafteurs & mefme leur etabliffement eft une affaire de difcipline & de gouvernement. Si fur ce pretexte on nous vouloit donner un Pape & un chef univerfel de l'Eglife on s'y trompéroit. Aucune focieté, aucun concile n'eft authorifé pour établir une telle charge parce qu'elle eft abfolument oppofée & à l'inftitution de Jefus Chrift, & à l'efprit de l'Euangile qui ne refpire que l'humilité. Si fous pretexte de difcipline on vouloit abolir le miniftere, & faire des affemblées des Chretiens, des Eglifes de trembleurs & de fanatiques, où tout le monde eft egalement en droit de parler & de conduire les autres, on n'auroit ni raifon ni droit de le faire; fous pretexte que l'Eglife eft maitreffe des affaires de la difcipline, & du gouvernement, & que les conciles font en pouvoir de regler ces affaires comme bon leur femble. Il faut donc diftinguer dans les affaires de gouvernement, de difcipline, & de ceremonies; celles que le S. Efprit a determinées, de celles fur lesquelles il n'a rien prononcé. Les affaires de difcipline fur lesquelles le S. Efprit s'eft declaré par cela mefme font devenües des affaires de doctrine & de foy. Les facrements font des ceremonies, il n'eft pourtant pas au pouvoir d'aucun concile de les abolir.

Secondement il faut prendre garde qu'on ne nous donne pas pour point de difcipline ce qui en effet eft un point de foy, & que fous ce pretexte on ne dife, felon vous, on eft obligé de fe foumettre aux decifions des conciles dans les points de difcipline, donc vous devés vous foumettre en cecy ou en cela. Par exemple aujourd'huy il y a des gens qui nous difent que le culte des Images eft un point de difcipline; L'autheur des dialogues contre l'hiftoire des iconoclaftes, avoüe que dans les trois ou quatre premiers, fiecles il ny avoit pas d'Images dans les temples, mais l'Eglife, dit-il, a pû apporter du changement en cela parce que c'eft un point de difcipline. Aujourd'huy les écrivains de port Royal voulant rendre au peuple le livre de l'Ecriture fainte contre les deffences expreffes des Papes, des facultés de Theologie, des Inquifiteurs, & même des conciles

*Le pou-
voir des
conciles ne
s'eftend
pas a tout
ce qui fe
peut appel-
ler point de
difcipline.*

*Il faut
bien pren-
dre garde
qu'on ne
nous don-
ne pour
point de
difcipline,
ce qui eft
un point
de foy.*

ciles difent que c'eft un point de difcipline ; qu'on a
pû changer l'ancienne pratique & qu'on la peut ramener aujourd'huy. Et mefme pour le retranchement de
la coupe on advoüe que la pratique ancienne etoit de
communier fous les deux efpeces, au moins ordinairement. Mais on dit que c'eft un point de difcipline fur
lequel l'Eglife a pû apporter tels changements qu'on a
jugé à propos. C'eft un piege dangereux ; rien n'eft
de difcipline à proprement parler que ce qui eft indifferent, que ce qui n'eft point decidé par l'efcriture clairement & nettement. J'aimerois tout autant dire, prier
Dieu en public eft un point de culte de ceremonie &
de difcipline, dont il eft permis à l'Eglife de retrancher
les prieres.

En troifiême lieu on doit obferver qu'il faut bien
entendre ce que nous difons qu'on eft obligé de fe foumettre aux decifions des conciles fur ce qu'on appelle
des reglements & des canons. Nous n'entendons pas
qu'on foit obligé d'y obeir comme aux commandements de Dieu & par confcience, c'eft par nôtre propre volonté, & par une volonté que nous pourrions
fans crime n'avoir pas. Il y a bien de la difference
entre l'obligation qui nâit de la confcience, & celle
qui nâit de la volonté, quoyque la volonté femble etre
une partie de la confcience. J'appelle obligation de la
confcience celle qui nait immediatement de l'empire
que Dieu a fur les hommes. Cette obligation eft immuable perpetuelle, elle ne fçauroit changer que quand
Dieu change fes commandements. J'appelle obligation
de la volonté celle à laquelle nous nous fommes foumis parce que nous l'avons ainfi voulu. Ce n'eft pas
qu'apres que les reglements font faits, authorifés, receus
& confentis par une focieté on ne foit en quelque forte obligé en confcience de les obferver pour l'ordre &
pour le bien de la paix. Car troubler la paix de
l'Eglife c'eft offencer Dieu & pécher contre la confcience. Mais cette obligation ne fe rapporte à la confcience que d'une maniere mediate & non par un rapport immediat.

En quatriefme lieu, il faut obferver que nous ne
fommes obligés d'obeir à ce qu'on appelle les reglements & les canons que felon l'intention des conciles

On n'eft pas obligé par con-fcience d'obeir aux ordres de difcipline authorifés par des conciles, mais feu-lement pat fa volonté.

On n'eft pas obligé d'obeir aux canons dans tou-tes les cir-conftances.

R 3   qui

qui les ont faits, & qu'on n'elt coupable quand 'on les
a violés, qu'á proportion des degrés ·de necellité que
les legillateurs Ecclefiaftiques avoient attaché à l'obfervation de ces canons. Or il eft certain que ce n'eft pas
l'intention des conciles d'obliger les Eglifes confederées
qui font fous leur direction à fuivre tous leurs reglements
au pied de la lettre, en tous lieux, en tous cas & dans
tous les temps. Cent chofes & cent circonftances im-
preveües, en matiere de faits rendent l'obfervation des canons à la rigueur, impoffible ou tres incommode. Par exemple, l'Eglife ordonne qu'on obfervera un Jeûne en certains jours, il peut arriver que quelques uns des troupeaux confederés ne fe peuvent point
conformer à cêt ordre pour des raifons importantes. Il
faut neceffairement que les Eglifes particulieres foient
juges de ces circonftances. C'eft ce que difent, &
veulent dire nos Theologiens quand ils difent que les
loix de l'Eglife n'obligent pas la confcience, *extra pe-
riculum fcandali & contemptûs*. C'eft à dire qu'on n'eft
pas coupable quand il eft clair qu'on ne s'eft pas dif-
penfé de l'obeiffance aux canons par mêpris, mais par
necellité.

L'authori-
té des ca-
nons ne
dure pas
toujours.
Enfin il faut obferver que les reglements des Conciles ne font pas d'une eternelle force. Ils tirent toute
leur authorité de la confederation. Certains troupeaux
fe font unis & confederés, Ils font convenus enfemble
de faire des reglements & de s'en rapporter à des deputés de leur corps dont ils compofent une affemblée qu'ils
appellent Concile. Ce Concile fait des canons, tous
les membres de la confederation font obligés de s'y foumettre. Mais quand la confederation eft rompüe, les
canons n'obligent plus perfonne qu'autant que les nouvelles confederations qui fe forment le veulent bien, &
les adoptent. Par exemple, quand les Empereurs Romains fe firent Chrétiens, il fe forma une grande confederation de toutes les Eglifes de l'empire tant de l'occident que de l'orient. Conftantin affembla le Concile premier de Nicée, toute l'Eglife reprefentative fe
trouva la en quelque forte. Cette Eglife affemblée con-
vint d'obferver certaines regles de difcipline qu'ils ap-
pellerent des canons. Les Conciles de Conftantinople,
d'Ephefe & de Chalcedoine fe tinrent enfuitte. La confederation

deration generale des Eglifes de l'Empire Romain fubfiftoit encore. Ces Conciles firent de nouvelles regles,
& toutes ces regles enfemble obligeoient tous les troupeaux confederés. Mais l'empire Romain ayant eté
déftruit, cette confederation generale, qui ne's'eftoit
formée que par accident à caufe de la vafte étendüe de
cêt Empire, fe fepara; l'Eglife Grecque fe diftingua de
l'Eglife Latine, & enfin rompit avec elle. Les Eglifes
d'occident entrerent dans une nouvelle confederation fous
les Evêques de Rome qui fe rendîrent leurs Maitres &
leur Tyrans. · Mais plufieurs Eglifes font forties de deffous cette domination & ont fait entre elles de nouvelles
confederations. Ces nouveaux confederés ne font nullement liés par les regles des confederations anciennes.
Ainfi nous ne fommes obligés à obeïr aux canons des
anciens Conciles qu'autant qu'il nous plait & autant que
de ces anciennes regles nous voulons bien faire nos regles.

Refte le troifiefme genre de chofes fur lesquelles les
Conciles jugent & ordonnent, ce font les Cenfures.
C'eft à mon fens dans cêt endroit que fe trouve le plus
haut degré de foumiffion que nous devons aux Conciles. Premieremenr, icy la foumiffion n'eft pas dependante des circonftances particulieres qui rendent fouvent
l'obfervation des reglements generaux impoffible. Ces
Jugements fe rendent avec connoiffance des circonftances particulieres; car icy les Juges entrent dans le detail, & par confequent il ne refte rien qui n'ait eté prevû, ni qui puiffe empêcher la foumiffion & l'obeiffance.
En fecond lieu la foumiffion doit etre plus grande, parce qu'icy les Conciles exercent un droit plus noble &
plus relevé que celuy qu'ils exercent dans les autres
actions. Quand ils jugent des controverfes & des points de
foy, ils ne font proprement qu' Arbitres & témoins:
quand ils font des canons ils exercent un droit qui n'a
pas d'autre fondement que la volonté des confederés.
Mais quand ils cenfurent quand ils excommunient &
chaffent de leur communion les fçandaleux & les heretiques, ils exercent un droit fondé fur les loix de la
nature & fur celles de Dieu. Dieu dit, *banniffés d'entre
vous le méchant*, la nature dicte que les focietés ont le droit
de feparer de leur corps les membres corrompus. Ainfi

Le plus haut degré de foumif-fion qu'on doit aux Conciles, regarde les cenfures.

les

les Conciles en retranchant de leur communion ceux qu'ils en jugent indignes, exercent proprement le droit des gens, le droit naturel & commun à tous les hommes. Il faut donc se soumettre, car il faut obeïr à ceux qui ont droit de commander, sur tout quand ils commandent ce qui est juste.

Mais dira t-on comment se doit-on conduire dans les censures injustes. Un Pasteur & mesme un troupeau ou plusieurs troupeaux sont condamnés comme heretiques dans un Concile, la sentence est injuste. Cependant sur ce fondement en execution de cette sentence, on excommunie, on retranche ces troupeaux de la communion. Le cas est arrivé plusieurs fois & dans le siecle passé, il arriva dans le Concile de Trente, qui excommunia & retrancha de sa communion tous les Protestants. De quelle maniere faut il se pourvoir dans ces occasions? Je repons qu'il se faut soumettre, c'est à dire qu'il faut sortir quand on nous chasse. C'est le droit de toutes les societés bonnes & méchantes; Elles recoivent dans leur corps qui bon leur semble, elles en peuvent chasser ceux qui leur deplaisent, mais cela n'empesche pas qu'elles ne pechent en exerçant leur droit & qu'elles ne soyent obligées quelque jour à en rendre compte à Dieu.

Pour donner plus de clarté à cette matiere, Il faut distinguer entre ceux qui sont injustement condamnés comme heretiques. Les uns souffrent cette injustice par une erreur de fait, & les autres par une erreur de droit. C'est à dire que les uns sont condamnés comme heretiques en supposant faussement qu'ils ont une opinion laquelle veritablement ils n'ont pas. Les autres sont condamnés en qualité d'heretiques, non parce qu'on leur impose mais parce qu'on appelle heresies des opinions tres saines, & des verités tres conformes à la parole de Dieu. On se doit conduire differemment dans ces differents états. Dans le premier, la verité dans le fonds n'est pas interessée, parce que c'est seulement une erreur de fait du Concile, ou un emportement de la passion & une suitte de la brigue. Ceux qui sont ainsi condamnés ne doivent pas se tenir pour bannis: ils peuvent se pourvoir par toutes les voyes raisonnables, appeller d'un Concile à l'autre, de Philippe en-

Il faut obeïr à des censures injustes, tant en celles qui viennent d'une erreur de fait qu'en celles qui viennent d'un erreur de droit.

endormi à Philippe eveillé. Mais si apres tous ces efforts la societé dont il est membre persiste à le vouloir chasser, il doit obeïr, le crime du schisme ne sera pas dans celuy qui se separera, mais en ceux qui chasseront, & leur crime consistera non en ce qu'il auront usé d'un droit qu'il n'avoient pas, mais en ce qu'ils auront mal usé d'un droit qu'ils avoient.

Quant à ceux qui sont excommuniés comme heretiques pour des opinions qu'ils ont veritablement, mais qui sont tres veritables, il faut encore les distinguer en deux ordres; Car ou ils sont condamnés pour des verités moins importantes & qui ne sont pas le fondement, ou pour des verités fondamentales. Ceux qui sont condamnés pour des verités qui ne sont pas de la derniere importance doivent se souvenir que si l'interest de la verité nous doit être cher, celuy de la paix ne doit pas nous l'estre moins.

Ainsi l'on peut dire qu'il y a certaine verités qu'on doit sacrifier à la paix & l'on ne doit pas rompre avec une Eglise qui n'erre pas dans des choses qui rejettent ou qui detruisent le fondement. Il faut tolerer, se taire souffrir la violence, & ne pas sortir. Ceux qui ont eté condamnés pour des verités importantes comme pour des heresies ne doivent pas être si patients, ils doivent tenter de tirer l'Eglise errante de son erreur, mais s'ils n'en peuvent venir à bout, d'une part ils doivent meprifer les ánathemes: & de l'autre, ils doivent souffrir la separation dont on leur impose la necessité. On les chasse, ils peuvent aller où on les pousse.

Il y a des verités qu'on peut sacrifier à la paix en les taisant.

Voila ce que nous pensons de l'authorité de l'Eglise & de ses jugements & cela revient à cecy. 1. Que l'Eglise universelle à parler proprement n'a pas de Tribunaux, & ne rend point de jugements, que tout les Tribunaux & tous les jugements sont particuliers. 2. Que l'Eglise universelle a pourtant une espece de jugement, c'est le consentement unanime de toutes les communions Chrétiennes. 3. Que ce consentement unanime de tous les Chrétiens fait une grande authorité de laquelle on ne se doit pas departir parce que l'Eglise universelle est infaillible jusqu'à ce point. C'est à dire qu'elle ne peut abandonner les verités fondamentales,

Abbregé du Systeme de l'authorité des conciles.

quoy

quoy qu'elle puisse bien bâtir dessus des doctrines qui les renversent. 4. Que les conciles de quelque nature qu'ils soient n'agissent point au nom de l'Eglise universelle, & ne sont que des assemblées particulières. 5. Que les conciles ne sont pas de droit divin & ne sont établis que sur le droit de confederation. 6. Que dans les controverses sur la foy, ils ne sont point juges, mais examinateurs, sages & experts qui cherchent ce que la parole de Dieu enseigne. 7. Qu'ils ont le pouvoir de faire des reglements au nom de la société qu'ils representent, & qu'au mesme nom ils peuvent retrancher les scandaleux ou ceux qu'ils prennent pour tels, de leur communion & de leurs sacrements. 8. Qu'on n'est pas obligé de leur soumettre sa conscience dans les affaires de foy. 9. Que cependant dans ces controverses de foy, ils peuvent retrancher, excommunier & separer du troupeau, sans que pour cela il soit necessaire qu'ils soyent infaillibles. J'espere que par ces principes nous pourrons facilement dissiper toutes les illusions que les Theologiens modernes de l'Eglise Romaine nous font sur l'authorité de l'Eglise & des conciles.

CHAPITRE V.

Réponce à l'Argument par lequel M. de Meaux prouve que nous attribuons l'infaillibilité à nos Synodes, pendant que nous la refusons aux conciles œcumeniques. Avantage que les independants tirent de l'argument de M. de Meaux: Resolution de la difficulté des indépendants.

EN repondant aux difficultés que l'on fait pour nous reduire à confesser qu'il n'y a pas de voye raisonnable pour trouver la verité dans les matieres de foy que celle de l'authorité de l'Eglise & des conciles, Il faut commencer par celle de M. de Meaux qu'il a mise au jour dans son exposition Catholique, & qu'il a deffendue dans ses disputes contre. M. Claude: Parce que c'est celle qui a le plus de liaison avec la matiere que nous venons de traitter. Je n'áy pas dessein de reponpondre fort au long à cêt argument de M. de Meaux, tant parce qu'on y a repondu doctement & solidement, que parce que jamais il ne fut rien avancé avec tant de pompe & d'eclat, qui meritast moins d'estre relevé & refuté. C'est à mon sens l'une des plus petites chicanes qui ayent eté mises au jour par les controversistes, depuis le temps qu'on dispute ; & je soutiens qu'on a trop fait d'honneur à ce Sophisme d'y repondre aussi serieusement, & aussi amplement qu'on a fait. Je n'ay pas dessein d'offencer M. de Meaux en disant cela, mais enfin c'est la verité & la persuasion qui me fait parler ainsy. Voicy à quoy revient cette difficulté.

Vous ne voulés pas vous soumettre aux jugement de l'Eglise, c'est à dire aux decisions des conciles, vous voulés que chacun examine & juge pour soy. Pour remettre tout le monde en liberté vous avés ôté l'infaillibilité à l'Eglise & à ses conciles. Cependant la force de la verité vous ramene au lieu d'où vous avés dessein de vous éloigner ; vôtre conduitte dement vos paroles, vous faites vos Synodes infaillibles. I. Parce que vous promettés de vous y soumettre dans l'assurance où vous estes, dites vous, que le S. Esprit y presidera. II. Vous retranchés de vôtre communion & vous excommuniés ceux qui ne veulent pas se soumettre aux decisions de vos conciles. Pour l'amplification du premier point, on produit les lettres d'envoy aux Synodes lesquelles renferment la clause de soumission selon la forme ordonnée, dans le Synode National de Vitré en 1617. & pour l'appuy du second on produit un article, de nôtre discipline qui dit, *que les debats pour la doctrine seront terminés par la parole de Dieu s'il se peut dans le consistoire, sinon que l'affaire soit portée au colloque, de la au Synode Provincial, & de la au national, ou l'entiere & finale resolution se doit faire par la parole de Dieu, à laquelle si on refusoit d'acquiescer de point en point, & avec exprés desaveu de ses erreurs on seroit retranché de l'Eglise.* Si les decisions des Synodes ne sont que des conseils de sages, si ce ne sont pas des oracles infaillibles, pourquoy retranchés vous les gens qui ne s'y veulent pas soumettre, peut on punir un homme qui ne veut pas suivre le conseil d'un avocat ou le conseil d'un Medecin?

M. Arnaud & M. Nicole ont trouvé cela si bien

Abbregé de la difficulté de M. l'Evêque de Meaux.

Ch. 5. art. 31.

ima

imaginé qu'ils l'ont adopté. Le premier s'en sert pour prouver que les heretiques sont inconstants dans leurs principes, qu'ils se contredisent ordinairement: Et le second veut avec M. de Meaux que ce soit une tres bonne preuve pour détruire la voye d'examen & etablir celle de l'authorité. Il va mesme bien plus avant, car non seulement il pretend que nous agissons avec nos Synodes comme etant infaillibles, mais que nous donnons le privilege du l'infaillibilité à châque particulier. C'est encore une autre chicane plus mince & plus basse que celle de M. de Meaux laquelle nous aurons à examiner. Je ne feray sur l'objection de M. de Meaux que quelques observations generales.

Quand les clauses de soumission feroient mal conceües nous ne serions pas obligés pour cela de renoncer à nôtre doctrine. La premiere est que quand il auroit raison dans tout ce qu'il dit pour prouver que la clause de soumission de laquelle sont chargées les lettres d'envoy au Synode National ne s'accorde pas avec ce principe par lequel nous donnons à chaque particulier le pouvoir d'examiner pour soy les decisions des conciles, il n'auroit rien fait. Car tout cela prouveroit seulement que nous ne nous sommes pas assés bien exprimés pour laisser dans son entier la condition qui y doit etre sous-entendüe; sçavoir que nous promettons de nous soumettre en cas que l'on juge selon la parole de Dieu. Ce seroit une erreur de langage, une tres petite faute qui ne pourroit faire aucun prejudice au fonds de nôtre doctrine, & à nôtre foy. Mais la dessus M. Claude a refuté les petites remarques de M. de Meaux pour faire voir que la clause de soumission n'exclüt nullement la condition que l'on sous-entend, il les a dis-je refutées de maniere qu'il n'y a rien à repondre ni à adjouter.

On devoit au Synode National une soumission plus ample. Ma seconde observation, est que l'on devoit au Synode National une clause de soumission plus etendüe qu'aux Synode Provinciaux, & aux colloques. Parce que les Synodes Nationaux sont proprement les liens de la confederation. Celui qui ne se soumet pas au jugement d'un collogue ou d'un Synode Provincial ne rompt pas les loix de la confederation, car ces loix permettent l'appel d'un tribunal à l'autre. Mais celuy qui ne s'en tient pas au jugement d'un Synode National rompt le lien de la confederation, il en sort naturellement & il n'a pas besoin d'en être expulsé. Quand le le Synode National auroit tort dans le fonds, ce qui peut tres bien arriver, celuy qui est injustement condamné n'a aucun droit de s'en plaindre, parce que quand il est entré dans la confederation, c'est sous cette condition qu'il subiroit les jugements de la societé confederées representée dans son Synode. Ainsi ce que la discipline ordonne que celuy qui ne se voudra pas soumettre au jugement du Synode National doit etre retranché de l'Eglise, ne signifie pas qu'il doit etre retranché de l'Eglise universelle de la communion de Jesus Christ, & exclus du salut, mais seulement qu'il doit etre separé de telle Eglise confederée; Et cela parce qu'il a peché contre la loy de la confederation, par laquelle loy il s'est obligé luy mesme de se soumettre au jugement des confederés.

Ma troisiesme observation est que les affaires qui vont aux Synodes Nationaux, sont tres rarement sur des controverses & sur des matieres de foy, ce sont des affaires de discipline, ce sont des censures qui ont eté infligées à quelqu'un & dont il se plaint. Nous avons veû que les Synodes sur ces deux choses, les reglements de la discipline, & les censures, ont un plein pouvoir & sont legislateurs & juges: C'est un pouvoir qui leur a eté communiqué par les troupeaux confederés. Il est tel qu'il s'y faut soumettre ou subir les peines que l'on a soy mesme attachées à l'inobservation des regles; Il falloit donc que la clause de soumission fût telle qu'elle renfermast une promesse sans reserve d'obeir aux decisions du Synode. Si le Synode n'avoit à juger que des matieres de foy, il auroit eté plus necessaire d'y ajouter la condition & de dire, nous nous soumettons pourveuque vous jugiés selon la parole de Dieu. Mais de trois chefs sur lesquels les conciles font des arrestés y en ayant deux qui ne demandent point de condition & qui ne souffrent pas d'exception; il est clair que deux l'emportant sur un, il n'estoit pas necessaire que l'exception y fut exprimée.

Quand nous promettons à nos Synodes soumission pour les reglements de la discipline & pour les censures nous ne sous entendons pas pour veuque vos reglements & vos censures soyent justes & conformes à la parole de
Dieu;

[marginal note:] Les affaires sur lesquelles nos Synodes Nationaux prononcent sont rarement des controverses sur la doctrine.

[marginal note:] Nous ne donnons pas de pouvoir aux conciles d'alterer le culte dans les choses ou la parole de Dieu est expresse.

Dieu ; car pour ce qui eſt dés regles ſur leſquelles le ſervice de Dieu & le gouvernement de l'Egliſe doivent étre formés, nous ne nous en rapportons nullement à nos Synodes pour alterer les choſes que la parole de Dieu établit clairement & que noſtre confeſſion de foy renferme. Ainſi ce n'eſt point cela, pourquoy nous promettons ſoumiſſion, c'eſt ſur les reglements de diſcipline qui regardent les choſes indifferentes. Enfin nous promettons de nous ſoumettre aux cenſures ſans aucune exception, ſoit juſtes ou injuſtes, parce que cela eſt abſolument neceſſaire pour l'ordre, & que jamais on ne pourroit cenſurer aucun ſçandaleux, s'il dependoit de luy de ſe ſoumettre, ou de ne ſe ſoumettre pas ; Cet ordre fait quelque fois que les innocents ſont ſoumis à d'injuſtes cenſures, mais, comme je l'ay deja dit, c'eſt un malheur inſeparable des plus beaux établiſſements & des plus juſtes loix.

Nous ne donnons pas pouvoir a nos Synodes de decider ſur les points fondamentaux.

En quatrieſme lieu il faut obſerver que les controverſes que nous donnons pouvoir à nos Synodes nationaux de terminer en dernier reſſort avec droit de retrancher de l'Egliſe ceux qui ne ſe voudront pas ſoumettre ne ſont pas des controverſes ſur ces points que nous appellons fondementaux, ni meſme capitaux. Il ne faut pas s'imaginer que nous donnions aux Synodes nationaux le pouvoir d'examiner, ſi J. Ch. eſt fils éternel de Dieu, le redempteur du monde ; ſi nous ſommes ſauvés par la ſeule grace de Jeſus Chriſt, ſi les hommes naiſſent en peché originel, ſi les morts reſſuciteront, s'il y a plus de deux ſacrements, ſi le corps de J. Ch. eſt dans l'Euchariſtie par tranſubſtantiation, s'il faut adorer les Images & autres choſes ſemblables. Croit on que ſi un particulier s'elevoit entre nous, & enſeignoit des erreurs contraires aux verités contenües dans la parole de Dieu, & dans nôtre confeſſion de foy nous le menaſſions dans cette route ; du conſiſtoire au Colloque,

On ne promet ſoumiſſion aux Synodes que ſur des controverſes moins importantes.

du Colloque au Synode Provincial & du Provincial au National. Il pourroit s'il vouloit appeller de l'un à l'autre mais dés les premier Tribunal, on luy diroit anatheme & on le ſepareroit de la ſocieté. Ce n'eſt dont que des controverſes moins importantes qui ne détruiſent ni ne bleſſent le fondement dont l'article de nôtre diſcipline parle ; quand il ordonne que les derniers

nieres cenſures ſeront remiſes juſqu'á la derniere deciſion
du Synode National. C'eſt pourquoy il n'eſt pas eſtrange qu'en ces ſortes de choſes on rende aux Synodes
Nationaux une entiere ſoumiſſion, car nous avons veû
que dans les controverſes qui ne ſont pas de la derniere
importance, on doit ſacrifier des veritez au bien & à
la conſervation de la paix.

Enfin ſur le fort de la difficulté de M. de Meaux qui
conſiſte en ce que nous faiſons les Synodes Nationaux
infaillibles puiſque nous voulons qu'on s'en tienne à ce
qu'ils ordonnent ſur peine d'eſtre retranché de l'Egliſe.
Sur cela, dis-je, je ne veux pas repondre par moy meſme, & je me contenteray de luy citer l'un de ſes Docteurs ; C'eſt M. le Feure dans ſa lettre à M. Arnaud
au ſujet de ſa conteſtation avec luy ſur noſtre Doctrine
de la juſtice inamiſſible.

Monſ. Arnaud ſoutient que nous ſommes capables de
nous contredire groſſierement, & il en apporte pour
exemple la ſubtilité de M. de Meaux, qui fait voir qu'en
diſant d'une part que l'Egliſe n'eſt pas infaillible, d'autre part nous agiſſons avec noſtre Egliſe comme ſi elle
ne pouvoit errer. *Croyés vous M., luy dit M. le Feure, que*
l'Egliſe ſoit infaillible dans la deciſion de toutes les choſes
pour leſquelles elle dit Anatheme, ou qu'elle ne peut dire A-
natheme que pour les choſes qu'elle peut decider enfailliblement ?
Croyes-le ſi vous voulés, mais pour moy je croi, & je croi
avec l'Egliſe qu'elle a droit de dire Anatheme pour de ſim-
ples queſtions de fait quand elle les decide & ne veut plus
permettre qu'on en diſpute, quoy qu'elle ne ſoit pas
infaillible dans ces ſortes de deciſions, & qu'elle
puiſſe tolerer, dans un temps ce qu'elle condamne dans un
autre. Je croy de plus avec nos meilleurs Theologiens que
l'Egliſe n'eſt point infaillible dans la determination des ma-
tieres de pure diſcipline, quoy qu'elle ait droit d'arreſter nos
jugements dans ces matieres, & de retrancher de ſa commu-
nion ceux qui s'elevent contre ſes deciſions. Il me ſemble donc
que vous ne devés pas conclurre abſolument que les pretendus
Reformés faſſent voir par leur pratique qu'ils croyent l'Egliſe
infaillible de ce que ſelon leur diſcipline on eſt obligé de s'en
tenir aux deciſions de leurs Synodes, ſur peine d'eſtre retran-
ché de leur communion, & conſequemment on ne peut pas
meſme aſſurer abſolument comme vous faites, qu'ils tombent

en

Il n'eſt nul-
lement ne-
ceſſaire
qu'une aſ-
ſemblée
ſoit infail-
lible pour
avoir le
droit de
cenſurer
ceux qui ne
veulent pas
s'y ſou-
mettre.

en contradiction dans le fait de l'infaillibilité de l'Eglise.
Voila ce que dit M. le Feure. Je n'appelle point cela
faire agir l'esprit d'équité , j'appelle cela n'avoir pas
renoncé au sens commun & en faire encore usage ; C'est
se jouer miserablement des simples que de les detourner
de la veüe d'une chose si visible , comme fait M. de
Meaux , fonder des conversions sur de semblables choses
c'est seduire & faire des illusions. Mais aussi c'est se
commettre terriblement aupres des habiles gens ; Et
c'est ce qui me faisoit dire que de toutes les chicaneries
dont on a obscurci la verité il n'y en a gueres de plus
petite & de plus evidemment sophistique que celle la.
Non seulement un concile a droit de dire anatheme pour
de simples questions de fait & sur des matieres de pure
discipline sans pourtant etre infaillible comme le remarque M. le Feure ; il a droit mesme de prononcer sur
des questions de droit & de foy, sans pourtant se croire
infaillible. Les conciles provinciaux & nationnaux
décident , prononcent sur des controverses , disent anatheme, retranchent de la communion de l'Eglise ; sont
ils estimés infaillibles dans l'Eglise Romaine ? Et n'est
ce pas au seul concile oecumenique qu'ils ont attaché le
privilege de l'infaillibilité ?

L'ame des societés c'est l'ordre , pour soutenir cet
ordre il faut des peines. N'importe que par un abus de
l'ordre on fasse tomber quelquefois les peines sur les
innocents ; Il en revient beaucoup moins de mal que si
l'on abolissoit entierement l'ordre. Parce que les conciles ne sont pas infaillibles , leurs excommunications
& leurs censures sont souvent injustes , les particuliers
en souffrent , il en arrive souvent de grands maux.
Mais ces maux sont moindres que ceux qui nâîtroient
de l'anarchie & de l'independance.

*Avantage
que les in-
dependants
tirent
du mau-
vais raison-
nement de
M. de
Meaux.*

Les independants en Angleterre ravis de ce que M.
de Meaux leur a fourni des armes , n'ont pas manqué
de dire aprés luy, Toute assemblée qui ne s'estime pas
infaillible en ses jugements ne doit pas censurer ceux
qui ne les suivent pas, or les Synodes ne sont pas infaillibles , donc il ne doivent pas retrancher de la communion ceux qui ne veulent pas suivre leurs decisions.
Je repons selon mes principes que si le Synode decide
un point de discipline ; ils a droit de chasser de la con-
fede-

federation ceux qui ne s'y veulent pas soumettre parce
qu'on s'exclud soy mefme d'un corps quand on en viole
les loix: fi les Synodes retranchent de leur communion
foit vicieux foit heretiques ils en ont le droit par la
regle qui dit, *ôtés d'entre vous le mefchant*. Et enfin s'ils
retranchent de la communion des gens qui ont des erreurs
moins importantes, mais qu'on s'eft obligé à ne point
enfeigner quand on eft entré dans la confederation, ils en
ont le droit par les loix de la mefme confederation,
laquelle quand elle s'eft formée s'eft obligée de deffendre non feulement les verités fondamentales de la religion, mais auffi plufieurs autres qu'elle a crû affez
importantes pour attacher la peine d'expulfion & de
retranchement à la defobeiffance de ceux qui enfeigne-
roient les erreurs oppofées. Pour fonder & exercer tous
ces droits, il ne faut pas d'infaillibilité ; & par confequent le fophifme des independants eft auffi vain, que
la chicane de M. de Meaux qui y a donné lieu.

Mais dit M. de Meaux en plaidant la caufe des indepen-
dants, quelque Synode qu'on tienne fi on ne fe croit pas obligé
à y foumettre fon jugement on n'evite pas les inconveniens des
independants, & on laiffe la porte ouverte à establir autant
de Religions, je ne dis pas qu'il y a de parroiffes, mais
qu'il y a de teftes, on en vient donc par neceffité, à cette
obligation de foumettre fon jugement à ce que l'Eglife Catho-
lique enfeigne. Je reponds que nous ne croyons pas qu'on
foit obligé de foumettre fon jugement aux decifions des
Synodes, mais nous croyons qu'on eft obligé d'y foumettre la langue, & par la nous evitons l'inconvenient
des independants ; Par la nous empefchons qu'il n'y ait
autant de religions que de Paroiffes & de teftes, qu'un
homme penfe en fon cœur des eterodoxies & qu'il ne
les prefche pas, il ne fera pas de nouvelle religion ni
de fectateurs. Au refte le peril qu'il y ait autant de
religions que de teftes n'eft pas trop à craindre. Il n'y
a gueres de teftes propres à faire des religions. Mais
pourquoy dira t-on eft on obligé de foumettre fa langue
à l'authorité des Synodes & non pas fon cœur ? C'eft
parce que les Synodes & les conciles font des affemblées
d'hommes qui ont leur commiffion d'autres hommes,
& que les hommes n'ont point d'empire fur le cœur,
mais ils en peuvent avoir fur la langue. C'eft parce que

Les conci-
les qui
n'ont pas
d'empire
fur la con-
fcience en
peuvent
avoir fur la
langue.

S   quand

quand des troupeaux se confederent sous telles & telles loix, sous telles & telles confessions de foy, ils ne se promettent pas mutuellement de croire telles doctrines sous certaines peines. Mais ils s'obligent à faire profession de les croire & de les enseigner. Ainsi les Synodes n'ont aucun droit d'assujettir & de captiver l'esprit, mais ils ont droit de regler la profession de foy & la predication. Si quelqu'un ne veut point s'en tenir la, & veut enseigner des heterodoxies, il le peut, mais on peut aussi le retrancher de la confederation selon les loix des confederés.

CHAPITRE VI.

Difficulté de M. Nicole, Argument, par lequel il veut prouver que nous faisons nos particuliers infaillibles. C'est argument partagé en deux parties. Examen de la premiere partie de ce raisonnement qu'on peut etre assuré d'avoir rencontré la verité sans se croire infaillible. Que nous n'attribuons pas aux fidelles une assurance de rencontrer la verité, mais une assurance, de l'avoir rencontrée.

IL me semble qu'on ne sçauroit placer dans un lieu plus naturel la difficulté que M. Nicole nous fait dans le cinquiesme chap. de son second livre. Il raffine, & rencherit sur la subtilité de M. de Meaux. Celuy cy avoit trouvé qu'en refusant de nous soumettre aux conciles de l'Eglise Romaine & en leur ostant leur infaillibilité nous l'avions transportée à nos Synodes nationaux. Mais M. Nicole a fait une bien plus belle decouverte, il trouve que nous donnons l'infaillibilité à chacun de nos fideles. Nous ne voulons pas que le concile de Trente soit infaillible, mais il faut selon nos principes qu'une femme, & un cordonnier le soyent. On va voir icy dequoy sont capables ces Messieurs, & jusqu'où ils peuvent porter leur esprit de chicanerie ou de mauvaise foy. Escoutons parler M. Nicole. *Il faut*, dit il, *que les calvinistes fournissent aux plus simples une voye de trouver infailliblement la verité des articles necessaires à salut.*

Objection de M. Nicole pour prouver que nous faisons nos particuliers infaillibles.

C'est

C'est à quoy ils pretendent reüssir par le moyen de ce secret que nous avons deja marqué & qui merite bien d'estre encore plus developpé. Ce secret est donc qu'au lieu d'attribuer l'infaillibilité à tout le corps des pasteurs approuvant une doctrine comme de foy par un consentement universel, ou aux pasteurs assemblés dans les conciles generaux, ils l'attribuent à châque fidelle calviniste, aux femmes, aux filles, aux artisants, à ceux qui ne sçavent pas lire, & cela dans la decision de tous les points necessaires à salut. Chaque calviniste pour ignorant qu'il soit est à l'esgard de soy mesme plus que quelque Eglise & quelque concile que ce soit. Car si on luy demandoit avant qu'il ait examiné par l'escriture les articles de foy, s'il adhere aux deffinitions des conciles, & de l'Eglise, il repondroit qu'il s'en gardera bien, qu'il se condamneroit d'impiete s'il le faisoit, puisque ce seroit se mettre en danger d'adherer à des profanes. Mais si on luy demandoit apres ce pretendu examen des articles de foy par l'escriture de quelle sorte il y adhere il repondroit qu'il y adhere avec une entiere certitude, & qu'il s'y attache comme aux fondements de son salut. Il est donc clair par la que les calvinistes donnent à leur propre jugement l'infaillibilité qu'ils donnent aux conciles universels, & qu'ils substituent un nombre infini de particuliers infaillibles au corps des pasteurs assemblés ou non assemblés ausquels ils ne veulent pas donner ce privilege. A ne lire que cela l'on ne comprend pas assés la pretendüe force de l'argument de M. Nicole, Il faut donc y ajouter d'un autre endroit, *que selon nous un fidelle doit* Pag. 236, *croire que par son examen il arrivera seurement à la verité* & ailleurs. L'infaillibilité ne peut etre mieux deffinie qu'en Pap. 305, disant que c'est une assurance d'estre toujours conforme dans ses jugements à ceux qui jugent bien & de ne l'estre jamais à ceux qui jugent mal. C'est la deffinition mesme de l'infaillibilité & l'on n'en sçauroit former une idée plus juste & plus precise. Or M. Claude attribüe cette assurance à châque particulier, à chaque calviniste pour ignorant qu'il soit. Il croit que tout vray fidelle pour ignorant qu'il soit est infaillible. Mais dira-t-on M. Claude ne parle que d'esperance, & vous substitués le nom d'assurance. Je réponds que dans le Dictionnaire de M. Claude le mot d'esperance signifie assurance. Car si le fidelle n'avoit qu'une esperance incertaine & qui ne fût pas fondée sur une promesse claire de Dieu, il seroit fort temeraire de preferer cette esperance au jugement d'un concile;

Puisque

Puisque le concile esperant aussi de son costé de trouver la verité & ayant infinement plus de moyens & de secours pour la trouver, l'esperance du concile seroit sans doute plus solide & par consequent preferable à celle du particulier ignorant. De plus ce particulier en jugeant qu'un tel sens est celuy de l'escriture s'y attache absolument comme à un article de foy, son esperance d'avoir trouvé la verité est donc une certitude de l'avoir trouvée.

Il faut avoüer qu'un esprit est bien gesné quand il travaille à faire des sophismes & qu'il craint de trop parler de peur qu'on ne decouvre la fraude. Car enfin tout cela ne suffit pas encore pour exprimer la pensée. de M. Nicole, & aprés tous ces discours il faut encore luy aider. Voicy donc à quoy aboutit toute cette subtilité. Il faut necessairement fournir aux plus simples une voye de trouver infailliblement la verité. Cette voye ne peut être l'escriture car c'est de son sens dont on est en doute. Elle n'est pas le juge puisqu'elle est la chose dont on juge. Pour rencontrer cette voye de trouver infailliblement la verité, il faut un juge infaillible ; Ce juge infaillible, selon les Calvinistes, n'est pas le Concile ni l'Eglise ; il faut donc que ce soit châque particulier pour ignorant qu'il soit. De plus quand un Calviniste simple a jugé par son examen qu'il a trouvé la verité & le vray sens de l'escriture, il y adhere fortement, il est tres persuadé qu'il n'erre pas. Or il ne sçauroit avoir cette forte persuasion d'avoir rencontré la verité à moins qu'il ne soit aussi persuadé qu'il est infaillible. Car s'il dit je puis errer il sera tousjours dans la deffiance, & il y devra tousjours érre puisque pouvant errer il est tres possible qu'il ait erré actuellement dans le fait particulier: il doit ainsi raisonner de tout autre fait, & ainsi jamais il ne pourra estre assuré d'avoir rencontré la verité, à moins qu'il ne soit infaillible, & mesme qu'il ne soit assuré d'estre infaillible. Si ce n'est pas la le raisonnement de M. Nicole abbregé & pourtant expliqué & mis dans toute sa force Je veux bien qu'il m'en reprene.

Ce discours est composé de deux raisons, & je commence par la derniere. Cette derniere raison est qu'un fidelle Calviniste ne peut point adherer fortement à un sens de l'escriture qu'il aura rencontré par son examen

à moins

à moins qu'il ne croye être infaillible. Je ne comprends pas comment des gens qui ont de la reputation à perdre expofent aux yeux du public des fubtilites dont la vanité eft fi vifible ; ni comment des perfonnes qui ont de la confcience fe peuvent refoudre à tromper leurs Cathechumenes par des raifonnements auffi evidemment faux.

Pour cognoitre toute la fauffeté de celuy-cy, il eft neceffaire de le reduire à fon premier principe & d'en voir toutes les confequences. Le principe eft celuy cy. *Afin qu'on puiffe être affuré d'avoir rencontré quelque verité que ce foit que l'on avoit cherchée par voye d'examen, il faut neceffairement fe croire infaillible.* Il faut, dis-je, que cette maxime foit veritable, ou tout l'argument de M. Nicole ne vaut rien ; car s'il y a quelques verités que l'on puiffe trouver par voye d'examen, & qu'on puiffe etre affuré d'avoir trouvée, fans être infaillible pourquoy les veritée de la religion ne pourroient elles pas etre de ce nombre? Or voila une maxime qui renverfe de fonds en comble toutes les fciences, tous les arts & mefme toutes les Republiques & tous les états; S'il y a rien de certain c'eft à dire rien dont on puiffe etre affuré tout eft ruiné ; mais fi cette maxime paffe, tout eft incertain, & l'on ne peut etre affuré de rien.

Dans la. Geometrie mefme qui eft la fcience où il y a le plus de demonftrations, il y a mille & mille chofes dont un homme peu verfé dans cette fcience ne peut d'abord decouvrir la verité que d'une maniere confufe. Il faut qu'il examine, qu'il cognoiffe, qu'il voye ; quand il a etudié & penetré la queftion il voit la force d'une demonftration qui luy paroiffoit au commencement une enigme. Mais felon M. Nicole, il faut qu'il fe donne bien de garde d'adherer à la conclufion quoyque la demonftration luy en paroiffe evidente & certaine. Car il a pu fe tromper dans l'examen ; il n'eft pas le premier qui a pris de fauffes demonftrations pour de veritables. Afin de pouvoir adherer à un jugement qu'on a fait aprés examen, il faut fe croire infaillible, nul homme n'a cette penfée de foy mefme quand il eftudie la Geometrie, & par confequent il ne peut jamais etre affuré qu'il a rencontré une verité Geometrique.

Principe faux & abfurde, fur lequel eft bon de le raifonnement de M. Nicole.

Il n'eft pas neceffaire de fe croire infaillible pour etre certain qu'on a rencontré la verité.

On

On ne manquera pas de repondre que l'exemple n'a rien de semblable au fait dont il s'agit, parce qu'il s'agit icy d'un sens de l'Escriture qui n'est pas clair ni evident comme une demonstration de Geometrie. Mais cela ne signifie rien. Il suffit qu'il n'est pas impossible de se tromper mesme dans les demonstrations qui paroissent les plus claires. Si l'on peut s'y tromper, il est aussi tousjours possible qu'on s'y fut trompé actuellement. Je pourrois repondre de plus que par le premier chap. de l'Euangile selon S. Jean, il m'est clair que J. Ch. est fils eternel de Dieu & qu'il a créé le monde, comme il m'est clair que les trois angles d'un Triangle sont égaux à deux droits. Mais sans avoir recours à cela, prenons un autre exemple.

Les Ianse-nistes le font in-faillibles selon le rai-sonnement de M Nicole. M. Nicole avec ses confreres Jansenistes, ont soutenu, ont crû, & croyent encore que les cinq propositions attribuées à Jansenius, ne sont point dans son ouvrage appellé *Augustinus*, au moins dans le sens heretique qui a eté condamné à Rome. Ils soutiennent qu'ils ont examiné le livre d'un bout à l'autre plusjeurs fois, & qu'ils n'y ont jamais rien vû de pareil; sur cet examen, ils adherent fortement à cœtte verité, les cinq propro-sitions ne sont pas dans Jansenius, dans le sens here-tique condamné à Rome. Ces Messieurs sont bien te-meraires selon leurs principes! & qui leur a dit qu'ils ne se sont pas trompés dans leur examen? sont ils in-faillibles dans les choses de fait, pendant que le Pape selon eux ne l'est pas même dans les choses de droit? Ils auront beau me dire, nous avons des yeux, nous sçavons lire, nous entendons, ce que signifient les ter-mes, nous sçavons la langue dans laquelle l'Evêque d'Y-pre a écrit son *Augustinus*. Je leur repondray tousjours selon le principe de M. Nicole, pour être assuré qu'on ne s'est point trompé dans les choses dont on cherche la verité par voye d'examen, Il faut être persuadé qu'on est infaillible. Et ainsy en adherant à cette verité, les *Selon le principe de M. Nicole, on ne peut être assuré d'aucune proposi-tion Philo-sophique.* cinq propositions heretiques ne sont point dans Janse-nius, vous croyés être infaillibles & vous vous attribués le privilege de l'infaillibilité que vous refusés au Pape: M. Nicole me repondra a cela quand il luy plaira.

Si ces deux exemples ne suffisent pas pour voir tou-tes les suittes de ce beau principe, en voicy un trois-jesme. Il est certain que mesme dans les questions pro-ble-

blematiques & où il y a apparence de verité de part & d'autre. Les esprits Philosophes & un peu penetrants ne se tiennent pas toujours en suspends. Ils cherchent la verité par voye d'examen, quand ils ont examiné ils se determinent souvent, & ils adherent fortement à la verité qu'ils croyent avoir rencontrée. Par exemple je suis asseuré que le P. Malebranche, M. Arnaud, & M. Nicole luy mesme aprés leur examen adherent à cette proposition. Les couleurs ne sont pas des qualités reelles dans le sujet coloré, mais des sensations dans l'ame. Je suis asseuré, dis-je, qu'ils adherent à cette verité aussi fortement qu'à celle cy, les angles d'un Triangle sont egaux à deux droits; Parce qu'en effet cette proposition regardant les couleurs parôit evidente à des esprits un peu Philosophes. Or là dessus je demande à ces Messieurs, de quel droit adherés vous à cette proposition ou à toute autre proposition Philosophique comme à des verités? vous vous faites infaillibles, leur diray-je, car en tout examen pour etre pleinement persuadé qu'on a rencontré la verité il faut supposer qu'on est infaillible. Ceux contre qui je raisonnerois ainsi, croiroient que j'aurois perdu le sens, ou que je ne parlerois pas serieusement, & ils auroient raison. C'est pourtant la precisement & le principe & le raisonnement de M. Nicole.

C'est repondre indirectement à l'argument dira t-on, c'est montrer que cette difficulté s'estend à tout, mais ce n'est pas lever la difficulté. Pour repondre directement je dis ces trois choses 1. que les hommes ne sont pas infaillibles. 2. que bien qu'ils ne soyent pas infaillibles, ils peuvent quelquefois rencontrer la verité 3. que quand ils ont rencontré la verité, ils le sentent fort bien, le peuvent bien sçavoir & en peuvent etre fort asseurés. Il y a infiniment de difference entre être persuadé qu'on ne se peut tromper & etré persuadé qu'on ne s'est pas trompé. Et la difference entre ces deux choses est si grande qu'on ne sçauroit les confondre sans un aveuglement prodigieux, ou sans une mauvaise foy qui ne peut être pardonnable. Cependant c'est ce que fait M. Nicole. *Un fidelle*, dit il, *selon les Calvinistes doit croire avant son examen qu'il arrivera seurement à la verité, autrement il ne sçauroit croire étre arrivé à la verité aprés son examen.* Et moy je dirai pareillement;

On peut sentir avoir trouvé la verité sans croire pourtant qu'on est infaillible.

un

un Philofophe doit croire avant fon examen qu'il arrivera feurement à la verité ou il ne fçauroit croire aprés fon examen avoir rencontré la verité. Quand un homme conte de l'argent, il n'eft pas infaillible dans le calcul, tout le monde s'y trompe fouvent, & c'eft pourquoy aprés avoir conté & reconté un argent cent fois jamais il ne pourra etre affuré de ne s'eftre pas trompé. Cela fe pourroit il dire, & cela fe pourroit-il fouffrir? Si cela n'eft pas veritable des chofes qui ne fe fentent qu'au doit & ne fe voyent que par l'oeil, pourquoy cela le pourroit il eftre des verités qui fe fentent par l'efprit? En un mot bien qu'on ne foit pas infaillible & qu'on ne croye pas l'eftre, on peut fentir & on fent en effet quand on a rencontré la verité, & on le fent avec certitude. Si cela n'eftoit pas il faudroit tomber dans le Pyrrhonifme douter de tout & ne s'affurer de rien.

Un Philofophe fans le croire infaillible, & fans avoir une forte perfuafion de rencontrer la verité étant feulement dans le defir & dans l'efperance de la trouver, la cherche; S'il eft affés heureux pour la trouver il y acquiefce de tout fon cœur. Un fidele qui cherche le vray fens de l'efcriture n'a pas une affurance parfaite & entiere de le trouver, mais il efpere, & quoy qu'avant fon examen il n'ait qu'efperé de trouver la verité neantmoins aprés fon examen, il peut avoir l'affurance de l'avoir trouvée. Se peut-il rien de plus fophiftique que ces paroles de M. Nicole? *Un particulier en jugeant* *qu'un tel fens eft celuy de l'efcriture s'y attache abfolument* *comme à un article de foy. Son efperance d'avoir trouvé la* *verité eft donc une certitude de l'avoir trouvée.* M. Claude avoit dit ce que je vien de dire, c'eft que le fidele avant fon examen n'a qu'une fimple efperance de rencontrer la verité. M. Nicole foutient que dans le *Dictio-*naire de M. Claude *efperance* veut dire *affurance.* Il le prouve, parce que felon nous, quand un fidele a trouvé la verité apres fon examen il a une certitude de l'avoir trouvée. *Il a efperance d'avoir trouvé la verité.* Ce n'eft pas de quoy il s'agit. On fçait bien que l'efperance d'avoir trouvé la verité, & l'affurance de l'avoir trouvée dans nos Dictionaires, c'eft la mefme chofe; Mais M. Claude avoit parlé de l'efperance de trouver la verité

Infidelité de M. Nicole.

rité & non pas de l'esperance de l'avoir trouvée, Ce
sont deux choses aussi differentes que le passé & l'avenir,
& il n'y a pas de sincerité à M. Nicole de les confondre. Ce n'estoit pas asséz d'avoir changé le mot d'*esperance* en celuy d'*assurance*, il faloit changer l'assurance
d'avoir trouvé, en l'assurance de trouver. Aucun homme s'il n'est inspiré ne peut avoir l'assurance de trouver
la verité par un examen qui est à faire, mais il n'est
pas impossible qu'une homme ait l'assurance d'avoir trouvé la verité par un examen deja fait.

Mais enfin dira-on tout cela est sujet à Illusion;
Car un Socinien dira la mesme chose. Je ne me pique
pas d'estre infaillible, avant que d'avoir examiné je n'a-
vois aucune assurance de trouver la verité; Mais apres
mon examen J'ay une assurance de l'avoir trouvée. Cêt
heretique croit sentir la verité quoy qu'il ne l'ait pas
trouvée tout de mesme qu'un orthodoxe qui l'a trouvée
en effet. Ne sentira on jamais que ces méchantes difficultés tombent sur tout? & par consequent ne prouvent rien? un pretendu Catholique dit qu'apres y avoir
bien pensé il croit l'Eglise infaillible, & qu'il sent cette
verité; qu'avant que de l'avoir rencontrée il n'estoit pas
assuré de la trouver, mais qu'a present il sçait tres bien
qu'il la trouvée. L'heretique ne luy dira il pas la dessus
la mesme chose qu'il nous disoit; Ne comprendra on
jamais, que les Illusions des prejugés & des faux raisonnement ne doivent pas aneantir la veritable certitude
fondée sur la verité même? Parce qu'il a des gens qui
se trompent, faut-il que je croye que peût être je me trompe en tout, & que je ne sçay rien de certain? Un homme
souffre illusion & croit avoir vû un corps, où il n'a vû qu'-
un fantosme, s'ensuit-il que je doive douter de tout ce que
je vois & de ce que je touche; & que je doive supposer que
les choses qui sont devant mes yeux, ne sont que des spe-
êtres & de fausses apparitions? J'avoüe que les termes
de *foy*, d'*assurance*, de *certitude*, sont des termes equivoques; Les heretiques les peuvent employer, mais il ne
s'ensuit pas que la vraye foy n'ait aucunes caracteres
pour se distinguer, ni que le sentiment de la verité soit
absolument semblable à celuy que causent les illusions.
Nous ne sçaurions je l'avoüe bien precisement marquer
ces caracteres qui distinguent les fausses persuasions des
verita-

La fausse
persuasion
des hereti-
ques d'a-
voir trouvé
la verité ne
detruit pas
le senti-
ment de la
verité dans
les ortho-
doxes.

Le senti-
ment de la
verité n'est
pas sem-
blable à
celuy que
cause les
Illusions.

veritables , Mais enfin ces differences ne laissent pas d'estre réelles, & de se faire sentir. Je suis persuadé que l'ame adhere tout autrement aux verités dont elle est penetrée qu'aux erreurs qu'elle prend pour des verités.

CHAPITRE VII.

„ *Réponce à la seconde partie de L'argument de M.*
„ *Nicole, qui prouve que nous faisons nos particu-*
„ *liers infaillibles. Avec quelles conditions la lecture*
„ *& l'ouye de la parole de Dieu est un moyen in-*
„ *faillible pour trouver la verité ; que les élus par*
„ *la grace ont une espece d'infaillibilité. Differen-*
„ *ces qui sont entre l'infaillibilité de privilege, &*
„ *celle qui vient de la grace efficace.*

L'Autre partie de la preuve de M. Nicole pour montrer que nous faisons nos particuliers infaillibles revient à cecy, & peut etre reduite à ce raisonnement, beaucoup plus fort & plus developpé que le sien.

La voye que les Calvinistes fournissent aux plus simples pour decouvrir la verité, est selon eux une voye infaillible de trouver la verité des articles necessaires à salut. Il faut bien que ce moyen soit infaillible puisque c'est celuy qui donne la foy aux élus qui sont necessairement sauvés.

Cette voye n'est point celle de l'authorité de l'Eglise & du jugement des conciles. Donc c'est celle de l'examen & du jugement de châque particulier.

Or cette voye de l'examen ne peut être une voye de trouver infailliblement la verité à moins que ces particuliers qui examinent ne soyent infaillibles. C'est peut etre la le plus fin des sophismes de M. Nicole, quoy que ce ne soit pas celuy sur lequel il appuye le plus.

Quand on suppose faux il est impossible de conclurre vray. La premiere proposition de ce raisonnement est vraye dans un sens, fausse dans un autre , mais fausse dans le sens auquel la prend M. Nicole, le moyen que nous fournissons aux plus simples pour trouver la verité, n'est pas la voye de l'examen tel que M. Nicole le
sup-

fuppofe, c'eft ce que nous luy ferons voir quand nous en ferons venus à cette partie de fon livre où il bat fi terriblement & de fi haut cette voye d'examen pour l'aneantir, c'eft l'ouye ou la lecture de la parole de Dieu qui eft ce moyen que nous fourniffons aux fimples de trouver la verité. Or cette voye ou cette lecture de la parole de Dieu peut être confiderée revêtüe de differents caracteres ; Ou bien celuy qui écoute & qui lit la parole de Dieu la lit avec un efprit d'humilité & de devotion, ou il la lit avec un efprit de curiofité & d'orgüeil, ou il la lit enfin fans orgueil comme fans devotion fimplement avec un deffein general de trouver la verité. La premiere lecture, eft une lecture pieufe & devote la feconde eft une lecture impie. La troifiefme eft une lecture, *fans etiquette* comme M. Nicole dit quelque part des conciles; C'eft à dire que c'eft une lecture qui n'eft ni bonne ni mauvaife, ou qui n'a qu'une bonté fort generale & fort fuperficielle. La premiere lecture eft un moyen infaillible de trouver la verité, la feconde eft un moyen prefque infaillible de tomber dans l'erreur; la troifiefme eft un moyen qui peut conduire à la verité mais qui peut laiffer tomber dans l'erreur.

Divers caracteres de ceux qui lifent l'efcriture.

La lecture ou l'ouye devote & pieufe de la parole de Dieu, eft un moyen infaillible de trouver la verité, car on peut dire avec certitude que Dieu n'abandonna jamais à des erreurs mortelles au falut ceux qui cherchent dans fa parole la verité non feulement de bonne foy, mais avec une grande devotion, une parfaite humilité, & apres avoir plufieurs fois ardemment invoqué l'efprit de lumiere.

Une lecture devote eft un moyen infaillible de trouver la verité.

La lecture qui fe fait avec un efprit d'orgueil & de curiofité, plus pour y trouver dequoy appuyer fes préjugés ou fes vaines imaginations eft un moyen infaillible de tomber dans l'erreur. Car Dieu ne manque gueres d'abandonner ceux qui font dans cette difpofition. Ce font ceux la qui trouvent dans l'Ecriture fainte, piege par tout, tenebres par tout, & c'eft la, la difpofition d'efprit avec laquelle les heretiques & les fuperftitieux s'attachent à la lecture de la parole de Dieu. Enfin la lecture qui fe fait fans devotion comme fans o.gueil avec un efprit affés indifferent pour voir fi cette

Une lecture de curiofité eft un moyen prefque infaillible de tomber dans l'erreur.

parole

Une le-
Ĉture fans
orgueil
quoy que
fans devo-
tion peut
faire trou-
ver la ve-
rité.

parole de Dieu dira quelque chofe qui puiffe fervir à decouvrir la verité que l'on cherche peut être un moyen de
trouver la verité. Car Dieu quelque fois nous mene
au falut par des routes qui nous font inconnües. Il
rectifie les paffions humaines, il en fait un bon ufage,
il fait la grace à un homme de rencontrer dans fa parole des chofes qui le touchent & qui diffipent fes tenebres, fans qu'il en ait autrement deffein. C'eft ainfy
qu'il en arriva à St. Auguftin felon l'hiftoire qu'il
nous fait de fa converfion dans fes confeffions. Il alloit
aux fermons de S. Ambroife plutoft pour le plaifir &
parce que cêt Evêque luy paroiffoit eloquent, que pour
autre chofe. Mais Dieu luy fit la grace de trouver les
chofes pendant qu'il ne cherchoit que des paroles.

Cette voye de trouver la verité n'eft pas infaillible,
au contraire il arrive affés rarement que ceux qui écoutent & qui lifent la parole de Dieu dans cette difpofition d'efprit, en faffent un bon ufage, & en retienent un
grand fruit.

Il faut appliquer ces obfervations à la majeure de l'argument de M. Nicole. Les Calviniftes doivent fournir
& fourniffent effectivement à leurs fimples comme ils
le pretendent un moyen infaillible de trouver les verités
neceffaires à falut. Cette propofition eft fauffe dans le
fens de M. Nicole, car il entend que nous prétendons
fournir aux hommes un moyen infaillible de trouver la
verité independemment des difpofitions de leur cœur.
Qu'il le doive entendre ainfi, il eft clair, parce qu'il
entend que la lecture de l'efcriture fainte eft, felon nous,
un moyen de trouver la verité femblable à celuy de
l'authorité de l'Eglife felon les prétendus Catholiques.
Or cette authorité de l'Eglife, felon M. Nicole, eft
un moyen infaillible de trouver la verité, independemment des pieufes difpofitions du cœur. Car qu'un homme écoute l'Eglife Romaine la regarde comme infaillible, qu'il confente de s'en rapporter à elle, du refte
qu'il foit pieux, humble, devot, ou bien orgueilleus,
temeraire & tout ce qu'il vous plaira; il a pourtant
trouvé un moyen infaillible de rencontrer la verité fans
aucun danger d'errer. Ce n'eft point ainfi que nous
difons que la lecture de la parole de Dieu, eft un
moyen infaillible de trouver la verité. Quand un homme
con-

confentiroit à écouter la parole de Dieu, à s'en tenir à ce qu'il y trouveroit decidé clairement cette difpofition generale ne fuffiroit pas pour trouver infailliblement la verité. Car fi avec cela il eft indevot, fans zele, fans humilité & qu'il approche de cette parole temerairement fans avoir demandé avec inftance le fecours du Ciel, il pourra bien broncher dans cette voye, qui eût eté propre à le conduire au ciel, s'il y fût entré avec les difpofitions convenables.

Il faut donc fçavoir qu'à proprement parler nous ne nous vantons pas de fournir aux hommes une voye infaillible de trouver la verité & nous difons qu'homme du monde ne la fçauroit fournir. Qui dit fournir, dit mettre en main; nous ne mettons à la main des hommes que la parole de Dieu pure & fimple; c'eft tout ce que peut faire le miniftere externe. Si nous trouvons un efprit degagé devoilé & à qui la grace ait donné les difpofitions neceffaires pour recevoir la lumiere, cette lumiere agit fur luy, deploye toute fon efficace. Mais fi cêt efprit eft plein d'erreur, couvert de tenebres, poffedé par de puiffants prejugés, entraifné par de violentes paffions nous ne nous promettons pas que la lumiere de la parole quelque vive qu'elle foit puiffe percer jufqu'à un efprit enveloppé de tant de nuages: Il pourra arriver que la lumiere de la parole foutenüe de la lumiere interne de la grace diffipera les tenebres, mais il pourra arriver auffi que les tenebres prevaudront fi la grace victorieufe ne fe veut pas déployer.

Les reformés ne le vantent pas, de fournir aux hommes un moyen infaillible de trouver la verité.

Je demande à ces Meffieurs qui fe vantent de donner aux hommes un moyen infaillible de trouver la verité, fçauvoir l'authorité de l'Eglife & fon infaillibilité; Si ce moyen eft tel que par luy mefme il éclaire l'efprit & face trouver la verité fans un fecours de la grace efficace? l'authorité infaillible de l'Eglife eft-celle de ces verités qui fe prouvent par elles mefmes & qui font evidentes comme celles cy; le tout eft plus grand que fa partye? fans doute ils ne diront pas cela, ils avoüeront que c'eft une verité affés embarraffée pour ne pouvoir etre receüe que par ceux qui font prevenus & foutenus par la grace. Si cela eft ainfi nous fommes abfolument dans les mefmes termes. L'Eglife, felon eux, eft un moyen infaillible de trouver la verité a un efprit que

Il n'y a pas de moyen infaillible de trouver la verité independemment de la grace efficace.

Dieu

Dieu aide & à qui la grace donne les dispositions necessaires pour la production de la foy. L'Ecriture, selon nous, est un moyen infaillible de trouver la verité à un esprit sage auquel la grace donne le secours necessaire pour voir la lumiere.

Mais ce n'est pas ainsi que ces Messrs. l'entendent, car ils cherchent un moyen de trouver la verité, infaillible en luy mesme, & sans rapport aux operations de la grace. Auquel sens nous nions encore une fois que nous pretendions fournir aux hommes un moyen infaillible de trouver la verité. Mais aussi n'est-il nullement necessaire d'avoir un moyen de trouver la verité qui soit infaillible selon le sens de ces Messieurs. Il suffit qu'il soit infaillible selon nôtre sens, c'est à dire accompagné & soutenu de la grace; Il suffit, dis je, premierement pour operer la decouverte de la verité. Car la grace efficace accompagnant la lecture & l'ouye de la parole de Dieu, fera infailliblement trouver la verité à celuy qui la cherche. Il suffit aussi pour donner l'assurance d'avoir trouvé la verité, car le mesme esprit de grace qui conduit l'esprit de l'homme pour luy faire trouver la verité luy donne aussi cette satisfaction qui nâit du plaisir de l'avoir trouvée.

Ces reflexions font voir qu'on ne doit pas separer le moyen externe de trouver la verité qui est la parole ouye ou lûe, du moyen interne qui est la grace efficace. C'est la separation que M. Nicole fait de ces deux choses qui fait que son livre est veritablement Pelagien comme je l'ay dit ailleurs. Il raisonne de la production de la foy absolument comme si la grace n'y avoit pas de part, & comme si elle dependoit uniquement des motifs & des moyens externes. C'est la premiere fois que je le remarque, mais ce n'est pas la derniere fois que je prieray le lecteur de faire attention à ce caractere du livre de M. Nicole, parce que cela est important pour connoitre dans quel esprit il a eté écrit. On n'accuse pas Monf. Nicole d'estre Pelagien, puisqu'il est de profession disciple de S. Augustin, mais cêt exemple fait voir combien la passion de contredire & de combattre un adversaire est puissante, puisqu'elle va jusqu'à faire oublier les principes ausquels on a le plus d'attache.

Apres avoir fait ces reflexions, sur la majeure de

M. Nicole oublie les principes de S. Augustin & bâtit sur des principes Pelagiens.

l'arl'argument de M. Nicole, en peu de paroles on peut faire voir la vanité de la conſequence. Il faut, dit-il, que les Calviniſtes fourniſſent à leurs fideles un moyen infaillible de trouver la verité ; Ce moyen infaillible n'eſtant pas ſelon eux, la voye d'authorité, il faut que ce ſoit la voye d'examen de chaque particulier, & par conſequent, il faut que les particuliers qui examinent ſoyent infaillibles. S'il entend que nous fourniſſons, devons fournir, ou pretendons fournir aux hommes un moyen de trouver la verité qui ſoit infaillible conſideré en luy meſme & ſans rapport à la grace interne & aux diſpoſitions du cœur ; cette propoſition eſt fauſſe, & la majeure étant fauſſe, il n'eſt pas difficile de comprendre pourquoy la conſequence ne vaut rien. S'il entend que nous fourniſſons aux hommes un moyen de trouver la verité qui eſt infaillible pour les elûs de Dieu, pour ceux en qui la grace opere, & qui abordent l'eſcriture avec humilité, devotion & après la priere il a raiſon ; Mais il ne s'enſuit pas de la, que nous faſſions les particuliers infaillibles. Il s'enſuit ſeulement que nous faiſons conduire les elûs de Dieu par une grace efficace, & neceſſairement efficace. C'eſt à dire que nous enſeignons ce qu'enſeignent les Thomiſtes & Meſſ. de port Royal, que la grace efficace conduit l'entendement & flechit la volonté *indeclinabiliter, inſuperabiliter, infaillibiliter*, d'une maniere qui ſurmonte inevitablement & neceſſaire ment.

C'eſt l'affaire de la grace efficace de produire la foy auſſi bien que la charité. La grace efficace, par elle meſme produit la charité d'une maniere inevitable : ſelon Janſenius, & ſelon les Thomiſtes, les elûs ne ſçauroient etre damnés, il faut neceſſairement que la grace agiſſe en eux efficacement, produiſe la charité & leur donne meſme le don de perſeverance. S'enſuit-il donc de la, que ſelon les Thomiſtes, & les Janſeniſtes les elûs ſoyent infaillibles dans les devoirs de la charité ? La foy encore une fois ſe produit par la meſme grace que la charité, & par les meſmes voyes. Elle ſe produit d'une maniere neceſſaire & infaillible, mais nullement par un privilege d'infaillibilité qui ſoit attaché, ni à tous les particuliers en general, ni aux élus en particulier.

Les elûs de Dieu ſont neceſſairement conduits en toute verité par la grace efficace, en ce ſens ils ſont infaillibles.

Je

Les elûs ont une espece d'infalibilité, mais differente de celle des Apôtres & infpirés.

Je n'aime point à laisser des scrupules dans l'esprit de mes lecteurs, quand il m'est possible de les lever. C'est pourquoy je demande la permission d'ajouter encore quelque chose, & de repondre à une question qu'on ne manquera pas de faire. Comment distingués vous dira t-on, le privilege de l'infaillibilité qui convient aux Prophetes & qu'on vous accuse de donner à tous les particuliers qui examinent de celuy que vous donnés aux elûs. Car enfin les elûs ont une espece d'infaillibilité. Ils ne sçauroient tomber, & perseverer dans des erreurs mortelles, Ils sont donc infaillibles. C'est une difficulté a laquelle M. Nicole est obligé de repondre comme moy. Luy dis je avec tous ses Janseniftes & tous les Thomiftes, puisque nous disons tous que la grace efficace par elle mesme, conduit les entendements, & les volontés des hommes dans la voye de salut *indeclinablement*, *insurmontablement*, *infailliblement*. Je ne sçay comment ces Messrs. y repondroient, mais voicy comment j'y reponds. Je dis premierement que l'infaillibilité par laquelle les Prophetes & les Apôtres etoient conduits & dont on veut que l'Eglise soit conduitte, etoit independante des dispositions du cœur. Judas bien que méchant homme, ne laissoit pas d'estre infaillible quand J.C. l'envoya prescher dans les divers quartiers de la Iudée avec les autres Apôtres, & aujourd'huy on veut que les conciles ou le Pape soient infaillibles, soit que ce soyent des honnestes gens, ou que ce soyent des Scelerats. Mais l'infaillibilité des elûs, est dependante des dispositions que Dieu leur donne, de leur pieté & de leur zele. Secondement le privilege d'infaillibilité qui convenoit aux inspirés, & qu'on attribüe à l'Eglise Romaine emportoit impossibilité de tomber dans l'erreur. L'infaillibilité des elûs n'est pas cela, car les elûs peuvent tres bien tomber en des erreurs mortelles, ils y tombent quelquefois mais seulement, ils n'y perseverent jamais, & n'y peuvent perseverer. En troisième lieu l'infaillibilité de privilege emporte une impossibilité, de tomber non seulement dans des erreurs mortelles mais en toutes erreurs. De la vient que dans les ecrits des Apôtres & des prophetes tout y est vray, & selon les pretendus Catholiques aujourd'huy l'Eglise est encore infaillible en tous.

Difference qui sont entre l'infaillibilité de privilege, & celles des elûs.

Mais

Mais l'infaillibilité de la grace efficace ne s'eftend qu'aux erreurs mortelles, & qui intereffent le falut. Car Dieu permet tres fouvent que fes elûs tombent dans des erreurs non mortelles & y perfeverent jufqu'a la fin. En quatriefme lieu l'infaillibilité de privilege n'a aucune liaifon neceffaire, avec le decret de l'election, ni avec l'efprit de grace qui en deccule. Car il y a eû de vrays Prophetes qui n'eftoient pas elûs ni fanctifiez, tefmoin Balaam qui etoit vray Prophete & pourtant reprouvé & méchant, Mais l'infaillibilité qui vient de la grace efficace a fon rapport neceffaire au decret de l'election d'ou elle decoule. En cinquiefme lieu, l'infaillibilité de privilege eft un don qui eft moins d'ufage pour celuy qui eft infaillible que pour les autres qui ne le font pas. Car l'infaillibilité qui vient par voye d'infpiration immediate & extraordinaire, eft deftinée à conduire les autres & à leur fervir de regle pour leur foy. C'eft pourquoy cette infaillibilité, doit avoir des caracteres externes qui foient vifibles à tout le monde; Mais l'infaillibilité de la grace efficace n'a point de rapport aux autres, elle eft uniquement pour celuy à qui Dieu la donne. C'eft pourquoy elle n'a pas de caracteres vifibles & qui ne foyent pas equivoques. Car encore que les bonnes œuvres foyent des marques de l'election & des fignes par confequent de la grace efficace & infaillible, ce font pourtant des fignes equivoques, parce qu'ils trompent quelque fois. Enfin M. Nicole definit fort bien l'infaillibilité de privilege, *une affurance qu'on a de ne pouvoir errer.* L'infaillibilité de la grace efficace ne donne pas cette affurance de ne pouvoir errer, parce qu'il arrive tres fouvent que les elûs errent, & perfeverent jufques à la fin, dans de certaines erreurs qui ne font pas mortelles. Il arrive auffi quelque fois qu'ils errent pour un temps, d'erreurs qui intereffent leur falut. Tout ce que les elûs qui ont le fentiment de la grace pourroyent avoir c'eft une affurance de ne tomber jamais dans des erreurs mortelles pour y perfeverer jufques à la fin. Mais le fentiment de la grace ne fuffit pas pour leur donner l'affurance de ne point tomber, au moins pour un temps, dans des erreurs mortelles; & ainfi à parler abfolument ils ne peuvent avoir aucune affurance de leur infaillibilité dans aucun jugement

T

par-

particulier qu'ils ayent a faire: Mais quand le jugement
est fait, ils peuvent sentir qu'ils ont bien jugé, comme
je l'ay fait voir dans le chapitre précedent. C'est ce
que j'avois à dire pour repondre à l'argument, par lequel M. Nicole veut prouver que nous faisons nos particuliers infaillibles.

CHAPITRE VIII.

Examen de la proposition qu'on nous attribüe, que cha-
que particulier pour ignorant qu'il soit, peut mieux
entendre le sens de l'écriture sur les articles neces-
saires à salut que les conciles les plus universels &
que toute l'Eglise ensemble, que cette proposition
ainsi tournée n'est pas de nous : quatre corrections
qu'il y faut faire.

DES deux difficultés contre la voye d'examen &
pour la voye d'authorité que nous venons d'examiner la premiere est des M. de Meaux, la seconde
est de M. Nicole, en voicy une troisiesme qui est de
tous les deux ensemble. C'est que, selon nous, *chaque*
particulier pour ignorant qu'il soit est obligé de croire qu'il
peut mieux entendre le sens de l'ecriture sur les articles neces-
saires à salut que les Conciles les plus universels & que toute
l'Eglise ensemble. M. Nicole ne trouve pas bon, qu'en
éclaircissant cette difficulté, reelle ou pretendüe, on
distingue les Conciles en vrays & faux, & qu'on dise
qu'un particulier peut mieux rencontrer la verité que
les faux Conciles ; mais qu'il n'est pas vray qu'il la puisse
mieux rencontrer que les vrays Conciles. *Il ne s'agit*
pas dit il, ni de conciles connus pour vrays, ni de conciles
connus pour faux. Mais il s'agit de *Conciles sans etiquette,*
ni de vrays ni de faux, ni de pieux ni de profanes, & tels
qu'ils doivent paroître à un Calviniste indeterminé sur les ar-
ticles de foy & qui en veut examiner la verité. J'admets
l'estat de la question dans la maniere qu'il la propose.
Je veux bien que nous parlions des Conciles sans etiquette, Mais je luy demande pour grace que nous parlions aussi des particuliers sans etiquette, sans tiltre d'ignorants ou de sçavants, d'habiles ou de malhabiles, de

spi-

Nicole
p. 296.

ſpirituels ou de ſimples ; & qu'il ne diſe pas que, ſelon nous, pour ignorant que ſoit un particulier il eſt obligé d'examiner & de croire que par ſon examen, il peut mieux rencontrer le ſens de l'eſcriture que les Conciles les plus univerſels. Car cette propoſition ainſi conceüe eſt fauſſe ; Elle ſuppoſe la chimere qui regne dans tout le livre de M. Nicole & de tous ſes confreres. C'eſt que nous croyons que le plus ignorant des ſimples fideles eſt capable d'examiner les articles de foy, ſelon les regles de la diſpute en étudiant les objections, les difficultez, les reſponces & les arguments de part & d'autre. C'eſt la grande illuſion de M. Nicole ſur laquelle ſont fondés tous les pompeux raiſonnements de ſon premier livre. Nous la reſervons pour la derniere des ſix difficultés que nous nous ſommes propoſés de diſſiper ſur la voye d'examen & la voye d'authorité. En attendant que nous faſſions voir à ces Meſſieurs qu'ils ſe trompent & qu'ils ne nous comprennent pas, ou plûtot qu'ils feignent ne nous pas comprendre je les prie encore une fois que nous laiſſions à part l'ignorance & la ſcience des particuliers qui cherchent la verité.

Je leur demande de plus qu'il me ſoit permis de retrancher de leur propoſition ces mots, *& que toute l'Egliſe enſemble*. Car ou bien le jugement de toute l'Egliſe enſemble eſt une chimere, ou bien il n'eſt pas vray que nous diſions qu'un particulier peut mieux entendre l'eſcriture ſur les articles neceſſaire à ſalut que toute l'Egliſe enſemble. Si par le jugement de toute l'Egliſe enſemble on entend une deciſion prononcée dans les formes dans un tribunal eccleſiaſtique, ce jugement eſt une chimere, car l'Egliſe univerſelle, ou l'Egliſe enſemble ne donna jamais de jugement. Avant qu'elle fut partagée en diverſes communions elle n'a pas eû d'aſſemblée univerſelle, & ainſi elle ne s'eſt pas veue enſemble. Depuis qu'elle eſt partagée en diverſes communions, elle n'a jamais aſſemblé les deputez de toutes les communions en meſme lieu ; Ainſi le jugement de toute l'Egliſe enſemble en quelque temps qu'on la regarde, eſt un beau fantoſme que ces Meſſrs. produiſent pour tromper les ignorants. Si par le Jugement de l'Egliſe univerſelle, ils entendent le conſentement unanime de toutes les communions Chrétiennes & qui meritent d'eſtre

Nous ne diſons pas que les ignorants puiſſent mieux trouver la verité par voye d'examen que les conciles.

Il n'eſt pas vray que châque particulier puiſſe mieux juger que toute l'Egliſe enſemble.

ainſi

ainſi appellées, nous nions qu'aucun particulier, non
ſeulement pour ignorant mais pour ſçavant qu'il ſoit,
puiſſe mieux rencontrer le ſens de l'Écriture dans les
choſes neceſſaires à ſalut que toute l'Egliſe enſemble. Car
nous tenons que toute l'Egliſe enſemble c'eſt à dire toutes les communions Chrétiennes retiennent les verités
fondamentales, & neceſſaires à ſalut. Et ſi quel qu'une
vient à rejetter ces verités fondamentales elle ceſſe de
meriter le nom de communion Chrétienne.

A ces deux petites corrections ces Meſſieurs trouveront bon que nous en ajoutions une troisjeſme. Elle
tombera ſur ces paroles, Chaque particulier, *eſt obligé*
de croire. Et de quelle eſpece d'obligation un homme,
ſelon nous, eſt-il obligé de croire qu'il entendra mieux
l'eſcriture dans les points fondamentaux & neceſſaires à
ſalut que les Conciles les plus univerſels? Eſt ce obligation ſous peine d'hereſie ou ſous peine de damnation
eternelle? Ces points neceſſaires au ſalut ont eté decidés dans les ſix premiers ſiecles, quand les ſymboles des
Apôtres, de Nicée, & de Conſtantinople, ont eté for-
mez. Nul homme entre nous, n'eſt obligé de croire
qu'il puiſſe mieux trouver le ſens de l'eſcriture dans les
points neceſſaires à ſalut, que ces Conciles univerſels
des ſix premiers ſiecles qui ſont receus de tous les Chrétiens. Je dis qu'ils ſont receus de tous les Chrétiens;
Car encore que les Neſtoriens rejettent le Concile univerſel d'Epheſe, & les Eutychiens celuy de Chalcedoine, cependant comme aujourd'huy les hereſies des
Neſtoriens des Eutychiens ne ſont plus que des hereſies
de mots, il eſt certain qu'ils ſont revenus à la doctrine
de ces Conciles.

Je ſouhaite auſſi que ſur ces mots *obligé de croire*, on
ſe ſouvienne qu'il y a une grande difference entre *être*
obligé de croire & *pouvoir croire.* Je trouve que, ſelon nos
principes, un particulier peut croire qu'il pourra mieux
rencontrer la verité qu'un Concile qui s'appelle univerſel. Mais je n'ay jamais oüy dire que ſelon nous
tout particulier ſoit obligé de croire cela. Ce que l'on
eſt obligé de faire & de croire, on eſt obligé de le croire
toujours & dans toutes les circonſtances. Je ſuis obligé
de croire en Dieu & en Jeſ. Ch. cette obligation ne
varie point, ſelon la varieté des circonſtances. Je ſuis
obligé

Un parti-
culier n'eſt
pas obligé
de croire
qu'il ren-
contrera
mieux les
les veritez
fondamen-
tales que
les anciens
Conciles.

Il y a gran-
de diffe-
rence entre
pouvoir
croire &
être obligé
de croire.

obligé de croire en Dieu par tout & en tout temps. Un particulier selon nos principes est il pareillement obligé de croire par tout, en temps & à tous égards qu'il peut mieux juger du sens de l'escriture qu'un de ces Conciles qu'on appelle universels? Nullement. Il y a mesme des choses à l'egard desquelles il est obligé de croire le contraire. Il est obligé de croire qu'il ne sçauroit mieux entendre l'escriture sur les points necessaires à salut, que ceux qui ont formé les anciens symboles; Et il est obligé de le croire non seulement à cause que l'escriture est claire & evidente la dessus, mais aussi à cause du consentement unanime de tous les Chrétiens à recevoir ces verités fondamentales. Car après l'escriture ce consentement unanime est la plus forte preuve, qu'un dogme est veritable & qu'il est fondamental.

De ces trois corrections, il en nait evidemment une quatriesme qui tombera sur ces paroles. *Les articles necessaires à salut. Car c'est de quoy il s'agit* dit M. Nicole & je l'avoüe. Ces articles positifs necessaires à salut sont decidés il y a long temps, ils sont receus du commun consentement de tous les Chrétiens. Ce ne sont point ceux sur lesquels aujourd'huy s'exercent l'examen & l'enqueste. Il est vray que les Sociniens les revoquent en doute, & que ceux qui veulent quitter la secte Socinienne, font bien de les examiner & de chercher la verité: Mais le Papiste & le Reformé en conviennent. Le commun consentement de tous les Chrétiens, de tous les aages & de tous les lieux leur est un puissant argument, qui soutient les lumieres de la revelation.

Quand M. Nicole dispute contre la voye d'examen, cela ne se doit entendre que des points qui sont controversez entre le Papiste & le Protestant, Car il a pour but uniquement de prouver que nous sommes schismatiques, quand mesme nous aurions raison dans le fonds; parce que nous avons fait nôtre separation sans une suffisante cognoissance de cause. Nous nions donc à M. Nicole, que dans nôtre Theologie, un particulier soit obligé de croire, ou mesme qu'il puisse croire sans temerité qu'il peut mieux juger des verités fondamentales receües dans toute l'estendüe du Christianisme, que tous les Chrétiens ensemble; Et qu'il peut mieux entendre

Il n'est pas vray qu'un particulier aujourd'huy puisse mieux juger des verités necessaires au salut que toute l'Eglise.

T 3 par

par exemple l'écriture sur la divinité de J. Ch. que tous les Chrétiens de toutes les communions du monde.

Dans les articles qui ont été ajoutés & qui ne font pas neceſſaires au ſalut, un particulier peut mieux rencontrer qu'un concile.

Il y a d'autres articles controverſés importants, mais dont la pratique ou la créance n'eſt pas abſolument neceſſaire au ſalut. De l'aveu meſme de pretendus Catholiques c'eſt un article important que de ſçavoir ſi Dieu veut qu'on invoque les ſaints, & qu'on les ſerve d'un culte religieux, mais ce n'eſt pas un article neceſſaire à ſalut car l'Egliſe Romaine elle meſme avoüe qu'on peut etre ſauvé ſans invoquer les ſaints. L'adoration des images, eſt une affaire tres importante, mais ce n'eſt pas une affaire neceſſaire à ſalut; Car on avoüe de meſme que l'Egliſe s'en pourroit bien paſſer. Tout le Papiſme eſt compoſé d'articles ainſi faits, qu'il eſt luy meſme contraint d'avouer n'eſtre pas neceſſaires au ſalut. Et c'eſt ce qui fait voir, combien il eſt eloigné de l'eſprit de charité de ſçandaliſer tant de gens, de les obliger à ſe tenir dans la ſeparation, & de les damner meſme pour des choſes, qui de ſon aveu ne font pas neceſſaires à ſalut. Aſſurement l'eſtat ou eſt l'Egliſe Romaine ſur ces articles eſt un eſtat violent & qui ne peut pas durer. C'eſt un prodige, de recognoiſtre que certains articles ne font pas d'abſolüe neceſſité & ne les vouloir pas ſacrifier au plus grand intereſt qui ſoit au monde; c'eſt celuy de la paix de l'Egliſe & du ſalut de tant d'ames. Sur ces articles nous ſoutenons qu'un particulier peut croire qu'il pourra mieux rencontrer la verité qu'un concile appellé univerſel. Or ces point ajoutés & non neceſſaires font proprement les choſes qui nous diviſent, d'avec l'Egliſe Romaine & ſur quoy doit rouler cêt examen contre le quel M. Nicole fait de ſi grands efforts.

Il y a certaines erreurs mortelles, dont il ſe peut faire qu'un particulier juge mieux que tout un concile.

Il faut auſſi diſtinguer les verités neceſſaires au ſalut, des erreurs mortelles au ſalut. Et entre les erreurs mortelles au ſalut il faut diſtinguer celles qui font mortelles au ſalut parce qu'elles nient les verités fondamentales, des erreurs mortelles au ſalut, parce qu'elles renverſent le fondement ſans le nier. Il faut ranger les erreurs du premier ordre avec les verités neceſſaires au ſalut, & dire que ſelon nos principes un particulier n'eſt pas obligé de croire qu'il peut mieux juger de ces erreurs mortelles que toute l'Egliſe univerſelle. Car le conſentesentement de toute l'Eglise sur ces erreurs luy doit etre une grande preuve qu'elles sont mortelles. A l'esgard des erreurs mortelles du second ordre, parce qu'elles renversent le fondement sans le nier comme elles n'ont pas le caractere d'approbation universelle de toutes les communions & de tout les siecles de l'Eglise, il est certain qu'on peut croire sans temerité qu'on a mieux rencontré que certains conciles qu'on appelle universels.

Il me semble que ces quatre corrections, & ces diverses considerations, doivent faire sentir à ces Messieurs que la proposition qu'ils nous attribuent est sophistique & qu'elle peut étre niée comme fausse. Elle est fausse. 1. Parce que nous ne disons pas que tout particulier pour ignorant qu'il soit puisse examiner les sens de l'escriture d'un examen de rigueur. 2. Parce que nous ne disons pas qu'un particulier puisse mieux juger que l'Eglise ensemble prise dans toutes ses communions par ce jugement qui naît du consentement unanime. 3. Parce que nous ne disons pas qu'un particulier soit obligé de croire mais seulement qu'il peut croire qu'il rencontrera mieux la verité. 4. Parce qu'en fin nous ne disons pas que sur les verités fondamentales & necessaires au salut, un particulier aujourd'huy puisse mieux entendre l'ecriture que toute l'Eglise. Il ne doit pas croire ce qui est impossible, or il est impossible qu'un particulier juge mieux des verités contenües dans les symboles de l'Eglise que ne fait toute l'Eglise, c'est à dire que ne font toutes les communions.

Quatre exceptions qui rendent fausse, la proposition qu'on nous impute.

Ces Messieurs nous permettont donc de corriger ainsy la proposition qu'ils nous attribuent *un particulier peut croire que par son examen attentif devot & pieux il pourra mieux rencontrer la vertité & le veritable sens de l'escriture sur des choses contestées entre les Chrétiens que des Eglises entieres, que certaines communions tres etendües que certains Conciles qu'on appelle universels.* Si c'est la, la proposition dont M. de Meaux dit, qu'il ne l'a jamais fait entendre à personne qui n'en ait eu de l'horreur; Je dis que cêt Evêque a eté heureux à rencontrer des imaginations delicates & qui se blessent facilement. Et comme ces deux Docteurs M. de Meaux & M. Nicole, ont sans doute la mesme delicatesse d'imagination laquelle ils travaillent à inspirer aux autres, Je crains pour eux

Proposition qu'on nous impute corrigée & reduite à sa veritable forme.

& j'ay peur que ce que j'ay à leur propofer, dont pourtant ils ne pourront disconvenir, ne les faffe fremir
bien des fois.

CHAPITRE IX.

*Qu'il n'y a pas d'abfurdité à dire, qu'un particulier
peut quelque fois mieux rencontrer la verité qu'une
grande affemblée. Que la prefomption eft pour les
decifions des Conciles; Mais que cette prefomption ne
fait pas de certitude & ne delivre pas de la neceffité de chercher une voye fûre de trouver la verité.*

C'Eft donc une chofe horrible felon ces Meffieurs,
qu'un particulier croye pouvoir mieux rencontrer
la verité que toute une grande communion. Tandis
qu'il ne s'agira que de chofes qui n'intereffent pas le falut, ils n'auront point d'horreur apparemment. C'eft
pourquoy il ne fremiront pas quand je leur diray que, felon leur principe, un certain Philofophe bel efprit &
grand efprit, mais un particulier pourtant, eft venu dans
ces derniers temps renverfer tous les principes d'une
Philofophie receue depuis un grand nombre de fiecles,
quil a laiffé derriere luy les Pythagores, les Democri-
tes, les Epicures, les Platons, les Ariftotes & tout
ce qu'il y a eû de Philofophes & de Philofophie pour
nous faire un Nouveau fyfteme. Ce Philofophe moderne quand il a commencé fon examen, a crû qu'il
pourroit mieux reüffir à chercher la verité que tous les
gens qui l'avoient précedé; Et après fon examen il a
crû qu'il avoit effectivement beaucoup mieux rencontré que tous les autres. Plufieurs le croyent comme
luy, & apparemment M. Nicole eft de ceux la. Mais
n'eft ce pas la une temerité prodigieufe qu'un particulier, un feul homme paffe fur le ventre à des millions
de Philofophes, foule aux pieds fuperbement toutes les
hypothefes affermies par mille belles raifons, & par
une poffeffion de plus de deux mille ans? Ce n'eft pas
de mefme, diront-ils? Je voudrois bien qu'on me le prou-
vaft que ce n'eft pas de mefme. En quoy eft la difference? C'eft dira t-on que les affemblées fur lesquelles

Un feul Philofophe peut mieux rencon'rer la verité que tous les philofophes du monde.

vous

vous vous élevés étoient infaillibles, & les Philosophes
que Descartes a negligé ne l'estoient pas.   C'est precisément ce qui est en question & ce qu'on nie, que
ces assemblées fussent infaillibles; C'est ce qui est faux
& dont on n'a produit que de miserables preuves.   C'est
enfin precisément la raison pourquoy nous meprisons
l'authorité de diverses assemblées qu'on appelle conciles
universels ; C'est que non seulement ils n'estoient pas
infaillibles, mais qu'ils ont actuellement erré.

  On dira encore, Descartes a pû s'elever au dessus
du consentement universel des hommes, parce qu'il
avoit de l'esprit, de la penetration infiniment, au lieu
qu'il s'agit de vos simples & de vos ignorans, à qui
vous donnés authorité de juger d'examiner aprés les conciles.   Mais je reponds la dessus premierement, qu'il
n'est pas vray que nous donnions à tous nos simples,
le pouvoir d'examiner apres les conciles.   Nous donnons pouvoir & droit d'examiner à tous ceux qui peuvent & veulent examiner, mais tous les fideles d'entre
les simples n'ont pas asséz de capacité pour examiner.
Dans la suitte nous verrons comment Dieu produit
la foy dans ces simples.   Il ne s'agit donc que de ceux
qui ont la capacité d'examiner, au moins à quelque
degré.   Or il n'est pas necessaire pour avoir le droit &
la capacité d'examiner d'avoir un esprit d'aussi grande
estendüe que nos Philosophes modernes: parce que les
verités de la religion sont plus de la portée des esprits
mediocres, que les profonds mysteres de la nature ;
Non, que les mysteres de la grace ne soient encore plus
profonds que ceux de la nature, mais c'est que les
esprits humains ne sont pas appellés à sonder ces mysteres en eux mesmes, mais seulement à voir si ce qu'on
nous en dit, est conforme à la revelation.   Ce qui n'est
pas d'une si grande difficulté qu'on nous le veut persuader.   Secondement je dis que si ce Philosophe moderne qui a meprisé l'authorité de tous les autres, avoit
de grandes lumieres naturelles ; entre ceux qu'il a re-
jettez, il s'en est trouvé depuis deux mille ans qui
avoient aussi des lumieres extraordinaires.   Ainsy il y
aura tousjours lieu à se recrier sur sa temerité prodigieuse, si les principes de ces Messrs. sont veritables.

  Je voudrois bien sçavoir s'ils auroient de l'horreur

*Pour exa-
miner au-
tant qu'il
est neces-
saire, il
n'est pas
d'une ab-
soluë ne-
cessité d'a-
voir une
tres grande
penetra-
tion.*

en-

Des particuliers de l'aveu de tout le monde ont mieux entendu certains passages que l'Eglise entiere.

entendant dire que Vatable, Mercerus, Erasme, Serarius, Estius, Maldonat, Scaliger, Grotius, & les autres Critiques, & commentateurs modernes ont mieux entendu plusieurs passages du Vieu, & du Nouveau Testament, que les Peres, que les Conciles & mesme que toute l'Eglise ancienne. Je ne sçay si ces Messrs. auront horreur d'entendre cela? J'en doute, car je croi qu'ils sont trop habiles & trop sçavans pour ignorer que l'estude des langues & de la critique sacrée dans ces derniers siecles a fait dans l'escriture cent & cent decouvertes assés considerables : voila pourtant encore un prodige de temerité, que des particuliers osent abandonner les interpretations de tous les peres.

S. Athanase a crû luy particulier, pouvoir mieux juger que des conciles universels dans la cause d'Arrius.

Veut on quelque chose de plus horrible? on le trouvera dans la conduitte de S. Athanase, de S. Gregoire de Nazianze, & de quelques autres particuliers qui se sont opposés seuls à des conciles beaucoup plus universels que n'estoient celuy de Latran, celuy de Trente & les autres semblables. Par exemple, à un concile d'Antioche, à un concile de Jerusalem, à un concile de Milan, à un concile de Rimini ; Lesquels ont estabali l'Arrianisme & condamné le consubstantiel. Oüy, dit-on, mais ces particuliers avoient pour eux l'authorité d'un autre concile ; meilleur & plus legitime que ceux la, c'estoit le grand concile de Nicée. Je reponds que les Peres dont nous avons encore les écrits, n'ont point disputé contre les Arriens, par l'authorité du concile de Nicée. C'estoit par l'escriture dont ils produisoient les passages pour prouver l'eternité du fils, & de laquelle ils tiroient les réponces pour dissiper les Sophismes des heretiques. Ils se rendoient donc juges de nouveau, du sens des écritures, & cela independemment du concile de Nicée. Et en effet ils se feroient exposés à etré tournés en ridicule s'ils avoient fondé leur dispute sur l'authorité du concile de Nicée ; Car comme les orthodoxes appelloient les Synodes d'Anthioche, de Tyr, de Milan & de Rimini de miserables conciabules ; Les Arriens donnoient le mesme nom au concile de Nicée.

Un particulier pourroit mieux rencontrer qu'un concile de 7 ou 8 cents Evèques.

Poussons encore plus loin, & voyons si l'imagination de ces Messrs. ne souffrira point un peu. Je les prie de supposer un concile composé des Eglises d'Espagne

fpagne, de France, d'Allemagne, de Pologne &c. mais
où les Eglifes d'Italie ne foient pas appellées, & où
elles ne comparoiffent pas. Ce concile fera fort étendu, neantmoins il ne fera pas univerfel, n'eftant pas univerfel, il ne fera pas infaillible, n'eftant pas infaillible
il pourra errer actuellement. Ayant erré actuellement,
il fe trouvera un particulier qui croira etre en droit d'examiner les decifions de ce concile, & qui en les examinant les condamnera. Ne fera ce pas un prodige de
temerité qu'un particulier entreprenne d'examiner de
juger & de condamner les decifions de fept ou huit
cents Evefques, (car il y en à bien autant dans l'Europe,
fans y comprendre ceux d'Italie.)

En verité ces Meffrs. la, fe joüent miferablement de
l'imagination des hommes. S'ils euffent dit fimplement, Les Calviniftes croyent que les conciles ne font
pas infaillibles, & pourtant ils fe perfuadent que châque particulier a droit d'examiner leurs decifions ; ils
n'auroient fait peur à perfonne. Il y a long temps
qu'on eft accoutumé à nous entendre dire cela. On eft
mefme perfuadé que nous avons raifon dans nos principes ; car le bon fens dicte qu'il n'y a rien que l'infaillibilité d'une affemblée qui ofte la liberté d'examiner
fes decifions. Fût elle venüe de tous les coins du monde, fi elle eft fujette à errer on ne peut eftre obligé
de s'y foumettre fans examen. Mais M. de Meaux &
M. Nicole laiffant ce tour ordinaire en ont pris un
autre & difent ; *qu'un particulier, eft obligé de croire,
qu'il peut mieux juger que l'Eglife univerfelle.* Voila ce
qui, felon eux, donne de l'horreur. S'il n'y avoit qu'a
chercher des tours & des Idées affreufes, on en pourroit auffi trouver quelque fois & en revêtir leurs dogmes
& mefme de plus fideles que celle cy.

Pour diffiper de plus en plus l'horreur que donne ce
vain fantofme il eft bon de remarquer que cette propofition, *un particulier peut mieux juger du fens de l'efcriture que les conciles les plus univerfels* peut fignifier deux
chofes ; ou bien, *qu'un particulier eft plus capable de juger
de la verité, qu'une affemblée de Theologiens dans un
concile univerfel,* ou bien, *un particulier peut quelquefois
mieux rencontrer la verité que ne l'ont rencontrée des conciles
univerfels.* La derniere de ces propofitions n'a rien qui
doive

doive donner de l'horreur. Les pretendus Catholiques eux mesmes tombent d'accord qu'un particulier a pû mieux rencontrer la verité, que certains conciles qu'on appelle universels; & quand nous serions les seuls, à le dire, il y a si long temps que nous le disons qu'on y seroit accoutumé, cela ne feroit plus de peine : depuis que Luther l'a dit, on la redit cent & cent fois; Or c'est la proprement le sens que nous donnons à la proposition qu'on nous fait faire. L'autre sens a quelque chose qui d'abord semble repugner au sens commun, & c'est ce que ces Mess. appellent donner de l'horreur. Car naturellement L'esprit se porte à croire que plusieurs lumieres jointes ensemble sont incomparablement plus propres à decouvrir la verité que la lumiere d'un seul homme ; or c'est la precisement le sens lequel M. de Meaux, & M. Nicole presentent à l'imagination de leurs Catechumenes pour donner de l'horreur contre nous, mais nous leurs declarons que ce n'est point la nostre sens.

Nous ne disons pas qu'un particulier soit plus capable de rencontrer la verité que tout un concile. Il y a certainement des temps & des siecles, où un particulier est beaucoup plus capable de decouvrir la verité que ce qu'on appelle un concile universel. Quand toutes les communions Chrétiennes sont prevenües de superstition comme elles étoient par exemple du temps des démeslez des Iconolatres & des Iconoclastes ; chaque Evêque apporte à l'assemblée generale la prevention de son Eglise particuliere. Et ces gens bien loin d'estre propres à découvrir la verité ne font que s'entester les uns les autres de leurs erreurs. Quand les Arriens assembloient des conciles où se trouvoient tous les Evesques d'Orient, ces gens apportoient leurs passions, leurs craintes, leurs complaisances pour leurs Empereurs leurs erreurs & leur prevention. Ces assemblées & ces conferences n'estoient bonnes qu'a leur faire perdre de plus en plus la verité. Un seul St. Athanase dans son cabinet attaché sur la parole de Dieu, etoit plus capable de trouver la verité que tous ces Evêques ensemble. Le seul Claude de Turin a mieux entendu & a eté plus capable d'entendre le vray sens du commandement *tu ne te feras image taillée*, &c que tous les Iconolatres assemblés, qui apportoient dans leurs conciles leurs folles preventions, & leurs cerveaux pleins de la vaine su-

superſtition des peuples. Cependant nous ne voulons pas nous inſcrire en faux contre cette propoſition que pluſieurs teſtes aſſemblées en un meſme lieu, generale-ment parlant, ſont plus capables de voir & de connôi-tre la verité qu'un ſeul homme.

Mais nous ne pretendons pas qu'on doive conclurre de la, comme fait M. Nicole que nous devons toujours preterer le jugement de ce qu'on appelle des Conciles, au nôtre. Il y a, dit-il, deux ſortes de lumiere, l'une eſt naturelle, & l'autre ſurnaturelle. La lumiere naturelle c'eſt celle qui depend & de l'eſtude & de l'ou-verture de l'eſprit. Par la lumiere ſurnaturelle on en-tend celle que Dieu repand immediatement dans l'eſprit par luy meſme. Il ajoute que la lumiere ſurnaturelle ne decouvre pas de nouveaux objets, ne met pas dans l'eſprit des faits qu'on ignore, elle ne ſert qu'à diriger & conduire la lumiere naturelle. *Il s'enſuit de la*, dit il, *que les ſimples & les ignorants ne peuvent jamais croire qu'il eſt plus ſeur pour eux, de s'en rapporter à leur propre examen, qu'à l'authorité des Conciles & de l'Egliſe. Car quand meſme ils ne regarderoient pas encore les Conciles & l'Egliſe comme infaillibles, & avec l'etiquette de vraye Egli-ſe, & de vrays Conciles; ils y peuvent neantmoins preſumer les lumieres naturelles, & ſurnaturelles, & meſme la pré-ſomption eſt extremement forte pour les Conciles univerſels, & pour l'Egliſe qu'on appelle Catholique.*

Voila un diſcours n'en deplaiſe a M. Nicole, dont les parties ſont bien mal d'intelligence enſemble; Je ne ſçay ſi elles s'eſtoient jamais veües en un meſme lieu. *Les ſimples ne peuvent jamais croire qu'il eſt plus ſeur de s'en rapporter à leur propre examen qu'a l'authorité des Conciles.* Si cela eſt ainſi, il faut donc qu'ils ayent une forte per-ſuaſion que les Conciles ont bien jugé. Or ils ne peu-vent avoir cette perſuaſion que par une de ces deux vo-yes, ou parce qu'apres avoir examiné ils trouvent que le Jugement du Concile ſe rapporte à leur ſens, ou parce qu'ils croyent le Concile infaillible. Ce n'eſt pas le pre-mier. Car M. Nicole ne veut pas d'examen, c'eſt donc le dernier, ſçavoir que les ignorants & les ſimples ſoyent fortement perſuadés que le Concile n'a pu errer: Et cependant dans la meſme periode, on ne nous parle que de preſumer & de preſomption; *Les ſimples peuvent pre-*
ſumer

La pre-ſomption eſt pour les Conciles mais la preſomp-tion peut tromper.

Pag. 287. & 288.

fumer. Il est vray, mais une presomption fait-elle une certitude, suffit-elle pour fonder la foy? *Et mesme la presomption pour les Conciles universels est extrememement forte;*
Tant forte qu'il vous plaira, dois-je fonder ma foy sur
une forte presomption? Comment donc peut on dire
que jamais les simples ne doivent croire qu'il est plus
seur pour eux d'examiner, que de se reposer sur l'authorité des Conciles? L'examen joint avec la grace peut
produire la certitude, mais en se reposant sur l'authorité, on ne me conduit qu'a la presomption. Je raisonne sur les paroles de nôtre Autheur, *quand mesme ils ne
regarderoient pas les Conciles comme infaillibles,* il faut qu'ils
se reposent sur leur authorité, authorité qui ne peut etre
appuyée que sur une forte presomption. Il ne fut jamais rien dit de plus inconsideré; Car aprés tout il n'y
a que la certitude qu'une assemblée est infaillible qui
nous puisse empêcher d'examiner la verité de ses decisions.

Les presomptions, les fortes presomptions sont pour
les Conciles generaux, je le veux bien, quoyque cela
soit tres faux en diverses occasions; Mais enfin que doivent produire ces presomptions? de favorables prejugés;
Cela doit obliger les particuliers à ne pas condamner
legerement les decisions de ces Conciles. Il faut qu'il
leur paroisse clair comme le jour qu'ils ont defini contre la parole de Dieu pour les abandonner. Bien qu'il
n'y ait rien de solide dans ce passage de M. Nicole, &
qu'il y ait mesme une contradiction evidente il faut pourtant luy en tenir conte. Car c'est le seul endroit ou il
confesse une grace surnaturelle dans la production de la
foy, par tout ailleurs, il en parle entierement en Pelagien.

*On re doit
pas risquer
son salut
sur la foy
d'autruy
comme on
risque sa vie
sur l'habi-
lité d'un
Medecin.*

M. Nicole trouve bon pour appuyer sa preuve, de nous
dire que c'est un principe sur lequel la conduite des hommes roule, *c'est par ce principe, que tous ceux qui n'ont pas
etudié la medecine, se laissent conduire au medecin. Que ceux
qui ne sont pas versés dans les affaires du palais, deferent à
l'advis des advocats intelligens.* Cela est pitoyable! s'ensuit-il de la, qu'on doive en matiere de foy risquer son
salut, sur la foy de ceux qui nous enseignent? en est il
du corps comme de l'ame? le salut eternel doit il être ris-
qué sur des presomptions? Ceux qui n'ont pas etudié la
Me-

Medecine doivent se laisser conduire à des Medecins, donc ceux qui n'ont pas etudié la Theologie, doivent se reposer sur les Theologiens. On ne croyroit pas qu'un habile homme pust se resoudre à raisonner ainsi. Toute la vie humaine roule sur des presomptions je l'advoue, mais il faut que l'affaire du salut roule sur des certitudes.

M. Nicole avoue qu'on ne rencontre pas cette certitude dans la forte presomption qui est pour les Conciles, mais il pretend que les peuples peuvent passer de la presomption à la certitude en raisonnant ainsi. Je sens bien que je ne sçaurois cognoître par moy mesme, ni Juger par mon examen; dont il faut que l'Eglise sur laquelle je me repose soit infaillible, autrement il n'y auroit pas de voye pour arriver à la certitude & à la foy. Voila le grand argument de M. Nicole pour l'infaillibilité de l'Eglise. Ce n'est pas icy le lieu d'y repondre. Comme il revient tousjours, & presque à toutes les pages, nous le rencontrerons souvent, & l'occasion se rencontrera de le culbuter avec peu de mots. En voila assés pour faire voir que M. Nicole & M. de Meaux sont fort injustes de vouloir donner de l'horreur pour cette innocente Doctrine, qu'on ne doit pas se reposer sur les decisions des Conciles à cause de leur authorité, & de leur infaillibilité, mais à cause qu'ils ont dit vray; & que s'ils n'avoient pas dit la verité on ne s'en devroit pas tenir à ce qu'ils ont dit.

CHAPITRE X.

Réponce à l'argument du P. Maimbourg dans sa Methode pacifique, que selon nous on n'est pas obligé de se soumettre à la decision d'un concile qui termine une controverse née dans Eglise où l'on est, à moins qu'il n'ait decidé conformement à la verité, qu'on est mesme obligé par conscience à ne s'y soumettre pas: trois difficultés sur la matiere de la soumission qu'on doit aux Synodes.

Puisque nous nous sommes proposés de repondre à toutes les objections non pas nouvelles, mais d'un

nou-

nouveau tour que l'on a fait depuis quinſe ou vingt ans contre la voye d'examen & pour la voye d'authorité nous ne devons pas negliger celle du P. Maimbourg dans ſa Methode pacifique. Car elle a quelque choſe de plus éblouïſſant que celles que nous venons de voir de M. de Meaux, & de M. Nicole. Voicy ce que c'eſt.

Abbregé de l'argument du P. Maimbourg pour la voye d'authorité.

Il veut prouver que ſelon nos principes nous ſommes obligés de nous ſoumettre aux deciſions des conciles de l'Egliſe Romaine. Particulierement dans ce point de l'Euchariſtie. Il ſuppoſe que ſelon nos maximes quand une controverſe eſt née dans une Egliſe on eſt obligé de ſe ſoumettre aux deciſions des conciles qui ſont aſſemblés dans cette Egliſe pour terminer cette controverſe, Et qu'on eſt obligé de croire après la deciſion de ces conciles ce qu'on n'eſtoit pas obligé de croire auparavant : que ce ſoit la nôtre ſentiment il le prouve par nôtre pratique & par l'exemple du Synode de Dordrecht qui termina la controverſe entre les Gomariſtes & les Rémonſtrants. Le Synode fit ces deciſions. Les Remonſtrants, ſelon nous, dit il, étoient obligez à s'y ſoumettre, & nous l'avons bien fait voir puiſque nous les avons retranchés de nôtre communion, parce qu'ils ont refuſé cette ſoumiſſion. En ſuitte il applique ce principe & cêt exemple à ſon ſujet, & il dit la controverſe de la preſence reelle du corps de J. Ch. dans l'euchariſtie eſt née dans l'Egliſe Romaine du temps de Beranger. Cette Egliſe aſſembla des conciles, pour terminer cette controverſe qui étoit née dans ſon ſein. Beranger fut condamné, & tous les mémbres de cette Egliſe ſont obligés à ſouſcrire à cette condamnation ; tout de meſme que les Remontrants qui faiſoient alors partie de vôtre corps etoient obligés, ſelon vous, à ſouſcrire à la condamnation d'Arminius. Vos Peres & vous, dit-il, etiés membres de l'Egliſe Romaine, & par conſequent ſelon vos propres principes vous êtes obligéz de vous ſoumettre aux deciſions qui ont terminé les controverſes dans cette meſme Egliſe dont vous faiſiez partie. Dans le fonds c'eſt la meſme difficulté que celle de M. de Meaux mais le tour eſt un peu different.

Ce raiſonnement ſuppoſe pluſjeurs choſes comme receües entre nous qui pourtant ne le ſont point. Par
exemple

exemple, il suppose que l'Eglise Romaine du temps de Beranger étoit encore en état de tenir des Conciles pour lesquels on devoit avoir de la soumission. Nous ne tombons pas d'accord de cela quand une Eglise est corrompüe autant que l'estoit deja l'Eglise Romaine du temps de Beranger, ses Conciles ne sont plus que des conciliabules. Si elle se determine pour la verité dans une controverse naissante, c'est par accident, & non par la conduitte du S. Esprit. Il suppose en second lieu que nous avons retranchés les Remonstrants de nôtre communion parce qu'ils n'ont pas voulu se soumettre à la décision du Synode de Dordrecht, cela n'est pas vray. On les a retranchés de la communion, parce qu'ils n'ont pas voulu se soumettre à une Doctrine, premierement que nous croyons conforme à la parole de Dieu, secondement que nous nous etions obligés par une confession confederée de soutenir & de deffendre contre le Pelagianisme de l'Eglise Romaine.

Mais la principale de ces fausses suppositions regarde l'authorité des Conciles & la soumission qu'on leur doit. C'est une matiere que nous avons deja traittée en repondant au premier argument de M. de Meaux. Mais nous sommes reservé diverses choses à dire la dessus pour repondre à l'objection du P. Maimbourg. Il suppose donc faussement que, selon nous, quand une controverse est née dans une Eglise, on est toujours obligé à s'en tenir à la decision qui en est faite par les Conciles assemblés par l'Eglise dans laquelle la controverse est née. Ce n'est point nôtre sentiment on ne peut jamais etre obligé de se soumettre à un Concile errant, ni de recevoir aveuglement les decisions d'un Concile qui peut errer. Car s'il peut errer il se peut faire qu'il ait actuellement erré dans le fait dont il s'agit. Et c'est une consideration dont je me pourrois servir contre le Pere Maimbourg pour prouver que mesme selon ses principes nous ne pouvons être obligés de nous soumettre aux decisions qui ont eté faites dans l'Eglise Romaine du temps de Beranger sur la presence réelle. Tous les Conciles qui furent tenus à ce sujet, ne furent que des Conciles particuliers, il en fut tenu deux l'an 1050. l'un à Rome l'autre à Verceil, un à Tours, l'an 1055. un autre a Rome l'an 1060. & depuis deux autres aussi à

V   Rome

Le raisonnement du P. Maimbourg suppose plusieurs choses tres fausses.

On n'est pas toujours obligé de se tenir à la decision d'un Concile tenu dans l'Eglise de laquelle on est.

Les Conciles qui ont condamné Beranger n'etoyent que particuliers.

Rome fous Gregoire vii. le dernier l'an 1079. Il n'y
a eû aucun de ces Conciles qui ait paffé pour univerfel & par confequent felon les principes que la complaifance du P. Maimbourg pour le Roy luy a fait choi-
fir, ils n'eftoient pas infaillibles quoy que le Pape les
eût confirmés.

Mais c'eft une reflexion fur laquelle je ne veux pas
appuyer parce qu'elles nous écarte de nôtre fujet, il fuffit de fçavoir que, felon nos principes, les controverfes
fur lesquelles un Concile prononce font ou peu importantes, ou de la derniere importance. Si elles font
de peu d'importance & que le Concile ait mal decidé,
Je dis qu'en cette occafion le bien de la paix eft fi grand
qu'on ne luy doit pas refufer le facrifice du filence,
non de la foumiffion d'éfprit, car on ne doit jamais fe
foumettre à l'erreur de quelque nature qu'elle foit, mais
on peut fupprimer des verités dont l'edification de l'E-
glife ne depend nullement. C'eft pourquoy quand un
Synode termine des controverfes qui ne font pas importantes, il ne doit jamais obliger les parties condamnées
à foufcrire & à croire fes decifions. Car c'eft obliger
un homme à ce qui luy eft impoffible. On ne croit
pas ce qu'on veut, toutes les fois qu'on le veut, mais
il peut obliger des gens à promettre folemnellement le
filence pour la paix de l'Eglife. Car fi l'on n'eft pas
maitre de fon cœur, on le peut toujours être de fa langue. Mais fi la controverfe eft telle que la foy Chrétienne y foit fouverainement intereffée non feulement il
faut que la decifion foit conforme à la verité pour que
l'on foit obligé de s'y foumettre, mais il faut de plus
qu'on foit perfuadé que cette decifion eft conforme à la
verité. Pour obliger les Sociniens à fe foumettre aux
decifions du Concile de Nicée & de Chalcedoine, qui
ont prononcé que J. Ch. eft le fils de Dieu, de mefme
fubftance & de mefme eternité que fon Pere, ce n'eft
pas affez que ces decifions foyent vrayes, il faut qu'ils
les croyent vrayes. Si les Sociniens perfuadés que J. Ch.
n'eft qu'une creature s'uniffent avec nous pour confeffer
qu'il eft Dieu & qu'ils l'adorent comme tel, ils demeurent heretiques & deviennent hypocrites & Idolatres.

Voila nôtre principe, fort oppofé à celuy que le P.
Maimbourg nous attribue; felon ce que nous venons

*Un here-
tique de
bonne foy
eft obligé
par fa con-
fcience à
quitter la
veritable
religio-.*

de

de dire quand mefme nous aurions tort dans tous les
points qui nous tiennent feparés de l'Eglife Romaine
nous ferions obligés par nôtre confcience à nous feparer
d'elle & de perfeverer dans noftre feparation jufqu'á ce
que nous puffions étre perfuadés qu'elle a raifon. Nous
fommes convaincus en nôtre confcience que le pain de
l'Euchariftie n'eft pas le vray corps du feigneur, cela
etant nous ferions & Idolatres, & heretiques & hypocrites fi nous nous reüniffions avec l'Eglife Romaine ;
& fi nous nous foumettions aux decifions de fes conciles
fur cette matiere. Ce principe eft d'une evidence qui
fe fait voir à tous ceux qui ont quelque liberté d'efprit,
& qui fçavent ce que c'eft que l'empire de la confcience
& combien on eft coupable quand on luy refifte. Je
fçay bien que d'ailleurs cette doctrine fouffre de grandes
difficultés, elle a cela de commun avec plufieurs verités
tres certaines & mefme tres evidentes. La divifibilité
de la matiere à l'infiny ne fe prouve pas fimplement,
elle fe demontre, cependant il y à des difficultés la
deffus qu'on entreprendroit inutilement de refoudre.
Celles qui fe font contre nôtre principe ne font pas
juftement de cêt ordre, il les faut voir.

Premierement on dira que fi nôtre principe eft vray, *Quóyque des heretiques foyent obligés par leur confcience à fe feparer, il pechent pourtant en fe feparant.*
des heretiques qui croyent avoir eté injuftement condam-
nés par une Eglife ne font pas coupables de fe feparer
d'elle, car on n'eft pas coupable quand on fait ce qu'on
eft obligé de faire par confcience. Je reponds que cette
maxime eft tres fauffe. On eft fouvent coupable en
faifant ce que l'on doit faire en fuivant les mouvements
de fa confcience. Il y a une confcience erronée, &
errante & une confcience bien inftruite. On n'eft jamais
coupable en faifant ce qu'on doit faire par une confcience
bien inftruite. Mais on eft toujours coupable en faifant
ce qu'on fait pour fuivre les mouvements d'une confcience ignorante ou furprife par les illufions de l'erreur. La volonté ne peche jamais fans quelque erreur
dans l'entendement; mais l'erreur qui produit le crime
ne le diminue pas.

Pour bien comprendre comment les heretiques font
obligés par la confcience à fe feparer d'un culte qu'ils
croyent mauvais, & pour fentir que nous ne detruifons
pas i'cy ce que nous avons cy devant etabli qu'une

con-

conscience errante n'oblige pas, il faut remarquer que
quand une conscience determine malheureusement un
homme à commettre une mauvaise action dans la pensée
qu'elle est bonne, il doit toujours choisir entre deux
actions celle qui est evidemment la moins criminelle, supposé qu'il fût en erreur. Un heretique qui croit que
J. Ch. n'est pas Dieu & qu'il ne doit pas être adoré
comme Dieu est reduit à l'une de ces deux choses, ou
à dissimuler & à demeurer dans la communion où l'on
adore J. Ch. comme Dieu, & à faire comme les autres ;
où à sortir de cette communion par le schisme. S'il
demeure il commet un bien plus grand crime qu'en sortant. Car en demeurant il persevere dans ses sentiments,
il est donc heretique. De plus il adore ce qu'il croit
n'estre pas Dieu, il est donc Idolatre. Il blaspheme
en son cœur le Dieu qu'il adore au dehors, il est donc
interieurement profane. Il dissimule ses pensées, il croit
d'une maniere il agit de l'autre il est donc hypocrite.
Ainsi demeurant dans une communion qu'il croit heretique, il est luy mesme heretique, Idolatre, prophane,
hypocrite ; au lieu qu'en se separant il est simplement
heretique & tout au plus profane. Il est vray qu'une
conscience errante n'oblige & ne peut jamais obliger un
homme à commettre un crime qui est la suitte de son
erreur ; Mais la conscience oblige toujours en quelque
état qu'elle soit à faire l'action dans laquelle seurement
il y a moins de crime. Or il y a moins de crime à un
heretique de se separer que de demeurer dans l'Eglise
orthodoxe la croyant heretique & Idolatre. Cela fait
voir que ceux qui demeurent dans la communion Romaine sans croire la présence réelle pechent beaucoup
plus que s'ils s'en separoient, quand mesme la presence
reelle seroit veritable & l'adoration necessaire.

De la pourtant il ne s'ensuit pas que nous devions
toujours pousser des heretiques cachés, à se declarer &
à sortir de l'Eglise. Il vaudroit mieux pour eux qu'ils
sortissent, mais il vaut mieux pour l'Eglise & pour eviter le scandale de la separation & le peril de la seduction
des simples que les heretiques demeurent cachés. En
demeurant dans cêt état, ils seront plus grievement
punis de Dieu, mais puisque de quelque maniere qu'ils
agissent, ils sont toujours perdus, il vaut mieux qu'ils
soyent

*Un here-
que est ob-
ligé à se
separer,
parce qu'il
peche
moins en
se separant
qu'en de-
meurant.*

*Nous ne
devons ja-
mais pous-
ser, les
heretiques
cachés à se
declarer.*

foyent punis de Dieu plus rigoureufement pour avoir ajouté le crime de l'hypocrifie à celuy de l'herefie que de mettre en danger plufieurs ames qui pourroient etre entrainées par leur fchifme. Ils periffent pour le falut de la nation.

La reponce que nous venons de faire à la premiere difficulté nous aidera dans la reponce que nous avons à donner à la feconde on n'eft pas obligé, felon vos principes, dit on à fe foumettre à un Concile, quand on ne peut etre convaincu qu'il eft conforme à la parole de Dieu & à la verité. Pourquoy donc châtiés vous ceux qui ne fe foumettent pas? Pourquoy vos Synodes retranchent ils les Sociniens de leur communion? doit on châtier des gens qui font ce qu'ils doivent? Je reponds qu'on peut châtier des gens qui fuivent les mouvements d'une confcience erronée. Un homme qui prend le bien d'autruy, parce qu'il croit que tous les biens font communs fuit les mouvemens de fa confcience, mais parce que c'eft une confcience errante, on a pourtant droit de le punir comme un voleur. Dieu punira les Idolatres qui ont a doré le foleil, quoy qu'ils l'adoraffent dans la penfée où ils etoient qu'il etoit Dieu. Si les heretiques font obligés par leur confcience à ne fe pas foumettre aux decifions d'un concile qu'ils croyent faux, l'Eglife de fa part eft auffi obligée par fa confcience à chaffer les heretiques decouverts. Premierement parce que l'Eglife eft obligée de châtier les fçandaleux, Secondement parce qu'elle eft obligée de travailler à la confervation du troupeau qui pourroit étre infecté par le commerce des heretiques. Ainfi la mefme confcience qui oblige un heretique à fe feparer d'une communion où il croit qu'on enfeigne des erreurs damnables, oblige auffi une Eglife à chaffer un homme qui enfeigne des erreurs mortelles. La difference eft feulement en ce que l'heretique qui rompt avec l'Eglife orthodoxe, n'a aucun droit de le faire c'eft pourquoy il peche, & il n'a pas droit de le faire parce qu'il n'y a que la juftice & la verité qui donnent droit de faire une action fans qu'on foit puniffable. L'heretique n'ayant ni la verité n'y la juftice de fon cofté n'a pas le droit de fe feparer quoy qu'il le faffe pour ne pas agir contre fa confcience. Mais l'Eglife orthodoxe a droit de rejetter

On peut chaffer des gens qui agiffent felon les mouvemens de leur confcience.

jetter

jetter un heretique de sa communion parce qu'elle a la justice & la verité de son colté.

Ce que nous venons d'establir, que l'heretique en se separant de l'Eglise orthodoxe agit selon les ordres de sa conscience, & que pareillement une Eglise orthodoxe ou qui s'estime telle qui retranche quelqu'un de sa communion, le doit faire selon sa conscience, semble prouver que quand l'heretique se separe, l'Eglise n'a pas sujet de se plaindre de luy. Et que pareillement quand l'Eglise excommunie un heretique & le chasse, il n'a pas sujet de se plaindre d'elle. Selon quoy l'Eglise Romaine n'a aucun sujet de se plaindre de nous, mais aussi nous n'avons aucun lieu de nous plaindre d'elle, de ce qu'elle nous a chassés & excommuniés ; parce qu'elle a usé d'un droit qui appartient à toutes les societés, qui est de separer de son corps, ceux qui n'en veulent pas suivre les loix. Et parce que nous prenant pour heretiques elle n'a pas dû nous tolerer dans son sein. Elle erre dans le fait, il est vray, mais l'erreur d'une societé qui prend pour prevaricateur celuy qui veritablement ne l'est pas ne la depouille pas de son droit. Tout de mesme qu'un juge mal informé de la verité d'un fait, & surpris par de faux tesmoins, par son erreur ne perd pas le droit qu'il a d'envoyer à la mort un homme opprimé par le faux temoignage.

Un heretique n'a aucun droit de se sepater d'une Eglise orthodoxe parce qu'il n'y a que la verité & la justice qui donnent droit.

C'est ainsi que je raisonnois autrefois dans un autre ouvrage, sur les droits de ceux qui se separent d'un troupeau, & du troupeau qui chasse de sa communion : Mais après y avoir bien pensé je trouve qu'il y a quelque chose à corriger. Quand un heretique se separe de l'Eglise orthodoxe dans la pensée qu'il a qu'elle est idolatre, & qu'elle erre il est vray qu'il fait ce qu'il doit faire selon sa conscience, & il est vray aussi qu'il péche moins que s'il demeuroit dans la communion de l'Eglise orthodoxe ; Mais il est vray pourtant qu'il péche, qu'on a sujet de se plaindre de luy, & qu'il n'a pas droit de faire ce qu'il fait. Par la raison que j'ay dit qu'il n'y a que la justice & la verité qui puissent donner ce droit. Autrement s'il suffisoit d'estre obligé par une conscience errante à faire une action pour avoir droit de faire cette action, & pour oster à ceux contre qui elle est faite le droit de s'en plaindre, il s'ensuivroit qu'un
hom-

homme auroit droit d'aller prendre le bien d'autruy auſſi tôt qu'il ſe feroit perſuadé que de droit naturel & irrevocable tous les biens ſont communs ; Et celuy à qui on auroit oſté le bien n'auroit pas droit de s'en plaindre. Il faut donc dire qu'une conſcience errante ne donne aucun droit, & n'empeſche par le tort de celuy qui fait une action à laquelle il eſt porté par cette conſcience errante.

Pareillement quand un Egliſe errante ſepare de ſa communion & meſme excommunie des orthodoxes en les regardent comme des heretiques, Il eſt vray qu'elle eſt portée à le faire par la conſcience qui luy perſuade fauſſement que de telles gens ſont heretiques, mais cette erreur ne luy donne pas le droit de châtier ces pretendus heretiques ; Et les orthodoxes qui ſont excommuniés comme heretiques, ne laiſſent pas d'avoir droit de s'en plaindre, parce que l'Egliſe errante qui les excommunie en le faiſant n'a ni la verité ni la juſtice de ſon coſté : qui n'a pas raiſon dans le fonds, ne ſçauroit avoir droit dans les ſuittes.

Une Egliſe errante qui chaſſe des orthodoxes, n'a aucun droit de le faire.

L'Exemple d'un juge qui ſemble avoir le droit d'envoyer à la mort un innocent opprimé par le faux teſmoignage ne fait rien icy : parce qu'effectivement ce juge a la juſtice, & la verité pour luy ſelon les loix. Pour punir un homme juſtement ſelon les loix, il ſuffit qu'il paroiſſe criminel, & que ſon crime paroiſſe bien prouvé. On ne juge point dans les barreaux humain ſelon ce qui eſt, mais ſelon ce qui paroît. Un juge n'a aucun droit d'envoyer à la mort un coupable dont le crime n'eſt pas bien prouvé, par des teſmoignages dans leſquels on ne puiſſe trouver à redire. Mais il a d'autre part droit d'envoyer à la mort, un innocent convaincu par des faux teſmoignages ſi bien concertés qu'on ne puiſſe en decouvrir la fauſſeté : D'ailleurs il ne faut pas croire qu'un juge puiſſe acquerir quelque droit nouveau, par des erreurs de droit dans leſquelles il ſera tombé. Et il faut extremement diſtinguer les erreurs de droit & de fait. Si l'erreur de fait d'un juge qui condamne un innocent à la mort le juſtifie, on ne peut pas dire que ce juge s'eſtant perſuadé que de convoler à de ſecondes nôces, eſt un crime comme la ſodomie, auroit droit de brûler les bigames comme les Sodomi-

Pourquoy un juge a droit d'envoyer à la mort un innocent opprimé par le faux teſmoignage.

V 4   tes ;

tes ; parce que ce feroit une erreur de droit. Cependant fi l'erreur d'une confcience fuffifoit pour donner droit à un homme de faire l'action qui fuit naturellement cette erreur ; il eft clair que le juge, dans fes preventions que les fecondes nôces font des abominations, auroit le droit de bruler les bigames.

L'Eglife Romaine n'a pas raifon de fe plaindre de ce que nous nous fommes feparés, parce que nous avons droit dans le fonds.

Selon ces principes il s'enfuit que l'Eglife Romaine n'a aucun fujet de fe plaindre de nous de ce que nous nous fommes feparés d'elle. Premierement parce que nous l'avons fait y étant obligés par nôtre confcience ; fecondement parce que nous avons droit de le faire ayant la juftice & la verité dans nôtre parti. Au contraire nous avons fujet de nous plaindre de l'Eglife Romaine, de ce qu'elle nous a excommuniés & chaffés de l'Eglife comme elle pretend, parce qu'elle n'en pouvoit avoir le droit, n'ayant ni la juftice ni la verité pour-elle. L'Eglife Romaine n'a donc pas feulement peché pour avoir abufé ou mal ufé de fon droit, mais effectivement pour avoir ufé d'un droit qu'elle ne pouvoit avoir. Un fouverain qui condamne à la mort un innocent, le cognoiffant tel ne peche pas en abufant de fon droit ; mais en ufant d'un droit qu'il n'a pas & qu'il ne peut avoir, qui eft d'ofter la vie à un homme qui ne merite pas la mort. Il a feulement le droit d'ofter du monde un innocent qu'il a tout lieu de croire coupable. On dira que la chofe eft femblable, & que l'Eglife Romaine nous croyoit coupables. Il eft vray, mais c'eft par une erreur de droit qui n'excufe pas, & qui ne peut donner aucun droit de faire le mal.

L'autorité pretendüe infaillible n'eft point un moyen qui ait etouffé les herefies.

Il refte une troifiefme difficulté fur la matiere de la foumiffion qu'on doit aux Conciles. Si chacun eft en droit, dit-on, de regarder leur decifion comme des advis & de les rejetter quand on ne les juge pas veritables, il n'y aura aucun moyen de vuider aucune controverfe ni de la determiner. Les heretiques font opiniâtres & pleins d'eux mefmes, ils ne fçavent ce que c'eft que de deferer à des confeils, puisqu'ils ne veulent pas mefme fe foumettre à des ordres ; Ainfi quand une herefie fera une fois née, on ne trouvera jamais moyen de la faire mourir. Je voudrois bien que ceux qui font fi fort valoir cette difficulté nous euffent fourni un bon moyen de ruiner les herefies, & qu'ils nous montraffent

que

que cette auhorité infaillible des Conciles eft pour cela
un moyen tres feur. L'authorité des Conciles a t-elle
impofé filence aux heretiques ? au contraire, ils font
devenus plus furieux, aprés leur condamnation. L'herefie d'Arrius n'eſtoit rien dans le temps qu'elle fut condamnée par le Concile de Nicée. Mais dans la fuitte
elle fit de fi terribles progrés, que l'Orient & le Midi
s'en virent innondés. Il en arriva ainfi des autres herefies, & qu'on le remarque bien. L'herefie de Neftorius & celles d'Eutyches n'ont eté diſtinguées par la
multitude de leurs fectateurs qu'aprés leur condamnation.
Ce ne font pas les Conciles qui ont fait tomber les herefies, & ceffer les fchifmes. Il faut être peu fçavant
dans l'hiſtoire, pour ne pas fçavoir cela. Il y a quelque chofe de divin la dedans. Dieu envoye fes châti-
ments fur l'Eglife, & les herefies font du nombre des
triſtes Jugements de Dieu, qui ceffent quand le ciel le
veut, fouvent par des voyes fecretes & fur lesquelles
on eſt obligé de s'efcrier, c'eſt le doit de Dieu. Que
peut fervir l'opinion de l'infaillibilité pretendüe de l'E-
glife & des Conciles, pour impofer filence aux heretiques, puisque leur principe eſt que l'Eglife de laquelle ils fe departent a erré & c'eſt pour cela qu'ils l'abandonnent ?

Ce n'eſt pas que les Conciles ne puiffent etre d'ufage
mais ce ne font pas des moyens infaillibles. Ils fervent beaucoup plus aux fideles qu'aux heretiques. Les Par quelle
cenfures, & les excommunications peuvent auffi faire voyes e-
quelque chofe, elle donnent de l'averfion pour l'erreur, fteignent
elles élôgnent les perfonnes & font que les fains ne font les here-
pas infectés par la contagion. Mais la parole de Dieu fies.
préchée éclaircie & mife en evidence, eſt le moyen le
plus efficace. Ces remedes ne reuffiffent pas toujours
également bien ; il faut que la maladie ait fon cours,
mais en faifant fon devoir il faut abandonner le reſte à
la providence de Dieu. Il a des moyens en main qui
nous font inconnus, il reprime la fureur du Demon,
il rallentit l'efprit d'orgueil dont les heretiques font animés, il ouvre les yeux qui étoient fermés par les préjugés, il reprime l'amour pour la nouveauté, il envoye des hommes d'une pieté & d'un zele extraordinaire
qui prennent la deffence de la verité & qui combattent vigoureufement l'erreur. C H A-

CHAPITRE XI.

Entrée dans la refutation du premier livre de l'ouvra-
ge de M. Nicole: ce qu'on se propose de faire pour
cette refutation : que pour pouvoir etablir la foy
sur l'authorité, il faut trois choses qui ne se ren-
contrent en aucun aage de l'Eglise. Abbregé des
preuves qui montrent que l'Eglise Romaine n'est pas
infaillible. Deux reflexions sur ce sujet par rap-
port au livre de M. Nicole.

DE six principales difficultés contre la voye d'examen & pour la voye d'authorité, que nous nous
sommes proposés d'éclaicir ; en voila quatre de levées.
Il en reste encore deux. L'une est celle de M. de Meaux
qui a trouvé que par nôtre methode, *nous mettons un*
Chrétien dans certain point où il est obligé de douter si l'escri-
ture est inspirée de Dieu, si l'Euangile est une verité ou une
fable, si I. Ch. est un trompeur ou le Docteur de la verité.
L'autre est celle qui fait la matiere de tout le premier
livre de l'ouvrage de M. Nicole, sçavoir de l'impossibilité de l'examen. La grande preuve qu'il employe par
tout, pour demontrer qu'il y a dans le monde une
authorité infaillible, sur laquelle les hommes se doivent
reposer ; C'est qu'il n'y a que deux voyes pour assurer
sa foy, celle de l'examen & celle de l'authorité. Celle
de l'examen est impossible, donc il faut que celle de
l'authorité & de la soumission aveugle soit la seule veritable. Cette demonstration pretendüe ne vaudroit
rien, si l'on n'avoit prouvé que la voye d'examen est
impossible, c'est donc sur cela que M. Nicole s'est etendu. C'est ce dont il a fait son fort. C'est sur quoy
il triomphe. Dans tout le reste de l'ouvrage il marche, il est mesme asséz prés de terre ; mais icy il vole,
il s'eleve, il insulte, il crie victoire à châque page : on
ne vit jamais rien de si fier, de si pompeux, & de si
grand. Vous diriés à l'entendre qu'il a donné le dernier coup de mort aux Calvinistes. C'est donc le fort
de M. Nicole que allons attaquer. C'est son char de

triom-

triomphe que nous allons renverfer dans le refte de ce
fecond livre & dans le fuivant. Quant à la difficulté de
M. de Meaux, elle trouvera, fa place entre les refu-
tations que nous ferons des principes de M. Nicole. Ce
fera encore luy faire trop d'honneur que d'en parler en
paffant. Son Autheur me pardonnera fi je dis cela,
mais on croira que j'ay raifon de le dire quand j'auray
fait fentir que c'eft un des plus petits fophifmes qui ait
jamais eté fait.

Nous n'avons point encore touché au premier livre
de l'ouvrage de M. Nicole. Le refuter pied à pied,
nous engageroit à repandre des inutilités pour refuter
autant d'autres inutilités qu'il y a repandües. Il eft
vray que s'il y a dans tout l'ouvrage quelque chofe d'e-
blouiffant, il eft dans cette premiere partie. Mais en
verité il y a des chofes fi petites pour un grand homme,
qu'on en a honte pour luy. Ce certain Concile de
femmes & d'enfants, le fymbole de M. Claude, fon
rayon qui revient à toutes les pages font des pauvretés
qui font pitié. Les Autheurs graves ne devroient jamais fuccomber à la tentation de ces manieres qui leur
paroiffant commodes pour tourner leurs adverfaires en
ridicule, les rendent ridicules eux mefmes.

Comme M. Nicole compofe dans la Calvinifme un Concile de femmes & d'enfants, de gens qui ne fçavent ni
lire ni écrire pour juger fouverainement de toutes les controverfes. Nous pourrions auffi compofer dans le Papifme un Concile de fimples & d'Idiots, qui jugent
fouverainement de l'authorité de l'Eglife, de fon infaillibilité, de fes marques, de fes miracles, de la tradition, matieres dont ils jugent par eux mefmes : Ce n'eft
point encore fur l'authorité de l'Eglife. Car pour fe
foumettre à l'Eglife il la faut connoitre, pour la connoitre il la faut chercher, pour la trouver il faut examiner fes marques, pour la croire il faut fçavoir qu'elle
eft infaillible : pour être affuré qu'elle eft infaillible il
faut voir fes tiltres qui font tirés de l'efcriture & de la
tradition. Pour fçavoir par l'efcriture fon infaillibilité,
il faut juger du fens de plufieurs paffages dont on fe fert
à établir l'Idée de l'Eglife. Pour juger de fon infaillibilité par la tradition, il faut examiner ce que c'eft que
tradition & juger fi on à raifon d'eftablir une autre regle

de

Il faut compofer un concile de femmes & d'Enfans dans l'Eglife de M. Nicole auffi bien que dans la nôtre.

de la foy differente de la parole ecrite. Il faut voir où est couchée cette tradition, & d'où on l'a tirée. Sur tout cela au moins, il faudra que le concile de M. Nicole composé de gens qui n'entendent pas mesme les termes de ces disputes, juge souverainement, & decident avec authorité. Le malheur pour M. Nicole, est que dans son concile d'Idiots, Je pourray faire entrer une bonne partie des Prestres & de Pasteurs de son Eglise. Car l'Italie, l'Espagne, l'Allemagne, & mesme la France sont pleines de ces prestres ignorants qui ne sçavent gueres lire, peu ecrire, & qui ne sçavent non plus ce que c'est que Theologie qu'Algebre. Il faut bien s'oublier & faire peu d'attention à ce qu'on écrit pour ne pas voir que ces miserablés railleries peuvent étre retorquées contre l'Eglise Romaine.

Ce n'est donc point à ces choses la, que je me veux attacher, car elles ne le meritent pas. Mais pour aller au fond, je veux faire ces trois choses. 1. Je veux detruire la voye d'authorité, montrer qu'elle est impossible, absurde, que personne ne l'a jamais suivie. 2. En suitte j'establiray quelle est la veritable voye dont Dieu se sert pour donner la foy aux simples, & je feray voir que ce n'est pas cetté voye d'examen, ni ce vain fantosme que M. Nicole a mis en butte de ses traits. 3. Et enfin je montreray que la voye d'examen, n'est pas mesme sujette à tous les inconveniens dont nôtre adversaire pretend l'accabler. C'est la que je repondray en detail, à toutes les raisons du premier livre.

Dieu doit avoir établi une voye de trouver la verité qui soit de la portée des simples.

Pour ne perdre pas d'avantage de temps en prologues. Il faut remarquer que M. de Meaux, M. Nicole & moy convenons de ce principe. C'est que Dieu ayant dessein de sauver les simples aussi bien que les sçavans, ceux qui ont peu d'ouverture d'esprit, aussi bien que ceux en ont beaucoup; & mesme voulant sauver beaucoup plus de simples que de sçavants, il doit avoir établi une voye de produire la foy salutaire, qui soit de la portée de tout le monde, & qui ait de la proportion avec les plus petits esprits. Il s'agit seulement de sçavoir qu'elle est cetté voye. Ces Messieurs soutiennent que c'est la voye d'authorité, & nous soutenons que cela est faux. Nous le prouvons de cette maniere. Pour pouvoir assurer sa foy par la voye d'authorité en se reposant

poſant ſur elle il faut ces trois choſes 1. Il faut qu'il y ait une authorité parlante infaillible dans le monde. 2. Il faut cognoitre où eſt cette authorité parlante & infaillible. 3. Et enfin, il faut avoir des preuves ſolides claires & evidentes de l'infaillibilité de cette authorité parlante. Il eſt clair que ſi l'une de ces trois choſes manque, le Tribunal de l'authorité parlante infaillible eſt renverſé.

Il faut pour trouver la verité par voye d'authorité 3. choſes, que les ſimples ne ſçauroient trouver.

Premierement, s'il, n'y a pas de juge au monde qui ſoit infaillible dans les matieres de foy toute la certitude des cathechumenes & des fideles de M. Nicole s'evanoüit. 2. Quand il y auroit une authorité infaillible & qu'ils ne ſçeuſſent où la trouver, ni où elle ſeroit, cette authorité ne leur ſeroit de nul uſage. Et enfin, quand ils auroient trouvé cette authorité infaillible, à moins qu'ils n'ayent des preuves parlantes, claires & evidentes de ſon infaillibilité toute leur certitude ne ſera que prevention, illuſion & precipitation de jugement. Or nous ſoutenons, premierement qu'il n'y a point d'authorité parlante infaillible au monde, & qu'il n'y en a jamais eû d'autre que celle des prophetes & des Apôtres qui a eté paſſagere ſur la terre. 2. Que ſuppoſé, qu'il y ait une authorité infaillible parlante ſur la terre les hommes ne ſçauroient avoir des marques certaines & evidentes pour la rencontrer, ſelon les maximes ſur leſquelles roulent tous les raiſonnements de M. Nicole. Et enfin que quand ils l'auroient rencontré ils n'ont pas d'evidence de ſon infaillibilité. C'eſt ce que je veux faire voir par une application à tous les aages de l'Egliſe, & à tous les etats des hommes.

La premiere choſe qui ſe preſente icy à prouver, c'eſt qu'il n'y a point ordinairement d'authorité infaillible ſur la terre. C'eſt à dire que l'Egliſe n'eſt pas infaillible. On a ruiné cette pretendüe infaillibilité de l'Egliſe, de maniere qu'elle ne s'en relevera jamais. M. Nicole avoüe que c'eſt une matiere ſur laquelle, M. Claude triomphe, dans ſa reponce au livre des prejugés. Je ne trouve pas qu'il ſoit neceſſaire de m'engager à la repetition de toutes les preuves qu'on a produites depuis peu contre cette pretention de l'Egliſe Romaine, d'eſtre une Egliſe infaillible. On peut voir la deſſus non ſeulement la réponce, de M. Claude aux

Il eſt faux que l'Egliſe ſoit infaillible dans les deciſions. abbregé des preuves.

pre-

prejuges, mais auffi celle de M. Paion au mefme livre.
La lettre 26. de la critique generale fur l'hiftoire du
Calvinifme du P. Maimbourg, & enfin le 3. chapitre
de la premiere partie de nos prejugés legitimes contre
le Papifme. La deffus on verra qu'il eft impoffible
de trouver un moyen feur de decouvrir cette authorité
infaillible, qu'on ne la peut connôitre, ni par l'Eglife
elle mefme, parce que perfonne n'eft crû en fa propre
caufe, ni par l'efcriture parce que, felon ces Meffis.
l'intelligence de l'efcriture fur paffe la force des fimples, ni par la tradition parce que c'eft une voye d'une
longueur qui n'eft pas proportionnée au loifir & à la capacité des fimples : qu'il eft abfurde de dire que l'E-
glife foit infaillible dans la foy ne l'eftant pas dans la
charité, puifque la charité eft tout auffi neceffaire au
falut que la foy : que l'Eglife devroit être infaillible
dans les points de difcipline auffi bien que dans ceux
de foy, puifque la difcipline & le gouvernement font
d'une neceffité abfolüe pour la fubfiftance de l'Eglife:
qu'il y à de l'abfurdité à pofer l'infaillibilité de l'Eglife
dans le droit, & non dans les faits que la pluspart des
controverfes pour ne pas dire toutes, roulent fur des
faits & fur des queftions de fait. Pour fçavoir par exemple fi une telle propofition eft dans l'efcriture &
quel eft le fens de telle ou telle propofition, qui fe
trouve dans la parole écrite ; ce font toutes queftions
de fait, mefme felon les principes des Docteurs du
Papifme, ce que l'on a prouvé. La mefme, on verra
qu'on ne fçait où placer cette infaillibilité, puifqu'il y
a de l'abfurdité à la pofer dans le Pape feul ; qu'il y en a
beaucoup d'avantage à la mettre dans le concile feul ;
& qu'il n'y en a pas moins à la mettre dans le concile
& dans le Pape enfemble. Que la foumiffion aveugle
renferme des abfurdités vifibles, qui ont ête preffées &
pouffées par les Docteurs de Port Royal eux mefmes,
& que cette foumiffion aveugle, peut conduire les hommes aux dernieres impietés. Enfin l'on a fait fentir
avec une force à laquelle on ne fçauroit refifter l'inutilité de ce Tribunal infaillible, quand il y en auroit un
fur la terre ; a moins qu'on ne faffe tous les particuliers
infaillibles. Je ne m'arreteray donc point à prefent la
deffus, & je fuppoferay comme une chofe prouvée que
                                                    l'E-

l'Eglife Romaine n'eft point infaillible ; Je veux feulement faire quelques reflexions fur la matiere, par rapport au livre de M. Nicole.

La premiere, eft fur ce que je lis dans le chap. vme.
de fon fecond livre, *M. Claude*, dit il, *fait des merveilles*
à rejetter par tout cette infaillibilité de l'Eglife. C'eft un
des plus grands champs de fes declamations ; & il y a plaifir
de voir de quelle maniere il s'y exerce en divers endroits de
fa deffence de la reformation. Il faut avoüer qu'il y a quel-
que chofe qui flatte l'efprit humain dans la promeffe qu'il fait
aux hommes de les delivrer de ce joug. On a toujours de la
peine à attribuer l'infaillibilité à des hommes foibles, quelque
talent qu'ils puiffent avoir. Il faut au moins pour cela, qu'ils
foyent affurés d'une affiftance particuliere de Dieu dans le difcer-
nement du vray fens des écritures & de la tradition. Et fe
promettre cette affiftance avec certitude, c'eft une efpece de
miracle. Je fuis bien aife que M. Nicole reconnoiffe
que c'eft attendre une efpece de miracle ; que de fe
promettre une affiftance perpetuelle & infaillible dans le
difcernement du vray fens des écritures. Si cela eft ainfi
perfonne ne fe doit promettre cette affiftance, fans en
avoir une promeffe bien expreffe. Car on eft vifion-
naire & fanatique, quand on fe promet une affiftance
miraculeufe fans promeffe. Mais où font ces promeffes
d'affiftance perpétuelle & infaillible ? Ces promeffes,
dis-je, claires evidentes & certaine, d'affiftance infaillible de Dieu pour les conciles. *Les Catholiques*, dit,
M. Nicole, *accordent cette affiftance au corps des Pafteurs*
affemblés avec les conditions qui les rendent authentiques &
ils fe fondent fur les lieux de l'efcriture qui marquent claire-
ment que J. Ch. affiftera jufqu'à la fin des fiecles les pafteurs
de fon Eglife dans l'exercice de leur fonctions. C'eft à
dire que les conciles fe promettent une affiftance infaillible de l'efprit de Dieu fur ce que J. Ch. difoit à
fes Apôtres. *Je feray toujours avec vous jufqu'à la fin*
du monde. Ie ne vous abandonneray point, je prieray que vôtre
foy ne defaille point, vous avés recu l'onction de la part du
faint, & cette onction vous enfeignera toutes chofes. La
verité eft, que c'eft la tout ce qu'on peut produire de
plus formel, pour prouver l'infaillibilité des conciles. Or
j'avoüe que je ne puis comprendre comment il y a des gens
affés temeraires au monde pour foutenir que ces promeffes
font

Selon
M. Nicole
on ne fe
peut pro-
mettre
l'infaillibi-
lité fans
fuppofer
un miracle.

Il n'y a
point de
promeffe
d'affiftance
perpetuelle
& infailli-
ble.

sont assés evidentes pour se promettre la dessus, une assistance infaillible de l'esprit de Dieu, de laquelle on avoüe qu'elle est une espece de miracle. Est il evident que le S. Esprit parle la des Conciles & aux Conciles dont il ne dit pas un mot? Est-il evident que ces promesses ne regardent pas les particuliers, puisque c'est aux particuliers que J. Ch. & l'Apôtre S. Jean parlent? Est il evident que ces termes signifient une assistance telle & si parfaite que ceux qui l'auront ne puissent tomber en aucune erreur? Pour moy je ne comprends pas comment la prevention peut aller si avant, & je ne sçaurois m'empêcher de soupconner de la mauvaise foy.

Mon autre reflexion, est sur ce que M. Nicole suppose avec une confiance capable d'imposer à tout le monde, que S. Augustin & toute l'antiquité a crû, comme on croit aujourd'huy dans le Papisme, que la voye d'authorité est la seule voye d'affermir la foy, & que les Jugements de l'Eglise sont infaillibles. Nous ferons voir dans la suitte qu'il n'est rien de plus faux que cela à l'esgard de S. Augustin. Mais en attendant je raisonne sur une chose qui est de notorieté publique. Quelle est la cause du tour que les disputes contre les heretiques prennent aujourd'huy, si different de celuy qu'elles avoient du temps de S. Augustin & des autres Peres? depuis deux cent ans, on ne fait retentir dans les controverses que le grand nom d'Eglise, que son authorité, que son infaillibilité, que la certitude de ses decisions, que la soumission qu'on doit avoir pour ses oracles, Je ne trouve pas cela étrange. Il est vray que s'il y avoit un tribunal infaillible dans l'Eglise qui eût des marques evidentes & claires de son infaillibilité ce seroit la chose du monde la plus forte pour convaincre les heretiques. Mais ce Tribunal infaillible subsistoit deja du temps de S. Athanase, de S. Hilaire, & de S. Augustin qui ont eû tant d'affaires contre les heretiques de leur temps. D'où vient donc qu'il n'ont pas rappellé les heretiques à ce Tribunal? D'ou vient qu'ils n'ont pas fait leur fort de cette infaillibilité? qu'ils n'ont pas terracé la dessus les heretiques? D'ou vient qu'entre toutes les disputes que les heretiques ont eûes avec les catholiques, on n'y voit nulle part cette question de l'infaillibilité de l'Eglise? Ce n'est pas que les heretiques

&

& les Catholiques convinssent de ce principe. Car au contraire les heretiques attaquoyent l'Eglise par la, & l'accusoient d'erreur & d'heresie. Apres le grand Concile de Nicée S. Athanase avoit un moyen unvincible de pousser à bout les Arriens. Il falloit leur faire voir que l'Eglise est infaillible dans les decisions & par ce moyen il se fût epargné toute la peine qu'il s'est donnée a refuter les miserables chicanes des Arriens contre le *Consubstantiel*. Jamais homme n'a eû plus d'affaire contre les heretiques que S. Augustin. Il a fait des gros livres contre les Manicheens, les Arriens, les Pelagiens les Donatistes. Il faloit tout au moins à la teste de toutes ces disputes, mettre un chapitre de l'authorité infaillible de l'Eglise, la prouver, & en faire son principal bouclier. Au lieu de cela il s'amuse à suivre ces heretiques dans leurs égarrements, à refuter leurs méchantes raisons, à rappeller à leurs vray sens les passages dont ils abusoient, à les presser par des textes tirés de l'Ecriture sainte. Il est vray que S. Augustin dans son livre, *de utilitate credendi*, & dans sa reponce à l'Epitre du fondement, se veut servir de l'authorité de l'Eglise Catholique pour ramener les Manichéens à la foy. Mais c'est cela mesme qui me fait admirer que S. Augustin n'a pas pressé l'infaillibilité de cette Eglise, car c'estoit la le vray moyen de confondre les heretiques, & de les forcer à la conversion. C'estoit la le vray lieu à prouver que l'Eglise est infaillible; Mais au lieu de cela il se contente de leur proposer l'authorité de l'Eglise comme un motif qui devoit former une presomption favorable & un heureux prejugé, comme un moyen qui devoit commencer leur conversion & les obliger du moins à ecouter. Il devoit dire c'est la le fondement de la foy, c'est le point fixe où vous devés tendre & où vous dévés vous arréter quand vous y serés arrivés. En un mot si l'Eglise est infaillible, c'est un point sur lequel on a toujours dû fortement insister, & cependant on ne nous produit aucun tesmoignage des anciens pour cette pretendüe infaillibilité. Il faut voir combien sont pitoyables les preuves que Bellarmin nous en rapporte dans son second livre, *de Conciliis* chap. 3. & dans le 14e. du premier livre, *de Ecclesia*. Je ne trouve rien de nouveau dans le livre de M. Nicole que certaines

X   paroles

paroles de Facundus, qu'il tire, selon son intention pour établir l'infallibilité des jugements de l'Eglise, mais qui ne signifient rien moins que ce qu'on veut qu'elles signifient. Car quand Facundus dit que l'Eglise ne peut errer en rien, il ne peut entendre que les jugemens des Conciles sont infaillibles, puisqu'il sçavoit si bien que tant de Conciles ont erré. Et quelqu'ait été le sens de Facundus, c'est une chose surprenante qu'il soit le seul qui ait ainsi parlé, & qu'il n'ait dit qu'un mot en passant de cette infaillibilité, au lieu qu'aujourd'huy on ne parle d'autre chose. Il faut être aveugle pour ne pas voir que cette conduitte si differente de l'Eglise ancienne, & de l'Eglise Romainè, ne peut venir que de ce que ces deux Eglises ne sont pas dans les mesmes principes.

CHAPITRE XII.

L'Eglise consideréé dans ses deux premiers aages: dans le premier elle n'avoit pas de Tribunaux infaillibles ni aucun moyen d'establir la foy sur l'authorité. Dans le second aâge l'Eglise Judaique jusqu'a J. Ch. n'a pas toujours eû des Prophetes. Quand elle en a eû, on ne pouvoit pas fonder la foy sur eux sans peril d'illusion selon les principes de M. Nicole.

POur tenir la promesse que nous avons faite, il faut passer sur les divers aâges de l'Eglise, & sur les divers etats de l'homme, & faire voir qu'en aucun, en suivant les maximes de M. Nicole on ne peut dire que la foy des hommes fût fondée sur l'authorité. Je commence par le premier aâge de l'Eglise, c'est celuy qui a precedé la loy de Moyse. Il ne faut pas s'imaginer que depuis Noé jusqu'à Moyse l'Eglise ait eté renfermée dans la seule famille des Patriarches qui nous sont cognus par l'histoire de la genese. C'est un outrage que l'on feroit à la sagesse de Dieu & à sa misericorde, de croire que sur la terre il ne se seroit conservé qu'une seule maison sçavoir celle d'Abraham. Il est evident, par l'histoire de Job, qu'il vivoit long temps

L'Eglise n'étoit point renfermée dans les familles des Patriarches avant Moyse.

temps avant Moyse. Car il étoit du temps que les hommes vivoient encore au dela de deux cents ans : du temps que toutes leurs richesses estoient des troupeaux, du temps que les Peres étoient encore les sacrificateurs de leurs familles, & que le service divin n'estoit pas mis dans la forme où il a eté mis depuis ; du temps que les hommes n'avoient pas d'autre idole que le soleil & la lune, car il ne se justifie que de ces deux Idolatries. Or il est certain que Job n'estant point de la famille d'Abraham, il paroit par la mesme histoire que les enfants de Dieu & les fideles étoient alors repandus dans toutes les nations. Les amis de Job etoient fideles, ils croyoient en Dieu, ils le cognoissoient, ils le craignoient, l'un vient d'un costé, l'autre de l'autre, l'un s'appelle le *Temanité*, l'autre le *Schuhite*, un troisiesme le *Nahamatite* ; noms tirés de leurs Pays & du nom de leurs demeures.

Il est clair aussi à tous ceux qui voudront lire avec attention le livre de la Genese que tous les Cananeens n'estoient pas Idolatres & hors des alliances de Dieu. Les Hetiens disent à Abraham *tu es un Prince excellent entre nous* ; ils luy offrent le plus beau de leurs sepulchres, ils veulent luy donner gratuitement un champ & une caverne qu'il demandoit à achepter. Il n'y a pas d'apparence que des Idolatres ayent eû tant de respect & de consideration pour un homme qui eût eté l'ennemy mortel de leur religion & qui eût adoré d'autres Dieux. Abimelec Roy de Guerar ne parle & n'agit pas en Prince Idolatre ; Il prit à femme Sara femme d'Abraham, mais c'estoit dans la pensée qu'elle etoit sa soeur, Dieu luy paroit en songe pour l'avertir de ce qu'il alloit faire. Il n'honore gueres les méchants de ses revelations. Abimelec repondit à Dieu, *Seigneur tueras tu aussi la nation juste, j'ay fait cecy dans l'integrité de mon coeur, & dans la pureté de mes mains.* Ces paroles ne portent point le caractere d'un impie & d'un Idolatre ; quand cêt Abimelec traita alliance avec Abraham il luy dit, *Dieu est avec toy en toutes choses, maintenant jure moy par le nom de Dieu que tu ne me mentiras pas.* Ces paroles font voir que ce Prince cognoissoit le vray Dieu & croyoit en luy. Les Sichemites surpris par les enfants de Jacob conviennent de s'unir avec eux, & de

Tous les Cananeens n'estoient pas Idolatres divers ses preuves de cela.

Gen. 23.

Gen. 20.

Ch. 21.
v. 22.

Ch. 32.

X 2   ne

ne faire qu'un peuple. C'est une chose assés etrange qu'ils ne font aucune reserve & qu'ils ne stipulent pas au moins, qu'il leur sera permis de garder leurs Idoles; si tant est qu'ils fussent Idolatres. Abraham disoit à Dieu pour emouvoir ses compassions sur Sodome : peut être y a-il cinquante justes. Il n'y songeoit pas, & il ne sçavoit ce qu'il disoit, si dans Sodome le vray Dieu étoit inconnu, s'il n'y estoit point adoré si tous les Sodomites êtoient Idolatres. Lors que Rebecca sentit en son sein deux jumeaux qui se battoient & qu'elle voulut sçavoir ce mystere & ce que signifioit ce prodige, *elle s'en alla pour s'enquerir du seigneur.* Il luy fut repondu qu'elle avoit dans le sein deux enfants, qui seroient peres de deux nations ennemies, & que l'ainé serviroit au Cadet. Il y avoit donc des gens qui n'etoient pas de la famille d'Abraham, lesquels on pouvoit consulter sur les choses douteuses, & à qui Dieu se manifestoit. Enfin l'histoire de Melchisedecq Cananéen & pourtant sacrificateur du Dieu souverain, c'est à dire du vray Dieu ; & le Type du Messie, est une preuve plus que suffisante qu'il y avoit d'autres fideles en ce temps la que dans la famille d'Abraham, d'Isaac & de Jacob. Il est certain que les fideles êtoient dispersés dans tous les lieux de la terre, où il y avoit des habitans. L'Eglise n'estoit point formée en ce temps la comme elle a eté du depuis, elle n'avoit ni troupeaux confederés, ni Evêques, ni Synodes, ni rien de semblable. Chaque pere de famille étoit à ses enfans Pasteur Sacrificateur & Docteur.

L'Eglise avant Moyse ne pouvoit fonder la foy, sur l'authorité des Conciles ni mesme des Prophetes.

Je demande à nos Messrs. comment la foy se produisoit en ce temps la, & sur quoy elle s'appuyoit ce ne pouvoit pas etre par la voye d'examen, ni par la voye de sentiment, selon M. Nicole ; car la premiere est impossible ; la seconde est une voye d'illusion ; il falloit donc que ce fût par la voye d'authorité. Où étoit elle cette authorité où etoient les Tribunaux, les Conciles les Synodes, les decisions, les jugements infaillibles ? Bon ! diront ils, Voila une grande difficulté, il y avoit en ce temps la des Prophetes ; Les Patriarches eux mesmes n'estoient ils pas Prophetes ? Rebecca n'alla telle pas consulter l'oracle ? il y en avoit donc en ce temps la ; cela est bien. Il y avoit alors une authorité infaillible sur
la

la terre, mais cela ne fuffit pas. Il faut de plus que ceux qui cherchent à appuyer leur foy, connoiffent & fçachent certainement que cette authorité eft infaillible.

Je demande premierement, comment les Prophetes de ce temps là étoient eux mefmes affurés que l'efprit qui parloit à eux ne les trompoit point? Dieu dit à Abraham, *fors de ton Pays. Et du milieu de tes parens.* Un autre fois il luy dit, *je multiplieray ta femence, en ta femence feront benites toutes les familles de la terre.* Le demon n'en auroit-il pas pû dire autant. Dieu pour confirmer la foy d'Abraham, fit un jour paffer un brandon de feu, au milieu de diverfes pieces de beftes facrifiées que le Patriarche avoit difpofées fur la terre. Y a-il quelque chofe la dedans que le Demon ne pût imiter, & n'a-il pas fait mille & mille plus grands prodiges? Je demande en fecond lieu comment les autres chefs de famille qui venoient confulter ces Prophetes pouvoient ils avoir des preuves certaines claires & evidentes, car il les faut telles, que ce fuffent des Prophetes? ces difeurs d'oracles faifoient-ils tous des miracles pour appuyer leur miffion? Où font les miracles faits par Noe, par Abraham par Ifaac, & par Jacob? Quand ces Patriarches enfeignoient, fi on les croyoit fur leur parole de tout ce qui leur plaifoit de dire, quelle efpece de foy etoit ce que cela? On avoit lieu de croire qu'ils étoient honneftes gens, qu'ils n'eftoient pas des fourbes, & qu'ils n'euffent pas voulu feindre des commerces avec la divinité. Cela eft bon; Mais *avoir lieu de croire* eft ce avoir une parfaitte certitude. Les prefomptions fuffifent-elles pour établir la foy? étoit-il marqué fur le front de ces honneftes gens qu'ils etoient infaillibles? Les commerces qu'ils avoient avec Dieu, fe faifoient ils en public, & d'une façon notoire à tout le monde? quand les revelations feroient venûes des cieux d'une maniere intelligible, & avec des circonftances d'eclat n'auroit-on pas eté obligé d'examiner pour fçavoir fi cela ne s'eftoit pas fait par voye naturelle, s'il n'y avoit pas de l'illufion & des tours de joueurs de gobelets, & fi le Demon n'entroit par là dedans? qui pouvoit donc donner de la certitude à cette voye d'authorité? Enfin je demande comment la foy des enfants & de Cathechu-

X 3

Note marginale: Il faut remarquer que ces objections font fondées fur la Methode de M. Nicole, qui veut qu'on pouffe les doutes & les difficultés jufqu'à la derniere precifion, car autrement on verra que felon nos principes, les fideles pouvoient alors trouver un fondement ferme à leur foy.

chumenes en ce temps la etoit fondée fur l'authorité? Un pere de famille qui n'eſtoit pas prophete, car ils ne l'eſtoient pas tous inſtruiſoit ſes enfants. Ils avoient droit de luy demander, ſur quelle authorité voulés vous que je fonde ma foy? Le Pere ne pouvoit repondre autre choſe ſinon qu'un tel qui etoit prophete & infaillible le luy avoit ainſi dit. Mais comment ce pauvre enfant s'en pouvoit-il tenir la; ſon pere pouvoit mentir, il pouvoit s'eſtre trompé, il pouvoit avoir ſouffert illuſion; il pouvoit avoir pris un faux prophete pour un vray: Il falloit donc ou que l'enfant regardaſt ſon pere comme infaillible, que par ce moyen il impoſaſt ſilence à tous ſes doutes; ou qu'il demeuraſt incredule, & qu'il attendît l'aage de 15. ou 20. ans pour aller luy meſme a la ſource de la revelation, pour examiner le prophete, & les marques de ſa million. Car encore une fois il ne ſuffit pas que nous avons une authorité parlante infaillible, il faut que nous ayons des marques indubitables de ſon infaillibilité. Encore aujourd'huy lon ne voudroit pas nous obliger à nous ſoumettre à l'Egliſe, n'eſtoit que cette Egliſe a les caracteres, dit-on, de la plus grande authorité qui ſoit au monde: c'eſt à dire des marques indubitables de ſon infaillibilité. Voila pour le premier aage de l'Egliſe.

Sous le miniſtere de Moyſe, on ne pouvoit pas s'appuyer ſur l'authorité. Je viens au ſecond, c'eſt celuy de là loy qui a duré depuis Moyſe juſqu'à J. Ch. Moyſe vint apporter aux Iſraelites une nouvelle loy, mais il vint avec toutes les preuves d'une million extraordinaire; Il eut des commerces ſecrets avec la divinité, il fit des miracles dans l'Egypte grands & en grand nombre. Il ſurmonta les impoſteurs & les Magiciens d'Egypte, il les forca d'avouer, que ſes miracles ne pouvoient etre faits par enchantement, & que c'etoit le doigt de Dieu. Mais enfin tout cela n'eſtoit peut etre pas tel, que tous les particuliers Iſraëlites puſſent certainement etablir leur foy la deſſus, car tous n'eſtoient pas têmoins des miracles qui ſe faiſoient devant Pharao, Il falloit que ceux qui n'avoient pas veu s'en rapportaſſent à ceux qui avoient veu, & ainſi à l'eſgard de ceux qui ne ſçavoient que par rapport d'autruy, ce n'eſtoit qu'une foy humaine fondée ſur l'authorité de gens qui pouvoient ſe tromper, ou qui pouvoient avoir le deſſein de tromper: Il

y

y avoit, dirat-on, des chofes qui fe paffoient à la veüe de tout le monde; les eaux converties en fang, les defolations qui arriverent dans toute l'Egypte, les eaux de la mer rouge qui fe fendirent, la colomne de feu qui marchoit devant le peuple, la manne qui tomboit tous les matins, l'eau du rocher qui les fuivoit par tout; Mais chacun des Ifraëlites fçavoit il bien precifement les bornes qui feparent la puiffance du Demon de celle de Dieu, pour dire, ce ne peut plus être icy l'efprit malin qui agit, cecy eft au deffus de la force des Demon, ou cecy ne l'eft pas. On aura beau faire on ne me trouvera gueres de fignes qui ne foient equivoques. Le Diable fait des actions fi fort approchantes des vrays miracles que les plus fins y peuvent être trompés. Exciter des tempeftes, tüer des enfants, meurtrir le betail à coups de grefle, former une colonne ardente qui marche au deffus d'un camp ne paroift pas furmonter la force de celuy qui convertit les verges des Magiciens de Pharao en ferpents & les eaux de l'Egypte en fang auffi bien qu'avoit fait Moyfe. Et fi les Magiciens n'imiterent point par leurs preftiges les autres miracles que Moyfe fit en fuitte, ce ne fut pas pour ce que ces miracles fuffent d'un ordre fuperieur, mais parce que Dieu ne voulut pas fouffrir, que ces miferables arretaffent plus long temps par leurs illufions les effets qu'il vouloit produire par fes vrays miracles.

Quand les Ifraëlites dans le defert inftruifoient leurs enfants, fur quoy ces enfants fondoient ils leur foy? eftoit ce fur l'authorité? on leur difoit vous devés croire que Dieu eft le Createur du ciel & de la terre, qu'il eft le vray Dieu à l'exclufion de tous les faux Dieux, qu'il *En portant* nous a donné fa loy fur la montagne de Sinay & par les *les doutes* mains de fon ferviteur Moyfe. Ils avoient droit de *jufqu'a la dernière* demander fur quelle authorité fondés vous cela! Je n'ay *précifion.* point veû tous ces miracles dont vous me parlés & que *Les en-* vous dites qui ont eté faits en Egypte. Je n'eftois pas *fants dans* au monde quand Dieu vous parla fur la montagne de *le defert ne* Sinay. Peut être avez vous pris une tempefte naturelle, *pouvoyent* pour un evenement furnaturel: peut etre que le Demon *avoir la* vous a enchantés, vous avés crû voir ce que vous n'avés *foy felon* point veû. Il eft vray que je voy au deffus de nôtre *les princi-* camp une colomne de feu qui n'en bouge point que *M. Nicole.*

pour s'avancer devant nous quand nous allons de lieu
en lieu. Il est vray auffi que je voy tomber tous les
matins de la manne. Mais depuis que je fuis au monde
je voy la mefme chofe, peut etre que ce que vous dites
eftre un miracle fe fait par les loix de la nature, comme
le foleil fe leve & fe couche tous les matins & tous les
foirs. Pour fe refoudre fur tous ces doutes, les **Ca**-
techumenes Ifraëlites ne pouvoient avoir qu'une authorité humaine. Les caracteres & les fignes de miffion
divine que Moyfe leur pouvoit donner n'eftoyent pas
tels qu'ils puffent fixer leur efprit & arreter tous leurs
doutes s'ils euffent eté tenus d'examiner à la rigueur.
Cependant s'ils n'examinoyent pas à la rigueur les caracteres de cette authorité de laquelle dependoit toute
leur foy, les voila dans le danger de l'illufion & dans
le peril de prendre une fauffe authorité pour une veritable, fuivant les principes fur lefquels roule tout le
premier livre de M. Nicole.

Après la
mort de
Moyfe &
de Iofue il
n'y eut
plus de
moyen de
s'affurer
de L'au-
thorité.

Mais fuppofons qu'il n'y eût rien d'equivoque dans
les fignes & dans les miracles qui prouvoient la divinité de la miffion de Moyfe. Ces miracles ne durerent
pas long temps; Moyfe mourut, Jofué par plufieurs
actions furprenantes mit ce peuple en poffeffion de la
terre promife; il mourut auffi, les miracles devinrent
extrememenv rares & ne furent plus que pour quelques
particuliers. Où etoit alors l'authorité infaillible? Dieu
continua le facerdoce dans la famille d'Aaron, mais
ce facerdoce alloit-il de Prophete en Prophete? Les
facrificateurs etoient ils infaillibles? faifoient ils des miracles pour prouver leur infaillibilité? Pouvoit-on avoir
des preuves parlantes vifibles fenfibles aux yeux des plus
fimples que ces gens fuffent infaillibles? Car il faut
toujours fe fouvenir de cela qu'il faut pour la voye
d'authorité premierement avoir un juge infaillible, fecondement un juge qui ait des marques evidentes de fon
infaillibilité. On s'eloignoit alors de plus en plus du
fiecle des miracles qui avoient confirmé la loy: des
enfants qu'on inftruifoit euffent pu faire cent & cent
exceptions contre l'hiftoire de Moyfe. Il auroit falu
entrer en difpute avec eux pour leur prouver que cette
hiftoire ne pouvoit etre fabuleufe & j'avoüe qu'on auroit
pû leur en donner de tres bonnes raifons, mais enfin il
fe

se seroit trouvé que ce n'auroit plus eté la voye de l'authorité. C'auroit eté la voye d'examen, car ces Catéchumenes seroient arrivés à la certitude de la foy par l'examen des faits de l'histoire & des circonstances de ces miracles de Moyse.

Dieu, dit-on, envoyoit de temps en temps des Prophetes & des hommes inspirés sur le tesmoignage desquels, on se pouvoit reposer. Premierement je dis que ces Prophetes n'estoient pas si frequents ni si communs : durant le temps des juges nous n'en voyons pas beaucoup. Secondement tous ceux qui instruisoient les enfants les renvoyoient ils à ces Prophetes pour se reposer sur leur authorité? Il falloit que les enfants se rapportassent au jugement de leurs Peres, & ce n'etoit plus qu'une foy humaine, s'ils croyoient par authorité, car ces peres n'etoyent pas infaillibles.

Les Prophetes qui venoyent de temps en temps n'ouvroyent pas la voye d'authorité pour tout le monde.

De plus ces Prophetes portoient ils sur le front des marques incontestables de leur mission? Nous ne lisons pas que Jeremie ait fait des miracles. Esaye a prédit à Ezechias que l'ombre retourneroit dix degréz sur le quadran d'Achaz; Mais cela seul pouvoit-il suffire pour rendre son authorité si sensible qu'aucun n'y pust resister? De plus ce miracle le fit-il à la veüe de tout le monde? Chaque particulier pouvoit il fonder sa foy sur un fait qu'ils ne sçavoient que par oüy dire? Il est certain que les prophetes ordinairement ne faisoient pas de miracles. Samuel n'en a point fait que nous sçachions, ni Nathan, ni tous les autres. Elie & Elizée qui vivoyent dans le schisme, c'est à dire au milieu des dix tribus schismatiques & mesmes Idolatres ont fait des grands miracles, Mais c'est parce qu'ayant à soutenir la verité au millieu d'un peuple plongé dans la derniere corruption & qui negligeoit la loy, ce qu'il y avoit de fideles la dedans avoit besoin de grands appuis pour ne pas succomber à la tentation.

Ordinairement les Prophete ne faisoient point de miracles.

Au reste croit-on que ces Prophetes que Dieu envoyoit de temps en temps, fussent les fondements de la foy des fideles, & la grande authorité à laquelle ils soumettoient leur esprit: Pour un vray Prophete, il y en avoit cent de faux, mesme entre ceux qui prophetisoient au nom du vray Dieu. Comme il paroit par l'histoire du 22. chap du 1. livre des Roys où nous li-

Les Prophetes & leur authorité n'estoit pas l'appuy de la foy des fidelles.

lifons qu'un Prophete nommé Tfidikia fils de Kenaha-
na *fe fit des cornes de fer & dit, Ainfi a dit l'Eternel,
de ces cornes icy tu heurteras les Syriens jufqu'a les confumer,
& tous les autres Prophetes prophetifoient de mefme &
difoient monte en Ramoth de Galaad, & tu profpereras:
& l'Eternel les livrera en ta main.* Ils prophetifoient
donc au nom de l'Eternel, du *Jehova* Dieu des Hébreux:
C'eſtoient pourtant de faux prophetes. Les marques
qui diftinguoient les vrays prophetes des faux eſtoyent
elles ſi brillantes & ſi viſibles que le peuple n'y pûſt
étre trompé? Malheureuſe eût eté la nation ſi elle n'eut
eû pour regle de ſa foy & de ſa conduitte la loy de
Dieu & ſa revelation écrite.

L'infailli-
bilité ne
repoſoit
nulle part
ſous la loy
ancienné. Cependant, ces Prophetes oſtés, il n'y avoit pas
d'authorité parlante infaillible dans la ſynagogue. Où
eût-elle eû ſon ſiege, cette infaillibilité? dans la perſonne du Souverain ſacrificateur? C'eſt une reſverie qui
n'eſt jamais montée dans l'eſprit des Juifs qui avancent
avec tant de hardieſſe, & ſi peu de pudeur toutes ſortes de fables pour la gloire de leur nation. Eſtoit ce

Le grand
Sanhedrin
des Juifs
inſtitué
apres le
retour de la
captivité. dans le grand *Sanhedrin?* Ce grand Conſeil des Juifs
eſt ſi obſcur que dans toute l'hiſtoire du viel Teſtament
il n'en eſt pas dit un mot. Il y a bien apparence que
ce fut une inſtitution des Juifs retournés de la captivité de Babylon. Ce conſeil de 70. hommes que Moyſe établit pour partager avec luy la conduitte du peuple
ne ſubſiſta apparemment que durant le ſejour des Iſraëlites dans le deſert. Car ce ſeroit une choſe incom-
prehenſible que dans une hiſtoire de prés de mille ans
ce conſeil des Juifs ne parût pas une ſeule fois. Quand
meſme ce conſeil auroit toujours ſubſiſté, quelle preuve peut-on avoir qu'il fût infaillible? Eſt il poſſible
qu'il n'ait point eu de part à l'Idolatrie dans les triſtes
temps durant leſquels les Idôles furent poſées juſques
dans le temple. Enfin quand ce conſeil eût eté infaillible comment eſt ce que les Juifs euſſent pû en eſtre
aſſurés? Portoit il des marques ſenſibles de la plus
grande authorité qui fut au monde? Je dis des marques
propres à perſuader, & à entrainer les eſprits, & à
donner un parfait repos à la foy? Quand un Pere
Hebreu inſtruiſoit ſon fils & qu'il luy montroit ce grand
conſeil de la nation, avoit-il de bonnes raiſons à luy
dire

dire pour le perfuader de l'infaillibilité de ce grand conceil? Car il eût eté inutile que ce fenat de la Nation eût eté infaillible fi fon infaillibilité n'eût eté recognoiffable à tout le monde. Je ne voy, donc pas où l'on auroit pofé l'infaillibilité de l'Eglife Mofaique.

Aufli ces Meffrs. à qui les fuppofitions ne couftent rien, n'ofent ils dire qu'elle fût intaillible. Mais M. de Meaux a trouvé un admirable fecret pour fuppleer au deffaut d'infaillibilité. *Ce peuple*, dit-il, *avoit cela de propre qu'il fe multiplioit par la generation charnelle, & que c'eftoit par la que s'en faifoit la fucceffion, auffi bien que de celle du facerdoce.* Il ajoute que la circoncifion n'a jamais eté difcontinuée. *Et ainfi quand les Pontifes & prefque tout le peuple auroient prevariqué, l'eftat du peuple de Dieu fubfiftoit toujours dans la forme exterieure, bongré malgré qu'ils en euffent.* C'eft a dire que la perpetuité charnelle de ce peuple luy tenoit lieu de l'infaillibilité fpirituelle. Il n'eftoit donc infaillible que pour la generation & la fucceffion corporelle.

Cela pofé que la Synagogue n'etoit pas infaillible il n'y avoit donc nulle authorité vifible perpetuelle & perfeverante fur laquelle la foy fe pût repofer. Il n'y avoit par confequent aucune foy fous la loy de Moyfe. Je le demontre ce me femble en fuivant precifement les principes de ces Meffrs. Il n'y a que deux voyes pour obtenir la foy des myfteres de la religion, celle de l'examen & celle de l'authorité. Celle de l'examen eft impoffible, elle n'eft point de la portée des efprits des fimples, beaucoup moins fous la loy quelle ne l'eft fous l'Euangile, parce qu'alors les myfteres étoient voilés fous les ombres & fous les enigmes de la loy. Ainfi les fideles du vieu teftament ne pouvoient avoir la foy par voye d'examen. Ils n'avoient alors aucune authorité vivante & parlante qui fût infaillible, fans authorité parlante infaillible, il eft impoffible d'avoir la foy, parce que la foy confifte dans la foumiffion qu'on a pour les decifions de l'Eglife. De la il s'enfuit qu'ils ne pouvoient avoir la foy par aucun moyen, ni par l'examen qui eft toujours impoffible aux fimples, ni par la voye d'une authorité infaillible puifqu'ils n'en avoient pas de telle. Ces Meffrs. repondront à cela quand il leur plaira.

Conference avec M. Claud.

Selon les principes de M. Nicole il n'y avoit aucune foy divine fous l'ancienne loy.

Afin

Depuis le
retour de
la captivité
de Babylon
les Juifs
n'eurent
plus d'au-
thorité
parlante
infaillible.

Afin qu'ils n'ayent pas encore une fois recours aux
Prophetes, considerons le temps qui s'ecoula depuis le
retour de la captivité de Babylon ; Jusqu'a la venue de
J. Christ.   Les Juifs qui sont dignes de foy, quand ils
parlent au desavantage de leur Nation nous avoüent,
que l'Esprit de Prophetie etoit l'une des cinq choses qui
avoient eté sous le premier Temple, & qui manquoi-
ent au second : quatre ou cinq cents ans s'escoulerent
donc durant lesquels le peuple des Juifs fut un peuple
infidelle car n'est on pas infidelle quand on est sans foy.
Tout au moins ce peuple ne pouvoit avoir des Mysteres que des presomptions & ne se soutenoit que de conjectures.   L'Examen ne luy pouvoit donner la foy, car
cêt examen est impossible aux simples, l'authorité infaillible ne pouvoit soutenir la foy car il n'y en avoit
pas ; Ainsi les voila sans foy.   Cependant c'est le temps
dans lequel leur foy avoit le plus besoin d'estre bien
appuyée, car jamais elle ne fût plus violemment atta-
quée.   Non seulement par les persecutions d'Antioches
l'Illustre mais par les sectes qui sortirent du sein de l'E-
glise Judaïque.   On commença à disputer fort & ferme
du sens de la loy chacun la tira à soy par violence.   Il
n'y eut pas jusqu'aux Sadducéens Athées & Impies ni-
ants l'immortalité de l'ame qui ne soutinssent que Moyse
etoit pour eux.   S'il y eût eû alors une authorité visible & reconnüe pour infaillible auroit on souffert des
monstres dans l'Eglise semblables à ces Sadducéens?
n'y ayant pas d'authorité infaillible pour fixer le sens
de la loy & des Prophetes, & d'ailleurs l'examen des
dogmes étant impossible aux simples ; car il leur eût fallu
selon les principes de ces Messrs. lire des gros volumes
de disputes & de commentaires, il est clair que ce peuple n'avoit & ne pouvoit avoir de foy.

Monsf. de Meaux pressé par M. Claude sur l'estat de
l'Eglise Judaïque dans le temps que nôtre Seigneur pre-
choit, sur ce que cette Eglise etoit entierement corrompüe mesme dans la foy, jusqu'à soutenir que J. Ch.
etoit un Imposteur, s'est avisé de dire qu'il n'estoit plus
necessaire qu'alors l'Eglise Mosaïque fût infaillible dans
ses jugemens, parce que J. Christ present faisoit cette
grande authorité de laquelle il est impossible que l'E-
glise se passe.   On voit qu'il se felicite d'avoir trouvé
le ·

le moyen de fortir d'un endroit ou il s'eftoit trouvé
extremement preffé , mais à quoy luy fert cela ? que
ferons nous de quatre ou cinq fiecles qui s'eftoient écou-
lés depuis que l'efprit de Prophetie avoit ceffé ? J. Chrift
a-t-il fuivi immediatement les Prophetes afinque l'Eglife
ne fût point fans authorité infaillible.

CHAPITRE XIII.

L'Eglife confiderée dans fon troifiême aâge qui eft celuy
du Chriftianifme, eux temps. Celuy de l'Euan-
gile s'eftabliffant, & celuy de l'Euangile établi. Que
ni dans l'un, ni dans l'autre, la foy n'a pû etre
fondée fur l'authorité.

NOus voicy arrivez au troifiefme & dernier aage
de l'Eglife, C'eft celuy de J. Chrift, de fes
Apôtres & du Chriftianifme. C'eft principalement
icy qu'on veut etablir la neceffité de ce Tribunal infaillible. Si les deux autres aâges de l'Eglife s'en font
paffez. Je voudrois bien fçavoir pourquoy il eft d'une
neceffité abfolüe dans celuy cy ? Il faut etre fans fince-
rité & fans fcience pour fuppofer qu'il y eût dans l'E-
glife des Patriarches, des decifions faites par des Tribunaux Ecclefiaftiques : Et il faut étre impenetrable
à la raifon, fi l'on n'eft convaincu par les preuves que
nous venons de produire, que l'Eglife Judaïque n'avoit
pas non plus de juge parlant infaillible. Cependant
ils en avoient infiniment plus de befoin que l'Eglife
Chrétienne. Une Eglife difperfée, une famille icy,
une là, meflée parmy d'autres familles Idolatres comme etoit l'Eglife fous les Patriarches pouvoit bien moins
fe conferver pure qu'une Eglife confederée & unie
comme l'Eglife Chrétienne, une Eglife fi peu nombreufe environnée de tant de peuples idolatres comme
étoit l'Eglife fous la loy eût eû bien plus de befoin de
ce Tribunal infaillible qui la garantit de toute erreur,
qu'une Eglife nombreufe & eftendüe comme eft l'Eglife Chrétienne. Enfin dans des aâges, dans lefquels,
ou bien il n'y avoit encore aucune parole ecrite, ou
bien la revelation êtoit beaucoup moins ample & moins
claire

Si les deux premiers aâges de l'Eglife ont pû fe paffer de Tribunal infaillible le troifief-me s'en peut bien paffer auffi.

claire il etoit plus neceſſaire d'avoir une authorité parlante infaillible pour ſuppléer au deffaut de la revelation
ecrite, que dans un temps où la revelation eſt ample &
claire en comparaiſon de ce qu'elle étoit autrefois. Eſt
ce que l'Ecriture ſainte du vieux Teſtament n'etoit pas
auſſi obſcure autrefois qu'elle l'eſt aujourd'huy? Eſt ce
qu'elle n'eſtoit pas capable de recevoir pluſieurs ſens
comme elle l'eſt encore à preſent? Pourquoy donc
Dieu n'avoit il pas etabli en ce temps la comme on
pretend qu'il a fait en celuy cy un tribunal qui pro-
nonçaſt infailliblement lequel des ſens il faloit choiſir?
Je demande la deſſus une raiſon de cette difference qui
me ſatiſraſſe ou qui ſatiſfaſſe ceux, qui de bonne foy
cherchent la verité.

Ce dernier aâge de l'Egliſe ſur lequel nous ſommes,
ſe partage naturellement en deux periodes. Celuy du
Chriſtianiſme naiſſant & s'eſtabliſſant, & celuy du Chriſtianiſme etabli & declinant. Le premier periode eſt
plein de vives lumieres, de miracles, de grandeurs ſenſibles, propres à entrainer les eſprits, mais pourtant je
ſoutiens que dans ces ſiecles pleins de merveilles l'authorité ne pouvoit etre l'unique ſource de la foy, ni ſelon
les principes de M. Nicole, ni ſelon les noſtres. Le principe de M. Nicole *eſt que l'on ne doit croire les choſes non
evidentes par elles meſmes qu'à proportion de l'evidence des
motifs qu'on a des les croire, de ſorte que pour croire un myſtere de foy, il faut avoir une claire & certaine evidence que
celuy qui nous le dit ne nous trompe & ne nous peut tromper.* C'eſt la dis-je, ſon principe comme je le feray voir,
pour l'heure je le reçois pour ce qu'il vaut, me reſer-
vant dans la ſuitte à montrer que cette maxime conduit
droit à l'Atheiſme. Mais cela ſuppoſé quelle foy pouvoient avoir les hommes meſmes du temps de J Chriſt &
des Apôtres? Les Juifs voyoient J. Chriſt faiſant de
grands miracles je l'avoüe, cependant ils pouvoient avoir
des ſcrupules & meſme des ſcrupules aſſés raiſonnables.

Il eſt certain que l'Idée que les Prophetes nous donnent du Regne du Meſſie eſt exprimée en termes grands
& magnifiques comme d'un Roy qui devoit étendre
ſa domination depuis un bout du monde juſqu'à l'autre,
à qui toute la terre devoit rendre hommage. Les Roys
luy devoient donner des preſents & luy baiſer les pieds.

Il

Faux prin-
cipe de M.
Nicole ſur
quoy roule
tout ſon
1. livre.

Les Juifs
dans leurs
prejugés
ne pouvoi-
ent natu-
rellement
ceder à
l'authorité
de Ieſu.
Chriſt.

Il devoit faire ses enfants, c'est à dire, les Juifs, Gouverneurs & Princes du monde. Ces termes des propheties pouvoient etre pris dans le sens propre & dans le figuré, & le sens propre avoit fait de si puissantes impressions sur les esprits de la nation qu'aucun particulier n'estoit echappé. La sainte vierge elle mesme ne sçavoit pas le vray sens des oracles, ce que luy dit l'Ange n'etoit pas capable de l'esclairer la dessus. *Le seigneur luy donnera le Thrône de David son Pere.* Franchement, il n'y a personne qui n'eût crû que l'enfant Jesus devoit retablir la monarchie temporelle de David. Au pied de la lettre J. Christ n'a pas encore receu le Thrône de David, & il faloit bien de la lumiere sur naturelle pour penetrer dans le vray sens de cette promesse; Je ne doute pas que ce ne soit ce que Simeon disoit à Marie, *& mesme une espée percera ta propre ame.*   Luc. 2. Elle est fortement persuadée que son fils regnera, elle croit qu'il sera le Roy de toute la terre; arrivé a l'aage de 30. ans elle le voit preschant faisant, des miracles & des merveilles, mais sans nul acheminement à une grandeur future. Elle voit enfin qu'il est crucifié. Elle ne peut douter qu'elle n'ait conceu du S. Esprit. Elle sçait qu'un Ange a parlé à elle. Elle ne doute pas de la verité des promesses. Mais les moyens qui conduisent à cette fin sont des abismes impenetrables pour elle, ses inquietudes la dessus sont une epée qui la navre. Les Apôtres apres avoir vû J. Christ ressuscité ne sont pas encore revenus de cette prevention, & ils luy demandent, *quand restabliras tu le Royaume à Israel.*   Act. 1.

Les Juifs occupés par ce prejugé ne pouvoient ils pas étre dans la defiance à l'esgard d'un homme qui leur annonçoit une nouvelle loy, qui se disoit le Messie? Ou il faut qu'il leur fût permis pour se tirer de leurs prejugés d'aller examiner les oracles des prophetes eux mesmes; ou que sans examen ils renonçassent au sens general de toute la nation, c'est à dire de toute l'Eglise d'alors, pour en croire un seul homme & un homme qui y etoit interessé & qui se disoit le Messie. S'il leur est permis d'aller consulter les oracles, les voila dans la mer de l'examen, il faut qu'ils écoutent les raisons des Rabbins adversaires de Jesus Christ. Il faut qu'ils entendent toutes les objections & qu'ils examinent

nent les reponces. Il faut qu'ils lifent les commentaires & qu'ils conferent les uns avec les autres avec
une grande exactitude les textes facrés où il eft parlé
du Meffie: Or ces textes font en grand nombre, exprimés en termes myftiques, pleins de grandes figures
& de metaphores. Voila qui eft fort au deffus du Vulgaire & des fimples. S'ils fe determinent pour ce Jefus contre toute la Nation, quelle plus grande temerité peut-on que celle la? Le confentement unanime de
l'Eglife fait un fi puiffant prejugé que c'eft une efpece
de demonftration dans l'efprit des fimples; C'eft aujour-
d'huy une raifon que les autheurs des livres *fur la per-*
petuité de la foy de l'Euchariftie font fort valoir.

A pouffer
les difficul-
tes jufqu'a
la derniere
précifion,
comme
fait M.
Nicole les
Iuifs ne fe
pouvoyent
rendre à
l'authorité
de I. Ch,

Pour fe determiner au prejudice du Jugement de toute l'Eglife d'alors il faloit au moins prendre de bonnes
feuretés du cofté de J. Chrift. Il leur difoit qu'il étoit
le Meffie, le fils de Dieu, le Sauveur du monde, un
impofteur en auroit pû dire autant. Il faifoit de fort
grands miracles: Mais pour n'eftre pas trompés dans
une fi grande affaire il faloit diftinguer les faux miracles
d'avec les vrays. Les Payens avoient leurs miracles,
leurs Prophetes predifoient l'avenir, ils faifoient des
prodiges aux yeux du peuple, ils parloient de refurrection de morts. Sans fortir de leur loy les Juifs y
pouvoient voir que les faux Prophetes faifoient des miracles; C'eft à dire des actions dont le peuple ne pouvoit rendre raifon. Mais J. Chrift, dira-on, faifoit de
certains miracles que le Demon ne pouvoit imiter, par
exemple des refurrections. Oüy mais premierement
on pouvoit foupçonner que les gens refufcités n'avoient
pas eté morts. Il y a des fyncopes qui imitent parfai-
tent la mort, on en a vû de trois & quatre jours.
De plus par quel moyen les fimples pouvoient ils etre
affurés que les refurrections font des œuvres que le Demon ne fçauroit faire? Pour avoir cette certitude il faut
etudier la nature des efprits & des corps, il faut étre
affurés que les hommes ne font pas de pures machines.
Car fi tout étoit matiere dans l'homme, quelle impoffibilité y auroit il que le Diable puft arranger de la matiere & la mettre au mefme ordre où elle etoit auparavant? Il faloit donc étudier la Philofophie d'Epicure
& celle de Platon, voir les raifons de part & d'autre,
eftu-

eſtudier le Grec & l'apprendre, car ces livres n'etoient
pas dans la langue des Juifs. Il eût falu conſulter les
deux Ecôles ſur les ſens qu'ils donnoient aux paroles
de leurs maitres. Sans cela c'eût eté une temerité criminelle, ſelon les principes de M. Nicole, que de ſe determiner ; cependant je ne ſçay ſi les ſimples d'entre les
Juifs euſſent eté capables de tout cela.

Je viens aux Apoſtres. Il eſt vray, ils faiſoient de
grands miracles, toute la nature ſans excepter l'enfer-
ſembloit leur etre aſſujettie. Mais de quoy s'agiſſoit-
il ? d'obliger les Payens à renoncer à une religion qui
avoit deux à trois mille ans ſur la teſte, qui étoit ſoutenüe d'un conſentement unanime de toutes les Nations,
lesquelles faiſoient figure dans le monde. Il n'eſtoit
pas raiſonnable de les induire à quitter une religion ſi
bien appuyée ſans leur fournir un moyen raiſonnable de
s'aſſurer qu'ils avoient trouvé la verité. Cette voye de
trouver la verité, n'eſt pas celle de l'examen car je ſuppoſe avec M. Nicole qu'elle eſt abſurde, impoſſible, ridicule, & qu'elle ſurpaſſe entierement la portée des ſimples. Reſte celle de l'authorité. Mais les Payens avoient deux authorités l'une etoit celle de leurs preſtres
de leurs Anceſtres & du conſentement univerſel de toutes les nations. l'Egliſe Payenne avoit à leur egard la
plus grande marque d'authorité qui fût au monde. De
l'autre coſté ils voyoient des hommes ſans ſcience, ſans
eloquence, ſans credit, ſans force qui ne leur propoſoi-
ent pas moins que de blaſphemer contre tous ces dieux
auſquels ils croyoient etre redevables de la vie & des
biens. Oüy ! mais les Apôtres faiſoient des miracles :
mais au moins dans une telle affaire faloit-il examiner,
eſcouter les oppoſitions des preſtres, leurs exceptions,
leurs raiſons, voir s'il n'y avoit pas de lieu de ſoup-
çonner qu'il y eût du preſtige & qu'un mauvais Demon
ennemy des grands Dieux ne fût la cauſe de toutes ces
œuvres ſurprenantes. Je ſoutiens que tout cêt examen etoit
au deſſus du vulgaire & des ſimples. Il eût falu étudier
la Philoſophie Platoricienne & la Theologie des Demons,
voir ce que les bons & les mauvais Demons peuvent ou ne
peuvent pas : & s'aſſurer de cette propoſition ; *ces gens
icy font des œuvres qui ne ſçauroient être faites que par le
grand Dieu, & par des perſonnes qui parlent en ſon nom.*

Y   Or

Les payens
ne pouvoy-
ent ſelon
le principe
de M. Ni-
cole ajou-
ter foy à la
parole des
Apôtres.

Or il eſt clair, ſelon l'Idée que Monſ. Nicole ſe fait de l'examen, qu'il eſt impoſſible que les ſimples vinſſent à mettre cette propoſition dans une telle evidence qu'on ne pût les accuſer d'eſtre temeraires en ſe determinant.

De plus les Apôtres faiſoient ils des merveilles à chaque pas ? ne faiſoient ils jamais de predication qu'il n'y eut un miracle au bout ? Nous ne voyons pas meſme qu'ils cherchaſſent avec affectation de faire des miracles. Ils n'imitoient pas ces operateurs qui arrivés dans un lieu la premiere choſe à quoy ils penſent c'eſt de faire quelque grande coup de leur metier pour ſe mettre en reputation. Ils faiſoient des gueriſons miraculeuſes quand l'occaſion s'en rencontroit, mais point de ces prodiges qui ne ſont bons qu'à étonner les gens & à preocuper les eſprits. On peut aſſurer avec hardieſſe que les Apôtres ont converti des millions de gens qui ne leur ont jamais vû faire des miracles. Tout au moins eſt-il certain que tout le monde ne pouvoit voir les miracles des Apôtres. Mille, deux mille perſonnes ſi vous voulés étoyent teſmoins oculaires, les autres ne le ſçavoient que pour l'avoir oüy dire : ces derniers croyoient pourtant & ſe convertiſſoient. Mais ils étoient bien temeraires ſelon les principes de M. Nicole de donner creance à des oüy-dires ſur une affaire auſſi importante que celle de traitter leurs Dieux d'Idoles & de mechants Demons. Ces teſmoins pouvoient être trompeurs ou trompés. En matiere de miracles la renommée conſtante eſt ſouvent trompeuſe, tout un Pays ſe remplit du bruit d'un miracle qui n'eſt qu'une impoſture. On en a vû mille & mille exemples. A proprement parler ces gens qui ſe repoſoient ſur l'authorité n'avoient pour appuy qu'un teſmoignage humain, c'eſtoit celuy de leurs voiſins, & ces voiſins n'eſtant pas divinement conduits dans l'examen des faits pouvoient bien ſe tromper. Voila comment les premiers Chrétiens ne pouvoient avoir la foy ſelon les principes de M. Nicole, ni par la voye de l'examen ni par celle de l'authorité. Et par conſequent en ſe convertiſſant ils demeuroient infideles, ou du moins n'appuyoient leur foy que ſur des peut étres & des preſomptions. Ainſi ils étoient temeraires en paſſant à la certitude ſans y etre conduits par l'evidence. Ils n'avoient pas l'evidence de la raiſon car on ne la trou-

vç

[marginal notes:]

Les Apôtres ne faiſoient des miracles n'y ſouvent ni par tout.

Ils ont converti pluſieurs perſonnes ſans miracles.

ve que par un examen qui leur etoit impossible. Ils n'avoient pas l'evidence de l'authorité, car on pouvoit faire cent exceptions contre l'authorité sur laquelle ils s'appuyoient. C'est où M. Nicole conduit les gens; & je commence à tenir la promesse que j'ay faite de montrer que son livre conduit au Pyrrhonisme & a l'Atheïsme.

Voila comment je prouve, selon les principes de nôtre adversaire, qu'il n'estoit pas possible que les premiers Chrétiens s'assurassent d'avoir trouvé la verité par la voye d'authorité. Nous pourrions voir ensuitte comment selon nos principes il n'estoit pas necessaire qu'ils se reposassent uniquement sur l'authorité, mais ce seroit anticiper sur les droits d'un chapitre que nous destinons à examiner de quelle maniere la foy se produit dans les simples, en quoy consiste tout le denoüement de la difficulté.

CHAPITRE XIV.

De l'Eglise Chretienne etablie. Que la voye d'authorité ne peut pas etre celle qui assure la foy. Divers etats où l'on peut considerer les hommes qui cherchent a assurer leur foy.

APres avoir parlé de l'Eglise Chrétienne naissante, je viens à l'Eglise Chrétienne etablie comme elle est presentement, & je soutiens encore, qu'il est absolument impossible que les simples puissent s'assurer aujourd'huy par la voye d'authorité d'avoir rencontré la verité, si l'on suit la methode que Monf. Nicole a suivie contre la voye d'examen. Car devant que les simples Chrétiens puissent croire sans temerité que cette Eglise qui leur parle est infaillible, il faut qu'ils soient assurés premierement que la religion & l'Eglise Chrétienne sont veritables. Secondement que cette veritable Eglise a receu le privilege de l'infaillibilité. En troisiesme lieu que l'Eglise Romaine ou tout autre est la veritable Eglise Chrétienne infaillible à l'exclusion des sectes. Je vous prie par quels moyens croiront ils que l'Eglise Chrétienne est la veritable Eglise a l'exclusion des societés

Pour arriver a la voye de l'authorité il faut d'abord passer par l'examen de la question si la religion Chretienne est veritable.

tés Judaïques, Mahometanes, Payennes ? Eſt-ce par l'e-
ſcriture ? point du tout : car ils ſont & doivent etre encore en doute ſi cette écriture eſt divine. Eſt-ce par le
teſmoignage de l'Egliſe ? nullement car c'eſt elle dont il
eſt queſtion & de laquelle on revoque la verité en doute.
Il faudra donc pour ſe reſoudre la deſſus lire tous les
livres qui ont eté ecrits pour la verité de la religion
Chrétienne. Et cela ne ſuffira pas ; car pour ne juger
pas temerairement, il faut entendre les deux parties. Il
faudra donc ſçavoir quelles ont eté les difficultés des Payens & leurs objeftions contre la religion Chrétienne.
Comme il n'y a plus de gens aujourd'huy qui s'intereſ-
ſent pour le Paganiſme & qu'on ne plaide plus pour luy,
il faudra aller chercher ces raiſons dans les Apologies
des anciens ; dans Juſtin Martyr, Tertullien, Arnobe,
Lactance, Origene contre Celſus, Cyrille contre Julien,
Theodoret, *de curandis Græcorum affeftionibus*, & autres
ouvrages ſemblables des anciens Peres. Car nous n'a-
vons plus les objeftions des Payens que dans les livres
qui y ont répondu. Pour cela il faudra que les ſimples apprennent le Grec & le Latin, qu'ils étudient
bien des volumes ſous lesquels ces objeftions ſont enſevelies. Et avec tout cela ils auront encore ſujet de
ſe defier des anciens ; Ils pourront craindre qu'ils n'a-
yent diſſimulé les plus fortes des objeftions des Payens,
qu'ils n'ayent enervé la force de celles qu'ils ont rapportées en les rapportant avec peu de fidelité. Car ce
ſont de fautes que tous les ecrivains de tous les ſiecles ont
ſouvent commiſes. Il me ſemble deja que voila pour
le moins autant de peines à ſurmonter, qu'il y en a à
juger ſi un dogme eſt dans l'eſcriture, ou s'il n'y eſt
pas.

**Les ſim-
ples ne
ſçauroyent
etre aſſu-
rés de l'in
faillibilité
de l'Egliſe
Chrétien-
ne ſans un
examen
prodigieux
& impoſſi-
ble.**

Mais quand nos ſimples ſeroient ſortis de ce labyrinthe ce ne ſera pas fait ; ils rentreront dans un autre.
Avant que de ſe repoſer ſur l'authorité des l'Egliſe Chrétienne il faut qu'ils ſoient aſſurés que Dieu luy a donné
le privilege de l'infaillibilité, comment s'en aſſureront ils ?
Il ſeroit abſurd de dire qu'ils s'en aſſureront par le teſmoignage de l'Egliſe meſme. Il faudra neceſſairement
qu'ils s'en rapportent à la tradition, à l'experience &
à l'hiſtoire, ou à l'eſcriture. S'ils s'en rapportent à la
tradition il faudra qu'ils examinent eux meſmes, car de
s'en

s'en rapporter à l'Eglife prefente, il n'eſt pas encore temps, elle n'eſt pas juge en ſa cauſe. S'ils entrent dans la tradition, quel mer bon Dieu & quel Ocean! où ſera le fil d'Ariadne qui tirera nos ſimples de ce Labyrinthe? s'ils s'en veulent tenir à l'hiſtoire & à l'experience & voir ſi effectivement l'Eglife n'a point erré depuis 16. ſiecles. Les voila dans une voye non ſeulement infinie mais de contradiction: car on ne veut pas qu'ils examinent. Cependant ils ne ſçauroient juger par l'hiſtoire ſi l'Eglife a erré qu'ils ne prenent chacune de ſes deciſions pour la poſer ſur une certaine doctrine ſeure qui leur ſera la regle pour juger de la verité. Ainſi les voila juſqu'aux oreilles dans la diſcuſſion & dans l'examen des dogmes. Enfin s'ils veulent cognoitre de l'infaillibilité de l'Eglife par l'eſcriture, c'eſt un autre abime dont ſelon ces Meſſrs. ils ne ſe tireront jamais. Car il faut ſçavoir les langues originelles, il faut lire les commentaires &c. Ce ne peut etre la voye des ſimples.

Voila bien du chemin que nous leur avons fait faire. Mais ils ne ſont pas encore au bout. Aprés avoir aſſuré les eſprits des Chrétiens en general que l'Eglife Chretienne eſt la veritable & que la veritable Eglife doit etre infaillible, il faudra qu'ils s'aſſurent ſur cette importante queſtion, ſçavoir quelle eſt la focieté entre les Chrétiens, à qui ce privilege de l'infaillibilité eſt attaché, car ſans cela leur travail precedent ne ſeroit rien. Il faut donc en cêt endroit qu'ils etudient la matiere des marques de la veritable Eglife par oppoſition aux ſectes du Chriſtianiſme. S'ils s'attachent à la marque de l'Eglife que les proteſtants ſoutiennent être la ſeule ſçavoir la conformité des dogmes & du culte avec la parole de Dieu, il faudra qu'ils prennent chaque article des dogmes & chaque partie du culte de toutes les ſectes pour les examiner ſur la parole de Dieu, & les voila dans cêt abiſme d'où on les veut tirer. S'ils prennent pour marques de l'Eglife, l'antiquité, les miracles, la ſucceſſion des chaires &c. voila bien pis, car pour ſçavoir ſi l'Eglife Romaine oppoſée aux autres eſt la plus ancienne, celle qui a le plus de miracles, celle en qui ſe trouve la veritable ſucceſſion il faudra lire des volumes d'une grandeur immenſe; Ce ſont les Conciles & les peres, ſans conter les modernes. Car enfin pour ne pas juger temerai-

Pour s'aſſeurer de l'authorité & infaillibilité de l'Egiſe Romaine en particulier il faudra un autre examen abſolument impoſſible aux ſimples.

rairement il faut entendre les parties, il faudra nous lire & nous écouter. Ainſi quand on marqueroit aux ſimples preciſément les endroits par où ils ſe pourroient aſſurer ſur la ſeule matiere des marques de l'Egliſe je ſoutiens qu'il y en a pour une bonne partie de la vie d'un homme, & que la dedans il y trouvera par les diſputes des hommes des embarras d'où il ne ſe pourra tirer.

Ce n'eſt pourtant pas encore tout; car enfin pour appuyer la foy des ſimples ſur l'authorité de l'Egliſe il faudra qu'ils ayent une parfaite certitude d'evidence que ce qu'on leur enſeigne eſt le ſentiment de l'Egliſe Catholique qui ne peut errer. L'Egliſe Catholique pour un particulier d'entre les ſimples, eſt une idée Platonicienne. Il n'en voit rien, il n'entend que ſon Curé, & quelquéfois pour le plus ſon Evêſque. D'où puiſera-il l'aſſurance que ce Curé & cêt Evêſque luy donnent le veritable ſens de l'Egliſe? Ces gens luy diſent qu'ils ne le trompent pas. Tous les impoſteurs en diſent autant. Quand il va dans les paroiſſes voiſines de ſon village il voit & entend la meſme choſe que chez luy. Cela luy prouve que luy & ſes voiſins ſont dans la meſme opinion, mais cela ne luy prouve pas qu'eux & luy ſont dans le veritable ſens de l'Egliſe. Lira-til les conciles pour s'aſſurer qu'on luy enſeigne ce qui y eſt determiné? mais il ne le peut: Il n'entend pas les langues, il n'a pas l'ouverture d'eſprit neceſſaire pour comprendre, il n'a pas le temps. Enverra-il à Rome pour puiſer à la ſource? Jamais perſonne ne s'en eſt aviſé, & quand on le feroit au retour du meſſager on auroit encore lieu de faire des exceptions ſur la certitude de ſon rapport: Il eſt donc plus clair que le jour que les ſimples papiſtes ne ſe repoſent pas ſur l'authorité de l'Egliſe univerſelle, mais ſur l'authorité de leur curé. Ce curé eſt un homme qui n'eſt pas infaillible. Tout homme qui repoſe ſa foy ſur un teſmoignage qui n'eſt pas infaillible n'a qu'une foy humaine. Voila comment en paſſant ſur les trois âages de l'Egliſe on trouve que par tout la voye de l'authorité renferme des abſurdités qui vont encore bien plus loin que celles que M. Nicole accummule contre celle d'examen.

Pour faire voir de plus en plus les abſurdités de cette voye

Il eſt impoſſible que les ſimples cognoiſſent cette authorité ſur laquelle on veut qu'ils ſe repoſent.

voye d'authorité. Je passeray brievement sur les differents états dans lesquels on peut concevoir les hommes
qui veulent s'assurer qu'ils ont rencontré la verité. Le
premier état est celuy de Cathechumenes convertis du
Paganisme. Je ne parle plus seulement de ces convertis
que faisoient les Apôtres, je parle de ceux qui pourroient aujourd'huy sortir du Judaisme, du Paganisme
& du Mahometisme. Comment ces gens la pourront
ils s'assurer par la voye d'authorité? S'il faut qu'ils
passent sans examen d'une religion à l'autre il n'est rien
de plus temeraire, que sera leur conduitte, selon les
principes de M. Nicole. Passeront-ils dans l'Eglise
Chrétienne sur l'Authorité de son simple tesmoignage?
Cela est absurde; car un homme qui cherche à se convertir n'est pas encore converti, il ne croit pas à l'E-
glise, il ne l'a pas trouvée, il l'a cherché. Or s'il
croyoit sur le temoignage de l'Eglise, il l'auroit trouvée.

 M. de Meaux dans sa conference avec M. Claude, se
trouva si pressé sur l'exemple de ceux de Beroée lesquels examinerent les paroles de la predication de S.
Paul sur les écritures qu'il fût obligé de dire ce qui suit.
Je respondis qu'il y avoit une extréme difference entre les fi-
deles déja enfants de l'Eglise, & soumis à son authorité, &
ceux qui doutoient encore s'ils entreroient dans son sein : que
ceux de Beroée etoient dans le dernier estat, & que l'Apôtre
n'auroit eû garde de leur proposer l'authorité de l'Eglise dont
ils doutoient, mais que ce n'estoit pas de la mesme sorte qu'on
avoit instruit les fideles aprés le Concile de Jerusalem. En
voila assez pour demonter l'ouvrage entier de M.
Nicole. M. de Meaux accorde le droit d'examen à
ceux qui se convertissent du Judaisme; pourquoy non
du Mahumetisme & du Paganisme? Ce n'est pas seulement sur l'article de l'Eglise & de son infaillibilité que
cêt Evêsque accorde le droit d'examen aux Juifs qu'on
invite à la conversion, c'est sur tous les articles en general. Il avoüe mesme que l'examen de ceux de Beroée
ne tomba point du tout sur la question de l'infaillibilité
de l'Eglise *l'Apôtre,* dit-il, *n'auroit eû garde de leur*
proposer l'authorité de l'Eglise dont ils doutoient. Ils n'en
disputerent donc pas puisqu'on ne la leur proposa point.
Ils examinerent pourtant les dogmes qu'on leur propo-

   Y 4   soit.

(marginal note:) Il est impossible que des Catechumenes sortis du sein des infideles arrivent jusqu'à la voye d'authorité.

(marginal note:) Confession de M. de Meaux qui ruine entierement l'ouvrage de M. Nicole Conference.

foit. Pour cêt examen felon M. Nicole & M. de
Meaux, il faloit fçavoir les langues, examiner les originaux. Les juifs Helleniftes auxquels S. Paul préchoit ne fçavoient pas plus d'Hebreu que nous. Il
faloit examiner des textes figurés metaphoriques, reconcilier des paffages apparemment contradictoires,
voir fi ce que les Apôtres prefchòient de J. Chrift
avoit eté prédit par les prophetes. Il faloit s'affurer
que les ecrits des Prophetes ctoient vrays & non fuppo-
fés; approfondir la queftion des livres Canoniques &
Apocryphes; car dés ce temps la il y avoit des livres
Apocryphes. Il faloit voir fi la foy en J. Chrift etoit
de neceffité abfolüe pour etre fauvé, examiner la celebre queftion d'alors fi l'on pouvoit allier J. Chrift &
Moyfe dans une mefme religion, obferver, retenir la loy
& ne pas rejetter l'Euangile. Il faloit écouter fur tout
cela le Pharifien, le zelateur de la loy, les Juifs ennemis de J. Chrift, pefer leurs raifons & voir les répon-
fes des Apôtres. Il faloit tout cela felon les beaux
raifonnements de M. Nicole, fi des gens hors de l'E-
glife le pouvoient faire pourquoy ne le ferions nous
pas? fi les gens hors de l'Eglife ont le droit d'examiner, pourquoy la foy nous fait elle perdre un droit que
nous avions quand nous eftions infideles? Si les fimples dans l'Eglife font entierement incapables de l'examen, pourquoy, les fimples hors de l'Eglife en font ils
capables? faut-il que tous ceux qui fe convertiffent
foient fçavants, fçachent les langues, foient capables
de conferer les verfions avec les originaux, ayent affez
de lumiere pour fe tirer des embarras oùles detours des
difputants jettent les efprits? Au contraire nous voyons
& fçavons certainement que ceux qui fe convertiffoient
à l'Euangile etoient de bonnes gens qui n'etoyent pas
capables de faire un examen comme celuy que M. Nicole definit. Ainfi par le jugement de M. de Meaux
tout ce que dit M. Nicole fur l'examen & fon impoffibilité eft une illufion perpetuelle. Car M. de Meaux
trouve des gens convertis par voye d'examen qui n'ont
pû faire tout ce que M. Nicole foutient qu'ils devroient
avoir fait. Quoy qu'il en foit, de la confeffion de ces
Meffrs. de Rome, les cathechumenes qui fe convertiffent d'entre les payens ne peuvent fe convertir par voye

de

de l'authorité & de la foumiſſion à l'Egliſe. C'eſt une verité qui eſt ſortie du ſein de M. de Meaux à laquelle nous ne permettrons jamais d'y rentrer, & qui ſuffira pour faire voir combien ſont de mauvaiſe foy toutes les chicanes par leſquelles M. Nicole pretend faire croire que S. Auguſtin veut convertir les Manicheens par la voye de la foumiſſion aveugle à l'Egliſe Catholique. Je me ſers des paroles de M. de Meaux *S. Auguſtin n'auroit cû garde de leur propoſer l'authorité de l'Egliſe dont ils doutoient.* Je promets un chapitre pour faire voir le vray ſens de S. Auguſtin dans ſon livre *de utilitate credendi* dont on abuſe.

Un ſecond etat où nous pouvons conſiderer les hommes, c'eſt celuy des cathechumenes nés entre les Chrétiens, enfants que l'on inſtruit des leur bas aâge à dire, *je croy en Dieu, je croy à l'Egliſe,* afinque la foy de ces enfants ſe fondât ſur l'authorité de l'Egliſe il faudroit prémierement qu'on leur mit les choſes dans leur ordre naturel, & qu'on leur dît, il faut croire l'Egliſe premierement puis vous croirés le reſte : car toute vôtre foy doit etre fondée ſur le teſmoignage de l'Egliſe. Il faudroit ſecondement qu'on leur donnaſt bien diſtinctement le ſens de cêt article, *je croy à l'Egliſe,* ou, *je croy l'Egliſe Catholique,* car ſi cela ſignifie je croy qu'il y a un Egliſe Catholique ou Dieu nourrit des elûs, cela ne fera rien pour leur donner cêt eſprit de foumiſſion, puiſque cela ne ſignifiera pas que cette Egliſe ſoit infaillible. Je demande en conſcience à ceux qui inſtruiſent les enfants dans le Papiſme, ſi c'eſt la methode avec laquelle on leur verſe la foy dans l'ame ? Ils apprennent à croire indifferemment en Dieu & à l'Egliſe ſans diſtinguer quel article eſt le fondement des autres. Enfin il faudroit qu'on les éclairaſt ſur ces deux queſtions, l'une qu'il y a une Egliſe infaillible, l'autre que cette Egliſe infaillible eſt l'Egliſe Romaine ; quelle eſt l'authorité ſur laquelle les enfants appuyent leur foy au ſujet de la premiere queſtion : ſçavoir qu'il y a une Egliſe infaillible ? Ce ne peut pas etre l'authorité de l'Egliſe Romaine, car je preſuppoſe qu'ils n'en ſont pas encore venus à la ſeconde queſtion, puis que je les veux aſſurer ſur la premiere qui doit marcher devant. Apres cela comment les aſſurera-t on ſur cette ſeconde

Que les catechumenes nés Chrétiens ne vont pas à la foy par la voye de l'authorité.

Y 5

que-

question sçavoir si l'Eglise qui est infaillible c'est l'Egli-se Romaine. Ce ne peut être encore par le tesmoigna-ge de l'Eglise Romaine car elle se rendroit tesmoigna-ge à elle mesme; Ce n'est pas par là qu'il faut com-mencer, il faut necessairement croire qu'elle est infail-lible avant que de s'assurer sur le tesmoignage qu'elle se pourroit rendre à elle mesme.

Il y a un troisiesme etat des Chrétiens, c'est celuy des adultes qui croyent, connoissent, entendent. Je n'appuyeray pas sur ce troisième ordre de gens, parce que ce que j'ay dit en general de l'impossibilité qu'il y a à trouver la verité par la voye d'authorité les regar-de & tombe principalement sur eux.

CHAPITRE XV.

Examen du chapitre 17e. du premier livre de l'ouvrage de M. Nicole où il essaye de repondre aux difficultés sur la voye d'authorité: que pour decider le point de l'Eglise par voye d'examen il faut tout autant de discussion & de lecture que pour toutes les controver-ses, que si par la voye d'examen on peut vuider par l'escriture la controverse de l'Eglise on peut aussi vuider toutes les autres.

ON pourroit pousser, beaucoup plus loin les diffi-cultés sur la voye d'authorité pour faire voir qu'el-le est absurde & ridicule selon les principes de M. Ni-cole autheur du livre des prejugés; mais c'est assez pour faire comprendre jusqu'ou l'on pourroit aller. M. Ni-cole n'a pû ignorer ces difficultés qu'on n'avoit pas manqué de luy remettre devant les yeux, il a destiné les trois derniers chapitres de son premier livre à y re-pondre, mais en verité il le fait de telle maniere, qu'on à peine à croire que ce soit serieusement qu'il parle. Il faut examiner ce qu'il dit dans ces trois chapitres.

Il appelle les absurdités dont on charge cette voye d'authorité des artifices *le premier de ces artifices*, dit il, *a quelque chose de surprenant, c'est que dissimulant adroittement qu'il s'agit d'un costé de cinq cent questions & de l'autre d'une seule,*

seule, il se contente de tâcher de prouver qu'il est aussi difficile de decider cette question qu'une des cinq cents autres, car
ses preuves ne s'estendent pas plus loin, puisqu'elles se redui-
sent à cecy qu'il est aussi difficile de decider le point de l'Eglise
que les autres points, cependant il pretend conclurre de la que
les Catholiques qui decident tout par l'authorité de l'Eglise
n'ont point une voye plus facile que les protestants, qui les
decident par l'examen de l'escriture ; Ainsi dans la verité ce
qu'il pretend prouver, c'est que le tout n'est pas plus grand
que sa partie & que cinq cent controverses sont aussi aisées à
decider toute ensemble qu'une seule de ces controverses qui en
font partie. Comment est-il possible que des gens puis- *Effroyable*
sent s'ebloüir ou pensent ebloüir les autres par de sem- *hyperbole*
blables chicanes ! Je conte pour rien l'effroyable hyper- *de M. Ni-*
bole des cinq cents controverses que les simples d'entre *cole qui*
les Calvinistes doivent decider ; la Rhetorique des hon- *met entre*
nestes gens est ordinairement plus sage, elle n'outre pas *luy & nous*
si fort les figures. Pour remplir son nombre de cinq *cinq cents*
cents M. Nicole ne manquera pas de conter toutes les *ses impor-*
controverses que nous avons avec les Anabaptistes, So- *tants.*
ciniens, Remonstrants, Mennonites &c. Il aura de la
peine avec tout cela de trouver son conte, mais pour
luy epargner la peine du calcul, on luy declare qu'il
est faux que nous requerions dans un Chrétien la connoissance de toutes les controverses, bien loin de luy
ordonner d'en faire la decision. Un bon paysan du
cœur de la France, qui ne sçait pas qu'il y ait ou qu'il
y ait eù des gens qu'on appelle Mennonites, Anabaptistes, Sociniens, Arriens, Photiniens, Manicheens
&c. est souvent mieux en etat d'estre sauvé par sa foy *Douze ar-*
que ceux qui ont parcouru les catalogues des heresies. *ticles sur la*
On pourroit conter une telle fausse avance pour beau- *matiere de*
coup, mais je veux bien la conter pour rien. *l'Eglise*
Ce que j'observe principalement sur cette chicanerie, *discussion*
& que tout homme de bon sens comprendra, c'est que *desquels il*
pour vuider quatre ou cinq articles par voye d'examen *autant de*
il faut tout autant de science que pour en vuider cinq *science &*
cents. Par exemple il s'agit de sçavoir ce qu'il faut *de lecture*
croire sur ces points. 1. Premierement si l'Eglise est *la discus-*
renfermée dans une seule communion, ou en plusieurs. *sion de*
2. Si les heretiques & schismatiques peuvent etre des *toutes les*
membres de l'Eglise. 3. S'il y a une Eglise infaillible *troverses.*

sur

sur la terre.   4. Si cette Eglise infaillible est l'Eglise
Romaine.   5. Si l'infaillibilité de cette Eglise est dans
le Pape ou dans les Conciles.   6. Si l'Eglise & les
Conciles n'ont pas erré actuellement.   7. Si l'estendüe
ou la visibilité sont les attributs essentiels de l'Eglise.
8. Si l'Eglise a des marques qui la puissent distinguer
des autres societés.   9. Si la succession est une de ces
marques.   10. Si l'antiquité en est une.   11. Si les
miracles ont tousjours eté la marque de la veritable
Eglise.   12. Si l'escriture, l'Eglise ou la tradition sont
les Juges naturels des controverses.   Je n'ay fait que
douze articles sur la matiere de l'Eglise, on sçait bien
qu'on en pourroit faire & qu'on en fait actuellement
beaucoup d'avantage.   Il n'y a pas un de ces articles
dont la decision ne soit absolument necessaire avant qu'on
se puisse reposer sur l'authorité de l'Eglise.   Or je soutiens que la discussion de ces douze articles par la voye
d'un examen tel que celuy sur lequel roulent les disputes de Monf. Nicole demande autant de lecture qu'il
en faut pour la discussion de toutes controverses ensemble.

Premierement il faut traverser tous les grands espa-
ces de l'antiquité, lire les anciens & les bien étudier. S'ils
avoient écrit comme on fait aujourd'huy par systemes,
par sommes & par compends, on pourroit dire qu'on
lira un lieu commun dans leurs ouvrages, un traitté,
un livre où ces questions seroient renfermées.   Mais il
faut prendre un passage icy, & un la, il faut donc courir
par tout, comme si l'on vouloit tout prendre.   De plus
les matieres de Theologie ont une telle liaison que sans
l'une on ne sçauroit entendre l'autre: tellement qu'il
faut necessairement tout embrasser pour se rendre capable de juger d'un seul point.   Je voudrois bien avoir
vû un des simples de M. Nicole, & selon son Idée,
qui fut en etat de decider solidement par les peres &
par l'escriture les controverses de l'Eglise, & qui sur
le reste fût un ignorant n'ayant point d'autre fondement
de sa foy que le tesmoignage de son pasteur & de l'E-
glise.   Enfin je soutiens que pour vuider le seul point
de l'infaillibilité de l'Eglise il faut examiner toutes les
controverses si l'on veut juger solidement: car la question depend de sçavoir si elle a actuellement erré pour
juger

*Pour le
seul point
de l'infail-
libilité il
faut discu-
ter toutes
les contro-
verses.*

juger folidement fi elle a erré il faut examiner chacun des articles fur lesquels elle eſt accufée d'erreur.

La feconde fupercherie que nous faifons dans cette matiere felon M. Nicole n'eſt pas moins eftrange à ce qu'il dit. *C'eſt d'impofer à fon adverfaire ce qu'il ne dit pas & à quoy il n'a jamais penfé pour fe fervir de cette fuppofition comme d'un principe ferme pour conclurre ce que l'on veut, c'eſt ce que M. Claude fait en attribuant à l'autheur des prejugés d'avoir dit ou penfé que le canal de l'efcriture eſt interdit à l'efgard du point de l'Eglife, c'eſt à dire que l'on ne peut prouver l'Eglife par l'efcriture. C'eſt neantmoins ce que cêt Autheur n'a dit ni penfé, il pretend bien que la voye de l'efcriture n'eſt pas propre à decider tous les points controverfés &c. mais il n'a jamais dit qu'on ne fe puſt fervir tres efficacement & tres utilement de l'efcriture pour prouver l'Eglife aux plus fimples mefmes.*

M. Nicole ſe jette dans un piege d'où il ne ſe tirera jamais.

Voila juftement noftre Autheur où nous l'attendions : *On peut prouver l'Eglife par l'efcriture aux plus fimples mefmes.* C'eſt tout ce que je demanmandois. Je ne luy demande point qu'il s'explique fçavoir s'il entend qu'on peut prouver comme par fur abondance l'Eglife par l'efcriture à celuy qui croiroit deja l'Eglife. Car dans la controverfe prefente il y auroit de l'abfurdité à repondre qu'un homme qui croit deja l'Eglife d'ailleurs fe confirme dans la foy de l'Eglife par l'efcriture. M. Nicole a repondu ce que nous venons d'entendre, fur la queſtion que nous faifons à ces Meſſieurs, d'où cognoiſſez vous l'Eglife ? eſtce par l'efcriture, eſtce par un autre moyen ? ou M. Nicole fe joüe malheureuſement des Lecteurs, ou il repond à cette queſtion, & nous veut dire. Je cognois l'Eglife par l'efcriture, en effet les paroles qu'il ajoute font voir que c'eſt la ſa penfée. *L'efcriture n'eſt pas propre à decider tous les points controverfés avec tous les heretiques tant anciens que nouveaux, donc elle n'eſt propre à decider aucun point.* C'eſt la confequence que tire M. Claude, mais certainement cêt autheur, c'eſt à dire l'autheur des prejugés n'y a point de part. L'efcriture eſt donc propre à decider les controverfes fur l'Eglife dans l'efprit de celuy qui cherche quelle eſt la veritable Eglife, & qui ne le ſçais pas encore.

Contradiction de M. Nicole.

La premiere confequence que je tire de là, c'eſt que

la

la connoiſſance de la divinité de l'eſcriture eſt independante de l'Egliſe & de ſes jugements. Article ſur lequel ces Meſſrs. font de ſi prodigieux efforts & ſi opi-
niatres, qu'ils ne veulent point démordre de ce qu'ils ont
avancé : qu'on ne ſçauroit cognoitre ſi S. Mathieu eſt
plus digne de foy que Tite Live ſans le teſmoignage de
l'Egliſe. M. Arnaud l'amy de M. Nicole qu'il deſigne
dans ſon ouvrage pluſieurs fois par le nom de grand
homme le dit expreſſement ; que ce ſeroit une folie
plus claire que le jour d'entreprendre de prouver ſans
l'Egliſe que l'Euangile de S. Mathieu & celuy de
S. Marc ayent eté ecrits par des autheurs divinement

Seconde
Apologie
ch. 3. p. 29.

inſpirés. Je tiens cela pour dit par M. Nicole luy
meſme, car ces Meſſieurs ſont abſolument dans les
meſmes principes. On ne ſçauroit donc cognoitre la
divinité de l'eſcriture ſans l'Egliſe. Cependant avant
que de connoitre l'Egliſe & avant que de recevoir l'e-
ſcriture par ſon authorité, je puis prouver l'Egliſe aux
plus ſimples par l'eſcriture à ce que m'avoüe ici M. Nicole. Et comment prouverés vous cette Egliſe aux
plus ſimples par l'eſcriture, ſi ces ſimples ne cognoiſſent l'authorité de l'eſcriture que par l'Egliſe, ne croyant pas encore à l'eſcriture parce qu'ils ne croyent pas
encore à l'Egliſe? Tout ce que vous leur produirés
de l'eſcriture pour prouver l'Egliſe leur ſera comme
ce que vous tireriés de l'Alcoran. D'autre part ſi ces
ſimples croyent deja à l'eſcriture & à l'Egliſe, a quoy
bon leur prouverés vous l'Egliſe par l'eſcriture? en verité ce ſont la des eſgarements qui ne ſont pas humains.

Pour diſcu-
ter par l'e-
ſcriture un
ſeul point
des con-
troverſes
ſur l'Egli-
ſe, il faut
un ſçavoir
immenſe,
ſelon les
principes
de M. Ni-
cole.

P. 333.

Continuons & nous verrons encore bien autre choſe, *Il eſt faux que cêt autheur*, dit M. Nicole, *ait crû
que ces point de l'Egliſe ne ſe pouvoit prouver par l'eſcriture,
& que ces preuves ne fuſſent pas de la portée des ſimples.*
Voicy donc un article que les ſimples peuvent cognoitre par l'eſcriture & par voye d'examen. Preſentement
ſouvenons nous de ce que dit cêt Autheur dont M.
Nicole fait l'Apologie ; un Calviniſte, dit il, qui ſe
veut inſtruire des articles de ſa religion par l'eſcriture
doit d'abord former trois queſtions. *Car il doit s'aſſurer en premier lieu* 1. *ſi ce paſſage eſt tiré d'un livre canonique.* 2. *s'il eſt conforme à l'original.* 3. *s'il n'y a point*

de

de diverses manieres de le lire qui en affoiblissent la preuve.
Dans le mesme endroit l'autheur prouve que pour
s'assurer par voye d'examen de l'escriture du seul article, que l'escriture comprend tout ce qui est necessaire
à salut, il ne peut suffire de lire ou se faire lire cinq
ou six passages par lesquels on pretend prouver cela,
mais qu'il faut pour être assuré du sens de chacun de
ces passages sçavoir s'il est tiré d'un livre canonique,
s'il est conforme à l'original, s'il n'y a pas de diverses
manieres de le lire : & il prononce. *Qu'on ne se peut
jamais asseurer de ne s'y pas tromper que lorsque l'on se peut
rendre un tesmoignage sincere que l'on n'a rien oublié dans
l'examen que l'on en a fait, de ce qui estoit necessaire pour
s'en asseurer.*

Je demande si pour s'instruire de ce seul article par
l'ecriture, *l'Eglise est infaillible*, il ne faut pas aussi
sçavoir. 1. Si le livre d'où on tire ce passage est **Ca-**
nonique & divin. 2. S'il est conforme à l'original.
3. S'il n'y a pas quelque maniere de lire qui affoiblisse
la preuve. 4. Si ce passage ne peut pas avoir d'autre
sens. Ce premier article emporte & entraine apres
soy non seulement l'examen de la controverse des livres
canoniques & Apocriphes, telle qu'elle est agitée entre
les Chrétiens. Il faudra que le Catechumene qui ne
connoît pas encore l'Eglise & qui la cherche par l'e-
scriture entre en dispute avec les Payens & les Athées.
Il faudra qu'il les ecoute sur tout ce qu'ils ont à dire
contre les livres divins en general, & qu'il espluche
toute la matiere de plusieurs volumes composés pour
prouver la verité de la religion Chrétienne en general.
Pour vuider le second article il faudra, ou qu'il
apprenne les langues originales, où qu'il consulte
grand nombre de sçavants, ce qui sera long & ne
sera peut etre pas encore fort seur. Pour s'assurer sur le troisiesme article il faudra quil examine
les ouvrages des critiques & tout ce qu'on appelle
observations sur les, *variantes lectiones.* Pour s'esclai-
cir absolument sur le quatriesme il faudra qu'il lise les
commentateurs anciens & modernes, qu'il pese les divers sens & qu'il voye les difficultés, les objections,
& les reponces de part & d'autre. *Car on ne se peut jamais
asseurer de ne s'estre pas trompé que lors qu'on se peut rendre*

tes-

tefmoignage de n'avoir rien oublié ! Il faut donc que le fimple de M. Nicole foit tout auffi fçavant que celuy de
M. Claude, qu'il apprenne l'Hebreu, le Grec, le Latin, la critique la Theologie. Il n'eft obligé de s'affurer par l'efcriture que d'un feul article qui fe fubdi-
vife pourtant en douze ou quinze, c'eft celuy de l'Eglife.
Il ne luy faut eftudier pour cela que peut etre une dou-
zaine de paffages de l'efcriture. Pour fi peu il ne fera
pas obligé d'apprendre tout le Latin, tout le Grec, &
tout l'Hebreu. Trente où quarante mots fuffiront, il
n'y en a peut etre pas d'avantage dans les paffages du
vieux & du Nouveau Teftament, où il eft parlé de l'E-
glife. A moins que M. Nicole ne trouve quelque fecret femblable à celuy la, je ne fçay comment il dif-
penfera le favetier du coin de la rüe de fon quartier d'aller au college & de faire fon cours en humanités & en
Theologie. A parler ferieufement ces Meffis. n'ont
point d'esgards pour le fens commun & pour la bonne
foy. Ils renverfent le premier, ils renoncent à la feconde
fans façon toutes les fois que leur interelt le demande.
Et ils ne laiffent pas de fe récrier & de dire. *Voila de
quelles illufions on eft eapable quand la bonne foy n'a nulle part
aux difputes & qu'on ne veut pas voir les chofes les plus evidentes.* Aprés cela fiés vous aux exclamations.

On trouve encore une autre chofe dans le 17me. chapitre qui montre un grand fonds de mauvaife foy dans
M. Nicole. *Il n'eft pas vray que l'on puiffe tout decider
par l'efcriture,* dit-il, *il n'eft pas vray qu'on ne puiffe rien
decider par l'efcriture. Et ce qui eft vray, c'eft ce
que l'efcriture decide fort bien certains points & qu'elle
n'eft pas propre à les decider tous.* Ces points que l'efcriture peut fort bien decider, ce font les queftions de la
nature de l'Eglife, du Juge des controverfes, de l'infaillibilité ; que l'Eglife Romaine eft l'Eglife à l'exclufion
de toutes les autres communions & fur cela il n'y a rien
dans l'efcriture qui ne foit de la portée des fimples.
Pour ce qui eft des queftions de la divinité de nôtre
Seigneur J. Chrift, de la trinité, du facrifice de la meffe,
de la tranfubftantiation, l'efcriture n'eft pas propre à les
decider. Car l'autheur du livre de la perpetuité nous
dit *que le Seigneur n'a pas fait cognoitre fa divinité en termes
fi clairs qu'on ne les puiffe eluder.* Mais pour l'infaillibilité

[marginal notes]
Prodige de mauvaife foy de M. Nicole qui veut que l'efcriture decide facilement la contro-
verfe fur l'Eglife, & ne puiffe decider la controverfe fur la divinité de I. Chrift.

Pag. 103.

lité de l'Eglife elle eft dans l'efcriture fi clairement couchée que les fimples l'y peuvent voir tres facilement Comment na-t-on pas honte d'une telle conduitte? Et que ne pourrions nous point dire pour pouffer ces Meffieurs là deffus? Des toutes les controverfes importantes & qui interreffent le falut, il n'y en a pas de fi clairement decidée que celle de la divinité de J Chrift. Et il n'y eût jamais de pretenfion moins fondée en efcriture que celle de l'Eglife Romaine pour fon infaillibilité. Comparer la clarté des paffages pour la divinité de J. Chrift aux textes qui eftabliffent l'Eglife pour Juge infaillible des controverfes, & dire que ceux ci l'emportent fur ceux la, c'eft proftituer fa reputation au de la de ce qui fe peut dire.

CHAPITRE XVI.

Que les fimples de M. Nicole ne peuvent avoir une voye courte facile & abbregée de connoitre par la tradition que l'Eg. Rom. eft la veritable Eglife & une Eglife infaillible. Refutation du 18me. chap. du 1er. livre de l'ouvrage de M. Nicole : fes illufions eftranges fur la matiere.

NOus cherchons M. Nicole & nous, une voye d'inftruire les fimples : mais une voye qui foit proportionnée à leur fimplicité qui foit courte & debaraffée. Nous ne demandons pas aux pretendus Catholiques un moyen d'examiner facilement & feurement les cinq cents controverfes que Monf. Nicole nous donne à vuider fi liberalement. Le bon Catholique a une voye facile de fe tirer de là il n'a qu'a dire, je croy ce que l'Eglife croit, fans mefme etre obligé de fçavoir ni dequoy il s'agit, ni ce qu'il faut croire. Mais au moins faut il cognoitre par voye d'examen l'authorité fur laquelle on fe peut repofer. Car de croire à l'authorité de l'Eglife a caufe de l'authorité de l'Eglife mefme, cela feroit trop abfurde. Auffi M. Nicole foutient qu'il a trouvé cette voye abbregée, facile, & de la portée de tous les fimples, premierement par l'efcriture, c'eft ce que nous venons de voir : fecondement par

Z la

la tradition, c'est ce qu'il traitte dans le chapitre dix huitiesme. *M. Claude*, dit il, *a tres grand tort de pretendre que les voyes d'instruire les simples de la foy soient longues & embarrassées, on luy soutient que celle de la tradition ne leur est pas interdite.* Voyons qu'elle est cette voye si facile, si courte & si seure pour asseurer les simples par la tradition, au moins de l'article de la souveraine authorité de l'Eglise. Cela consiste en deux articles, on n'en peut pas moins ; & deja sur le seul nombre on peut prejuger que la voye est courte & facile.

Deux moyens faciles selon M. Nicole d'instruire les simples par la tradition.

Le premier article est fondé sur cette Regle de S. Augustin, *que toutes les coutumes que l'on trouve universellement établies dans l'Eglise dont on ne sçait pas le commencement & l'origine doivent justement estre attribuées aux Apôtres.* C'est là dit M. Nicole, *une regle de sens commun & de la portée des plus simples ; Elle suffit pour leur faire embrasser ces coutumes comme Catholiques & ce seroit bien en vain qu'on les en voudroit detourner par de longues discussions.* Après cela pour conduire les simples par la voye de la tradition à la cognoissance de la verité, il faut dit nostre autheur leur apprendre que les ministres avoüent que l'on invoquoit les saints dans le quatriesme siecle, qu'on y veneroit les reliques. *Il en est de mesme*, dit il, *de toutes les autres traditions que les heretiques nous contestent. Elles ont toutes des epoques non contestées qui suffisent aux simples.* C'est à dire par exemple que l'adoration des Images a son epoque qui n'est pas contestée. C'est le septiesme & le huitiesme siecle. La transubstantiation a son epoque certaine. C'est l'onziesme siecle dans lequel les ministres tombent d'accord qu'elle a eté enseignée. Il n'y a donc qu'à dire à un simple. Les ministres tombent d'accord que l'invocation des saints etoit universellement etablie dans le cinquiesme siecle. Que l'adoration des images étoit universellement receüe dans le neuviesme, que la presence reelle & la transubstantiation etoyent universellement crües dans l'onzième, & ainsi des autres. Or c'est une regle de S. Augustin que toutes les coutumes que l'on trouve universellement etablies dans l'Eglise & dont on ne sçait pas les commencements doivent etre attribuées aux Apôtres. Ces coutumes d'invoquer les saints, d'adorer les reliques, & les images se sont trouvées etablies universellement en certains

siecles

fiecles comme on en convient & on n'en fçait pas les commencements: donc il eſt clair qu'on les doit attribuer aux Apôtres.

On ne peut pas nier que ce ne ſoit la une voye fort abbregée d'inſtruire les ſimples par la tradition. M. Nicole nous donne bien plus que nous ne demandions, car nous ne voulions qu'une voye abbregée pour aſſurer les ſimples de l'authorité infaillible de l'Egliſe, & voicy un moyen de l'inſtruire en trois periodes de tous les points controverſés par la tradition. Mais nous avons nos petites exceptions à faire contre cette voye ſi courte & ſi facile. Premierement il faut ſçavoir que la certitude que nous voulons icy donner aux ſimples doit etre independante de l'authorité de l'Egliſe. Car nous cherchons dequoy aſſurer nôtre ſimple de cette authorité; Ainſy nous preſuppoſons qu'elle eſt encore nulle à ſon egard. Secondement nous ne cherchons pas des preſomptions fondées ſur des oüy dire; mais une certitude de foy, & cela encore une fois independemment de l'Egliſe. Or il faut ſe ſouvenir de la regle de ces Meſſrs. *qu'on ne ſe peut jamais aſſeurer de ne ſe pas tromper* prejugés page 340. *que lorſqu'on ſe peut rendre un témoignage ſincere que l'on n'a rien oublié de ce qui etoit neceſſaire pour s'aſſeurer.* Voicy trois ou quatre choſes dont il faut que le ſimple de M. Quatre choſes, Nicole s'aſſeure pour ſe determiner ſur les controverſes dont il faut que le ſimple de M. Nicole examine par voye de diſcuſſion la certitude & la verité. par la voye qu'il vient de nous marquer. 1. De la verité & de la certitude de cette regle, que tout ce qui ſe trouve univerſellement établi dans un certain fiecle, & dont on ne ſçait pas le commencement doit étre attribué aux Apôtres. 2. Que cette regle eſt de S. Auguſtin appuyée d'une grande authorité. 3 Qu'effectivement les miniſtres tombent d'accord qu'en certains tems telles & telles coutumes etoient univerſellement receües. 4. Qu'ils avoüent pareillement qu'on ne ſçait d'où ces coutumes venoient, & qu'ainſy on les peut attribuër aux Apôtres. Il faut dis-je que le ſimple de M. Nicole ſoit aſſuré de ces quatre choſes: ſi la regle de S. Auguſtin eſt fauſſe toute ſa ſcience eſt renverſée. Si la regle n'eſt pas de S. Auguſtin toute l'authorité ſur laquelle il eût pu s'appuyer eſt aneantie: ſi les miniſtres ne tomboient pas d'accord de ces epoques de l'invocation & des autres traditions conteſtées, toute la certitude

du

du raisonnement periroit. Enfin si les ministres n'avouent pas qu'on ne sçait d'où viennent les traditions contestées, on n'auroit encore rien fait pour assurer les simples.

La regle qu'on attribüe à S. Augustin est fausse & les simples ne sont pas capables d'examiner ce qui se dit pour & contre.

Comment faire pour assurer un simple de la verité de cette regle, que tout ce qui se trouve universellement etabli dans un certain siecle, & dont on ne sçait pas le commencement doit etre rapporté aux Apôtres? Ce ne peut etre par l'authorité de l'Eglise; car nous supposons un homme qui cherche cette authorité & qui ne l'à pas encore trouvée. Il faut que ce soit par l'examen. Car M. Nicole nous redit cent fois qu'il n'y a que ces deux voyes pour trouver la verité, l'authorité ou l'examen. *Or on ne peut jamais s'asseurer de ne s'estre pas trompé que lors qu'on se peut rendre un tesmoignage sincere que l'on n'a rien oublié dans l'examen de ce qui etoit necessaire pour s'asseurer.* Il faudra donc que le simple lise les contestations de M. Claude & de ses adversaires sur la possibilité & l'impossibilité des changements insensibles. Bien loin que cette regle soit certaine & evidente, elle est fausse de toute fausseté. Et on l'a prouvé d'une maniere si claire que le public est demeuré persuadé qu'il peut arriver des changements dont on ne sçauroit precisement marquer l'epoque. Au moins faut il entendre la dessus nos difficultés afin de ne pas juger temerairement. Voila qui est deja fort de la portée des simples.

Il est impossible qu'un simple s'assure que cette regle est de S. Augustin.

Sur le second, pour assurer un simple que cette regle est de S. Augustin, ou bien il faudra qu'il s'en rapporte à son Catechiste, ou bien qu'il aille consulter les lieux; ou tout au moins qu'il assemble un assez grand nombre de sçavants & assés sinceres, pour etre asseuré sur leur temoignage de la verité de ce fait. S'il s'en rapporte à son Catechiste il est temeraire. Il ne pourra *jamais se rendre un tesmoignage sincere de n'avoir rien oublié de ce qui etoit necessaire pour s'assurer.* Ce Catechiste est un particulier, il n'est pas infaillible, il peut etre un trompeur: S'il veut consulter S. Augustin luy mesme, il faudra qu'il apprenne la langue Latine, il faudra mesme qu'il lise plusieurs passages de cêt Autheur pour voir si un passage ne donnera pas de lumiere à l'autre. S'il s'en rapporte à un nombre suffisant d'habiles gens, il faudra qu'il assemble une espece de Concile & mesme il faudra qu'il affemble des fçavants de l'une, & de l'autre religion. Car encore faudroit il fçavoir ce que nous aurions à reponde à cette regle de S. Auguftin. Voila une voye fort fûre & fort courte pour les fimples.

Sur le troifiefme, il faut trouver moyen d'affurer ce fimple que les miniftres effectivement tombent d'accord que dans tel & tel fiecle l'adoration des images, l'invocation des faints, le retranchement de la coupe, & les autres traditions conteftées eftoyent eftablies. Si le Payfan qui ne fçait pas lire en croit fon curé le voila retombé dans l'inconvenient de n'avoir fur un fait important que le tefmoignage d'un homme. Si on luy veut faire lire les confeffions des miniftres il faut qu'il etudie les livres des miniftres où fe trouvent ces confeffions, & qu'il les life tout entiers. Autrement fi on ne luy en faifoit lire qu'un paffage on le tromperoit, par ce que les miniftres ne confeffent cela qu'avec de certaines exceptions, reftrictions & obfervations qui oftent tout l'avantage qu'on en pourroit tirer. *Un fimple n'a pas de voye pour s'affurer de ce que les miniftres confeffent ou ne confeffent pas,*

Sur le quatriefme, il faudra bien lire d'avantage ; car on pofe en fait à ce fimple que les miniftres tombent d'accord qu'on ne fçauroit trouver l'origine de ces traditions qu'on veut attribuer aux Apôtres. Au contraire les miniftres en marquent la naiffance, & les progrés de fiecle en fiecle. Si le fimple entre la dedans, le voila dans la difcuffion. Il faut qu'il examine fi ce que nous difons pour prouver & montrer la naiffance des fuperftitions & des erreurs du Papifme eft folide. Il faudra qu'il confulte fes Autheurs & les noftres, il faudra pour fçavoir qui a raifon des deux partis qu'il confulte les originaux. Autrement il ne pourra *fe rendre un temoignage fincere de n'avoir rien oublié de ce qui étoit neceffaire pour s'affurer.* En verité c'eft un peu fe moquer de nous que de nous donner cela pour une voye courte fure & qui foit de la portée des fimples. *Les miniftres n'avoüent pas ce qu'on leur fait avoüer : & les fimples feront obligés d'examiner ce que nous dirons au contraire.*

Du droit je viens au fait. Je demande à M. Nicole eft ce là la voye par laquelle on inftruit actuellement les fimples de l'Eglife Romaine ? Qu'on nous face venir tous les bas artifants de Paris, tous les Payfans de France, d'Efpagne, & d'Italie, dont la plufpart ne fçavent pas lire, fçavent ils qu'il y ait eu au monde un S. Auguftin ? ont ils oüy *Iamais on ne s'eft fervi de la voye abbregée de M. Nicole pour inftruire les fimples de la tradition.*

Z 3   par-

parler de la regle pour juger des traditions Apoftoliques? fçavent ils que les miniftres avoüent qu'on
adoroit les images en un tel fiecle, qu'on invoquoit les
faints en un tel temps? leur a t-on dit que de l'aveu des
miniftres ces coutumes etoient univerfellement etablies
en tel fiecle & qu'on ne fçavoit pas d'où elles venoyent?
c'eft une chofe admirable que cette methode foit fi facile pour inftruire les fimples & qu'on ne s'en ferve
jamais.   Il eft fi peu vray que les femmes, les artifants
& les payfants du papifme fçachent cela que je fuis preft
à gager que de cent curés de village il n'y en a pas
un qui puiffe repondre à ces queftions, ni qui foit arrivé à la certitude de la tradition par cette voye.

Le fecond article de cette voye fi feure & fi abbregée d'affeurer les fimples de l'authorité de l'Eglife par
la tradition, c'eft de leur faire ce fyllogifme.

Pag. 195.
& 196. *L'Efcriture & la tradition enfeignent qu'il y aura toufiours dans le monde une Eglife unique, vifible, fucceffive &
que cette Eglife eft infaillible pour inftruire les fideles des verités de la foy.*

Or Eglife Romaine eft cette Eglife unique vifible.

*Donc l'Eglife Romaine eft infaillible & c'eft à elle à in-
ftruire les fideles des verités de la foy.*

Les deux premieres propofitions ont grand befoin de
preuves ; C'eft precifement le point fur quoy nous demandons qu'on affure les fimples par une voye degagée
de tous les embarras dont on accable la voye d'examen.
Le fecret que M. Nicole a trouvé pour affeurer un fimple de la verité de la majeure, c'eft de luy dire qu'elle
n'eft point du tout douteufe, *& que jamais aucune focieté
ancienne ne l'à revoquée en doute.* Il faudroit que ce fimple
fût bien incredule pour n'eftre pas penetré d'une telle
preuve, fi ce n'eft pas affez il faut ajouter que, *la tradition eft conftante fur le point de la vifibilité perpetuelle
d'une Eglife fucceffive & infaillible.*   Ne voila t'il pas qui
eft beau & bien imaginé? & qu'eft ce qui perfuadera à
ces fimples que cette tradition eft conftante & certaine? fera ce l'authorité de l'Eglife? Mais encore une fois
les fimples dans l'eftat où nous les confiderons n'ont
encore aucune creance pour l'Eglife ; car nous cherchons à les en affurer.   Sera ce le tefmoignage d'un
Pafteur particulier? mais ce Pafteur n'eft pas infaillible ;
c'eft

c'eſt preſque toujours un Preſtre fort ignorant & quand il ſeroit plus ſçavant il ſe pourroit tromper: Non: ce ne ſera pas tout cela ce ſera le conſentement univerſel de toutes les ſocietés Chrétiennes. Toutes conviennent de cette majeure, & on le luy prouvera par la declaration de Monſ. le Patriarche d'Alexandrie & de trente ſix Metropolitains ou Evêques Grecs, par l'atteſtation de ſept Metropolitains d'Aſie, celuy de Siphanto, celuy d'Anaxia, ceux des iſles de Cephalonie, de Zante, & d'Itaque, celuy de Mycene, celuy de Milo, celuy de l'Egliſe de Chio; Par l'acte du Patriarche des Maronites ſigné de pluſieurs Metropolitains preſtres & religieux de ſon Patriarchat; par l'acte du Patriarche Grec d'Antioche appellé Macaire; par l'atteſtation d'un autre Patriarche d'Antioche nommé Neſphyte: par l'atteſtation de l'Egliſe de Damas, par celle des Armeniens de Cio; par celle des Armeniens d'Iſpaham: toutes ces pieces ſe trouvent dans le 3me. tome de la perpetuité de la foy & M. Nicole nous y renvoye aprés en avoir fait le catalogue.

M. Nicole s'expoſe evidemment à paroitre ridicule aux yeux des moins critiques.

Nicole pag 196. & 197,

C'eſt la un de ces endroits qui nous a fait dire au commencement du chapitre precedent qu'on a lieu de douter que M. Nicole parle ſerieuſement. En verité il eſt bien heureux d'avoir rencontré tant de ſçavoir dans les ſimples qu'il a examinés & ſur leſquels il a formé ſon ſyſteme. C'eſt donc la voye d'inſtruire les payſants de Beauſſe, d'où Monſ. Nicole eſt originaire, qui ne ſçavent ni lire ni écrire, de leur mettre dans les mains les atteſtations des Metropolitains de Siphanto, d'Anaxia, & d'Itaque la patrie d'Uliſſe. Pourmoy ſi je m'en croyois je dirois que les payſants de l'Europe n'ont jamais oüy parler de ces grands noms, qu'ils ne ſçavent ce que c'eſt que Metropolitain, ni ou eſt Cephalonie, Itaque, & Mycone; & qu'ils n'ont jamais oüy parler non pas meſme en general de ce conſentement univerſel de toutes les ſocietés Chrétiennes ſur l'article de la viſibilité & de l'infaillibilité de l'Egliſe. Si la controverſe de la perpetuité de la foy ſur l'euchariſtie n'avoit pas obligé Meſſieurs de port Royal a faire venir des atteſtations de tous les coins de l'Orient que feroient aujourd'huy les ſimples & comment les inſtruiroit-on de ce conſentement univerſel? Sur quoy ſe ſont aſſeurés

Les ſimples ne ſçauroyent prendre cognoiſſance des atteſtations des Evêques d'Orient.

les

les simples de seize siecles avant qu'on parlâst de ces attestations? sur quoy est fondée la foy des paysans d'Espagne & d'Italie qui ne peuvent pas avoir oüy parler de la charité que Messieurs de Port Royal ont eû de leur faire venir d'Orient des tesmoignages pour en faire une voye abbregée & les tirer de tout embarras?

Quand les simples prendroient cognoissance de ces attestations ils ne sçauroient s'assurer de leur verité.

Mais supposons que ces attestations leur soyent bien connües, ils seront pourtant temeraires, *s'ils oublient quelque chose de ce qui est necessaire pour s'asseurer*. C'est pourquoy il faudra premierement examiner si les copies sur lesquelles on a imprimé les livres de la perpetuité de la foy n'ont pas eté corrompües : Secondement si Messieurs de Port Royal n'ont pas eux mesmes alteré ces attestations d'Orient. En troisiesme lieu si les personnes que l'on a employées dans l'Orient ont eté bien fideles à faire ces copies, en quatriesme lieu si veritablement les Evesques d'Orient ont écrit ou fait ecrire ces attestations ; en cinquiesme lieu il faudra sçavoir si on ne s'est pas servi de presents pour les gagner ; en sixjesme lieu il faudra voir & examiner quel est le sens de ces attestations, en septiesme lieu il faudra voir si ce consentement & toutes ces attestations font une bonne preuve de la verité d'une opinion ; car c'est une question de droit sur laquelle les Calvinistes contestent, & si on ne les ecoute la dessus on n'aura pas fait tout ce qui est necessaire pour s'asseurer de la verité. Voila donc sept articles de fait, ou de droit qu'il faudra examiner ; & il faudra pour le moins faire un voyage à Paris pour voir les originaux de ces attestations, & peut etre faudra-il faire un voyage au Levant. La voye est fort courte & fort facile, comme on voit.

Cependant ce n'est pas encore tout, car s'il alloit venir dans l'esprit des simples que toutes les societés d'Orient, Nestoriens, Armeniens, Grecs, & les Latins de l'Occident pourroient bien être des differentes sectes d'une fausse religion, comme il y a plusieurs sectes dans le Mahumetisme. Il faudroit avant tout qu'ils s'asseurassent la dessus, car le consentement unanime de mille sectes fausses ne vaut rien. Il faudroit donc avant tout que nostre paysan d'Auvergne ou de Navarre lût les livres qui ont eté composés pour prouver la verité

de

de la religion Chrétienne. En verité on trouve tant de facilité à pouffer ces Meffieurs dans des detroits terribles qu'on en a pitié.

Je viens à la mineure de l'argument. *Or l'Eglife Romaine eft cette Eglife unique vifible & fucceffive.* Voila bien encore une autre difficulté! Il faut que ce payfan qui ne fçait ni lire ni ecrire écoute pourtant les demeslés qui font la deffus entre les Grecs & les Latins, les Neftoriens & les Armeniens. Car de Juger fur une aufli grande affaire fans avoir ouy les raifons des parties, c'eft la derniere de toutes les temerités. Le Concile de payfans & de femmes Catholiques fe trouvera dans cet endroit pour le moins aufli embarraffé que le Concile de femmes & d'enfants Calviniftes à decider par l'efcriture les cinq cent points controverfés. Car il faudra que ces payfans apprennent le Grec & le Latin, qu'ils fe tranfportent en Orient ou qu'ils en faffent venir des gens; ou du moins qu'ils acheptent les livres des uns & des autres & fe donnent la peine de les lire.

Il eft impoffible qu'un fimple s'affure que l'Eglife Rom. eft la veritable à l'exclufion de toutes les autres communions.

Monf. Nicole qui voit bien que cela les obligeroit à beaucoup de depenfe & leur confumeroit beaucoup de temps, par charité les veut bien decharger de cet embarras. *Il n'eft pas befoin,* dit il, *de prouver l'infaillibilité de l'Eglife Romaine en particulier. Pour cela il faudroit des preuves particulieres, & ces preuves ne font pas neceffaires aux fimples.* C'eft un grand bonheur que d'eftre revetu d'une plenitude de pouvoir & de puiffance. Car fans cela je ne fçay comment nôtre autheur pourroit exempter les fimples de la neceffité de chercher de preuves particulieres de l'infaillibilité de l'Eglife Romaine en particulier. A quoy fervira je vous prie d'avoir prouvé à un Catholique Romain que l'Eglife Catholique eft infaillible, fi un autre luy prouve & luy foutient que l'Eglife Romaine n'eft pas cette Eglife Catholique infaillible? Jamais, on n'auroit deviné la raifon de M. Nicole s'il n'avoit eu la bonté de nous la dire.

Apres qu'ils feront etablis dans ce principe, dit il, *qu'il y a dans le monde une focieté vifible fucceffive & infaillible. Ce ne fera plus une affaire que de leur montrer que la focieté des pretendus Reformés n'eft pas cette Eglife, & d'appliquer ce raifonnement à toutes les nouvelles fectes. Et fi toft qu'ils les auront toutes rejettées ils ne feront pas mefme tentés de*

Terrible Illufion que M. Nicole veut qu'on faffe aux fimples Chrétiens.

Z 5

cher-

chercher une autre Eglise que la Romaine. C'eſt à dire en
bon françois qu'il faut tromper les ſimples, ne leur
point parler des Anciennes ſectes des Grecs, des Eutychiens & des Neſtoriens, mais ſeulement des nouvelles ſectes des Lutheriens, Calviniſtes &c. Ils n'auront
pas de peine à comprendre que les ſectes qui ne ſont
que depuis moins de deux cents ans n'ont pas le caractere de la viſibilité perpetuelle & de la ſucceſſion; &
ignorant qu'il y ait au monde des ſectes qui ont mille
& douze cents ans ſur la teſte, ils ne ſeront pas tentés
d'en chercher d'autres que la Romaine. Quelle honteuſe conduite eſt cela? Il faut tromper les gens & leur
diſſimuler la verité, pour les mener à la foy! Et que
deviendra cette belle maxime, *qu'on ne ſe peut jamais aſſurer de ne ſe pas tromper que lors qu'on ſe peut rendre un
temoignage ſincere que l'on n'a rien oublié de ce qui étoit neceſſaire pour s'aſſeurer.* Il y a cinq ou ſix Anciennes
communions dans le monde qui pretendent être la veritable Egliſe; on le diſſimule à un ſimple, on ne luy
parle que des nouvelles ſectes par oppoſition à la communion Romaine, & puis apres cela on dit qu'il a fait
tout ce qui etoit neceſſaire pour s'aſſeurer que l'Egliſe
où il eſt, eſt la ſeule infaillible, à l'excluſion de toutes les autres. C'eſt une honteuſe prévarication & on
ne concoit pas comment on a la hardieſſe de faire imprimer une choſe ſemblable.

Outre cela, peut on *ſe rendre un teſmoignage ſincere
qu'on n'a rien oublié pour trouver la verité,* quand on n'eſ-
coute point ce que les parties contraires ont à oppoſer?
Afin que ce ſimple ait quelque eſpece de certitude que
ces nouvelles ſectes ne ſont pas l'Egliſe il faut premierement qu'il ſçache qu'elles n'ont pas la ſucceſſion & la
viſibilité perpetuelle. Pour cela, il faut qu'il étudie
pour le moins l'hiſtoire du ſiecle paſſé, ou qu'il s'en
rapporte à la foy d'un homme. Il faut en ſecond lieu
qu'il examine cette maxime, que la vraye ſucceſſion
ne conſiſte pas dans une ſucceſſion de chaires de bois &
de pierre, mais dans une ſucceſſion de doctrine; s'il
ne ſçait nos raiſons qu'il ne les ait oüyes & condamnées, c'eſt un temeraire, ſelon les principes de ces Meſſieurs, il n'a pas pris toutes ſes ſeuretés pour arriver à
la verité.

Enfin

Enfin pour dernier retranchement M. Nicole dit.
*Mais quand il faudroit entrer dans la discussion particuliere
de toute la tradition sur l'Eglise la chose n'iroit pas à l'infini. Il y a bien de la difference entre examiner un point
& en examiner cinq cents.* J'ay deja repondu à cela.
C'est une pitoyable defaite. J'ay fait voir que pour
examiner dix ou douze questions principales sur l'Eglise,
il faut sçavoir autant de Grec & de Latin, lire autant
d'anciens Autheurs & de modernes que pour en examiner je ne dis pas cinq cents mais dix mille, si l'on
pouvoit subdiviser la religion en autant d'articles.

CHAPITRE XVII.

*Que les marques exterieures de l'Eglise Romaine ne
sçauroyent fournir une voye courte facile & asseurée
aux simples de cognoitre qu'elle est la veritable Eglise
& qu'elle est infaillible. Refutation du chap. 19.
du 1er. livre de M. Nicole.*

IL ne reste plus à M. Nicole qu'un moyen pour abbreger à ses simple la voye de s'assurer que l'Eglise
Romaine est infaillible; c'est de leur faire remarquer
quelques insignes caracteres & quelques brillantes marques de verité & d'infaillibilité dans cette Eglise. J'a-
voue que s'il peut faire cela il n'a rien perdu jusqu'i
cy; nous n'aurons besoin ni d'escriture ni de traditions ni de raisonnement. Il ne faut ni Philosophie ni bon sens, ni tesmoignage d'anciens, ni raisonnement des modernes pour faire sentir à un paysan que
le soleil est la source de la lumiere : Aussi est ce là ce
qu'entreprend M. Nicole dans le dernier chapitre de son
premier livre. Il y veut prouver que *l'Eglise Romaine
n'est point depourveüe de marques exterieures qui la font reconnoitre aux simples pour etre la veritable Eglise.* Puisque c'est icy le seul endroit où l'on puisse trouver un
guide pour les simples, souvenons nous que cette voye
doit etre souverainement claire facile & debarassée.
Voicy sur quoy roule cette pretendüe clarté.

Premierement l'Eglise du premier siecle & des deux
suivants avoit des marques assés evidentes de l'esprit di-
viñ

Voye abbregée de M. Nicole pour prouver aux simples que l'Eglise Romaine est l'Eglise par ses marques.

vin qui l'animoit pour faire croire par son authorité les verités qu'elle annonçoit aux hommes. 2. Cela étant accordé on ne sçauroit refuser de reconnoitre ces mesmes caracteres de divinité dans l'Eglise du quatriesme & du cinquiesme siecle, parce que cette Eglise du quatriesme & cinquiesme siecle avoit herité de la splendeur des miracles & de la sainteté des moeurs des premiers aages de l'Eglise ; Et outre cela elle avoit ses avantages qui luy etoient propres & qui n'estoient pas moins grands, elle avoit ses miracles, ses martyrs, & ses prodiges de sainteté. 3. Cette Eglise du quatriesme & du cinquiesme siecle de l'aveu des ministres enseignoit la plus-part des points qui font le sujet de nos controverses, comme le culte & l'invocation des saints, la veneration de leurs reliques, le celibat des Prestres, le jeûne du caresme, les satisfactions, & les penitences, la priere pour le soulagement des morts, la distinction du prestre & de l'Evesque. 4. Si les caracteres divins n'ont pas manqué à l'Eglise du cinquiesme & du quatriesme siecle, ils ne manquent pas à celle du douziesme & du dixseptiesme, parce que celle cy a la mesme foy que celle la. 5. Enfin l'Eglise Romaine d'aujourd'huy en adoptant les articles que les ministres confessent avoir eté crûs dans les siecles suivants, comme l'adoration des images qui s'establit dans le huitiesme siecle, la transubstantiation qui s'enseignoit dans l'onziesme, l'adoration du sacrement qui vint dans le treisiesme, le retranchement de la coupe qui se fit dans le quinziesme. L'Eglise d'aujourd'huy, dis-je en recevant tous ces dogmes prend aussi tous les miracles qui ont eté faits dans ces siecles ; comme ceux de S. Bernard contre les Henriciens. Voila certes une voye bien abbregée & bien courte pour les simples.

Ses simples ne sçauroyent ramasser les lumieres de tous les siecles qui leur doivent rendre l'Eglise visible.

Il faut d'abord que ces simples s'assurent de la premiere de ces suppositions, sçavoir que l'Eglise du premier, du second & du troisiesme siecle avoit des marques assez evidentes de l'esprit divin qui l'animoit. Cette verité a eté contestée par des millions de gens, par tous les Payens & par tous les Juifs. Il faut que nôtre simple pour s'assurer la dessus entre dans la discussion des arguments des Juifs qui soutiennent que l'histoire de l'Euangile est une fable, & que les miracles

des

des Apôtres font de faux miracles. Enfin quand il s'agit d'examiner, dit M. Nicole, il ne faut rien laiffer en arriere, de ce qui pourroit laiffer des doutes. Il faut donc qu'un fimple life l'hiftoire ancienne, pour fçavoir fi en effet tout ce qu'on luy dit & des martyrs & des prodiges de fainteté & des miracles eft vray. Et puifque cette lumiere qui doit efclairer le Payfan de Beauffe aujourd'huy vivant, c'eft le ramas de ces merveilles & de fainteté & de puiffance miraculeufe qui paroiffent depuis le premier fiecle iufqu'au dix feptiefme il faut que ce Payfan aille ramaffant de fiecle en fiecle toutes ces clartés pour compofer la lumiere qui luy doit rendre vifible cette verité, *l'Eglife Romaine eft la veritable Eglife & cette Eglife eft infaillible* Il faut qu'il vuide un grand procés avec les Grecs, qui luy foutiendront que tous les faints & tous les miracles de l'Eglife iufqu'au dixjefme fiecle luy appartiennent & non pas à une Eglife fchifmatique telle qu'eft l'Eglife Romaine, dans la fuppofition des Grecs. Il faut de plus qu'il termine une grande affaire la deffus avec les nouvelles fectes qui luy foutiennent que tous ces miracles dont le Papifme fe fait honneur depuis le huitiefme fiecle font des fourbes des moines, des fables des hiftoriens, ou des illufions du Demon. Avant qu'il fe foit affuré fur tout cela il faudra qu'il face bien du chemin. Car s'il fe rapporte de toutes ces chofes à fon curé il n'aura pas fait tout ce qui fe peut faire pour s'affurer de la verité de ces faits. Suppofé qu'il puiffe mefme en toute feureté s'en rapporter à fon pafteur ; où eft le curé qui prenne ce foin pour fes catechumenes de leur ramaffer les miracles, les martyrs, les prodiges de fainteté de l'Eglife, devant que de les obliger à croire que l'Eglife Romaine eft infaillible ? à qui croit on parler & s'imagine t-on que nous ne fçachions pas comment dans le papifme on inftruit les enfants & les catechumenes.

Outre tout cela il faudra que ce fimple qui fe voudra affurer que l'Eglife Romaine eft infaillible, voye fi la conftance des martyrs de l'ancienne Eglife n'eft point enteftement ou opiniatreté. Car il y a aujourd'huy mille impies qui le difent, & ils produifent des gens qui ont eté les martyrs de l'erreur & de l'herefie, le fiecle paffé fournira mille & mille exemples de gens

Un fimple ne fçauroit s'affurer fi les Martyrs font de vrays martyrs.

qui

qui ont fouffert pour ce qu'on appelle l'herefie avec tout le courage qu'ont eû ceux qu'on propofe au cate-chumene papifte pour de vrays martyrs. Il faudra que le fimple de M. Nicole ait bien de la penetration & qu'il medite bien pour trouver les caracteres du vray martire & du faux : Quand il fe fera perfuadé que les martyrs de l'ancienne Eglife n'eftoient pas des furieux & des enteftés, il aura à decider une autre grande que-ftion. C'eft qu'on luy difputera que ces martyrs luy appartiennent : le Grec dira que ce font les fiens, les Cal-viniftes & Lutheriens foutiendront que ce font les leurs. Et le moyen de vuider ce demelé, il n'y en a pas d'au-tre que d'en venir à l'examen de la doctrine. Car ce qui fait qu'on peut s'approprier les martyrs anciens & s'en faire honneur c'eft la conformité de la doctrine. Si ces martyrs ont tenu la doctrine de l'Eglife Romai-ne, ce font fes martyrs je l'avoüe. Mais s'ils ont te-nu ma doctrine ce font les miens. Voila bien des af-faires, & fi le fimple de M. Nicole paffe fur tout cela fans examen. Je foutiens qu'il ne pourra pas *fe dire fincerement à luy mefme qu'il n'a rien oublié de ce qui, le pouvoit affeurer.*

Le fimple de M. Ni-cole fe trouvera dans la ne-ceffité d'examiner fi nôtre re-ligion eft conforme à l'anti-quité.

Dans la compofition de cette lumiere dont la veüe feule doit convaincre le fimple de M. Nicole on fait en-trer cette propofition, *de l'aveu des miniftres, l'Eglife du quatriefme & du cinquiefme fiecle enfeignoit la mefme foy que l'Eglife Romaine*; l'invocation des faints la veneration de de leurs reliques, le celibat des preftres, les fatisfactions & les penitences. Receurat-il cette propofition fans ecou-ter ce que les Calviniftes ont à dire la deffus? C'eft un temeraire s'il le fait, car il receura fans examen une propofition que l'on nie. Il eft faux que les Calvini-ftes avoüent que l'invocation des faints telle qu'elle eft aujourd'huy dans l'Eglife Romaine ait eté pratiquée dans le quatriefme & cinquiefme fiecle. Il eft faux que du celibat des preftres on eût fait une loy univerfelle. Il y a eû des preftres mariés, mefme dans l'Eglife Latine plus de fix cents ans apres. Il eft faux que le carefme, la priere pour les morts, la diftinction de l'Evefque & du Preftre foient des dogmes effentiels qui mettent de la difference entre la Religion du quatriefme fiecle & celle des Proteftants. Il faudra que le fimple s'eclair-

ciffe

ciſſe de tous ces faits devant que cette lumiere puiſſe luy
ſervir à decouvrir la veritable Egliſe.

N'eſt ce pas ſe moquer que de compoſer à un ſimple une lumiere, pour decouvrir l'Egliſe, de rayons
qui ſont cachéz dans le paſſé, enſevelis dans des volumes d'hiſtoires? Je fays une lumiere à mon catéchumene pour connoitre l'Egliſe Chrétienne des miracles
qui ſe liſent dans le Nouveau Teſtament, mais c'eſt une
affaire qui eſt de la portée de tout le monde & qu'il ne
faut pas aller chercher bien loin.

Abſurdité de la pre-
tendüe lu-
miere dont
M. Nicole
veut éclai-
rer ſon
ſimple ſur
la matiere
de l'Egliſe.

De plus à quoy penſe t-on de prendre les lumieres,
les martyrs, les prodiges de ſainteté des premiers ſiecles, & de ſe les rendre propres pour diſtinguer le Papiſme du Calviniſme? Ce ſont des lumieres communes
à toutes les ſocietés Chrétiennes : tout le monde y a
droit & c'eſt une uſurpation injuſte à une communion
particuliere de ſe les approprier.

Il faut donc pour faire un caractere à l'Egliſe Romaine qui la diſtingue & qui la rende viſible par
oppoſition aux autres communions, trouver des grandeurs qui luy conviennent à preſent & qui ne conviennent qu'á elle. Monſ. Nicole a bien ſenti cela, c'eſt
pourquoy il dit, *je ne pretends pas fonder tellement l'authorité de l'Egliſe Romaine ſur les miracles & la ſainteté des
ſiecles précedents, qu'on puiſſe conclurre de la qu'elle n'a plus
aucun caractere qui la rendre reconnoiſſable.* Et ſur cela il
nous cite un Autheur celebre c'eſt à dire M. Arnaud
qui a eſcrit dans l'apologie pour les Catholiques que
quand on n'auroit eſgard qu'á la ſainteté des moeurs
de l'Egliſe Romaine, elle eſt encore tres diſtinguée des
autres ſocietés. Puiſqu'il nous renvoye au livre de
M. Arnaud pour voir la ſainteté de l'Egliſe Romaine
d'aujourd'huy, il trouvera bon que nous le renvoyons
aux reflections que nous avons faites la deſſus dans nos
prejugés legitimes contre le Papiſme. On y verra ce que
l'on doit juger de ces miracles de ſainteté dont on ſe
fait aujourd'huy tant d'honneur; on y pourra voir que
les ſacrés ordres des moines ſont à peu prés auſſi ſaints
qu'ils etoient il y a deux ou trois cents ans, on y apprendra que la Simonie s'exerce encore dans l'Egliſe
Romaine comme autrefois, que le luxe, la prodigali-
té, la debauche ſont encore les vices de la cour de

L'Egliſe
Rom.
d'aujour-
d'huy n'a
plus de
lumiere
qui prouve
qu'elle eſt
la veritable
Egliſe.

Ro-

Rome, que le clergé dans les lieux ou nous n'esclairons pas le papifme eft encore engagé dans les mefmes desordres; que les ecclefiaftiques d'Italie, de la confeffion de nos adverfaires, font les inftruments des plus grandes enormités qui s'y commettent; que les cloitres d'Efpagne & de Portugal font des lieux ou regnent le crime & l'infamie; qu'en France où l'on fauve mieux les apparences l'interieur de ces maifons qu'on appelle religieufes eft fouvent affreux & fouverainement dereglé, à l'hiftoire du convent des cordeliers de Provins on pourroit ajouter celle du convent des filles de Charonne, ou de bons yeux ont vû des Preftres couchés dans le lit des religieufes.

Mais fuppofons qu'il y ait aujourd'huy beaucoup de fainteté dans l'Eglife Romaine, un fimple ne pourra t-il pas regarder auffi cete Eglife par fes parties corrompües? fouvent il ne connoit de l'Eglife que fon pafteur qui vit d'une maniere tres peu edifiante. Il faut aller deterrer un homme diftingué par fa fainteté du milieu d'un million d'autres. Au lieu que les exemples de desordres fe rencontrent par tout. Eft-il poffible que cent exemples de vices ne luy donneront pas autant de fcrupule, qu'un exemple de fainteté luy donnera de tranquilité? une lumiere auffi mêlée de tenebres eft elle capable toute feule de rendre vifible une Eglife? N'y a-il donc d'honneftes gens que dans la communion de Rome? l'Eglife Grecque n'a elle pas fes folitaires & fes moines mille fois moins dereglés que les moines du Papifme? C'eft donc une lumiere trompeufe, un figne equivoque, que cette pretendüe focieté de l'Eglife Romaine d'aujourd'huy. Et un fimple qui ne fe determineroit que la deffus feroit le plus temeraire du monde.

Le fimple de M. Nicole par toutes les lumieres qu'on luy raffemble ne peut etre affeuré de l'infaillibilité de l'Eglife dans la foy.

Enfin quand nous accorderions à M. Nicole tout ce qu'il pretend dans ce chapitre, quand il feroit vray que les martyrs, les prodiges de fainteté & les miracles de l'ancienne Eglife appartiendroient en propre à l'Eglife Romaine: quand il feroit veritable qu'elle feroit aujourd'huy pleine de faints, cela fuffiroit il pour affeurer un fimple que l'Eglife Romaine feroit infaillible. Eft il neceffaire qu'une Eglife foit infaillible où il fe fait des miracles & où il y a des faints? tout au moins c'eft une

une queſtion qui vaut bien la peine qu'on l'examine puis qu'elle eſt conteſtée par tant de gens, ſi le cate-chumene de M. Nicole ſe determine la deſſus ſans examen, il ne pourra pas, *ſe rendre teſmoignage ſincerement à luy meſme, qu'il n'a rien oublié dans ſon examen de ce qui le pouvoit aſſurer.* Et s'il l'examine comme il doit il y trouvera de l'occupation pour long temps & des diffi-cultés qui ſont un peu au deſſus de ſes forces. Voila ce que j'avois à dire pour prouver que la voye d'autho-rité eſt abſurde, ridicule, impoſſible, meſme ſelon les principes de M. Nicole. Si le public attend qu'on y reponde il attendra tout autant qu'on a attendu la repli-que aux reponces, qui ont abiſmé le livre des preju-gés.

Chapitre XVIII.

Réponce directe aux ſophiſmes de M. Nicole ſur la voye qui conduit les ſimples à la foy. Deux principes ſur leſquels roulent toutes les raiſons: l'un eſt Pelagien & le Pelagianiſme tout pur, l'autre eſt un principe qui detruit toute religion, toute authorité, toute certitude morale, toutes les ſciences, & toute la certitude de la foy: que la bonne methode pour repondre à M. Nicole n'eſt pas celle des Remonſtrans, de reduire les articles à un petit nom-bre.

CE n'eſt pas la repondre me dira on, c'eſt retor-quer, & c'eſt une retorſion d'autant plus dange-reuſe qu'elle eſt invincible. Vous venés de prouver que la voye d'authorité eſt abſurde & ridicule: M. Ni-cole a prouvé la meſme choſe de la voye d'examen d'une maniere pour le moins auſſi invincible. Il n'y a que ces deux voyes pour prouver la verité, la voye d'autho-rité & celle d'examen, la premiere eſt impoſſible & ridicule, ſelon les preuves des Proteſtants, l'autre eſt impoſſible par les preuves de M. Nicole dont il eſt impoſſible de trouver la verité. C'eſt preciſement ce que cherchent nos libertins; la verité eſt dans le puits

de

de Democrite, difent ils, c'eft en vain que nous tra-
vaillerions à la deterrer; Il vaut autant la laiffer où elle
eft & nous tenir où nous fommes.   Il faut donc repondre directement.   Je pourrois me fervir de l'argument
favori de M. Nicole & dire.   Il eft certain que Dieu
prepare aux hommes une voye de trouver la verité facile & qui eft de la portée des fimples.   Cette voye
facile & de la portée des fimples n'eft pas celle de l'authorité, car j'en ay fait voir les abfurdités lesquelles
font fenfibles.   Il s'enfuit donc que c'eft la voye d'examen.   Avec un, *il faut*, on vuide bien des grandes affaires en peu, de temps.   *Il faut*, dit M. Nicole que
ce foit la voye d'authorité puifque ce ne peut être celle
de l'examen.   Et moy je dirois auffi *il faut* que ce foit
la voye d'examen puifque ce n'eft pas la voye d'authorité.   Mais je ne voy pas que le public foit dans la difpofition de nous en croire fur nôtre parole, & fur nôtre *il faut*.   On peut donc voir s'il y a moyen de fe
fatisfaire en repondant directement à l'argument de Monf.
Nicole fur l'impoffibilité de l'examen.   Il me femble
que pour y reüffir il faut faire deux chofes. Premierement il faut prouver la fauffeté des principes fur lesquels
roulent toutes les difficultés de M. Nicole: fecondement
il faut voir la fauffeté de fa fuppofition, montrer par
quelle voye la foy des fimples fe produit, prouver que
la neceffité d'un examen tel que celuy lequel il combat
eft une pure chimere.   Cela fe decouvrira en decouvrant nettement la voye par laquelle Dieu conduit les
fimples à la certitude de la foy.

Premier
principe de
M. Nicole
fur quoy
roulent les
raifonne-
mens

Prejuges
page 339.
340.

Voicy les deux principes fur lesquelles roulent tous
les raifonnemens de M. Nicole contre la poffibilité de
l'examen: le premier eft celuy qu'il avoit deja avancé
dans le livre des prejugés & que nous avons deja vû
plufieurs fois.   *C'eft qu'il y a deux fortes de clartés l'une
fi vive & fi éclatante qu'il n'eft pas poffible aux hommes de
ne la pas voir, & qui eft telle qu'elle ne peut être obfcurcie
par aucun nüage des prejugés ou des paffions; d'où il arrive
qu'elle fe fait voir uniformement à tous les hommes; de ce
genre font les chofes qui font expofées aux fens, certains faits
atteftés par un confentement general les demonftrations, de
mathematique.   Et c'eft pourquoy les hommes ne font jamais
partagés fur ces fortes de chofes.   Mais il y en a d'autres*
                                                        qui

qui peuvent estre claires quand on les a bien examinées, à l'esgard desquelles il n'est pourtant pas impossible de se tromper lorsque l'on n'apporte pas pour s'en informer, le soin & la disposition necessaire. C'est pourquoy on ne se peut jamais assurer de ne s'y pas tromper, que lorsqu'on se peut rendre tesmoignage que l'on n'a rien oublié, dans l'examen que l'on en a fait, de ce qui etoit necessaire pour s'en assurer. Or il est certain que quelque clarté qu'on puisse attribuer à l'escriture dans ce qu'elle nous enseigne touchant la foy ce n'est point une clarté du premier genre &c. C'est tout au plus une clarté du second genre qui suppose un examen raisonnable, sans lequel il y auroit de la temerité de s'y rendre & de former une opinion fixe & arrestée. Nous pouvons expliquer & abbreger ce principe de cette maniere, que quand on ne veut ou qu'on ne peut pas s'en rapporter à une authorité, & qu'on veut examiner, l'on ne doit croire les choses non evidentes par elles mesmes, & sur lesquelles il y a partage d'opinions qu'apres un examen suffisant pour nous faire dire, *cela ne peut être autrement.* Et ainsi on ne doit rien croire en matiere d'articles de foy qu'on n'ait examiné toutes les difficultés, & les reponces, qu'on n'ait tourné un sujet de tous costés pour voir ses obscurités & ses lumieres.

Voila le premier principe. Le second c'est que la grace ne se mêle point de cette affaire qu'elle ne fait rien, qu'elle ne vient pas au secours des motifs que nous avons de croire, qu'elle ne les eleve point à une plus grande force que celle qu'ils ont naturellement. Qu'elle laisse tout faire à l'examen & qu'elle ne sçauroit fixer le cœur & l'affermir qu'à proportion de l'evidence qui sort de l'examen. Le premier principe est nettement dans le livre des prejugés & dans le premier livre du dernier ouvrage de M. Nicole. Le second n'y est que d'une maniere implicite mais il y est pourtant tres certainement, & mesme il y est d'une maniere assés visible; car toutes les railleries contre le *rayon* de M. Claude sont autant de traits qui percent la grace & qui la detruisent; puisque ce *rayon* n'est autre chose que les lumieres surnaturelles & divines de l'esprit de Dieu qui viennent au secours de nos foibles lumieres & qui dissipent nos tenebres. Ce second principe est Pelagien il ne m'est point necessaire de le refuter icy. Sa fauss--

Second principe de M. Nicole. C'est qu'il ne reconnoit aucune operation de la grace dans la production de la foy.

seté

seté paroittra quand nous expliquerons de quelle maniere Dieu produit la foy dans les fimples. Il fuffit pour
en faire avoir honte à M. Nicole de luy faire fentir que
ce Pelagianifme eft repandu dans tout fon ouvrage,
& que fans ce principe les illufions de fes raifonnements
font fenfibles. S'il avoit fuppofé qu'il y a une grace
interne qui ouvre les yeux fur les chofes difficiles, qui
affermit le cœur dans celles qui font douteufes, qui fait
impreffion par les raifons & par les motifs, qui determine la volonté au confentement, il auroit bien fenti,
qu'un examen rigoureux & dans toutes les regles de
l'exactitude n'eft pas neceffaire pour affermir l'efprit &
le cœur, & que la grace peut imprimer dans une ame
une folide foy fans le fecours de cêt examen penetré.

Ceux qui nient les operations de la grace diftinctes de la parole ne fçauroient folidement répondre aux difficultés de M. Nicole. Si l'on ne fuppofoit cette grace interne, j'avoüe qu'il
y auroit peut etre lieu d'accufer de temerité ceux qui
dans les affaires de la foy fe determinent fans avoir examiné les raifons de part & d'autre. Et ceux qui fou-
tiendroient que la foy ne fe produit que par la parole
de Dieu prefchée dans certaines circonftances fans operation de l'efprit de Dieu, diftinguée de l'operation de
la parole, auroient fans doute de la peine à fe tirer d'embarras. Il faudroit qu'ils fuppofaffent que l'efcriture
fainte porte des caracteres fi vifibles de fa fainteté & de
fa verité, qu'elle peut naturellement & fans grace interne produire une certitude auffi grande que celle qui
eft formée par une demonftration de geometrie. Car
la foy : que nous avons de l'authorité de l'efcriture doit
être auffi grande qu'aucune autre qui puiffe être au monde. Or c'eft la un paradoxe qu'on ne perfuadera jamais
à perfonne. Tout au moins afin que l'efcriture pûft produire cette fouveraine certitude par fes caracteres de divinité il faudroit qu'on l'examinât avec une fouveraine
exactitude, & qu'on fe deffit de tous les fcrupules que
les objections des prophanes font capables de jetter
dans l'efprit, ce qui n'eft pas de la portée des fimples.
Tellement qu'il n'y auroit que les fçavants qui pourroient atteindre cette folide certitude & non temeraire,
touchant la divinité des faintes écritures. Ainfi ceux
qui veulent repondre folidement à M. Nicole ne fe doivent pas engager dans des principes fi dangereux, & tous
ceux qui y font n'y repondront jamais bien.

C'eft

C'eſt le premier principe que nous avons pour le pre- *Le principe des Carte-* ſent à refuter. *Que dans les choſes dans leſquelles on ne* *ſiens ſur le* *peut ou l'on ne veut pas s'en repoſer ſur une authorité parlan-* *moyen de* *te, on ne ſçauroit, quand il y a partage d'opinions, etre cer-* *s'aſſurer de* *tain qu'on ne s'eſt pas trompé que quand on n'a rien oublié de* *la verité* *ce qui eſt neceſſaire pour s'aſſurer par voye d'examen.* Ces *n'eſt bon* Meſſis. pleins de leur Carteſianiſme le veulent porter par *que dans* tout. Je ne condamne pas cette maxime de Deſcartes *Philoſo-* dans les affaires qui ne ſont pas de foy & de pratique. *phiques.* Quand il s'agit de verités naturelles & de raiſonner ſur le ſyſteme du monde, je veux bien qu'on ne croye rien & qu'on ſuſpende ſon jugement, juſqu'à ce qu'on ſoit arrivé au point de l'evidence. Mais je ſoutiens que cette maxime introduitte dans la religion eſt la plus per-nicieuſe qui puiſſe être avancée ; Celle qui fait les ſceptiques, les impies & les athées. Quelques perſonnes par trop d'attache à ce principe & d'ailleurs perſuadées que les raiſons de M. Nicole ſont fort bonnes, pour prouver que l'examen eſt impoſſible aux ſimples, croyent que la voye la plus ſeure de repondre a cêt autheur, c'eſt de reduire avec les Remonſtrants les articles neceſſaires au ſalut à un tres petit nombre, dans la penſée par ce moyen de faciliter aux ſimples la voye de l'examen, en ne leur donnant que tres peu de choſes à examiner. Mais ils ſe trompent, & le premier argument que je m'en vay faire contre le principe de M. Nicole, le leur va faire ſentir.

Cette premiere raiſon eſt, qu'un principe eſt faux qui *Le principe* mene droit à l'impieté & à l'Atheiſme : Il n'y a que *de M Ni-* deux voyes, ſelon M. Nicole pour s'aſſeurer de la veri- *cole tiré de* té d'une choſe, celle de l'authorité & celle de l'exa- *la Philoſo-* men ; Or il y a des verités qu'on ne peut croire par *phie Car-* *theſienne* l'authorité de l'Egliſe. Les ſimples ne les ſçauroient *mene droit* croire par la voye d'examen ſans une evidente temerité *à l'Atheiſ-* donc les ſimples ne ſont pas obligés de les croire. Ces *me.* verités ſont qu'il y a un Dieu, qu'il y a une providen-ce, qu'il y a des peines & des recompences aprés cette vie, que l'ame eſt immortelle. On ne ſçauroit point croire cela ſur le temoignage de l'Egliſe, car il faudroit ſuppoſer un Catechumene qui fûi dans cette diſpoſition d'eſprit & qui dit. Je ne ſçay point s'il y a un Dieu, ſi mon ame eſt immortelle, s'il y a des recompences

Aa 3 &

& des peines aprés cette vie, mais pour m'en aſſurer je m'en vay d'abord croire qu'il y a une Egliſe, c'eſt à dire une ſocieté infaillible de gens qui croyent au vray Dieu & qui l'adorent, & aprés cela je me repoſeray du reſte ſur tout ce qu'elle dira. Je dis que cette ſituation d'eſprit eſt impoſſible & qu'elle eſt inſenſée; Car comment croire à l'Egliſe & croire l'Egliſe qu'en ſuppoſant qu'il y a un Dieu & que ce Dieu a revelé certaines verités & qu'il veut etre ſervi de certaine maniere? C'eſt de ces certaines verités & de ces certaines manieres dont Dieu veut être ſervi que je puis me repoſer ſur l'authorité de l'Egliſe. Mais quand à l'exiſtence d'un Dieu, je la preſuppoſe en abordant l'Egliſe, & devant que de la conſulter. Croire à l'Egliſe devant que de croire à Dieu eſt la penſée la plus folle & la plus contradictoire qui puiſſe entrer dans un eſprit.

Devant que de croire à l'Egliſe il faut etre aſſuré qu'on a une ame immortelle.

Il en eſt de meſme de l'immortalité de l'ame : Je ne viens à l'Egliſe que pour m'inſtruire comment je me procureray une immortalité bien heureuſe. Car autrement ſi je doute que l'ame ſoit immortelle tout ce que l'Egliſe me pourra dire ne ſervira de rien. Son authorité ne pourra etre d'aucun poids ſur mon eſprit. Car l'immortalité de l'ame eſt de ces verités de ſentiment pour leſquelles tous les teſmoignages ne font rien quand ils ne ſont pas ſoutenus de raiſons qui ſe facent ſentir. M. Nicole oſeroit il bien dire que les catechumenes de l'ancienne Egliſe qui ſortoyent du Paganiſme ne creuſſent pas l'immortalité de l'ame, & qu'ils n'ayent commencé à la croire, qu'apres le teſmoignage de l'Egliſe infaillible? La foy des peines & des recompences apres cette vie eſt de meſme ordre ; elles ſont propoſées dans toute religion, & il faut qu'un homme les croye devant qu'il luy vienne dans l'eſprit de ſe convertir & de ſe retirer dans le ſein de l'Egliſe.

Selon la maxime de M. Nicole aucun ne peut etre aſſuré qu'il y a un Dieu, une autre vié, des peines & des recompences eternelles.

Or je ſoutiens à M. Nicole que ſelon ſa maxime, jamais perſonne ne pourra être aſſuré qu'il y a un Dieu, des recompenſes, des peines apres cette vie, & que l'ame ſoit immortelle. Car pour être aſſuré par la voye d'un examen, ſelon qu'il le definit ; qu'il y a un Dieu & que l'ame eſt immortelle, il faut ecouter les profanes & les impies, ſe demeſler du nouveau ſyſteme d'Atheiſme de Spinoſa. Il faut voir ſi le monde ne ſe peut

pas

pas bien paſſer de Dieu. Il faut examiner Epicure &
Lucrece, voir ſi les Dieux ne pourroyent pas bien être
renfermés dans un coin du monde où ils ne ſe mêlaſ-
ſent de rien ; examiner les preuves que les Philoſophes
ont apportées pour prouver que le monde s'eſt fait par
un concours fortuit d'atomes. Il faudra voir ſi l'opinion d'Ariſtote & celle de Pline qui ont fait le monde
eternel n'eſt point plus raiſonnable. Il faudra examiner
ce principe ; *de rien il ne ſe fait rien*, & voir les difficultés des impies contre l'oeuvre de la creation. Il faudra
examiner s'il y a eſprit & matiere dans le monde ; ſi
la matiere ne pourroit pas bien ſentir & raiſonner, ſi
poſé qu'il y ait des eſprits, il eſt neceſſaire qu'ils ſoient
immortels ; ſans avoir fait tout cela, le ſimple ne ſe
pourra pas rendre un teſmoignage ſincere de n'avoir
rien oublié pour s'aſſurer ; car il eſt certain qu'il y a
des difficultés entre celles que font les profanes qui meritent qu'on y faſſe attention. Or il eſt clair non ſeulement que c'eſt une voye impoſſible aux ſimples,
mais que c'eſt une voye d'illuſion pour eux. Car au
lieu de leur faire trouver la verité, cela pourroit la
leur faire perdre. Car il y a des difficultés ſur la providence dont un homme du vulgaire peut ſentir la force, & il ne ſçauroit en penetrer les ſolutions.

Cette raiſon qui me pâroit une demonſtration morale fait bien voir à ceux qui ſuivent la methode des
Remonſtrants qu'ils ne ſçauroient ſe tirer d'affaire par
cette methode. Car à quelque petit nombre qu'ils reduiſent les articles de foy neceſſaires au ſalut, il faut
au moins qu'ils retiennent ceux cy. 1. qu'il y a un
Dieu. 2. qu'il n'y en a qu'un. 3. qu'il y a une providence qui conduit tout. 4. que l'ame eſt immortelle.
5. que la religion Judaïque etoit emanée de Dieu.
6. que la religion Chrétienne a abrogé l'ancienne religion. 7. que J. Chriſt eſt le vray Meſſie. 8. qu'il y
a un jugement dernier, des peines & des recompences
après cette vie. Or je ſoutiens qu'il n'y a pas de ſimple qui puiſſe s'aſſurer ſur tous ces articles par un examen, tel que celuy dont M. Nicole poſe la neceſſité
en cas qu'on ne ſe repoſe pas ſur l'Egliſe. Toutes ces
veritês ſont de celles dont parle l'autheur des prejugés,
ſur les-quelles les hommes ſont partagés & dont l'eclat

*Qu'à pro-
poſer peu
d'articles
de foy
comme les
Remon-
ſtrants on
ne gagne
rien.*

& le brillant *ne se fait pas voir uniformement à tous les hommes*, comme il parle : Il faut donc s'en asseurer, selon luy, par un examen, apres lequel on se puisse rendre un tesmoignage sincere qu'on a fait tout ce qui est necessaire pour s'assurer. Et si les Remonstrants suivent M. Nicole jusques la, & avoüent que dans ces points cy dessus exprimés, il faut s'assurer par une examen exact, ils ne trouveront pas que leurs simples soyent en etat de faire cêt examen ni qu'ils l'ayent jamais fait. Dans tout cela il y a des difficultés que les simples n'ont jamais envisagées & s'ils les avoient rencontrées, peut etre auroient ils succombé & au moins leur foy seroit demeurée chancelante.

Nous n'avons pas seulement à nous asseurer par rapport aux Papistes, mais par rapport en general à tous ceux qui contestent la verité de la religion Chrétienne en general. C'est pourquoy les Remonstrants ne gagnent rien de reduire les articles necessaires à ceux qui sont receus dans la communion de Rome. Il est vray qu'ils ne seront plus-obligés de s'asseurer de ces articles dans la veüe de combattre le Papisme; mais il faudra qu'il s'en asseurent par rapport aux Athées aux Impies, aux Juifs, aux Payens, aux Spinosistes. C'est ce que ne sçauroient faire les femmes, les artisants & en general les simples.

Nous ne rencontrons la verité que par le secours de Dieu. L'un de nos Philosophes modernes dit que Dieu est nôtre lumiere. Cela est tres vray, quand cela ne seroit pas precisement en la maniere qu'il le conçoit, la chose doit etre certaine dans le fonds. Dieu est la verité mesme, en luy sont toutes les verités, par luy nous les voyons toutes, & il ne manque jamais de les decouvrir à ses élus qui les cherchent & les desirent de bonne foy. Cela étant supposé il n'est nullement necessaire de restraindre les verités fondamentales à un petit nombre, afin que nous puissions en obtenir la certitude. Cette certitude ne s'obtenant que par la lumiere divine & par une action tres efficace de Dieu qui est un effet de l'election, il est tout aussi aisé à Dieu de nous faire trouver cents verités qu'une seule. Quand cette raison ne vaudroit rien chés les Remonstrants qui donnent tres peu à la grace, & qui ne cognoissent point de decret
d'ele-

d'election, elle doit être de quelque poids dans l'esprit de tous ceux qui suivent la doctrine de S. Augustin sur la grace, & la Philosophie moderne sur la dependance, où les action des creatures sont des actions du Createur.

Ma seconde raison contre le systeme de M. Nicole, c'est qu'il ruine toutes les certitudes morales, & renverse le monde entier. Il ne se faut asseurer de rien que nous n'ayons une authorité infaillible ou que nous n'ayons fait un examen aprés lequel nous puissions dire, *cela ne peut etre autrement*. Si cela est ainsi toute la conduite des hommes est une suitte de folies & de temeritès. Un homme eloigné des siens en reçoit une lettre qui contient des ordres importants. Sur ces ordres, il regle ses actions desquelles dependent sa vie, son honneur & sa fortune. Cette lettre peut-etre fausse; les parens peuvent avoir eû un accès de frenesie quand ils ont ecrit, & ainsi leurs veritables intentions & le veritable etat des choses n'est point ce que les lettres expriment. Il pourroit avoir cent scrupules la dessus, & il ne sçauroit dire d'un ton ferme, *cela ne peut etre autrement*. Cependant il ne balance pas le moins du monde à se determiner, il est fortement persuadé que la chose est ainsi, & il agit & se conduit sur ce pied là. Il seroit inutile de multiplier les exemples semblables, car toute la vie en est pleine. En general si la maxime de M. Nicole vaut quelque chose, il faut revoquer en doute tous les faits dont nous ne sommes pas tesmoins oculaires & mesme nous ne pourrions être assurés des faits que nous avons veu. Il est souvent arrivé qu'on croit avoir vû ce que l'on n'a pas vû, & je ne sçay s'il y a quelque fait dont on puisse dire à la rigueur, *Cela ne peut etre autrement*.

Faut-il donc suspendre son jugement, jusqu'a ce qu'on rencontre l'evidence? si le consentement qu'on donne à une verité dependoit necessairement de ce que l'entendement voit, il est vray qu'on ne pourroit donner son consentement qu'a proportion de l'evidence; mais dans la suitte nous verrons que cela est bien faux. Pour le present c'est assés de remarquer que dans les choses qui sont de pratique, il n'est nullement necessaire pour se former une certitude d'establir une evidence à laquelle

on

Seconde raison contre le premier principe de M. Nicole Il ruine toutes les certitudes morales.

Qu'on n'est pas toujours obligé de suspendre son consentement jusqu'à ce qu'on soit venu au point de l'evidence.

on ne puiſſe reſiſter. Si cela eſt ainſi dans les choſes du monde pourquoy en ſeroit il autrement dans les choſes de foy? Je ne veux pas douter de la verité de certains faits, parce qu'il m'eſt important de n'en pas douter, & parce qu'en les revoquant en doute je ruinerois le bonheur de ma vie preſente. Pourquoy la penſée que j'ay qu'une telle verité qu'on me propoſe doit faire ma beatitude eternelle ne me determineroit elle pas à adherer fortement à cette verité? Nous expliquerons cela en expliquant comment la foy ſe produit.

Le principe de M. Nicole ruine tout ce qu'il a dit en faveur de la voye d'authorité.

Ma troiſieſme raiſon contre ce principe de M. Nicole eſt compoſée de tout ce que nous avons dit contre la voye d'authorité. Un principe qui ruine tout ce que l'on veut eſtablir, au lieu de le ſoutenir ne peut etre bon. Or ce principe que l'examen eſt neceſſaire par tout où l'on ne ſe repoſe pas ſur l'authorité, & que cêt examen doit aller aſſés loin pour ſe pouvoir rendre temoignage qu'on n'a rien oublié pour s'aſſeurer: Ce principe dis-je, ruine abſolument la voye d'authorité parce qu'il n'y a pas d'authorité qui ne doive etre examinée afin qu'on ſe puiſſe repoſer ſur elle. Si c'eſt l'Egliſe il faut examiner ſon pouvoir, ſes caracteres, ſes privileges: Si c'eſt un faiſeur de miracles il faut examiner qui l'a envoyé, au nom de qui il vient, la nature de ſes miracles & leur caractere. Si c'eſt un Prophete & envoyé extraordinaire du ciel il faut examiner ſes lettres de creance, & les marques de ſa miſſion. Or nous avons fait voir que dans tous ces cas & dans tous ceux qu'on peut imaginer, par tout où il y a examen preliminaire, cet examen pris ſelon l'idée de M. Nicole eſt abſolument impoſſible aux ſimples.

Pour ſe determiner en faveur d'une verité, il ſuffit d'avoir trouvé ſon coſté d'evidence ſaus avoir enviſagé les difficultés.

Ma quatrieſme raiſon eſt que le principe de M. Nicole n'eſt pas meſme vray dans les verités de droit où la religion n'eſt pas intereſſée. S'il etoit vray qu'on ne pût avoir quelque certitude de quelque verité à moins que d'avoir examiné toutes les difficultés & s'eſtre ſatisfait deſſus, il s'enſuivroit qu'il n'y auroit quaſi pas de Philoſophes au monde qui ne fuſſent des temeraires. Car on peut aſſurer, qu'il y en a peu qui ayent vû toutes les raiſons qu'il y a de croire une verité, & qui ayent examiné toutes les raiſons qu'il y auroit de ne la pas croire; Une ſeule raiſon peut emporter le conſentement

tement de la volonté parce qu'elle est evidente ; l'esprit
y acquiesce sans temerité encore que toutes les autres
raisons ne se presentent pas à luy, & qu'il n'ait pas tourné son sujet par assés de costés pour en connoître toutes
les difficultés. C'est une maxime du bon sens que quand
une chose nous paroit certaine d'une part & que les
raisons qui la prouvent sont evidentes, les difficultés ne
font plus une raison de ne la pas croire. Quand j'ay
connu que les corps font divisibles à l'infini, les difficultés qui semblent prouver le contraire ne me doivent
pas empescher de voir ce que je voy & de sentir ce que
je sens. Si des difficultés connües, & connües comme
insolubles ne doivent pas empescher le plein consentement quand d'ailleurs la verité a son evidence, a plus
forte raison des difficultés inconnües & sur lesquelles
on n'a pas fait ses reflexions ne peuvent pas & ne doivent pas empescher qu'on ne se determine pour une verité à laquelle on a trouvé un costé d'evidence.

Mais peut etre, dira-t-on, ces difficultés qu'on n'a
pas veües, parce qu'on ne les a pas cherchées avec asséz
de soin, sont telles qu'elles feroient changer d'avis. Je
reponds que tout ce qui pourroit être de pis c'est que
ces difficultés fussent insolubles. Or si des difficultés
insolubles quand elles sont connües n'empeschent pas
qu'on ne puisse sans temerité se determiner pour une proposition, il est clair à plus forte raison qu'il n'y a nulle
temerité à se determiner fortement pour une chose dont
on n'a pas envisagé toutes les difficultés pourveu qu'on
y ait trouvé un costé d'evidence ; Ce qui fait voir qu'il
n'est pas toujours necessaire d'avoir tourné une verité
de tous les costéz pour se pouvoir determiner sans temerité ; & qu'un simple par exemple qui a trouvé un
costé d'evidence dans cette proposition, *l'escriture enseigne
que Jesus Christ est le fils éternel de Dieu*, n'est pas obligé ni de sçavoir toutes les raisons qui peuvent soutenir
cette verité, ni d'avoir examiné toutes les objections des
Sociniens.

Enfin ma derniere raison contre le principe de M.
Nicole, c'est qu'il ruine absolument toute la certitude
de la foy, dans tous les aâges & dans tous les siecles
de l'Eglise. Il reduit toute la foy à des prejugés &
des presomptions & dans le temps des Patriarches . &

Le principe
de M. Ni-
cole ruine
la certitude
de la foy
dans tous
les aages
de l'Eglise,

dans

dans celuy de Moyſe, & enfin ſous le regne du Chriſtianiſme. Je l'ay fait voir amplement & evidemment
ce me ſemble & il n'eſt nullement neceſſaire que j'in-
ſiſte d'avantage la deſſus. Ainſi je concluds qu'un principe qui mene à l'Impieté & à l'Atheiſme, qui detruit
toutes les certitudes morales ſur leſquelles eſt appuyée
la conduitte des hommes, qui detruit meſme toute authorité dans le monde, qui oſte toute certitude des
ſciences, & ſur tout qui oſte, toute certitude à la
foy, eſt un principe faux, autant qu'une choſe le peut
être.

CHAPITRE XIX.

Quelle eſt la veritable voye par laquelle la foy eſt pro-
duitte dans les fideles. Il y a trois voyes: explica-
tion de la veritable: que la verité s'eſtablit dans les
ames non par authorité mais par elle meſme, &
par l'operation de la grace, deux obſtacles que la
grace leve. Neceſſité de la grace etablie par l'eſcri-
ture & par S. Auguſtin que ces operations de la gra-
ce poſées, toutes les illuſions de M. Nicole s'evanou-
iſſent.

M. Nicole
reuſſit a
prouver ce
qu'on ne
luy a ja-
mais nié.

LA ſeconde choſe que nous avons à faire pour
diſſiper les illuſions de M. Nicole. C'eſt de chercher la veritable voye par laquelle Dieu produit
la foy dans les ſimples. Nôtre adverſaire triomphe en
montrant que ce n'eſt pas l'examen de diſcuſſion par lequel on examine un ſujet ſelon toutes les regles des
ſçavants & juſqu'à la derniere preciſion. Voila une
grande merveille, qu'il coure avec tant de rapidité ou
rien ne l'arreſte & qu'il bate ſi aiſement un fantoſme
de ſon imagination. C'eſt à quoy il faut que ceux qui
ſe ſont laiſſés eblouir par cette éclattante partie de l'ouvrage, facent attention; & qu'ils ſçachent que nous
pourrions laiſſer paſſer ce rapide torrent ſans qu'il nous
emportât un feſtu. Je a prouvé ce que perſonne n'a
jamais nié, quoy que toutes les preuves ne ſoyent pas
ſolides.

Ceux

Ceux qui cherchent la verité de bonne foy doivent sçavoir que la source de toutes les illusions de M. Nicole viennent de cette proposition. Il n'y a que deux voyes pour s'assurer de la verité des articles de foy. L'une de s'en rapporter à l'Eglise : l'autre de chercher les verités divines par un examen de discussion. Cela n'est pas vray & cette enumeration est imparfaite. Il y a trois voyes par lesquelles on peut arriver à la certitude des verités revelées. Proprement il n'y a qu'un fondement capable d'asseurer le cœur dans les matieres de foy, c'est l'authorité de Dieu : car la foy ne se repose que la dessus & ce n'est pas une controverse, tout le monde en convient. Mais pour nous mener au degré de certitude qui est necessaire pour croire qu'une verité est revelée de Dieu, la providence peut se servir de trois voyes. La premiere est celle d'une authorité infaillible : telle a eté celle de Jesus Christ parlant en terre & de ses Apôtres qui enseignoient les peuples avec un esprit d'infaillibilité. La seconde voye est celle que j'appelle voye d'examen d'attention, ou autrement voye d'application de la verité à l'entendement. La troisiesme voye c'est celle de l'examen de discussion qui tourne une verité de tous les cottés, en envisage toutes les raisons, en resout toutes les difficultés.

La premiere voye est une voye extraordinaire qui n'a de lieu que quand il y a sur la terre des hommes infaillibles. Et mesme cette voye pour les simples aussi bien que pour ceux qui ne le sont pas n'est pas une voye de pure authorité. C'est une voye meslée d'examen, car quand il y a dans le monde une authorité infaillible avant que d'exiger des hommes, toute la soumission de leur esprit, elle se fait cognoitre pour divine, soit par des miracles, soit par une sainteté qui est au dessus du commun, soit par les caracteres de divinité qui sont dans la doctrine mesme ; mais tout cela est sujet à examen & doit passer par l'esprit devant que le cœur s'assure sur l'authorité.

La seconde voye que j'appelle examen d'attention ou d'application de la verité à l'esprit, est le moyen ordinaire par lequel la foy se forme dans les fideles. Cela consiste dans ce que la verité qui proprement est la lumiere du monde intelligible, vient s'appliquer à l'esprit,

tout

Trois voyes par lesquelles on trouve la verité.

La voye d'authorité est meslée d'examen.

tout de mesme 'que la lumiere sensible s'applique aux yeux corporels. L'entendement qui est une faculté passive comme l'oeil, la recoit, & la volonté y donne son consentement & l'embrasse. Trois choses contribuent ou peuvent contribuer à cette reception. 1. L'authorité de celui qui presente. 2. La verité elle mesme qui est presentée. 3. Et les caracteres de la verité. L'authorité qui presente y peut assurement faire beaucoup, quand celuy qui recoit la verité est capable de faire attention au caractere de cette authorité. C'est pourquoy il est faux que nous aneantissions l'usage de l'authorité de l'Eglise dans la production de la foy des catechumenes. Nous ne voulons pas nier que ce n'ait eté souvent le premier motif de ceux qui ont passé de l'heresie à la verité. C'est ce que S. Augustin dit de luy mesme, *non crederem Euangelio nisi me commoveret catholicæ ecclesiæ authoritas.* Je n'aurois pas crû à l'Euangile si l'Eglise ne m'y eût porté; c'est à dire n'eust etré le premier motif qui me porta à examiner. Mais premierement ce motif ne peut être mis entre ceux dont Dieu se sert ordinairement pour induire à la foy parce que les marques qui peuvent concilier du respect à l'authorité de l'Eglse sont changeantes. Je ne m'étonne pas que l'authorité de l'Eglise ait fait grand effet sur l'esprit de S. Augustin, mesme avant qu'il eût examiné sa doctrine. Elle etoit alors unie aussi bien que repandüe par toute la terre; elle etoit remarquable par le grand nombre de ses hommes extraordinaires, par ses martyrs, par ses sçavants, par ses honnestes gens, par le consentement unanime de tous les peuples à l'exception de certaines sectes qui ne faisoient aucune figure dans le monde. Ces caracteres ont cessé, l'Eglise Chrétienne s'est divisée en plusieurs sectes & communions qui se foudroyent les unes les autres, elle s'est corrompüe & relaschée sur toutes choses; ses moeurs sont depravées, son culte dans la pluspart des lieux est plein de superstition, ses temples pleins d'images; elle n'a plus de martyrs & tres peu d'honnestes gens; Ainsi elle n'a plus les premiers charmes qui attiroient les hommes dans les premiers aâges du Christianisme. L'authorité de l'Eglise ne peut donc être un motif pour croire la verité qu'à ceux qui remontent plus haut,

qui

[marginal note] L'authorité contribue quelque chose à la production de la foy, mais les marques d'authorité de l'Eglise sont changeantes. L'authorité n'est pas egale en tout temps

qui la regardent dans les siecles de la pureté, & qui
se font une raison de croire, tirée du consentement de
tous les Chrétiens dans les âages passés, des martyrs
& des miracles des premiers siecles. Or cela n'est pas
de la portée & du ressort des simples qui ne voyent
que les choses presentes.

Secondement ce motif d'authorité n'est pas celuy
qui commence la production de la foy dans les simples
& dans les enfants parce que ce n'est pas à quoy ils font
attention quand ils commencent à croire. Un enfant & un simple qu'on instruit & dans l'esprit duquel
on verse les verités Chrétienne, ne pense pas à l'authorité de l'Eglise, il ne fait attention qu'aux verités qu'on
luy presente; tout de mesme qu'un oeil à qui on presente une lumiere s'attache à la lumiere & non pas à
la main qui la porte. Tellement que l'usage de ce
motif tiré de l'authorité de l'Eglise n'est que pour les
adultes & mesme pour ceux d'entre les adultes qui se
servent heureusement de leur raison.

Ainsi proprement ce qui fait le grand effet pour la
production de la foy c'est la verité mesme qui frappe
l'entendement comme la lumiere frappe les yeux; mais
il est certain que si ces verités revelées abordoyent l'entendement toutes seules elles trouveroient la porte fermée.
Il y a une si grande disproportion de ces objets surna-
turels qui nous sont revelés avec nos facultés naturelles
que jamais les objets ne seroient receus par les facultés.
Et outre cela les passions font une si forte opposition à
l'establissement de la verité qui est toujours mortifiante
pour elle, qu'on ne pourroit faire entrer les verités divines dans une ame où regnent ces passions, si une force superieure & dominante ne s'en mêloit.

La verité seule ne pourroit s'establir dans l'ame.

Mais cecy merite que nous nous y arretions d'avantage. Je dis donc qu'il y a deux obstacles à vaincre
pour etablir les verités dans l'ame. Le premier est la
disproportion de l'objet revelé avec nos facultés. L'objet c'est l'assemblage de ces misteres, *que l'œil n'a pas
vûs, que l'oreille n'a pas ouys, & qui ne sont pas montés
dans le cœur de l'homme vivant.* Deja l'infiny est un objet
qui n'a pas de proportion avec une ame finie. C'est
pourquoy si tost que nous voulons un peu entrer dans
la nature de Dieu, ce vaste objet absorbe nostre in-

Il y a une disproportion infinie entre nos facultés & l'objet de la foy c'est le premier obstacle à l'establissement de la verité.

tel-

telligence bornée ; Mais fur tout cet infiny propofé de la maniere que l'efcriture nous le propofe. Un, dans fon effence, trine dans les perfonnes, agiffant & faifant toutes chofes par un fimple acte de volonté, incarné, mort, reffufcité. Tout cela dis-je nous furpaffe infiniment & paroit incroyable à des efprits qui ne font pas accoutumés à croire que ce qu'ils peuvent comprendre.

Raifon pourquoy les Demons fans la grace peuvent croire les verirés qui nous furpaffent.

C'eft dans cette difproportion de la faculté & des objets·de la grace que fe trouve la raifon pourquoy les Demons fans la grace peuvent avoir une perfuafion forte de la verité des myfteres, & que nous ne le pouvons pas. C'eft que ces efprits ont plus de proportion avec les objets. Ce n'eft pas que les Demons foyent plus proportionnés à Dieu ; car leur fubftance & leur intelligence eft bornée comme la nôtre : Mais cela vient de ce que noftre ame eft enfevelie dans la matiere elle recoit les premieres cognoiffances par les fens, & elle prend une fi grande habitude d'imaginer toutes chofes, c'eft à dire de leur attacher des images corporelles qu'elle ne fçauroit s'elever aux chofes fpirituelles fans un grand effort. Il y a mefme lieu de douter qu'il y ait dans l'homme ce qu'on appelle de *pures intellections*, comme le pretend un des grands Philofophes du fiecle : C'eft à dire des operations de l'ame abfolument independantes de la matiere. Il femble que l'ame face toutes fes operations mefme les plus metaphyfiques par l'entremife des efprits animaux, car ceux qui ont profondement medité fur des fujets fort abftraits fe trouvent epuifés de force. Ce que noftre ame agit toujours avec le corps & par l'entremife du corps, fait donc cette grande difproportion qui eft entre elle & les objets fpirituels.

Le fecond obftacle qui s'oppofe à la verité, ce font les paffions, les prejugés & les tenebres du cœur.

La feconde raifon pour laquelle l'ame ne peut recevoir les myfteres eft dans les prejugés. Et dans les paffions qui les forment. J'appelle le premier obftacle les tenebres de l'efprit, & le fecond les tenebres du cœur. Et l'Apôtre nous les exprime tous deux dans le fecond chapitre de la premiere Epitre aux Corinthiens, *nous propofons*, dit il, *la fageffe entre les parfaits non pas une fageffe de ce monde, mais une fageffe de Dieu qui eft en myfere.* Voila cette fublimité de la revelation qui fait
qu'elle

quelle est si disproportionnée avec nos facultés. Il ajoute peu après, *l'homme animal ne comprend pas les choses qui sont de Dieu, car elles luy sont folies.* C'est le second obstacle sçavoir la révolte des passions, l'homme animal est proprement celuy qui se conduit par la loy de la chair, qui regne dans les membres c'est à dire par la cupidité.

Pour vaincre ces obstacles il faut que la grace s'en mêle & que le S. Esprit opere. Il leve la premiere difficulté en estendant pour ainsi dire l'Esprit, en le rendant capable de recevoir des objets qui luy paroissoient auparavant incroyables. Il leve la seconde en domptant les passions, en faisant sentir à l'ame une delectation prevenante qui surmonte l'empire de la cupidité. Il fléchit la volonté pour l'obliger à donner son consentement. Ce n'est point par la seule predication de la parolle, & par la seule presentation de l'objet. Au contraire, c'est cet objet qui rebute l'esprit & qui fait revolter le cœur. Ce n'est point par une soumission à quelque authorité visible, car cela seul que cette authorité luy presenteroit un objet atterrant pour son esprit, & mortifiant pour ses passions, l'obligeroit à se revolter contre elle ; Et si l'homme ne se peut soumettre à la loy de Dieu & à sa revelation la considerant comme venant de Dieu, comment se soumettroit-il à une authorité humaine ? C'est donc que Dieu se rend intime au cœur & à la conscience & il les touche d'un vif sentiment de sa presence. Par une action secrette & inexplicable. *Mirabilibus modis* comme disoit S. Augustin, *le S. Esprit disoit il, opere au dedans afin que la medecine qui est appliquée au dehors fasse quelque chose. Autrement encore que Dieu en se servant des creatures qui luy sont soumises, parlât au sens humains, soit aux sens externes du corps, soit à ceux qui sont fort semblables à ceux cy, & dont nous avons l'usage durant le sommeil, s'il n'agissoit pas sur l'entendement par une grace interieure toute la predication de la verité seroit inutile à l'homme. Et ailleurs, si l'on veut appeller cette grace enseignement j'y consens pourvû qu'on avoüe que Dieu par une douceur ineffable la verse interieurement & profondément, non seulement par ceux qui plantent & qui arrosent exterieurement, mais aussi par soy mesme en fournissant l'accroissement d'une maniere cachée, en sorte que*

La grace surmonte ces obstacles par une operation distincte de l'operation de la parole.

De civitate Dei lib. 15. cap. 6.

De gratia Christi contra Pelag. & Cœlestium. cap. 13.

Bb non

non seulement il montre la verité mais il imprime la cha-
rité.

Il faut avoüer que la Theologie de M. Nicole est
bien differente de celle de S. Augustin duquel il se dit
le disciple. Ce Maitre ne parle que de grace interne
qui fait toute l'efficace du ministere exterieur. Il ne
fait point mention des motifs comme s'il les contoit
pour rien. Et le disciple se moque quand on luy parle
des rayons du S. Esprit qui illumine les cœurs, & fait
sentir les verités revelées. Il ne parle que *d'examen,*
que *de motifs* que *d'arguments* &c. & par tout où l'evidence des motifs & des arguments vient à manquer,
il faut, selon luy, que la foy manque & demeure court;
à moins qu'on ne se repose sur je ne sçay quelle authorité mille fois plus obscure que les mysteres pour lesquels on cherche des appuys. Selon la Theologie de
S. Augustin il faut que quand la verité nous est an-
noncée aux dehors, la grace interieure persuade au dedans.
Mais selon M. Nicole il suffit que la grace vienne au
secours pour faire croire l'article de l'Eglise. Cela fait,
elle n'a plus besoin d'agir; car qu'est il necessaire que
la grace agisse pour faire recevoir l'adorable mystere de
la trinité & le pretendu mystere de la transubstantiation?
L'authorité de l'Eglise suffit; quand on en est bien persuadé, que l'Eglise dise tout ce qui luy semblera bon
elle en sera crüe *Qu'ils lisent & qu'ils comprennent,*

Ubi supra
cap. 24.

dit encore le mesme S. Augustin, *qu'ils voyent & qu'ils*
confessent que Dieu opere dans les cœurs des hommes non par
la loy & par la doctrine qui reforme au dehors, mais par
une efficace interne, cachée, admirable & ineffable. Si c'est
par l'authorité de l'Eglise que la foy se produit, ou par
la nüe predication de la parole, ce n'est plus une efficace interne; & si la foy s'avance & monte sur des degrés de certitude, d'evidence en evidence par des motifs externes, par des raisons, par des conferences, par
des disputes, par des discussions, cette maniere de produire la foy n'est ni admirable ni cachée, si ce n'est

L'escriture
establit les
operations
internes de
la grace.

qu'on veille dire la mesme chose de la maniere dont
les Philosophes se font.

Eph. 1.17.

Si M. Nicole veut abandonner son S. Augustin, au
moins il ne devroit pas abandonner le S. Esprit qui dit
que Dieu *illumine les yeux de nos entendemens, qu'il nous*
crée

erée un cœur net & renouvelle nôtre esprit, qu'il nous oste   Pf. 51.
le cœur de pierre & nous en donne un de chair: qu'a l'un est   Ezechiel
donné sagesse, à l'autre cognoissance, à l'autre foy par un mes-   1 Cor. 12.
me esprit: que celuy qui a dit que la lumiere resplendit des   8.
tenebres est celuy qui verse la lumiere dans nos cœurs. Que   2 Cor. 4. 6.
c'est Dieu qui nous enseigne interieurement à faire sa volonté: Pf. 143
que c'est luy qui nous addresse à la verité: qu'il est écrit dans   Pf. 25.
les Prophetes ils seront tous enseignés de Dieu. Que pour al-   Iean 6. 44.
ler à J. Christ il faut avoir ouï du Pere & avoir appris de   Iean 6.
luy. Que le consolateur est celuy qui nous enseigne toutes cho-   45.
ses: que l'onction que nous avons receüe du S. Esprit nous en-   Iean 14.
seigne tout, & que nous n'avons pas besoin qu'on nous ensei-   1 Ep. à S.
gne, que c'est luy qui nous rend entendus afin que nous sca-   Iean cap.
chions ses tesmoignages: qui decouvre nos yeux afin que nous   2. 20. 27.
voyons les merveilles de sa loy: que c'est luy qui ouvre le cœur   Pf. 119. 25
de Lydie pour entendre la parolle. Que c'est luy qui nous don-   &fo. 18.
ne des oreilles pour oüyr, des yeux pour voir & un cœur pour   Act. 16.
entendre. Que les hommes plantent & arrousent, mais que   Deuterono-
Dieu donne l'accroissement: que le fils nous donne entende-   me.
ment pour cognoistre celuy qui est veritable: que Dieu nous   1 Cor. 3.
apprend à avoir un bon sens & bonne cognoissance & que la   1 Ep. Iean
grace est une espece de feu qui brusle nostre cœur quand nous   5. 20.
entendons ou lisons les écritures.   Pf. 119. 66.
  Luc. 24.

Ce langage est un mysterieux galimatias si les objections de M. Nicole ne sont pas des illusions pour-
suivies. Quel besoin est-il que Dieu nous enseigne,
qu'il nous illumine, qu'il nous fasse croire, qu'il nous
rende intelligents par une operation interne efficace &
victorieuse, si nôtre foy doit etre fondée sur un examen
à qui rien n'echappe; ou sur une authorité qui soit infaillible? si M. Nicole dit qu'au moins pour croire le
point de l'Eglise, comme nous ne le pouvons croire
par authorité il faut que sa grace vienne au secours &
qu'elle supplée au deffaut de l'evidence, Je luy demanderay pourquoy la grace ne supplêra pas aussi bien au
deffaut de l'evidence & de l'examen en vingt points
qu'en un? Est ce qu'elle est plus embarrassée à produire la foy de vingt articles que d'un seul? Est ce que
l'esprit de l'homme qui s'est laissé fléchir à la grace
pour croire un article incroyable refusera de se laisser
fléchir pour les autres? Il faut de deux choses l'une sur
ce point de l'Eglise, ou que Dieu le persuade par la

Ce que
l'Escriture
sainte dit
des opera-
tions de la
grace doit
estre gali-
mathias
dans les
principes
du livre de
M. Nicole.

    voye

voye d'un examen & des motifs externe qui facent une evidence à laquelle rien ne puiſſe reſiſter, ou que Dieu le perſuade & en donne par la grace, une certitude qui aille plus loin que l'evidence des motifs. Le premier eſt impoſſible, nous l'avons fait voir quand nous avons montré qu'un ſimple ne peut pas atteindre par voye d'examen, une certitude entiere touchant l'Egliſe & ſon infaillibilité. Il ſemble que M. Nicole rejette le ſecond, & qu'il ne veuille pas avoüer que c'eſt l'operation de la grace qui eleve la perſuaſion touchant l'article de l'Egliſe au degré de certitude où elle doit être; car il nous veut compoſer une evidence externe pour cêt article tirée de l'ecriture de la tradition & des marques de l'Egliſe, qui ſoit de la portée des ſimples.

Maniere dont la foy ſe produit dans les fideles en general.

Voicy donc pour abbreger quelle eſt la maniere dont la foy ſe produit dans ceux qui ſont deſtinés à etre fideles. Ce qu'on appelle l'Egliſe, c'eſt à dire un predicateur ou un catechiſte authoriſé par une Egliſe particuliere, propoſe la parole & les myſteres qu'on doit croire, il les appuye du teſmoignage de l'eſcriture ſainte comme de la raiſon pour laquelle on doit croire les myſteres. Le catechumene recoit cette lumiere des myſteres, & le motif qu'on luy propoſe pour croire. Mais ni les myſteres ni les motifs ne luy ſont pas propoſés dans un degré d'evidence neceſſaire pour donner une certitude qui exclüe le doute. Ce que les motifs & les myſteres ne peuvent faire, l'eſprit & l'operation de Dieu le font. Ils ouvrent le cœur pour recevoir la parole, ils operent la grace de croire les choſes incroyables, & font monter la certitude à un degré où les objets externes n'auroient jamais pû la porter. Il faut examiner les difficultés & y repondre car on ne manquera pas d'en faire, & en examinant ces difficultés, ce ſujet qui parôit obſcur s'eclaircira conſiderablement.

CHA-

CHAPITRE XX.

Esclaircissement des difficultés sur la matiere du chapi-
tre precedent, que pour imprimer la certitude d'une
verité dans l'esprit, Dieu n'a pas besoin d'evidence
dans l'objet ou dans le tesmoignage. Explication
des operations de l'entendement & de la volonté,
que la volonté & les passions determinent l'entende-
ment à la certitude par leur empire : deux especes
de certitude l'une de speculation & l'autre d'ad-
herence.

PRemièrement, on dira que je suppose icy que Dieu
produit une certitude sans evidence. Or dit-on
afin de produire la certitude il faut ou que la chose en
elle mesme soit evidente, comme : *deux & deux font*
quatre. Le tout est plus grand que sa partie. Et de cet
ordre sont les conclusions geometriquement demontrées.
Ou bien il faut qu'il y ait une evidence de tesmoignage,
c'est à dire qu'il soit evident que la verité dont il s'agit
est attestée par des tesmoins tout à fait dignes de foy.
Je reponds qu'il n'est pas vray que pour produire une
certitude qui exclüe tout doute il faille une evidence
ou de verité ou de tesmoignage ; Nous croyóns mille
choses avec certitude dont nous n'avons point d'evidence. Il y a des gens qui en etudiant des matieres abstraites se persuadent avec une entiere certitude, que certaines choses sont veritables qui ne sont pourtant nullement evidentes ; & mesme si vous les pressiés de dire
sincerement si leurs preuves sont evidentes, ils avoue-
royent que non. Il se peut bien faire qu'ils ont tort
d'estre si fort determinés sur des objets de speculation,
sans en avoir des demonstrations, parce qu'il n'y a nulle
necessité à se determiner sur ces sortes de sujets. Et
souvent cette precipitation à se determiner est cause des
erreurs, & des faux jugements. Mais enfin l'esprit de
l'homme est ainsi fait : & il ne faut pas s'imaginer que
les Cartesiens puissent jamais venir à bout de le mettre
dans une autre situation, ni de l'obiger à se tenir en

Pour pro-
duire la foy
il n'est pas
necessaire
quil y ait
evidence
de verité
ou eviden-
ce de tes-
moignage.

su-

suspens, jusqu'à ce qu'il trouve des demonstrations.
Quand nous avons trouvé la verité soit que ce soit par
voye de demonstration soit que ce soit par plusieurs
raisons qui ne sont pas en elles mesmes demonstratives,
nous ne laissons pas d'y adherer fortement. Qu'on se
tienne dans la suspension Cartesienne tant qu'on voudra quand il ne s'agira que de verités speculatives &
naturelles; qu'on fasse à cêt egard violence à l'esprit en
l'empeschant de se determiner, je ne m'y oppose pas.
Mais si on vouloit en user de mesme, à l'esgard des verités de pratique & des faits, on n'en viendroit jamais
à bout, & si on en venoit à bout on perdroit tout.*

Je croy avec certitude que je suis fils d'un homme
& d'une femme ainsi nommés. C'est une certitude sans
evidence de tesmoignage, car ceux qui m'ont elevé peuvent m'avoir menti. Je puis avoir eté changé en nourrice, elogné & dans l'ignorance des circonstances qui
me pourroyent assurer & lever tout doute, je demeure
sans evidence de tesmoignage; faut il à cause de cela
que je demeure dans la suspension Cartesienne? si dans
les choses de fait qui regardent la vie presente & la conduitte de la vie je puis avoir une certitude sans evidence pourquoy ne la pourrois-je & ne la devrois je pas
avoir dans les matieres de foy? Je veux croire que je
suis fils d'un tel homme, parce que mon honneur &
ma fortune en dependent : & je ne voudrois pas croire que
Dieu m'a revelé certaines verités qu'on me propose d'où
depend mon salut eternel?

* Il peut y avoir des degrés de certitude qui sont au dessus des degrés de l'evidence. On fera une seconde difficulté sur la reponce à la premiere; vous posés dans l'esprit des degrés de certitude
dira-t-on, qui vont au dela des degrés d'evidence. C'est
une supposition d'où il suit qu'un homme croit sans raison,
au moins qu'il y a quelques degrés de certitude qui sont de-
stitués de raison; ce qui paroît fort opposé à la nature de
l'homme & à la maniere de ses operations. Pour repondre
à cette difficulté il faut qu'on nous permette de Philosopher
un peu sur les operations de l'esprit. C'est une question
celebre dans les deux ecoles, sçavoir si l'entendement
est le maître de la volonté, ou la volonté maitresse de
de l'entendement : ou autrement si la volonté suit toujours la derniere resolution de l'entendement pratique.
C'est une controverse de mots, comme la plus part de
celles

celles de l'Ecole. Il y a la deſſus des verités que j'appelle de ſentiment dont il faut que tout le monde convienne quand on y a bien penſé.

La premiere de ces verités c'eſt qu'à proprement parler l'entendement & la volonté ne ſont pas deux facultés diſtinctes, c'eſt une ſeule ame ſimple en ſon eſſence qui s'appelle entendement quand elle conçoit, & volonté quand elle ſe determine. La ſeconde que l'entendement, ou l'ame entant qu'elle comprend eſt purement paſſive comme l'oeil qui ne fait que recevoir & qui n'agit qu'en tant qu'il reçoit les images. On dit pourtant que l'entendement agit, qu'il cherche, qu'il debrouille & qu'il y a des gens qui ont l'entendement beaucoup plus agiſſant & plus penetrant que les autres : Mais cela ne ſignifie autre choſe ſinon que l'ame applique ſon entendement à concevoir, comme elle applique l'oeil du corps à regarder : Et que l'eſprit des uns eſt plus vaſte plus net & plus capable de recevoir les idées, comme une glace de miroir plus grande & plus nette reçoit plus d'images & plus diſtinctement, & comme un oeil eſt plus propre à recevoir les lumieres reflechies & les rayons qui luy viennent de dehors.

Explication des operations de l'ame.

De cette ſeconde verité il en naît une troiſiéme, c'eſt que l'entendement n'eſt pas une faculté libre, l'oeil ne voit pas ce qu'il veut, il faut qu'il voye les choſes comme elles ſont, l'eſprit auſſi ne ſe peut pas empecher de voir les rapports qui ſont entre deux & deux · entre le tout & la partie. C'eſt à dire de connoitre que deux & deux font quatre, & que la partie eſt moindre que le tout.

L'entendement eſt une faculté paſſive.

Quand le ſujet eſt dans une ſouveraine evidence l'entendement la voit & la volonté y conſent : quand le ſujet eſt enveloppé de quelques ombres, l'entendement demeure en ſuſpens, juſqu'à ce que la volonté le determine. Car il faut ſçavoir que ce que les écoles apellent, *aſſenſus intellectus*, conſentement de l'entendement, eſt proprement un acte de la volonté. Je conſens & je donne les mains à une verité, c'eſt parce que je le veux & que je le juge raiſonnable. Pour voir cela clairement il faut remarquer que le Jugement qu'on attribue à l'entendement comprend deux actions ; la premiere eſt la vûe du rapport reel & veritable qui eſt entre

Le conſentement à la verité eſt un acte de la volonté & non de l'entendement.

les

les chofes: la feconde eft l'acquiecement à cette vûc. Par exemple un efprit mediocrement appliqué voit qu'il y a un Dieu, c'eft à dire qu'il voit la liaifon & le rapport qui eft entre l'exiftence neceffaire, & l'idée de Dieu. Aprés avoir vû cela il y acquiefce, & dit, il y a certainement un Dieu dont l'exiftence eft neceffaire. J'avoue que la premiere de ces deux actions c'eft à dire la vûe de la liaifon qui eft entre Dieu & l'exiftence neceffaire appartient à l'entendement ; mais auffi eft-ce une reception purement paffive comme la veüe d'une image corporelle qui entre dans l'oeil. Mais quant à l'acquiefcement c'eft une action de la volonté. Et cet acquiecement s'exprime interieurement par ces paroles. *Aprés avoir vû la liaifon qu'il y a entre l'idée de l'exiftence neceffaire & celle d'une divinité je m'en veux tenir la, & croire qu'il y a un Dieu.* Or evidemment c'eft la un acte de la volonté.

Trois chofes de terminent l'efprit à croire.
Il faut donc fçavoir que trois chofes determinent l'ame qui juge. 1. L'evidence de l'objet. 2. Les paffions. 3. La volonté libre. Quand les liaifons & les rapports font clairs & evidents, l'entendement fe determine neceffairement, & le confentement que la volonté donne n'eft point libre. Je croy que deux & deux font quatre, & je croy cela fans liberté. Lors que l'objet eft enveloppé de quelque obfcurité & que les rapports entre les termes ne font pas evidents il faut qu'il demeure en fufpens, ou qu'il fe determine par fes paffions, ou par fa volonté, demeurer en fufpens pour l'efprit eft un eftat violent dans lequel il eft malaifé qu'il fe conferve. Et fur tout quand fon repos & fon bonheur font intereffés dans la chofe dont il s'agit. Il fe determine donc felon fes paffions. Ou par une volonté conduitte par fes paffions: Et cêt empire eft fi puiffant que fouvent il va contre l'evidence. Un profane peut avoir

Ou il n'y a pas d'evidence, l'efprit fe determine par une volonté conduitte par la grace ou par la cupidité.
vû clairement les rapports qui font entre l'idée de la divinité & l'exiftence neceffaire ; Cependant il n'y acquiefce pas à caufe que fon cœur & fa volonté poffedés par les paffions fe revoltent contre cette verité *il y a un Dieu* ; quand Dieu fait la grace à un homme d'agir par raifon & non par cupidité, alors dans les endroits où l'entendement ne voit pas d'evidence l'homme ne laiffe pas de fe determiner par une volonté libre, degagée & rai-

raisonnable. En un mot il est certain que l'homme croit cent choses parce qu'il les veut croire; & il les veut croire, ou parce que les passions l'y poussent, ou parce que ses interets le demandent, & non point parce qu'il y voye des raisons convainquantes, & une evidence ou de verité ou de teimoignage. Un mondain veut croire que le plaisir charnel est un vray bien. Ce n'est pas qu'il ait aucune raison de le croire mais il le croit parce qu'il le veut, & il le veut parce que ses passions l'entraisnent la. Un homme veut croire qu'il est fils de Roy. Ce n'est pas qu'il en ait des raisons convainquantes qui luy puissent faire dire, *cela ne peut etre autrement*, mais c'est qu'il le veut & il le veut parce que son repos sa gloire & le desir de recueillir la succession de la couronne l'y obligent justement & raisonnablement.

On croit ce que l'on veut dans les choses non evidentes.

Voicy qui fait voir qu'il n'y a aucune absurdité a poser dans l'esprit une *certitude subjective* plus grande que n'est au dehors *la certitude objective.* C'est à dire qu'on peut bien se determiner à ne douter nullement des choses dont on n'a pas des preuves contre lesquelles il n'y ait rien à excepter. Et ainsi c'est faussement que M. Nicole suppose qu'un simple ne sçauroit croire un dogme avant que de l'avoir fait passer par un examen qui aille jusqu'à la derniere precision. Un simple peut croire sans cet examen. Il le peut dis-je, s'il le veut & Dieu le luy peut faire vouloir par sa grace & par l'operation interne de son esprit de lumiere qui fait la foy.

L'esprit ne croit rien avec certitude sans raison non par une raison *d'evidence,* mais par raison de *l'importance.*

Mais dira-t-on, Dieu peut il faire faire à un homme raisonnable ce qui n'est pas raisonnable, & luy faire croire fortement un chose sans raison? Non: cela ne se fait pas ainsi: l'homme raisonnable n'a jamais de certitude qui ne soit raisonnable à moins que ce ne soit cette certitude qui vient du prejugés & des passions. Mais il faut sçavoir qu'il y a deux sortes de raisons; des raisons *d'evidence* & des raisons *d'importance.* Ces deux sortes de raisons font deux sortes de certitude; une certitude de *speculation,* & une certitude d'*adherence.* La certitude des speculation naît de l'evidence de la verité, soit que cette evidence se trouve dans la verité mesme, ou qu'elle se trouve dans le teismoignage. Je croy que le tout est plus grand que sa partie par une evidence qui est dans la verité mesme, & j'en ay une parfaitte

Certitude de speculation & certitude d'adherence.

cer-

certitude de *speculation*. Je croy qu'il y a une ville dans le monde qui s'appelle Conſtantinople. Je le croy non parce que je l'aye veüe, mais parce que ce qu'on appelle le conſentement univerſel en matiere de teſmoins & de faits renferme l'evidence du teſmoignage. J'ay donc auſſi une certitude de *speculation* de cette verité; il y a une ville appellée Conſtantinople. Mais il y a une autre certitude qu'on appelle *d'adherence* qui n'a pas été inconnue aux ſcolaſtiques, car Bonaventure en a parlé. Cette certitude n'eſt pas fondée ſur *l'evidence* mais ſur *l'importance*. Elle conſiſte à vouloir adherer à une verité, à cauſe de l'importance que l'on y concoit, Le fils d'un Roy adhere fortement à cette verité. *Je ſuis fils d'un tel pere*, & il y adhere bien plus fortement qu'à toute autre verité qui ne ſeroit que de ſimple ſpeculation, non parce qu'il y trouve plus de certitude & moins de difficulté; mais parce qu'il voit que cela eſt de la derniere importance pour luy. Pareillement le fidele adhere à cette verité, Jeſus Chriſt eſt mon Sauveur venu au monde & mort pour les péchés des hommes, plus fortement qu'il n'adhere à cette verité, deux & deux ſont quatre. Il ne voudroit rien ſouffrir pour ſoutenir cette derniere verité & il mourra pour ſouſtenir la premiere. Ce n'eſt pas qu'il y trouve plus de clarté & moins de lieu de douter, mais c'eſt qu'il en concoit l'importance & cela produit en luy cette certitude *d'adherence*. Certitude qui n'eſt pas ſans raiſon, au contraire elle eſt tres raiſonnable. Car il eſt tres raiſonnable d'adherer fortement à une opinion de laquelle depend noſtre ſalut eternel. Ainſi à parler proprement nous n'avons pas de degrés de certitude qui ſoit deſtitué de raiſon, mais nous en pouvons avoir qui ſoit deſtitué d'evidence.

CHA-

CHAPITRE XXI.

Que la certitude de la foy ne depénd pas de l'evidence des motifs : que Dieu ne conduit pas les hommes au salut par la voye de l'evidence Confeſſion des Meſſieurs de Port Royal la deſſus : deux ſortes de motifs qui ſervent à la production de la foy. Il n'y a proprement que ceux de ſentiment qui facent la foy.

IL eſt indubitable qu'il faut expliquer la certitude de la foy & la ſource de cette certitude comme nous venons de faire & tous ceux qui s'eloignent de cette voye s'egarent viſiblement. Il y en a qui croyent qu'il ſuffit de dire, *que l'eſcriture ſainte contient des demonſtrations morales auſſi capables de produire un certitude qui exclüe tout doute comme ſont les demonſtrations geometriques.* Premierement cela n'eſt pas vray pour beaucoup d'articles, & il y en a pour leſquels on ne ſçauroit faire des demonſtrations morales. Mais ſuppoſé que cela ſoit, il faudra trouver avant tout un moyen d'etablir la divinité de l'eſcriture ſainte par quelque demonſtration morale. C'eſt à dire qu'il faut ſuppoſer que ce que nous appellons les caracteres de divinité de l'eſcriture ſont tels qu'ils peuvent, pris enſemble, faire une demonſtration morale. Autrement les demonſtrations morales compoſées de textes de l'eſcriture pour chaque dogme particulier n'auroyent aucune ſolidité. Mais il n'eſt pas vray que ces caracteres raſſemblés faſſent une demonſtration, car il eſt certain que les profanes y peuvent toujours faire des exceptions. Elles ne ſont pas raiſonnables je l'avoüe, mais elles empechent pourtant que la preuve ne ſoit une demonſtration morale. Il faut donc que la grace eleve ces caracteres à une plus grande force que celle qui leur eſt naturelle. Il faut qu'elle determine la volonté à adherer fortement à cette verité, *l'eſcriture eſt divine,* par la raiſon de l'importance, comme par un motif externe ; & par la ſuavité & la delectation prevenante qui ſurmonte les charmes de la cupidité, comme par un moyen interne. Mais ſuppoſé

Les caracteres de la divinité de l'eſcriture ne vont pas juſqu'au dernier degré de l'evidence.

posé que ces caracteres de l'ecriture joints ensemble fiſſent une demonſtration morale. Cette demonſtration ne ſeroit point à l'uſage des ſimples & ne pourroit être le moyen qui les perſuaderoit & de la divinité des écritures, & en conſequence de la verité de tous les articles qui y ſont contenus. Car elle eſt compoſée du parfait accord qui eſt entre le vieux & le Nouveau Teſtament, de l'accompliſſement des Types & des propheties, des miracles faits en faveur de cette eſcriture & de pluſieurs autres choſes ſemblables qui ſont ou hiſtoriques, ou d'un examen qui eſt au deſſus de la force de mille gens qui croyent & qui croyent bien.

Les plus eclairés ne ſont pas les plus fideles & qui ont le plus de certitude.

Si la fermeté de la foy dependoit de l'aſſemblage & de la cognoiſſance des motifs il faudroit neceſſairement que ceux la fuſſent les meilleurs fideles qui auroient le plus etudié ces caracteres de divinité & qui les auroient mieux penetrés ; C'eſt à dire que ce ſeroient les Theologiens : mais l'experience nous apprend le contraire. Et il eſt certain que les ames ſimples, devotes, pieuſes avec une connoiſſance au deſſous de la mediocrité ſont plus fermes en la foy des divines eſcritures que ne ſont pluſieurs ſçavants tres eclairés. Demandés à une ame devote d'entre le vulgaire pourquoy elle croit que l'eſcriture eſt divine, en ſe conſultant la deſſus elle ne trouvera chez elle que des ſentiments confus, des veües peu diſtinctes, mais une parfaitte certitude pourtant. Il faut que cela vienne ou de la prevention ou de la grace. Si cette ame eſt vrayement devote il ſeroit tres injurieux à Dieu de dire que la certitude s'y eſt eſtablie à la faveur des ſentiments confus, par prevention. Il faut donc être perſuadé que cette certitude vient de la grace, laquelle par des veües indiſtinctes produit cette ferme certitude d'adherence.

On ne peut jamais etre aſſuré de la verité pretendüe que l'Egliſe Romaine eſt la veritable Egliſe que par une certitude d'adherence & parce qu'on le veut.

Les Docteurs de l'Egliſe Romaine croyent bien mieux faire d'aller chercher la ſource de la certitude de la foy dans la perſuaſion que l'Egliſe ne peut errer. Mais enfin il en faudra venir à ce principe, l'Egliſe Caholique ne peut errer & l'Egliſe Romaine eſt cette Egliſe Catholique, &c. Il faudra s'en aſſurer ; on ne peut s'en aſſeurer par l'eſcriture car dans la ſuppoſition de ces Meſſieurs l'eſcriture dans ce premier moment n'eſt pas encore cognue ni ſon authorité affermie. Il faudra donc

cher-

chercher la verité de l'Eglise dans ses marques, comme nous cherchons la divinité de l'escriture dans ses caracteres. Et mesme il faudra chercher la verité de l'Eglise dans ses marques qui sont independantes de l'escriture. C'est pourquoy on ne se pourra servir ni des miracles du Vieu & du Nouveau Testament pour prouver l'Eglise, ni de sa conformité avec l'Escriture, car cette escriture & les miracles qu'elle rapporte sont supposés sans certitude avant que nous ayons trouvé la certitude du premier principe qui est l'authorité de l'Eglise. Or ces marques de la verité de l'Eglise Romaine qui sont independantes de l'escriture sont une demonstration morale, ou elles n'en sont pas une. Si on dit qu'elles sont une demonstration morale on dit une chose evidemment fausse. Mais quand mesme on en seroit une demonstration, elle ne seroit pas de la portée des esprits des simples ; car cette demonstration seroit composée de l'assemblage des miracles arrivés dans tous les siecles, de la conformité avec l'Eglise Ancienne, de la succession & de cens autres choses qu'un paysan n'a jamais veües & ausquelles il n'a jamais pensé. De sorte que dans les principes de Rome aussi bien que dans les nôtres pour conduire un simple au degré de certitude que doit avoir la foy il faut que la grace y entre, qu'elle éleve cette certitude au dessus de l'evidence des motifs & par consequent qu'elle fasse dans l'esprit une certitude *subjective* plus grande que n'est au dehors la certitude *objective*. De quelque costé que l'on se tourne & quelque principe que l'on embrasse il faudra rencontrer un examen dont un simple ne peut etre capable. Et par consequent il faut que Dieu dispence les simples de cêt examen & produise en eux la foy sans cela : car nous avons posé pour un principe commun entre nous & les prétendus Catholiques *que la sagesse de Dieu a destiné un moyen de la portée des simples aussi bien que des sçavants pour donner la foy, parce que son dessein est de sauver les simples aussi bien que les sçavants.* Or ce moyen ne peut estre l'examen des arguments, des raisons, & des motifs, comme le suppose M. Nicole. Premierement parce que cêt examen est impossible aux simples, secondement parce que les simples ne le sont jamais, car on peut assurer sans temerité qu'il y a des millions de personnes dans

l'une

l'une & dans l'autre religion qui sçavent leur symbole, qui l'entendent dans le sens de l'Eglise universelle, & qui cherchent leur salut de bonne foy sans avoir jamais fait d'attentive reflexion ou sur les motifs externes qui les portent à croire que l'escriture est divine, ou sur ceux qui les peuvent porter à croire que l'Eglise Romaine est la veritable Eglise infaillible.

Luc. 20. Au reste ce que le Seigneur dit, *Pere je te rends graces de ce que tu as caché ces choses aux sages & entendus & les* *1 Cor. 1.* *as revelés aux petits enfants,* ce que S. Paul disoit aux *2. 6.* Corinth. *vous n'estes ni beaucoup de sages ni beaucoup de forts :* Ce que l'histoire nous apprend que les premiers Chretiens etoyent tres devots & tres pieux sans etre tres sçavants; Ce qu'aujourd'huy tant de personnes simples & peu eclairées sont tres fideles & tres bien persuadées de la verité leur de religion : tout cela dis je, me fait une forte preuve que les argumens de M. Nicole sont des sophismes & supposent un faux principe, sçavoir qu'on ne sçauroit arriver à la certitude que par la voye de l'evidence. Au contraire Dieu conduit seurement les siens à travers les ombres, les precipices, & les pieges. Il y a piege par tout, comme disent ces Messieurs. Ce passage est assez beau & vient assez à mon sujet pour le representer à ceux qui en sont les Autheurs : peut etre servira-t-il à les ramener dans les justes idées de la certitude de la foy.

L'expe-
rience de
tous les
siecles fait
voir la
fausseté de
la suppofi-
tion de M.
Nicole sur
la necessité
de l'evi-
dence.

Heresie
imaginaire
lett. 9.

Passage
de Mes-
sieurs de
Port Roy-
al qui de-
truit le
principe de
M. Nicole.

En parlant de l'obeissance Chrétienne ils disent. *Elle* *sçait que c'est l'amour propre qui porte les hommes à croire* *qu'on ne peche point en obeissant, parce qu'il aime naturellement* *la seureté & qu'il seroit ravi de voir son chemin si bien mar-* *qué qu'il ne pust craindre de s'y egarer. Mais la lumiere de* *la foy luy apprend au contraire que Dieu n'a pas voulu s'ac-* *commoder à cette inclination des hommes & qu'il a jugé qu'il* *leur estoit plus utile d'arriver au salut par une voye toute op-* *posée qui est celle de l'obscurité, de l'incertitude, & de la crainte,* *qui les retient toujours tremblants & humiliés en sa presence* *& dependants de la lumiere de son secours, & que c'est pour* *cela qu'il a voulu qu'il y eût piege par tout, & que si cer-* *tains etats en avoient moins que les autres il n'y en eût au-* *cun neantmoins qui en fût absolument exempt.* Plust à Dieu que ce beau passage fit faire de profondes reflexions à ceux qui s'en sont fait autrefois tant d'honneur.

Comment est il possible que des gens soyent si differents

rents deux mefmes? M. Nicole & fes confreres trouvoient autrefois des pieges & des tenebres par tout,
aujourd'huy il veulent qu'on s'avance au falut par le
chemin de l'evidence, ou en mettant la verité elle
mefme dans un etat d'evidence par un examen penetré
ou en fe repofant fur une authorité vifible, claire, & evidente dans le monde comme le foleil. Où font donc les pieges,
où font les tenebres & les obfcurités au travers desquelles
on arrive au falut? je les trouve felon ma methode ces
obfcurités, je les trouve dans les myfteres qui font obfcurcis à caufe de leur profondeur. Je les trouve dans
le defaut de pleine evidence des motifs externes, &
Dieu me conduit au falut à travers ces obfcurités parce qu'il eleve ma foy jufqu'à une parfaite certitude
malgré la profondeur des myfteres & l'inevidence des
motifs.

Mais quoy: ces motifs ne fervent ils donc de rien? Deux for-
fans doute ils fervent & fervent beaucoup quand on les tifs, les
apperçoit & qu'on les fent. Mais il faut diftinguer en uns font
tre ces motifs. Il y en à qui font de raifonnement & de raifon-
d'examen, d'autres qui font de fentiment. Par exem- nement les
ple la durée de la religion Chrétienne ce qu'elle eft fentiments
demeurée victorieufe, de tant d'affauts, la conftance
de fes martyrs la grandeur de fes miracles, l'admirable rapport de fes propheties avec les evenements, la
profondeur & la hauteur de fes myfteres; car plus ils
paroiffent incroyables & plus ils ont des caracteres de
divinité: parce qu'il n'y a entendement ni humain ni
angelique qui eût pu les imaginer: la qualité de fes
miniftres, les merveilles de fon etabliffement, les circonftances qui font voir que les Prophetes & les Apôtres n'ont pû etre trompeurs ni trompés. Tout cela
dis-je forme d'admirables preuves propres à foutenir la
foy. Mais il n'y a perfonne qui ne fente que cela n'eft
point proportionné à l'efprit des fimples. Il faut re-
flechir il faut raifonner, il faut lire, il faut s'appliquer.
On fçait bien que les femmes, les enfants, les gens
embarraffés des affaires du fiecle n'arrivent point à la Les motifs
foy par la. de fenti-
Mais il y a d'autres motifs p'us internes à la verita- ment font
ble religion. C'eft la famteré de fes preceptes & de fa font la foy
morale, c'eft la douceur de fes promeffes, c'eft l'hor- des fim-
reur ples.

reur de ses menaces. C'est cette plenitude par laquelle
elle fournit à tous les besoins dont tous les hommes,
mesmes les plus simples sont convaincus. Les plus
simples sentent qu'ils ont une ame immortelle, qui souhaite d'estre heureuse; ils trouvent dans la veritable religion ce moyen d'estre heureux, ils trouvent un moyen
d'obtenir la remission de leur pechés; Ils sentent le
regne de la cupidité chés eux, & la conscience leur dit
que ce Tyran les conduit à la mort. Ils trouvent dans
la veritable religion la grace du redempteur qui amor-
tit le pouvoir de la concupiscence. Sont ils dans la
prosperité? ils trouvent dans la revelation divine des
conseils pour en faire un bon usage. Sont ils dans
l'adversité? ils trouvent dans la veritable Religion des
consolations pour les maux presents & de la fermeté
contre les maux à venir. Qu'on imagine & qu'on cherche tous les besoins où l'homme peut être & l'on trou-
verra que la veritable religion les remplit. Car elle
remplit entierement le vuide de lame & c'est cela qui
se sent & qui ne s'exprime pas. Ce sont ces motifs
qui attirent les simples & dont la grace se sent pour les
amener à la certitude de la foy & à l'ardeur de la charité.
Non que les simples puissent demêler & expliquer ces
sentiments comme je viens de faire, mais ils les sentent
& c'est le caractere des sentiments d'estre confus, de
ne se pouvoir demêler & d'estre pourtant tres reels &
tres efficaces.

CHA-

CHAPITRE XXII.

„ *De la voye d'examen, deux examens l'un d'applica-*
„ *tion & l'autre de discussion; trois sortes d'habitu-*
„ *des produites par ces trois voyes. Celle de l'au-*
„ *thorité sans examen, celle de l'examen sans autho-*
„ *rité, & celle de l'authorité & de l'examen joints*
„ *ensemble. L'examen de discussion n'est necessaire*
„ *a personne, il n'est pas toujours seur pour les*
„ *simples: il est pourtant permis: que les preuves*
„ *d'impossibilité ne tombent que sur l'examen de dis-*
„ *cussion: que le droit d'examiner dans les particu-*
„ *liers n'est pas odieux. Que l'examen d'application*
„ *n'est pas dangereux.*

J'Ay fait les deux choses qui sont d'une necessité absolüe pour trouver le denoüement des difficultés que
nous fait M. Nicole sur la maniere dont nous pretendons que la foy se verse dans le cœur. J'ay montré
que son principe est faux, sçavoir que pour avoir une
pleine certitude d'une chose, il faut ou examiner avec
une certitude qui mette le sujet dans la derniere evidence, ou se reposer sur une authorité infaillible. J'ay
descouvert la veritable voye par laquelle la foy entre
dans le cœur. J'ay distingué trois voyes, celle d'authorité, celle d'application de la verité à l'ame, & celle
de l'examen. J'ay fait voir que la seconde est proprement celle dont Dieu se sert. Mais il faudra faire quelques reflexions sur les deux autres voyes ; sur celle
d'examen, & sur celle d'authorité, pour faire voir de
quel usage elles peuvent être & comment on s'en doit
servir.

Premierement sur la voye d'examen il faut sçavoir que
le mot d'examen est equivoque, quand un homme de bon
sens, quoy qu'il n'ait point de lettres & ne sçache pas
de langues s'attache à la lecture de la parole de Dieu,
la lit avec attention & devotion, non seulement une
fois, mais plusieurs, & qu'il forme sa foy sur cette
lecture ; il est certain qu'on peut tres bien appeller cela

*Examen
d'atten-
tion à la
verité qui
est de la
portée de
tous les
simples.*

C c   examen

examen, fans abufer des termes. Car il lit, il confere
enfemble toutes les parties de cette revelation & de ces
lumieres raffemblées, il en forme fa foy. Et c'eft en
effet par cette efpece d'examen que fe font les ames
vrayement fideles. J'appelle cela *un examen d'attention.*
C'eft en ce fens qu'on lira fouvent dans nos écrits que
les fideles fe font par voye d'examen, & en effet n'eft
ce pas examiner que de lire, que d'efcouter, que de pefer
& de ne croire qu'apres avoir fenti la force de la verité? Cêt examen eft de la force de tous les fimples.
Car il n'y a ni femme ni artifan dont les lumieres foyent affez courtes pour ne pouvoir pas entendre dans l'e-
fcriture les chofes qui font neceffaires pour edifier fa foy
& pour la foutenir. Cet examen eft pareillement con-
venable à ces fimples & ils ont droit de le faire. Cela
devroit etre incontestable entre tous les Chrétiens. Et
c'eft une chofe enorme qu'une Eglife qui veut etre l'E-
glife Catholique defende à fes fimples la lecture de l'e-
fcriture Sainte. Meffis. de Port Royal & les autres modernes qui veulent qu'on rende l'efcriture aux peuples
ont raifon, & conviennent en cela avec nous; Mais ils
n'empefcheront jamais que la deffence de lire l'efcriture
ne foit regardée comme une loy quoy qu'elle n'ait pas
eté etablie par un Concile univerfel, puifque les Papes,
les Conciles Nationaux, les univerfités, les parlements
& les docteurs de la plus grande authorité l'ont appuyée.

 L'autre examen eft celuy de difcuffion. Et c'eft celuy contre lequel M. Nicole combat avec tant de force
& tant d'inutilité, parce que ce n'a jamais eté noftre
intention de foutenir que la foy doit tirer fa fermeté de
cette efpece d'examen. Comme il y trois voyes de produire la foy, il y a auffi trois habitudes produites par
ces trois voyes, & ces habitudes font fort differentes.
Il y a la voye d'authorité fans examen. Et c'eft cette
voye qui fait cette creance d'habitude laquelle ne merite
pas le nom de foy. Elle fe trouve par tout, mais principalement dans l'Eglife Romaine. Des gens font nés
dans l'Eglife pretendüe Catholique on leur fait apprendre leur fymbole, on leur enfeigne dés leur enfance
les dogmes de cette Eglife, ils prennent habitude de
dire qu'ils croyent fans être aucunement touchés de la
verité.

Trois habi-
tudes qui
fe produi-
fent par
differentes
voyes.

verité. Si c'est une foy, c'est une foy purement humaine : encore à parler juste cette espece de foy n'est point sans quelque examen. La seconde voye est l'examen d'attention & d'application à la verité revelée, soit qu'on la lise dans les sources, soit qu'on la tienne de la bouche du predicateur : Et cette voye produit la vraye foy. Et enfin il y a l'examen de discussion qui consiste a examiner toutes les difficultés. Cette voye produit cette habitude qu'on appelle science de la Theologie. Son usage n'est pas de produire la foy. Et l'on peut asseurer que ce n'est point par cette voye que la foy est produite dans ceux là mesmes qui examinent de cet examen de discussion. Les sçavants qui naissent dans l'Eglise, ordinairement sont fideles long temps devant que d'estre sçavants & Theologiens ; la foy commence dans l'enfance, elle s'establit dans l'âage de raison. Mais pour être sçavants & Theologiens il faut avoir long temps fait usage de sa raison & l'avoir long temps appliquée aux choses qui sont necessaires pour acquerir une solide science. Il faut avoir etudié les langues afin d'entendre les originaux, tout au moins il faut être capable de lire & de conferer les versions ensemble. Il faut avoir appris à distinguer un bon raisonnement d'avec un faux &c. Ces deux choses sont si differentes que plusieurs sont bons fideles sans être Theologiens, & plusieurs autres sont bons Theologiens sans être fideles.

L'examen de discussion fait la science de la Theologie, mais ne produit pas ordinairement la foy.

Cêt examen de discussion n'est necessaire dans aucun estat, ni pour ceux qui sont nés dans l'Eglise, ni pour ceux qui sont hors de l'Eglise & qui y veulent rentrer. Il n'est point necessaire pour ceux qui sont nés hors de l'Eglise & qui s'y veulent ranger. Si je voulois convertir un Payen je ne luy conseillerois pas d'apprendre ni le Grec, ni l'Hebreu pour consulter les originaux & voir la diversité de ce qu'on appelle *leçtions* ; Je ne luy conseillerois pas non plus de lire les sommistes, les disputes, & les controverses ; Bien loin que cette sorte d'examen soit propre à conduire à la foy, c'est ordinairement une voye d'illusion pour les simples. Les mysteres sont ainsi faits, les objections que l'on fait contre eux sont faciles à comprendre : elles touchent, parce qu'elles sont de la portée de tous les esprits : mais au

L'examen de discussion est dangereux aux simples.

C c 2   con-

contraire les reponces qu'on y fait font abftrufes & difficiles à penetrer. La raifon èn eft affés evidente ; les
myfteres font impenetrables, ils font incomprehenfibles,
comment donc pourroit on les faire comprendre? ils
font infinis comment les pouroit on reduire & ramener aux bornes de l'efprit humain?

L'examen
de difcuf-
fion peut
quelque
fois pro-
duire la
foy : ce
qui arrive
rarement.

Mais quoyque cêt examen ne foit neceffaire en aucun
eftat pcur faire la foy, cependant il n'eft pas impoffible qu'il produife la foy. Il peut arriver qu'un Socinien imbu des malheureux principes de cette fecte eftant
venu en aage de connoiffance s'applique à pefer les raifons de part & d'autre, à conferer les verfions avec les
originaux, à eftudier le ftyle du S. Efprit. Et par cette
voye il pourra fe delivrer de fes prejugés fi Dieu veut
benir fes travaux. Mais j'ofe dire que rarement la foy
vient par là. Cêt examen ne produit ordinairement que
de l'enteftement. La foy fauffe ou veritable eft formée
dés la jeuneffe & par la premiere education ; Elle a
planté les prejugés dans l'ame ; quand on vient à l'examen de difcuffion on voit les chofes à travers ces prejugés comme par autant de verres trompeurs. Ainfi
mefme pour la converfion des heretiques l'examen d'attention & d'application eft fuffifant. Mais afin qu'il
reuffiffe il faut obtenir d'eux qu'ils cherchent la verité
de bonne foy & tafcher à les obliger à le faire en leur
faifant voir qu'il n'ont pas lieu d'eftre affurés qu'ils foyent dans le chemin de la verité.

Chacun a
droit de
faire cêt
examen de
difcuffion.

Quoyque cêt examen de difcuffion ne foit ni neceffaire ni
mefme fort utile pour donner la foy, neantmoins tout le
monde a droit de le faire. Et c'eft une Tyrannie que de
le deffendre à quelqu'un. Tout le monde a le droit de
fe faire Philofophe, & pour cela d'eftudier la Philofophie ; Je ne çay pourquoy on n'auroit pas droit d'eftudier la fcience de la Theologie? J'avoüe que cette voye
de difcuffion peut être une voye perilleufe pour les perfonnes qui n'ont pas pris habitude de developper la verité des voiles des fophifmes, & je ne la confeillerois
jamais à un fimple. Mais il y a bien de la difference
entre ne pas confeiller & defendre. Quand je dis que
je ne confeillerois pas à un fimple d'entrer dans la voye
de difcuffion je n'entends pas que je ne luy voulufle pas
confeiller de lire des livres où la verité eft examinée
par

par voye de controverſe. Au contraire il eſt tres utile qu'il en liſe, mais ce n'eſt pas pour former ſa foy car elle doit eſtre formée, c'eſt pour la fortifier. Et il prendra garde de ne pas lire les livres ou l'erreur eſt defendüe de peur de tomber dans les pieges des ſophiſtes.

Mais, dit-on parce moyen vous luy oſtés le moyen de s'aſſurer: Comment ſçaura-t-il qui aura raiſon s'il ne lit les inſtructions des uns & des autres? Je reponds que je ſuppoſe qu'il eſt aſſuré, & qu'il s'eſt determiné par la lecture de la parole de Dieu; Ainſi il n'a pas beſoin de lire les livres des parties adverſes pour chercher la verité qu'il a des ja trouvée, mais ſeulement ceux qui luy peuvent ſervir pour s'y confirmer. Les Curés dira-t-on encore donneront le meſme conſeil & ainſi vous fermerés la porte aux converſions, qui pourroient etre faites par la lecture des livres de controverſe de part & d'autre. Les Curés donneront le meſme conſeil, je l'avoüe, ils auront tort & j'auray raiſon, parce que j'ay la juſtice & la verité de mon coſté. On a tousjours droit d'empeſcher les ſimples d'aller chercher les pieges de l'erreur; mais on n'a jamais droit de les empeſcher d'aller chercher les lumieres de la verité. Mais ce Curé dira auſſi aux ſimples qui ſont ſous ſa conduitte que vos livres de controverſes renferment les pieges de l'erreur. Il le dira ſans doute, mais la fauſſe opinion où il eſt ne luy donne pas le droit de defendre la lecture de nos livres. Car l'erreur & la fauſſe prevention ne donnent pas droit de faire ce qu'on croit pouvoir faire ſans crime. C'eſt une remarque laquelle j'ay faite & prouvée cy deſſus ſur un autre ſujet. Au moins il faudroit que les Curés ne defendiſſent pas la lecture des livres ſacrés aux ſimples. Ils n'en ont ni le droit ni l'apparence du droit. Nous ne demanderions que cela, & le Papiſme ſeroit bien tôt renverſé & bien tôt aneanti.

Ce peu d'obſervations ſuffit pour repondre ſolidement à toutes les chicaneries que nous font nos adverſaires ſur l'examen, & nous en ferons l'eſpreuve dans la ſuitte quand nous examinerons en detail les preuves de M. Nicole. En attendant je diray en general ſur ces preuves de l'impoſſibilité de l'examen qu'elles ne tombent que ſur l'examen de diſcuſſion. Car il faut etre ſans con-

Les difficultés de M. Nicole ne tombent que ſur l'examen de diſcuſſion, & non ſur celuy d'attention.

conscience & sans bonne foy pour asseurer que l'examen
d'attention & d'application soit impossible aux simples,
Il faut que l'escriture soit une nuit obscure où les lumieres naturelles des simples s'abisment, une mer où des
esprits vulgaires facent naufrage.. Ce ne sont pas les
simples qui y ont fait naufrage ce sont les sçavants autheurs & defenseurs des heresies.

Pourquoy Messrs. de Port-Royal se donnent'ils tant
de peine à prouver que l'escriture doit etre abandonnée
au peuple, si les simples ne peuvent se nourrir de son
suc & si un examen d'attention ne leur peut faire trouver la verité dans l'escriture? faut il donc qu'ils lisent
l'escriture sans l'entendre? Et si par leur application ils
ne peuvent arriver à son vray sens à quoy bon la leur
mettre entre les mains? Au reste il n'est pas necessaire
que le simple examine par l'escriture toutes les controverses. Les capitales suffisent & tout simple peut se determiner sur celles la par la parole de Dieu. Mais dit
on, son jugement sera temeraire s'il n'examine tous les
sens que donnent les heretiques. Cela n'est pas vray,
& je l'ay fait voir dans les chapitres où j'ay refuté les
principes de M. Nicole.

Ces mesmes observations suffiront aussi pour eluder les
chicaneries qu'on fait contre le droit d'examen que nous
accordons à tous les fideles. C'est une chose odieuse,
dit on, que de donner le droit à un particulier d'examiner aprés l'Eglise. J'ay deja marqué l'equivoque,
examiner aprés l'Eglise. On n'examine jamais aprés les
decisions de l'Eglise universelle. Car elle n'en fait pas

Le droit   & n'en peut faire. On n'examine qu'apres son Pasteur
d'examen   qui n'est pas l'Eglise & qui n'est pas infaillible. De
que nous   plus pourquoy seroit ce une chose odieuse de faire une
appellons   chose sans laquelle il est impossible de croire? qui peut
d'attention croire sans examiner la verité, par cet examen que j'ap-
n'est nul-   pelle d'application? la foy mesme implicite n'est pas
lement   sans examen. Car la foy implicite s'applique à une pro-
odieux,   position generale qui renferme plusieurs propositions particulieres. On n'examine pas à la verité les propositions
renfermées, mais on examine la proposition qui renferme. Un homme qui croit que les livres du Vieux
& du Nouveau Testament sont veritables, croit aussi
que tous les faits qui sont contenus dans ces livre sont
vrays,

vrays, quoyque ces faits ne foyent pas toujours prefents
à la memoire, s'il ne peut faire à tous les moments application de fon efprit à tous ces faits pour les croire
diftinctement, au moins il s'applique, & fait attention
à cette propofition. *Les livres du vieux & du Nouveau
Teftament font divins.* Et il la croft par cet examen d'attention.

On ajoute que c'eft une chofe dangereufe que l'ufa- Il n'y a au-
ge de ce droit d'examiner lequel nous donnons aux cun peril
fimples. Je repons qu'elle n'eft pas dangereufe de la amen d'at-
maniere que nous en confeillons l'ufage. Il n'y a aucun tention.
peril à fe tenir à l'efcriture, à la lire avec attention,
avec humilité & avec devotion. On peut affeurer qu'un
homme qui cherche la verité avec cêt efprit ne manquera pas de la trouver. Mais il ne faut pas qu'il apporte à cette lecture l'aigreur, le feu, la prevention, les
prejugés. Les Docteurs de l'Eglife Romaine qui lifent
l'efcriture le font pour y trouver des couvertures au menfonge & des armes pour l'erreur. Ils n'y cherchent
pas la verité: ils fe perfuadent l'avoir trouvée, ou ils
ne veulent pas la rencontrer, c'eft pourquoy ils ne la
trouvent pas. Il en eft ainfi de tous les heretiques.

CHAPITRE XXIII.

*De la voye d'authorité : qu'une telle voye d'authorithé
fans examen eft impoffible & ridicule : que Dieu
nous permet d'examiner apres luy, & qu'il nous l'ordonne. Qu'on pouvoit examiner apres J. Chrift &
les Apôtres. Le cœur humain veut avoir des raifons
à fe dire : que les Papiftes fimples croyent par raifon, par examen & non par authorité. Equivoque
perpetuel dans ces mots, croire par l'Eglife.*

IL refte à dire quelque chofe de la troifiefme voye
qui eft celle de l'authorité. Cette voye confifte en
ce qu'en recognoiffant & fuppofant infaillible un
Juge parlant, on fe repofe entierement fur luy & l'on
croit veritable tout ce qu'il dit. Nous ne nions pas
que la foy ne puiffe étre produite par une telle voye

& mefme que l'effence de la foy ne confifte dans un tel confentement qui fe donne à un juge parlant, de quelque maniere qu'il parle, foit qu'il parle de vive vcix ou par écrit. Car la foy n'eſt autre chofe que cela: *Un confentement que nous donnons aux veritès revelèès de Dieu à cauſe de cela meſme qu'elles ſont revelèès de Dieu & fouſtenues de fon teſmoignage.* Nous ne nions pas non plus que Dieu n'ait envoyé des hommes extraordinaires & conduits par l'efprit d'infaillibilité fur les teſmoignage defquels il faloit croire les myſteres qu'ils annon-coient. Mais premierement nous nions qu'il y ait au-jourd'huy une telle authorité infaillible parlante de vive voix. Secondement nous nions que cette voye d'au-thorité puiſſe etre telle qu'elle erige une foumiſſion aveugle & fans examen. Le premier de ces deux arti-cles eſt vuidé ou fuppofé l'eſtre, car ce n'eſt plus ni le lieu de prouver qu'il n'y a pas de Juge ni de tribunal infaillible dans le monde. Le ſecond peut eſtre encore examiné icy, quoyque tout ce que nous avons dit pour montrer l'impoſſibilité de la voye d'authorité, ſelon les principes de M. Nicole y ait fon rapport.

Il faut donc ſçavoir, qu'il n'y a rien de moins vray que ce difcours de M. de Meaux. *C'eſt une erreur de s'imaginer qu'il faille toujours examiner avant que de croire. Le bonheur de ceux qui naiſſent pour ainſi dire dans le ſein de la vraye Egliſe, c'eſt que Dieu luy ait donné une telle au-thorité qu'on croit d'abord ce qu'elle propoſe, & que la foy precede ou pluſtôt exclue l'examen.* Cela feroit vray, que c'eſt une erreur de s'imaginer qu'il faille toujours ex-aminer devant que de croire, s'il entendoit cela de l'ex-amen de difcuſſion. Mais cela eſt faux, il me permet-tra de luy dire dans fon fens qui exclut toute forte d'examen. Car fon fens eſt qu'il faut fe foumettre aveuglement à cette certaine authorité quelle qu'elle foit uniquement parce qu'elle parle & qu'elle dit une telle chofe eſt veritable. Or je dis qu'une telle foy eſt folle temeraire & mefme impoſſible. Et comme Dieu ne nous oblige à rien de temeraire de fou & d'impoſſible, il eſt certain que nous ne devons pas mefme cette fou-miſſion à Dieu. Toute voye d'authorité eſt donc con-jointe neceſſairement avec quelque examen fans quoy il eſt impoſſible que l'homme croye: parce qu'eſtant rai-
fon-

Reflexion fur un ecrit &c. 4. reflex-ion.

Toute voye d'authorité eſt accom-pagnée de quelque examen.

fonnable il ne fçauroit croire fans quelques raifons qui
fe voyent ou qui fe fentent. Car il y a des raifons de
fentiment auffi bien que de veüe. On peut bien arriver
à la certitude par un examen tout pur fans authorité.
Ainfi fe font les Philofophes qui fçavent fe degager des
preventions de l'authorité de leurs maitres ; ils croyent
les verités Philofophiques parce qu'ils les concoivent,
ou croyent les concevoir. Mais on ne fçauroit arriver
à la certitude par la voye de l'authorité toute pure non
pas mefme aux fauffes certitudes. Suppofons que Dieu
parle luy mefme. C'eft aller à la fource : car Dieu eft
la premiere authorité & mefme la feule authorité infaillible qui foit au monde, & les hommes ne font dignes
de foy qu'autant qu'ils font la bouche de Dieu. En
fuppofant que Dieu parle luy mefme, mais que nous
ne fçavons pas encore fi c'eft luy qui parle, faut il le
croire fans examen? Si cela eft ainfi il faut croire tout
efprit qui nous parle comme s'il etoit Dieu ou comme
venant de la part de Dieu. Les Payens n'avoient pas
tort de croire aux Demons qui parloient à Delphes,
à Dodone, à l'oracle de Juppiter Hammon & ailleurs.
Car ces Demons leurs difoient qu'ils etoient Dieux.
Ils devoient examiner dira M. de Meaux fi ces Dieux
n'eftoient pas des Demons, fi ces oracles n'eftoient pas
des fictions des Preftres & des faux Prophetes. Et
pourquoy je vous prie avoient ils droit d'examiner, fi
nous ne l'avons pas? Ou pourquoy ne l'avons nous pas
s'ils l'avoient? Il eft vray, il faut croire à Dieu quand
il nous parle, mais il faut etre affuré qu'il nous parle,
& que c'eft luy qui parle. Et comment en etre affuré
fi l'on ne l'examine? Dieu a parlé fur la montagne de
Sinay, il a parlé à Moyfe auprés du buiffon, il a tant
de fois parlé aux Patriarches. Ont ils cru fur la fimple parole de celuy qui leur parloit? ou ont ils crû que
c'eftoit Dieu qui leur parloit fans en avoir des preuves
certaines? Je foutiens que de dire cela, c'eft en faire
des temeraires, & c'eft fuppofer qu'ils auroient tout
auffi aifement crû aux illufions du Demon qu'aux revelations de Dieu.

Mais quel eft cêt examen qu'on doit apporter pour
connoitre fi Dieu parle? eftce un examen de difcuffion? nullement: Nous avons montré qu'il eft impoffible:

Cc 5

Quand Dieu parle il eft permis d'examiner aprés Dieu.

L'examen par lequel on examine quand Dieu parle n'eft point un examen de difcuffion, c'eft un examen d'attention.

fible: car fi l'on vouloit examiner les fauffes vifions par oppofition aux veritables, en eftudiant les caracteres qui diftinguent les unes des autres, on ne viendroit jamais à la certitude; fur tout fi l'on vouloit porter les difficultés jufqu à la derniere precifion. Et particulierement cela eft impoffible à un homme qui doit prendre fon parti fur le champ. Car on ne renvoye pas Dieu à une autre fois en luy difant. Donnés moi le temps d'examiner les caracteres des fauffes vifions & des veritables. Quand j'auray etudié la matiere je verray fi je vous regarderay comme le Dieu que vous dites que vous eftes, ou comme un efprit impofteur. C'eft donc un examen d'attention & d'application; un homme à qui Dieu parôit avec des marques efclatantes de fa prefence, en eft rempli, il les fent, il s'y attache, il s'y applique il les regarde. Et il ne faut nullement douter que fouvent il ne puiffe etre en fufpens: fur tout, cela ne peut pas manquer de luy arriver à la premiere fois que Dieu fe revele à luy. Il faudroit transformer l'homme ou le meconnoitre abfolument, pour n'eftre pas affuré que quand Dieu s'apparut à Moyfe au buiffon comme c'eftoit la premiere fois, il n'ait examiné la vifion de tous les coftés pour etre affuré que ce n'eftoit pas une illufion. Je fuis mefme perfuadé que quand il demande à Dieu des fignes qu'il pûft faire devant le peuple, c'eftoit autant pour fe confirmer dans fa propre foy que pour appuyer celle des autres. Cêt examen ne fe fait pas toufiours d'une maniere diftincte, on ne paffe pas de doute en doute, & de reponce en reponce. Ce font des mouvements confus & inquiets, mais par cela mefme qu'ils font inquiets, ils cherchent ils examinent.

Cêt examen fans la grace ne fçauroit produire une certitude.

Mais, dira-t-on, cet examen peut il faire une certitude? non pas feul & fans le fecours de la grace. Ce n'eft pas que quand Dieu ne s'en mêleroit point, & qu'il laifferoit agir feuls les motifs externes: c'eft a dire les circonftances miraculeufes de l'apparition, l'efprit pourroit peut etre fe determiner & croire: mais il pourroit auffi ne fe pas determiner de peur d'eftre trompé. Tellement que quand Dieu veut reveler quelque chofe à un Prophete il fe fert bien des circonftances de l'apparition comme d'un moyen pour determiner l'efprit du

Pro-

Prophete, mais il donne l'efficace à ce moyen, qui peut etre n'en auroit pas aſſez par luy meſme. Je ne ſçay, ſi quelqu'un peut nier ces veritéz : ſi nos Meſſieurs les nient je leur demanderay pourquoy eux meſmes donnent ce conſeil à leurs devots qui ſont les inſpirés, de bien examiner & de bien voir que leurs pretendües viſions ne ſoyent ou des maladies d'eſprit ou des illuſions du Demon.

Ces reflexions nous apprennent ce que nous devons penſer de ces autres paroles de M. de Meaux. *Cette reponſe*, *je l'avoüe me fit horreur, car afin de la ſoutenir il faloit dire que* *du, temps que la ſynagogue jugeoit de Ieſus Chriſt & qu'il étoit* *luy meſme ſur la terre il n'y avoit point ſur la terre d'authorité* *vivante & parlante à laquelle il falut ceder ſans examen. De* *ſorte qu'on devoit examiner apres Ieſus Chriſt, & qu'il n'eſtoit* *pas permis de l'en croire ſur ſa parole.* Ces Meſſ.ⁱˢ croyent que ce n'eſt rien que d'abuſer des grands mots. Mais aſſeurement ils en rendront conte & c'eſt un crime que de donner aux ſimples des Idées affreuſes & horribles de doctrines qu'on ſçait bien etre innocentes. M. de Meaux oſeroit-il bien ſoutenir que les Juifs euſſent commis un peché en examinant les caracteres de la vocation & de la miſſion d'un homme qui leur vient dire que les loix de Moyſe ne devoient pas etre eternelles, & cela contre les preventions de toute la nation ; qu'on pouvoit violer le Sabbath ſans en être coupable, contre la perſuaſion du contraire où ils etoient unanimement : qui leur vient apprendre que le Meſſie ne doit point regner à la maniere du monde, contre tant d'oracles qui attribuoyent au Meſſie un regne temporel, d'une maniere beaucoup plus claire que l'eſcriture ne ſemble dire que le pain de l'euchariſtie devient reellement le corps de Jeſus Chriſt. Jeſus faiſoit des miracles ! Il eſt vray ; mais J. Chriſt ne leur dit-il pas luy meſme que de faux Chriſts & de faux Prophetes viendront & feront des ſignes & des miracles juſqu'a faire deſcendre le feu du ciel. Moyſe ne leur avoit il pas dit que quand un Prophete viendroit avec des ſignes pour les detourner aprés d'autres dieux au lieu de le ſuivre ils devoient le lapider ? C'eſtoit aſſez leur dire qu'il pouvoit y avoir de faux miracles ! l'hiſtoire de leur nation & celle de toute la terre ne leur apprenoit elle pas la meſme choſe ? Il faloit donc tout au moins qu'ils euſſent

2. Reflexion.

Que les Iuifs ont dû examiner aprés Ieſus Chriſt.

Ia

la liberté d'examiner si les miracles de J. Chriſt etoient de vrays miracles. Et comme c'eſtoit une affaire de grande importance qui n'alloit pas moins qu'au bouleverſement entier de l'eſtat de la religion, & que d'ailleurs c'eſtoit une choſe, ſur laquelle ils n'eſtoyent pas obligés à ſe determiner ſur le champ, ils pouvoient paſſer juſqu'a l'examen de diſcuſſion & examiner par les Propheties & par les anciennes revelations, & par toutes les circonſtances de la vie & des actions de celuy qui ſe diſoit le Meſſie. Nier cela c'eſt ſinſcrire en faux contre le Seigneur luy meſme qui dit aux Juifs. *Enquerés vous diligemment des eſcritures & elles vous donneront connoiſſance de moy.* Il etoit donc permis d'examiner apres J. Chriſt & d'examiner Jeſus Chriſt luy meſme ; & c'eſt faire l'Hercule tragique que de dire qu'une telle propoſition doit donner de l'horreur.

Les Payens ont dû examiner apres les Apôtres. M. de Meaux repete cent fois dans ſon livre pour donner pareillement de l'horreur aux ſimples, que ſelon nous, il étoit permis d'examiner aprés les Apôtres. C'eſt donc que les Payens etoyent obligés de croire ſur une ſimple parole, des hommes qui leur venoient dire que tous leurs anceſtres depuis trois mille ans ſont damnés, que tous leurs Dieux ſont des Demons, qu'il faut abbatre tous leurs temples, demolir tous leurs autels, & recevoir un Dieu dont ils n'avoient jamais ouy parler ; & du quel la premiere choſe qu'on leur dit c'eſt qu'il a eté crucifié. L'Apotre avoüe que l'Euangile eſt la folie du Grec. Tout au moins avant que de croire tant de choſes incroyables, il faut qu'ils ayent la liberté d'examiner le caractere & les actions des perſonnes qui leur viennent annoncer de ſi grands paradoxes. Il eſtoit donc permis d'examiner les Apoſtres, & aprés les Apôtres. M. de Meaux ne nous l'a-t-il pas avoüé cy deſſus ? N'a il pas confeſſé que les fideles de Beroée avoient examiné apres S. Paul & meſme qu'ils avoient eu droit d'examiner ? C'eſt une choſe bien faſcheuſe que de ſoutenir de faux principes. On eſt dans la neceſſité de ſe contredire à tout moment.

Voila donc deja un examen qui eſt non ſeulement permis dans toute voye d'authorité, mais ſi abſolument neceſſaire qu'il eſt impoſſible qu'on s'en diſpenſe. Il n'y a point d'homme qui puiſſe obtenir de luy meſme

de

de croire qui que ce foit fans etre perfuadé qu'il eft
digne de foy, fans avoir connu & examiné fes caracteres & ce qui le rend digne de foy.

Mais voicy un autre examen qui n'eft pas moins ne- *Un hom-*
ceffaire & dont on ne peut non plus fe difpenfer C'eft *me qui*
celuy de la doctrine. Au moins, diront apparen ment *croit ne*
ces Meffieurs, quand on a examiné la perſonne & fes *s'empe-*
caracteres, & qu'on s'eft perfuadé qu'il eft veritable- *ſcher de*
ment infaillible & envoyé de Dieu il ne faut plus ex- *porter ju-*
aminer apres luy, il faut recevoir tout fur fa parole pu- *la choſe*
re & fimple. C'eft encore ce que l'homme ne fçauroit *qu'il croit*
obtenir de foy à moins qu'on ne le refonde. J'aimerois *en regar-*
tout autant dire que quand une fois on eft perfuadé qu'un *choſe en*
homme eft noſtre amy il faut avaller tout ce qu'il nous *elle même.*
donne fans le goûter. Car cêt examen que j'appelle
d'attention & d'application n'eft rien que le goût de
l'ame, qui diftingue le bon du mauvais le vray du faux,
comme le palais diftingue l'amer du doûx. Je fçay bien
que ce n'eft pas fans peril d'illufion. Car comme fouvent un palais depravé trouve amer ce qui eft doux;
ainfi fouvent un efprit gafté trouve vray ce qui eft faux,
& faux ce qui eft vray. Mais comme on ne fçauroit
empefcher, quoyqu'il y ait, le palais de trouver un certain goût dans la viande, ainfi l'on ne fçauroit empefcher
l'efprit de s'appliquer à ce qu'on luy propofe & de le
juger bon ou mauvais, vray ou faux. Non feulement
par rapport à la perfonne qui parle, mais auffi en con-
fiderant la chofe en elle mefme.

Suppofons qu'un homme fe difant Prophete, qu'un
efprit fe difant envoyé de Dieu appuye fa prétendüe
miffion de miracles bien contrefaits, ce qui ne peut
etre impoffible : Et qu'en fuitte de cela il m'ordonne
de blafphemer Dieu, & d'adorer le Demon, quand
mefme j'aurois examiné toutes les circonftances externes de la miffion & que je me ferois perfuadé par
l'examen des miracles qu'elle eft veritable, pourrois-je
m'empefcher d'examiner une telle doctrine, pour fçavoir fi elle eft compatible avec la fageffe & la fainteté
de Dieu, felon quelle nous à eté reveleé ? Pourquoy
Dieu nous a-t-il donné un gôut de l'ame & une raifon,
fi ce n'eft pour gôuter la verité & la connoitre.

Cela ne fignifie pas qu'il nous foit toujours permis
d'examiner

d'examiner les oracles divins fur nôtre raifon & fur les principes de noftre philofophie. Noftre fouveraine raifon c'eft la revelation, & c'eft fur cette revelation qui eft la raifon de Dieu que nous devons faire nôtre examen.

Eftoit-il permis aux Juifs d'examiner la doctrine de J. Chrift fur les regles de leur revelation, pour voir fi cet homme qui fe difoit le Meffie avoit les caracteres du Meffie promis par les prophetes? Je ne penfe pas qu'il y ait homme affez hardy pour nier qu'ils en euffent le droit, puifque le Seigneur luy mefme leur commande de faire cêt examen de fa doctrine. S'il etoit permis d'examiner la doctrine apres Jefus Chrift je penfe qu'il pourra bien etre permis d'examiner apres les autres.

Mais nous eft il permis d'examiner aujourd'huy apres J. Chrift? Je reponds qu'il ne nous eft plus permis d'examiner de l'examen que j'appelle de difcuffion, parce qu'eftant fés & nourtis dans la religion Chrétienne, l'authorité de J. Chrift eft un principe que nous fuppofons. Or il n'eft point permis de revoquer en doute les principes que l'on fuppofe dans une fcience; Autrement s'il faloit prouver les principes par d'autres principes, cela iroit à l'infini. Mais cependant il nous eft permis d'examiner apres J. Chrift de l'examen d'application & de gouft. Il nous eft permis de voir fi cet Euangile de J. Chrift fatisfait à tous nos befoins & s'il nous enfeigne tout ce qui nous peut rendre heureux. Non feulement cela m'eft permis, mais il ne m'eft pas poffible de faire autrement. Car je ne recois l'Euangile de J. Chrift qu'en fentant qu'il eft grand, digne de la majefté de Dieu, quil eft faint & qu'il eft digne de la pureté divine; qu'il donne des remedes pour tous les maux & remplit l'homme de biens; & par confequent qu'il eft digne de la bonté de Dieu. Tous les fimples font cêt examen & quoy qu'ils ne le faffent pas d'une maniere diftincte, il le font pourtant d'uné maniere certaine & indubitable.

Les Payens ont ils donc receu la doctrine des Apôtres fans examen? ou fe font ils contentés d'examiner l'authorité des Apôtres? Il eft certain qu'ils ont examiné la doctrine. Ils ne pouvoient pas l'examiner fur une regle c'eft à dire fur leur revelation, car ils

n'en

n'en avoient pas. Mais ils ont examiné & senti la
Majesté, la pureté, la sublimité, la sainteté, la plenitude de biens que renfermoit cet Euangile; Et ce sentiment joint avec la veüe des miracles des Apôtres leur
faisoit recevoir cêt Euangile & digerer facilement tout
ce qui s'accordoit moins avec leurs lumieres naturelles.
Le cœur humain est ainsi fait, il veut avoir des raisons
à se dire afin de croire; Je dis des raisons, outre l'authorité de ceux qui parlent, c'est pourquoy il resiste
souvent à la plus grande authorité, & la rejette à cause
des repugnances de ses passions ou de ses fausses lumieres. Les miracles ne servent qu'á obliger l'esprit à faire attention aux caracteres de la verité. Cette attention
ne se fait point sans examen, & la grace efficace sert à
conduire les caracteres de la verité afin qu'ils fassent
une profonde impression sur l'esprit. Toute personne
qui aura etudié l'homme tombera d'accord de cela.

Les choses ne se font pas autrement aujourd'huy &
quand les Papistes pensent croire par pure deference à
l'authorité ils souffrent illusion & ne se connoissent pas.
Combien y a-t-il de gens qui ont de l'attache pour un
sentiment par un principe tout different de celuy qu'ils
s'imaginent? Nous nous imaginons croire par raison &
nous croyons par passion, par amour propre, par interest; Il n'y a rien en quoy nous nous derobions tant
à nous mesmes que dans les fondements, & les sources de nos creances. M. Nicole a fait un chapitre ex-
pres pour prouver que la voye de l'authorité est si naturelle que ceux la mesme qui la combattent la suivent,
& que tous les Calvinistes ne sont dans leur foy erronée que par l'authorité de leur Eglise & de leurs ministres. Et moy je luy ay fait ce chapitre tout exprés
pour luy faire voir & sentir que la voye de l'authorité
sans examen est si fausse que ceux qui croyent la suivre
ne la suivent pas en effet.

Qu'on examine un des simples pretendus Catholiques
sur les fondements de sa creance, il dira c'est l'Eglise.
Mais pressés le & luy demandés pourquoy il croit à
l'Eglise. Il ne vous dira rien & par la il fait voir
qu'il ne sçait ce qu'il dit. S'il repond, il dira qu'il croit
à l'Eglise parce que n'estant pas capable de juger par
soy mesme il doit s'en rapporter à des gens plus capables

*Les Papi-
stes sim-
ples croy-
ent par ex-
amen &
par senti-
ment &
non par
authorité.*

bles de juger que luy. Voila une raison bonne ou mauvaise : Il ne croit donc pas sans raison, qu'est ce que c'est que cette raison? N'est ce pas un jugement de l'entendement? Et tout jugement ne presuppose il pas examen? On ne peut jamais se determiner sur une chose sans avoir deliberé, on ne peut jamais juger sans avoir examiné bien ou mal. Il s'est determiné sur cette question; est il plus raisonnable de s'en rapporter a des gens plus habiles que nous, que d'en juger par nous mesmes? Une fausse lüeur l'a determiné à juger qu'il fera mieux de s'en rapporter à autruy : mais la principale cause de cette determination vient du cœur, & de l'amour propre comme l'a tres bien remarqué l'autheur de la neufujesme lettre de l'heresie imaginaire. L'homme est paresseux, il aime à marcher seurement sans qu'il luy en coute de la peine, & à se reposer sur les epaules d'autruy. Mais cette determination venant du cœur & de l'esprit, d'un esprit trompé & d'un cœur trompeur, presuppose necessairement un examen precedent.

Après avoir interrogé un pretendu Catholique sur le premier fondement de sa foy, interrogés le sur les articles de sa foy; pourquoy il croit un purgatoire, pourquoy il invoque les saints, pourquoy il croit la presence reelle &c. Peut-etre repondra-il, selon le jargon qu'on luy a appris. C'est parce que l'Eglise me l'ordonne. Mais si vous l'obligiés à s'estudier un peu, il se trouveroit qu'il croit bien moins à cause de cette pretendüe authorité de l'Eglise, que pour des raisons qu'il a pris habitude de regarder comme bonnes. On luy a dit qu'il est juste qu'il y ait un purgatoire, parce que rien de souillé ne peut entrer dans le ciel, & qu'il faut satisfaire en l'autre monde pour les penitences qu'on n'a pu remplir en celuy cy; qu'il est pieux d'honnorer les ames de Dieu, & qu'ayant du merite & de la faveur auprés de Dieu, on ne sçauroit mieux faire que de se servir de leur intercession pour aller à Dieu. Voila proprement sur quoy il repose sa foy, & non sur l'authorité. Or toutes ces raisons presupposent un examen; car il ne les croiroit pas bonnes, s'il ne les avoit jugées telles, & il ne les auroit jamais jugées telles, s'il n'en avoit fait quelque examen.

Les simples d entre les Papistes croyent leurs articles de foy par raison plutôz que par authorité.

Cc

Ce qui trompe non feulement les fimples de l'Eglife Romaine mais leurs habiles gens ou qui fert de voile à leurs fophifmes c'eft une equivoque perpetuelle qui regne dans leur ftyle & dans leurs ecrits. Ils confondent le miniftere de l'Eglife avec fon authorité: Ils croyent *par l'Eglife* & fouftiennent que les fimples d'entre les Calviniftes en croyent auffi leur Eglife. Cela peut fignifier deux chofes que l'on croit, ou par le miniftere de l'Eglife, ou à caufe de l'authorité de l'Eglife. Cela ne fignifie dans la verité que le premier, mais ils veulent que cela fignifie le fecond. Nous avons un grand exemple de cette equivoque dans ce que dit M. de Meaux. M. Claude luy avoit objecté que s'il étoit vray que la foy à l'Eglife fût la fource de la creance qu'on donne à tous les articles de foy, on devoit avoir mis l'article de l'Eglife à la tefte de tous les autres, & dire *je croy à l'Eglife*, devant que de dire *je croy en Dieu*. Il ne *fonge pas* dit il là deffus, *que c'eft l'Eglife elle mefme qui nous apprend tout le fymbole. C'eft fur fa parole que nous difons je croy en Dieu & en Jefus Chrift fon fils unique: ce que nous ne pouvons dire avec une ferme foy fans que Dieu nous mette en mefme temps dans le cœur, que l'Eglife qui nous l'enfeigne ne nous trompe pas.* Il y a dans ce petit difcours des abfurdités qu'on ne croiroit pas qui puffent échapper à un auffi habile homme que M. de Meaux. Nous les developperons dans la fuitte. Pour le prefent il me fuffit de remarquer qu'il fe joüe evidemment dans l'equivoque de ces mots, *croire par l'Eglife*. *C'eft l'Eglife*, dit il, *qui nous enfeigne*. Il eft vray; c'eft donc par le miniftere de l'Eglife que nous croyons mais ce n'eft pas fur fon authorité.

La mefme equivoque regne dans tout le chapitre où M. Nicole veut prouver *que l'authorité eft le vray principe de la creance de tous les fimples Calviniftes.* Car toutes fes raifons ne prouvent rien autre chofe finon que nos fimples croyent par le miniftere de leurs pafteurs & de leur Eglife. Nous le verrons quand nous pafferons fur ce chapitre.

Perpetuelle equivoque qui eft dans ces mots croire par l'Eglife.

4. Reflexion.

C H A-

CHAPITRE XXIV.

Examen de la maniere dont la foy se produit dans les
Catechumenes. Deux sortes de Catechumenes, que
les Catechumenes qui entrent dans l'Eglise estant nés
dehors, deviennent fideles par voye d'examen & non
par voye d'authorité. Confession de M. de Meaux
la dessus. Preuve convaincante de cela mesme: les
Apôtres ont debuté par prescher les mysteres, &
n'ont point commencé par établir l'infaillibilité de
l'Eglise.

DAns toutes les choses qui sont de pratique pour
les bien connôitre apres les avoir considerées dans
des Idées abstraites & comme separées de la matiere il
les faut considerer dans leurs sujets. Ainsi puisque nous
avons jusqu'icy examiné les sources & les progrés de
la foy par raisonnement, il faut essayer de les connoitre
par experience. C'est pourquoy je destine quelques
chapitres à parler de la maniere dont la foy s'establit
dans les Catechumenes. C'est icy que nous trouverons
l'occasion de repondre à la difficulté que nous fait M.
de Meaux, que selon nôtre Theologie, il y a un moment dans lequel un Chrétien baptizé est obligé de douter si l'Euangile est une verité ou une fable.

Deux sor-
tes de Ca-
techume-
nes les uns
qui nais-
sent dans
l'Eglise les
autres qui
y viennent.
La question entre M. de Meaux M. Nicole & nous
est de sçavoir si la foy s'affermit & s'establit dans l'ame
par voye d'authorité, ou par voye de sentiment, & d'un
examen d'application. Il me semble qu'il n'y a rien plus
seur pour vuider cette question que de consulter le bon
sens sur la maniere dont les Catechumenes deviennent fideles. Il y a deux sortes de Catechumenes les uns sont
adultes, ils viennent à l'Eglise en aage de raison, de-
goutés des fausses religions dans lesquelles ils ont eté elevés; attirés par les charmes & par les beautés de la religion Chretienne. Les autres sont enfants, ils naissent
dans l'Eglise, ils y sont dés leur enfance. Aussi tôt qu'ils
commencent à parler & à faire quelque usage de leur
raison on leur apprend à dire, *Ie croy en Dieu &c.* On
leur

leur verſe peu à peu dans l'ame les ſemences de la connoiſſance de Dieu & de la pieté. Par où commencent
les uns & les autres de ces Catechumenes ? Comment
deviennent ils fideles, eſt ce par la voye d'authorité,
eſt ce par celle de ſentiment & d'examen ?

A l'eſgard de ces Catechumenes qui ſe font Chrétiens
parce qu'ils ont eû le malheur de nâitre hors de l'Egliſe, il me ſemble que l'affaire devroit etre vuidée entre
M. de Meaux & nous, & par conſequent entre nous
& M. Nicole qui ne voudroit pas dedire M. de Meaux.
Car celuy cy nous a avoüé en propres termes que ceux
qu'on invite à entrer dans l'Egliſe ſont en droit d'examiner. Sur ce que M. Claude luy avoit objeñé les
Juifs de Beroée qui ſont loüés d'avoir examiné aprés
S. Paul. *Il repondit qu'il y avoit une extreme difference en-*
tre les fideles deja enfants de l'Egliſe & ſoumis à ſon autho-
rité, & ceux qui doutoient encore s'ils entreroient dans ſon
ſein. Que ceux de Beroée eſtoient dans le dernier eſtat, &
que l'Apôtre n'avoit eu garde de leur propoſer l'authorité de
l'Egliſe dont ils doutoient. Nous voicy deja fort avancés, &
c'eſt un grand point gagné. Tous ceux qui ſont hors
de l'Egliſe par leur naiſſance & y entrent par la converſion ont droit d'examiner. Et par conſequent la plus
glorieuſe & la plus noble partie de l'Egliſe Chrétienne
s'eſt faite par voye d'examen & non par voye d'authorité. Toute l'Egliſe Apoſtolique ce nombre innombra-
ble de fideles qui crûrent à la predication des Apôtres
& de leurs ſucceſſeurs durant plus de deux cents ans ont
commencé à croire la verité à cauſe d'elle meſme & par
ſentiment, & non par pure deference à l'authorité. Ces
Meſſis. ſont ils capables de ſentir les conſequences qui
naiſſent de la ? peuvent ils bien digerer ce paradoxe,
ou pour mieux dire ce prodige, que la voye qui a fait
des mille millions de Chrétiens, qui a fait les martyrs,
les confeſſeurs, les ſaints du premier ordre ſoit aujour-
d'huy une voye reprouvée, une voye d'egarement,
une voye d'illuſion, une voye qui conduit à l'hereſie,
une voye qui ſoit au deſſus des forces de tous les hommes excepté quelques ſçavants. C'eſt peut etre que ces
fideles de Beroée & tous les autres convertis des deux
premiers ſiecles etoyent des ſçavants, des gens habiles.
Il n'y avoit ni femmes, ni enfants, ni artiſants. M.

[marginal note:] Tous ceux qui entrent dans l'E-gliſe en aage de connoiſ-ſance ont droit d'ex-aminer ſe-lon de M. de Meaux.

de Meaux & M. Nicole ne diront pas cela. Il faut donc qu'ils avoüent qu'il y a une espece d'examen qui peut preceder la voye d'authorité & qui est de la portée des simples.

Il faut que selon de M. de Meaux les paysans qu'on a convertis en Poitou en Bearn en Vivarets dans les Cevennes & ailleurs a coups de baston, par le fer & par le feu ayent examiné en se convertissant.

Je voudrois bien sçavoir si la chose est autrement aujourd'huy. Supposé que les Juifs concoivent quelque dessein de se convertir & qu'ils souffrent qu'on leur prêche, leur est-il deffendu d'examiner ? Au contraire ne leur ordonnera-ton pas de lire, d'examiner, de conferer le Vieux Testament avec le Noveau pour connoitre l'admirable accord qui est entre ces deux parties de la revelation; dont la derniere nous est particuliere, & la premiere est commune à eux & à nous ? Autrefois quand ces Messieurs vouloyent faire des convertis, ils leur mettoyent en main le livre de M. de Meaux intitulé, *exposition Catholique*; ils les prioent d'examiner d'estre attentifs & de s'appliquer en ce temps la il estoit permis d'examiner. Mais aujourd'huy ce n'est plus cela, il faut croire sans examen & aller à la messe sans y croire. Les intendants des provinces & la cour ont trouvé un autre secret de produire la foy. Ce sont les coups de baston, de bout de mousquets, les garnisons de soldats, la cosomtion des biens, les outrages & les dernieres violences, les promesses, les menaces, le fer, le feu, & la mort. La cour a commencé par le Bearn. Les affaires y ayant reussi autant bien qu'on pouvoit l'esperer, on a fait courir ce fleau par tout, & par des violences inouies on a perverti toute la France reformée, on a couvert la province de soldats : le clerge a employé soixante ou quatre vint mille hommes des troupes du Roy à ravager le Royaume, on faisoit chauffer les fers & on les appliquoit tout ardents sous les plantes des pieds, & sur les paumes des mains. On a arraché les poils & les ongles, on a pendu les femmes toutes nües on a demoli les edifices, & coupé les arbres & les vignes par le pied. On a conduit les gens à la Messe a coups de fourches, de baston, & d'estrivieres. Quand les paysants se font retirés dans les bois comme des ours on a chassé apres eux comme aprés des bestes farouches. Il n'y a espece de cruauté exercée sous les anciens persecuteurs qui n'ait trouvé son lieu aujourd'huy sous ceux qui abusent de l'authorité du Roy. Et c'est ainsi que l'on a converti
tout

tout un grand Royaume en peu de mois. Ceux qui ont agi plus humainement ont employé l'argent, les presents, les charges & d'autres choses semblables. Mais M. Arnaud dans son apologie pour les Catholiques a trouvé que tous ces moyens sont bons & honnestes, & pretend que les violences & les persecutions n'ont eté que des occasions qui ont obligé les Calvinistes à s'appliquer à examiner & à recognoitre la fausseté de leur religion. Ainsi tout à travers des coups, des menaces & des excés nous voila revenus à l'examen, & trois cent mille paysants & autant d'artisants se sont convertis en peu de mois par voye d'examen. Ils ont eté capables de le faire puis qu'ils l'ont fait. Cependant cette voye qu'ils ont suivie est selon M. Nicole, une voye d'erreur, folle, absurde, impossible. Je ne sçay si ces Messis. ne s'appercoivent pas que je pourrois au sujet de ces nouveaux convertis leur copier tout le premier livre de M. Nicole. Leur faire voir dans toute la France un Concile de femmes, de paysants, d'enfants, d'artisants qui jugent souverainement des controverses, de la transubstantiation, de la presence reelle, de l'invocation des saints, sans consulter ni l'escriture, ni les Conciles ni les peres, ni la tradition. Ils en ont crû des Soldats & un missionaire qui pour raison leur ont presenté une bourse d'une main & un baston de l'autre, deux bons arguments, & qui sont bien proportionnés à des ames basses & sans connoissance comme sans pieté Ces gens la ne se font pas convertis par la voye d'authorité ; Car, selon M. de Meaux elle n'est que pour ceux qui sont nés dans l'Eglise. Ceux qui en sont dehors ont droit d'examiner.

Mais peut être que cette avance de M. de Meaux ne sera pas approuvée par ses confreres. C'est pourquoy cêt Evêque nous permettra de luy donner une raison pour prouver cela, sçavoir que les catechumenes qu'on appelle à l'Eglise n'arrivent pas à la foy par la voye d'authorité, mais par la voye d'examen. Afin que les payens qu'on vouloit convertir pussent arriver à la foy par la voye d'authorité, il faloit commencer leur instruction par la ; leur dire d'abord qu'il y avoit une Eglise au monde qui etoit infaillible, hors de laquelle il n'y avoit pas de salut ; que c'estoit à elle qu'il

Les Apôtres n'ont point posé pour fondement de la foy, l'infaillibilité & l'authorité de l'Eglise.

Dd 3   se

se faloit rapporter de ce qu'il faut croire. Aprés les
avoir perſuadés ſur cet article par le moyen des beaux
lieux communs de Meſſieurs les controvertiſtes, on
auroit pu paſſer plus avant & les inſtruire des autres
articles qu'on doit croire; mais toujours par rapport à
l'Egliſe, ſur l'authorité de laquelle tous ces articles ſont
appuyés. C'eſt dis-je, la methode qu'on devoit ſuivre.
Mais l'at-on ſuivie? Il y a dans les actes des Apôtres
quelques predications de S. Pierre & de St. Paul: les
epitres de ce dernier n'eſtoient rien que la matiere &
l'abbregé de ſes ſermons. Où voyons nous qu'ils com-
mencaſſent par la matiere de l'Egliſe? Ils debutoient,
en abordant les Payens, par leur preſcher. Jeſus Chriſt
crucifié, les avantages qu'il y avoit à le ſuivre, le malheureux état ou ſont les Payens qui ſont hors de Jeſus
Chriſt, les glorieuſes recompenſes qu'il donne à ceux
qui le ſuivent, la vie eternelle, l'enfer, le paradis la
reſurrection, le jugement dernier. Voila une ſtupidité
prodigieuſe dans ces premiers predicateurs. Ils preſchent
tout ce qu'il faut croire excepté le principal qui devoit
etre preché le premier, puiſque c'eſt le fondement de tout
le reſte. Il me ſemble que des gens ne peuvent marcher que dans la voye qu'on leur ouvre. Eſt ce la voye
d'examen d'application, ou la voye d'authorité que les
Apôtres ouvroient aux Payens? Si aprés avoir crû à
Jeſus Chriſt & à l'Euangile ils s'appercevoient que l'E-
gliſe dans laquelle ils etoient entrés etoit infaillible,
tout au plus cela ne pouvoit venir qu'en conſequence.
Et ainſi ils n'avoient pas commencé à croire par la voye
d'authorité. Car naturellement on doit croire le premier ce qui nous eſt annoncé d'abord & d'une maniere
fort expreſſe; & non ce qui nous eſt annoncé par conſequence, & meſme par des conſequences fort difficiles
à penetrer. C'eſt une choſe de fait & de veüe. Les
Epîtres & les ſermons de S. Paul ne diſent rien de l'authorité & de l'infaillibilité de l'Egliſe, ils expoſent à
la veüe les myſteres: donc les myſteres ont dû étre
receus à cauſe d'eux meſmes & non à cauſe d'une authorité dont on ne leur diſoit pas un mot: Je voudrois
bien qu'on me repondit à cela.

M. de Meaux dit de ceux de Beroée *que l'Apoſtre*
n'auroit eû garde de leur propoſer l'authorité de l'Egliſe dont

ils

ils doutoient. Belle raiſon pour un habile homme ? Il
ne leur faloit donc pas non plus propoſer le myſtere
de la trinité & celuy de l'incarnation, car ils en doutoient. Il ne leur faloit pas preſcher que J. Chriſt
êtoit le Meſlie, car il n'y avoit rien dont ils doutaſſent
plus. Ils doutoient de tout egalement. Ainſi il faloit
commencer par leur propoſer & leur prouver l'article
qui les eut aſſurés ſur tous les autres, c'eſt l'authorité
& l'infaillibilité de l'Egliſe. M. de Meaux feroit fort
bien de recourir icy à ce qu'il reſpondoit à M. Claude
au ſujet des enfants à qui on apprend à dire. *Ie croy en*
Dieu, devant que de leur faire dire *je croy l'Egliſe*, *&*
il ne ſonge pas, diſoit il, que c'eſt l'Egliſe elle meſme qui nous
apprend tout le ſymbole. Ainſi il peut dire, *& c'eſtoit*
l'Egliſe meſme qui preſchoit aux gentils par les Apôtres.
Ouy, mais ces gentils ne connoiſſoient pas encore l'E-
gliſe ni ſon infaillibilité. Ainſi ce n'eſtoit pas ſur cette
infaillibilité qu'ils pouvoient fonder leur foy, puis qu'elle
leur etoit inconnüe. C'eſtoit donc par là qu'il faloit
commencer la predication. Un Ambaſſadeur commence
par montrer ſes lettres de creance afin d'apprendre au
nom de qui il parle, & de quelle authorité il eſt appuyé.
Les Apôtres devoient auſſi déclarer d'abord qu'ils
eſtoyent envoyés par l'Egliſe, que cette Egliſe eſt infaillible, & qu'il s'y faloit ſoumettre aveuglement.
Voila pour les catechumenes qui embraſſent la verité en
aage de raiſon.

CHAPITRE XXV.

*Que les enfants baptisez & qu'on instruit dans l'en-
fance, arrivent à la foy par voye de sentiment &
d'examen, & non par celle d'authorité.   Un enfant
ne peut pas connôitre les motifs qui peuvent induire à croire l'authorité de l'Eglise , mais il peut
sentir partie des motifs qui induisent à croire la
divinité de la revelation : deux sortes de motifs, les
uns externes, les autres internes: quatre observations pour expliquer comment les enfants arrivent
à la foy.*

L'instru-
ction des
enfants
commence
par la foy
aux myste-
res & avant
sa foy à
l'Eglise.

JE passe à ces catechumenes qui sont nés dans l'E-
glise, & qu'on eleve peu à peu à croire les veritez
Chrétiennes, il faut sçavoir par ou ces ames la commencent, si c'est par la foy à l'Eglise ou par la foy
à la doctrine de l'escriture sainte. Si nous nous en rapportons à l'ordre de l'instruction il est certain qu'ils
doivent commencer par la foy à la doctrine de l'escriture, car l'instruction commence par le *credo*, on leur
fait dire je croy en Dieu &c. en son fils Jesus Christ &c.
& au S. Esprit, avant que de leur faire dire *je croy
l'Eglise catholique.*   Les catechismes & les catechistes
suivant l'ordre du *credo*; on leur explique premierement
ce que c'est que Dieu, en qui il faut croire; en second
lieu qui est J. Christ & qu'est ce qu'il a fait pour nostre
salut. Ce que c'est que le S. Esprit & comment il faut
concevoir un Dieu en trois personnes. Et on vient en
suitte à l'Eglise.   Il faut donc que le St. Esprit face une
transposition & qu'il renverse l'ordre de l'instruction,
persuadant à un enfant que l'Eglise est infaillible devant
que de luy persuader qu'il y a un Dieu createur du ciel
& de la terre, un Jesus Christ, un paradis & un enfer.

6. Re-
flexion.

M. de Meaux trouve à propos que cela se concoive ainsi, & sa raison c'est que nous avons deja oüy
cy dessus que c'est l'Eglise qui leur apprend le symbole;
ce qu'il repete encore ailleurs. *Les enfants ne sont pas
instruits par une autre voye, quand ils ecoutent leurs parents,*
c'est

c'est l'Eglise qu'ils écoutent puisque nos parents ne sont nos premiers docteurs que comme enfants de l'Eglise. Mais je voudrois bien sçavoir si ces parents, ce paysan qui ne sçait peut-etre pas lire & qui n'apprend à son fils par cœur que ce que luy-mesme peut avoir retenu du prosne de son curé porte sur le front les caracteres de la veritable Eglise, & comme on parle, *les motifs de credibilité*, qui font voir l'authorité de l'Eglise & engagent les esprits à une soumission aveugle! parce qu'une main presente un flambeau à un enfant & luy rend ce flambeau visible, est-il necessaire qu'il scache comment cette main est composée, les rapports, les liaisons & l'union qu'elle a avec le cœur & le cerveau qui sont les principes de ces mouvements? La liaison & le rapport que la main a avec le cœur, sont pourtant bien plus aisés à decouvrir à un enfant que la liaison qui est entre son pere & l'Eglise universelle.

Un enfant ne peut voir dans son pere qui l'instruit les caracteres de l'authorité de l'Eglise.

Pour croire une chose par voye d'authorité il faut cognoitre cette authorité; de plus il faut cognoitre que cette authorité est infaillible. Qu'on nous dise un peu comment les enfants peuvent connôitre cette authorité, la premiere qui soit au monde? Il faut des motifs pour croire une chose qui n'est point evidente par elle-mesme, & qui depend absolument de ce qu'on appelle, loy positive. l'Eglise n'est infaillible que parce que Dieu le veut. Il faut donc sçavoir que Dieu le veut. Cela ne se peut apprendre d'abord par l'escriture car le catechumene enfant ne l'a point encore lüe, & quand il l'auroit lüe il auroit du croire l'infaillibilité de l'Eglise avant la divinité de l'escriture, puisque c'est par l'authorité de l'Eglise qu'il croit la divinité de l'escriture. Il doit donc se persuader que l'Eglise est infaillible & que cette Eglise infaillible est l'Eglise Romaine, par des motifs attachés à l'Eglise mesme & independamment de l'escriture. Et cela ne peut etre autre chose que ces marques de visibilité, perpetuité, antiquité, succession, des chaires, miracles & autres choses semblables. En effet c'est cela mesme que M. de Meaux veut être les motifs par où les enfants croyent. *Dieu ne manque pas,* dit il, *de motifs pour attacher les enfants à son Eglise à laquelle il a donné des caracteres si éclatants & si particuliers. Cela mesme qu'elle est la seule de toutes les societés qui sont*

Un enfant ne peut voir ni l'infaillibilité de l'Eglise en general ni celle de l'Eglise Romaine en particulier.

4. Reflexion.

au

au monde à laquelle nul ne peut montrer son commencement ni aucune interruption de son état visible & extérieur &c. Cela mesme est un caractere sensible. C'est cela mesme qui persuade les enfants. Je ne conçois pas comment on ose avancer de telles choses, & je ne sçay pour qui l'on prend les hommes ? Un enfant a qui on apprend son *credo* commence par concevoir que l'Eglise est perpetuelle, qu'elle a le privilege de l'estendüe, qu'elle a duré dans tous les siecles, qu'on ne luy peut montrer son commencement, qu'elle n'a souffert aucune interruption. Pour moy j'appelle cela un prodige d'oser dire de telles choses & je suis tenté de dementir mes yeux. Un enfant commence par croire ce que son pere & son curé & souvent son Evesque ne sçavent pas & ne luy sçauroient enseigner ; car pour sçavoir que l'Eglise est perpetuelle & universelle, il faut avoir lû l'histoire & les Peres. Il faudra que le fils d'un paysan faute d'histoire & d'examen voye tout cela dans les yeux de son pere.

Sur cela M. de Meaux nous dit d'un air de complaisance. *Il ne faut pas s'imaginer que les enfants en qui la raison commence à paroître pour ne sçavoir pas arranger leurs raisonnemens soyent incapables de ressentir les impressions de la verité, &c. une secrette lumiere nous conduit dans un état comme dans l'autre : la c'est la raison, & icy c'est la foy, la raison se developpe peu à peu & la foy infuse par le baptesme en fait de mesme, il faut des motifs pour nous attacher à l'authorité de l'Eglise. Dieu les sçait & nous les sçavons en general : de quelle sorte il les arrange & les fait sentir à ces ames innocentes, c'est le secret de son S. Esprit.* Cela est fort bon pour moy, mais cela ne vaut rien pour M. de Meaux.

Pour le comprendre il faut sçavoir qu'il y a deux sortes de motifs pour croire une verité, les uns sont internes les autres sont externes, les premiers sont si fort attachés à la verité qu'on veut enseigner, qu'ils n'en peuvent etre separés. Ils se font sentir tout aussi tost que la verité est receüe. C'est à ceux la qu'on peut fort bien appliquer ce que dit M. de Meaux, que les enfants les sentent encore qu'ils ne puissent pas les exprimer, les demêsler & les arranger. Les motifs externes ce sont ceux qui sont hors de la verité, ce sont

des

Les caracteres internes de la verité se peuvent bien sentir par les enfants mais les caracteres externes non.

des circonſtances, des evenements, & des faits qui
peuvent ſervir à appuyer une verité quand ils ſont cognus ; mais qu'il eſt impoſſible de cognôitre ſans etude
& ſans inſtruction : tels ſont les motifs par lesquels
M. de Meaux veut qu'on croye que les enfants embraſſent l'authorité de l'Egliſe. C'eſt ſa perpetuelle durée, ce qu'elle n'a pas de commencement, & ce qu'elle
n'a pas ſouffert d'interruption. Je ſoutiens, dis-je, que
cela eſt externe, que ce ſont des circonſtances & des
faits dont le ſentiment depend abſolument de la connoiſſance de l'hiſtoire. Ce ſeroit une choſe fort curieuſe
qu'un enfant vît ſur le front de ſa mere ou du curé de
la paroiſſe des caracteres qui luy fiſſent ſentir, quoyque
d'une maniere indiſtincte, que l'Egliſe Romaine eſt infaillible, perpetuelle, & qu'elle n'a ſouffert aucune interruption.

Et voicy qui nous fournira la reponce à une retorſion que je ſens bien qu'on nous pourra faire. Il faut
des motifs, dira-t-on, pour croire une verité, la premiere verité que vous voulés que les enfants croyent,
c'eſt celle de la religion Chrétienne & de ſa doctrine
reſpandüe dans toute l'eſcriture ſainte, abbregée dans
le ſymbole des Apôtres : Quels ſont les motifs par lesquels vous perſuaderés a un enfant que cette doctrine
que vous luy propoſés eſt veritable ? ſera ce l'authorité
de l'eſcriture ? mais il ne la connoit pas encore : Suppoſé
qu'il la connoiſſe il faudroit qu'il eut penetré les motifs
qui portent à croire la divinité de la revelation, cela
eſt au deſſus de ſa portée. J'applique icy ma diſtinction & la reflexion de M. de Meaux : ma diſtinction
eſt qu'il y a des marques externes de la divinité de la
revelation. Ce ſont, par exemple, les qualités & les
caracteres de ceux qui l'ont preſchée, les miracles qu'ils
ont faits, les martyrs, & les maux que ces martyrs ont
ſoufferts, le conſentement univerſel de toutes les ſectes
pour la divinité de cette revelation, les efforts que les
Tyrans ont faits pour la ſupprimer, auſquels elle eſt
echappée, les admirables fruits de converſion produits
par la predication de cette doctrine. Tous ces motifs
ſont d'une tres grande force pour perſuader la divinité
de l'eſcriture ; mais cela eſt externe à la verité. Ce
ſont des faits dont la connoiſſance depend de l'hiſtoire

&

& qui ne peuvent servir de rien a un enfant qui apprend son catechisme.

Les enfants font capables de sentir les impressions de la verité sans pouvoir arranger les motifs.

Il y a d'autres caracteres de la revelation qui luy sont internes. C'est sa douceur, sa sublimité, sa grandeur, son accord avec les lumieres naturelles, les consolations; ce qu'elle remplit le vuide de l'ame, ce qu'elle convaincq l'homme de sa misere, & luy fournit les remedes, ce qu'elle subvient à tous ses besoins. C'est cela que les enfants peuvent goûter, & si l'on me dit que ces reflexions sont au dessus de leur portée, je m'approprieray ce que dit M. de Meaux, & je diray avec justice, il ne faut pas s'imaginer que les enfants en qui la raison commence à paroitre pour ne sçavoir pas arranger leur raisonnemens, soient incapables de sentir les impressions de la verité. La grace receüe dans le baptesme se deploye peu à peu comme la raison, mais de quelle maniere Dieu fait sentir ces impressions à ces ames innocentes c'est le secret de son Esprit.

L'authotité de l'Eglise n'a pas des caracteres de divinité internes & sensibles aux enfants.

Il ne faut pas que M. de Meaux me dise la mesme chose de l'Eglise, qu'elle a des caracteres internes qui se font sentir. C'est ce que je nie & ce qu'il n'a pas avancé. Car il ne nous a parlé que de motifs externes; c'est ce qu'il ne prouveroit jamais quand il l'auroit avancé. Car l'authorité de l'Eglise n'a aucun de ces caracteres internes independemment de l'escriture. Il est vray qu'on peut dire dans un bon sens que l'Eglise fournit à tous les besoins de l'ame, qu'elle luy fait sentir sa misere, qu'elle luy fournit les remedes; qu'elle en remplit tous les vuides. Mais c'est par la doctrine qu'elle fait tout cela. Et par les verités qu'elle tire de l'escriture, & non par la simple veüe de son authorité.

C'est l'amas des verités Chrétiennes qui porte ces caracteres de divinité sensible mesme aux enfants.

Pour l'esclaircissement de la maniere dont la foy s'etablit dans l'ame des enfants. Je fays encore deux ou trois remarques. La premiere est que quand nous disons que la doctrine se fait sentir par elle mesme, & par ses caracteres internes, nous n'entendons pas que chacun des articles de la doctrine Chrétienne ait ce caractere. C'est l'amas des articles de foy à qui cela convient. Par exemple le mystere de la Trinité s'il etoit seul n'auroit pas cette vertu de se faire sentir aux enfants & aux simples. L'incarnation seule n'auroit pas non plus cette vertu

vertu de remplir l'ame & de faire fentir fa verité par elle mefme. Mais joignés ces deux myfteres avec tous les autres & dites : l'homme etoit criminel & coupable, revolté contre Dieu, fujet à des peines eternelles & infinies. Dieu ne pouvoit pourtant fouffrir que tout le genre humain fût perdu il vouloit fauver les hommes : Il ne les pouvoit fauver fans converfion & fans repentance. il ne leur pouvoit donner la repentance que par la grace ; il ne pouvoit donner la grace aux hommes fans etre appaifé envers eux. Il ne pouvoit être appaifé que par une victime infinie. Il faloit donc qu'il en fît une, il ne pouvoit faire un infini il faloit donc que Dieu qui eft infini fe fît creature & prît une nature humaine. Dieu n'auroit pu s'incarner s'il n'avoit eû qu'une feule perfonne, car il faloit qu'il y en eût une qui fatisfît à l'autre. Les hommes ayant merité la mort fi ce Dieu incarné ne fût pas mort il n'auroit pas porté la peine des pechés des hommes ; Mais fi ce Dieu incarné êtoit demeuré mort il ne feroit pas nôtre Roy & noftre bien faiteur. Il faloit donc qu'il reffufcitat pour nous conduire & pour nous glorifier. Il ne nous glorifieroit pas s'il n'y avoit une autre vie que celle cy. S'il y a une autre vie, il y a des peines auffi bien que des recompenfes : s'il y a des peines & des recompenfes, il faut qu'il y ait un jugement pour les diftribuer. C'eft cêt amas de verités qui renferme des motifs que je foutiens fuffifants à la grace pour donner la foy. Et ce font ces motifs qui font de la portée des enfants & des plus fimples. Ils ne les arrangent pas dans cet ordre je l'avoüe, ils ne les cognoiffent pas dans cette diftinction, mais ils les fentent : Et fi les incredules fe moquent de cela au moins M. de Meaux ne s'en fçauroit moquer dans les principes que nous venons d'entendre de luy mefme.

Ma feconde obfervation, c'eft qu'il ne faut pas s'imaginer que ces impreffions fe faffent dans l'ame des enfants fubitement & en un clin d'oeil. M. de Meaux raifonne comme fi la premiere ou la feconde fois qu'on fait dire à un enfant. *Ie croy en Dieu &c.* fa foy fe formoit, fe deployoit & qu'il fît un veritable acte de foy. On voit bien que M. de Meaux ne s'eft jamais abbaiffé jufqu'a etre catechifte des enfants, ou qu'il a bien mal obfervé

Le premier acte de vray foy dans les enfans ne fe fait pas à la premiere inftruction.

obfervé & bien mal etudié les progrés de ces jeunes a-
mes.   Dans le temps qu'on commence à les inftruire
on peut affeurer qu'ils ne fç.vent ce qu'ils difent; peu
à peu ils viennent à entendre les termes; les idées à la
faveur des termes entrent dans leurs efprits, ils concoivent ce que c'eft que Dieu, qu'il a crée le monde qu'il
le gouverne; qui eft Jefus Chrift, ce qu'il a fait. Ils
fe familiarifent avec ces objets, mais ils ne font point
attention à leur grandeur. Ils ne fentent pas encore leur
douceur & leur beauté. Ils n'en font point encore touchéz.   Or il eft certain que l'acte de la vraye foy ne
confifte pas à entendre les termes & les chofes, il ne
conf.fte pas mefme à les croire de je ne fçay quelle maniere car la maniere de laquelle les enfants croyent les
myfteres ne confifte qu'a n'en etre pas effarouchés, qu'a
s'eftre familiarifés peu à peu avec eux à force de les voir &
de les entendre dire. Ce n'eft ni foy ni increaulité que l'eftat
dans lequel, font ces enfants jufqu'a ce qu'ils ayent
fenti la veritable efficace de la grace.   Ce ne font encore que des difpofitions à la foy plus ou moins pro-
chaines.   Ainfi le premier acte de vraye foy c'eft celuy
la par lequel une ame fent les douceurs & les lumieres
de la verité.

Le premier
acte de foy
fe fait dans
les enfants
dans les
uns plus
tard dans
les autres
pluftoft.

Cét acte vient quelque fois bien tard, car il depend
de diverfes circonftances externes, du temperament des
enfants, de l'education, des peines qu'on a pris à leur
donner de l'ouverture d'efprit, des lumieres naturelles,
du tour qu'on a pris pour verfer dans l'ame les verités
Chrétiennes. Et fur tout cela depend des paffions;
un enfant n'eft pas plutoft forti de l'enfance que les
paffions s'en rendent les maitreffes, elles empefchent
la grace d'agir dans toute fa force, elles font que la
foy n'atteint point fa derniere perfection & ne fait pas
fon dernier acte.   Au contraire il y a des enfants dans
lefquels cela vient beaucoup plûtoft; le temperament &
l'education y font beaucoup: mais il faut avoüer que
le principal vient de la grace & de ce vent qui fouffle
où il veut & quand il veut. Ainfi lorfqu'on me deman-
dera de quelle nature eft la foy dans les enfants qui em-
braffent les verités Chrétiennes que leurs parents leurs
enfeignent avant qu'ils ayent fenti les motifs de croire
qui font internes à la verité mefme, & lorfqu'a proprement

prement parler ils ne croyent encore, que parce qu'on leur a fait prendre l'habitude de croire, à force de leur dire souvent une mesme chose. Je repondray que cette foy n'est ni une foy humaine ni une foy divine, mais des dispositions à la foy divine, dispositions qui suffisent pour le salut de l'enfant, si Dieu le retiroit dans cet etat, parce que Dieu ne requiert pas des ames, ce qui est au dessus de leur force.

Ma troisiesme observation naît des deux precedentes, c'est qu'à proprement parler les enfants ne croyent dans aucun moment par voye d'authorité. Ils ne croyent point par authorité quand on commence à leur faire dire *je croy en Dieu, &c.* Car alors ils ne croyent point du tout encore. Je ne sçay ce que veut dire M. de Meaux quand il nous parle de foy infuse dans le baptesme. Je ne cognois pas de Theologiens qui ayent dit cela, si ce n'est ce philosophe moderne qui pretend que les enfants raisonnent & font des reflexions dans le sein de leur mere. Plusieurs croyent que Dieu verse au batesme dans une ame elüe un grace infuse, qui luy donne des germes de la regeneration, & je suis de ceux la. Mais c'est parler bien improprement que d'appeller foy ce germe de grace. Toute foy presuppose necessairement quelque connoissance, les enfans qu'on commence à instruire n'ont encore que le germe de la grace sans connoissance, & par consequent ils n'ont pas de foy.

Les enfants dans aucun moment ne croyent par voye d'authorité.

Le second temps dans lequel on les peut considerer est celuy dans lequel ils ont pris, quelque connoissance des mysteres de la religion: mais ils ne les croyent pas à cause de l'authorité. Car alors ils n'ont encore fait aucune reflexion ni sur l'authorité de l'Eglise, ni sur les caracteres de la verité. Ainsi n'ayant pas encore fait d'acte de foy formée & parfaite, ils ne s'appuyent pas sur l'authorité, & s'ils ont quelques degrés de veritable persuasion, ils les ont par la veüe & le sentiment de la verité mesme. Enfin quand ils viennent à former le dernier acte de leur foy ils le font par sentiment, & parce que la grace leur fait sentir les douceurs & les grandeurs de la veritable religion.

J'ajoûte une quatriesme remarque en peu de mots; C'est que quand nous disons qu'un enfant sent & est capable de sentir, lors qu'il commence à user de sa raison,

fon, les douceurs de la verité, nous n'entendons pas
qu'il ait puifé cette verité dans l'efcriture & qu'il ait
reconnu les caracteres de divinité dans la lecture de la
parole de Dieu.   Quand il n'auroit jamais oüy parler
d'efcriture fainte ni d'Eglife , les chofes mefmes luy
etant propofées & enfeignées elles peuvent produire les
mefmes effets que s'il les avoit leües.

CHAPITRE XXVI.

Reponce à l'argument de M. de Meaux qui dit qu'il
y a un certain point dans lequel un Chrétien eft ob-
ligé felon nous à douter fi l'Euangile eft une fable
„ *ou non, que felon la methode & les principes de*
„ *M. Nicole on eft obligé de croire à l'Eglife devant*
„ *que de croire en Dieu, & qu'un enfant par un*
„ *acte de foy divine peut croire que l'Alcoran eft*
„ *un livre divin.   Reponfe directe à l'argument de*
„ *M. de Condom.*

C'Eft icy le vray lieu à placer ce que nous avons à
dire fur cette propofition que M. de Meaux nous
attribue , & dont il fe fert pour donner de l'horreur.
C'eft qu'il y a un point dans lequel un Chrétien baptifé
•eft obligé de douter fi l'efcriture fainte eft une verité,
ou une fable, fi Jefus Chrift eft le fauveur du monde
ou un impofteur.   N'eftoit que je me fuis engagé à
faire un fyfteme complet de l'Eglife , & à y renfermer
toutes les difficultés qu'on nous fait fur fon authorité.
Je ne dirois rien de cette objection parce que M. Claude
la refutée avec une force qui ne peut pas eftre plus
grande.   C'eft un des endroits les plus folides & les
plus brillants de fon livre.   Et je foupçonne que c'eft
la une des chofes qui a mis M. Nicole en mauvaife
humeur contre M. Claude, & qui luy a fait dire tant
de duretés contre luy, comme s'il avoit perdu le refpect
qu'on doit avoir pour M. de Meaux à un point qui
meritaft chatiment fi on luy faifoit juftice. Car pouffer
ces Meffieurs vivement jufqu'au fonds de leurs abfurdités, C'eft les outrager, c'eft perdre le refpect qu'on
leur

leur doit, c'eſt meriter un chatiment exemplaire. Ce qui me fortifie dans cette penſée c'eſt que M. Nicole a relevé dans ſon livre toutes les difficultés que M de Meaux avoit faites à M. Claude & les a pouſſées. Mais il n'a pas dit un petit mot de celle cy: c'eſt qu'il a ſenti qu'on ne pouvoit pas voir une objection plus foible que celle la, ni une reponce plus forte que celle qui a eté faitte.

Voicy la preuve de M. de Meaux; ſelon les Calviniſtes on ne ſçauroit faire aucun acte de foy ſur la verité & la divinité de l'eſcriture qu'on ne l'ait examinée: un Catechumene qui commence à faire uſage de ſa raiſon n'a point encore lû l'eſcriture, il ne l'a donc pas examinée: ne l'ayant pas examinée il ne la ſçauroit croire divine. Il ne ſçauroit la croire divine par l'authorité de l'Egliſe; car les Calviniſtes ne reconnoiſſent pas cette voye; il ne la ſçauroit croire divine par l'examen car qui n'a pas lû ne peut avoir examiné. Ainſi il faut tout baptizé Chrétien qu'il eſt, qu'il doute de la verité de l'Euangile. J'ay dit il, *aſſigné pour le point de doute tout le temps où un Chrétien par quelque cauſe que ce ſoit n'a pas lu l'eſcriture ſainte.* Dans le fonds c'eſt la tout. Et ce qu'il dit dans pluſieurs chapitres ſous le tiltre de reflexions ne revient à autre choſe.

On luy a deja fait ſentir avec combien d'eſgalité d'avantage on peut retorquer cette mechante chicane contre luy: Et comment on pouvoit auſſi trouver un point dans lequel un Chrétien baptizé eſt obligé de douter ſi l'Egliſe Romaine eſt l'Egliſe de Dieu ou la Synagogue de Satan. Ce ſont tous les moments qui precedent ſa premiere inſtruction: Pour rendre cela tres ſenſible, il n'y a qu'a prendre les jeunes gens dont on neglige trop l'inſtruction. Il y en a une infinité dans le monde & meſme plus dans le grand monde qu'ailleurs. Dés qu'une fille commence à faire quelque uſage de ſa raiſon on prend un grand ſoin de la cultiver c'eſt à dire de la remplir de vaines penſées & d'Idées mondaines: Elle apprend à chanter, à bien reciter des vers, on luy fait lire des fables, elle apprend à danſer, la muſique, à joüer des inſtruments, & l'on renvoye ſon inſtruction aux années d'une plus grande maturité; On ne luy fait faire à proprement parler aucun acte de foy. Pendant

Difficulté de M. de Meaux abregée mais laiſſée dans toute ſa forcé.

3. Reflexion.

E e   tout

tout ce temps la, selon le raisonnement de M. de Meaux il faut que cette ame soit dans le doute si l'Eglise Romaine est l'Eglise des malins ou celle Dieu. Elle ne connôit pas la verité par la voye de l'authorité de l'Eglise, car bien qu'on luy face dire son, *Credo*, tous les jours, on ne le luy explique pas; Et sur tout elle dit; *Ie croy l'Eglise*, sans sçavoir que selon la glose Romaine cela signifie, *je croy que l'Eglise Romaine est l'Eglise infaillible*. Elle ne connôit pas non plus la verité par voye d'examen & de sentiment; Cela n'est pas contesté donc elle ne croit la verité d'aucune maniere. Elle est donc actuellement infidelle, elle doute de tout. M. de Meaux dit que c'est en vain qu'on luy fait cêt argument car afin qu'il fût bon il faudroit dit il, *que comme il nous montre un certain point qui mesme dans l'usage de la raison precede necessairement la lecture de l'escriture sainte, nous puissions luy, en montrer un qui precedast les enseignements de l'Eglise*. C'est une de ces choses qu'on lit sans les comprendre. Est il mal-aisé de rencontrer ce point qui precede les enseignements de l'Eglise. Supposons un enfant qui ait de l'ouverture d'esprit naturellement; avant cinq ans il aura quelque usage de sa raison; posons qu'on ne luy explique son *credo* qu'a sept. Est ce la une supposition impossible? il se trouvera donc un Chrétien baptizé qui jusqu'à l'aage de sept ans est obligé de douter si l'Eglise n'est point une Synagogue de Satan. Supposons aussi qu'un enfant instruit des son plus jeune aage ait commencé à faire usage de sa raison entre les bras de sa nourrice, ce moment dans lequel il a fait ce premier acte de foy, *je croy l'Eglise* n'a-t-il pas eté immediatement precedé par un autre moment dans lequel il avoit aussi l'usage de la raison? & dans ce moment n'a-t-il pas du douter si l'Eglise est l'Eglise de Dieu? Cela dis-je a eté deja bien poussé contre. M. de Meaux, & ce qu'il a repliqué pour se deffendre est d'une foiblesse qui fait pitié. Mais outre ce coup de retorsion il faut qu'il se resolue à en essuyer encore quelques autres.

Le Catechumene de M. de Meaux croit à Dieu devant que de croire à l'Eglise.

Selon M. de Meaux le premier acte de foy que doit faire un Catechumene c'est celuy cy, *je croy l'Eglise Catholique*; c'est à dire je croy que l'Eglise ou je suis né & qui m'instruit est la veritable Eglise qui ne peut errer.

Il

Il est vray qu'on luy fait dire d'abord *je croy en Dieu.*
Mais cela n'y fait rien & Monf. de Meaux nous a
dit cy deſſus que nonobſtant cêt arrangement des articles de foy, le premier acte fondamental de tous les
autres c'eſt *je croy l'Egliſe.* Ainſi dans le premier moment il croit à l'Egliſe, dans le ſecond il croit en Dieu,
dans le troiſiéme il croit à Jeſus Chriſt, & ainſi des
autres. Dans le premier moment noſtre Catechumene
eſt dans un admirable eſtat. Il croit à l'Egliſe & ne
croit pas encore en Dieu. Il ignore & il doute, car
ſelon le dictionnaire de M. de Meaux *ignorer & douter*
c'eſt la meſme choſe, dans cette diſpute. Il doute
donc, s'il y a un Dieu createur du ciel & de la terre.
Mais cependant il a fait ſon acte de foy ſur l'Egliſe,
laquelle pourtant n'eſt qu'une chimere s'il n'y a point
de Dieu. La creance qu'il y a un Dieu eſt le fondement de toutes les autres, toutes les religions ſont fondées la deſſus, *il y a un Dieu.* Au moins on l'avoit
ainſi crû generalement par tout. Mais voicy une nouvelle methode ſelon laquelle le fondement de la religion eſt *je croy à l'Egliſe devant que de croire en Dieu.*

M. de Meaux n'eſt point en état de nier cette conſequence, car il l'a admiſe en propres termes dans ces
paroles que nous avons citées de luy. *Il ne ſonge pas* 4. Re-
que c'eſt l'Egliſe elle meſme qui nous apprend tout le ſymbole flexion ſur
eſcouté ce qui ſuit ; C'eſt ſur ſa parole que nous diſons je la fin.
croy en Dieu le pere & en Ieſus Chriſt ſon fils. Si c'eſt
ſur la parole de l'Egliſe que nous diſons je croy en Dieu
nous avons donc fait un acte de foy pour croire la parole de l'Egliſe avant que de faire l'acte de foy qui dit,
je croy en Dieu. N'ay-je pas eu raiſon de dire que ce petit
diſcours renfermoit des abſurdités qu'on n'auroit pas
crües pouvoir eſchaper à un habile homme. Voila ou
s'engagent les plus éclairés quand ils ſoutiennent de faux
principes, & qu'ils s'y laiſſent pouſſer ſans en vouloir
revenir. Ce n'eſt pas la un ſophiſme, ni une ſimple
retorſion, c'eſt une demonſtration morale. Mais ſi à
cette preuve ſolide on vouloit ajouter la chicane de M.
de Meaux & raiſonner ſur ſes principes ; on trouveroit un point dans lequel un Chrétien baptiſé eſt obligé de douter s'il y a un Dieu. Et *j'aſſignerois pour ce*
point de doute tout le temps où un Chrétien baptiſé pour quel-

que

que cause que ce soit, n'a pas encore receu l'instruction de l'E-glise. J'adjouterois aussi ; Ie n'ay jamais rencontré de Ca-tholique à qui cette proposition n'ait fait horreur.

M. de Meaux ne sçauroit echapper en disant qu'on ne se doit pas reduire à l'instruction des enfants.

M. de Meaux ne manquera pas de dire, comme il a deja dit à M. Claude que nous reduisons autant qu'il nous est possible la dispute à l'instruction des enfants. Car il trouveroit beaucoup plus facilement une porte à se tirer de là, dans les Catechumenes adultes, qui sortant du paganisme ou du Judaïsme croyent deja en Dieu. Mais premierement, Je luy dis que ce n'est pas nous qui avons reduit la dispute à l'instruction des enfants c'est luy. Car il nous parle d'un Chrétien baptizé, mais qui n'a encore fait aucun acte de foy sur la verité de l'escriture sainte. Or le Chrétien baptizé qui n'a fait aucun acte de foy c'est necessairement un enfant. Car les Catechumenes adultes ont fait tous leurs actes de foy avant que d'estre baptizés : Ils ont crû à l'Eglise, à l'escriture, à Jesus Christ, à Dieu & à tout : Et en effet s'il n'eût ajouté ce mot de *baptizé* qui ne peut convenir qu'a un enfant Chrétien, il n'auroit pu faire une propo-sition qui donnast de l'horreur ; car personne ne fremi-ra en entendant dire qu'un Payen non instruit & non en-core baptizé, peut selon nous, douter si l'Euangile est une fable ou une verité. Secondement je dis que cette creance qu'un homme hors de l'Eglise, a qu'il y a un Dieu, n'est pas un acte de foy, c'est une science ou un acte de foy humaine. Toute foy divine est fon-dée sur un tesmoignage divin. Il faut donc que ce Payen converti face un nouvel acte sur cette verité *il y a un Dieu* & qu'avant cela, il face son acte de foy qui dise je croy à l'Eglise. Enfin je dis que quand il n'y auroit autre inconvenient que celuy là, que tous les enfans des Chrétiens seroyent obligés de croire l'E-glise devant que de croire à Dieu. Ce seroit encore une assez grande absurdité.

La foy fait un acte to-tal qui re-garde tous les articles, mais cet acte doit estre subdi-visé en plusieurs autres.

M. de Meaux pourra bien aussi s'approprier ce que je disois tantost que le premier acte de foy parfaite, ne se fait pas sur un seul article mais sur *tous* ensemble, & que l'Eglise ne fait qu'un tout avec les articles sui-vants. Mais je luy declare premierement qu'il n'a au-cun droit sur cette reflexion, qu'elle nous appartient & qu'il luy seroit inutile de nous la derober. Parce que bien

que

que cet acte total de la foy embrasse tous les articles
essentiels à la fois, neantmoins cêt acte *total* se subdi-
vise necessairement en plusieurs actes *partiaux* dont les
premiers sont les fondements & les motifs de croire
les suivants. C'est ce que je pourrois montrer & mesme demonstrer. Par exemple ce qui me fait croire que
Dieu a envoyé Jesus Christ pour sauver les hommes,
c'est l'impossibilité où la raison & la revelation me font
voir qu'est l'homme de sauver luy mesme. Et ainsi il
faudroit tousjours que M. de Meaux subdivisât son
acte total en plusieurs moments, & qu'il assignast les
premiers moments aux articles qui seroyent les fondements & les motifs des autres. Et comme la foy en
l'Eglise est le fondement de tout, & *que sur sa parole nous*
disons je croy en Dieu, il faut necessairement que l'acte
de la foy en l'Eglise marche devant.

Secondement je dis que quand il y a un article fondamental l'appuy de tous les autres, on luy doit un
acte de foy particulier, parce que si l'on ne s'est assuré
de celuy là, on ne peut arriver à aucune certitude sur
les autres. Par exemple cêt article *je croy en Dieu* est
le premier & le fondement de tout. C'est pourquoy
il faut s'estre determiné la dessus par un acte de foy
bien formé, avant que de passer aux autres, & ainsi
comme l'acte de foy *je croy à l'Eglise*, tient, selon M. de
Meaux, la place que tient, selon nous, celuy cy, *Ie*
croy en Dieu, il est clair qu'on doit faire un acte de foy
bien formé sur l'article de l'Eglise avant que de passer
outre. Je m'asseure que le public ne sera pas fasché de
voir comment M. de Meaux se tirera de là. Quant à
moy je m'attends bien que M. Nicole me traittera
d'homme à être chatié par l'authorité du magistrat pour
avoir osé pousser si loin un si grand prélat. Mais
M. de Meaux me fera plaisir de ne le point prendre
sur ce ton là. Car tout est permis contre un adversaire, & je declare que je n'en ay pas moins de consideration pour luy. Il y a cette difference entre cette
seconde retorsion & la premiere. C'est que nous ne
sçaurions lever la difficulté que M. de Meaux nous fait
que nous ne levions aussi celle que nous luy pouvons
faire en retorsion, comme a fait M. Claude. Mais
pour cette seconde retorsion c'est tout à fait son affaire.

Il s'en tirera comme il pourra. Ce n'eſt pas meſme une retorſion. Car nous le deſions de faire un pareil argument contre nous. C'eſt proprement une demonſtration appellée *ab abſurdo* , & *impoſſibili*, tirée d'une abſurdité viſible & ſenſible.

Pour ce qui eſt de la reponce directe, je veux bien le renvoyer à ce que M. Claude en a écrit ſi bien & ſi fortement. La il apprendra qu'il y a bien de la difference entre *douter* & *ignorer*, qu'un Chrétien baptiſé c'eſt à dire qui n'eſt encore Chrétien que par ſon bapteſme peut bien ignorer les verités Chrétiennes en general, & la divinité de l'eſcriture ſainte en particulier, mais qu'il ne peut en douter ſans ceſſer d'eſtre Chrétien : pendant que le Chrétien baptiſé eſt ſans inſtruction & ignore s'il y a une écriture, & s'il y a un Dieu, il ne ſçauroit faire la deſſus aucun acte de foy, mais auſſi ne peut il faire aucun acte d'incredulité. Les plus petits grimaux de l'Eſcole auroyent appris à M. de Meaux qu'il y a une infinie difference entre ce qu'ils appellent, *ignorantia puræ negationis*, & l'ignorance appellée *pravæ diſpoſitionis*. Cependant il luy plait de les confondre & de ſoutenir qu'un homme qui eſt ſeulement dans l'ignorance de *pure negation* doit faire un acte de doute & d'incredulité ſur une choſe qu'il ne cognoiſt pas.

Il y a grande difference entre ignorer & douter*.*

Là meſme M. de Meaux apprendra que pour faire un acte de foy ſur la divinité de l'eſcriture ſainte il n'eſt pas neceſſaire de l'avoir lüe il ſuffit d'avoir eté inſtruit dans la matiere qu'elle contient. Il n'eſt pas meſme neceſſaire qu'un catechumene ſe ſoit fait inſtruire ſur le detail de tout ce qui eſt contenu dans l'eſcriture pour en juger. Il ſuffit qu'il ſe ſoit mis devant les yeux un ſommaire de la doctrine Chrétienne, & qu'il ait ſenti toute l'efficace de cette doctrine de la maniere que je l'ay expliquée cy deſſus. Après cela quand on luy mettra le livre en main il pourra tres aſſeurement faire cêt acte de foy devant que de l'avoir lû. *Ie croy que ce livre eſt divin.* Tous nos catechumenes qui ne ſçavent pas lire, ou qui n'ont pas encore lû l'eſcriture ſont dans cêt etat. Ils ont oüy dire ce qui eſt contenu dans ce livre, ils ont gouté ces verités, il les ont trouvé ſatisfaiſantes pour la conſcience. Ils ont remarqué dans les choſes qu'ils ont appris par la bouche de leur catechiſte des

Comment les catechumenes peuvent croire la divinité de l'eſcriture, devant que de l'avoir lüe.

caracte-

caracteres de grandeur & de divinité : quand on leur montre le livre & qu'on leur dit cela est contenu la dedans, ils n'ont pas besoin de faire un nouvel acte de foy. Il est tout fait ; car qui a senti la divinité de la doctrine a reconnu la divinité du livre qui la contient. Ainsi M. de Meaux apportera s'il luy plaist quelque reformation à son calcul, *j'ay assigné* dit il , *pour ce point de doute tout le temps où un Chrétien par quelque cause que ce soit, n'a pas lû l'escriture sainte.* Il faut oster de ce temps tout celuy dans lequel un Chrétien sans avoir lu l'escriture l'a entendüe , a cognu la matiere qui y est contenüe, c'est à dire du moins a connu les principaux mysteres dont la connoissance est necessaire pour faire un Chrétien.

Il retranchera aussi de ses ouvrages cette maxime qu'il nous attribue, *on ne sçauroit juger de la divinité de l'escriture sainte qu'on ne l'ait examinee :* car nous n'en voulons point, si par un examen il entend la lecture. Puisque sans examiner le livre on peut avoir examiné la doctrine de cet examen que nous avons appellé examen d'attention , & l'avoir goutée par voye de sentiment : Cela nous suffit pour juger de la divinité du livre dans lequel la doctrine est contenüe.

En faveur de ceux à qui il faut mettre le doigt sur tout ce que l'on veut qu'ils sentent , on me permettra de mettré cette belle petite subtilité en forme pour y repondre de mesme : cela se reduit à deux arguments.

L'argument de M. de Meaux mis en forme & la reponce de mesme.

Tout Chrétien baptisé qui ne se veut pas reposer sur l'authorité de l'Eglise pour croire la divinité de l'escriture doit la lire luy mesme & douter de sa divinité , jusqu'a ce qu'il l'ait leüe : or selon la theologie des Calvinistes tout Chrétien baptisé ne se doit pas reposer sur l'authorité de l'Eglise touchant la divinité de l'escriture sainte : dont il doit revoquer en doute la divinité de l'escriture jusqu'a ce qu'il l'ait leüe.

La majeure de cêt argument est fausse , il n'est pas vray que le Chrétien soit obligé de lire l'escriture sainte pour juger de sa divinité , une femme ou un paysan qui ne sçait pas lire , croit & peut croire la divinité de l'escriture sans l'avoir lüe , parce qu'il a escouté , qu'il a appris la doctrine contenüe dans ce livre , & qu'il l'a goutée comme divine : cela suffit pour juger le livre

E e 4   divin.

devin.   Voicy un autre argument.

Toute doctrine qui suppose qu'il y a un certain poinт
dans lequel un Chrétien est obligé de douter si l'Euangile est une fable ou non, doit donner de l'horreur.

Or la doctrine des Calvinistes suppose qu'un enfant
né Chrétien & baptisé doit douter si l'Euangile est une
fable ou non, tout aussi long temps qu'il n'aura pas lu
cette escriture.

Donc la doctrine des Calvinistes doit donner de
l'horreur.

La majeure de cêt argument est fausse parce qu'elle
est ambigue & equivoque.   Comme elle est couchée
elle est veritable, mais elle ne nous regarde pas.   Reduitte à son vray sens elle est fausse, car elle doit être
exprimée ainsy.   *Toute doctrine qui suppose qu'un enfant
baptisé & non encore instruit ne peut faire aucun acte de foy
sur la divinité de l'escriture.* &c.   Tant s'en faut que cette
proposition doive donner de l'horreur, qu'au contraire
la proposition opposée est folle & absurde.   La mineure est absolument fausse sans reserve, & n'est fondée
que sur l'argument precedent dont nous avons vû la
fausseté.   A present je demande la liberté de repeter
ce que jay deja dit.   C'est que cette subtilité de M. de
Meaux est une des plus basses & des plus malhonnestes
chicanes qui puissent etre produites dans une dispute.
Il est contre la bonne foy & l'honnesteté, de revetir
d'images affreuses & des termes d'horreur, la doctrine
des gens à la faveur d'un aussi pitoyable sophisme.   Si
M. de Meaux y a eté trompé luy mesme je veux de
bon cœur pardonner à sa prevention & aux illusions que
luy a faites l'amour propre, mais il devroit avertir de
bonne foy qu'il n'est pas infaillible & ne pas permettre
qu'une semblable chose face illusion aux simples.   Le
coup est jetté, le livre est fait, on le fera soigneusement lire à ceux qu'on voudra pervertir.   Ils y trouveront cette petite subtilité & au bout un grand mot
d'horreur qu'on applique à la doctrine des Calvinistes.
Cela produira son effet, & afin que le charme ne puisse
être rompu on deffendra bien expressement aux nouveaux convertis de lire les livres des ministres Claude &
Jurieu.   C'est ce qu'on fera sans doute, & c'est ce qui
n'est point du tout de bonne foy.

Je

Je finissois icy quand je me suis souvenu que la methode de M. de Meaux, & de M. Nicole, est chargée d'une autre absurdité qui n'est gueres moins grande que celle que nous luy avons fait voir, quand nous avons montré qu'on doit, selon ces Messieurs, croire à l'Eglise devant que de croire à Dieu. M. de Meaux nous suppose un enfant à qui on montrera un livre & auquel on dira ce livre est l'escriture sainte un livre sacré qui a eté dicté par le S. Esprit luy mesme. Il suppose aussi que cêt enfant ne sçait encore rien de ce qui est contenu dans ce livre. Car s'il le sçavoit il auroit examiné, senti & cognu. Ce luy est une chose horrible qu'on puisse dire; cet enfant est en droit de douter si ce livre est une verité ou une fable, & il veut que sur l'authorité de son pere qui est pour luy la bouche de l'Eglise il puisse sans aucun examen faire cêt acte de foy. *Ce livre est divin.* J'y consens pour l'heure, mais qu'on me dise un peu quel acte de foy, ce sera, si le pere par megarde ayant un Alcoran & un Nouveau Testament sur sa table, avoit pris l'Alcoran en main & avoit dit à son fils, mon fils voila un livre sacré inspiré de Dieu c'est ce livre que vous devés suivre. Le fils doit croire & faire sur le tesmoignage de son pere cêt acte de foy. *Je croy que ce livre est divin comme je croy que Dieu est.* Et par cet acte de foy qui sera pourtant un acte de foy divine, le voila Mahometan. Il croit que Jesus Christ n'est point le Messie & le redempteur du monde, que la religion Chrétienne est un ramas d'impostures & de fables, que c'est une voye de damnation qui conduit à la mort eternelle.

Par la methode & la raison de M. de Meaux un pere Chrétien peut faire de son fils un Mahometan.

Je ne sçay si tout cela sera capable de faire sentir à ces Messieurs la fausseté de leurs principes. Ils sont accoutumés à redire toujours la mesme chose, ils s'entestent mutuellement par les loüanges qu'ils se donnent. Ils se laissent aveugler par leurs prejugés, par l'amour propre, & par l'interest qui les retiennent où ils sont. Et cependant ils seduisent bien des gens. Voila ce que j'ay crû necessaire pour faire sentir quelle est la veritable voye par laquelle on acquiert la foy. Cela suffiroit pour dissiper les sophismes du premier livre de M. Nicole, on n'auroit qu'a faire application de nos principes à ces difficultés. Mais les lecteurs qui croyent faire

beaucoup

beaucoup d'honneur à un livre quand ils se donnent la peine de le lire ne veulent pas qu'on se repose sur eux de rien. C'est pourquoy je m'en vais dans les premiers chapitres du livre suivant passer sur les difficultés de M. Nicole, & en faire voir la vanité & le peu de solidité : en y appliquant les lumieres que nous avons etablies dans le second livre, pour écarter les tenebres qu'il a voulu repandre sur ce qu'il appelle la voye d'examen.

Fin du second Livre.

LIVRE

LIVRE TROISIESME

Responſe au premier & au troiſieſme Li-
vre de l'ouvrage de Monſieur
N I C O L E.

où

Eſt juſtifiée la voye de ſentiment : Et la
veritable Analyſe de la foy ſelon S. Auguſtin eſt invinciblement eſtablie par
S. Auguſtin luy-meſme.

CHAPITRE I.

M. Nicole en prouvant l'impoſſibilité de l'examen n'a
rien fait pour le Papiſme. Il n'a travaillé que pour
les heretiques, pour les prophanes & pour les Payens
contre la religion Chréſtienne. Il ne faut point d'ex-
amen pour ſentir que le Papiſme n'eſt pas dans l'e-
ſcriture : les principes de M. Nicole ruinent toute
religion.

Ous entrons dans l'examen particulier de ces
preuves que M. Nicole employe pour prouver l'impoſſibilité de l'examen, ou plutoſt
l'impoſſibilité de trouver la verité par autre
voye que celle de l'authorité de l'Egliſe.
C'eſt une choſe aſſez bizarre, que nôtre adverſaire a
tout autant d'intereſt que nous dans le bon ſuccez de
l'entrepriſe que nous faiſons de montrer que tous ſes
raiſonnements ne vallent rien. Car s'ils vallent quelque choſe ſa religion eſt perdüe comme la noſtre. Dans
tout ce qu'il a fait. 1. Il n'a rien fait, ni pour luy ni
pour ſa religion. 2. Il n'a travaillé que pour les heretiques, pour les impies, pour les prophanes, pour les
athées & pour les Payens. Ce ſont deux articles ſur
lesquels

lefquels je fouhaitte qu'on faffe reflexion avant que de
paffer outre.

'M. Nicole
n'a rien
fait pour le
papifme.

Premierement je foutiens qu'il n'a rien fait pour luy,
& pour fa religion. Suppofons qu'il ait fort bien prouvé
qu'il eft abfolument impoffible de fçavoir quels font les
livres canoniques , de trouver le fens d'un paffage qui
en peut avoir plufieurs ; de juger par l'efcriture fi un
dogme eft faux ou vray ; parce qu'il faut lire un ... re
pour fçavoir s'il eft canonique ou non ; Et que pour ... e
affuré du vray fens d'un paffage il faut avoir co... é
la verfion avec l'original , examiné les diverfes manieres
de lire , efcouter les raifons de ceux qui luy donnent
des fens contraires ; Suppofé , dis-je , que tout cela
foit folide qu'y gagne le papifme ? Eft il neceffaire d'a-
voir lû & relu, examiné & difcuté toute l'efcriture pour
fçavoir fi l'on y trouve l'adoration du facrement , l'invocation des faints , l'adoration des images , l'authorité
du Pape, l'infaillibilité de l'Eglife Romaine , le retranchement de la coupe , le fervice en langage non entendu ,
le facrifice de la meffe , l'adoration des reliques ? y a-t-il
quelque paffage fur toutes ces matieres dans l'efcriture
qui foit equivoque où le papifme puiffe trouver un fens

Le papif-
me n'a pas
de paffages
dans l'ef-
criture qui
foyent
equivo-
ques.

qui luy foit favorable ? S'il faut de la difcuffion pour
fçavoir fi un dogme eft dans l'efcriture, au moins je ne
penfe pas qu'il en faille pour étre affuré que les dogmes
dont il n'eft pas dit un mot n'y font pas. Où font ces
paffages pour l'invocation des faints , pour l'adoration
des images, pour le retranchement de la coupe ? Nous
produifons des textes contre ces fuperftitions & ces at-
tentats. Les docteurs de l'Eglife Rom: nous difputent
le fens de ces textes & foutiennent qu'ils ne leur font
pas contraires. Je veux que cela foit, & qu'il y ait de
la difficulté pour les fimples à fçavoir fi nous avons
rencontré le vray fens des textes qui deffendent de faire
des images , & de fe profterner devant ; d'invoquer &
d'adorer autre que Dieu &c. qu'en revient-il à M. Nicole ? Tout l'avantage qu'il en pourra tirer c'eft que
l'efcriture ne condamne pas formellement les Idolatries ,
& les fuperftitions du papifme ; Mais cela ne fuffit pas
il faut prouver que l'efcriture approuve & eftablit ce
que nous appellons des fuperftitions & des Idolatries.
C'eft la deffus, que nous demandons des paffages , &
s'il

s'il y en a du sens desquels les simples puissent être le moins du monde en peine, nous voulons bien passer condamnation & renoncer à tout.

Supposons au commencement de la reformation ce C.... de de femmes d'enfants, d'artisants, de paysans de .... seule pensée divertit si fort M. Nicole. Ces gens ... voyoient un livre duquel on convenoit de part & d'autre, qu'on appelloit l'escriture sainte. Certains nouveaux predicateurs disoient à ce Contile de femmes & d'enfants. Voyés, ouvrés, lisés ce livre, & vous ni trouverés ni Pape ni infaillibilité de l'Eglise Romaine, ni sacrifice de la messe, ni invocation des saints, ni adoration d'images, ni jubilés, ni indulgences, ni cultes de reliques. Estoit ce la une avance fort difficile à soutenir? estoit il necessaire de consulter les originaux? n'y avoit il pas une Bible Latine appellée vulgate, de laquelle toute l'Eglise d'occident convenoit? n'y avoit il pas des versions en langue vulgaire de cette Bible Latine? faloit-il sçavoir les langues, estudier la critique, examiner les diverses manieres de lire pour sçavoir le sens du texte qui commandoit l'adoration du sacrement, ou le sacrifice de la messe? Encore une fois ce sont ces textes que nous demandons, & jusqu'a ce qu'on nous les ait donnés, M. Nicole n'est point en état de tirer aucun avantage de ses chicanes sur l'impossibilité de trouver le vray sens d'un passage de l'escriture. Ses preuves ne peuvent tomber que sur les passages qui se trouvent & non pas sur ceux qui ne se trouvent point.

Or je soutiens qu'il n'y a aucune espece de preuves dans l'escriture pour les articles que j'ay nommés, & je ne veux pas m'engager à le prouver, parce que je l'ay fait tout de nouveau dans un chapitre du livre *des prejugés legitimes contre le papisme.* C'est le treiziesme prejugé *tiré du deffaut evident & sensible de conformité avec ce qui est reconnu de tous les Chrétiens pour etre la loy & la regle du christianisme.* J'ay fait voir la dedans qu'il est comme impossible de croire que ces Mess.rs. parlent serieusement quand ils produisent de l'escriture des preuves pour les dogmes des papistes. Il me seroit beaucoup plus aisé de trouver dans l'Alcoran tous les mysteres du Christianisme que ceux du papisme dans le vieu & le nou-

Seconde partye ch. V.

nouveau teftament. Afin qu'il y ait de la difficulté à
penetrer dans le fens d'un paffage, il faut qu'il y ait au
moins deux fens qui puiffent etre commodement donnés
à un texte, qu'on nous les trouve ces textes qui puiffent
commodement avoir deux fens, dont l'un foit favorable
au papifme. Je ne fçay s'il y en a d'autre que les paroles
de l'Euchariftie *cecy eft mon corps*. Mais outre qu'un
feul article n'eft pas tout, nous avons fait voir que ce
texte ne peut être que pour une prefence reelle du corps
de J. Chrift en general, & nullement pour une prefence
reelle telle que la conçoit l'Eglife Romaine. C'eft affés
pour faire fentir à tous ceux qui cherchent la verité de
bonne foy que M. Nicole n'a rien fait pour luy.

Pour qui a-t-il donc travaillé? Premierement il a travaillé pour les heretiques Arriens qui ont un texte lequel
paroit formel, *mon pere eft plus grand que moy*. Il a travaillé pour les Sociniens qui produifent plufieurs textes
qui paroiffent favorables à leur herefie. Il a travaillé
pour les Eutychiens qui pretendoient trouver la converfion de la nature divine en la nature humaine, dans
ces mots, *la parole a eté faitte chair*. Il a travaillé pour
les Anthropomorphites qui lifent dans l'efcriture que
Dieu a des oreilles, des mains, un bras, qu'il fe leve,
& qu'il s'affied, qu'il s'elogne & qu'il s'approche. Il a
travaillé pour les Juifs qui trouvent dans les propheties
que le Meffie devoit établir fon empire jufqu'au bout
du monde, que Jerufalem devoit etre le centre où toutes les nations aborderoient, & le jour & la nuit, que
fous le Meffie la nation fainte & le peuple de Dieu
devoit regner par tout, s'il y a des paffages pour l'intelligence defquels il faille de l'eftude, de l'attention,
de l'examen & de la difcuffion, ce font ceux la.

Ce font la les gens pour lesquels M. Nicole a travaillé, & il a fi bien travaillé pour eux qu'il leur a donné
toute forte d'avantage, & qu'il s'eft derobé toute forte
de moyen de les pouvoir convaincre. Il faut convenir
qu'entre les heretiques il y a toujours mille fimples pour
un fçavant. Peut eftre qu'on pourra convaincre ce fçavant par la difcuffion & par un examen qu'il eft capable de faire. Mais que ferons nous de ces mille fimples? Avant qu'ils puiffent etre affurés du vray fens des
paffages fur lesquels ils s'appuyent combien faudroit il
qu'ils

M. Nicole
a travaillé
pour les
Arriens,
Sociniens
Antropo-
morphites
Eutychiens
Iuifs.

M. Nicole
s'eft ofté
tout moyen
de con-
vaincre ces
heretiques.

qu'ils appriſſent de choſes? Il faudroit qu'ils fiſſent une exacte diſtinction des livres canoniques & non canoniques. Pour ce faire il faudroit qu'ils les euſſent lûs dans l'original & dans les verſions, il faudroit qu'ils diſcutaſſent avec une grande application le ſens de tant de paſſages dont on ſe ſert de part & d'autre dans les controverſes. Car de payer ces heretiques pour toute monnoye de l'authorité de l'Egliſe, franchement ce ſeroit ſe moquer d'eux. Puiſqu'ils ont pour premier principe que l'Egliſe laquelle ſoutient les dogmes dans leſquels ils errent, eſt une fauſſe Egliſe & une Egliſe errante. Il faudroit pour les faire ſortir de ce retranchement leur prouver par ailleurs, que leur principe eſt faux. Et l'on ne le pourroit faire qu'en produiſant, ou des textes de l'eſcriture dont la diſcuſſion eſt impoſſible aux ignorants, ou des faits d'hiſtoire qui ſont entierement hors de leur connoiſſance, & ſur leſquels on ne ſçauroit les aſſurer.

Secondement M. Nicole a travaillé pour les impies, les prophanes & les libertins. Belle eſcriture; belle regle de foy, diront ils, nés de cire, teſte à cent viſages, où l'on trouve tout ce que l'on veut: Moy je vous nie que le ſens de votre écriture ſoit celuy que vous luy donnés, & je ſoutiens qu'il eſt impoſſible qu'un ſimple ſcache ce qui eſt canonique ou ce qui ne l'eſt pas, & quel eſt le vray ſens d'un texte. Je me moque de vos *caracteres*, de vôtre *rayon*, de vôtre *ſentiment*, des preuves internes de la divinité de l'eſcriture ſainte, je n'ay jamais rien ſenti de tel. Cela ſent L'enthouſiaſme, cela eſt bon à debiter dans une aſſemblée de Kouagres & de Fanatiques. M. Nicole viendra au ſecours de la revelation divine & dira, elle eſt appuyée de l'authorité de l'Egliſe qui ne peut faillir. Voila-t-il pas un bon moyen de fermer la bouche aux prophanes? Comment des gens qui n'ont aucun reſpect pour l'eſcriture ſainte en auront ils pour l'Egliſe qui n'a point d'autre fondement que l'eſcriture? Voſtre Egliſe, diront ils, & comment me prouverés vous qu'elle eſt infaillible? ſera ce par vôtre écriture que je regarde comme une fable? ſera ce par vos miracles faits il y a treize cent ans? C'eſt voſtre eſcriture qui me les rapporte, & je n'ay aucune foy pour elle. Sera ce par les miracles

M. Nicole a fourni des armes aux impies contre leſquelles il ne ſçauroit ſe defendre.

pre-

presents ? mais je ne les ay jamais veus, & je suis persuadé que ce sont des illusions.   Nous avons un remede en main pour guerir ces esprits malades, nous leur
pouvons dire dans nos principes. Lisés, medités, priés,
& Dieu vous fera la grace de trouver la verité. M. Nicole n'a rien à leur dire dans ses principes.   S'il leur
disoit lisés examinés , &c.   Ils auroyent raison de luy
repondre. Quoy! moy! tenter un examen impossible,
lire un livre ou je ne puis rien entendre, pour me determiner sur les sens, il faudroit que j'en crusse une
Eglise à la quelle je ne croy pas.   A faute de cela il
faut que j'apprenne le Grec & le Latin, & que je lise
les commentaires & les livres de controverse.   Cela
est au dessus de mes forces, vous me l'avés tres bien
prouvé, & j'en suis tres bien convaincu, je m'en
tiens la.

M. Nicole a fait la premiere partie d'un ouvrage propre a ruiner la religion Chrétien-ne.

Enfin M. Nicole a travaillé pour les Payens. Sans
exagerer & sans rien outrer si je voulois faire un ouvrage pour ruiner la religion Chrétienne , le livre de
M. Nicole en feroit la premiere partie.   Pour ruiner
une religion, il faut d'abord destruire son principe, c'est
ce que M. Nicole a fait.   Il a detruit le fondement de
la religion Chrétienne qui est l'escriture; tout de mesme
que s'il avoit prouvé que ce livre est faux; Car prouver qu'un livre est faux , ou prouver que les hommes
n'y sçauroient trouver ce qui y est, & ce qu'ils y doivent chercher , c'est la mesme chose pour le fonds.
Puis qu'il est egalement inutile pour fonder une religion.

En conscience que M. Nicole entreprenne un peu
selon sa methode de convaincre un Payen.   Il faudra
d'abord qu'il luy prouve l'Eglise ; En cela il prendra
un chemin fort nouveau que personne n'a encore suivi.
Les Peres ont extremement disputé contre les Payens.
Ils travaillent à leur faire voir l'absurdité & l'impureté
de leur religion, & par opposition, la beauté, la pureté, & la sainteté de la religion Chrétienne. Les modernes de l'une & de l'autre communion , Grotius,
Paschal, M. Huet, M. Diroys n'en ont pas usé autrement en disputant contre les Payens & les incredules,
en faveur de la religion Chrétienne.   Prouver d'abord
l'Eglise c'est une methode si absurde que personne ne
s'en

s'en est jamais servi, & personne ne s'en servira jamais, pour convertir les Payens. On travaillera toujours à les attirer par les charmes de la verité, par les beautés de l'escriture, par la sainteté de ses preceptes, par la necessité où est l'homme de chercher un redempteur, par l'impossibilité où il est de se sauver luy mesme, par l'offre avantageuse que fait la religion Chrétienne de donner ce redempteur ; par la sublimité des mysteres, par le merveilleux accord qui est entre toutes les parties de la revelation. Mais pourvu, qu'ils ayent lu le livre de M. Nicole ils tourneront tout cela en ridicule. Vous vous moqués de moy diront ils, cela peut etre bon pour quelques sçavants qui ont la force & le temps d'examiner si tout ce que vous dites est vray. Peut être que tout ce que vous dites qui est dans vôtre écriture n'y est pas ? Ce sont vos imaginations. Et pour preuve, c'est qu'il y a bien des gens entre vous qui le nient, & qui font passer pour vaines imaginations ce que vous appellés sublimes mysteres. Je ne sçaurois lire cette écriture, ni conferer les originaux avec les versions, ni examiner les diverses leçons; ni estudier ces caracteres internes, car pour cette Eglise dont vous me parlés, & qui m'abregera si fort la voye, à ce que vous dites, je ne la connois pas. Je la prends pour une assemblée de gens entestés. Voila les gens pour lesquels M. Nicole a travaillé.

CHAPITRE II.

Qu'il est faux que selon nous la voye de l'authorité de l'Eglise, ne soit pas un moyen pour nous faire trouver la verité. Question si les simples sont obligés de sçavoir la controverse des livres canoniques & des apocryphes. M. Nicole prouve ce qu'on ne luy nie pas, & ne prouve pas ce qu'on luy nie. Reponce à l'objection, que nos simples ne peuvent prononcer sans mensonge nostre confession de foy.

C'Est dans le cinquiesme chapitre du priemier livre que M. Nicole commence à prouver l'impossibilité

F f   de

de l'examen pour les fimples. Le texte eft, *que les Calvi-*
niftes ignorants n'ont nulle voye folide & raifonnable de s'affu-
rer de la verité de leurs articles de foy : & 1° qu'ils ne
fçauroyent fçavoir que les livres recognus pour canoniques
dans leur profeffion de foy foient canoniques.

Que l'Egli-
fe eft une
grande ay-
de à trou-
ver la ve-
rité.

D'abord M. Nicole fuppofe que pour nous affurer
foit des articles de foy, foit de la divinité des livres
facrés nous n'avons pas la voye de l'Eglife. *C'eft une*
voye, dit-il, *qu'il eft conftant de l'aveu mefme de M. Clau-*
de que ces ignorants n'ont pas.   Bien loin que cela foit
conftant, le contraire eft tres certain. Nous n'avons pas
la voye de l'authorité infaillible de l'Eglife il eft vray.
Mais nous avons la voye de l'authorité de direction de
l'Eglife, & nous foutenons que c'eft une grande aide
à trouver la verité: C'eft un des moyens dont la providence de Dieu fe fert le plus ordinairement pour faire
entrer les hommes dans fon Eglife & dans fon alliance:
C'eft de les faire naitre & rencontrer dans des pays où
ils trouvent toutes fortes de fecours pour être inftruits
dans la verité. Il eft vray que l'Eglife Catholique ne
devient pas leur maitreffe, mais des gens qui font membres de cette Eglife univerfelle deviennent leurs maitres.
Mille & mille gens qui n'auroyent jamais rencontré la
verité par eux mefmes la trouvent par cette voye. Les
fimples font conduits par les fçavants les difciples
par les docteurs: On leur donne l'efcriture fainte en
main, on leur enfeigne de quelle maniere on la doit
entendre. Et dire que ce moyen eft inutile pour trouver la verité parce que le Maître & le catechifte d'un
enfant ne fe donnent pas pour infaillibles, c'eft un illufion groffiere.   Parce qu'un enfant ne doit pas regarder celuy qui luy apprend à lire & à écrire comme infaillible, doit on dire que ce Maitre ne luy fert de rien?
Il ne feroit pas impoffible qu'un Maitre trompaft un enfant, & luy perfuadaft que ce qui s'appelle un *A*, feroit un, *O*. Cependant c'eft la voye ordinaire & mefme une voye feure pour apprendre à bien lire & à bien
écrire.

Les heretiques, dira-t-on, fe font par la mefme voye.
Ainfi c'eft une voye dangereufe. Les heretiques par la
voye de direction conduifent leurs enfants dans l'herefie.
Et que peut conclurre cela? s'enfuit il de la qu'il ne
                                                    faille

faille écouter aucun Maitre, ni suivre aucune direction? Il y a des meres qui sont aſſez denaturées ou aſſez imprudentes, pour donner à leurs enfants de mauvais aliments ; dont des enfants ne ſe doivent jamais fier à leurs meres, & ne doivent jamais recevoir d'aliments de leur main. Il y a telle mere qui a tué ſes enfants en les nourriſſant mal ; dont le miniſtere des meres eſt inutile pour la nourriture des enfants. C'eſt ainſi qu'on raiſonne, & c'eſt raiſonner follement. Ce ſont les profondeurs de la providence de Dieu, & les abiſmes de ſon élection. Ceux qu'il veut ſauver il les fait naitre dans une ſocieté où l'on ne manque pas de leur donner les aliments neceſſaires pour la nourriture de l'ame. Ceux qu'il veut negliger il les laiſſe nâitre dans des ſocietés reprouvées avec leſquelles ils ſe perdent. Ce que des heretiques conduiſent leurs enfants dans l'erreur n'empeſche pas que le miniſtere de l'Egliſe ne ſoit tres utile, & tres neceſſaire pour trouver la verité & pour l'education des enfants de Dieu. C'eſt l'equivoque lequel nous remarquions cy-devant dans ces paroles, *croire par l'Egliſe.* Il eſt certain que le miniſtere de l'Egliſe eſt d'une neceſſité abſolüe pour la conſervation de la verité & pour planter la foy. En ce ſens les enfants. *Croyent par l'Egliſe,* mais il n'eſt pas vray qu'ils *croyent par l'Egliſe,* c'eſt à dire uniquement parce que leurs maitres leur ont dit que la religion Chrétienne eſt la ſeule veritable.

La direction des Egliſes heretiques conduit les catechumenes à l'hereſie, mais cela n'empeſche pas que la direction de l'Egliſe orthodoxe ne ſoit neceſſaire pour trouver la verité.

Le reſte du chapitre contient des preuves pour ſoutenir ce qu'il a advancé dans le tiltre, que nos ſimples ne ſçauroient ſçavoir ſi un livre eſt canonique ou ne l'eſt pas. *Il ne ſçauroit nier,* dit-il, *que pour acquerir cette aſſurance par l'eſcriture, il ne ſoit neceſſaire qu'ils ſçachent ces trois choſes.* 1. *Que les paſſages qu'on leur alleguera ſont tirés d'une eſcriture canonique.* 2. *Qu'ils ſont bien traduits & conformes à l'original.* 3. *Qu'ils forment neceſſairement le ſens de l'article dont il s'agit.* C'eſt le livre des prejugés copié. Les raiſonnements qu'il employe pour prouver le premier de ces trois articles, qu'il eſt impoſſible aux ſimples de s'aſſeurer ſur la queſtion des livres canoniques ſe reduiſent à deux arguments que M. Nicole luy meſme a pris la peine de mettre en forme. Ainſi pour abbreger nous n'avons qu'a les repreſenter & à y repondre. Voicy le premier auquel il nous prie de repondre

Sophiſme de M. Nicole pour prouver que les ſimples ne peuvent connoitre les livres canoniques.

dre

dre nettement & precisement.

On ne sçauroit declarer un livre canonique & divin dans toutes ses parties sur les caracteres de la divinité qui y paroissent si l'on ne peut se rendre tesmoignage à soy mesme que l'on a lû ou entendu lire sans distraction & avec une attention suffisante toutes les parties du livre que l'on declare canonique.

Or il est clair que la pluspart des ignorants & des Calvinistes simples ne sçauroient se rendre tesmoignage avec verité qu'ils ont lû ou entendu lire sans distraction toutes les parties du livre sur lequel ils fondent leur article de foy.

Donc ils ne les sçauroyent declarer entierement canoniques dans toutes leurs parties.

M. Nicole prouve ce qu'on ne luy nie pas & ne prouve pas ce qu'on luy nie.

Pour sçavoir combien un argument vaut, il faut tousjours le comparer à la chose & à la reponce pour la ruine de laquelle il est destiné. M. Nicole avoit deja fait cette difficulté dans le livre des prejugés. M. Claude avoit repondu. *Il n'est pas besoin qu'un hommes étudie la question des livres Apocryphes & canoniques : car cette question qui est necessaire lorsqu'on veut penetrer jusqu'aux choses abstruses de l'escriture &c. ne l'est pas lorsqu'on se restraint comme font les plus simples aux choses essentielles que l'escriture enseigne clairement car ces choses cy se font connoistre sensiblement divines* Afin qu'une dispute soit raisonnable, il faut toujours que la conclusion de celuy qui nie contienne la proposition de celuy qui affirme, quand l'un affirme une chose, & que l'autre en prouve une autre ce sont des égaremens perpetuels. Voicy ce que M. Claude affirme, *l'examen de la question des livres apocryphes n'est pas necessaire aux simples.* Et voicy ce que M. Nicole prouve, *l'examen de la question des livres apocryphes est impossible aux simples.* N'est-ce pas se bien rencontrer ? n'est ce pas prendre le change d'une maniere honteuse ? Il faloit donc prouver precisement ce qu'on avoit nié, il faloit montrer que la grace ne peut jamais produire la foy dans un simple qu'il n'ait passé par ces degrés, qu'il n'ait premierement examiné la question des livres canoniques & apocryphes.

La connoissance de la question des livres canoniques & apocryphes n'est pas necessaire aux simples

Une bonne fois nous prions M. Nicole de nous entendre. Nous luy declarons que la connoissance des livres apocryphes & canoniques n'est nullement d'une necessité absolüe pour produire la foy dans les simples

Un

Un homme qui n'auroit jamais lû que le Nouveau Teftament, & qui n'auroit jamais oüy parler ni des livres
canoniques ni d'apocryphes, & qui ne fçauroit pas qu'il
y eut jamais eû de debat & de queftion là deffus, pourroit pourtant ête bon Chrétien. Ces peuples dont parle
quelque part M. Nicole qui êtoyent Chrétiens par la
pure predication de la doctrine Euangelique & qui n'a-
voient pas d'efcriture, dans leur fimplicité & leur ignorance pouvoient être bons Chrétiens. La queftion des
livres apocryphes & canoniques fait partie de cette fcience qu'on appelle theologie, mais elle ne fait point partie de l'objet de la foy.

C'eft la doctrine de l'Euangile & de la veritable religion qui fait fentir fa divinité aux fimples independemment du livre où elle eft contenue. Quand mefme cette
doctrine feroit renfermée dans un livre où il y auroit
beaucoup d'inutilités & de chofes peu divines, la divinité de l'efcriture c'eft à dire de la doctrine pure &
celefte qui y feroit mêlée fe feroit pourtant fentir : parce qu'on y fentiroit toujours la grandeur des myfteres,
leur fublimité, la douceur des promeffes de Dieu, les
caracteres de grandeur, de fainteté, & de fuffifance pour
tous les befoins de l'homme, ce qui ne fe trouve pas
ailleurs. La grace qui produit la foy dans une ame ne
commence pas par là. Elle ne commence pas en per-
fuadant qu'un tel livre eft canonique. C'eft une perfuafion qui ne vient qu'en fuitte & par confequence, elle
fait gouter à la confcience la verité ; elle l'applique à
l'efprit & au cœur, & de la vient en fuitte que le fidele
croit qu'un tel livre eft canonique à caufe qu'il y a
trouvé les verités qui le touchent. En un mot nous
ne croyons pas divin ce qui eft contenu dans un livre
parce que ce livre eft canonique. Mais nous croyons
qu'un tel livre eft canonique, parce que nous avons
fenti que ce qu'il contient eft divin. Et nous l'avons
fenti comme on fent la lumiere quand on la voit, la chaleur quand on eft auprés du feu, le doux & l'amer
quand on mange.

La divinité des livres canoniques eft dans noftre theologie, ce que l'authorité de l'Eglife eft dans la theologie des Papiftes. M. Nicole ne fçauroit & ne voudroit
pas nier cela. Si je luy difois un fimple ne fçauroit ju-

Les simples qui ne sçavent pas lire n'ont pas besoin de sçavoir quels livres sont canoniques, il suffit qu'ils sçachent la doctrine canonique.

ger quelle est la veritable Eglise pour ajouter foy à ce qu'elle dit, à moins qu'il n'ait connu & examiné les autres Eglises. Il faut donc qu'il sçache ce que c'est que les Grecs, les Nestoriens, les Eutychiens, les A-byssins & qu'il pese toutes les raisons des uns & des autres pour voir qui a le plus de caracteres de verité de toutes les sectes. Si dis-je, je soutenois cela à M. Ni-cole il croiroit que je soutiendrois la chose du monde la plus injuste. Pourquoy ne sent-il donc pas qu'il est injuste de vouloir que selon nostre theologie, un simple sçache decider la controverse des livres canoniques & apocryphes, pour juger, un tel livre a le plus de cara-cteres de divinité, celuy cy en a moins, un autre n'en a point du tout. Il suffit au paysan de M. Nicole de sçavoir qu'il est dans l'Eglise, il ne sçait pas mesme s'il y a d'autres Eglises au monde. Pourquoy ne suffiroit il pas à nos simples de sçavoir que la doctrine est divine & que les livres ou cette doctrine est contenüe sont divins, sans sçavoir précisement tel livre est canonique ou tel livre ne l'est pas. Voila ce qui regarde les sim-ples du plus bas ordre comme sont ceux qui ne sçavent pas lire. A l'esgard de ceux la l'argument de M. Ni-cole ne leur fait ni bien ni mal, il ne les touche pas car ils ne sont pas appellés à juger de la *canonicité* d'un livre, qu'ils ne sçauroient lire & qu'ils ne sçauroyent ex-aminer avec assez d'application pour en juger.

Quant aux simples qui sont d'un ordre plus elevé, qui n'ont à la verité fait leurs cours ni en thologie, ni en philosophie, mais qui sans Latin & sans Grec, ont un bon sens qui leur sert de logique & de guide : quant à ceux la, dis-je, on luy peut nier la mineure de son ar-gument qui porte que les simples ne sçauroient se rendre tesmoignage d'avoir lu & entendu un livre sur lequel ils appuyent leurs articles de foy avec assez d'applica-tion pour en juger. Cela dis-je est faux : car un hom-me pieux & devot sans science de l'escole lisant de-votement tous les jours la parole de Dieu peut goûter cette divine parole, se rendre familier le style de l'esprit de Dieu & connoitre quand Dieu parle ou quand il ne parle pas. Mais il faut remarquer qu'il n'est nullement necessaire pour la perfection de la foy qu'un homme ait lû toute l'escriture sainte & qu'il ait

Un simple qui sçait lire & qui a une me-sure de bon sens se peut asseu-rer par luy mesme de la divinité des escritu-res & des livres ca-noniques,

porté

porté fur chacun des livres qui la compofent un juge-
mént particulicr. Un homme qui n'auroit lû que fon
Nouveau Teftament, le premier livre de Moyfe, & quelqu'un des Prophetes, & qui y auroit gouté les verités
celeftes en auroit affez pour etre fauvé ; & il ne pourroit douter de la verité du livre du levitique & de celuy de l'exode, encore qu'il ne les eût jamais lûs entiers & avec application, à caufe de la liaifon qu'ont
enfemble toutes les parties du canon des efcritures, dont
l'une foutient l'autre.

Obfervéz bien que tous ces raifonnements de M. Nicole fuppofent toujours l'erreur Pelagienne, c'eft que
l'efficace de la grace & les rayons de cette lumiere, qui
illumine les entendements, & leur fait recevoir la verité
font des vifions & des chimeres, & qu'on ne peut
croire les verités qu'à mefure que l'efprit s'avance vers
elle par la voye de l'evidence.

M. Nicole toujours Pelagien.

L'autre argument de M. Nicole dans ce chapitre tend
à prouver que noftre fecte a un caractere bizarre. *C'eft
qu'il n'y a prefque perfonne parmi nous qui puiffe prononcer
fans menfonge & fans dementir fes principes, noftre propre
profeffion de foy.* Parce que dans cette confeffion de foy,
nous difons que *nous cognoiffons ces livres être canoniques
& regles certaines de noftre foy, non tant par un commun
accord & confentement de l'Eglife que par un tefmoignage
interieur du St. Efprit.* Or, dit M. Nicole, ce pretendu
tefmoignage du S. Efprit ne fe peut appliquer qu'aux parties de l'efcriture qu'on a lües, les fimples des Calviniftes n'ont point lû l'efcriture, donc ils ne peuvent
dire avec verité qu'ils connoiffent que ces livres font
divins.

*Second fo-
phifme de
M. Nicole
fur les li-
vres cano-
niques.*

On a deja repondu à cela que les fimples qui n'ont
jamais lû l'efcriture fainte ont appris fa doctrine & ce
qu'elle enfeigne, qu'ils ont eté touchéz des verités qui
y font contenues & cela par l'operation du faint efprit
qui produit en nous toute foy & tout confentement qui
fe donne aux verités revelées : & qu'il n'eft point du
tout neceffaire qu'ils fcachent precifement en quel livre
cela eft contenu. Mais de plus voila une plaifante chicanerie. Il s'agit de la foy des fimples, & on nous
transporte dans une confeffion qui à eté faite par des
fçavants. Quand on fait une profeffion de foy, ne la

*Noftre
confeffion
de foy eft
faitte pour
les fçavans
& contient
plufieurs
chofes à la
connoif-
fance des
quelles les
plus fim-
ples ne
font pas
obligés.*

Ff 4   doit-

doit-on pas faire pour tout le monde & sur tout pour
les sçavants? n'y doit-on pas renfermer tout ce que les
sçavants peuvent sentir & peuvent connoître? quand on
renferme dans une profeffion de foy, ce qui eſt au deſſus
des ſimples, ce qui eſt de leur portée s'y trouve auſſi,
parce que le plus renferme le moins. Mais ſi l'on n'y
mettoit que ce qui eſt de la portée des ſimples, c'eſt à
dire les points abſolument neceſſaires & eſſentiels, elle
ne contiendroit pas ce qui pourroit ſatisfaire les plus
éclairés, parce que le moins ne renferme pas le plus,
croit-on que nous obligions tous nos ſimples à une connoiſſance diſtincte de tout ce qui eſt dans nôtre confef-
ſion? un artiſan ou un laboureur qui n'aura jamais oüy
parler ni de meſſe ni d'invocation des ſaints, ni de purgatoire, ni de toutes les autres choſes que nous rejettons
formellement dans noſtre confeſſion de foy, ne laiſſera
pas d'eſtre en bon eſtat.

Il n'eſt pas neceſſaire de ſçavoir cela pour le rejetter,
il ſuffit de l'ignorer & de n'y point participer, l'article
des livres canoniques & Apocryphes eſt de ceux qu'il
ſuffit de ſçavoir d'une maniere confuſe. On ne pouvoit
pas les mettre dans une confeſſion de foy qui etoit faicte
pour toute une grande ſocieté, mais on n'oblige pas
les ſimples à prendre connoiſſance par voye d'examen
de cette queſtion; non plus que de pluſieurs autres qui
ſont dans la meſme confeſſion.

Chapitre III.

*Nous n'enſeignons pas qu'on puiſſe connoitre la divi-
nité d'un paſſage detaché: les caracteres divins
ſont dans les articles de foy raſſemblés. M. Nicole
veut que la doctrine de l'Euangile ne merite pas
une entiere creance ſans les miracles. Explication
des paroles du 15. de S. Jean.* ſi je n'avois fait entre eux les œuvres que nul autre n'a faites, ils.
n'auroyent pas de peché.

LE ſixjeſme chapitre de M. Nicole eſt employé à
prouver, *que les ignorants de M. Claude ne ſçauroient*
                                            recon-

reconnoître fi les paſſages detachés qu'on leur allegue pour la preuve de leurs articles de foy ſont canoniques. C'eſt un admirable diſputeur que ce M. Nicole, il reüſſit admirablement à prouver ce qu'on ne luy diſpute pas. Nous avons vû dans le chapitre precedent que laiſſant à part ce que M. Claude avoit poſé il ſe met à prouver ce que perſonne de nous n'a jamais dit. Icy pareillement afin de paroître fort & invincible il ſe fait un fantofme & le perce de mille traits. En quel endroit donc eſt ce que M. Claude ou quelque autre des noſtres dit cela, qu'on peut cognoître la divinité d'un ſeul paſſage detaché? Nous diſons que la divinité de la religion Chrétienne, & de la revelation qui nous en inſtruit, paroiſt dans l'aſſemblage de toutes ſes parties eſſentielles ; un Dieu createur du ciel & de la terre, gouvernant le monde par ſa providence : l'homme tombé dans le peché par ſa faute, naiſſant dans la corruption, incapable de luy meſme de ſe relever de ſa chute ; ſentant ſes miſeres & n'y trouvant pas de remede ; aſpirant naturellement à la beatitude, & ne ſçachant par où y arriver ; perſuadé par les mouvements de ſa conſcience qu'il y a une vie à venir, des peines, & des recompences eternelles, voyant bien que la corruption de ſon cœur le conduit à la mort, & ne ſçachant comment l'eviter, ſentant bien que Dieu eſt irrité, & ne ſçachant comment l'appaiſer : la deſſus un Dieu qui deſcend des cieux, qui devient homme, qui ſouffre pour les hommes, qui appaiſe Dieu, qui ſatisfait à ſa juſtice, qui ſanctifie les cœurs, qui pardonne les offences, qui ouvre le chemin du ciel, voila, di-je, l'obiet qui touche, qui perſuade, qui ſe fait ſentir. Cela n'eſt pas dans un ſeul paſſage & jamais perſonne n'a dit que la religion Chrétienne portât le caractere de divinité dans chacun de ſes articles, ſans rapport aux autres.

La divinité de la revelation paroit dans l'aſſemblage de ſes myſteres.

Et ce qui eſt admirable. C'eſt que M. Nicole cite de M. Claude des paroles qui diſent preciſement le contraire de ce qu'il luy attribüe, *cette diſcuſſion n'eſt pas neceſſaire, lors que l'on ſe reſtraint comme font les plus ſimples aux choſes eſſentielles que l'eſcriture enſeigne clairement, parce que ces choſes cy ſe font connoître ſenſiblement divines & par conſequent canoniques.* C'eſt donc de toutes les choſes eſſentielles priſes enſemble dont on parle, & non d'un

Nicole pag 65. Claude 196.

ſeul

feul article, neantmoins fur ce paffage il ne laiffe pas de prononcer & de dire ; *C'eft apparemment ce qu'il nous a voulu marquer quand il nous a dit &c.* quelle efpece d'eblouiffement eft cela ? C'eft apparemment ce qu'il a voulu dire , & pour le prouver on cite en gros caracteres un texte qui dit le contraire !

Neantmoins M. Nicole fait plus, car laiffant à part fon, *apparemment*, qui fembloit exprimer une efpece de doute il pouffe le refte de fon chapitre de la maniere du monde la plus infultante ; comme fi nous eftions obligés de repondre de toutes les ridicules confequences qu'il tire du principe lequel il nous impute. En nous infultant, il infulte la grace en chemin faifant, & ramenant plufieurs fois le *caractere* & le *rayon* pour les tourner en ridicule il parle en Pelagien qui ne reconnoitroit pas de grace, & en Turc qui ne voudroit reconnoitre aucun caractere de divinité dans nos ecritures fainctes.

M. Nicole parle de la revelation comme fi elle n'avoit en elle mefme aucun caractere de divinité, Si les preuves de M. Nicole n'alloyent qu'á prouver que les caracteres de divinité *fe tirent de tout le corps des eferits facrés & non de chaque paffage en particulier.* Nous les laifferions courir, comme ne nous touchant pas. Mais·elles vont plus loin ; elles tendent à perfuader que la verité de l'euangile n'a aucun caractere en elle mefme, qui fe rende fenfible à l'efprit & au cœur. C'eft où va ce qu'il dit que J. Chrift tefmoigne luy mefme, *que les paroles avoient befoin de fes miracles pour rendre les juifs coupables de ne les pas croire, fi je n'euffe fait parmi eux dit-il, les œuvres qu'aucun autre n'a jamais faites, ils n'auroient pas de peché. Il ne pretendoit donc pas que fes paroles toutes feules & feparées de fes miracles euffent des caracteres clairs & fenfibles de divinité, car on ne peut fans peché ne fe rendre pas à des paroles qui ont des caracteres fenfibles de divinité.* C'eft à dire que l'admirable doctrine de J. Chrift fi augufte, fi fublime , fi fainte, fi detachée des interets charnels, fi accordante avec les types de la loy, & les oracles des Prophetes ; fi conforme aux fentimens de la nature, fi fatisfaifante pour les befoins du cœur, foutenüe d'une fainteté de vie fi extraordinaire, n'avoit aucun caractere de divinité qui puft perfuader, fi elle n'eût eté foutenüe de miracles. En verité ce font la de ces endroits fur lesquels on eft en

peine

peine que croire on ne fçait que penfer de gens qui
parlent ainſi, & qui font profeſſion d'eſtre Chrétiens.
C'eſt donc que les infideles ausquels aujourd'huy l'on
preſche l'euangile n'ont point de peché. Parce que les
predicateurs ne font point de miracles, car c'eſt ſe moquer que de dire que nous leur produiſons les miracles
des Apoſtres & du Seigneur. C'eſt preciſément ce qui
eſt en queſtion. Ce font des faits dont ils doutent, c'eſt
ſurquoy nous avons à les perſuader, pour perſuader ces
miracles paſſés il faudroit des miracles preſens. M. Arnaud dans ſon apologie pour les catholiques nous parloit
de ces ſaints millionnaires qui vont aux Indes pour convertir les Payens. Ils ne font pas de miracles, ils
preſchent la doctrine toute nüe. Les Indiens qui les rejettent n'ont pas de peché, car ceux qui leur preſchent
ne font pas, *ces œuvres que jamais aucun autre n'a faites.* Iehan. 15.
A Dieu ne plaiſe que nous depouillions la religion 23.
Chrétienne de ces caracteres de grandeur & de maieſté Les mira-
qui la diſtinguent ſi fort des autres religions & qui font cles ne ſont
inſeparables d'elle, & que nous la facions dependre de nés à prou-
certains faits dont la certitude eſt plus difficile à prou- ver, mais
ver que celle des verités Chrétiennes: de faits, dis-je, eſprits
qui ne font effet que quand ils ſont preſens, & que attentifs.
quand on les voit: De faits enfin qui lors meſme qu'ils
ſont preſens agiſſent beaucoup plus ſur les ſens que ſur
le cœur. Les miracles ne ſervent à autre choſe qu'a
rendre les eſprits attentifs afin qu'ils ſentent les impreſſions de la verité.

Mais quoy M. Nicole eſt fondé en texte formel. Jeſus
Chriſt dit que les incredules ne font pas coupables quand
on leur preſche l'Euangile ſans miracle, *ſi je m'avois pas fait,*
les œuvres que j'ay faites, & que nul autre n'a faites ils
n'auroient pas de peché. Par un ſemblable texte je m'en
vais prouver que les ignorants qui ne croyent pas en
J. Chriſt bien qu'ils voyent ſes miracles ne pechent pas.
Jeſus diſoit aux phariſiens. *Si vous eſtiés aveugles vous* Iehan. 9.
n'auriez pas de peché, mais maintenant vous dites nous voy- 41.
ons & pourtant voſtre peché demeure. Si vous etiés aveugles & ignorants vôtre peché ſeroit moins grand, mais
parce que vous etes ſçavans & eſclairés dans la doctrine
de la loy que vous enſeignés aux autres vous etes plus
coupables. La gloſe de ce texte fait l'interpretation &
le

le commentaire de l'autre. *Vous n'auriés point de peché fi je n'avois fait les œuvres &c.* C'eſt à dire vous en auriés moins. M. Nicole a-t-il pû ignorer une choſe auſſi cognüe de tout le monde que le ſens de ce paſſage? Eſt-il honneſte d'abuſer ainſi des paroles du ſeigneur Jeſus Chriſt pour depouiller ſa doctrine de ces caracteres de divinité qui la rendent ſi venerable & ſi auguſte?

CHAPITRE IV.

Refutation des chicanes par lesquelles M. Nicole veut prouver que les ſimples ne peuvent être aſſurés de la verité d'un article de foy, à moins qu'ils ne ſçachent par voye d'examen que les paſſages ſur lesquels cêt article de foy eſt fondé ont eté bien & fidellement traduits.

Ch. 7.

MOnſ. Nicole apres avoir vuidé comme il pretend ſon premier article qui eſt celuy des livres canoniques, paſſe aux deux autres : dont le premier eſt que les Calviniſtes ſimples pour s'aſſeurer d'un article de foy par l'eſcriture doivent ſçavoir que les paſſages qu'on leur produit ſont bien traduits. Ce qui leur eſt impoſſible comme on en convient, puiſqu'ils ne peuvent conferer les originaux avec les traductions.

A quoy il ajoute ces reflexions, I. Que les traductions imparfaites ne ſont pas des paſſages de l'eſcriture mais des penſées du traducteur. II. Qu'il eſt tres poſſible que les paſſages qui contiennent les points eſſentiels ſoient mal traduits, puiſque les traducteurs ne ſont pas infaillibles. III. Qu'on ne peut pas dire avec une exacte verité que ſur chaque point eſſentiel & fondamental il y a des paſſages de la traduction deſquels tout le monde convient. IV. Que Grotius, les Sociniens, & les Remonſtrants font cent chicanes ſur les verſions des paſſages les plus importants. V. Et enfin que quand il y auroit des moyens ſeurs & faciles pour s'aſſeurer de la fidelité de la verſion d'un paſſage par le conſentement de toutes les traductions, il eſt notoire que les femmes & les autres Calviniſtes ſimples ne s'en ſervent pas, & qu'ils s'en rapportent toujours à la bonne foy de leurs miniftres ; où font les Calviniftes fimples qui ayent le foin de s'addreffer aux Catholiques , aux Sociniens, aux Remonftrants pour fçavoir s'ils conviennent de la traduction d'un tel paffage ? chacun en croit fa Bible en langue vulgaire & ne confulte pas les autres.

Premierement il n'y a rien de jufte & d'exact dans ces reflexions, quand M. Claude a dit *que les traductions imparfaites contiennent fuffifamment les chofes claires qui font l'effence de la religion*, il n'a pas entendu parler des paffages mal traduits. Et ainfi il n'y a nul lieu de luy dire que ce difcours n'a pas de fens ; parce qu'une traduction imparfaite , n'eft pas un paffage de l'efcriture mais la penfée du traducteur. Il a entendu qu'il n'y a point de traduction fi imparfaite dans laquelle il n'y ait affez de paffages bien traduits pour y trouver les verites effentielles ; & que mefme dans les paffages où le traducteur a introduit quelque alteration, la plufpart du temps la verité s'y voit encore affez clairement. C'eft une verité de fait & d'experience, dont tout le monde convient & que M. Nicole ne detruira jamais par des reflexions en l'air. Peut être que la verfion vulgate eft la plus imparfaite de toutes celles qui font au monde. Cependant elle fuffit pour confondre un heretique, & pour convaincre le Papifme mefme. Les ennemis de Meffieurs du Port Royal ont pretendu qu'ils avoient corrompu un grand nombre de paffages dans la verfion de Mons, en faveur de leur doctrine fur la grace. Mais quand on pafferoit au St. Maimbourg & à tous les autres, leurs obfervations, & que l'on corrigeroit la verfion de Mons felon leur remarques, il y refteroit encore affez de textes entiers, & mefme dans les textes corrigés, il y refteroit encore affez de lumiere pour confondre le Pelagianifme, des Moliniftes & pour eftablir la doctrine de S. Auguftin.

Sur ce qu'il dit qu'il eft tres poffible que les paffages effentiels foient mal traduits : Je luy reponds que cela eft faux. Il ne peut y avoir diverfité de traduction, & mauvaife traduction que dans les lieux où il y a matiere à quelque chicane de grammaire, or de vingt paffages fur les quels font appuyés les points fondamentaux. Je luy foutiens qu'il ny en a peut etre pas deux, fur
les-

Les verifions les moins exactes le font affez pour fournir le fondement d'une veritable foy aux fimples.

Il n'eft pas vray qu'il foit poffible que les principaux paffages foient mal traduits.

lesquels il y ait lieu de faire quelque chicane de grammaire. Il nous dit avec une assurance qui surprend ; *M.*
Claude peut bien juger qu'il me seroit aisé de rapporter cent
chicanes pareilles sur la maniere de traduire le texte de l'escri-
ture, sur la distinction des versets, sur le rapport des mots
qu'ils contiennent & qu'il n'y a que la discretion qui m'en
empêche. M. Nicole doit sçavoir que nous ne contons
point du tout sur sa discretion, nous ne luy en trouvons pas trop dans cette dispute. Il n'a qu'a produire
ces cent chicanes pareilles, car asseurement, nous ne
l'en croirons pas sur sa parole. Il pourra bien trouver
cent chicanes de grammaire, & encore cent autres sur
la diversité de la ponctuation, sur la signification d'un
nom, d'un verbe, d'une particule &c. Mais on luy
nie que ces cent & cent chicanes tombent sur les points
capitaux : Toute la depravation du cœur & de l'esprit
des Sociniens ne sçauroit les empescher de traduire comme nous ces paroles de S. Jehan. *La parole etoit au com-*
mencement, cette parole etoit avec Dieu ; & cette parole étoit
Dieu, toutes choses ont eté faites par cette parole, la parole
a eté faite chair. Et celles cy de J. Christ luy mesme.
Avant qu' Abraham fût je suis. Personne n'est monté au
ciel, que celuy qui est descendu du ciel, sçavoir le fils de l'homme
qui est au ciel. Pere glorifie ton fils de la gloire qu'il a eüe par de-
vers toi devant que le monde fut fait. Moy & le Pere sommes un.
Ils chicanent malitieusement sur le sens de ces passages, mais
ils conviennent de la version, comme de celle de cent autres textes qui font le procès a leurs impietés.

Il reste
assez de
passages
non con-
testéz pour
appuyer les
points fon-
damentaux.

La troisiesme reflexion de M. Nicole est pareillement
fausse. Car on peut dire avec une verité bien exacte
qu'il n'y a aucun article fondamental pour la deffence
du quel il ne reste assez de passages de la traduction
desquels tout les heretiques conviennent. Et mesme
dans les lieux où ils ont essayé de changer le sens par
leurs nouvelles traductions, la verité y brille encore
assez pour y etre veüe de tous les esprits qui ne sont
pas prévenus. Par exemple la version d'Episcopius du
verset douziesme de 5me. chapitre des l'Epitre aux Romains n'empeschera jamais que l'on ne trouve le peché
originel dans ce chapitre cinquiesme.

Enfin sa derniere reflexion est miserable puis qu'elle
peut étre efficacement retorquée contre luy. Les simples

ples des Calviniftes en croyent leurs miniftres fur la fidelité des verfions : comme les Papiftes fimples en croyent leur curé fur l'authorité de l'Eglife Romaine. Où font les pretendus catholiques fimples qui aillent confulter les autres fectes pour fçavoir ce qu'elles ont à dire contre l'Eglife Romaine, & contre fon authorité ; pour fçavoir s'il eft vray que l'Eglife Romaine foit repandue par toute la terre, qu'elle ait l'avantage de la fucceffion, qu'on ait toujours enfeigné ce qu'elle enfeigne : chacun en croit fon pafteur.

Toutes ces méchantes chicanes de M. Nicole font fondées fur un principe que nous avons ruïné, c'eft que la certitude de la foy depend de l'evidence des motifs, & qu'on ne doit jamais s'arrefter fur rien que quand on ne peut aller plus avant à faire des difficultés. Nous avons fait voir que ce principe ruine les fondements de toute religion, & qu'il eft faux de toute fauffeté : Ces raifonnements fuppofent pareillement un autre principe qui eft Pelagien. C'eft que la grace ne fait rien dans la production de la certitude de la foy, que la veüe & la force des preuves font tout. Nous luy redifons icy en un mot : que la grace qui decoule de l'adoption n'a pas befoin de tous ces moyens ; que la verité propofée à un fimple qui ne fçait ni lire, ni examiner les traductions devient fenfible, parce que Dieu fait fentir la verité à ce fimple par fon efprit. Il n'eft pas mefme neceffaire d'une neceffité abfoluë qu'il fçache ni ce que c'eft que traduction, ni ce que c'eft qu'original, ni fi l'original eft dans une autre langue que la fienne, une femme fimple qui aura appris font fymbole des Apoftres, qui l'entendra dans le fens de l'Eglife univerfelle, qui n'adorera ni images ni creatures, qui fçaura bien fes prieres, & qui les dira avec devotion, qui écoutera la parole de Dieu, pour en retenir ce qui fera de fa portée qui fçaura les commandements de Dieu & qui les obfervera de fon mieux, fera peut être dans une voye plus feure que les fçavants qui difputent avec tant de capacité fur la diverfité des verfions.

Si d'entre les fimples il y en a quelques uns qui veulent s'affeurer par la voye d'examen fur la fidelité des traductions, ils le pourront fans grand embarras. Ils n'auront deja qu'à recevoir fans examen ce qui eft re-

Marginal notes:
Deux faux principes refutés cy deffus fur lesquels font fondées les chicanes de M. Nicole.

Moyen pour les fimples pour s'affeurer fur traductions.

receu de tous les Chrétiens comme un livre canonique ;
n'ayant pas à difputer contre les Turcs & les Juifs il
ne leur fera pas neceffaire d'examiner les difficultéz que
ces infideles peuvent faire contre le canon des ecritures.
Pour etre affuré de la fidelité des verfions , ils n'ont
qu'à en prendre deux ou trois en langue vulgaire faites
par des partis oppofés ; qu'ils recoivent comme indubitables & comme bien traduits les paffages où ils trouveront que toutes les verfions conviennent. Ils le peuvent fans peril d'erreur, car il eft moralement impoffible que des traducteurs qui ont des interets tout op-
pofez conviennent pour faire de mauvaifes traductions.
Apres cela qu'ils fe tiennent à celle qu'ils voudront,
nous leur en laiffons le choix, que ce foit celle de Geneve ou celle de Louvain, ou celle de Mons ; par
tout ils trouveront dequoy nourrir leurs ames du fuc
de la grace & de l'aliment du ciel.

Cette reflexion peut etre appliquée a tout ce qu'a dit
le P. Simon dans fon hiftoire critique du vieux Teftament pour prouver que toutes les verfions qu'on en a
faites ne font pas bonnes ; que nous ne fçavons plus
aujourd'huy la grammaire des hebreux : que la ponctuation & les voyelles de la bible hebraïque d'aujourd'huy
font fauffes, que les lections ne valent rien, que nous
ne fçavons pas la fignification des mots hebreux , &
cent chofes de cette nature. Premierement toutes ces
fuppofitions font fauffes prifes dans la generalité ou ils
les prend. Car nous fçavons affes de la grammaire des
hebreux, & de la vraye ponctuation & de la fignification des mots pour entendre la langue des prophetes.
Mais quand tout cela feroit vray il n'en reviendroit
aucun mal à la religion des fimples. Car cela ne tombe
que fur des chofes qui ne font pas de leur reffort. Il
leur importe tres peu pour étre affeurés que Dieu a crée
le monde, de fçavoir fi dans l'hiftoire de la creation il
faut tourner le mot *tanninim*, par *baleines*, par *dragons*
ou autrement. Si le mot *Rakiah* fignifie ou *le firma-
ment*, ou *eftendue* ou autre chofe. Les chofes dont toutes
les verfions du monde dans toutes les langues conviennent font certaines & font plus que fuffifantes , pour appuyer la foy non feulement des fimples, mais des fçavants fans qu'il foit neceffaire d'avoir recours à l'authorité
d'une

Les diffi-
cultés du
P. Simon
dans fon
hiftoire
critique, ne
touchent
pas a la re-
ligion des
fimples.

d'une Eglife qui de cela en fçait moins qu'un fçavant particulier lequel aura etudié la critique. Mais encore une
fois cêt examen n'eft pas neceffaire pour un fimple en
s'en tenant à la verfion de la Bible qu'il a en main quand
il ignoreroit qu'il y en eût au monde une autre, en la
lifant devotement l'efprit de Dieu le conduira & luy fera fentir les verités falutaires.

CHAPITRE V.

Que par voye de fentiment les fimples peuvent demeu-
rer perfuadés du vray fens d'un paffage. Analyfe
de ce que M. Nicole dit en trois chapitres pour prou-
ver le contraire. Plufieurs reflexions generales fur
la voye de fentiment. Aveu de M. Nicole que par
fentiment on peut connoître la verité auffi feurement
que par reflexion.

LE troisjefme article par lequel M. Nicole entreprend
de prouver l'impoffibilité d'arriver à la foy par la
voye d'examen, eft exprimé en ces termes. *Il ne fuffit*
pas de produire des paffages de l'efcriture pour la preuve des
articles de foy, ni d'en alleguer de bien traduits il faut que ces
paffages en contiennent clairement le fens, & qu'ils n'en puif-
fent recevoir aucun autre. Autrement l'affurance des Cal-
viniftes ignorans s'en ira en fumée. Monfieur Claude avoit
repondu à cela qu'il y a deux manieres d'eftre perfuadés d'une verité & de reconnoître un menfonge, l'une
par fentiment, l'autre par reflexion, & par examen:
que le fentiment vient de la fimple impreffion des objets
qui fe font difcerner par leur nature mefme ; & que bien
qu'il y ait plus de confufion dans la connoiffance qui
vient par voye de fentiment & d'impreffion de la verité, que dans celle qui s'acquiert par la voye d'examen
il y a quelque fois plus de force & plus de certitude.
C'eft une verité a laquelle on ne fçauroit oppofer que
des fophifmes comme c'eft la deffus que M. Nicole a
fait fes grands efforts, que c'eft prefque le feul endroit
dans fon livre qui puiffe embaraffer les fimples, il faut
examiner avec foin les trois chapitres qu'il a faits la

G g   deffus ;

deſſus, ramaſſer ſes principes, & voir où ils conduiſent. Voicy ce me ſemble à quoy ſe reduit ce qu'il dit ſur la matiere.

Page 82.

Abbregé des difficultés de M. Nicole contre la voye de ſentiment.

I. Premierement quelque clair que paroiſſe le ſens d'un paſſage, *ſi l'on y peut faire une reponce probable. Cela ſuffit, ſelon S. Auguſtin, pour en detruire la certitude.*

P. 84. & 98.

II. *Qu'il y a des paſſages dans l'eſcriture dont la premiere impreſſion porte à la fauſſeté, & qui ſont capables de jetter les ſimples dans un faux ſens s'ils ſuivent les premieres penſées qui leur viennent, & que ces paſſages donnent une impreſſion trompeuſe jugée telle par l'Egliſe.* Ce qu'il prouve par l'authorité de S. Auguſtin qui diſoit à Heſychius à l'occaſion de quelques paſſages regardant la fin du monde, *qu'on ne doit pas toujours recevoir le premier ſens qui ſaute aux yeux, mais qu'il faut ſonder les écritures, & ne ſe pas contenter de leur ſuperficie.* M. Nicole ſans aller chercher cêt exemple écarté en avoit dans le meſme S. Auguſtin au 3me. livre de la doctrine Chrétienne un bien plus beau, & bien plus à propos. C'eſt l'endroit où S. Auguſtin dit qu'il ne faut pas recevoir ces paroles de Jeſus Chriſt, *ſi vous ne mangés ma chair &c.* dans le ſens qui paroit d'abord à l'eſprit, mais qu'il faut ſonder l'eſcriture, & ſçavoir que cela ſignifie ſeulement repaſſer devotement en ſon cœur la paſſion du Seigneur. On n'auroit pas manqué de produire cet exemple ſi l'on ne diſputoit pas contre les Calviniſtes, qui ont rendu la veüe de ce paſſage inſupportable aux bons Catholiques.

Page 85.

III. La troiſieſme choſe que dit M. Nicole c'eſt que cette voye de ſentiment & d'impreſſion, *conduit une infinité de gens à l'erreur ſans qu'il y ait aucun moyen certain de diſcerner quand elle nous trompe, & quand elle ne nous trompe pas.* Ce qu'il prouve par l'exemple des Sociniens leſquels mettent devant les yeux de leurs Catechumenes les paſſages de l'eſcriture qui ſemblent ruiner le myſtere de l'incarnation, & la divinité de Jeſus Chriſt. Ces Catechumenes Sociniens recoivent l'hereſie par la voye d'impreſſion, tout de meſme que les Catechumenes Calviniſtes recoivent la verité par une impreſſion

Page 88.

oppoſée. Or dit il, *il eſt bien difficile de marquer la difference de ces deux impreſſions &c. les uns & les autres ſont portés à ces deux ſens contraires par une impreſſion qui*

ſe

se represente d'abord, les uns & les autres qualifient cette impression de claire, les uns & les autres ne verront aucune solution à ces passages. Cette reflexion luy plâit fort c'est pourquoy il y revient souvent. *Rien n'est à l'espreuve,* dit il ailleurs, *de ces mots empruntés de M. Claude ; quand on les a une fois reconnus pour legitimes ; le sens que cela est, je conçoy cet article par sentiment, & non par raisonnement. J'y vois des caracteres de divinité, je les discerne par le goust de ma conscience. Je n'escoute rien d'avantage. Car le moyen de prouver à un homme qu'il ne sent pas ce qu'il gouste, lors principalement que sur cette pretention il croit etre en droit de ne plus rien escouter.*

Page 104.

IV. Le quatriesme article de la foy de M. Nicole sur cette matiere, c'est qu'on ne peut nier qu'on ne connoisse certaines verités par sentiment & par impression. Ainsi le principe de M. Claude est vray, mais il en fait une mauvaise application *qui fait voir clairement qu'il ne penetre que tres imparfaitement les verités un peu fines.* Car il n'y a que M. Nicole & ses amis qui ayent de l'esprit, & qui puissent penetrer les verités un peu fines. Ainsi, *ce principe qu'on peut connoitre aussi seurement la verité des choses par sentiment que par reflexion n'est vray que quand l'esprit decouvre tout d'un coup & par la premiere impression les mesmes marques de verité que celles qu'on developpe peu à peu par des reflexions expresses.*

P. 91.

V. Or il est clair que la premiere impression des passages ne peut decouvrir tout d'un coup les mesmes marques de verité qu'on developpe peu à peu par l'examen ; parce que ces marques de verité sont dans de certains faits qu'on ne sçauroit apprendre par voye d'impression ; comme est la signification des termes qui depend du caprice de l'usage. *Et ce caprice est un fait qui ne se supplée point par le bon sens & dont il faut s'asseurer par l'estude & par des reflexions expresses pour en juger avec assurance.*

P. 91.

VI. *Tres souvent ce qui determine un passage à un certain sens, n'est point renfermé dans le passage mesme mais se tire d'autres passages de l'escriture. Souvent il n'y a point dans les passages separés de marques claires qui les determinent à un certain sens, la pluspart des sens ne sont que probables par eux mesmes. Il y a mesme quantité de lieux où le faux sens est le plus probable.*

P. 92. P. 93.

VII. On

P. 94.   VII. On ne sçauroit adherer sans temerité à l'impression d'un certain sens à moins *qu'on ne joigne l'impression positive de ce sens avec l'exclusion des preuves contraires également fortes. Alors seulement on est en droit de suivre*

P. 94.   *son impression sans temerité.*

VIII. *On peut bien avoir des impressions & des sentiments veritables par hazard, mais on ne sçauroit sans temerité s'y attacher, ni les prendre pour regle de foy.*

P. 95.   IX. Le *Rayon* de la grace ne sçauroit remedier à cêt inconvenient, car ce *Rayon* ne peut decouvrir dans un passage que ce qui y est, or ce qui en determine le sens n'y est pas toujours.

P. 97.   X. L'authorité de l'Eglise est la seule chose qui puisse tirer les hommes de ce mauvais pas : car *elle les preserve contre les fausses impressions que quelques passages detachés de l'escriture leur pourroient donner ; & elle ajoute une entiere certitude aux impressions veritables que les passages de la mesme escriture en donnent.*

P. 98.   XI. Chaque fidele voit clairement qu'il n'est pas juste de suivre une impression formée par certains passages contre le jugement d'une grande Eglise qui les ayant examinés à reconnu & declaré que cette impression êtoit trompeuse.

P. 100.   XII. *Un Catholique simple n'est point temeraire en croyant tout d'un coup que les passages qu'on luy allegue pour la divinité de J. Christ ont le sens que leur donnent ceux qui les instruisent. Puisqu'il peut être assuré d'ailleurs qu'on luy parle au nom de l'Eglise, & qu'on ne luy enseigne rien que ce qui s'enseigne universellement dans l'Eglise Catholique.*

XIII. De plus il y a une autre voye bien seure de mettre la conscience des simples Catholiques en tranquillité. C'est que quand ils seroient en erreur pourvû

p. 101.   qu'ils s'imaginent croire ce que l'Eglise qui ne peut errer croit, ils peuvent demeurer en assurance. *Il y a dans l'Eglise dit Facundus des imparfaits qui sont parfaits dans l'amour de l'unité, & qui se trompant en plusieurs choses par ignorance croyent que l'Eglise par l'unité de laquelle ils croyent etre sauvés ne se trompe en rien.* Ce qui fait dire à M. Nicole avec un air de triomphe. *Comment les Catholiques ne seroyent ils pas en pleine assurance en suivant l'authorité de l'Eglise puisque cette mesme authorité les mettroit à couvert au moins à l'esgard de la pluspart des articles,*

ticles, quand mefme il arriveroit qu'ils fe trompaffent en at_
tribuant a l'Eglife ce qu'elle n'enfeigne pas?

XIV. Les Calviniftes n'ont pas cette voye de determiner l'impreffion des paffages de l'efcriture qui peuvent en donner de diverfes. *Car ils ne fe peuvent fervir*   P. 102.
ni de l'authorité de l'Eglife, ni des tefmoignages de l'anti-
quité, ni des decifions des Conciles, parce qu'ils font profef-
fion de mefprifer tout cela. C'eft l'abbregé de trois chapitres. Nous avons mis les difficultés dans l'ordre où
nous les avons trouvées mais il n'eft pas neceffaire de
mettre noftre refutation dans le mefme ordre.

Il faut commencer par l'aveu que nous fait M. Nicole *que l'on peut connoitre auffi feurement la verité des cho-*
fes par fentiment que par reflexion, & faire fur cela quel-   Quelles
ques obfervations generales. C'eft un grand bien de ce   font les
qu'il s'eft trouvé en humeur de nous avoüer cela, car   verités que
d'ailleurs il nie des principes qui ne font ni moins cer-   l'on con-
tains, ni moins evidents: Cela fuppofé je luy deman-   noit par
de, quelles font ces verités que nous connoiffons par   fentiment.
fentiment auffi feurement que par reflexion? font ce
feulement ces verités qui abordent noftre ame par le moy-
en des fens; comme que le feu eft chaud, que le foleil eft lumineux, que la glace eft froide? Ce font des
fentimens confus, mais pourtant certains & affeurés.
Mais ce n'eft pas de cela dont M. Nicole parle; car
s'il reduifoit les verités que nous connoiffons par fentiment à cet ordre des chofes apparemment il nous en
auroit avertis. Il y comprend donc fans doute les verités qui font d'une evidence à fe faire fentir à tout le
monde, comme font celles cy; que le tout eft plus
grand qu'une de fes parties, qu'une chofe ne peut etre,
& n'eftre pas en mefme temps. Mais apparemment il
ne reduit pas les verités que l'on connoit par fentiment à celles la. Car il n'auroit pas eû befoin de dire
que ces verités de fentiment font celles, *où l'efprit de-*
couvre tout d'un coup, & par la premiere impreffion les mefmes
marques de verité que celles qu'on developpe peu à peu par des
reflexions expreffes. Car il n'y a rien à developper dans
ces fortes de verités, & la premiere veüe ne laiffe rien
à faire aux reflexions.

Il eft donc fans doute que M. Nicole voudra bien
mettre entre les verités que l'on connoit feurement par

impreffion

impreſſion celles qui ont une lumiere qui frappe, mais qui pourtant ont beſoin d'eſtre developpées pour être cognues diſtinctement. Telle eſt par exemple la perſuaſion où ſont la pluſpart des hommes que leur ame eſt immortelle. L'immortalité de l'ame eſt donc une de ces verités de ſentiment : le vulgaire la croit, il n'a jamais étudié la queſtion. S'il étoit obligé de rendre raiſon pourquoy il croit que l'ame eſt immortelle, il auroit de la piene à le faire. Mais qu'on luy aide, qu'on luy developpe les raiſons, qu'on l'applique ſucceſſivement aux motifs, il avoüera que c'eſt cela meſme qu'il avoit ſenti. Ainſi croit on par ſentiment qu'il y a un Dieu : Il n'y a gueres d'hommes qui ayent fait quelque attention à ce qui ſe paſſe chéz eux, & hors d'eux qui n'en ſoyent perſuadés. Mais il n'ont pas developpé & debrouillé toutes les raiſons qui les perſuadent, & cela ne ſe fait que par des reflexions pourſuivies dont les ſimples ne ſont gueres capables. Si l'on connoit par ſentiment qu'il y a un Dieu on connoit auſſi par la meſme voye, qu'il y a une religion, qu'il faut adorer Dieu, qu'il conduit le monde, qu'il y a des peines & des recompences, car toutes ces verités ſont des ſuittes neceſſaires de cetre premiere verité. *Il y a un Dieu.*

Les verités de la religion ſont de celles qui ſe cognoiſſent par ſentiment.

Toutes ces verités appartiennent à la foy & à la religion, & cela fait voir qu'il y a des verités de religion & de foy qu'on peut connoitre par ſentiment. Pour quelle raiſon eſt ce que nous en exclurrions les autres verité revelées ? n'ont elles pas leurs caracteres de verités ? eſt-il poſſible que Dieu nous donne à croire des choſes qui n'ont en elles aucuns motifs internes de *credibilité*, comme on parle ? l'aſſemblage de tous ces myſteres qne nous avons pluſieurs fois cy devant abbregés, n'a-t-il pas des caracteres de grandeur, de ſublimité, de ſainteté, de rapport à noſtre etat, à nos deſirs, & à nos beſoins naturels qui le rend ſenſible ? Il eſt vray qu'entre ces myſteres, il y en a quelques uns qui paroiſſent incroyables, un Dieu en trois perſonnes, un Dieu incarné par exemple. Mais quand ces myſteres qui effarouchent l'eſprit ſont entrés en ſocieté avec les autres & font avec eux un corps, je ſoutiens qu'il en reſulte un tout qui ſe fait ſentir à tous ceux qui n'ont pas l'ame abyſmée dans les tenebres des préjugés & des paſſions.

Sans

Sans cela la religion Chrétienne par la predication de l'Euangile n'attireroit perfonne. Car de croire que les hommes foumettent leur efprit & leur cœur à la feule authorité fans fentiment, c'eft une vifion : & uue vifion qu'on ne peut appliquer à ceux d'entre les infideles qui fe convertiffent, puifqu' eftant nés hors de l'Eglife, ils n'ont aucune foy pour elle qu'a caufe qu'ils fentent la fublimité, la verité, & l'utilité de fa religion.

Groffiers comme nous fommes nous voulons bien prendre des lecons de ces Meffieurs *qui penetrent parfaitement les verités les plus fines.* Admettons la decifion de M. Nicole, *que ce principe: qu'on peut connoitre* auffi feurement la verité des chofes par fentiment que par reflexion, n'eft vray que quand l'efprit decouvre tout d'un coup, & par la mefme impreffion les mefmes marques de verité que celles qu'on developpe peu à peu par des reflexions expreffes.

Mais la deffus il faut avertir M. Nicole qu'il raifonne tousjours icy comme ailleurs fur ce faux principe. C'eft que ces caracteres de verité qui fe font fentir aux fimples font dans chaque paffage & dans chaque article de foy. Nous luy avons desja dit qu'il fe trompe, & que, felon nous, c'eft dans le corps des articles & des points fondamentaux du Chriftianifme qu'on trouve ces caracteres de divinité, qui fe font fentir aux ames les plus fimples. Car ces caracteres confiftent en ce que la religion Chrétienne & fa doctrine refpondent à tous nos defirs, fatisfont à tous nos befoins & nous reprefentent tous nos devoirs, felon que le cœur mefme & la confcience nous les dictent. Cela ne fe trouve pas dans un feul paffage ni dans un feul article de foy. Il faut auffi dire à M. Nicole que la voye de fentiment ne decouvre & ne peut decouvrir ce qui eft externe au fujet que l'on fent. M. Nicole nous dit qu'on ne peut fentir dans un paffage que ce qui y eft: nous le fçavons bien. C'eft pourquoy ces caracteres de verité de la religion qui dependent de l'hiftoire, comme la patience de fes martyrs, la fainteté de fes confeffeurs, la fucceffion de fa doctrine. Cela dis-je n'eft pas neceffaire aux fimples pour fentir la verité de la religion Chrétienne.

Pour de plus en plus éclaircir noftre penfée fur ce

Les fimples d'ecouvrent pas une veüe confufe dans l'amas des myfteres ces caracteres de grandeur, que les fçavants y voyent diftinctement par la reflexion.

fenti-

Le sentiment dans les simples ne se forme pas sans examen d'attention & sans reflexion.

sentiment, & descouvrir les sources d'erreur de M. Nicole, il faut se ressouvenir de ce que nous avons dit dans l'un des chapitres du livre precedent. C'est que quoyque ce *sentiment* ne soit pas un examen de discussion c'est pourtant un examen, que nous appellons examen d'attention, car Dieu ne se trouve que par ceux qui le cherchent. Ces Chrétiens qui ne se sont jamais appliqués à considerer avec attention leur foy & leurs devoirs sont de pauvres Chrétiens. Un simple n'est pas capable je l'avouë de l'examen de discussion, mais il est capable de sentir la verité par attention, & son attention est une espece d'examen. Et cet examen n'est point sans reflexions, car il n'y a pas d'homme si simple qui ne face quelque usage de sa raison quand il croit. La verité ne frape pas l'entendement comme la lumiere frape l'oeil sans qu'on y pense & qu'on y face attention. Or M. Nicole dans tous ses raisonnements suppose que selon nous, les simples sont comme des corps transparens que la lumiere penetre sans qu'ils y contribuent rien qu'une puissance purement passive.

Il y a sentiment de la verité mesme, & sentiment de la verité du tesmoignage, & M. Nicole les confond.

Les illusions & les embarras de M. Nicole viennent aussi de ce qu'il confond deux sortes de *sentiments*, L'un est le *sentiment* de la verité mesme, l'autre est le *sentiment* de la verité dû tesmoignage. Je m'explique par des exemples. Les simples sçavent & sont persuadés qu'il y a un Dieu. Ils sont assurés de cette verité par impression & par sentiment de la verité mesme. Mais quand les simples entendent ces paroles, *Dieu a tant aimé le monde qu'il a envoyé son fils au monde afin que quiconque croira en luy ne perisse point, mais ait la vie eternelle.* On peut concevoir la dedans deux choses, la verité mesme qui y est enoncée c'est que *Iesus est le Sauveur du monde.* L'autre que cette proposition est evidemment renfermée dans ce texte & exprimée dans ces paroles de l'Euangile. La verité mesme ; sçavoir *que I. Chrift est le Sauveur du monde* n'est point une verité qu'on puisse cognoitre par sentiment & par impression lorsqu'on la regarde toute seule, mais quand elle est dans le corps de la revelation jointe avec les autres articles de foy, elle emprunte d'eux les *caracteres* de verité. Mais quant à l'autre verité, sçavoir la verité du tesmoignage, elle est de sentiment sans le secours des

autres

autres paſſages, & des autres articles de foy. Car le
plus ſimple de tous les fidelles voit par impreſſion &
par ſentiment que ce texte *Dieu a tant aimé le monde &c.*
contient cette propoſition. *Ieſus Chriſt eſt le Sauveur du*
monde , ſoit qu'elle ſoit fauſſe ſoit qu'elle ſoit veritable.
Que M. Nicole confonde ces deux choſes ſi differentes,
cela eſt clair parce que ſi ſouvent il nous repete qu'on
ne peut cognoitre par ſentiment, ni le ſens, ni la divinité d'un paſſage ſans rapport aux autres. Cela eſt faux
ſi l'on parle du ſens , c'eſt à dire de la ſignification des
termes , car il n'eſt pas toujours vray que nous ne puiſ-
ſions être aſſeurés par ſentiment de la ſignification d'un
paſſage ſans le comparer & le rapporter aux autres. Il
y a des textes du ſens deſquels nous pourrions être
aſſeurés par impreſſion quand ils ſeroient ſeuls.

Je ne veux plus faire qu'une reflexion generale ſur
ce principe que M. Nicole avoüe, *qu'on peut connoitre*
auſſi ſeurement la verité des choſes par ſentiment que par reflexion,
ce principe eſt veritable en ſoy. Ce ſont ſes propres mots ;
trois mots qui renverſent toute ſa diſpute : Elle eſt fondée ſur ce principe. *Il n'y a pas d'autre voye pour cog-*
noitre ſeurement les veritez de la religion que l'authorité, ou
l'examen de diſcuſſion, l'examen eſt impoſſible, il faut donc
avoir recours à l'authorité. Cela revient à toutes les pages. C'eſt ce qui luy fait dire dans les chapitres que
nous examinons, *la premiere de ces voyes ſçavoir celle de*
l'examen, eſt raiſonnable & pluſieurs écrivains Calviniſtes
s'en ſont ſervis utilement pour refuter les Sociniens, mais
ſouvent elle ne ſçauroit porter les choſes juſqu'à l'evidence de
la verité & après avoir bien diſputé il en faut revenir à decí-
der les choſes par authorité comme font les Catholiques. On
ne peut donc rien ſçavoir ſeurement qu'en portant l'examen juſqu'à l'evidence, ou en ſe repoſant ſur l'authorité, & pourquoy donc avoüe-t-il, *qu'on peut connoitre auſſi*
ſeurement la verité des choſes par ſentiment que par reflexion.
C'eſt donc une troiſieſme voye differente de l'examen,
& de l'authorité qui donne pourtant la certitude : peut-
on ſe contredire plus viſiblement ?

M. Nicole
en av oü-
ant qu'on
par con-
noitre cer-
taines cho-
ſes pas ſen-
timent
ruine toute
ſa diſpute.

CHA-

CHAPITRE VI.

Refutation de ce que dit M. Nicole pour prouver que les simples ne peuvent entendre l'escriture sans un examen de discussion. Propositions horribles que M. Nicole avance contre l'escriture. Les Sociniens n'ont pas de textes dont naturellement l'impression soit forte pour leur heresie : moyens dont Dieu se sert pour determiner les simples au vray sens.

APrés ces observations generales sur nôtre principe avoüé par M. Nicole, nous pouvons repondre aux difficultez particulieres qu'il nous fait en commencant par celles qui ont le plus de liaison avec ce principe avoüé.

Ce principe, dit il, n'est vray que quand l'esprit de-couvre tout d'un coup les mesmes marques de verité que celles qu'on developpe peu à peu par des reflexions expresses. Mais quand le jugement que nous devons porter sur le sens d'un passage, depend ou des choses qui ne sont pas dans le passage mesme, ou de la signi-fication des termes & des phrases, laquelle depend du caprice de l'usage, on ne sçauroit voir cela dans un passage ni confusement ni distinctement par une premiere veüe & par impression ; il faut necessairement un examen, aller consulter les sçavants, & ceux qui connoissent le genie des langues hebraïque & grecque, conferer d'autres passages avec celuy dont il s'agit afin de tirer de ceux la de la lumiere pour celuy cy.

Ce raisonnement est fondé sur deux suppositions fauf-ses. Nous avons deja nié la premiere ; que pour sçavoir surement quel est le sens d'un passage, il faut tousjours conferer ce passage avec les autres.

M. Nicole suppose faussement que nul passage important ne peut être enten-du sans être comparé aux autres.
Act. I. 9.

J'avoue qu'il y a des passages qui sont ainsi tournés, mais qu'ils le soyent tous, & que mesme les princi-paux le soyent, c'est ce qui est tres faux. Quand il n'y auroit dans l'escriture que ce seul passage pour l'as-cension de J. Christ au ciel, *il fut elevé eux le regardant & une nuée le soutenant l'emporta de devant leurs yeux.* Je soutiens qu'il pourroit seul nous donner une certitude,

non

non que Jefus Chrift feroit monté au ciel, mais que
l'efcriture le dit; Car il faut fe fouvenir de la diftinction que nous avons donnée de la connoiffance de *fen-*
timent, de la verité mefme, & de la connoiffance de
fentiment du fens du tefmoignage. On peut dire avec
une exacte verité que les principaux paffages qui eftabliffent les points fondamentaux font ainfi faits. Sans
le fecours des autres ils peuvent donner connoiffance par
voye d'impreffion des myfteres lefquels ils expriment.
Je ne comprends pas quel befoin ces paffages: *Au com-*
mencement etoit la parole, & la parole etoit Dieu, & tou-
tes chofes ont eté faites par cette parole. *Nous avons un ad-*
vocat auprés du pere fçavoir Jefus Chrift le jufte qui a fait
la propitiation pour tous nos pechés; quand cette loge terre-
ftre eft detruite nous avons une maifon eternelle aux cieux,
qui n'eft point faite de main. Je ne comprend pas dis-
je pourquoy ces paffages & cent autres plus clairs ne
pourroient pas faire impreffion par eux mefmes fans le
fecours des autres. Mais quand cela feroit vray, quel
mal cela feroit il à noftre hypothefe? difons nous que
la cognoiffance de fentiment que nous attribuons aux
fimples foit formée fur un feul paffage? Ne leur mettons nous pas entre les mains l'efcriture entiere? quand
nous leurs propofons un article de foy, ne l'appuyons
nous pas de tout ce que nous avons de paffages clairs &
convainquants?

L'autre fuppofition fauffe ou du moins outrée dans
ce raifonnement de M. Nicole; C'eft que les *expreffions*
des langues ne repondent pas toujours à la nature; les capri-
ce de l'ufage y a beaucoup de part, & ce caprice eft un fait
qui n'eft point fuppléé par le bon fens, il faut s'en affurer
par l'eftude & par des reflexions expreffes. Sans fçavoir
ni l'Hebreu ni le Grec, juger par fentiment du fens d'un
paffage de l'efcriture, c'eft, dit il, la plus grande temerité du monde. *Deux perfonnes egalement informées de l'u-*
fage de ces deux langues peuvent bien en fuitte juger par fenti-
ment du fens des expreffions. Sans cela on ne le peut.
Je ne comprends pas comment on a la hardieffe de produire de telles chofes comme folides, à la veüe du public, où il fe rencontre des gens qui ne font pas beftes.
Il eft vray chaque langue a fon genie & fon caractere
particulier. Mais cela va-t-il à renverfer les expreffions
com-

Euang. fe-
lon S. Ieh.
c 1. 1.

1 Ep. S. Ieh.
ch. 2. 1.

2 Cor. 5. 1.

Les Idio-
mes parti-
culiers à la
langue He-
braïque &
la Grec-
que ne ver-
fent aucu-
nes tene-
bres fur les
principaux
paffages.

communes, ordinaires, & qui font de toutes les langues? Il y a de certaines chofes qu'on dit par tout de
mefme; que fait cette diverfité d'Idiomes pour fçavoir
le fens de textes où il eft dit que J. Chrift eft né d'une
vierge. Qu'il a eté conceu du S. Efprit, qu'il eft le
fils de Dieu, qu'il eft mort pour nos offences, qu'il
eft reffufcité pour noltre juftification, que nous reffufci-
terons au dernier jour; qu'il y a un dernier jugement,
que J. Chrift etoit avant Abraham! Il y a cent & cent
paffages dira-t-on où il y a de la difficulté à caufe des
hebraïfmes qui s'y trouvent. Nous foutenons que ces
hebraïfmes ne verfent aucunes tenebres fur les paffages
qui fondent nos points fondamentaux, fi les heretiques
y en trouvent, c'eft qu'ils les y mettent par de vaines
chicanes. S'il y a des textes obfcurcis par des hebraïfmes, il y en a dix fois autant qui n'ont aucune obfcurité & qui fuffiroient fans ceux la. Enfin quand les livres facrés auroient quelque caractere fingulier à caufe
des langues desquelles ils ont eté tirés, il eft certain que
nos fimples qui fe font un devoir de lire la parole de
Dieu & de l'ecouter foigneufement acquierent plus d'habitude d'entendre les hebraïfmes de l'efcriture que les
preftres de l'Eglife Romaine qui ne la lifent jamais que
dans leur breviaire.

M. Nicole ajoute: *tres fouvent ce qui determine un paffage a un certain fens, n'eft point renfermé dans le paffage
mefme, mais fe tire d'autres paffages de l'efcriture.* Et
nous difons le contraire, c'eft que le plus fouvent ce
qui determine un paffage à un certain fens eft dans le
paffage mefme, car de ces paffages à fens equivoque &
fur lesquels on ne fe peut determiner qu'en allant ailleurs, il y en a tres peu particulierement entre ceux
qui renferment les verités fondamentales. Mais quand
cela feroit, qu'en veut-on conclurre? Nos fimples ne
lifent ils pas l'efcriture entiere, & ne peuvent ils pas
fe determiner fur le fens d'un paffage obfcur par un
autre plus clair?

On ne fçauroit adherer à un certain fens, *à moins qu'on
ne voye l'impreffion pofitive de ce fens avec l'exclufion des
preuves contraires egalement fortes. Alors feulement on peut
fuivre l'impreffion & le fentiment fans temerité.* Que veut
dire cela? fi on a examiné les preuves egalement fortes

tes & qu'on les ait rejettées, ce n'eſt plus voye de *ſenti-*
ment & d'impreſſion : c'eſt voye d'examen. Et cela revient à ce principe ſi faux que nous avons refuté, qu'on
ne ſçauroit ſe determiner ſur une verité à moins que d'en
avoir pouſſé les difficultés juſqu'a pouvoir dire, *cela ne*
peut etre autrement.

On peut bien avoir des ſentiments & des impreſſions veri-
tables par hazard, mais ne ſçauroit ſans temerités s'y attacher,
ni les prendre pour regle de foy : ou va cela je vous prie?
Meſſieurs de Port Royal dont M. Nicole eſt du nombre
ſe tuent de crier qu'il faut rendre au peuple la liberté
de lire l'eſcriture ſainte. On luy mettra en main un
livre où il ne ſçauroit rencontrer la verité que par hazard. Et dequel uſage cela ſera-t-il? le hazard qui pourra
faire trouver aux ſimples la verité leur fera bien plus
aiſement trouver le menſonge. Car l'eſprit humain eſt
naturellement faux & enclin à l'erreur. Mais dit-on
l'authorité de l'Egliſe les guidera. Il faudra donc qu'ils
aillent perpetuellement conſulter l'oracle de Rome à
châque verſet ; car ils trouveront dans l'eſcriture cent
& cent choſes ſur leſquelles l'Egliſe Romaine n'a pas
prononcé, ou ſur quoy les ſimples ignorent les deciſions.
N'eſt ce pas ce que j'ay deja remarqué tant de fois que
M. Nicole pour mieux combattre les Calviniſtes s'eſt
traveſti en Pelagien. L'Eſprit de Dieu ne guide point
les vrays fideles & les devots dans la lecture de ſa parole. C'eſt le hazard qui les y conduit. C'eſt bien en
vain que l'on conſeille de demander l'eſprit de lumiere
pour l'intelligence de l'eſcriture quand on la lit. On
n'y gagne rien, on ne ſera toujours conduit que par le
hazard.

Le *Rayon* de M. Claude ne ſçauroit remedier à rien,
car ce Rayon ne peut decouvrir dans un paſſage que ce qui y
eſt. Or ce qui en determine le ſens n'y eſt pas toujours.
Au moins par ce raiſonnement il nous ſera permis de
dire; le *Rayon* peut decouvrir dans un paſſage ce qui y
eſt. Or il eſt certain qu'il y a un vray ſens. Quand
meſme il ſeroit un peu enveloppé. Cet eſprit & cette
onction qui nous enſeignent toutes choſes peuvent donc
nous faire decouvrir ce vray ſens. Voila deux voyes
qui ſont également ouvertes, je le veux ſuppoſer ainſi :
l'une eſt un faux ſens l'autre eſt un vray ſens. Un elû
&

Marginal notes:
M. Nicole detruit tout ce que ſa ſocieté a dit pour faire rendre l'eſcriture au peuple.

Quand un vray ſens ſeroit douteux, la grace peut incliner le cœur du coſté de la verité.

& un fidele qui cherche devotement la verité, est à l'entrée de ces deux voyes. Il peut à la verité s'engager dans la fausse, mais il peut aussi entrer dans la veritable. Est il possible que la grace qui travaille pour le salut des élus ne fera rien, & que par ses operations secrete elle ne pourra ou ne voudra pas incliner cette ame qui doute, dans la voye du vray sens. A quoy sert donc la grace de laquelle ces Messieurs se disent les grands deffenseurs, & que fait elle? Qu'est devenue cette divine *onction* dont ces Messieurs parlent tant, qui se moque du *Rayon* ne se moque t-il pas de l'onction? Voila comme M. Nicole se revolte contre son maitre Saint Augustin, contre sa societé, contre luy mesme afin de combatte les Calvinistes.

La grace ne preserve les élus que des erreurs mortelles. Mais s'ensuit il que la grace determine tousjours les élus au vray sens d'un passage? Nullement: car la grace n'a dessein que de sauver les hommes, mais elle n'a pas dessein de les rendre infaillibles en tout. C'est pourquoy elle ne les conduit infailliblement que dans les verités qui sont necessaires à leur salut, & elle ne les exempte pas des erreurs humaines qui ne ruinent pas le salut. Il en est de la foy comme des mœurs; Dieu ne permet pas que ses elus tombent dans des crimes enormes pour y perseverer. La grace preserve donc les élus, ou des pechés mortels ou de l'impenitence finale; mais elle ne les preserve pas des pechés veniels qui ne ruinent pas la charité. Si quelquefois les elûs tombent dans des erreurs mortelles ils en reviennent, & ils ne peuvent perseverer que dans des erreurs qui ne sont pas mortelles, quoyque souvent elles soyent assez considerables.

Les principaux textes ont ce qui les determine. Sur ce mesme raisonnement de M. Nicole je puis dire encore. Le *Rayon*, peut decouvrir dans un passage ce qui y est. Quelquefois ce qui determine le sens n'y est pas. Mais aussi souvent il y est; alors le *Rayon* me servira à decouvrir le vray sens, qui y est, & *ce qui determine au vray sens*. Or nous soutenons que la plus grande partie des passages sur quoy sont appuyés les points fondamentaux sont tels. On y trouve ce qui determine le vray sens, & le distingue du faux sans avoir recours ailleurs. C'est à M. Nicole à se faire Socinien comme il s'est deja fait Pelagien & à prouver le contraire.

Il

Il y a des passages dans l'escriture dont la premiere im- *Proposi-*
pression porte à la fausseté & qui sont capables de jetter les *tions hor-*
simples dans un faux sens, ils donnent une impression trom- *ribles de*
peuse. La plus part des sens ne sont que probables par eux *M. Nicole*
mesmes. Il y a mesme quantité de lieux où le faux sens est *contre*
le plus probable. J'avoüe que je ne sçaurois lire de sem- *l'escriture.*
blables choses sans fremir & sans avoir de l'indignation.
Un des autheurs de la version de Mons & des beaux
playdoyers qu'on a faits pour l'escriture sainte, parler ainsi c'est ce qui me passe : Ces Messieurs où sont
capables de profiter ni des avis qu'on leur donne ni
de la honte qu'on leur fait. Rien ne les peut empescher
de sacrifier l'escriture sainte à l'Idole de l'authorité ou
pour mieux dire de l'interest. *Ce seroit une folie plus*
claire que le jour de vouloir prouver la divinité de l'Euangile
de saint Matthieu par l'Euangile mesme. Le S. Esprit n'a
point exprimé la divinité de Iesus Christ en termes qui ne
puissent estre eludés : les Sociniens sont aussi forts en textes
pour faire impression que les Orthodoxes, tout se reduit à des
probabilités, la pluspart des sens ne sont que probables en eux
mesmes. Il n'est que probable que Jesus soit le fils eternel
de Dieu, qu'il ait satisfait pour nos pechés, qu'il soit
ressuscité, & monté aux cieux, que les hommes soient
tous nés en peché originel, qu'il y ait une resurrection
derniere, qu'il y ait une eternité de peines pour les
meschans, qu'il y ait une grace interne qui face en
nous tout le bien que nous faisons. Et mesme *l'escriture*
donne des impressions trompeuses qu'il faut que l'Eglise rejette.
Encore une fois je ne conçois pas comment des Chrétiens peuvent se resoudre à parler ainsi. Un Turc
aimeroit mieux mourir que de dire de semblables choses
de son Alcoran. Il ne faut pas que M. Nicole nous
dise qu'il n'entend parler que des dogmes moins importants. Car il parle des dogmes que les Sociniens
ruinent par leur heresies ; comme sont le mystere de la
trinité, celuy de l'incarnation, celuy de la satisfaction,
celuy de la grace, celuy du peché originel, celuy de
la resurrection des corps, celuy de l'immortalité de
l'ame & de l'eternité des peines. C'est sur tout cela
que les *sens de l'escriture ne sont que probables, qu'elle donne*
des impressions fausses & qui portent à la fausseté. Et nous
au contraire nous disons que l'escriture est si precise &
si clai-

si claire sur tous ces articles qu'il faut être livré à un sens reprouvé comme sont les Sociniens pour les pouvoir nier, il ne faut ni examen, ni discussion, pour voir ces verités dans l'escriture, il ne faut que des yeux. S'il y a quelques passages qui puissent être eludés, il y en a qui ne le peuvent être, car les chicanes par lesquelles on les elude sont si absurdes qu'on ne peut les avancer sans avoir perdu toute honte ; & pour en voir l'absurdité il ne faut que les plus simples lumieres naturelles qui sont dans tous ceux qui n'ont pas perdu le sens.

Pag. 86. & 87. les passages contre les Sociniens font naturellement une bien plus forte impression que ceux qui sont pour eux.

Dans la veüe de soutenir ces horribles propositions, M. Nicole me permettra de les appeller ainsi, il fait un parallele des principaux passages qui prouvent la divinité de J. Christ & de ceux dont les Sociniens se servent pour la detruire. Et soutient qu'on ne peut voir de quel costé est la verité que par le moyen d'un examen appliqué & d'une discussion exacte. L'impression de ces passages est egale de part & d'autres à ne s'en tenir qu'à l'escriture sans authorité ou sans discussion, on sera aussi tost Socinien qu'ortodoxes que faire sur un article semblables a celuy cy ? Nous engager à faire sentir à Monsieur Nicole que sa supposition est fausse & impie. Ce seroit s'engager à faire un gros livre contre les Sociniens. Car il faudroit rapporter les preuves de part & d'autre, & faire voir que sans discussion, sans remarques grammaticales & sans critique, les textes favorables à la divinité font une forte impression sur l'esprit, & que les autres en font peu. Ainsi nous sommes obligés de renvoyer cêt endroit à l'examen de la conscience de chaque particulier, afin qu'il voye si ces paroles, & autres semblables, *Jesus Christ est le vray Dieu & la vie eternelle il etoit au commencement avec Dieu il etoit Dieu, & par luy toutes choses ont été faites. Il etoit avant qu'Abraham fut, par luy ont eté crées toutes choses qui sont aux cieux & qui sont en la terre visibles & invisibles.* Ne font pas plus d'impression pour la divinité eternelle du fils que n'en font contre elle ces autres paroles. *C'est icy la vie eternelle de te cognoistre seul vray Dieu & celuy que tu as envoyé Jesus Christ. Il n'y a qu'un seul Dieu qui est le Pere &c. & un seul seigneur qui est Jesus Christ par lequel toutes choses ont eté faites.* Je ne puis

M. Nicole a obmis les plus forts passages pour la divinité de I. Christ.

pas

pas repondre de ce que les autres voyent & fentent, mais je puis dire en verité qu'il m'eft impoffible de croire que ceux la parlent fincerement qui difent que les impreffions de ces paffages font egales de part & d'autre. Et mefme j'ofe avancer que fi on abandonne un fimple à luy mefme c'eft les paffages des Sociniens jamais il ne tombera dans le fens Socinien en lifant ce paffage qui eft le plus fort pour les Sociniens *Il y a un feul Dieu & un feul Seigneur Jefus Chrift.* Car il faut de la logique pour faire de ce paffage une difficulté, & il faut dire. S'il n'y a qu'un feul Dieu, Jefus Chrift n'eft donc pas Dieu; penfée dans laquelle un fimple n'entrera jamais naturellement. Car comme ce qui eft dit de Jefus Chrift qu'il eft le feul Seigneur ne le portera pas à ofter à Dieu la qualité de Seigneur. Ainfi ce qui eft dit & du Pere, qu'il eft le feul Dieu, ne le portera pas à penfer qu'on doit ofter a Jefus Chrift la qualité & le tiltre de Dieu.

Il eft bon de remarquer que M. Nicole pour prouver plus facilement ce qu'il avance, n'a pas pris les paffages de l'efcriture les plus capables de faire une puiffante impreffion pour la divinité de Jefus Chrift. Il a omis ce paffage fans reponce, *que Jefus Chrift etoit avant Abraham*, & ceux qui le difent fi formellement le createur du monde, tant des chofes vifibles que des invifibles, des corps & des efprits. Il n'a choifi que ces paffages où l'efcriture dit que J. Chrift eft Dieu: qui font ceux que les Sociniens eludent le plus facilement à caufe de l'equivoque du nom de Dieu qui eft attribué quelquefois à d'autres qu'a l'eftre infiniment parfait. Au contraire il produit tout ce que les Sociniens propofent de plus fpecieux. Cela n'eft pas agir de bonne foy. C'eft chercher la victoire au depends de la verité.

Mais enfin aprés tout ces detours & toutes ces exclamations, n'eft il pas vray dira-t-on qu'il y a des paffages de l'efcriture dont la premiere impreffion porte à la fauffeté? Par exemple, tant de lieux où l'efcriture parlant en termes figurés dit que Dieu eft un Lion, un Rocher, qu'il a des mains, un bras, une bouche, des yeux, & des oreilles: quand il n'y auroit, dira-t-on, que ce texte qui vous incommode fi fort (*cecy eft mon corps,*) il faut que vous avouies que fi l'on fe laiffoit conduire par les

Il y a des textes ou les deux fens font probables; mais il y en a peu, ou ils ne font pas importants, ou font determinés par d'autres.

H h   premieres

premieres impreffions que donne l'efcriture on tomberoit
fouvent dans l'erreur.

Premierement je reponds que s'il y a des endroits de
l'efcriture dont les fens font feulement probables je n'ay
pas befoin d'une authorité fouveraine pour me determiner, parce qu'en ces fortes de chofes l'erreur n'eft pas
dangereufe. Cette égale probabilité pour l'un &: pour
l'autre des fens oppofés, ne fe rencontre pas ordinairement dans les paffages qui contiennent les dogmes fondamentaux. Et où il y a incertitude, la grace de Dieu
fe fert de divers moyens pour determiner les fimples.
Elle fe fert des autres paffages de l'efcriture dont les
impreffions font plus fortes & le *fentiment* plus vif: elle
fe fert de nos conducteurs, de nos peres, de nos pafteurs
comme de moyens qui pourroient être des moyens de
nous tromper, s'il n'y avoit ni providence, ni election,
mais qui font en la main de Dieu des inftruments
efficaces pour conduire les elus dans le chemin du
falut.

L'antiquité le confentement univerfel, les Conciles peuvent fervir à determiner le vray fens.   C'eft icy l'endroit de remarquer la fauffeté de la fuppofition de M. Nicole qui dit que felon nos principes
*nous ne pouvons nous fervir ni de l'authorité de l'Eglife, ni
des tefmoignages de l'antiquité, ni des decifions des Conciles
pour determiner le fens de l'efcriture, parce que nous faifons
profeffion de meprifer tout cela.* N'en deplaife à M. Nicole, cela eft tres faux, toutes ces chofes ont leur ufage pour determiner le vray fens de l'efcriture où il n'eft
pas clair; quoyque nous n'y reconnoiffions pas une authorité infaillible. Il eft vray que cêt ufage n'eft gueres
pour les fimples qui ne fçavent ce que c'eft que Conciles & tefmoignages de l'antiquité, mais ces chofes
contribuent à determiner les pafteurs fur le fens des
écritures, & il eft faux que nous meprifions la bonne
antiquité, & le confentement univerfel. Nous regardons ces deux chofes comme deux excellentes preuves
de la verité d'un dogme; Car ce qui eft le plus ancien
eft indubitablement le plus vray: Et ce qui eft univerfellement receu par tous les Chrétiens retient en foy un
caractere d'evidence qui le rend certain. Mais nous ne
voulons pas recevoir une fauffe antiquité & une fauffe
fuppofition de confentement univerfel dans tous les fiecles
pour de folides preuves.

Les

Les Pasteurs instruits par une juste connoissance & de l'authorité de l'Eglise & de son tesmoignage servent à determiner les simples sur les sens douteux de l'ecriture sainte. C'est donc faussement que M. Nicole nous fait dire en parlant des simples. *Il n'est pas besoin qu'ils en consultent ceux qui les ont instruits puisque ce sont des gens sans authorité & qui auroient tort d'exiger d'eux cette deference.* Quelle espece de sophisme est cela? un Pere & une mere ne sont pas infaillibles, dont un enfant ne les doit pas consulter sur sa conduitte. Un Maitre de Philosophie n'est pas infaillible, dont ses disciples ne le doivent pas croire sur la science qu'ils étudient. Un guide qui conduit un homme dans un chemin se peut tromper, dont il ne faut pas que celuy qui a pris le guide le suive & marche apres luy dans des chemins qui luy sont inconnus. Le ministre de la parole est un guide de verité, dans la veritable Eglise; C'est un guide d'erreur dans les Eglises corrompües: Malheur à ceux qui sont nés dans la fausse Eglise & que Dieu abandonne à de faux guides; C'est une marque que Dieu neglige leur salut. Mais cela n'empesche pas que le ministere dans la veritable Eglise ne soit un guide qui conduit à la vraye foy, & qu'on ne doive suivre ce guide: non pas à la verité aveuglement & sans sçavoir où il nous mene. Mais quoy-qu'il en soit la grace se sert heureusement du ministere, pour determiner les simples sur les sens douteux de l'escriture. Il faut dire la mesme chose du raisonnement. M. Nicole veut qu'il soit exclus & qu'il ne serve de rien pour determiner le sens de l'escriture. Il nous fait dire dans nos principes. *Ie concois cet article par sentiment & non par raisonnement.* Je dis au contraire que, le raisonnement sert aux simples à se determiner: Estce donc qu'on ne sçauroit raisonner sans entrer dans la discussion des faits, des langues, des Idiomes, des dialectes? le raisonnement d'un simple le pourroit tromper je l'avoüe, mais Dieu qui a ses fins & qui veut sauver un homme se sert de sa raison pour le mener à la verité, & il permet que la raison de ceux qui ne sont pas de son election s'egare. Il ne faut point, pour cela de miracles, comme le pretend M. Nicole. *Il faudroit pour cela*, dit il, *un miracle visible ou plustot une multitude de miracles.* Est ce qu'il n'est pas aussi naturel

La grace se sert heureusement du ministere des hommes pour determiner le vray sens: & du raisonnement aussi.

P. 103.

Hh 2

turel de bien raifonner que de mal raifonner ? voila un
efprit entre deux raifons qui le tirent, l'une eft fauffe
& l'autre eft veritable, faut il un miracle pour que la
grace determine l'efprit de ce fimple à raifonner jufte
& à tourner du cofté de la bonne raifon ;

Je reponds en fecond lieu fur ces endroits douteux
qui donnent lieu à cette propofition horrible, *que l'e-
fcriture donne des impreffions trompeufes.* Je reponds, dis-je
qu'on ne doit point mettre en ce rang les figures qui
font fi fréquentes dans l'efcriture. Il eft faux que les
figures donnent des impreffions trompeufes. Les plus
fimples concoivent le vray fens. Il ne peut jamais monter dans l'efprit d'aucun homme que Dieu foit un *Lion*
ou un *Rocher* à caufe que l'efcriture l'appelle ainfi. Outre cela quand on inftruit un fimple on ne luy met pas
feulement dedans l'efprit les termes figurés on luy reprefente les termes propres , & les termes propres
fervent toufjours de commentaires aux termes figurés.
Quand on parle de Dieu à un Catechumene on luy dit
que Dieu eft par tout , qu'il eft immenfe, que c'eft
un efprit, qu'il n'a pas de bornes. En lifant l'efcriture il voit tout cela repeté par tout ; & quand il vient à
tomber fur les endroits qui donnent à Dieu un corps ,
des bras & des mains, l'impreffion qu'il a receüe des
autres paffages de l'efcriture l'a tellement prevenu qu'il
n'a plus befoin ni de critique, ni de commentaire pour
comprendre ce que cela fignifie ; il ne s'en embarraffe pas
le moins du monde, il n'a non plus de panchant a croire
que Dieu a un corps humain qu'a croire qu'il eft un
Rocher & un Lion. Ce n'eft point le vulgaire qui a
donné la naiffance à l'herefie des *Antropomorphites.* Ce
font les moines melancholiques, refueurs & fpeculatifs
du cinquiefme fiecle. ·

Les paffa-
ges equivo-
ques à les
confiderer
attentive-
ment ont
en eux de-
quoy de-
terminer
leur fens.

Enfin je reponds que ces paffages dont on dit qu'*ils*
donnent une impreffion trompeufe ont prefque toufjours
en eux mefmes ce qui eft neceffaire pour les determiner
à leur vray fens. Par exemple ces celebres paroles,
cecy eft mon corps, n'ont befoin d'aucun fecours etranger.
Il n'y a pas de fimple pour peu qu'il veuille être attentif qui ne comprenne que cette propofition *cecy, ou ce*
pain eft mon corps, ne peut fignifier la prefence reelle, &
que du pain ne peut pas être un corps humain , comme
de

de l'or ne peut pas etre de la pierre, & un cheval ne peut pas etre un chien, & par consequent qu'il y a de la figure. M. Nicole confond dans cette dispute la premiere signification des paroles, avec la premiere impression, & pretend que les textes de l'escriture font toujours leur premiere impression sur les esprits selon leur premiere signification. Cela n'est pas vray & cela n'arrive qu'aux esprits les plus bas qui ne font aucune attention à ce qu'ils entendent. Or nous donnons a nos simples non pas l'examen de discussion, mais celuy d'attention & nous soutenons que les passages favorables aux Antropomorphites & à la transubstantiation ne feront jamais de premiere impression contraire à la verité sur les esprits des simples qui voudront etre attentifs, & qui ne seront point prevenus.

Il ne faut pas confondre la premiere signification des mots avec leur premiere impression.

CHAPITRE VII.

Que la voye de sentiment pour être une voye d'illusion pour les heretiques, n'en est pas une pour les vrays fideles. M. Nicole donne toutes sortes d'avantage aux profanes. Qu'il y a de la difference entre le sentiment des fideles & celuy de ceux qui sont en erreur, bien qu'elle ne puisse etre marquée. Il y a par tout equivoque & piege. Tout est seur avec la grace, rien n'est seur sans elle.

NOus voicy arrivés à la plus dangereuse, mais aussi à la plus honteuse des chicanes de M. Nicole contre *l'impression*, le *sentiment* l'efficace de la grace, & comme il l'appelle le *Rayon de M. Claude. Cette voye dit il, conduit une infinité de gens à l'erreur. Il n'y a aucun moyen de discerner quand elle nous trompe, ou quand elle ne nous trompe pas. Je sçay par impression & par sentiment que le Pere est le seul Dieu & qu'ainsi le Pere & le fils ne peuvent etre Dieu. Rien n'est à l'espreuve de ces mots, je sens que cela est; Je concois cêt article par sentiment & rien par raisonnement. Je vois des caracteres de divinité, je les discerne par le goust de la conscience. Où est l'heretique & le fanatique qui ne puisse dire la mesme chose?*

Les

M. Nicole ruine la grace, les inspirations de Dieu & tout onction interieure. Il favorise les prophanes.

Les prophanes doivent etre bien aises de voir leurs raisons si bien mises en œuvre par un homme de la capacité de M. Nicole. Vous nous parlés, disent ils, de grace, de mouvements du S. Esprit, de divine onction, d'operations internes, de lumiere de foy, de mouvements produits par le ciel. Et qui est le fanatique qui n'en dise autant ? ce sont des visions d'esprit malade. M. Nicole dit quelque part que sans temerité il peut prononcer qu'il n'y a entre nous ni vraye pieté, ni vraye charité, il le sçaura quelque jour si ce jugement terrible n'est point temeraire, quand il comparoitra devant ce juge qui cognoit toutes choses, & qui a dit ne jugés pas afin que vous ne soyes pas jugés. si quelque chose estoit capable de nous faire prononcer contre son Eglise le mesme jugement, qu'il prononce contre la nostre, ce seroit ce qu'il dit icy. Il n'a donc jamais senti cette divine onction qui est repanduë dans l'escriture sainte & dans la revelation. Il n'a jamais eté touché des caracteres de divinité qui brillent dans la religion Chrétienne. J'en suis fasché & si tous ses prétendus Catholiques sont dans le mesme état je les trouve fort éloignés du Royaume des cieux.

Mais il est bien temeraire de croire que personne n'a jamais senti la verité par une celeste impression de la grace, à cause que quant à luy il ne croit les mysteres que sur le tesmoignage du Pape & des conciles. C'est un pitoyable galimatias que celuy des devots de l'Eglise Romaine à qui vous entendrés dire si souvent, que Dieu les a inspirés de quitter le monde, de se consacrer entierement à luy, de vivre dans la retraitte &c. Selon M. Nicole ce sont des visions, un furieux à qui une melancholie a inspiré le dessein de se tuer, ou de tuer l'un de ses prochains pourra dire la mesme chose. C'est donc la un sophisme honteux à un honneste homme & à un Chrétien, puisque cela va jusqu'à faire passer tous les mouvemens de l'esprit de Dieu & toute operation de la grace pour des songes & des chimeres.

M. Nicole ruine le Papisme sa propre religion en ruinant la nostre.

Mais n'importe a M. Nicole qu'il renverse le Christianisme pourvû que le Calvinisme soit enseveli sous ses ruines.

Au moins il eût du avoir quelques egards pour sa propre religion, pour le Papisme qui perit, si cette obje-

objection vaut quelquechose, car enfin il en faut venir
à quelque verité, que les simples connoitront par sentiment, non par authorité, non par discussion. Les simples de M. Nicole seront obligés de croire qu'ils sont
dans la veritable Eglise & que cette Eglise est infaillible. Ils seront dis-je obligés de croire cela par sentiment & par impression; car ils n'ont jamais discuté
les diverses sectes pour examiner quelle est la meilleure.
Ils faut qu'ils disent je suis tres bien persuadé que mon
Eglise est la veritable Eglise, je suis touché des caracteres de sa divinité & des marques de son authorité;
Est ce que le Grec, l'Ethyopien, l'Armenien, le
Nestorien n'en dira pas, & n'en pourra pas dire autant?
Il n'y aura plus rien à l'espreuve de ces mots, *le sens
que l'Eglise Nestorienne, ou Armenienne à les caracteres de
divinité & de verité.* Il faudra se livrer entre les mains
des schismatiques. On avoit fait à M. de Meaux à
peu prés cette objection: qu'y repond-il? Ce que nous
repondrons à M. Nicole. *Pour quelle cause pretend il* Cinquiesme re-
flexion.
*combattre? est ce pour l'indifference des religions? Veut-il
dire avec les impies qu'il n'y a pas une Eglise veritable, où
l'on agisse en effet par des mouvemens divins? & sous pretexte que le Demon, ou si l'on veut la nature, sçavent
imiter, ou pour mieux dire contre faire ces mouvements sou-
tiendra-t-il que ces mouvements sont par tout imaginaires?*
C'est ce que nostre adversaire se tiendra s'il luy plait
pour dit de nostre part. Nous luy repondrons encore
en des termes imités de M. de Meaux. *Il faut des
motifs pour nous attacher à la verité & à la religion Chrétienne Dieu les sçait, & nous les sçavons en general, de* Sixjesme
reflexion.
*quelle sorte il les arrange & comment il les fait sentir aux
ames simples & innocentes, c'est le secret de son St. Esprit.*
Monf. de Meaux dit cela de l'authorité de l'Eglise,
& moy je le dis de l'escriture & de la religion Chrétienne; Nous avons, selon M. Nicole, aussi peu raison
l'un que l'autre, car un fanatique nous en dira tout
autant.

Quand un honneste homme d'entre les simples dira
à un Athée je sçay qu'il y a un Dieu ma conscience le
cognoist. Il sort de toutes les creatures, il me frappe.
Je voy par tout des caracteres, & des vestiges de la
divinité: le Spinofiste luy dira: Et moy j'ay un *sentiment*

tout

tout contraire : le monde & toutes fes parties fi admirables & fi bien arrangées font une impreffion tout oppofée fur mon efprit, & me perfuadent que le monde eft luy mefme l'eftre infiniment parfait, & qu'il n'y a pas d'autre Dieu. *Rien ne fera à l'efpreuve de ces mots de l'Athée, je fçay que cela eft, je voy des caractères de verité.* Il faudra fe jetter entre les bras des Spinofiftes.

Ne comprendra-t-on jamais que ce fophifme qui embarraffe tant de gens, eft la plus miferable de toutes les chicanes ? Pour y repondre directement, il faut fçavoir prémierement qu'il n'y a point de voye pour conduire les hommes à la verité qui n'ait fa rivale laquelle conduit au menfonge : point d'Ange de lumiere qui n'ait dans le monde pour finge un Ange de tenebres. Prenés telle voye qu'il vous plaira, il y aura equivoque, peril, piege par tout. Si vous choififfés la voye de l'examen c'eft une voye qui conduit des millions de gens à l'enfer, tous les heretiques Sociniens la plufpart verfés en toute forte de chicanes, fe pérdent par cette voye. Si vous prenés la voye de l'authorité, il y aura equivoque, M. Nicole foutient que toutes les Eglifes fchifmatiques & heretiques de l'Orient fe croyent infaillibles, & s'enfeignent ainfi à leurs fimples. Ainfi tous les fimples qui font dans ces Eglifes, felon luy periffent par la voye de la certitude fondée fur l'authorité. Prenés la voye d'impreffion & de fentiment, il pourra y avoir illufion. Il eft vray, le Socinien dira je voy par *fentiment* que J. Chrift n'eft pas Dieu eternel, comme je dis par *fentiment*, Je voy que J. Chrift eft un feul Dieu avec fon Pere.

Il y a peril, equivoque, piege par tout.

Sur cela il faut remarquer en fecond lieu que de part & d'autre il peut y avoir certitude, car les paffions, les prejugés, l'enteftement, l'education, l'habitude, peuvent difpofer la volonté à fe determiner pour l'erreur. Mais c'eft la grace & l'efprit de Dieu qui determinent la volonté à donner fon confentement à la verité. Il y a donc certitude de part & d'autre, mais la certitude pour l'erreur vient, ou du Demon, ou de l'illufion propre de l'efprit humain, & des paffions : & la certitude pour la verité vient de la grace efficace & victorieufe qui fléchit & attire les volontés par les charmes de la verité, qu'elle decouvre & qu'elle fait fentir. Comme il

Du cofté de la verité & de l'erreur il peut y avoir certitude & affurance, mais par des principes tout differents.

il y a une double certitude , il y a auſſi une double *impreſſion* & un double *ſentiment*, l'un eſt faux & l'autre vray.

Mais dit M. Nicole, *il n'y a aucun moyen de diſcerner quand ce ſentiment nous trompe, ou quand il ne nous trompe pas.* C'eſt à dire que nous ne ſçaurions marquer les differences qui ſont entre le *ſentiment* de prevention, & le *ſentiment* de verité. Cela eſt bien peu fin pour un homme qui reproche aux autres, *qu'ils ne ſçauroient penetrer les veritez un peu fines.* Comment pourroit on diſtinguer ces ſentimens, & marquer les differences qui ſont entr'eux ? Il faudroit les avoir ſentis l'un & l'autre. Il faudroit avoir eté dans le cœur d'un heretique, & d'un fanatique, il faudroit, ſçavoir preciſement ce qui s'y paſſe comme Dieu le ſçait, ſans éprouver les meſmes *ſentimens.* Toutes les connoiſſances qui ſont de *ſentiment* ne peuvent étre qu'en ceux dans lesquels eſt le *ſentiment.* Cela ne ſe communique pas, cela ne s'apprend pas aux autres. J'auray beau dire & depeindre à un homme ce que je ſens quand le feu me touche jamais il n'y concevroit rien ſi luy meſme n'avoit eu un *ſentiment* abſolument ſemblable. Pour ſçavoir quelle difference il y a entre le *ſentiment* du froid & celuy du chaud, il faut que je les aye eû tous deux ; car ſi je n'avois eu que le *ſentiment* du chaud & qu'un autre n'eût eu que le *ſentiment* du froid, il ſeroit inutile de nous communiquer nos penſées. Jamais nous ne concevrions la difference qui eſt entre le ſentiment du chaud & du froid. L'heretique a une fauſſe certitude par un *ſentiment* d'illuſion, j'en ay une vraye par un *ſentiment* de grafe ſi je les avois tous deux, j'en marquerois fort aiſement les differences, mais n'en ayant qu'un je ne ſçaurois preciſement marquer ce qui les diſtingue. Il ſe peut faire, dit-on, qu'une ſeule perſonne les ait eu ſucceſſivement. Aprés avoir eſté dans l'erreur elle paſſe à la verité. Elle a ſenti l'impreſſion de l'erreur elle ſent preſentement l'impreſſion de la verité. Elle peut donc bien marquer les differences qui ſont entre ces deux ſentimens, celuy de la prevention, & celuy de la verité. Je reponds qu'en effet un homme converti de l'erreur à la verité en s'eſtudiant bien, & s'il a fait des reflexions attentives ſur ſon eſtat paſſé & ſur le preſent pourroit tres bien s'apper-

Il y a de la difference entre le ſentiment de prevention & celuy de la verité bien qu'on ne la puiſſe marquer.

per-

percevoir de la difference, mais cela ne peut être que pour luy, & il ne peut communiquer aux autres cette science. Ou tout au moins il ne sçauroit donner aux autres une Idée fort distincte de ces differences. Il me semble que cela est du bon sens de tous les hommes, & ainsi l'on ne peut voir une chicane plus indigne d'un homme de la capacité de M. Nicole que celle cy. Je voudrois bien qu'il me marquast les differences des impressions que font la fausse authorité, & la vraye, afin que nous sceussions quand une impression d'authorité nous trompe, ou ne nous trompe pas.

De ce que les hereti- ques par- lent com- me les orthodoxes il ne faut pas con- clurre qu'ils sen- tent la mesme chose.

Cette seconde reflexion nous conduit à une troisiesme. C'est que de la ressemblance & de l'egalité du langage, il ne faut pas conclurre la ressemblance des choses & des sentiments. Cependant c'est une illusion qui regne plus qu'on ne sçauroit dire en certains pays; & particulierement en celuy cy. Tout aussi tost qu'un heretique peut imiter le langage d'un ortodoxe, on veut qu'il soit tout aussi bien fondé que luy. L'orthodoxe dit je voys ma religion dans l'escriture, l'heretique dit la mesme chose. L'orthodoxe dit j'ay une parfaitte certitude d'une telle verité. Et moy dit l'heretique j'en ay une entiere de tel & tel dogme que j'enseigne. Les voila egaux, disent ces Messieurs, & ils ont autant de droit l'un que l'autre pour defendre leurs opinions, parce qu'ils ont les mesmes sentimens. Non: cela n'est pas ainsi, l'heretique & l'orthodoxe parlent de mesme, mais ils ne sentent pas de mesme. Quoyque l'illusion du mensonge & du Pere de mensonge imite la persuasion que produit le sentiment de la verité, c'est pourtant une imitation imparfaitte. Et je ne croiray jamais que les faux fideles sentent la douceur, la paix, le repos, les charmes que sentent ceux qui sont veritablement en possession de la verité.

Il en est de cela comme de la securité, & de la veritable paix de l'ame. Les pecheurs sont dans la securité, ils ne craignent rien pour leur etat à venir, soit qu'ils ne connoissent pas leur etat present, soit qu'ils soyent entestés d'une fausse idée de la misericorde de Dieu, ou de quelque autre chose semblable : le fidele à qui Dieu a donné le sentiment de son amour est aussi dans la tranquilité. L'un & l'autre sont donc dans une privation
de

de crainte, mais il ne faut pas s'imaginer pourtant que l'eſtat de ſecurité ait abſolument les meſmes caractéres, que celuy de la pieté tranquille. Cependant il n'y a pas d'homme qui en puiſſe marquer la difference par-ce qu'il n'y a pas d'homme qui ait ces deux ſentimens en meſme temps.

En quatrieſme lieu il faut remarquer que ces faux ſentimens qui ſont dans les heretiques ne peuvent ruiner la certitude des vrays ſentiments qui ſont dans les vrays fideles. Parce qu'il y a des gens qui ſe trompent, eſt-ce donc que je dois toujours être dans la penſée que je puiſſe etre trompé? Il y a des gens qui voyent quatre objets ou il n'y en a que deux: dont quand je voys quatre hommes dans un lieu, je dois douter s'il y en a deux ou quatre. Il y a illuſion dans la voye de de-monſtration comme dans les autres: mille gens ont pris de fauſſes demonſtrations pour de veritables: & à cauſe de cela il faut qu'un geometre doute de toutes les con-cluſions qu'il aura demonſtrées. Il n'y a perſonne qui ne ſente la vanité d'un tel ſophiſme.

Les erreurs des autres n'aneantiſſent pas nos certitudes.

Nous cherchons un moyen ſeur pour mener les hom-mes à la certitude de la foy. Il faut ſçavoir qu'il n'y a point de ces moyens ſeurs en eux meſmes & ſeparés de la grace, mais ils ſont tous ſeurs joints avec la grace qui eſt un fruit de l'election. La voye de l'evidence n'eſt pas celle de la foy. Car la foy eſt definie par les eſcoles, *aſſenſus inevidens*; & c'eſt la definition de S. Paul en autres termes, *la foy eſt des choſes qui ne ſe voyent point.* Il n'y a point de voye pour arriver à la foy que la ſoumiſſion à l'authorité divine. On trouve cette authorité divine ou par ſentiment, ou par authorité hu-maine, ou par examen. Si la voye de l'authorité eſt celle qu'il faut ſuivre, comme pretendent ces Meſſieurs il faut une grace qui conduiſe; autrement on ſera dans le peril de donner dans le piege d'une fauſſe authorité. Si c'eſt par *examen*, cette voye n'eſt point encore ſeure ſans grace, car mille gens ſont perdus par la. Si c'eſt par *ſentiment*, cette voye non plus ne ſera pas ſûre, car elle eſt ſuiette à l'illuſion. Mais & *'examen* & le *ſentiment* feront des voyes ſeures tout auſſi toſt que la grace y preſidera. Tout eſt ſeur avec la grace, rien n'eſt ſeur ſans elle: Tout eſt ſeur pour les elûs, rien n'eſt ſeur

Toute voye de rencon-trer la ve-rité eſt ſûre, avec la grace, nulle n'eſt ſure ſans la grace,

Heb. 8. 1.

pour

pour les reprouvés. Ainfi c'eſt mal raiſonner, que de raiſonner comme fait M. Nicole, *La voye de ſentiment conduit une infinité de gens à l'erreur dont c'eſt une voye d'illuſion.* Il n'y a pas de voye dont je ne puiſſe dire la meſme choſe.

Dieu conduit ſes elus à la vie & a la verité par des voyes qui ſont ſeures par ſa providence & ſa volonté.

Ceux que Dieu veut ſauver, il les poſe dans des chemins, où il leur fait trouver la ſeureté. Il les fait naître dans une Egliſe veritable, il leur donne des maîtres purs en la foy. Il fait que ces maitres leurs preſentent les verités de l'Euangile & les paſſages de l'eſcriture d'une maniere propre à leur donner le ſentiment de la verité ; & ſa grace interne accompagnant ces moyens externes leur donne toute l'efficace neceſſaire pour determiner l'eſprit & le cœur du coſté du bon & du vray. Quand le cœur a trouvé le bon & le vray par le ſecours de la grace, la meſme grace l'aſſure qu'il a effectivement rencontré cette verité. Elle luy en donne la certitude. Qu'un heretique ait une certitude trompeuſe d'avoir trouvé la verité, cela n'importe en rien, & cela ne peut empeſcher que je ne m'arreſte à la verité que je ſens parce que Dieu me fait la grace de la ſentir. Le ſuperſtitieus & l'Idolatre parlera tout de meſme que moy : les hommes ſont teſmoins que nous diſons tous deux la meſme choſe. Mais Dieu ſeul connoit la difference des *ſentimens* qui ſont en l'heretique & en moy. C'eſt luy ſeul qui en jugera. Je ſçay ſi l'on ne ſent pas encore dans cêt endroit, que M. Nicole ſe fait Pelagien, & raiſonne meſme ſur des principes qui ſont plus que Pelagiens pour nous combattre. Et j'avoue que plus j'avance dans cette diſpute, plus je concoy d'averſion pour le Pelagianiſme, car je voy que c'eſt une hereſie qui peut ruiner de fonds en comble la religion Chreſtienne. Si M. Nicole avoit reconnu une grace interne comme M. de Meaux, il auroit dit comme luy, *qu'il y a une Egliſe veritable ou l'on agit par des mouvemens divins.* Dans une des reponces au livre des prejugés on a mis aux mains Meſſrs. de Port Royal avec eux meſmes. On pourroit auſſi ſe donner le plaiſir de mettre M. de Meaux & M. Nicole aux mains l'un contre l'autre, ſi l'on vouloit en prendre le temps. Ils ont deffendu la meſme cauſe, mais je puis dire que pour detruire le livre de M. Nicole, je ne voudrois que celuy

de

de M. de Meaux. On peut l'avoir reconnu en divers
endroits d'oppofition que nous avons marqués : on en
pourroit marquer beaucoup d'autres.

CHAPITRE VIII.

Qu'on ne trouve pas dans l'authorité de l'Eglife de remede contre le peril de l'illufion , fauffeté de ce que M. Nicole dit la deffus , prodiges de confequences qui naiffent de fes principes, contradictions de Meffieurs de Port Royal.

IE ne faut pas finir cette matiere fans dire quelque
chofe des moyens d'affurer les hommes contre le peril
de l'illufion que M. Nicole veut trouver dans la voye
de l'authorité de l'Eglife. Il a bien vû qu'on pourroit
faire des difficultéz contre fa methode auffi fortes que
celles qu'il fait contre la nôtre. Il a voulu les prevenir , & il y a deftiné un chapitre , dans lequel il dit
que l'authorité de l'Eglife preferve les fimples contre les
fauffes impreffions , *que quelque paffages deftachés de l'e-*
friture leur pourroient donner , & qu'elle ajoute une entiere
certitude aux impreffions veritables. Cela va fort bien.
Mais avant que l'authorité de l'Eglife puiffe produire
ce bon effet , il faut fuppofer que c'eft une authorité
veritable & infaillible , car autrement fi un fimple ne
la fuppofe pas telle , & qu'elle ne foit pas telle en effet
l'authorité de l'Eglife pourra fortifier de fauffes impreffions & deftruire les veritables. La fauffe authorité n'eft
pas moins une voye d'illufion que la voye de fentiment.
Or comment le fimple s'affeurera-t-il que l'authorité de
l'Eglife Romaine n'eft pas une fauffe authorité? Ce ne
fera pas par la voye d'une authorité vifible ; car il n'y
en a pas d'autre au monde que celle de l'Eglife qui ne
doit pas etre crûe dans fa propre caufe ; Ce ne fera pas
par la voye d'examen , car elle eft impoffible aux
fimples. Ce ne fera pas enfin par la voye de fentiment ,
car c'eft une voye d'illufion. Ainfi voila M. Nicole
auffi avancé comme il étoit.

L'authorité de l'Eglife ne peut eftre un moyen de refifter aux fauffes impreffions mais fa direction y peut eftre treutile.

Il ajoute *que chaque fidele voit clairement qu'il n'eft pas*
jufte de fuivre une impreffion formée par certains paffages

contre

contre le jugement d'une grande Eglise. Par la mefme raifon les Grecs fimples font obligés de refifter aux impreffions que peuvent faire fur leurs efprits ces paffages
par lefquels les Latins veulent prouver que le fiege de
St. Pierre eft elevé en authorité au deffus de tous les
autres fieges ; Afin de voir clairement qu'il doit fuivre
l'impreffion que luy donne l'Eglife oppofée à celle de
certains paffages, encore une fois : il faut qu'il voye
clairement que cette Eglife ne peut errer. *Un* Catholique

Un fimple
ne fçauroit
fans teme-
rité s'ente-
nir au ju-
gement de
l'Eglife
comme
infaillible.

dit il encore, *n'eft point temeraire en croyant tout d'un coup*
que les paffages qu'on luy allegue pour la divinité de Jefus
Chrift ont le fens que leur donnent ceux qui inftruifent ; puis
qu'il peut être affeuré d'ailleurs qu'on luy parle au nom de
l'Eglife, & qu'on ne luy enfeigne rien qui ne s'enfeigne uni-
verfellement dans l'Eglife Catholique. Nous voudrions bien
fçavoir ce beau fecret comment le petit artifan de Paris
peut etrê affuré d'ailleurs que celuy qui luy parle c'eft
a dire fon curé, luy parle au nom de l'Eglife. Eft-il impoffible que ce curé la foit heretique ? Comment cêt
artifan fçaura-t-il que ce curé luy enfeigne ce qu'on enfeigne à Rome, à Madrid, à Vienne ? luy a-t-on apporté
des certificats de cela ? On luy a dit : Mais les gens
qui luy ont dit ne font pas infaillibles. Suppofé qu'on
luy ait dit vray & qu'il n'en puiffe douter fçait-il
s'il n'y a pas d'Eglife hors de l'Europe qui dife autrement. Comment fçaurat-il que l'Eglife Romaine a confervé la pure doctrine des peres ? fon curé l'affure que
cela eft ainfi : tellement que tout revient fur la foy de
fon pafteur. Voila une voye bien feure.

M. Nicole voyant bien que tout cela ne fuffiroit pas
pour mettre les fimples à l'abry des fauffes impreffions
des paffages de l'efcriture a trouvé un fecret admirable qui affurement remedie à tout. *Comment les Ca-*

M. Nicole
donne per-
miffion de
croire tou-
te forte
d'herefies
pourveu
qu'on s'i-
magine les
croire avec ce
l'Eglife.

tholiques ne feroient ils pas en pleine affurance en fuivant
l'authorité de l'Eglife puifque cette mefme authorité les met-
troit à couvert au moins à l'efgard de la plufpart des articles
quand mefme il arriveroit qu'ils fe trompaffent en attribuans
à l'Eglife ce qu'elle n'enfeigne pas.

C'eft à dire que fi les impreffions trompeufes que
l'efcriture donne, paffent pour veritables dans l'efprit
d'un fimple Catholique il eft exempt de peché pourveu
qu'en errant il croye pourtant ne rien croire que ce que

l'E-

l'Eglife croit. Meffieurs de Port Royal veulent qu'on remette l'efcriture entre les mains du peuple. Ils difent pourtant *que la plufpart des paffages font equivoques, que la plufpart des fens ne font que probables, par eux mefmes: que plufieurs mefmes donnent des impreffions trompeufes.* Remettre une telle efcriture entre les mains du peuple c'eft clairement le jetter dans le peril de l'erreur, car un fimple ne peut avoir fon directeur perpetuellement auprés de luy pour le confulter fur ces paffages qui donnent des impreffions trompeufes. Il fe pourra donc tromper, & il fe trompera affeurement en lifant l'efcriture. Mais n'importe il n'a qu'a croire que l'Eglife Romaine croit ces impreffions trompeufes des paffages qu'il a prifes pour veritables & le voila en affurance & en feureté. Ainfi qu'il croye que ces paroles, *que chacun s'examine foy mefme & mange de ce pain*, ruinent la prefence reelle, que les impreffions que donnent les paffages produits par les Sociniens contre les myfteres font les veritables, il vivra en affeurance pourtant; en croyant que le facrement de l'autel n'eft que du pain, que Jefus Chrift n'eft qu'un homme, qu'il n'y a pas de grace falutaire, point de peché originel, point d'enfer, pourveu qu'il fe perfuade que l'Eglife croit la mefme chofe. C'eft à dire qu'une feule erreur de fait le garantira du peril où toutes les herefies le pourroient jetter. Il faut avoüer pour cette fois que voila une voye abbregée & une voye feure.

Monf. Nicole ne nous echappera pas à la faveur de ces quatre petits mots, *au moins à l'efgard de la plufpart des articles.* Premierement il avoüe par la qu'un homme peut errer fans peril *à l'efgard de la plufpart des articles.* Cela eft fort honnefte d'abandonner la plufpart des verités Chrétiennes & de dire, errés, n'errés pas fur la plufpart de ces verités vous vivrés *en pleine affurance* pourveuque vous croyés croire ce que l'Eglife croit. Secondement nous cherchons un moyen feur de refifter aux fauffes impreffions de tous ces paffages en general qui prefentent d'abord aux yeux un fens trompeux. Et Monf. Nicole ne nous trouve un remede que pour quelques paffages; *mais à l'efgard de la plufpart il fuffit* de fe repofer la deffus; que quand on fe tromperoit, on fe tromperoit fans peril, pourveu qu'on crût qu'on eft
dans

Vaine echapatoire de M. Nicole.

dans l'opinion de l'Eglise. En troisiefme lieu nous cherchons des moyens de nous affurer contre les premieres impreffions, que donnent les paffages dont les Sociniens abufent. C'eft de cela dont a parlé M. Nicole dans les deux chapitres precedents. Et la deffus il nous repond que quand on feroit trompé fur ces premieres impreffions on feroit à couvert fous l'authorité de l'Eglife. C'eft donc des dogmes des Sociniens dont il s'agit. En quatriefme lieu je voudrois bien fçavoir quels font ces articles que M. Nicole met en referve. Car en difant que fur la plufpart des impreffions trompeufes que les paffages peuvent donner, il fuffit de croire qu'on croit ce que l'Eglife croit, il excepte donc quelques articles fur lefquels l'authorité de l'Eglife ne mettroit pas les fimples errants à couvert, en croyant feulement qu'ils croyent ce que l'Eglife croit. Ces articles refervés font ce, ceux qui font conteftés, par les Sociniens, la trinité, l'incarnation, la fatisfaction, la grace, l'eternité des peines ? Si ce-la eft, voicy des a ticles fur lefquels on ne s'en doit pas repofer fur cette penfée qu'on croit ce que l'Eglife croit. Ce font donc des articles lefquels il faudra examiner. Qu'on remarque bien ces mots. *Cette mefme authorité les mettroit à couvert au moins à l'efgard de la plufpart des articles.* Elle ne les met donc pas à couvert de tous : fi elle ne les met pas à couvert de tous- Il faudra qu'ils examinent cette propofition, *il y a telles erreurs dans lefquelles je pourrois tomber qui ne me feroient aucun tort, pourveu que je creuffe être dans l'opinion de l'Eglife. Mais il y a d'autres erreurs où l'authorité de l'Eglife ne me mettroit pas à couvert quand je croirois ne rien croire que ce qu'elle croit.* Comment fe tirera-t-il de cet embarras ? Comment connoitra-t-il de *l'importance*, ou de la *non importance* des erreurs & des fauffes impreffions que luy pourroient donner les paffages de l'efcriture ? Le voila dans les mefmes embarras où M. Nicole a mis nos fimples fur la queftion de la fuffifance des articles du fymbole de M. Claude.

M. Nicole ruine ce principe que tout ce que l'Eglife a defini eft de neceffité.

De plus cette diftinction, de ces certains articles dans lefquels l'authorité de l'Eglife met un homme à couvert, quand mefme il feroit en erreur, & d'autre ; dans lefquels cette authorité ne le mettroit pas à couvert, fuppofe qu'il y a des articles qui font neceffaires par eux mefmes

mefmes & d'autres qui ne le font pas, & par confequent
qu'il y a des points fondamentaux & d'autres qui ne le
font pas. Car il eft certain que les erreurs avec lefquelles on pourroit eftre fauvé en croyant contre ce que
l'Eglife a defini, fous une fauffe fuppofition que l'E-
glife auroit defini ce que l'on croit, ces erreurs dis-je,
ne doivent pas être ruineufes à la religion; Et au contraire ces erreurs fur lefquelles l'authorité de l'Eglife ne
mettroit pas à couvert doivent etre des erreurs fondamentales. Cependant unanimement ces Meffrs. fe
moquent de noftre diftinction de verités fondamentales
& non fondamentales; ils pretendent que tout ce que
l'Eglife a defini eft fondamental, & rien de ce qu'elle
n'a pas defini n'eft fondamental. Jufques la que M. Nicole nous dit, dans ce mefme livre que nous ferions
fchifmatiques, heretiques, & damnés quand nous n'aurions pas d'autre herefie que de ne pas croire la neceffité
du batefme definie par l'Eglife. Ce qui eft une des
moindres controverfes, qui nous divifent des Papiftes.
Ainfi puifque toutes les deffinitions de l'Eglife font fondamentales, c'eft de mauvaife foy que M. Nicole nous
diftingue icy certaines erreurs dont l'authorité de l'E-
glife nous mettroit à couvert, & d'autres dont cette
authorité ne nous mettroit pas à couvert. Il faut qu'elle
nous mette à couvert de tout, ou qu'elle ne nous mette
à couvert de rien. Si elle nous met à couvert de tout,
comme cela eft neceffaire felon les principes de M. Nicole, nous pouvons fans peril croire toutes les herefies
des Sociniens, pourveu que nous nous imaginions ne croire
que ce que l'Eglife croit.

Ces articles fur lefquels l'authorité de l'Eglife met à
couvert les fimples quoy qu'ils errent ne peuvent être
ceux que l'Eglife n'a pas definis. Car pour errer fans
peril dans ces fortes de chofes, on n'a pas befoin de fe
mettre à couvert de l'authorité de l'Eglife, & de dire,
je penfe croire ce que l'Eglife croit. Puifque felon les
principes du papifme, il eft permis de tenir le pour &
le contre dans toutes les matieres non decidées. C'eft
pourquoy aujourd'huy quelques gens croyent qu'il leur
eft encore permis de douter de la conception immaculée
de la vierge. On difpute dans les écoles fur le concours
prevenant & predeterminant? Il faut que l'une ou l'autre

Sur les articles non de-cidés on n'a pas befoin de l'authorité de l'Eglife pour errer fans peril.

des

des opinions oppofées foit fauffe. Quelqu'un eft en erreur, mais c'eft une erreur qui ne fait pas de mal, à caufe que l'authorité de l'Eglife n'a rien decidé. Il ne faut donc pas que M. Nicole nous dife que par les articles où en errant on eft pourtant à couvert fous l'authorité de l'Eglife font certaines queftions d'Ecole qui font encore indecifes. C'eft de ce qui a deja eté decidé par l'Eglife dont-il s'agit. Or voyés à quelle abfurdité cela reduit la foy Romaine. *Si quelqu'un dit que le corps de Iefus Chrift n'eft pas reellement dans l'Euchariftie qu'il foit anatheme.* Il faut ajouter felon M. Nicole à moins qu'il ne croye en croyant l'abfence reelle qu'en cela il eft conforme à l'Eglife. Faites en l'application à tous les articles de la religion Chrétienne & il fe trouvera que vous ferés un Chrétien qui aura dans l'efprit toutes les herefies, mais *qui fera pourtant dans une pleine affurance*, parce qu'il s'imaginera ne croire que ce que l'Eglife croit. Il eft donc evident que cette reftriction, *au moins en la plus part des articles*, eft vaine & incompatible avec les principes de la Theologie du Papifme, & que M. Nicole a inferé cette parenthefe de mauvaife foy. M. Nicole repondra à cela comme il a repondu aux contradictions & aux monftrüeufes abfurdites qu'on luy a fait fentir dans fon livre des prejugés.

M. Nicole ruine entierement ce que les efcrivains de Port Royal ont etabli pour la lecture de l'Ecriture fainte.

Pour la conclufion de ce troifiefme article qui regarde l'impoffibilité où font les fimples de rencontrer par eux mefmes le fens de l'efcriture fainte, je fouhaitte qu'on n'appuye pas legerement fur une chofe que je n'ay ditte, qu'en paffant. C'eft l'incompatibilité de ce que dit icy M. Nicole avec ce que luy & fes confreres ont dit fur l'obligation où l'on eft de rendre l'écriture au peuple. On reconcilieroit auffi toft la lumiere & les tenebres que ces deux chofes. Quand ils raifonnent en faveur de leur verfion ils difent de l'efcriture des merveilles:

Preface du Nouveau teftament de Mons.

que c'eft le principal inftrument dont Dieu fe fert pour écrire dans les cœurs cette loy d'amour & de grace: qu'il faut mediter fans ceffe les verités que Dieu nous enfeigne par ce divin livre: que les paroles de ce livre ne font pas feparées du faint Efprit, mais qu'elles font remplies de fon feu: ce qui les rend capables de produire dans les ames bien difpofées les mefmes effets de grace qu'elles ont produit dans toute la terre par la converfion de tous les peuples: que dans

cette

cette lecture nous trouvons la lumiere qui nous conduit, la force qui nous soutient, & les remedes qui nous guerissent. En ce temps la on ne parloit point d'escriture interpretée par l'Eglise on ne parloit que d'escriture unie avec le S. Esprit. Et cette heureuse union de l'esprit & de la parole faisoit que la lecture de ce divin livre etoit la source de la foy & de la charité, comme autrefois elle avoit eté celle de la conversion des peuples. En ce temps la c'estoit une lumiere qui conduisoit les simples, une force qui les soutenoit, un remede qui les guerissoit ; Aujourd'huy ce n'est plus cela ; de puis que l'on dispute contre les Calvinistes, la plufpart des sens de l'escriture ne sont que probables ; souvent les passages donnent des impressions trompeuses & conduisent dans l'erreur. Il n'y a plus de St. Esprit qui guide, il faut que l'esprit humain marche tout seul dans ces lieux dangereux. Tout est plein de pieges dans cette écriture, & le seul moyen d'eschapper le naufrage au milieu de tant de rochers, c'est de croire tout ce que l'Eglise croit en general , & de mettre toutes ses erreurs particulieres, à l'ombre de cette grande authorité. Il ne coute rien a ces Messrs. de dire blanc & noir selon la diversité des temps & des interets.

Chapitre IX.

Que sans l'authorité de l'Eglise, & sans examen de discussion les simples peuvent cognoitre quels sont les articles de foy necessaires au salut , & quels sont ceux qui ne sont pas necessaires.

J E pense avoir repondu à ce que M. Nicole dit de plus embarrassant dans le premier livre de son ouvrage sur les trois premiers articles qui prouvent selon luy, l'impossibilité de l'examen & les pretendües illusions de la voye de sentiment. Je ne me trouve pas obligé à le suivre d'aussi pres dans ce qu'il dit sur les deux autres articles, dont le premier est de la necessité des articles de foy, le second de leur suffisance. Selon luy il faut qu'un simple trouve seurement & par !luy mesme non seulement le vray sens des passages qui appuyent

ses

fes articles de foy, il faut de plus qu'il examine à fonds la queftion des points fondamentaux abfolument neceffaires à falut, & des points non fondamentaux fur lesquels on peut errer avec moins de peril. Il faut auffi qu'il fçache parfaitement fi les articles qu'on luy donne à croire font fuffifants, ou ne le font pas; fi l'on a fait attention aux chofes que nous avons dites, on comprendra que ce n'eft point ainfi que la grace produit la foy dans les ames fimples, qu'elle ne les promene pas dans les queftions de la fuffifance, ou non fuffifance, importance ou non importance, de la neceffité abfolüe ou non abfolüe des articles de foy, non plus que dans les queftions de la nature de l'authorité, de la vifibilité ou invifibilité, de l'infaillibilité de l'Eglife.

Les voyes de la grace font des voyes abbregées.

La grace a fes voyes abbregées, & fi M. Nicole ne les comprend pas, je le renvoye à M. de Meaux qui les luy fera comprendre. Quand il luy apprendra la maniere dont il dit que Dieu perfuade aux fimples l'authorité de l'Eglife. Je ne feray donc fur ces deux derniers articles que les reflexions lesquelles je croiray d'une abfolüe neceffité.

Sur la diftinction des points neceffaires à falut, ou non neceffaires, il pretend qu'un fimple n'a pu fe feparer de l'Eglife Romaine fans avoir bien etudié cette diftinction, parce qu'en fe feparant de l'Eglife Romaine il a du fe joindre à une autre fecte. Or il y a des Sociniens, des Remonftrants, & autres femblables gens qui reduifent ces point neceffaires à tres peu de chofe, qui pretendent par exemple que les myfteres de la trinité, de l'incarnation, de la fatisfaction, de l'eternité des peines, de la refurrection des mefmes corps &c. ne font point effentiels à la foy Chrétienne. Or, dit il, les fimples ne fçauroient avoir affez de lumiere pour vuider ces queftions fur lesquelles les heretiques repandent tant de tenebres. La voye de fentiment ne peut fervir à cela, parce qu'on ne fçauroit fentir dans un paffage que ce qui y eft; les paffages peuvent bien etablir la verité d'un article de foy quand on a penetré dans leur fens, mais ils ne fçauroient fervir à établir le degré de neceffité de cêt article de foy, car ils n'en difent rien.

Premierement il eft tres faux que la connoiffance diftincte des degrés de neceffité dans les articles de foy
foit

foit abfolument neceffaire pour la foy des fimples. J'aimerois tout autant dire que pour fe nourrir d'un pain
& d'une viande, il faut connoître de quelle maniere ce
pain & cette viande font compofées, comment leurs
parties fe feparent, fe diffoluent, & fe diftribuent dans
toutes les parties du corps : la grace agit certainement
dans les hommes par des voyes qui ne leur font gueres
plus connües que celles de la nutrition, & de la generation. Le vent fouffle où il veut, & comme il veut,
nous ne fçavons d'où il vient, ni où il va. Un fimple
qui n'a jamais ouy parler de points fondamentaux, ou
non fondamentaux, neceffaires, ou non neceffaires, ne
laiffe pas de recevoir les verités celeftes, de les appliquer
a fon ufage, & d'en tirer des fruits de confolation & de
fanctification.

La cognoiffance des degrés de neceffité dans les points de la foy n'eft pas abfolument neceffaire.

Secondement je dis que toutes ces belles fpeculations
ne fervent de rien à la caufe de M. Nicole fi nos fimples
étoient dans la neceffité de prendre parti entre le Lutherien, le Reformé, le Remonftrant & le Socinien, peut
être que ce raifonnement pourroit avoir quelque lieu.
Mais il s'agit fimplement entre M. Nicole & nous de
quitter l'Eglife Romaine & des raifons qu'on a de la
quitter. Et qu'eftoit il neceffaire pour renoncer à l'idolatrie d'examiner la queftion des points fondamentaux
& non fondamentaux ? l'efcriture dit nettement que les
Idolatres n'heriteront pas le Royaume des cieux. Ceux
qui fe reformerent fuppofoient que l'Eglife Romaine etoit
Idolatre ; que cette fuppofition foit fauffe ou non quoy-
qu'il en foit, elle les mettroit dans la neceffité de quitter
cette Eglife. Il n'eftoit plus neceffaire d'examiner, fi elle
avoit dans les autres chofes des erreurs fondamentales
ou non fondamentales. Il ne faut pas d'examen pour
fentir qu'on ne fçauroit adherer à un culte où l'on n'entend rien & dont on ne peut etre edifié. Le bon fens
dicte cela aux plus fimples. D'ailleurs fi les Reformés
ont eté temeraires en choififfant le parti de Luther ou
de Zuingle pluftôt que celuy de Socin, ce n'eft pas
l'affaire de l'Eglife Romaine il fuffit que nous n'ayons
pas eté temeraires en la quittant.

Quand nous au-rions efté temeraires en n'adhe-rant pas à Socin ; nous n'a-vons pas efté teme-raires en quittant l'Idolatrie du Papif-me.

La que-ftion de la neceffité de certains articles de foy n'eftoit pas nés du temps de la reforma-tion.

De plus il n'eftoit nullement neceffaire ni mefme poffible que ceux qui fe reforment dans le fiecle paffé prif-
fent connoiffance des demeflés qui font entre les Soci-

niens

niens, les Remonſtrans, & les Reformés ſur la neceſſité des articles de foy, & ſur les points fondamentaux. Car ces ſe ies n'eſtoient point encore nées: la reformation etoit faite & établie en France, en Allemagne, & en Angleterre quand Socin ſema ſes hereſies; Et les Remonſtrans ſont venus bien long temps depuis; Les hommes n'avoyent point alors à faire choix de ſectes il ne s'agiſſoit pour eux que de ſçavoir ſi l'Egliſe Romaine eſtoit pure ou non. C'eſtoit une queſtion qui n'eſtoit pas difficile a decider.

J'ajoute que ces petites chicanes ne pourroient embarraſſer que ceux qui ſont engagés dans une communion, qui ne s'y trouvent pas bien, & qui en veulent ſortir; & point du tout les ſimples qui ſont nés dans une communion où ils ſont nourris du ſuc de la parole de Dieu par un miniſtere legitime. Il ſuffit à un tel homme de ſçavoir qu'il a trouvé la verité, & n'ayant aucun ſcrupule ſur le fonds des choſes il ſeroit abſurde de le vouloir engager à une diſcuſſion ſur de ſimples acceſſoires.

Par ſentiment on peut cognoitre la neceſſité & l'importance des articles de foy.

Enfin je ſoutiens qu'il eſt faux que ſes ſimples ne puiſſent bien par voye de ſentiment cognoitre ſuffiſamment la neceſſité des articles de foy. Il n'y a rien que l'on ſente ſi facilement que l'importance des choſes. Il n'y a perſonne qui ne concoive facilement qu'il eſt de la derniere importance de croire en Dieu, de ne pas donner ſon honneur à un autre, de luy obeir, de le ſervir, de l'adorer. Il n'y a perſonne qui ne ſente qu'il eſt d'une neceſſité abſoluë de croire que l'ame eſt immortelle, qu'il y a des peines & des recompences apres cette vie. C'eſt un plaiſant ſophiſme que celuy de M. Nicole, on ne ſçauroit ſentir dans un paſſage que ce qui y eſt: la verité d'un article de foy ſe peut bien rencontrer dans un paſſage, mais il n'y eſt rien dit de la neceſſité de cet article de foy. Il n'y a point, dit il, de paſſage où il ſoit dit un tel article eſt fondamental; Si cela eſt neceſſaire, il eſt neceſſaire auſſi qu'on me trouve un paſſage ou il ſoit eſcrit *il eſt neceſſaire de croire en Dieu, c'eſt un article fondamental que celuy de l'immortalité de l'ame.* Ne pourra-t-on ſçavoir ſans l'authorité de l'Egliſe ſi la foy en Dieu & ſi l'immortalité de l'ame eſt nece ſſaire pour etré ſauvé?

Il

Il faut sçavoir que dans les mesmes passages où l'on trouve la verité on y trouve aussi l'importance de la verité , parce que châque verité a son poids ; Et les caracteres de ce poids & de cette importance marchent tousjours avec la verité. Qui est ce qui ne sent que les erreurs qui ruinent la gloire de Dieu & la souveraine felicité de l'homme sont capitales ; & que celuy par exemple qui fait de Jesus Christ une simple creature ruine sa gloire , & luy fait mesme outrage qu'on feroit à un Roy, lequel on mettroit au rang des valets ? qui est ce qui ne sent que ceux qui nient l'eternité des peines , & l'immortalité de l'ame des meschants , comme font les Sociniens, ruinent la religion & brisent le frein qui retient la cupidité des hommes ; tout de mesme que ceux qui nient la divinité. Car qu'il n'y ait point de Dieu , ou que je n'aye rien à craindre de la part de Dieu apres la mort , c'est la mesme, chose & ces deux impietés laschent egalement la bride à la concupiscence. Il n'y a point de simple qui ne sente cela & encore qu'il ne developpe pas tout ce qui est renfermé dans son sentiment il ne laisse pas de sentir reellement. Il faut se ressouvenir de ce que M. Nicole nous a appris que la connoissance par sentiment , est celle dans laquelle on voit tout d'un coup mais d'une maniere confuse ce qu'on peut voir en suitte en developpant l'objet peu à peu.

CHAPITRE X.

Que par le sentiment on peut tres bien connôitre la suffisance des articles de foy. M. Nicole par ses excés renverse toujours le Christianisme ; l'ame a ses besoins, elle les conôit & connôit aussi les choses qui la satisfont & qui remplissent ses desirs naturels.

LE mesme sentiment de l'ame qui donne connoissance du poids de l'importance & de la necessité des articles de foy, donne aussi cognoissance de leur suffisance. L'ame n'est pas de pire condition que le corps. Le corps sent bien quand il a ce qui est necessaire pour son bien estre, ou du moins l'ame le sent pour luy,

pour

pour quoy l'ame ne sentiroit elle pas pour elle mesme quand une religion luy fournit ce qui est necessaire pour la rendre bien heureuse? Ce que M. Nicole dit la dessus est asseurement plus Payen que le paganisme mesme *que l'on jette, dit il, les yeux sur l'estat de toutes les fausses religions du monde, où le Diable regne dans tous les cœurs, & l'on verra que l'on y vit en paix, & cette paix fait mesme une grande partie de l'aveuglement de ceux qui y vivent. Les Mahometans vivent dans un tres grand repos en croyant les folies de Mahomet, les Indiens & les Chinois en adorant leurs pagodes. Tous les heretiques sont en repos dans leurs erreurs, les impies dans leur impieté, les libertins dans leur libertinage, les vicieux dans leurs vices.* En voila assez pour renverser toute la religion Chrétienne. La satisfaction des consciences qui trouvent en Jesus Christ ce que l'on ne trouve nullepart ailleurs; la tranquilité de l'ame, *cette paix qui surmonte tout entendement,* cet esprit *qui crie à nostre esprit que nous sommes enfants de Dieu. Cette onction qui nous enseigne toutes choses,* & qui fait sentir aux ames devotes des plaisirs & des douceurs qui ne se peuvent exprimer. Cette charité *donc le sentiment est repandu dans nos cœurs par le St. Esprit.* Tout cela est vision & chimere; chaque heretique Idolatre & infidele en sent & en peut sentir autant. Cela se peut il dire; & comment ose-t-on escrire des choses si prodigieuses? La religion Mahometane est aussi suffisante pour l'ame qui cherche du repos que la religion Chrétienne. Il n'y a que l'authorité de l'Eglise qui puisse asseurer un cœur la dessus en luy disant vostre repos est juste & raisonnable & celuy du Mahometan est une illusion. Ainsi l'ame ne sent rien, elle ne sçait si elle est rassasiée ou si elle est vuide, si Dieu la remplit, ou ne la remplit pas, si l'esprit qui l'a charmée est l'esprit de Dieu ou l'esprit d'illusion. Je ne sçay ce que les autres sentent. Mais pour moy j'avoüe que j'ay une tristesse tres serieuse quand je voy que l'esprit de chicane porte des Chrétiens jusqu'à cest excés.

Encore un coup, je dis à M. Nicole qu'il y a une infinie difference entre la securité & la veritable paix de l'ame, entre le rassasiement & la plenitude que donne la connoissance de la verité, & la fausse plenitude que peut donner une fausse religion; que la conformité de lan-

Pag. 124.

M. Nicole ruine tout ce que le St. Esprit nous dit de la paix de la grace.

langage ne fait pas la conformité de sentimens ; que
l'on ne sçauroit luy marquer precisément toutes les differences qui font entre la veritable plenitude & la trompeufe, parce qu'on ne les a point senties, toutes deux
en mesme temps : que cependant on peut marquer quelques unes de ces differences, que le repos qu'on posse-
de dans les fausses religions est inquiet, imparfait, sans
douceur. C'est un profond sommeil qui rend insensi-
ble, il ne produit ni joye ni sanctification. Au lieu
que le repos d'une ame qui est dans la veritable religion
est le repos d'un homme eveillé qui sent distinctement
qu'il est bien, qu'il est plein, qu'il est à son aise, qu'il
sent des plaisirs qui luy font dire *mon ame est rassasiée*
comme de moüelle & de graisse, ta grace m'est meilleure
que la vie. Je suis rassasié de la graisse de ta maison. Il
y a dans ta main droitte des plaisirs eternels. M. Nicole
croit il donc que *les impies dans leur impieté, les libertins*
dans leur libertinage, & les vicieux dans leurs vices sentent
ces mouvements ; Sous ombre que l'on ne peut pas
apporter en preuve à un adversaire ces mouvements,
& ces plenitudes des bonnes ames qui ont trouvé
la verité, les traitter d'illusion c'est ouvrir la porte à
l'impieté & au libertinage.

Nous soutenons donc malgré les chicanes de nostre
adversaire, que les articles de foy de la religion Chrétienne prouvent leur suffisance par eux mesmes, comme
ils prouvent leur importance. Et que je n'ay pas besoin de trouver des passages qui me disent, ces articles
font suffisants où ils ne le font pas. M. Claude l'avoit
tres bien dit ; quand un objet remplit, tous les desirs
naturels de l'ame il prouve par la qu'il est suffisant. Et
c'est ce que fait la vraye religion, nous sentons nos mi-
seres, nous sentons que nous sommes nés pour la beatitude, nous sentons qu'il y a un Dieu, & nous ne
sçavons ou il est. Nous sentons que ce Dieu est en
colere contre nous, Nous sentons que nous ne sçaurions l'appaiser par nous mesmes, Nous souhaitons d'estre
heureux, & nous ne sçavons pas le chemin de la beatitude. Nous sentons que les creatures, ne nous rem-
plisent pas, & nous cherchons un objet vaste & infini
qui soit capable de remplir le vuide de nos ames. Nous
sentons que nostre felicité doit consister, dans la posses-

Il y a une grande difference entre la securité & la veritable paix de l'ame.

l'ame pieu-se & fidele cognoit la suffisance des articles de foy par eux mes-mes.

sion

fion d'un eftre infiniment parfait. Nous ne fçavons comment le trouver & nous unir à luy. Nous fentons qu'il y a une vie aprés ce fiecle, mais cet eftat eft pour nous de profondes tenebres. Sur tout cela l'ame forme des defirs, & la religion Chrétienne remplit tous ces defirs. Si l'on dit que la religion les remplit effectivement, mais que l'ame ne fent pas cela, je repons qu'il faut etre mondain pour parler ainfi. Car il n'y a pas de bonnes ames qui n'ayent fenti que la religion Chrétienne remplit actuellement en eux tous les befoins que je viens de marquer.

L'ame peut cognoitre l'eftendüe de fes defirs naturels.　　M. Nicole pour nous prouver qu'on ne peut connoitre la fuffifance des articles de foy que par l'authorité de l'Eglife, multiplie ces defirs, & les befoins naturels de l'ame. Il dit donc *que les fimples ne peuvent pas penetrer par leur lumiere & le nombre & l'eftendüe des defirs juftes & naturels de la confcience, en forte qu'ils fe puiffent affurer qu'il n'y en a pas d'autres.* Pourquoy cela? J'aimerois tout autant dire qu'une ame ne fçauroit penetrer toute l'eftendüe des defirs naturels neceffaires pour la confervation de fon corps. Dieu luy aura donné des lumieres pour la vie prefente & rien pour fentir ce qui regarde la vie avenir. Qui dit des *defirs naturels* dit des defirs qui font naturellement & neceffairement dans une ame laquelle cherche la vraye beatitude. Comment donc l'ame ne cognoitroit elle pas ces *defirs naturels* puifqu'ils font en elles? y a-t-il rien qui nous foit plus connu que nos befoins & nos defirs? Et encore que nous ne les cognoiffions que par un fentiment confus, c'eft pourtant un fentiment certain.

　　N'eft ce pas un defir jufte, nous dit nôtre adverfaire *de fçavoir les fupplices que les mefchants ont à craindre dans l'autre vie. C'eft un defir effentiel au Chretien de fçavoir l'avenement de Jefus Chrift & defirer fon jugement.* Sans doute: Mais M. Claude les a omis dans fon fymbole dit on. Que cela eft petit & pytoyable. On donne un échantillon de la religion Chrétienne : fous des articles generaux on comprend les articles particuliers, on en fuppofe quelques uns, on exprime les autres dans un petit abregé qui fe fait hazardeufement au milieu d'une difpute. Chicaner fur des omiffions qui fe font faites fans deffein, cela eft de mauvaife foy. De plus celuy

qui

qui inftruit de la vie eternelle pour les bons, n'inftruit il pas de la privation de cette vie eternelle pour les me- fchants? Le fymbole de M. Claude en parlant de la vie eternelle, comme le fymbole des Apoftres, nous inftruit fur la mort eternelle, quoyque le fymbole des Apôtres non plus que celuy de M. Claude n'en facent pas de mention. N'*eft ce pas*, dit M. Nicole, *un defir tres jufte & naturel de la confcience de connoitre à quels miniftres, & à quelle authorité il fe faut foumettre, de fçavoir à quoy s'e- ftend la communion des faints, & fi elle ne comprend aucuns devoirs envers ceux qui triomphent dans le ciel, ni envers ceux qui n'y font pas encore reçus. L'Eglife fatisfait à ces defirs par fa doctrine du purgatoire, & par celle de l'invoca- tion des faints.* Se moque-t-on de nous de mettre entre les defirs naturels celuy de fçavoir s'il y a un purgatoi- re & s'il faut invoquer les faints? Les defirs naturels font ceux qui cherchent à fatisfaire les befoins naturel- lement neceffaires. Je voudrois favoir fi l'ame fent naturel- lement le befoin de l'interceffion des faints? M. Nicole oferoit il affeurer qu'il eft neceffaire d'invoquer les faints & que fans cela on ne peut etre fauvé? oferoit il dam- ner les Grecs à caufe de cela feul qu'ils ne croyent pas de purgatoire? fi l'on s'en peut paffer ce ne font donc pas des befoins de l'ame. Si ce ne font pas des befoins de l'ame elle ne fçauroit avoir la deffus des defirs na- turels, car elle ne forme naturellement des defirs que fur les befoins naturels. Pareillement eft ce dans la for- me & dans les circonftances du miniftere que l'ame trou- ve de quoy remplir fes befoins? C'eft dont dans le miniftere en general: que la viande foit fournie à un homme par une main forte ou foible, faine ou malade, il en fera tousjours nourri: que la parole foit adminiftrée par un miniftre epifcopal, prefbyterien, hyerarchique &c. Ce ne fera pas le miniftere dans fa forme qui nourrira l'ame & remplira fes befoins, ce fera la doctrine com- muniquée par le miniftere qui la fatisfera. C'eft bien peu penetrer, pour un homme qui reproche aux autres, *de ne pas penetrer les verités un peu fines.*

Enfin dit noftre adverfaire, les fimples ne peuvent pas penetrer par leur lumiere le nombre & l'eftendüe des defirs naturels parce que les remedes par lefquels Dieu guerit nos maux *ne dependent pas du choix des hom- mes,*

Le purga- toire & l'invoca- tion des faints ne fatisfont aucuns be- foins natu- rels.

Pag. 127.

Dieu n'a pas attaché le falut à fes volontés libres independamment des befoins de l'ame & ees volontes libres font revelées dans fa parole.

mes, mais des decrets libres de Dieu qui a pû prescrire aux hommes tels devoirs qu'il luy a plû & les astreindre à telles loix positives qu'il a jugé à propos, il leur a pu commander la creance de tel nombre de verités qu'il a voulu, entre celles qu'il a revelées & il a pû les obliger à tel nombre qu'il a voulu de Sacrements exterieurs. Il a pû les soumetre à tel ordre & à tel gouvernement qu'il luy a plu choisir. Et de la il infere que c'eft une conclufion infenfée que de dire *je fuis en repos donc je connois tout ce que Dieu a voulu librement rendre necessaire à mon falut.* Je foutiens que cette propofition n'eft infenfée que dans la bouche d'un infidele & d'un Payen, & nullement dans la bouche d'un homme né Chrétien, qui peut dire; J'ay lu la parole de Dieu. Je trouve dans la revelation dequoy fatisfaire à tous mes befoins. J'ay rencontré ce calme & ce repos que mon ame ne rencontroit pas ailleurs. Et cela me perfuade que j'ay trouvé dans la religion Chrétienne tout ce qui eft neceffaire pour mon falut. Car nulle autre religion ne repondoit à mes defirs naturels comme fait cette religion que je trouve dans les livres facrés fans avoir recours a la tradition. Je voudrois bien fçavoir quels font ces befoins & ces defirs naturels pour la fatisfaction defquels il nous feroit neceffaire de courir hors de l'efcriture: qu'on nous les marque.

Les remedes que Dieu prefcrit comme neceffaires au falut dependent des decrets libres de Dieu. Cela n'eft pas vray que ces remedes dependent des volontés libres de Dieu independamment & fans rapport aux befoins naturels de l'ame, Dieu a fait l'ame avec certains caracteres & certains befoins: & il s'eft obligé à remplir ces befoins par des biens convenables à la nature de l'ame; C'eft a dire fpirituels, folides, infinis; Et les preceptes qui ne confiftent qu'en obfervances naturellement libres ne font pas deftinés à unir les ames à Dieu. C'eft l'office de la foy & de l'amour, devoirs naturels & qui repondent aux defirs naturels de l'ame. Mais je veus que cela foit vray & que Dieu ait rendu noftre falut dependant de certains devoirs qui n'ont pas de liaifon naturelle avec nos befoins, ne nous a-t-il pas revelé ces decrets libres dans fa parole? Et n'eft il pas toujours vray que nous trouvons dans cette parole dequoy fatisfaire à tous nos befoins? *Il y a des loix pofitives, il y a des facrements*

ments entre ces remedes: sacrements & loix positives qui de-
pendent purement de la volonté de Dieu. Premierement ce
ne font pas ces loix positives, & ces observations exterieures qui remplissent l'ame, ce ne font que des
moyens externes pour l'application des graces de Dieu.
secondement ces loix positives font partie de la revelation & ils nous font revelés dans le degré de necessité
qui leur convient, non de necessité absolüe, mais de *ne-*
cessité de precepte comme on l'appelle.   Et Dieu n'a attaché le falut qu'a la connoissauce de ces verités qui naturellement repondent aux necessités & aux desirs de
l'ame.

   C'est par ce caractere que je puis distinguer entre Les verités
les verités qui font revelée, celles dont la connoissance ont des caracteres
est necessaire pour mon falut, de celles qui ne le font & l ame a
pas.   Dieu nous apprend que les familles des Patriar- un gout
ches descendirent en Egypte composées de 75 ames selon pour cog-
la supputation de S. Estienne au 7me. des actes.   Dieu noitre ce
nous apprend aussi que fon fils est, venu au monde pour qui rem-
satisfaire pour les pechés des elus, & des pecheurs pe- plit fes be-
nitents.   Est il possible qu'il n'y aît aucun caractere foins & ce
qui face fentir la difference qui est entre ces deux ve- qui ne les
rités.   N'est il pas clair que la derniere verité repond remplit
aux befoins & aux desirs naturels de l'ame, & que la pas.
premiere n'y repond point du tout: & c'est par la que
je puis cognoitre que la premiere verité n'est pas necessaire & que la feconde l'est.   Quel mal me peut il
arriver fi j'ignore le nombre des enfants de Jacob qui
descendirent en Egypte?   Mais quelle confolation puis
je goûter fi je ne sçay que Jef. Christ est le redempteur
du monde, & celuy par qui j'obtiendray la remission
des peches? Je n'ay pas befoin de l'authorité de l'E-
glise pour m'assurer que la premiere verité n'est pas importante au falut; mais que la derniere est fouverainement
necessaire. Je n'ay pas befoin de trouver un passage qui
me dife, une telle verité est absolument necessaire à
connoitre, celle la ne l'est pas. On fent cela, & les
plus fimples le fentent. Il n'est pas vray que Dieu
ait prescrit aux hommes fous une indispensable necessité
des devoirs auxquels il ait attaché le falut, outre ceux
qui font naturellement necessaires pour remplir les desirs
de l'ame. Mesme fous la loy les devoirs externes qui
                                                    consi-

confiftoient en ceremonies n'obligoient qu'autant que l'obfervation en eftoit poffible, car nul n'eftoit obligé a l'impoffible.

Mais voicy bien plus. Ces Meffrs. pretendent que les befoins de l'ame dependent des decifions libres de l'Eglife auffi bien que des decrets libres de Dieu. Quand il plait à l'Eglife d'impofer la neceffité de croire une doctrine quelque peu importante qu'elle foit, voila un nouveau befoin pour l'ame. Il ne coute rien d'affirmer mais la peine eft deperfuader. Si Dieu n'a pas voulu ufer d'un droit qu'il, avoit affurement, pourquoy permettroit il à ce qu'on appelle l'Eglife d'ufer d'un droit qu'affeurement elle n'a pas. C'eft à dire d'impofer neceffité aux confciences de croire ou de ne pas croire telle chofe fans peine d'eternelle damnation? Aujourd'huy une doctrine n'eft point neceffaire au falut, chacun en croit ce que bon luy femble, & demain il faudra la croire fous peine d'eftre anatheme & feparé de J. Chr. de maniere qu'il ne dependra que de l'homme de multiplier les befoins de l'ame & de luy prefcrire de nouveaux remedes pour le falut à l'infini, c'eft une pretention abfurde & folle. Ainfi franchement M. Nicole a beau nous citer les catalogues des herefies, les decifions des conciles, & leurs anathemes fur des controverfes, qui ne font de nulle importance, & l'authorité des peres Grecs & Latins; nous n'en croirions pas tous ces gens la: s'ils etoit vray qu'ils euffent cru avoir le droit d'impofer neceffité fous peine de mort eternelle, de croire ce qu'il êtoit libre de ne pas croire auparavant. Mais nous ne croyons pas que ces perfonnes fages ayent eu une penfée fi peu raifonnable, & il ne feroit pas difficile de les juftifier la deffus. Les conciles n'ont pas plus le pouvoir d'augmenter les befoins de l'ame que les medecins ceux du corps. Si un medecin difoit à un homme, jufques icy voftre eftomach s'eft bien contenté de pain, de vin, & de viande; vous en avés fort bien vefcu: mais deformais je vous ordonne de manger un tel aliment outre ceux dont vous avés eté nouri cy devant, à faute de cela vous mourrés; la folie d'un tel medecin feroit fenfible. Ce n'eft pas une moindre folie, & c'eft une beaucoup plus grande temerité que celle qu'on fait pratiquer aux conciles, & à ce qu'on

Il n'eft point au pouvoir de l'Eglife de multiplier les befoins de l'ame.

appel-

appelle l'Eglise. Il est vray, dit on, vostre ame avoit de
dequoy remplir tous ses besoins il y a huit jours dans
les verités qui avoient eté decidées, elle en pouvoit vivre. Mais depuis qu'un telle decision est faite c'est
un nouveau remede dont l'usage est necessaire pour la
conservation de la vie de vostre ame, vous pouviés autrefois bien vivre sans cela, mais desormais vous estes
morts eternellement, si vous ne recevés ce nouvel aliment. Cela est d'une absurdité qui doit sauter aux yeux
de tout le monde. C'est pourquoy je concluds que les
simples sans considerer les conciles ni l'Eglise Romaine
peuvent tres bien connoître que les verités qu'ils trouvent dans l'escriture sont suffisantes pour les sauver.
Cela est sujet à l'illusion je l'avoüe, mais l'illusion de cêt
homme dont parle Esaye qui pensoit se rassasier en
dormant n'empesche pas qu'un homme qui veille ne
sçache tresbien, qu'il a mangé & qu'il est rassasié.

CHAPITRE XI.

Que les simples ont pû facilement cognoitre que l'Egli-
se Romaine a des erreurs damnables, que son Ido-
latrie est sensible. Que l'honneur qu'elle rend aux
saints, n'est pas un honneur de societé, & qu'elle n'in-
voque pas les saints dans le mesme esprit dans le-
quel nous prions les fideles sur la terre de prier pour
nous.

NOus avons suivi M. Nicole asséz pas à pas jusqu'a son chapitre onsieme inclusivement; les
trois suivants jusqu'au quinsiesme ne meritent pas que
nous nous y arrestions: le dousiesme est employé à prouver que nous n'avons pû sans temerité nous separer de
l'Egl. Rom. sous pretexte qu'elle avoit des erreurs damnables. Parce que nos simples, nos Conciles de femmes & d'enfants n'avoient pas asséz de capacité pour
juger si les erreurs de l'Eglise Romaine estoyent damnables. Pour plus facilement prouver cela il suppose d'abord que plusieurs des nôtres ont eté forcés d'avoüer
que l'Eglise Romaine n'a point d'erreurs fondamentales.
M. Ni-

M. Nicole nous feroit plaifir de nous marquer ces gens
la , & nous luy pourrions faire voir qu'ils etoient tres
mauvais proteftants.   Il y a deux fortes d'erreurs fondamentales les unes qui enlevent & deftruifent les fondements en les niant : Les autres en confervant les fondements les renverfent.   Ce feroit faire beaucoup de
grace que d'accorder à l'Eglife Romaine qu'elle n'a pas
d'erreurs fondamentales du premier ordre.   C'eft à dire
qu'elle ne nie pas les fondements.   C'eft errer fondamentalement & pofitivement que d'eftre l'Anti-Chri-
ftianifme.   Or certainement le Papifme eft l'Anti-
Chriftianifme.   Jamais aucun veritable proteftant n'a
dit & n'a pu dire que l'Eglife Romaine n'a pas d'erreurs
fondamentales du fecond ordre.   C'eft un fondement
que le 1. commandement de la loy, *tu n'auras pas d'autre Dieu devant ma face.* l'Eglife Romaine le laiffe , mais
elle le detruit , & rend un culte veritablement divin
aux creatures , à des faints , à des anges , à du pain. Le
fecond commandement eft un autre fondement : l'Eglife
Romaine n'a ofé le retrancher , mais elle l'aneantit entierement par le culte Idolatre de fes images. Ces deux
articles fuffifent , & quand il n'y auroit que cela dans
l'Eglife Romaine , c'eft affez pour la pouvoir accufer
d'erreurs damnables &c. Il ne faut pas d'examen pour
s'affeurer la deffus.   Il n'y a homme fi fimple qui ne
foit capable d'entendre le decalogue , & ce commandement fi fouvent reiteré *tu adoreras le feigneur ton Dieu,
& à luy feul tu ferviras.*

Nous ne tombons pas accord que l'Eglife Romaine n'ait pas d'erreur fondamentales elle en a plufieurs.

M. Nicole dit la deffus une chofe fur la quelle on a
peine à en croire fes yeux. *Cette temerité eft d'autant
plus horrible qu'il ne s'agit point de paffages clairs qui condamnent l'invocation des faints & le culte des creatures , tel
que l'Eglife le rend.* Ce n'eft pas un texte clair que celuy qui dit *tu adoreras le feigneur ton Dieu , & à luy feul
tu ferviras, &* celuy cy , *que nul ne vous condamne au fervice des anges.* Et celuy cy contre les images , *tu ne te
feras aucune image taillée & ne te profterneras pas devant
elles ?* A quoy fervent ces mots *tel que l'Eglife les rend ?*
M. Nicole croit-il echapper par la ? l'Eglife Romaine
rend un culte aux creatures veritablement Idolatre , &
non feulement, je le croy , mais je fuis perfuadé que
M. Nicole le croit comme moy. *Car il eft dans le*
fen-

L'efcriture a des paffages clairs qui con-damnent le culte reli-gieux des creatures.

sentiment de celuy qui a fait *les avis salutaires de la
vierge à ses devots indiscrets.* Et de mes propres oreilles
j'ay entendu avoüer à un homme qui n'est pas moins
habile que M. Nicole & d'un plus grand caractere
dans le monde, que l'invocation des saints étoit une
Idolatrie selon la maniere dont on la pratiquoit ordinairement dans l'Eglise Romaine. Si l'on veut un tesmoignage imprimé, on peut voir les reflexions de M. Arnaud sur le preservatif, où sans le mettre en peine de
justifier d'Idolatrie le P. Crasset qu'on en avoit accusé il
ne repond autre chose sinon que le P. Crasset est un
miserable Jesuite & son livre un pitoyable livre.

M. Nicole dans son XIII. chapitre fait l'Apologie *Le culte
qu'on rend
aux saints
est de mes-
me espece
que celuy
qu'on rend
à Dieu.*
de ce culte, mais toute cette apologie est fondée sur
deux principes faux. Le premier que l'honneur qu'on
rend aux saints n'est qu'un honneur de societé, le second
qu'on prie les saints dans le mesme esprit qu'on prie un
fidele sur la terre de prier Dieu pour nous. C'est une
chose etrange que l'aveuglement de ces Messrs. qui
s'imaginent qu'on les en croira sur leur parole dans des
faits aussi evidemment faux. Ils repetent tousjours la
mesme chose & s'obstinent à ne pas repondre un mot
à toutes les preuves evidentes qu'on leur apporte pour
prouver que le culte qu'on rend aux saints est un culte
divin, de mesme espece que celuy qu'on rend à Dieu.
Puisque M. Nicole vouloit soutenir ce que M. de Meaux
a avancé dans son exposition catholique il devoit repondre à ce que l'on a opposé à M de Meaux. Dans
la reponce que j'ay faite au livre de cet Evesque je pretends avoir demonstré le contraire, & prouvé qu'on fait
des voeux aux saints comme à Dieu, qu'on leur bastit
des temples comme à Dieu, qu'on leur demande tout ce
qu'on demande à Dieu, qu'on sacrifie en leur honneur
comme à l'honneur de Dieu. Et dans nostre dernier
ouvrage *Prejugés legitimes contre le Papisme* on trouvera
plusieurs chapitres qui font voir que la pluspart poussent
cette Idolatrie à un point qui donne de l'horreur, mesme aux plus moderés pretendus Catholiques. Nous
leur avons dit cela mille & mille fois: Mais n'importe
M. Nicole va tousjours son chemin & n'en tient non
plus de conte que s'il n'avoit jamais eté dit.

Il suppose dans ces deux chapitres qui sont plustost

K k une

L'invocation des saints du temps de S Augustin n'estoit pas ce qu'elle est dans l'Eglise Latine.

une difpute pour l'invocation des faints que contre la voye d'examen que depuis treize cents ans l'Eglife univerfelle eft dans la pratique où eft aujourd'huy l'Eglife Romaine à l'efgard de ce culte. C'eft ce qu'on luy nie. On a bien commencé d'invoquer les faints du temps de S. Ambroife & de S. Auguftin, mais il eft faux que ce fuft de cette invocation & avec ce culte Idolatre qui eft aujourd'huy eftabli par authorité dans l'Egl. Romaine. On luy nie que les Grecs invoquent les faints d'une maniere auffi Idolatre que l'Eglife Latine & avec autant d'exces. On fera obligé de redire quelque chofe fur la matiere en repondant au troifiefme livre où il revient encore à parler de cêt article.

Les Calviniftes croyent par authorité comme S. Auguftin a jugé qu'il faloit croire par authorité.

Le quatorziefme chapitre eft employé à prouver que la voye d'authorité eft fi naturelle que mefme les Calviniftes la fuivent fans la vouloir fuivre : Car ils ne croyent, dit M. Nicole, que fur l'authorité de leurs miniftres. Je ne m'arrefteray point icy parce que j'ay deja repondu à cela. J'ay fait voir que ce fophifme eft fondé fur une equivoque, & fur ce que l'on confond le *miniftere* de l'Eglife avec fon *authorité*. Nous croyons par le *miniftere* de l'Eglife, fon authorité nous eft mefme le premier motif qui nous porte à croire, mais ce n'eft pas le motif fur lequel nous nous repofons, ni à quoy nous nous en tenons. Cette reflexion nous conduit naturellement à l'endroit par où nous voulons conclurre cette difpute de l'authorité & de l'examen. C'eft l'opinion de S. Auguftin laquelle eft abfolument femblable à la noftre. Il croit comme nous, & nous croyons comme luy, qu'a ceux qui veulent fortir de l'erreur & embraffer la foy Chrétienne le miniftere & fi l'on veut l'authorité de l'Eglife leur eft de grand ufage ; que cela doit les appliquer à confiderer attentivement la doctrine, & leur donner un favorable prejugé pour la religion. Ce qui les difpofe à fentir les verités Chrétiennes & à les connoitre par elles mefmes : cognoiffance qui produit enfin la foy. M. Nicole fuppofe avec hardieffe que S. Auguftin eft pour luy. Nous l'allons voir.

CHA-

CHAPITRE XII.

Analyse de la foy selon S. Augustin M. Nicole l'a tres
infidelement rapportée. Cette Analyse se trouve en-
tierement dans le livre de utilitate credendi. Et
dans celuy de unitate Ecclesiæ. Analyse des douze
premiers chapitres de ce premier livre, où il paroit
que selon S. Augustin, le tesmoignage de l'Eglise ne
fait que preparer à la foy & ne l'appuye pas.

MOnf. Nicole dans le X V. chapitre de son premier livre nous donne l'Analyse de la foy selon
S. Augustin, & nous prouve qu'elle est conforme à
celle de l'Egl. Romaine. Il tire cette Analyse principalement du livre de *utilitate credendi* dont il produit deux
ou trois passages. Il est certain que si S. Augustin avoit
dit quelque chose de favorable au sentiment de l'Eglise
Romaine sur la voye qui conduit les hommes à la foy,
ce seroit dans cêt ouvrage: mais il n'a rien dit que nous
ne puissions dire avec luy. M. Nicole l'a bien senti,
c'est pourquoy luy qui ne plaint pas ses peines ne s'est
pas donné celle de nous donner une parfaite Idée de la
Theologie de S. Augustin dans ce livre. Il a crû que
nous ne le lirions pas, & que nous ne l'avions point
lû, que nous ne conterions pas pour si grande chose le
suffrage de cêt ancien, & qu'ainsi nous le luy aban-
donnerions sans dispute. Nous n'en voulons pourtant
rien faire. Cy dessus quand nous avons parlé de l'Idée
de l'Eglise & de son unité il a assez paru que nous agissons de bonne foy, & que nous n'avons point dessein
de tirer S. Augustin à nous quand on ne l'y peut amener qu'avec violence. Je veux agir de meilleure foy
que M. Nicole & mettre icy devant les yeux des lecteurs
une Analyse exacte du livre de *utilitate credendi*; avec
le secours de laquelle chacun pourra sans peine suivre
les raisonnements de ce Pere en les lisant dans la source.
Et nous y joindrons ce qu'il dit dans le livre de *uni-*
tate Ecclesiæ, dans ces deux ouvrages nous trouverons
la parfaite Analyse de la foy selon S. Augustin.

Mais avant cela il faut representer par un seul passage

de

de cêt ancien quelle a eté, selon luy, l'Analyse de la foy, & nous ferons voir que ni dans le livre *de utilitate credendi* ni ailleurs, il ne s'est point eloigné de cette Analyse. Ce seul passage c'est celuy que nos Autheurs ont assez souvent cité a ces Messrs. tiré du traitté 15me. sur, S. Jean vers la fin. *La femme samaritaine* dit il, *apporta la premiere nouvelle, & les samaritains creurent sur le tesmoignage de la femme. Ils prierent Iesus Christ de demeurer avec eux, & il y demeura deux jours, & beaucoup plus de gens crurent à luy. Et apres avoir crû ils disoient à la femme, ce n'est pas tant pour ta parole que nous avons crû, mais nous mesmes l'avons connu & connoissons que celuy cy est veritablement le Sauveur du monde, premierement par la renommée & par le rapport d'autruy, en suitte par sa presence. C'est ainsi que la chose se passe à l'esgard de ceux qui sont hors de l'Eglise, & qui ne sont pas encore Chrétiens. Iesus Christ est annoncé par les amis qui sont les Chrétiens; cette femme c'est à dire l'Eglise le leur annonce. Ils viennent à Iesus Christ; ils croyent sur ce rapport: Iesus Christ demeure chés eux deux jours c'est à dire, il leur donne les deux preceptes de charité, & alors beaucoup plus de gens croyent & plus fermement qu'il est le Sauveur du monde.* Il faut n'avoir pas d'yeux pour ne pas voir la dedans. I. Qu'il parle de la maniere dont les infideles viennent à la foy. *C'est* dit il *ainsi que la chose se passe à l'esgard de ceux qui ne sont pas encore Chrétiens.* Il faut se ressouvenir de cela parce que les passages que l'on tire de S. Augustin pour l'authorité de l'Eglise contre la voye d'examen sont presque tous tirés de ses disputes contre les Manicheens, qui estoyent hors de l'Eglise, & qui n'estoient nullement Chrétiens. II. Il est clair que l'authorité de l'Eglise, selon S. Augustin, ne peut etre une authorité infaillible, car il la compare à celle de cette femme samaritaine sur la parole de laquelle les samaritains creûrent. Il l'appelle *fama* un rapport, un tesmoignage: or ce qu'il appelle *fama* ce rapport d'un particulier ne fut jamais regardé comme infaillible. III. Il est clair aussi que selon, S. Augustin, l'authorité de l'Eglise n'est qu'une authorité de ministre & nullement de Juge. Car ce seroit se moquer que de comparer le ministere de l'Eglise à celuy de la samaritaine, si celuy la etoit une ministere d'authorité souveraine & infaillible. IV. Il est evident

Selon S. Augustin l'Eglise n'est que le premier ministere qui nous introduit à la foy.

dent auſſi que la foy que les hommes ont ſur la parole
de l'Egliſe n'eſt qu'une foy preliminaire & une diſpoſition à la vraye foy *credunt per iſtam famam*. Ils croyent ſur ce rapport comme on croit ſur le rapport d'un
honneſte homme, mais qu'on ne croit nullement infaillible. V. Enfin il eſt clair que, ſelon S. Auguſtin,
la vraye foy ſe produit par la preſence, *per preſentiam*,
par la veüe, par la cognoiſſance, par le ſentiment de la
verité meſme ; *mulιò plures & firmius in eum credunt*, ſelon cette Analyſe le teſmoignage & le miniſtere de l'E-
gliſe va devant ; Les caracteres qui ſont dans cette Egliſe, ſes miracles, ſa ſainteté &c. ſont des motifs qui
portent l'eſprit à luy preſter une favorable attention ;
ſon authorité forme dans l'eſprit des Payens & des infideles un favorable prejugé. Sur ce favorable prejugé
qui eſt deja une eſpece de foy au moins une diſpoſition
à la foy, ils ſe laiſſent inſtruire, ils cognoiſſent la verité par elle meſme, & alors ils croyent d'une veritable & ferme foy. C'eſt la preciſement l'Analyſe de la
foy ſelon S. Auguſtin, & nous l'allons juſtifier par l'A-
nalyſe du livre *de utilitate credendi*.

Ce livre eſt une lettre à l'un de ſes amis qui etoit
encore engagé dans l'hereſie Manicheenne. Il diſtingue
d'abord l'heretique de celuy qui croit a l'heretique par
ſeduction & pour avoir donné dans les pieges des docteurs de l'hereſie ſans eſprit d'orgueil : ſuppoſant que
ſon amy eſt du nombre des derniers, il le veut guerir
de ſa maladie, & l'amener à la foy par la voye la plus
naturelle. C'eſt qu'il le veut obliger à eſcouter l'Egliſe & à ſe faire inſtruire par ſes docteurs. Et voicy
comme il luy exprime ſon deſſein. *J'ay deſſein de vous
prouver ſi je puis, que c'eſt avec temerité & ſacrilege que les
Manicheens font des invectives contre ceux qui ſuivant l'authorité de la foy Catholique, devant que de pouvoir contempler
la verité qui ne ſe peut voir qu'avec un eſprit pur ſe, premu-
niſſent en croyant & ſe preparent a recevoir l'illumination de
Dieu qui les doit illuminer, & illuminaturo præparantur Deo.*
Ce paſſage qui eſt à la teſte du livre eſt la clef du reſte
On y voit. I. Que d'abord on ſuit l'authorité de la foy
Catholique, c'eſt à dire le teſmoignage de l'Egliſe, ou
plutoſt celuy des parents ou des precepteurs par leſquels
on eſt inſtruit. II. Que cette foy va devant la veüe

Quel eſt la
deſſein de
S. Auguſtin
dans le
livre
*de utilita-
te credendi*
l'authorité
eſt la pre-
paration a
la foy.

Kk 3   de de la verité. *On croit devant que de contempler la verité qui ne se voit que par un esprit pur.* III. Que cette espece de foy qu'on a sur le tesmoignage de l'Eglise n'est qu'une preparation à l'illumination de Dieu, & *illuminaturo præparantur Deo.* Ce qui fait voir que, selon S. Augustin, la foy fondée sur le rapport, sur le tesmoignage & sur ce qu'il appelloit *fama* n'est pas une vraye foy, mais une disposition à la foy. Car toute vraye foy est une illumination de Dieu. IV. Enfin on voit la dedans, si l'on a des yeux, que la veritable illumination qui a Dieu pour autheur, & en quoy consiste la vraye foy, ne se produit que par la veüe de la verité elle mesme, *qui ne se contemple que par un esprit pur.* Et par consequent cette persuasion qu'on avoit sur le tesmoignage, quoy qu'il l'exprime par les mots, *credendo præmuniuntur* n'estoit proprement qu'une foy preparatoire & une disposition à la vraye foy. Voila donc son but; c'est de prouver que l'Eglise Catholique a de si grands caracteres d'authorité & de pureté par opposition aux autres societés, qu'on doit avoir sur son tesmoignage, une foy preparatoire en attendant que par l'instruction on puisse obtenir la vraye foy & l'illumination divine. Ceux qui nient que ce soit la le sens n'ont pas de sinecrité & j'espere les couvrir de confusion par ce qui suit dans tout le livre.

En effet nous voyons par les paroles suivantes que les Manicheens vouloient qu'on ne fit aucun cas de l'instruction des parents & qu'on suspendît entierement son jugement jusqu'au temps qu'on seroit parvenu à l'aage de raison & qu'on auroit fait discussion de la verité, c'est l'opinion que S. Augustin combat & cela ne nous regarde pas, car nous avoüons que la providence de Dieu se sert tres heureusement du ministere des precepteurs dans l'enfance pour les disposer peu à peu à recevoir la foy; & nous ne donnons conseil à aucun enfant de suspendre son jugement jusqu'á ce qu'il soit venu en aage de raison. Nous avoüons que l'instruction des maitres peut donner aux enfants une espece de persuasion qu'on peut appeller foy, mais nous nions avec S. Augustin que ce soit une veritable illumination & une vraye foy.

Cap. 2. 3. 4. 5. 6.

Dans les chapitres suivants jusqu'au septiesme il dispute

ſpute contre les Manicheens pour le vieux Teſtament à qui ces heretiques en vouloient ſur tout. Il diſtingue divers ſens dans l'eſcriture, l'hiſtorique, l'Ætiologique, & l'allegorique. Il fait voir aux heretiques qu'ils s'a-heurtent ſur pluſieurs choſes du vieu Teſtament parce qu'ils prennent à la lettre ce qui doit etre pris dans un ſens myſtique, & parce qu'ils n'ont pas penetré le rapport qui eſt entre le vieu & le nouveau Teſtament. Il ajoute que pour trouver le vray ſens du vieu Teſtament que les Manicheens ne comprenoient pas, il ne s'en faloit pas rapporter aux ennemis de Moyſe mais à ſes amis & à ſes commentateurs, qui eſt ce, dit il, qui *ſe perſuadera que pour trouver le ſens des livres obſcurs & profonds d'Ariſtote, il faille écouter l'un de ſes ennemis? qui eſt ce qui voudroit apprendre la Geometrie d'Archimede ſous la direction & ſelon l'interpretation d'Epicure qui a tant e-crit, & avec tant d'opiniatreté contre Archimede ſans l'en-tendre?* Voila une regle qui eſt fort du bon ſens, & à laquelle nous donnons les mains. Mais il eſt clair auſſi que cela ne conclud autre choſe ſinon que nous devons avoir pour ces interpretes qui ſont dans l'Egliſe de favorables prejugés; que cela nous doit diſpoſer à les ecouter & à les croire, mais que la foy & la veritable perſuaſion vient apres, quand on a connu la verité par elle meſme. C'eſt ce qui paroît par ces belles paroles qui S. Auguſtin ajoute dans le meſme chapitre & peu de lignes apres ce que nous venons d'entendre. *Croyéz moy tout ce qui eſt dans l'eſcriture eſt haut & divin, on y trouve la verité & une diſcipline tres propre à refaire & à affermir les eſprits & elle eſt compoſée de maniere qu'il n'y a perſonne qui n'en puiſſe puiſer ce qui luy ſuffit, pourveu qu'il s'en approche pour puiſer avec une diſpoſition devote & pieuſe, comme la veritable religion le demande.* Ces paroles ſont deciſives de la queſtion. Apres avoir dit qu'on doit faire la meſme grace aux interpretes de l'Egliſe qu'on fait aux interpretes d'Ariſtote, d'Archimede, de Virgile, il declare que cela ne doit pas empeſcher les ſimples de lire eux meſmes & de voir par leur propres jeux: que peut dire à cela M. Nicole? & comment accordera-il ces paroles, *il n'y à perſonne qui ne puiſſe trouver dans l'eſcriture ce qui luy ſuffit,* avec cette diſpute outrée par laquelle il prouve que les ſimples ne ſçauroient

Cap. 6.

Pour bien entendre la ſcience de l'Egliſe il faut ecouter & conſulter les docteurs de l'Egliſe, mais on ne les doit pas eſcouter comme in-faillibles.

Kk 4   trou-

trouver la verité dans l'escriture.

Il faut prefumer pour la multitude & examiner ce qu'elle croit fans preiuges, mais non la croire infaillible.

Dans le 7me. chapitre il entre d'avantage en matiere, & fuppofe un homme qui cherche une religion, & qui demande ce qu'il doit faire pour trouver la verité. Cet homme voit quantité de gens & de partis differens qui difent tous qu'ils ont la verité. Mais entre ceux la il voit une focieté diftinguée, par des gens d'une grande reputation & par fon eftendue qui occupe quafi toute la terre : C'eftoit l'Eglife univerfelle, cet infidele eft encore en doute pourtant fi cette affemblée eft en poffeffion de la verité, *utrim ifti verum teneant magna quæftio* Mais fur cela S. Auguftin luy donne ce confeil. *Au moins il faut les examiner afin que fi nous errons, ce qui eft bien poffible, puifque nous fommes hommes, nous paroiffions errer avec le genre humain, c'eft à dire avec la multitude.* Cela fignifie que quand on voit le monde partagé entre plufieurs partis, il faut tousjours prefumer pour le plus nombreux, & que cette favorable prefumption doit porter à examiner fans prevention & mefme avec des prejugés favorables. Mais premierement bien loin que cette favorable prevention pour le parti nombreux ofte la liberté d'examiner, au contraire, felon S. Auguftin, cela doit feulement donner occafion d'examiner, *prius funt explorandi.* Secondement l'intention de S. Auguftin eft fi peu de dire que l'Eglife la plus nombreufe foit infaillible qu'au contraire il dit expreffement que nous pouvons errer avec cette multitude : Et enfin cette regle etoit bien meilleure du temps de S. Auguftin qu'elle n'eft aujourd'huy. Car S. Auguftin n'avoit pas vû le fchifme des Grecs & des Latins & il ne fçavoit pas qu'il viendroit un jour dans lequel deux Eglifes egalement nombreufes s'anathematizeroient mutuellement.

La foy qu'on doit avoir pour l'authorité n'eft pas une foy fans examen.

Tout ce chapitre eft notable pourfuivons les. Le Manichéen repond ; *bien loin que la multitude me foit un favorable preiugé au contraire je fçay que la verité fe trouve toujours dans le petit nombre. At enim apud quofdam paucos eft veritas ; deterruit me multitudo.* La multitude m'a eloigné. La deffus S. Auguftin luy dit, vous avés tort de tirer un mauvais prejugé contre l'Eglife Catholique de fa multitude quand mefme voftre principe feroit veritable, que *la verité ne fe rencontre qu'en peu de gens.*
Car.

Car il se peut faire, dit il, que ce peu de gens qui tiennent la verité soient cachés dans la multitude de l'Eglise & ainsi il faloit examiner, *le tres veritable & tres pur service de Dieu quoy qu'il fût dans la main d'un petit nombre de personnes, ces personnes pourroient avoir pour adherents la multitude enveloppée de cupidités & privée de la pureté de l'intelligence, qui peut douter que cela ne pust arriver?* Ie demande aprés cela ce que nous pourrions repondre à ceux qui nous accuseroient de temerité & de stupidité pour avoir negligé de chercher la verité entre ceux qui l'enseignent. M. Nicole avoüera-il cette fois que ce n'est pas une foy sans examen que S. Augustin demande puisqu'il veut *ut eam diligenter investigemus*, que nous la cherchions avec un grand soin.

Le Manicheen continue ses difficultés & dit, *At absurda ibi dicebantur.* Cette societé la plus nombreuse à laquelle vous me renvoyés ne disoit que des absurdités. Notés que tout cela roule toujours sur les livres du vieu Testament où le Manicheen pretendoit voir des absurdités effroyables. S. Augustin luy dit encore *ouy parce que vous en croyés ses ennemis quibus asserentibus? nempe inimicis.* Non repond le Manicheen je ne m'en suis rapporté à personne, j'ay lû moy mesme les livres du vieu Testament. J'y ay trouvé ces absurdités. *Cum legerem per me ipse cognovi*, A cela S. Augustin repond, *c'est une estrange chose que n'ayant aucune cognoissance des poëtes vous ne voulussiés pas sans Maistre lire Terence, vous avés recours à Asper, Cornutus, Donatus & d'autres sans nombre pour etre aidé dans l'intelligence des poëtes &c. & vous vous jettés sans guide, à travers ces Livres qui quels quils puissent etre passent pourtant pour divins par la confession presque de tout le genre humain; & vous entreprenés d'en juger sans precepteur.* Qui ne voit que selon S. Augustin les commentateurs & ce qu'on appelle l'Eglise sont à l'esgard de l'escriture ce que sont les grammairiens à l'esgard des poëtes & des autheurs prophanes? non des juges infaillibles mais des guides tres utiles & tres necessaires pour trouver le vray sens? Aussi S. Augustin les appelle il des guides *duces* & non pas, *Indices,* des juges. Si l'Eglise est un interprete infaillible, c'estoit la l'endroit de le dire & de presser le Manicheen la dessus.

L'Eglise n'est que comme un guide & un Commentateur.

Kk 5   S. Au-

L'Eglise ne
soutient
pas la veri-
té, mais
la verité
soutient
l'Eglise se-
lon S. Au-
guftin.

S. Auguftin continue à preffer le Manichéen & luy
dit quil devoit chercher un Maitre & un guide qui le
conduifit dans la lecture du vieu Teftament.   Mais où
le trouver ce Maitre, dit le Manichéen *non facile reperiebatur.* Cela n'eftoit pas aifé. S. Auguftin dans les principes
de M. Nicole luy eût dit, il eft à Rome ce guide infaillible, il eft dans les conciles, il faloit vous addreffer à la
plus eminente authorité qui foit au monde, elle vous auroit
decouvert le fens de l'efcriture fans peril d'erreur, il eût
falu vous en tenir la. Il eft vray qu'il le renvoye à l'Eglife
& à fes docteurs, mais il ajoute ces notables paroles qui
doivent être un coup de foudre à M. Nicole.   *Nullum*
hinc volo fieri præjudicium, fed exordium quærendi oppor-
tuniſſimum Iudico.   Non enim metuendum eft ne verus Dei
cultus nullo proprio robore innixus ab eis quos fulcire debeat
fulciendus effe videatur.   Ce que je vous renvoye à l'E-
glife Catholique & à fes pafteurs.   N'eft pas pour vous
obliger a faire fur leur tefmoignage un jugement precipité.
Mais j'eftime que c'eft la, la methode la plus commode pour
commencer à chercher la verité, car il ne faut pas craindre
que le vray culte de Dieu c'eft à dire la veritable foy fans
eftre foutenüe de fes propres forces femble emprunter des appuys
de ceux qu'elle doit appuyer.   Je voudrois bien fçavoir ce
que ces Meffrs. auront à dire la deffus, & s'il auront
encore le front de fuppofer que felon S. Auguftin, on
doit croire la verité de la revelation à caufe du tefmoignage de l'Eglife. Il declare nettement le contraire que
l'Eglife eft le premier guide, mais que fur fon tefmoignage on ne doit pas juger, que la verité fe foutient
par elle mefme, qu'elle n'eft point foutenüe par l'Eglife, mais qu'elle foutient l'Eglife.

La foumif-
fion pour
l'Eglife
n'eft pas
une fou-
miffion
aveugle.

S. Auguftin employe le huitjefme chapitre de ce livre
à faire à Honorat l'hiftoire de fa converfion pour luy
montrer le chemin où il doit marcher en luy faifant voir
celuy qui la mené à la veritable foy.   Il dit donc qu'a-
gité d'incertitudes il avoit confideré la vivacité & la
penetration de l'efprit humain; fur quoy il n'avoit pû
fe perfuader que la verité fut impenetrable; mais qu'on
ne fe prenoit pas bien à la chercher, & qu'il avoit
conclu qu'il la faloit chercher par la voye de quelque
authorité divine.   Mais que ne fçachant encore où
la trouver, il avoit pris le parti de fe jetter entre les
bras

bras de la providence, & qu'il l'avoit priée avec des instances redoublées, accompagnées de larmes de luy vouloir aider : quelques disputes de l'Evesque de Milan l'avoient à peu prés ebranlé & qu'enfin il avoit pris la resolution de rendre se Catechumene dans l'Eglise. Notés que l'authorité qu'il dit qu'il cherchoit, & entre les bras de laquelle il se jetta enfin, n'estoit pas une authorité à laquelle il crut qu'on se pust & dust se soumettre aveuglement. Car à quoy bon feroit il mention de la vivacité & de la penetration de l'esprit humain à trouver la verité? *mentem humanam tam sagacem, tam vivacem, tam perspicacem non putabam latere veritatem, nisi quod in ea quæ rendi modus lateret.* Pour une soumission aveugle il ne faut point de penetration ni d'esprit. Il est donc clair qu'il regarde l'Eglise comme un bon mâitre qui dirige l'esprit & qui l'applique heureusement à la penetration de la verité, en montrant la methode de la bien chercher.

Dans le neufjesme chapitre il rejette cette vaine promesse des Manicheens, qui promettoient de rendre sensibles toutes leurs reveries, & de ne demander aucune foy qu'a proportion de l'evidence où ils mettroient leurs mysteres. Il refute la chicane de ces heretiques qui blamoient la credulité des Catholiques, non parce qu'ils croyoyent à l'Eglise sans escriture, mais parce qu'ils croyoient à l'escriture & à l'Eglise sans raison. Il distingue le *credule* du *croyant* & fait voir que le fidele est *croyant* & non pas *credule.* En poursuivant, la mesme il fait voir dans le dixiesme chapitre qu'il est raisonnable quand on aborde une science & qu'on se jette entre les bras des mâitres qui l'enseignent d'avoir pour ces Maitres un esprit disposé à croire & à bien recevoir tout ce qu'ils doivent enseigner. Et que mesme l'Eglise feroit tres mal de communiquer ses mysteres à des gens qui n'auroyent pas ces esprit de docilité & qui ne de manderoient pas instruction de bonne foy. Ainsi, dit il, il faut une foy mutuelle, il faut d'une part que le maitre croye que tu veux de bonne foy estre instruit dans la religion Chrétienne & de l'autre que tu croyes qu'il te donnera ce qu'il sçait de la verité. *Ne feroit il pas injuste, dit il, que nous voulussions que les prestres de Dieu nous ajoutassent foy quand nous leur promettons un esprit sincere,*

Le Catechumene doit avoir un esprit de confiance & de docilité pour l'Eglise, & celuy ci une disposition à la foy.

cere, & *que nous n'ajoutaſſions pas de foy à ces preſtres quand ils nous inſtruiſent ?* Qui eſt ce qui ne voit que par cette foy mutuelle, il entend une mutuelle confiance que le Catechumene doit avoir pour ſon Maitre & le Maitre pour ſon Catechumene, & par conſequent qu'il ne s'agit pas d'une foy de repos & de perſuaſion.

Il ajoute que la voye la plus ſeure pour les ſimples, c'eſt d'abord de ſe confier à leurs Maitres & de s'avancer peu à peu à des connoiſſances plus relevées. Il fait voir que ce principe, *qu'il ne faut rien croire ſans voir*, ruine entierement la ſocieté civile & enfin il conclut par ces paroles deciſives de noſtre queſtion. *Poſtremò quæ poteſt eſſe vita ſalubrior quamidoneum primò fieri percipiendæ veritatis, adhibendo eis fidem quæ ad præcolendum & ad præcurandum animum ſunt divinitus inſtituta. Quelle voye plus ſeure peut on prendre que de ſe rendre capable de recevoir la verité en ajoutant foy aux choſes qui ſont ordonnées de Dieu pour faire la culture & la cure preliminaire de nos ames.* Cette creance que l'on a pour ſes Maitres n'eſt donc pas encore *la perception de la verité* c'eſt ſeulement une diſpoſition à la recevoir *Idoneum primo fieri percipiendæ veritatis*, & cette foy qu'on a pour ſes Maitres n'eſt pas la vraye foy ſalutaire. C'eſt ſeulement *præculiura & præcuratio* une culture & une cure qui diſpoſe l'ame à recevoir la verité & la foy à cauſe d'elle meſme.

Cinq ſortes de perſonnes, & trois ſortes d'actions dans l'Egliſe.

Dans les trois chapitres qui ſuivent, l'onze, le douze & le treize il combat ce meſme principe des Manicheens qui eſt aujourd'huy celuy des Sociniens, ſçavoir, qu'il ne faut rien croire que l'on ne comprenne & dont on ne voye la verité par les lumieres de la raiſon. Il diſtingue cinq ſortes de perſonnes dans l'Egliſe. I. Il y en a qui ont trouvé la verité. II. D'autres la cherchent par une voye ſûre. III. D'autres ne la cherchent pas, croyant fauſſement l'avoir trouvée. IV. D'autres ne croyent pas l'avoir trouvée mais ils la cherchent par des mauvais moyens. V. D'autres enfin ne croyent pas l'avoir trouvée & ne ſe mettent pourtant pas en peine de la chercher, les premiers ſont heureux, les ſeconds tendent a la felicité par une voye ſeure, les troiſieſmes ſont dans une fauſſe felicité, les quatrieſmes ſont malheureux & ne peuvent ceſſer de l'eſtre, tandis qu'ils ſeront dans cette diſpoſition ; Et les derniers enfin, ſont

mal-

malheureux fans retour. Il diftingue auffi trois actions *intelligere credere*, *opinari*, le premier eft toujours bon, le fecond peut etre mauvais, & le troifiefme n'eft jamais bon. *Entendre* c'eft croire par raifon, *croire* c'eft s'affujettir à l'authorité, *opiner* c'eft donner dans une apparence de raifon. Il conclud que la voye nous conduit à la poffeffion de la verité des myfteres; C'eft la foy & la voye de l'authorité. Mais cette conclufion ne regarde point l'authorité de l'Eglife feule; cela regarde la revelation des myfteres en general, & ce n'eft que la preuve de la definition que S. Paul donne de la foy, *la foy eft des chofes qui ne fe voyent pas.*

Il prouve en fuitte que fans foy il eft impoffible que les focietés fubfiftent, que nous n'avons des verites fur lefquelles roule la conduitte de la vie qu'une certitude fondée fur les tefmoignages; les enfants ne connoiffent leurs peres, & les peres leurs enfants que de cette facon. Toutes chofes fe conduifant par la foy, il infere qu'il eft de la prudence d'un Catechumene de fe jetter avec confiance dans les bras des fages & de fe conduire par leurs lumieres & par leurs confeils, pluftôt que par fa propre fàgeffe. *Quis mediocriter intelligens non plane viderit ftultis utilius & falubrius effe præceptis obtemperare fapientum quam fuo judicio vitam agere.* S'il y a quelque endroit qui foit favorable aux pretentions de M. Nicole c'eft cela car il nous repete cent fois cette penfée dans fon livre. Mais pour voir combien peu cela fait pour luy il faut fçavoir que par ces fages S. Auguftin entend les pafteurs & les docteurs de l'Eglife, auxquels il ne donne nullemeut le privilege de l'infaillibilité, & voicy comme il definit les fages donc il parle. *Nunc autem fapientes voco non cordatos & ingeniofos homines fed eos quibus ineft quanta ineffe homini poteft ipfius hominis Deique firmiffime percepta cognitio atque huic cognitioni vita morefque congruentes.* Par les fages je n'entends pas les prudents & les fpirituels mais ceux qui ont une connoiffance de l'homme & de Dieu autant grande qu'on la peut avoir & dont la vie & les moeurs font conformes à cette connoiffance. Si S. Auguftin avoit eté dans les principes de M. Nicole il auroit dit, les fages dont je parle, & entre les bras defquels il fe faut jetter, c'eft l'Eglife Catholique qui ne peut errer & fur l'authorité de laquelle on fe doit repofer

Chap. xij. Il faut fe laiffer conduire par des fages mais non pas aveuglement.

fer. Mais il eſt clair par cette deſcription que par ces ſages il entend des particuliers auſquels jamais ni S. Auguſtin, ni aucun autre ne s'eſt aviſé d'attribuer l'infaillibilité.

CHAPITRE XIII.

Analyſe des cinq derniers chapitres du livre de utilitate credendi: confirmation de l'analyſe de ce livre par celuy de unitate Eccleſiæ, reconciliation de ces deux livres, deux methodes ſelon S. Auguſtin pour convertir les incredules & les heretiques.

CE que nous venons de dire doit parôitre encor plus evident par l'analyſe du treiſiême chapitre. S. Auguſtin s'y fait une difficulté qu'il appelle *difficillima quæſtio immanis difficultas*, une prodigieuſe difficulté. C'eſt ſur ce qu'il avoit dit dans le chapitre precedent qu'il ſe faut jetter entre les mains des ſages. *Mais*, dit il, *où eſt ce que les ſimples trouveront les ſages?*

Entre tant de gens qui ſe diſent voir la verité c'eſt la ſeule grace de Dieu qui nous fait prendre le bon party.

Tous ſe diſent ſages. De plus la vraye ſageſſe eſt telle qu'on ne la peut cognoitre qu'on ne l'ait deja. Ce n'eſt pas comme l'or & l'argent qu'on peut bien connoitre ſans les avoir en propre. Si tu connois la ſageſſe tu l'as deja. Si tu l'as, tu n'as pas beſoin de la chercher, ſi tu ne l'as pas tu ne la ſçaurois cognoitre: ne la connoiſſant pas comment la pourras tu diſtinguer. Aſſeurement la difficulté n'eſt pas petite. Mais M. Nicole auroit tiré ſon maitre de cêt embarras en quatre paroles. Il reſpondra pour luy que l'Egliſe a les caracteres de la plus grande authorité qui ſoit au monde, que le ſentiment propre convainq les ſimples qu'ils ſont incapables de juger par eux meſmes & que cette conviction interne de leur propre foibleſſe les conduit à ſe repoſer de leur foy ſur l'authorité de l'Egliſe. Malheureuſement S. Auguſtin n'a pas repondu comme cela. Il a repondu preciſément comme moy, par ces belles paroles qui doivent etre un autre coup de foudre pour M. Nicole. *Huic igitur immani difficultati quoniam de religione quærimus Deus ſolus mederi poteſt, quem niſi & eſſe & mentibus humanis opitulari credimus, nec quarere quidem ipſam veram*

ram religionem debemus. Dieu feul eſt celuy qui peut lever
cette grande difficulté & à moins que nous n'ayons une forte
perſuaſion que Dieu eſt & qu'il vient au ſecours de l'entendement humain, c'eſt en vain que nous cherchons la veritable
religion. Quand la providence de Dieu nous veut ſauver, c'eſt elle qui nous fait rencontrer les vrays ſages,
qui pour n'eſtre pas infaillibles ne laiſſent pas de nous
conduire dans la verité. C'eſt la grace qui nous fait
marcher ſeurement dans une voye où il n'eſt pas impoſſible qu'il y ait des pieges, mais elle nous les fait
eviter & nous mene dans des routes aſſeurées par une
ſecrette & profonde conduitte. Il y a quelque apparence
que S. Auguſtin eſt dans nos principes puiſqu'il repond
comme nous, & qu'il n'eſt nullement dans ceux de M.
Nicole puiſqu'il ne repond pas comme luy.

Dans le quatorzieſme chapitre il ruine encore ce prin- *L'Egliſe*
cipe des Manicheens, *qui niſi apertiſſimam rationem ſtultis* *n'eſt point*
de Deo protulerint nihil eſſe contendunt. *Qui ſoutenoient que* *partici-*
les ſimples n'eſtoyent pas obligés à rien croire touchant la *pant de*
religion, dont on ne leur rendit des raiſons tres claires. Il *l'infaillibi-*
eſt neceſſaire de bien remarquer ce principe des Mani- *té de Ieſus*
cheens afin qu'on ſçache ce que veut dire S. Auguſtin *Chriſt.*
quand il preſſe ſi fort la neceſſité de croire ſans voir. Il
ne s'agiſſoit pas de l'authorité de l'Egliſe entre eux &
luy, mais de la nature de la foy en general. Ce pere
les convaincq icy derechef que la foy eſt des choſes qui
ne ſe voyent pas, & cela par pluſieurs preuves dont la
pluſpart êtoient fondées ſur les confeſſions des Manicheens meſmes. Il conclud ces preuves par les paroles
de Jeſus Chriſt qui exigent la foy, *credite Deo, credite*
mihi, croyés en Dieu croyés auſſi en moy. C'eſtoit le vray
lieu d'ajouter *credité Eccleſiæ* croyés à l'Egliſe, ſi S. Auguſtin leur creüe participante de l'infaillibilité de Dieu
& de J. Chriſt.

Les trois derniers chapitres ne font qu'une recapitu- *Il faut*
lation des choſes precedentes en forme d'exhortation qu'il *donnér à*
adreſſe au Manicheen le conjurant d'obtenir de Dieu le *l'Egliſe le*
don de la foy, par ſes prieres & par ſes larmes de ſe *premier*
jetter entre les bras de l'Egliſe & devenir ſon Catechu- *hommage*
mene. Il luy repreſente les miracles dont l'authorité *de la con-*
de cette Egliſe eſt ſoutenüe. Mais il eſt bien à remar- *fiance.*
quer qu'en faiſant l'enumeration de ces miracles, il ne
                                                    parle

parle que de ceux de J. Ch. & dit mesme nettement
qu'il ne s'en fait plus, *eur inquis ista modo non fiunt?*
pourquoy cela ne se fait il plus? *quia non moverent nisi
mira essent at si solita essent non mira essent.* Ces evenements ne toucheroyent pas s'ils n'estoyent miraculeux,
mais s'ils devenoient ordinaires il ne seroient plus miraculeux. Aux miracles, il joint tout ce qui pouvoit attirer de la
veneration à l'Eglise, ses vertus, ses martyrs, sa continence, & l'approbation des peuples, de tout cela il conclud *cui nolle dare primas partes, vel summæ profecto impie-
tatis est, vel præcipitis arrogantiæ,* Notez ce *primas partes.* C'estoit son but qu'on donnast à l'Eglise le premier hommage de la confiance, qu'on se jettast entre ses
bras pour etre instruit, afin de croire & de recevoir en
suitte l'illumination de Dieu interieurement, pendant
que l'on recevroit les veritez exterieurement par le ministere de l'Eglise selon qu'elles sont conclues dans l'e-
scriture.

Si tout cela n'est pas encore assés clair il faut en aller
chercher le commentaire dans le livre de *unitate Ecclesiæ,* il n'est pas necessaire d'en donner une Analyse aussi
exacte que celle que nous venons de faire de celuy *de
utilitate credendi,* pour confondre la temerité de ces Messrs.
& les convaincre de mauvaise foy d'une maniere a n'en
plus revenir. Il suffira d'entendre quelques passages de
ce livre. Et l'on verra si selon S Augustin, la foy
de la divinité de l'escriture se repose sur l'authorité de
l'Eglise, ou si la verité de l'Eglise, est appuyée sur les
tesmoignages de l'escriture sainte. Voicy comme il commence sa dispute. *La question entre les Donatistes & nous,
est sçavoir où se trouve l'Eglise, que ferons nous la dessus?
la chercherons nous de part & d'autre dans nos paroles, ou
dans les paroles de Jes. Ch. qui est son chef? Je pense que
nous la devons plutost chercher dans les paroles de celuy qui
est la verité & qui connoit tres bien son corps.* S. Augustin seroit bien etonné s'il entendoit des gens qui disent. *La question entre nous & les pretendus Reformés est
sçavoir où se trouve l'Eglise? que ferons nous la dessus? la
chercherons nous dans les paroles de celuy qui est la verité &
qui connoit son corps. Nullement: Nous la devons chercher
dans les paroles de l'Eglise Romaine qui est la partie des pretendus Reformés.* Il faut avoüer que la raison change bien
selon

On trouve
la vraye
Eglise par
l'escriture
& non l'e-
scriture par
l'Eglise.

selon les siecles. Il continüe. *Mais comme j'avois com-*
mencé de dire n'ayons point d'esgard á ce que vous dites, ni
à ce que nous disons mais escoutons ce que dit le seigneur. Ce
sont les livres du seigneur à l'authorité desquels nous consen-
tons, nous croyons, nous nous soumettons ; cherchons la l'E-
glise : vuidons par la nostre demeslé &c. ostons tout ce que nous
avanceons les uns contre les autres, qui n'est pas tiré des li-
vres divins. Et peu apres. *Mais peut etre quelqu'un dira*
pourquoy voulés vous qu'on mette tout cela a part, puisque vo-
stre communion vaincra par ces moyens la. C'est que je ne
veux pas qu'on prouve l'Eglise par des tiltres humains, mais
par les divins oracles. Car si l'escriture sainte dit que l'Egli-
se est en Afrique seulement, ou entre les montagnards voi-
sins de Rome, & dans la maison particuliere d'une femme
Espagnole, quelque chose qu'on pust apporter d'ailleurs il sera
certain que les seuls Donatistes ont l'Eglise &c. Mais si les
escritures canoniques font voir, par des preuves tres certaines
& divines, que l'Eglise de Jesus Christ est repandüe par toute
la terre, quelque chose qu'ils puissent apporter d'ailleurs &c.
n'en croyés rien &c. cherchons donc l'Eglise dans les saintes
escritures canoniques. Il me semble qu'on voit la dedans
que toute preuve qu'on pourroit apporter de la verité
d'une Eglise tirée d'ailleurs que de l'escriture, ne sont que
des preuves humaines, & ne font par consequent qu'une
foy humaine : & que la seule voye pour distinguer la
vraye Eglise de la fausse, c'est l'escriture sainte.

C'est cela mesme que signifient ces paroles du chapitre
suivant. *Puis donc que nous sommes en question avec les Do-*
natistes, non touchant le chef mais touchant le corps, c'est
à dire non touchant le Sauveur Iesus Christ luy mesme, mais
touchant son Eglise, que le chef duquel nous convenons nous
montre son corps duquel nous ne convenons pas, afin que nous
terminions nostre different par ses paroles. Ce n'est pas ainsi
qu'on parle aujourd'huy, on dit puisque nous sommes
en question avec les heretiques touchant l'Eglise, ecoutons
la dessus l'Eglise elle mesme, c'est à dire l'Eglise Romaine & sur ce qu'elle nous dira terminons nos differents.

Mais peut etre quelqu'un dira icy que S. Augustin
se sert de ces arguments qu'on appelle *ad hominem* qu'il
raisonne sur les principes des Donatistes afin de les mieux
convaincre. Il veut dire apparemment que quand mes-

me

me on termineroit le different des Donatiftes & des Catholiques touchant l'Eglife par l'efcriture, les Catholiques auroyent l'avantage ; quoyque cette voye ne foit pas la voye droite & feure pour aller à la foy. On n'a qu'á lire avec quelque attention le 16. chapitre de ce mefme livre, & on jugera fi c'eft la l'intention de S. Auguftin.

Pour co-
gnoitre la
veritable
Eglife, il
faut mettre
à part toute
chofe ex-
terne.

Cap. 16.

Dans ce chapitre feiziefme il declare que de droit & de neceffité il faut que l'un & l'autre parti, & celuy des Donatiftes & celuy des Catholiques mette à part toutes les chofes externes, pour connoitre la veritable Eglife uniquement par l'efcriture. *Mettant à part*, dit il, *toutes chofes femblables qu'ils demonftrent leur Eglife, s'ils peuvent, non par les difcours & les bruits repandus entre les Africains, non par les Conciles de leurs Evefques, non dans les livres de quelques difputants, non par des fignes & par des prodiges trompeurs, parce que nous fommes premunis contre ces fortes de chofes par la parole du feigneur: mais qu'ils la prouvent par les ordonnances de la loy, par les predications des prophetes, par la voix du pafteur luy mefme, par les predications & par les travaux des Euangeliftes, c'eft a dire par toutes les authorités canoniques des faints livres.* Il n'admet en preuve ni authorité de Conciles, ni opinions communes, & conftantes, ni miracles de la part des Donatiftes, parce que font des arguments externes, *documenta humana*, comme il les appelle, & qui ne font qu'une foy humaine & fujette à illufion.

D'ailleurs il ne veut pas que l'on condamne les Donatiftes fur de tels arguments pris de l'exterieur de leur communion. *Que celuy*, dit il, *qui fe prepare à me repondre ne m'oppofe pas de femblables chofes: car je ne dis pas qu'on doive croire ce que j'affirme, que la communion de Donat n'eft pas l'Eglife, ou parce que plufieurs de leurs Evefques ont eté convaincus par des actes judiciaires, d'avoir brulé les livres facrés, ou parce qu'ils ont eté condamnés dans une affemblée d'Evêques qu'ils avoient demandée à l'Empereur ou parce qu'en ayant appellé à l'Empereur ils ont eté condamnéz par l'Empereur mefme:* Il ajoute diverfes autres chofes qui pouvoient faire de forts prejugés contre les Donatiftes & declare que ce n'eft pas fur de femblables chofes qu'on doit eftablir le jugement que leur communion n'eftoit pas l'Eglife, & il conclud *qu'ils montrent par*

les

les livres canoniques des faintes efcritures qu'ils ont l'Eglife dans leur communion.

Je croy que jufqu'icy le Papifme fuivroit bien S. Auguftin en rejettant nos preuves : & ne voudroit pas recevoir en preuve ni l'authorité de nos fynodes, ni noftre confentement unanime, ni nos livres de controverfes, ni le jugement de nos doctes, ni mefme nos miracles, fi nous nous vantions d'en faire, mais voyons s'il voudra bien donner les mains à S. Auguftin dans ce qui fuit. *Nous ne difons pas qu'on foit obligé de croire que nous fommes l'Eglife de Jefus Chrift, parce que Optat Evefque de Mileve, Ambroife Evefque de Milan, & autres Evefques fans nombre de noftre communion l'ont ainfi dit, ni parce qu'elle a eté reconnüe pour la vraye Eglife par les Conciles compofés de nos collegues, ou parce que par toute la terre tant de guerifons miraculeufes fe font dans les lieux faints frequentés par ceux de noftre communion &c. ou parce que celuy la a eû un fonge ou quelque raviffement d'efprit dant lequel il a eté averti de ne pas fe retirer entre les Donatiftes ou d'en fortir. Toutes ces fortes de chofes qui fe font dans l'Eglife Catholique doivent etre receües parce qu'elles fe font dans l'Eglife Catholique: mais l'Eglife ne doit pas eftre tenüe pour Catholique parce que ces chofes la s'y font. Le feigneur Jefus Chrift luy mefme eftant reffufcité des morts & prefentant fon corps à fes difciples pour qu'ils le viffent & le maniaffent afin qu'ils ne creuffent pas qu'il y eût aucune tromperie, jugea que le plus feur eftoit de les renvoyer au tefmoignage de la loy, des Prophetes, & des Pfeaumes, en leur faifant voir que les chofes qui avoient eté predites de luy etoient accomplis. C'eft par la mefme voye qu'il a prouvé fon Eglife commandant qu'on prefchât en fon nom repentance & remiffion des pechés par toute la terre en commencant à Jerufalem. Il a luy mefme rendu tefmoignage que cela eftoit efcrit dans la loy, les Prophetes, & les Pfeaumes. Nous tenons cela de fa bouche,* hæc funt noftræ caufæ Documenta, *hæc* Fundamenta, *hæc* Firmamenta. *Ce font la les appuys, les tiltres, les fondements de noftre caufe, fçavoir la loy, les Prophetes & les Pfeaumes. Nous lifons dans les actes des Apôtres de certains fideles que tous les jours ils fondoient les efcritures pour fçavoir s'il etoit ainfi qu'on leur prefchoit. Et quelles etoient les efcritures? c'eftoient celles de la loy & des Prophetes. A quoy ont eté ajoutées les Euangiles, les Epitres des Apoftres,*

les

[marginal notes:]

Paffage decifif. de S. Auguftin.

Les miracles mefmes ne prouvent pas l'Eglife, c'eft la feule efcriture.

les actes, & l'Apocalypse de S. Jean, examinés tous ces escrits & tirés de la quelque chose de clair pour prouver que l'Eglise est demeurée dans l'Afrique seule.

Ne voit on pas la dedans 1. Premierement que S. Augustin declare que dans les demeslés qui sont entre Eglise & Eglise pour sçavoir qui est la veritable il ne faut point produire ni les Peres, mais l'escriture seule? 2. que mesme les miracles ne sont point des preuves à estre apportées, que ce n'est point ce qui fait reconnoitre la veritable Eglise, qu'au contraire c'est la veritable Eglise qui les fait reconnoitre pour vrays miracles & qui leur donne authorité 3. que le tesmoignage de l'escriture est plus seur mesme que les tesmoignage des yeux & des autres sens, 4. que les passages tirés de l'escriture sont les *tiltres*, les *fondements*, les *appuys* de l'authorité de l'Eglise, & que sans l'escriture nous ne devons ajouter aucune foy à tout ce qu'une communion nous peut apporter pour nous prouver quelle est l'Eglise.

Comment est il possible qu'apres cela on nous dise que l'Analyse de la foy, selon S. Augustin, c'est de croire premierement à l'Eglise, secondement a l'escriture sainte, en troisiesme lieu aux mysteres contenus dans l'escriture, selon l'interpretation de l'Eglise; & enfin aux traditions qui ne sont pas dans l'escriture, & qui ne sont appuyées que sur l'authorité de l'Eglise? Comment S. Augustin pourroit il croire que l'on doit recevoir les escritures saintes comme divines sur l'authorité de la veritable Eglise, puisqu'il dit icy avec tant de force & de precision que nous ne connoissons & ne pouvons cognoitre quelle est la veritable Eglise, que par l'escriture.

Reconciliation des deux Methodes de S. Augustin. Peut etre quelqu'un aura de la peine à reconcilier ce que dit icy S. Augustin dans le livre de *unitate Ecclesiæ* & ce qu'il a dit dans le livre de *utilitate credendi*, & contre l'Epitre du fondement. Eu effet je soutiens que dant les principes du Papisme, ces trois ouvrages de S. Augustin sont irreconciliables. Car s'il est vray comme le disent ces Messieurs que, selon ce Pere, il faille reconnoitre premierement l'Eglise & son authorité, par ses martyrs, ses miracles, son etendüe la croire infaillible & apres croire l'escriture & les sens de l'escriture sur l'authorité de l'Eglise, il s'est entierement oublié

&

& il ne fçait ce qu'il dit dans le livre de *unitate Ecclefiæ.* Mais dans le vray fens & dans les veritables veües
de S. Auguftin il n'y a rien de plus accordant & de plus
raifonnable.

Il faut fçavoir que dans le livre *de utilitate credendi*,
& dans celuy contre l'Epitre du fondement, il difpute
contre les Manicheens, heretiques qui eftoyent entierement hors de l'Eglife, qui ne recognoiffoient point
pour divines nos efcritures faintes, & qui ainfi etoient
comme de vrays Payens. Ils ne convenoient avec l'E-
glife Catholique d'aucun principe commun fur lequel
& par lequel on puft difputer avec eux, c'eft à dire qu'ils
rejettoient nos livres facrez. Dans le livre *de unitate
Ecclefiæ* il difpute contre les Donatiftes lefquels recevoient l'efcriture fainte, c'eftoit un principe commun
dont ils convenoient, & par lequel on pouvoit difputer
contre eux & les amener à la foy: Il eft clair que felon
ces deux claffes d'hommes, qui font dans l'erreur, les
uns qui conviennent de la divinité de l'efcriture fainte,
les autres qui n'en conviennent pas, on fe peut fervir de
differentes methodes pour les amener à la verité.

Selon les gens que l'on veut convertir il faut üfer de diffe-rentes me-thodes.

Quant aux infideles qui ne recognoiffent pas la divinité de l'efcriture. Il eft vray qu'on peut d'abord tirer
des preuves de la verité de la religion Chrétienne des
chofes qui font externes à l'Eglife, fon eftendüe, fa
perpetuité, fes marques, fes faints, fes miracles. Et
aujourd'huy quand nous faifons des traittés pour prouver la religion Chrétienne aux incredules, c'eft en effet
la methode dont nous nous fervons. Car il ne fuffiroit
peut etre pas à l'efgard de tous, de leur donner d'abord
l'efcriture en main, & de leur dire *croy.* Ce moyen
pourroit reüffir par la vertu de la grace, & peut mefme tres bien reüffir à l'efgard des fimples. Mais pour
les efprits qui fe font affermis dans l'incredulité par les
illufions d'une fauffe raifon, il eft neceffaire de leur faire
voir que l'Eglife qui enfeigne la verité de la religion
Chrétienne, n'a pas les caracteres d'un impofteur, & qu'elle
a au contraire toutes les marques externes de la fince-
rité & de la verité.

Pour con-vertir les Payens on peut d'a-bord tirer des argu-mens des chofes qui font exter-nes a l'E-glife.

Mais quand on a des affaires à defmeler avec une
fecte qui fe dit l'Eglife comme vous, qui recoit les écritures faintes, la methode ne vaut plus rien de luy

Ll 3   prou-

Pour convertir les heretiques il ne faut pas se servir des marques externes de l'Eglise.

prouver que vous estes la veritable Eglise par la tradition, par les martyts, par les miracles, par les saints. Il se trouvera que chaque secte aura sa tradition, ses saints, & ses martyrs. Une nouvelle secte adoptera & prendra pour elle tous les anciens martyrs, & tous les miracles de l'Eglise Apostolique, tous les saints de la primitive Eglise. Ainsi il n'y a rien de plus equivoque & de plus trompeur, il faut donc disputer par le principe commun, voir par l'escriture qui est la veritable Eglise des deux. Voila precisément la maniere donc S. Augustin veut vuider le demelé qu'il a avec les Donatistes, & voila comment il faut agir avec tous les heretiques qui conviennent de la divinité des escritures. Et cette derniere Methode est la seule qui donne la vraye foy & qui la produit ; la premiere s'appelle par S. Augustin, *præcuratio, præparatio ad illuminationem præcultura.* Une preparation à l'illumination & à la foy. Toutes ces preuves externes qu'il ramasse dans le 4. chap. contre l'Epitre du fondement, il les appelle dans le livre de *unitate Ecclesiæ* des *documents humanis,* & les oppose *aux oracles divins. Nolo documentis humanis, sed divinis oraculis sanctam Ecclesiam demonstrari.* Ils servent donc à faire dans l'esprit du Catechumene une heureuse disposition, un favorable prejugé pour l'Eglise, un esprit de docilité qui le dispose à se laisser instruire. Après quoy vient la cognoissance de la verité par elle mesme. *Ce n'est plus pour ta parole que nous croyons, mais parce que nous mesmes l'avons eu.* Ainsi ces deux Methodes de S. Augustin sont tres bonnes, & conviennent parfaitement bien : car par l'une & par l'autre la foy se fonde & se repose en dernier lieu sur l'escriture mesme.

Cap. 3.

Au reste cecy fait bien voir combien selon les principes de S. Augustin, la methode de l'Eglise Romaine contre nous est injuste. Nous recevons les écritures saintes comme faisoient les Donatistes. Qu'on agisse donc avec nous comme S. Augustin agissoit avec eux qu'on mette à part ces preuves externes & vuidons le procés par l'escriture, *mettant à part toutes choses semblables de part & d'autres demonstrons nôtre Eglise si nous pouvons.* Si ces Messrs. nous chicanent encore après cela sur le tesmoignage de S. Augustin je soutiens qu'ils ont renoncé à toute honte & à toute conscience. En voila bien

assés

assés sur la veritable Analyse de la foy selon S. Augustin. Je ne juge pas qu'il soit necessaire de rassembler d'autres passages pour prouver que nous avons bien rencontré la pensée de cêt ancien. Ces deux livres sont ceux où il traitte la matiere, *exprofesso*, & tout ce qu'il dit ailleurs doit etre entendu par rapport à ce qu'il dit icy. Le livre *contra epistolam fundamenti*, contient la mesme chose que le livre de *utilitate credendi*. C'est la où l'on a trouvé ce passage qu'on nous a tant de fois objecté. *Ego vero Euangelio non crederem nisi me Catholicæ Ecclesiæ commoverit authoritas.* Nos Theologiens ont prouvé que ces paroles se doivent tourner selon le dialecte du Latin d'Afrique. *Je n'eusse point crû à l'Euangile si l'authorité de l'Eglise ne m'y eût porté:* On a prouvé aussi que S. Augustin parle la sous la personne d'un Catechumene à qui l'authorité de l'Eglise sert de premier motif qui le porte à la conversion precisement de la maniere qu'il l'a si bien expliqué dans le livre de *utilitate credendi*, dont nous avons fait l'Analyse. C'est à dire que les marques externes qui distinguent l'Eglise Chrétienne des autres societés, ses martyrs, ses miracles, ses saints &c. doivent donner un prejugé favorable pour elle & obliger ceux de dehors à l'escouter, à examiner; mais à escouter avec cet esprit de docilité qu'on a pour un maitre à qui on demande qu'il nous face part de sa science. En un mot le tesmoignage de l'Eglise est ce qui prepare l'ame à la foy *præcolit, præcurat, præmunit, præparat Deo illuminaturo.* Ce sont les propres termes. Mais ce n'est pas ce qui fait la foy. C'est ce qu'il appelle *verum quod pura mente conspicitur.* C'est l'illumination de Dieu qui produit la persuasion. Si ces Messrs. qui ont tant etudié Saint Augustin n'ont pas vû cela, c'est un aveuglement prodigieux s'ils l'ont vû comme il est beaucoup plus vray semblable, c'est une mauvaise foy bien criminelle que de parler comme ils parlent. Je ne veux plus que quatre mots pour les convaincre que S. Augustin ne peut avoir été dans leurs principes touchant la soumission à l'authorité de l'Eglise. C'est que pour cela il faudroit qu'il eût crû l'Eglise infaillible. Or nous defions & M. Nicole & tous les heros du Papisme de nous prouver que l'infaillibilité de l'Eglise soit jamais venüe dans l'Esprit de S. Augustin.

Ll 4   CHA-

CHAPITRE XIV.

La veritable idée de l'unité de l'Eglise. Plusieurs liens font cette unité. Il y a unité universelle, & unité particuliere.

IL ne nous reste plus que le troisiesme livre de l'ouvrage de M. Nicole a examiner. Ce n'est pas une grande affaire & nostre dessein n'est pas d'y employer beaucoup de temps, parce qu'il ne contient aucune difficulté considerable & que l'on a repondu souvent à tous ce qu'il y dit. Ce dernier livre contient divers moyens que l'autheur a jugés propres à nous convaincre de schisme. Quoyque ce soit la le but general de tout l'ouvrage, neantmoins ce troisiesme livre a un rapport plus particulier à la question des schismes & de l'unité de l'Eglise. C'est pourquoy nous avons remis à traiter de l'unité de l'Eglise & des schismes jusqu'a present. C'est la le seul article qui nous reste pour achever le systeme de l'Eglise; Encore peut on dire qu'il est à peu prés espuisé par la dispute que nous avons mise dans nostre premier livre pour prouver que l'Eglise universelle peut etre composée de plusieurs communions differentes, lesquelles sont si fort separées qu'elles en peuvent mesme venir à s'excommunier mutuellement. On s'est fait une fausse idée de l'unité de l'Eglise, comme si elle enfermoit necessairement l'unité de communion externe. Nous avons fait voir que cela est faux : Nous pourrions donc nous tenir en repos sur la matiere jusqu'a ce qu'on nous eût fait voir que nous avons tort. Au moins il suffira de marquer brievement en quoy consiste l'unité de l'Eglise universelle, & en quoy elle ne consiste pas ; Ce qui nous fera connoitre ce que c'est qu'un schisme particulier & un schisme general.

Quels sont les liens de l'unité selon les Papistes.

L'unité de l'Eglise consiste dans ces liens qui unissent ses membres les uns avec les autres. Ces liens sont ou internes, ou externes. Les liens internes sont celuy de l'esprit qui est comme l'ame universelle de l'Eglise; celuy de la foy & celuy de la charité; les liens externes sont la profession d'une mesme foy, la participation
aux

aux mefmes facrements, & l'ufage d'un miniftere legitime; A cela on adjoute l'unité de communion, l'unité de pafteurs, & l'unité d'un chef que l'on pretend eftre
le Pape. Ainfi pour demeurer dans l'unité de l'Eglife
il faut felon M. Nicole, & tous les autres docteurs de
l'Eglife Romaine, avoir une mefme profeffion de foy, les
mefmes facrements, & l'adherence aux mefmes pafteurs
fous un feul & mefme chef. Mais les liens externes
font beaucoup plus effentiels, felon ces Meffieurs, que
les liens internes. Sans foy & fans charité on peut être
dans l'unité de l'Eglife, pourveu que l'on ait avec elle la
mefme profeffion de foy, les mefmes facrements, &
qu'on adhere aux mefmes pafteurs.

Il eft bien aifé de concevoir en quoy doit confifter, *Quels font*
felon nous, l'unité de l'Eglife univerfelle & quels font *les liens*
les liens effentiels. Il faut donc fe reffouvenir que nous *& accidentels qui*
avons fait parties de l'Eglife univerfelle toutes les fo- *font l'unité*
cietés Chrétiennes qui retiennent le fondement : Nous *de l'Eglife*
avons prouvé que l'unité de communion externe n'eft *felon les*
aucunement de l'effence de l'Eglife. Ses liens effentiels *Reformés.*
font l'unité de la foy, de profeffion de foy, de facrements, & de miniftere legitime. Les liens accidentels
font l'unité de communion externe, la convenance dans
tous les dogmes non effentiels, l'unité dans la forme,
du gouvernement, & la confederation fous les mefmes
loix, canons, regles, difciplines, & conducteurs. L'E-
glife proteftante d'Angleterre, celle d'Allemagne, de
France, de Suede, de Dannemarck &c. ne font qu'une
feule & mefme Eglife univerfelle. Ces diverfes Eglifes
ne conviennent que dans la profeffion de foy generale,
elles ont de differentes fortes de gouvernement, differente difcipline, autres regles, autres canons, autre
confederation, elles ne repondent pas à un feul chef vifible. Il en eft de mefme des diverfes communions de
l'Orient; elles ne conviennent point avec les Latins, ni
en dogmes, ni en gouvernement, ni en difcipline, ni
dans l'unité d'un chef. Cependant il eft certain comme
nous l'avons fait voir que c'eft une opinion crüelle &
infoutenable que de les exclurre de la communion de
l'Eglife univerfelle & de la communion de Jefus Chrift
comme fait l'Eglife Romaine. Difons quelque chofe en
particulier de chacun des liens qui font l'unité de l'Eglife.

Le

Le premier
lien de
l'unité est
l'unité d'e-
sprit.

Le premier est l'unité d'esprit. Il y a un seul corps plusieurs membres, & un mesme Saint Esprit. C'est l'ame de l'Eglise, & c'est proprement ce qui fait l'essence de son unité. Toute societé qui a l'esprit de grace est l'Eglise & est de l'Eglise & fait partie de l'Eglise avec les autres societés qui possedent le mesme esprit, sans qu'il soit necessaire que ces societés se connoissent, qu'elles soient unies par les mesmes loix & sous les mesmes pasteurs. Nous sommes en union par cet esprit avec l'Eglise des Æthiopiens, avec celle des Grecs, & avec les autres qui à cause de leur eloignement n'ont jamais oüy parler de nous. Or afin que cêt esprit anime plusieurs societés differentes, il n'est pas necessaire qu'elles soient dans une égale pureté. Afin qu'une ame anime toutes les parties d'un corps humain, il n'est pas necessaire que tous les membres soient également sains. Cet esprit n'anime pas egalement tous ces membres, mais à proportion de ce qu'ils ont de verité. Les communions qui ont accablé la religlion de mille superstitions vivent à grande peine. La vie ne s'y trouve que pour ceux qui ne participent pas aux heresies & aux idolatries mortelles, comme sont les enfants & ceux d'entre les simples qui se tiennent dans la simplicité de la foy, mais quoy qu'il y ait peu de vie dans ces societés il y en a pourtant assés pour faire qu'elles ne soient pas mortes, & pour les faire estre dans l'unité de l'Eglise.

Second
lien de l'u-
nité, de la
foy.

Le second lien c'est celuy de l'unité de foy. Et ce lien est plus ou moins estendu. Il ne consiste pas dans un point indivesible. Ceux qui sont convenus de soutenir & deffendre un certain systeme de dogmes compris dans une confession de foy conviennent dans les points fondamentaux & en plusieurs qui ne le sont pas. Et ceux la sont dans une plus etroitte union à l'egard de la foy & de la profession de foy. Mais ceux qui n'ont pas de confession particuliere & qui ne conviennent que dans les confessions generales à toutes les societas Chrétiennes comme sont les symboles des Apotres, de Nicée & de Constantinople, ne laissent pas d'estre dans l'union generale & dans l'enceinte du Christianisme. Car ce consentement dans une profession de foy pour les articles. fondamentaux est ce qu'il y a d'essentiel & ce qui fait l'unité de l'Eglise universelle. Il y a double unité : unité

de

de l'Eglife univerfelle, & unité des Eglifes particulie- **Double unité univerfelle & particuliere.** res. L'unité de l'Eglife univerfelle eft fondée dans l'u- nité de foy generale comprenant les dogmes effentiels du Chriftianifme. L'unité des Eglifes particulieres con- fifte dans l'unité de ces formules qu'on appelle confef- fions de foy.

Le troifiefme lien eft celuy des facrements. Ce lien **Troifiefme lien de l'unité, l'unité des facrements.** eft effentiel, il n'y a point de veritable Eglife fans fa- crements. C'eft pourquoy les fectaires, les Sociniens & les fanatiques qui n'ont prefque aucun ufage des fa- crements ne meritent pas d'eftre contées entre les focie- tés Chrétiennes. Mais l'unité des facrements ne confi- te pas entierement dans l'unité des ceremonies avec les- quelles on les adminiftre. Autre eft le rit Grec, au- tre le rit Latin, autre eft le rit prefbyterien, autre eft le rit epifcopal. Ceux qui fe font le plus eloignés de la fimplicité de la premiere inftitution font affeurement ceux qui ont le plus de tort. Mais cependant pourvû qu'ils ayent retenu l'effence & le fonds du facrement Dieu ne retire par fa grace falutaire des fignes facrés. De plus l'unité des facrements n'emporte pas une ne- ceffité, d'avoir abfolument les mefmes facrements. On n'en peut avoir que deux legitimes, le baptefme, & la fainte Euchariftie. Neantmoins chaffer de l'Eglife ceux qui y en ont ajouté d'autres de leur facon, à caufe de ce la feul, nous parôit un fentiment cruel. Les Æthyopiens ont retenu la circoncifion, facrement qui eft plus oppofé à l'efprit de la religion Chrétienne qu'aucun autre faux facrement, parce qu'il appartenoit à une autre oeco- nomie entierement differente de la noftre. Ainfi pour demeurer dans l'unité univerfelle des facrements il eft de l'effence de retenir les vrays facrements que Jefus Chrift a inftitués. Mais l'addition des faux facrements ne rui- ne pas les vrays & ne leur ofte pas leur efficace. L'u- nité particuliere exige convenance dans tous les facre- ments, tellement que deux Eglifes qui ont des facre- ments differents outre ceux dont tous les Chrétiens con- viennent ne font pas une mefme Eglife de l'unité par- ticuliere, mais feulement de l'unité generale & univer- felle.

Le quatriefme lien c'eft celuy du miniftere. Celuy **Quatriefme lien de l'unité: l'unité du miniftere.** cy eft encore effentiel. Car toute focieté qui n'a point de

de miniftere ne merite point du tout d'eftre appellée
membre & partie de l'Eglife univerfelle & par cette raifon les fanatiques qui n'ont pas de miniftere ne font pas
partie de l'Eglife univerfelle. Mais il faut diftinguer la
forme du miniftere de fa fubftance. Pour étre dans l'u-
nité de l'Eglife, il faut avoir avec elle l'unité du miniftere en fubftance ; C'eft à dire qu'il y ait des pafteurs
legitimement eftablis, qui prefchent, qui enfeignent, &
qui adminiftrent les facrements. Quand à la forme du
miniftere elle n'eft de l'effence que de l'unité particuliere. Pour être en unité particuliere avec une Eglife
il faut avoir la mefme forme de gouvernement. A
cêt egard l'Eglife Grecque n'eft pas dans l'unité de miniftere avec l'Eglife Latine, car bien que fon gouvernement foit hierarchique comme celuy des Latins cependant ne convenant point avec l'Eglife Romaine d'un feul
& mefme chef. Ce n'eft point le mefme miniftere d'u-
ne unité particuliere. Les Eglifes Epifcopales ont un
gouvernement different des Eglifes prefbyteriennes. Elles
conviennent dans la fubftance du miniftere en general,
& cela fuffit pour être dans l'unité effentielle de l'Eglife. Elles ne conviennent pas de la forme du miniftere
& c'eft pourquoy elles ne font pas dans l'unité particuliere. Mais cette unité particuliere eft accidentelle &
quoy qu'elle fuft tres utile pour la perfection de l'Eglife, il n'a pas plû à Dieu de la rendre abfolument neceffaire ; parce qu'ayant à conduire des hommes foibles
il fçavoit fort bien que l'ignorance & les paffions les jetteroient neceffairement dans la divifion. C'eft pourquoy
il s'eft contenté d'exiger d'eux comme chofe abfolument
neceffaire la convenance dans l'unité generale de miniftere.

Cinquief- Le cinquiefme lien de l'unité, c'eft l'unité des cere-
me lien de monies. Or ce lien eft tout à fait accidentel & n'a ja-
l'unité l'u- mais efté confideré comme de l'effence de l'unité de l'E-
nité des ce- glife. C'eft pourquoy les Eglifes particulieres fe font
remonies. toufiours donné la liberté de regler les ceremonies fans
s'aftreindre aux loix des autres. Ce fut une temerité
terrible à Victor Evefque de Rome de feparer de fa
communion les Eglifes d'Afie dans le deuxjefme fiecle
parce qu'elles vouloient celebrer la pafque, le mefme
jour que les Juifs. Auffi S. Irenée Evefque de Lion l'en
reprit

reprit il fort feverement, & luy fit connoitre que c'e-
ftoit rompre les liens de la paix que de vouloir aftreindre les Eglifes à ce lien des ceremonies uniformes. Dans
ce temps la les ceremonies eftoient extremement diverfes, & mefme quelques unes extremement mauvaifes.
Comme eftoit celle des Eglifes de Theffalie qui ne bap-
tizoient que le jours de pafques ; ce qui faifoit dit Socrate qu'il mouroit plufieurs enfants fans baptefme. Dans
le mefme lieu Socrate obferve plufieurs differences dans
les ceremonies des Eglifes de Rome, d'Alexandrie, d'A-
chaye, de Theffalie, de Cypre, de Jerufalem, d'An-
thyoche, de Conftantinople & fait voir que les Apoftres n'avoient rien fixé fur les ceremonies ; Il doit être
dans la liberté des Eglifes particulieres de les regler
comme il leur femble bon. Cette uniformité de ceremonies eft de la beauté de l'Eglife, mais elle n'eft point
de fon effence, & l'on ne rencontre pas de fiecle depuis
les Apôtres où on la trouve.

Voy Euf.
Hift. Ec-
clef. l. 5.
c. 24.

Socrat.
Hift. lib.
5. cap. 22.

Le fixjefme lien de l'unité, c'eft l'unité du chef, c'eft une
fauffe unité, impoffible, incompatible avec cette eftendüe
univerfelle dans laquelle eft l'Eglife Chrétienne ; repu-
gnante avec l'efprit du Chriftianifme qui ne fouffre point
l'orgueil & tout ce qui le peut nourrir ; mal accordante
avec les devoirs du miniftere, car il eft impoffible qu'un
homme chargé du foin de l'Eglife univerfelle s'en acquitte
bien : oppofée à l'intention de Jefus Chrift, car il ne s'eft
point eftabli de Lieutenant fur la terre dans la charge
de chef univerfel de l'Eglife : Antichreftienne, car c'eft
l'un des caracteres de l'Antechrift de fe dire Evefque
univerfel : incognue à toute l'antiquité avant le fix & le
feptiefme fiecle, dans lesquels les Papes commencerent
à fe porter comme les maitres de toute l'Eglife. Auffi
ce lien d'unité eft univerfellement rejetté par tous les
Chrétiens excepté les Latins. Les Grecs, les Armeniens,
les Abyffins ont leurs Patriarches. L'orient eft encore
divifé en plufieurs Patriarchats, celuy de Conftantinople, celuy d'Antiochie, celuy d'Alexandrie, fans conter ceux des Eglifes Armeniennes & Neftoriennes. Et
perfonne ne veut reconnoitre ce chef unique & univerfel.

Sixiefme
lien de l'u-
nité, l'uni-
té de chef.

Le feptième lien de l'unité c'eft la communion exterieure avec les divers troupeaux fous un mefme gouvernement

Septiesme lien de l'unité, l'unité de confederation & de discipline.

vernement, sous une mesme discipline dans l'observation des mesmes canons ecclesiastiques, & sous une mesme jurisdiction spirituelle. Ce lien regarde encore l'unité particuliere & non l'unité universelle: non seulement elle n'est pas de l'essence de l'Eglise, mais il est impossible qu'on l'establisse dans l'Eglise à cause du grand eloignement, où sont les differentes parties de l'Eglise, & des different, interets des Princes temporels sous lesquels l'Eglise vit. Naturellement & originellement toutes les Eglises sont libres & independantes les unes des autres. Les Eglises d'Ephese, de Smyrne, de Thyatire, de Sardes &c. ausquelles l'Apostre S. Jean escrit au commencement de l'Apocalypse n'avoient pas de maître commun. Châque Evêque ne repondoit qu'á Dieu & à son presbytere. Mais les divisions qui s'eleverent bien tôt firent cognoitre la necessité qu'il y avoit de former des confederations. On se confedera d'abord par provinces qui envoyoient leurs deputéz à une assemblée qu'on appelle synode. Ces provinces etoient au commencement independantes les unes des autres, mais les confederations s'accrûrent avec le temps, les synodes jugerent à propos pour le bien de l'union de soumettre les Evêques à des Archeveques & Metropolitains; de soumettre tous les Pasteurs aux Conciles & ainsi peu à peu se forma ce gouvernement qui se trouva dans sa perfection dans le quatriesme siecle. Cette institution se fit a bonne intention & pour garantir l'Eglise de schisme & d'heresie. Mais l'experience a fait voir que le mystere d'iniquité devoit sortir de la. Car ce sont ces grandes distinctions qu'on mit entre les Pasteurs de l'Eglise qui donnerent lieu aux Evêques de Rome de s'elever au dessus de tous les Evêques & de se faire les Tyrans de la republique Chrétienne. Au commencement il n'en étoit pas ainsi. Ces grandes differences qui etoient entre les Eglises pour les ceremonies font bien voir qu'elles etoient maîtresses & independantes: car si elles eussent eû un chef, leur culte cût eté sans douté uniforme par les soins de cêt unique chef.

D'ou est venue la fausse idée du schisme.

Il est important de distinguer entre ces differents liens ceux qui regardent, l'unité *universelle* de ceux qui ne font que l'unité *particuliere*. Car il est certain que c'est de la qu'est venüe la fausse idée du schisme. On a attaché

taché à l'unité univerſelle les caracteres qui ne conviennent qu'a l'unité particuliere, c'eſt ce que nous allons voir en parlant du ſchiſme.

CHAPITRE XV.
Veritable Idée du ſchiſme.

LE ſchiſme c'eſt la rupture des liens qui font l'unité de l'Egliſe. Ordinairement on diſtingue le ſchiſme de l'hereſie. On dit qu'il y a des ſchiſmatiques qui ne ſont pas heretiques. Quand l'Egliſe Latine & l'Egliſe Grecque rompirent enſemble, elles ne ſe conſideroient pas comme heretiques. Le ſchiſme ſe fit pour le point de la primauté. Et les controverſes ne ſont venües qu'en ſuitte pour juſtifier la ſeparation. Les Donatiſtes n'erroyent pas dans la foy, à l'exception de ce qu'ils rebaptiſoient les heretiques ; & de l'imagination qu'ils avoient que toute l'Egliſe êtoit perie par toute la terre, & qu'elle ne ſubſiſtoit plus que dans le parti de Donat. Ce qui eſtoit pluſtôt une folie qu'une hereſie. Tel eſtoit le ſchiſme des Luciferiens qui en retenant toutes les verités de l'Egliſe Catholique refuſoient de communier avec elle ; ſeulement parce qu'elle recevoit les Eveſques Arriens & leur conſervoit le degré de leur miniſtere. Le ſchiſme des Novatiens eſtoit à peu pres ſemblable ; Ils etoient fort orthodoxes & furent toujours joints avec les Catholiques contre les Arriens, & n'eſtoient ſeparés de l'Egliſe que parce qu'ils ſe plaignoient que la diſcipline y etoit relachée & qu'on y recevoit à la paix de l'Egliſe des pecheurs qui en devoient être eternellement exclus. C'eſt l'idée ordinaire du ſchiſme diſtingué de l'hereſie, & cette Idée eſt tout a fait fauſſe. Car le ſchiſme doit être ſi peu diſtingué de l'hereſie qu'à proprement parler il n'y a pas d'autres ſchiſmatiques que les heretiques qui errent dans le fondement. C'eſt ce qui paroitra dans la ſuitte.

Les ſchiſme encore une fois eſt la rupture des liens qui font l'unité de l'Egliſe Le premier de ces liens, c'eſt l'eſprit de Dieu qui tient unis tous les membres de ce vaſte corps qu'on appelle l'Egliſe univerſelle. On rompt ce lien quand on contriſte cêt eſprit, quand on l'eſteint.

[marginalia:] Diſtinction ordinaire du ſchiſme & de l'hereſie qui eſt fauſſe.

[marginalia:] Il n'y a pas de vray ſchiſmatiques que les heretiques qui pechent dans le fondement.

On rompe
le premier
lien qui est
celuy de
l'esprit
mais ce
n'est pas
cela qui
fait appel-
ler schis-
matique.

steint quand on le chasse & qu'on le bannit : on le chasse
ou par les vices enormes qui desolent la conscience,
& qui etouffent les semences de la grace, & le germe
de la regeneration ; ou par les erreurs capitales qui ruinent & qui destruisent les fondements de la religion.
On s'exclut & on se separe de l'Eglise par l'une & par l'autre voye ; qu'on soit excommunié, qu'on ne le soit pas,
qu'on sorte de la communion externe ou qu'on y demeure, on n'est plus vray membre de l'Eglise, on n'est plus
tout au plus que membre de son corps ; on est vray
schismatique. Mais comme ce schisme est souvent invisible & qu'il regarde les particulieres, ce n'est pas celuy
dont il s'agit. On n'appelle personne schismatique par
rapport à ce lien interne de l'esprit parce qu'on ne sçauroit avoir une parfaite certitude que ce lien soit tout à
fait rompu, au moins rompu pour jamais.

Le second lien c'est celuy de la profession de foy à la
quelle repond interieurement la foy des mysteres qu'on
fait profession de croire. Nous avons veu que cette
profession de foy est ou generale qui le reduit aux points
fondamentaux, ou particuliere qui enferme plusieurs points
lesquels pour estre tres importants ne sont pourtant pas de
la premiere importance. Nous avons ajouté que la premiere profession de foy, est celle, qui est essentielle à l'u-
nité universelle de l'Eglise. Et que la seconde fait l'u-
nité particuliere de ceux qui vivent dans une certaine
confederation, par laquelle ils se sont obligés de maintenir
& de deffendre des dogmes renfermés dans ces formules
qu'on appelle symboles & confessions. On peut etre
schismatique, ou par rapport à l'unité universelle, ou

Il y a dou-
ble schis-
me, schisme
general
schisme
particulier.

par rapport a l'unité particuliere. On est schismatique
par rapport à l'unité universelle quand on renonce aux
veritéz generales qui font la base du Christianisme, &
qui font receües de toutes les societés qui meritent d'e-
stre appellées Chrétiennes. Et ces gens la sont les
vrays schismatiques ; ce sont les heretiques qui ruinent
les fondements du Christianismes. Ils sont vrays schismatiques ; car ils rompent les liens les plus essentiels
qui attachent les membres de l'Eglise les uns aux autres. Non seulement cela, mais ils sont a proprement
parler les seuls schismatiques. Car tous ceux qui retiennent les verités fondamentales ne sont point schisme
avec

avec l'Eglise universelle quoy qu'ils facent ; soit qu'ils tiennent des assemblées à part, soit qu'ils erigent comme on parle un nouveau ministere. Soit mesme qu'ils excommunient ceux d'entre lesquels ils sont sortis. S'ils ont emporté la verité avec eux en s'en allant & qu'ils la retiennent, c'est asséz pour retenir l'essence d'Eglise & pour faire partie de l'Eglise universelle. S'ils demeurent membres de l'Eglise universelle ils n'ont donc pas rompu les liens de l'unité universelle. Or nous avons demonstré que les societés separées sont encore membres de l'Eglise universelle dont elles demeurent dans l'unité.

Les communions qui se separent ne laissent pas d'estre dans l'unité si elles retiennent la verité.

Mais quoy, ne sont ils donc ni schismatiques en aucune facon ni criminels ? Ils sont l'un & l'autre. Ils sont schismatiques par rapport à l'union particuliere. Ils vivoient en confederation avec certaines Eglises leurs voisines dont mesme ils faisoient partie. Ils avoient conjointement avec ces Eglises leur disciplines, leur confession de foy ; leurs canons, leurs temples, leurs tribunaux Ecclesiastiques, leurs Evêques, leurs Conciles. C'estoit une unité de confederation dans laquelle ils vivoient. Ils la rompent, ils sont schismatiques à cêt egard ; si les causes de leur separation est injuste. Ils sont par consequent tres criminels car ils violent le lien de la paix & les loix de la charité. Ie dis si les causes de leur separation sont injustes. Car si dans les divisions d'une Eglise orthodoxe sur des faits particuliers ou sur des points de discipline, le partie le plus fort opprime le plus foible le chasse & l'exclud, de sorte que celuy cy soit obligé de se separer, de faire des assemblées à part & d'entrer dans une nouvelle confederation pour se conserver. En ce cas, le parti qui s'en va n'est pas schismatique, ni par rapport à l'unité universelle ; car il conserve les verités qui la font, ni par rapport à l'unité particuliere, car il ne fait par la rupture, il la souffre. C'est le parti qui demeure qui est schismatique par rapport à l'unité particuliere, mais ni l'un ni l'autre parti ne sort de l'Eglise universelle ; ni l'un ni l'autre n'est schismatique à l'esgard de l'unité universelle. Car l'un & l'autre retient la foy, & la profession de foy, qui est le grand lien de l'unité de l'Eglise. On ne peut étre schismatique qu'on n'ait renoncé a la foy.

On peut rompre l'unité particuliere sans rompre l'unité generale.

M m Il

On ne fe fepare d'une Eglife particuliere qu'autant qu'on renonce à fes fentiments.

Il eſt ſi vray qu'on n'eſt ſchiſmatique qu'autant qu'on erre & qu'on eſt heretique, que meſme en ſe ſeparant d'une Egliſe particuliere on ne rompt avec elle qu'autant qu'on ſe ſepare de ſes ſentiments. Les Donatiſtes avoient rompu avec l'Egliſe Catholique & cependant malgré qu'ils en euſſent & contre leur penſée, ils êtoient encore avec l'Egliſe Catholique, comme l'a reconnu S. Auguſtin luy meſme. *Si eux qui ont abandonné l'Egliſe* dit il, *font autre choſe que ce qui ſe voit dans l'Egliſe ils ſont à cêt égard ſeparés d'elle, mais s'ils font ce qui ſe fait*

De baptiſ. contra Donat lib. 1. cap. 1.

dans l'Egliſe ils demeurent: Les Donatiſtes ſont donc avec nous en quelque choſe & ils ſont ſortis d'entre nous en quelques autres. S. Auguſtin diſoit mieux qu'il ne penſoit & il ſeroit à ſouhaiter qu'il eût perſeveré dans cette Idée de l'unité qui eſt la ſeule veritable.

Nous n'avons pas rompu avec l'Egliſe Romaine entant qu'elle eſt Egliſe Chrétienne.

Sur ce fondement qu'aucune perſonne non prevenüe ne me niera je repons à la queſtion ſçavoir, ſi nous avons rompu avec l'Egliſe Rom. en diſant, que nous ſommes avec elle dans ce qu'elle a de la veritable Egliſe. Nous ſommes diſ je avec elle à cêt egard. Entant qu'elle croit un Dieu en trois perſonnes, un Jeſus Chriſt fils eternel de Dieu, le redempteur du monde &c. elle eſt avec nous, & nous avec elle. Nous ne ſommes point en ſchiſme, quoyque nous ayons d'autres Egliſes, d'autres canons & un autre gouvernement. Car ces choſes ne font pas l'eſſence de la religion & de l'unité. Mais nous ſommes en ſchiſme avec elle par rapport à ſes ſuperſtitions, à ſes Idolatries, à ſes faux cultes, à ſes vaines ceremonies. Si nous avons tort dans le fonds nous ſommes les ſchiſmatiques. Mais ſi elle a tort c'eſt elle qui eſt ſchiſmatique, parce que le ſchiſme conſiſte dans la rupture du lien de la foy, & celuy la rompt le lien de la foy qui erre dans la foy.

Le ſchiſme entre l'Egliſe Romaine & nous eſt un ſchiſme particulier.

Le ſchiſme qui eſt entre l'Egliſe Romaine & nous n'eſt donc qu'un ſchiſme particulier. En nous ſeparant d'elle nous ne nous ſommes point ſeparés l'Egliſe univerſelle. Nous avons rompu les liens d'une confederation ſous laquelle nous & nos peres avions veſcu depuis pluſieurs ſiecles. Mais nous eſtions en droit de la rompre parce que c'eſtoit une confederation inique, tyrannique, injuſte, qui nous engageoit à deshonnorer Dieu; C'eſtoit, en un mot, une confederation de con-
ſpiration

ſpiration contre la verité & le pur ſeruice de Dieu. Nous n'avons point rompu avec l'Egliſe ancienne qui n'eſt plus il y a mille ou douze cents ans ; car ſi l'unité des dogmes eſſentiels fait la veritable unité de l'Egliſe, nous ſommes dans l'unité avec l'Egliſe ancienne puiſque nous retenons tous les dogmes fondamentaux qu'elle avoit. Nous n'avons point rompu avec elle par rapport à la communion externe & à la confederation. Car nous ne ſçaurions avoir de confederation avec des gens qui ſont morts il y a mille ans. Toute confederation preſuppoſe des confederés vivants, agiſſants, & conſentants.

Nous ne ſommes pas en ſchiſme avec l'ancienne Egliſe.

Nous n'avons point rompu non plus avec les Egliſes d'orient, ni à l'eſgard de l'unité univerſelle, car en retenant les dogmes eſſentiels au Chriſtianiſme nous retenous l'unité : ni à l'eſgard de la confederation & de l'unité particuliere, parce que nous n'avions jamais eû aucune confederation particuliere avec ces Egliſes à cauſe du grand eloignement où elles ſont de nous.

Nous ne ſommes pas en ſchiſme avec les Egliſes d'orient.

Selon cette Idée du ſchiſme il eſt clair qu'il n'eſt nullement neceſſaire quand on ſe ſepare d'une Egliſe particuliere d'en trouver une autre à laquelle on adhere & à laquelle on ſe joigne. Premierement parce que toutes les Egliſes ſont naturellement libres & independantes les unes des autres. L'Egliſe d'Eſpagne n'eſt point du tout eſſentiellement liée avec l'Egliſe Gallicane ni la Gallicane avec la Germanique. Si l'Egliſe d'occident ſecoüoit le joug du Pape ce qui arrivera tres aſſeurement quelque jour & s'il plaiſt à Dieu bien toſt elle pourroit ſe partager, & elle ſe partageroit en effet en pluſieurs Egliſes qui auroient leurs Patriarches & leurs Eveſques independants les uns des autres, de ſorte qu'il n'y auroit pas d'appel d'une Egliſe à l'autre. Suppoſons que l'Egliſe Gallicane rompît avec l'Egliſe Romaine faudroit il qu'elle ſe joignît avec une autre Egliſe, & ne pourroit elle pas bien ſe gouverner toute ſeule par ſes propres loix? ſi apres cela la France ſe partageoit pour le temporel en pluſieurs ſouverains ; chacun de ces ſouverains n'auroit ils pas le pouvoir de faire un Patriarche chés luy & de deffendre toute appellation en affaires Eccleſiaſtiques? Cela fait voir que ces confederations externes ſont entierement accidentelles. Les

Quand on ſe ſepare d'une Egliſe il n'eſt pas neceſſaire de ſe joindre à une autre pourvû qu'on puiſſe faire corps.

Egliſes

Eglifes reformées de deça la mer ne font pas en confederation avec l'Eglife Anglicane; elles n'ont pas mefme
chef, mefme forme de gouvernement, mefmes fuperieurs,
mefmes Synodes. Elles ne font pourtant pas fchifmatiques les unes à l'efgard des autres. Parce que la confederation externe eft accidentelle, & ne fait pas l'effence
de l'unité de l'Eglife. Qu'eft il donc befoin qu'un corps
de gens qui fortent d'une Eglife corrompüe s'aillent
joindre à une autre? Ils font en droit de fe confederer
entre eux ou de fe confederer avec d'autres Eglifes fi
bon leur femble; Mais de quelque maniere qu'elles en
ufent elles ne font pas fchifmatiques manque d'union avec
l'Eglife univerfelle, parce qu'elles confervent la foy qui
fait l'effence de l'unité de l'Eglife. Ainfi je concluds
que les Eglifes qui fe feparent n'ont nullement befoin
de fe joindre à une autre Eglife pour n'eftre pas fchifmatiques, parce que pourvû qu'elles confervent les verités Chrétiennes, & entre celles la, fur tout, celles qui
font effentielles & fondamentales elles demeurent en union
avec toute l'Eglife Chrétienne.

Ceux qui
rejette-
roient les
facrements
feroient
vrays fchif-
matiques.

Le troifiefme lien qui fait l'unité, c'eft l'unité des facrements. Ce lien eft effentiel je l'avoüe, & une focieté qui n'auroit pas de facrements ne meriteroit pas
d'eftre appellée Chrétienne. Ainfi ceux la feroient vrays
fchifmatiques, à l'efgard de l'Eglife univerfelle qui re-
jetteroient & mefpriferoient le baptefme & la fainte
Euchariftie. Mais on n'eft pas fchifmatique pourveû
qu'on retienne les deux facréments. Si on en ajoute
d'autres on fait mal fans doute, on bleffe l'union &
l'unité, mais on ne la rompt pas. Si l'on corrompt ces
facrements jufqu'à les ruiner entierement, c'eft tout de
mefme qui fi on ne les avoit plus. Si on les corrompt
enforte pourtant que le fonds & l'effence en demeurent,
on péche dans les degrés de corruption que l'on introduit, mais on demeure dans l'unité par les parties effen
tiels que l'on conferve en leur entier.

On n'eft
pas fchif-
matique en
alterant le
miniftere.

Le 4me. lien c'eft celuy du miniftere & ce lien eft
encore neceffaire à l'unité comme nous l'avons dit: une
Eglife qui renonce au miniftere comme celle des fanatiques fait fchifme avec l'Eglife univerfelle. C'eft pourquoy les fanatiques quand mefme par hazard ils retien-
droient toutes les verités Chrétiennes font pourtant
fchif-

fchifmatiques : Car il eſt de l'eſſence de l'Egliſe Chrétienne qu'elle ait un miniſtere. Mais on ne fait point
fchifme & l'on n'eſt pas fchifmatique quand on altere
la forme de ce miniſtere : parce que Jeſus Chriſt &
ſes Apôtres n'ont preſcrit aucune forme comme de neceſſité : L'eſſence conſiſte en ce qu'il y ait des gens
eſtablis par la ſocieté pour adminiſtrer la parole & les
ſacrements.

Voila donc trois liens qui font l'unité, la foy, les ſacrements, le miniſtere : toute ſocieté qui retient ces
choſes, la foy pure au moins dans les choſes eſſentielles, les ſacrements entiers : & le miniſtere dans ce
qu'il a d'eſſentiel eſt Egliſe, & n'eſt pas fchifmatique par
rapport à l'unité univerſelle, ſoit qu'elle ſoit jointe à
une autre Egliſe, ſoit qu'elle ne le ſoit pas, ſoit qu'elle
vive en paix avec les autres Egliſes, ſoit qu'elle les excommunie ou qu'elle en ſoit excommuniée. Dieu ne
fait pas dependre le ſalut des hommes des caprices de
l'Eſprit humain pour reputer hors de l'Egliſe univerſelle ceux qu'il plait à une ſocieté de chaſſer de ſa communion particuliere.

Trois liens qui font l'unité generale & dont la rupture fait le fchifme.

Les autres liens, celuy des ceremonies, celuy de la
forme du gouvernement, celuy de la diſcipline, celuy
de la confederation ſous des Eveſques ou ſous des ſynodes, ne regardent que l'unité particuliere. Ceux qui
rompent ces liens ſont fchifmatiques par rapport à des
Egliſes particulieres, mais nullement par rapport à
l'Egliſe univerſelle. Et ces fchifmes particuliers ſont
plus ou moins criminels ſelon la diverſité des circonſtances & ſelon la grandeur du ſcandale. Ceux qui
rompent le lien de l'union ſans neceſſité ſont toujours tres
criminels. Car il faut avoüer que les diviſions dans
la religion Chrétienne ſont un obſtacle invincible à l'e-
ſtabliſſement du regne de Dieu. Et jamais ce regne ne
viendra que les diviſions ne ſoient ceſſées. Mais il ne
faut pas s'imaginer que toutes les Egliſes qui ne vivent
pas en confederation ſoyent en fchifme à cauſe de cela
ſeul. Car la confederation n'eſt neceſſaire que dans les
lieux où elle eſt poſſible. Nous ne ſçaurions vivre en
confederation avec l'Egliſe des Abyſſins & avec celle
des Indes, elles ſont trop eloignées des nous. Cependant nous ne ſommes pas en fchifme avec elles. Mais

Qui rompt les liens accidentels de l'unité fait un fchifme particulier.

Mm 3   on

on eſt ſchiſmatique quand on refuſe de vivre en union
& en confederation avec les Egliſes qui ſont au lieu,
où nous ſommes, quand ces Egliſes n'enſeignent rien
qui ruine la religion Chrétienne.   M. Nicole cite un-
paſſage d'Epiſcopius qui dit, *qu'encore qu'on n'ait aucune*
erreur ſur des articles neceſſaires on eſt pourtant indigne du
ciel & de la maiſon de Dieu pacifique, lorſque pour la def-
fence d'une verité non neceſſaire au ſalut ou pour des vices
tolerables, on ſe diviſe & l'on fait une communion à part,
& que l'on rompt ainſi l'union de la charité. Cela eſt vray
mais je ne ſçay pas bien comment Epiſcopius accorde
cela avec les interets des Remonſtrants qui pour des
verités non neceſſaires au ſalut, comme ils l'avouent,
font ſchiſme avec les Proteſtants des Pays bas dont ils
font partie.

Epiſcop.
reſponſ. ad
14 quæſt.
p. 16.

CHAPITRE XVI.

Que pour etre membre de la veritable Egliſe il n'eſt
  pas neceſſaire qu'une ſocieté ait l'eſtendüe & la vi-
  ſibilité perpetuelle entantque telle ſocieté : il ſuffit
  qu'elle ait l'eſtendüe & la viſibilité dans l'Egliſe
  univerſelle, dont elle fait partie: Des fideles ca-
  chez: qu'il y a aujourd'huy des gens dans l'Egliſe
  Romaine qui meſpriſent ſon culte & n'adherent pas à
  ſes erreurs.

NOus n'avons qu'à recueillir dans ce livre icy ce que
nous avons ſemé dans le precedent, c'eſt à dire à tirer des concluſions preciſes des principes que nous y avons
eſtablis. C'eſt par où commence le 3e. Livre de M. Nicole.   A la faveur de ſes principes, il ſe félicite d'une
moiſſon facile de lauriers & de palmes. Et à la faveur
des miens je m'en vais faire evanouir toutes ces grandes eſperances.

Pour eſtre
membre de
l'Egliſe il
n'eſt pas
neceſſaire
d'avoir l'e-
ſtendüe &
la viſibilité.

La premiere choſe qu'il fait dans ce chapitre eſt de-
prouver que la ſocieté des pretendus Reforméz n'a jamais eu l'eſtendüe ni la viſibilité perpetuelle, qui ſont
les caracteres de l'Egliſe ; dont elle eſt ſchiſmatique.
C'eſt le premier moyen qu'il employe pour nous con-

vaincre

vaincre de fchifme. Je refpond qu'il fe donne bien de
la peine à prouver une propofition que nous avoüons.
C'eft que la focieté des pretendus Reformés n'a pas
l'eftendüe ni la vifibilité perpetuelle. L'eftendüe & la
vifibilité font les caracteres de l'Eglife univerfelle, &
non d'aucune Eglife particuliere. Nous pourrions dire
l'Eglife Grecque n'a point l'eftendüe univerfelle, car
elle n'eft pas dans tout l'occident, donc elle eft fchifmatique. Nous ne raifonnons pas ainfi & tout cela depend de la queftion que nous avons amplement traittée,
& de cette verité que je croy avoir fuffifamment appuyée
c'eft que l'Eglife n'eft pas renfermée dans une feule communion. Elle n'auroit pas le caractere de l'eftendüe
quand mefme on attacheroit le tiltre de veritable Eglife
à la plus grande de toutes les focietés Chrétiennes : l'E-
glife Romaine n'a non plus que nous ni l'eftendüe ni la
vifibilité perpetuelle. Car on ne la trouve pas dans les
quatre ou cinq premiers fiecles de l'Eglife. Et quoy qu'a-
lors l'Antichriftianifme fuft commencé il n'eftoit pas
encore ache . Sous ombre qu'elle occupe les mefmes
chaires que   fe d'Occident occupoit dans les premiers
fiecles, dire que c'eft la mefme Eglife c'eft une folle pretention, & il y a long temps qu'on a dit à ces Meffieurs
que par la mefme raifon les tenebres auroient droit de
pretendre être la lumiere, parce qu'elles occupent la nuit,
la mefme place que celle cy occupe le jour : & que
l'empire des Turcs feroit l'empire des Grecs parce qu'il
occupe la place de l'empire Grec.

L'Eglife des Proteftans n'a donc ni l'eftendüe, ni la
vifibilité perpetuelle entant que telle. C'eft à dire entant qu'elle eft une certaine Eglife confederée depuis un
peu moins de deux cents ans par oppofition à l'Eglife
Romaine & par feparation d'avec elle. Mais elle a &
l'eftendüe, & la vifibilité perpetuelle entant qu'elle eft
Eglife Chrétienne en general & entant qu'elle foutient
& deffend les verités fondamentales que deffendent l'E-
glife de l'Orient & celle de l'Occident. La vifibilité &
la perpetuité de l'Eglife univerfelle eft fa vifibilité & fa
perpetuité, parce qu'elle fait partie de l'Eglife univerfelle. Le changement de formes, de ceremonies, de confederation d'adherence ou d'oppofition aux autres focietés Chrétiennes n'y fait rien. Ce font des chofes

L'Eglife
reformée
à l'eften-
düe & la
vifibilité
entant
qu'Eglife
Chrétien
ne.

Mm 4   acci-

accidentelles qui à la verité peuvent beaucoup contribuer à la beauté de l'Eglife ou la diminuer, mais qui n'en ruinent pas l'effence & ne font pas cesser une société d'eftre de l'Eglfe ; pourveu qu'elle retienne les vrays facrements, & les verités qui font effentielles à la religion. C'eft afféz pour repondre à la premiere partie de ce chapitre ; où pour prouver que nous n'avons pas l'eftendüe univerfelle, il divife les Calviniftes & les Lutheriens. Il en fait deux focietés. Cela ne nous importe que les Lutheriens & les Calviniftes foyent confiderés comme des focietés differentes. Elles ont cela de commun qu'elles font Chrétiennes & qu'elles retiennent les facrements & les verités fondamentales, c'eft afféz pour qu'elles foyent dans l'unité qui eft effentielle à l'Eglife.

Le refte du chapitre eft une longue difpute contre la fuppofition des fideles cachés. Nous difons que Dieu par des voyes qui ne font bien cognües qu'a fa profonde fageffe, fauve des hommes & fe conferve des elus dans les focietés Chrétiennes les plus ●●●●●mpües pourveu qu'elles retiennent les facrements ●●●● verités fondamentales de la religion Chrétienne. Suivant ceprincipe nous difons que dans l'Eglife Romaine pendant qu'elle a efté feule occupante dans l'Occident, Dieu s'eft confervé des elus. M. Nicole dreffe de terribles machines contre cela. Il prouve, ou veut prouver, qu'il eft impoffible qu'il y ait eû avant Luther & Zuingle des gens, dans l'Occident & dans le fein de l'Eglife Romaine qui n'ayent pas crû la prefence reelle, l'adoration de l'Euchariftie, l'invocation des faints, parce que ces gens n'ont pas paru, n'ont pas écrit, n'ont pas parlé. On ne s'eft point plaint dans ces fiecles qu'il y eût des gens qui n'adoraffent pas l'Euchariftie, qui n'affiftaffent pas au fervice dans lequel on invoque les faints : Et mille autres belles chofes comme celles la qui ont eté dites cent fois & auxquelles on a repondu tout autant.

On fe laffe de redire toufiours la mefme chofe & quant à moy je m'en deporte. Je diray feulement que ces Meffieurs ont une habitude invincible de raifonner contre nous comme s'ils parloient devant des gens venus d'un autre monde. Et qui ne fceuffent rien de ce qui fe fait en celuy cy. Je demande pourquoy il auroit efté

impoffi-

Mille & mille gens dans la communion Romaine n'ont pas de foy pour fes faux myfteres.

impoffible dans le temps paffé qu'il y eût des gens dans
l'Eglife Romaine qui mefprifaffent fes fuperftitions puifqu'il y en a tant aujourd'uy? ouy nous foutenons qu'aujourd'uy cette Eglife eft pleine de gens qui mefprifent
dans le fonds, & l'invocation des faints & l'adoration
des images & les autres fuperftitions du Papifme qui
condamnent comme des Idolatres les cultes des devots
à la Vierge & aux faints, qui ne jugent pas qu'il fût
neceffaire de retrancher la coupe au peuple, ni de luy
babiler le fervice divin en langue barbare. Nous le fçavons parce que ces gens la le difent, tout le monde le fçait.
On a beau crier à la calomnie, cela ne laiffe pas d'eftre
vray & cognu pour tel. On fçait que les trois quarts
& demy de ce qu'il y a d'honneftes gens dans l'Eglife
Romaine & qui ont quelque lumiere font de ce fentiment. Ils ne l'efcrivent pas? voila une grande merveille? que des gens qui ont peu de zele & peu d'amour
pour la verité ne fe veulent pas expofer à un peril certain
en la publiant. Et mefme on ne peut pas dire qu'ils ne
l'efcrivent pas, car les Autheurs *des avis falutaires*, des
voyes d'efclairciffement & d'adouciffement; les Maroles,
les Launoy; & autres efcrivains du premier ordre l'ont
efcrit affez intelligiblement. Si les chofes continuoyent
dans quelques fiecles on diroit du noftre, où eftoyent
les Calviniftes cachés dans l'Eglife Romaine? où font
leurs efcrits, où font leurs declarations? les auroit on
foufferts ces gens qui ne croyoyent pas la prefence reelle
qui condamnoyent l'invocation des faints, l'adoration
des images & les devotions Romaines & Papiftes? comment ne le diroit on pas alors puifqu'on nous le dit bien
dés aujourd'uy? ne ferons nous pas auffi en droit de dire, où eftoyent les orthodoxes cachés dans la communion des Arriens? ont ils efcrit, ont ils fait des pro-
teftations? les auroit on foufferts. Cependant il y en
avoit, & S. Auguftin nous en a affurés. Ainfi donc
ce qui fe fait aujourd'huy s'eft pû faire autrefois. La
difference eft que ces perfonnes des fiecles paffez qui
condamnoient le culte de l'Egl. Romaine eftoient excufables de n'en pas fortir parce qu'il n'y avoit aucune
affemblée pure à laquelle ils puffent fe joindre, & ils
ne fe connoiffoient pas affez entr'eux pour agir de concert pour fortir en foule & former une nouvelle confe-

M m 5   deration.

deration. Il a falu que Dieu leur levât une enseigne sous
laquelle ils se pussent rassembler ; ils l'ont fait tout aussi
tost qu'ils ont vû cette enseigne levée, & c'est la vraye
raison pourquoy tant de peuples en si peu de temps qui-
terent l'Eglise Romaine. Ils n'atendoient qu'une porte
ouverte pour sortir du lieu où ils étoient. Mais ceux
qui demeurent aujourd'huy dans l'Eglise Romaine en
connoissant les erreurs, sont pour la pluspart des dissi-
mulateurs qui aiment le monde & qui n'y peuvent renoncer. Il y en a aussi un grand nombre entestés de
ce faux principe que les erreurs de l'Eglise Romaine
ne sont pas intolerables & qu'il vaut mieux les sup-
porter que de rompre avec elle.

Encôre
qu'on ne
puisse
montrer
ceux qui
n'ont pas
participé
aux super-
stitions pa-
pistiques il
y en avoit
pourtant.

C'est une chose admirable que M. Nicole nous prouve qu'il est impossible qu'il y ait eu orthodoxes cachés
dans la communion des Latins après nous avoir luy
mesme rapporté plusieurs sortes de personnes selon les
peres, qui conservoient la pureté de leur foy dans la
communion des Arriens, les uns qui vivoient dans la
simplicité de leur foy, les autres qui estoient retenus
par un esprit de timidité, d'autres qui demeuroient par
impossibilité de sortir & de se joindre aux orthodoxes,
d'autres qui succomboient sous la multitude & la cruauté des vexations qu'on leur faisoit souffrir. Mais,
dit il, l'heresie des Arriens n'estoit qu'une erreur de
speculation sur quoy il est aisé de dissimuler, au lieu
qu'il s'agit icy d'affaires de pratique. Où sont ces gens
qui n'ont pas invoqué les saints, qui n'ont pas adoré
le sacrement? C'est à Monsieur Nicole a nous prouver
qu'il n'y en a point eu. Il ne peut etre juste de nous
obliger à les montrer puis qu'ils sont morts ; ni de
monstrer leurs escrits puisque la pluspart n'en sçavoyent
pas assez pour faire des livres ; on ne les auroit pas
soufferts, dit on, ces gens qui n'auroient ni invoqué
les saints ni adoré le sacrement : Comme s'il etoit fort
difficile que quelques personnes en assez petit nombre
se cachassent dans la foule & s'exemptassent de participer aux Idolatries populaires. Je suis mesme persuadé
que plusieurs personnes les condamnoyent ouvertement.
Nous avons produit dans nos prejugés legitimes contre
le Papisme un grand nombre d'escrivains qui ont crié
contre Babylone en general, si ces gens la avoient osé
dire

dire tout ce qu'ils penſoient peut eſtre que M. Nicole
trouveroit en eux tout ce qu'il cherche. Au reſte c'e-
ſtoient des ſiecles d'une grande pureté, & d'une grande
exactitude que ces miſerables ſiecles du regne du Papiſme! C'eſtoient des ſiecles de fer de tenebres & d'ignorance, le vice occupoit de telle maniere les conducteurs de cette Egliſe corrompüe qu'ils ne ſe mettoient
en peine de rien que de joüir paiſiblement de leurs benefices
pour les conſumer en debauches. Pourvû qu'on ſe teût
on ne demandoit pas aux gens ce qu'ils penſoient ou ne
penſoient pas, s'ils adoroient ou n'adoroient pas, s'ils
invoquoient les ſaints ou non. Comment les auroit-on
obligés à invoquer les ſaints, puis qu'on ne les obligeoit pas meſme à invoquer Dieu.

M. Nicole remonte juſqu'aux Vaudois, de là à Clau-   M. Nicole
de de Turin, & de là juſqu'au ſiecle de St. Auguſtin, pour n'a pas lieu
prouver qu'il n'y a point eû de Calviniſtes dans l'eſpace de de ſe vanter
douze ſiecles parce que depuis ce temps là on a toujours petuelle
invoqué les ſaints. Il a trouvé cet article de l'invoca- conformité
tion des Saints extremement commode pour prouver la de ſon
perpetuité de la foy de ſon Egliſe. C'eſt la deuxjeſme les ſiecles
ou la troisjeſme fois qu'il repete la matiere mais ce n'eſt paſſes.
pas la derniere, car avant que de finir il nous en fera
encore un grand chapitre. Nous n'en dirons rien que
quand nous ſerons arrivés là : en attendant nous luy repondrons en trois mots qu'un article n'eſt pas tout,
que le papiſme a bien autre choſe que l'invocation des
ſaints. Qu'il n'a aucune raiſon de ſe prevaloir de la conformité de ſon Egliſe avec l'Egliſe du quatrejeſme & du
cinquieſme ſiecle; parce que l'invocation des ſaints toute criminelle qu'elle eſtoit en ce temps là n'eſtoit pourtant pas ce qu'elle eſt aujourd'huy, & enfin je dis que
dans ces premiers ſiecles auſſi bien que dans les derniers, il y avoit des perſonnes que s'en tenoient à ſervir Dieu ſans invoquer les ſaints.

M. Nicole dans tout ce grand chapitre ne dit qu'une Ce ne ſont
choſe qui merite qu'on y face attention : *C'eſt que ces* pas les fide-
fideles ſi bien cachés qu'ils ne ſe ſont jamais fait cognoitre les chachés
par aucune marque ne pouvoient pas rendre l'Egliſe viſible conſervé
puiſque perſonne ne les connoiſſoit. Auſſi je ne pretends la viſibilité
pas que l'Egliſe ait conſervé ſa viſibilité par ces gens de l'Egliſe,
inviſibles, c'eſt par la confeſſion de foy, c'eſt par l'ad- Pag. 414.
herence

herence aux dogmes essentiels du Christianisme. L'Eglise universelle c'est à dire toutes les societés Chrétiennes ont toujours visiblement confessé tous les points fondamentaux, & c'est ce qui a fait que l'Eglise a toujours esté visible. Car la visibilité de l'Eglise subsiste dans la visibilité de la confession du nom de Jesus Christ, & non precisement dans la visibilité des hommes qui font confession. On ne sçait si les gens font profession sincerement, s'ils disent tout ce qu'ils pensent, ou s'ils en cachent une partie, & ainsi l'on ne sçait s'ils sont vrays membres de Jesus Christ & de son Eglise. Mais on sçait toujours qu'il y a une societé où le symbole est retenu dans le sens de l'escriture sainte, & par tout où cela se trouve on sçait qu'il y a une partie de l'Eglise, soit que cette partie soit saine soit qu'elle soit malade.

Les principes estant ruinés la conclusion tombe, *les protestans n'ont pas l'estendüe & la visibilité perpetuelle.* Je l'avoüe entant que nous sommes confederés en qualité & sous le tiltre de protestants. *Or il est necessaire d'avoir cette estendüe & cette visibilité perpetuelle pour étre vrays membres de l'Eglise.* C'est ce que je nie. *Donc vous estes schismatiques.* La conclusion est fausse comme la mineure. Si nous sommes schismatiques, c'est par rapport a l'Eglise Papiste & non par rapport a l'Eglise Chrétienne, de laquelle nous conservons les dogmes. Des gens qui erigent non une nouvelle Eglise mais une nouvelle confederation ne sont pas schismatiques pour cela. C'est une pierre sur laquelle on bronche toujours. On prend eriger une nouvelle confederation & eriger une nouvelle Eglise pour la mesme chose, cependant ces deux choses sont aussi differentes que la lumiere & les tenebres, c'est ce que nous allons voir dans la reponce au chapitre deuxsiesme du troisiesme livre.

CHAPITRE XVII.

Que nous ne sommes pas une Eglise nouvelle, qu'il y a grande différence entre une nouvelle confederation & une nouvelle Eglise. Qu'il n'est point necessaire en sortant d'une communion de se joindre à une autre ; que nostre société n'est destituée ni de vie, ni de pieté, ni de charité comme prétend M. Nicole.

DAns ce chapitre deuxjesme l'autheur trouve un second moyen de nous convaincre de schisme. C'est que nous sommes une l'Eglise nouvelle. Il a bien senti que nous ne serions pas fort embarrassés de cette difficulté, en suivant nos principes, c'est que l'Eglise universelle est composée de toutes les sectes & de toutes les sociétés Chrétiennes qui retiennent le fondement, soit qu'elles soyent nouvelles, soit qu'elles soient anciennes. C'est pourquoy il nous deffend d'abord de nous servir de ce principe pour luy repondre.

Les preuves que nous avons apportées dans le livre precedent de l'union de l'Eglise dans une seule communion, ne leur permettent plus de nous renvoyer à toutes les communions la Romaine, la Grecque l'Æthiopienne &c. Voila des airs de confiance qui me surpassent, & je ne concoy pas comment on peut supposer avoir prouvé une chose dont on n'a donné aucune espece de preuves excepté quelques passages de S. Augustin & de S. Fulgence : comme si nous estions obligés de jurer sur la parole de deux ou trois autheurs. Je pretends que nos demonstrations nous les pouvons appeller ainsi, en les comparant aux petites raisons de M. Nicole. Je pretends, dis-je, que nos preuves nous remettent en droit de nous servir de ce principe toutes les fois que nous le jugerons necessaire pour eluder les chicanes des sophistes. *[marginal note: Airs de confiance de M. Nicole qui sont mal placées.]*

Ainsi nonobstant les oppositions de nostre adversaire nous disons que nous ne sommes pas une Eglise nouvelle : parce que ce qui establit une société en estre d'Eglise nouvelle, c'est quand elle renonce à la foy & aux verités fondamentales pour prendre de nouveaux dogmes. *[marginal note: Une nouvelle confederation n'est pas une nouvelle Eglise.]*

Nous

Nous n'avons pas renoncé aux dogmes fondamentaux. Car pour avoir renoncé à l'invocation des saints laquelle reparoît encore dans ce chapitre nos n'avons renoncé à rien de fondamental ni d'absolument necessaire, mesme selon M. Nicole. Nous avons fait une nouvelle confederation, je l'avoüe, mais j'ay fait voir en parlant du schisme que la nouveauté de la confederation ne fait pas une nouvelle Eglise, & que quand l'Eglise Latine entiere romproit avec le Pape & qu'on seroit en chaque province une confederation nouvelle & independante des autres provinces, cela ne seroit pas de nouvelles Eglises; Quand aujourd'huy l'Eglise Grecque & l'Eglise Latine se reüniroient elles seroient une nouvelle confederation & non pas une nouvelle Eglise. Si un homme transporté dans les Indes, dans les terres incognues y convertissoit des nations entieres, il y formeroit une nouvelle confederation qui n'auroit de liaison, ni avec le Papisme ni avec les protestans, ce ne seroit pourtant pas une nouvelle Eglise. L'Eglise universelle est celle qui est repandüe par toute la terre. Ce seroit un nouveau membre de cette Eglise universelle. Nous sommes demeurés attachez à l'Eglise universelle puisque nous avons retenu sa doctrine, & la nouveauté de nos ceremonies de nostre gouvernement &c. supposé que cela fust nouveau, ne feroit qu'une societé nouvelle pour l'exterieur, mais ancienne pour l'essence, ce qui suffit pour n'estre pas une nouvelle Eglise Chrétienne. Il ne faut pas chicaner sur les termes. J'avoüe qu'on dit quand une nouvelle societé de Chrétiens s'erige que c'est une nouvelle Eglise. Mais on entend par Eglise, un troupeau particulier & non cette Eglise qui est l'unique Epouse de Jesus Christ hors de laquelle il n'y a pas de salut.

Cela supposé tous le coups que M. Nicole porte sont tous coups perdus & tirez en l'air. *Il faut, dit il, que les Calvinistes nous marquent une communion particuliere & visible à laquelle ils donnent le nom de vraye Eglise.* M. Nicole a beau dire, il faut, nous n'en voulons rien faire & il sçait bien que nous n'en ferons rien. Cependant il raisonne comme si nous le faisions, & *suppose que nous prenons le parti de conserver à l'Eglise Romaine le tiltre de vraye Eglise jusqu'à Luther & Calvin.* Mais que depuis Luther & Calvin elle a cessé d'estre la vraye Eglise parce

Nous ne disons pas que l'Eglise Romaine soit aujourd'huy autre chose que ce qu'elle estoit avant Luther.

parce que nous nous fommes mis en fa place. Et la
deffus il dit merveilles, que fi l'Eglife Romaine a efté
la vraye Eglife jufqu'a Luther, les Vaudois, Petrobruf-
fiens, Hullites, les Grecs, les Lutheriens & les Calviniftes font fchifmatiques de leur aveu mefmé; car tout
homme qui fe fepare de la veritable Eglife eft fchifmatique. Nous ne difons pas que l'Eglife Romaine foit
autre depuis Luther & Calvin qu'elle eftoit auparavant.
Elle n'eft aujourd'uy ni n'eftoit il y a deux cents ans
qu'une partie de l'Eglife univerfelle, partie de la veritable Eglife à la verité, mais partie gaftée corrompüe
& dans laquelle il n'y a prefque plus de vie. Tout le
changement qui eft arrivé à l'Eglife Romaine, c'eft qu'a-
vant la reformation les enfants de Dieu eftoient dans fon
fein comme dans Babylon & aujourdhuy ils en font fortis & n'y font plus. Si Dieu s'y en conferve c'eft par
des voyes miraculeufes que nous ne connoiffons pas &
que nous ne pouvons eftre obligés de faire connoitre aux
autres.

Si nous ne voulons pas reconnôitre l'Eglife Romaine *Nous në* *fommes* *pas feparés* *de l'Eglife* *univerfelle* *& n'avons* *pas efté* *obligés de* *nous join-* *dre à au-* *cune Eglife* *particulie-* *re.*
pour la veritable Eglife il faut au moins dit-on, que
nous faffions voir quelle eft l'Eglife à laquelle nous nous
fommes donnés, fans quoy voicy une autre preuve que
nous fommes des fchifmatiques. *L'Eglife de I. Chrift,*
dit il, n'eftoit pas perie, elle eftoit vifible quelque part. Ils
ont dû fe donner à cette Eglife & fe joindre de commun avec
elle. Sans doute l'Eglife univerfelle n'eftoit pas perie,
mais nous n'avions pas befoin de nous y joindre car
nous ne nous en eftions point feparés. Nous fommes
demeurés dans l'unité de communion interne avec elle
parce que nous fommes demeurés dans l'unité de la foy,
des facrements, & de ce qu'il y a d'effentiel dans le miniftere; Nous ne nous fommes feparés que de l'Eglife
Latine qui n'eft pas l'Eglife univerfelle. Nous ne nous
fommes pas mefme feparés de l'Eglife Latine entant
qu'elle eft Chrétienne mais feulement entant qu'elle eft
Papifte. En ce qu'elle a retenu le fymbole dans le vray
fens de l'efcriture elle eft avec nous, & nous avec elle,
nous ne faifons pas à cêt egard deux Eglifes nous faifons
deux parties d'une mefme Eglife univerfelle. Mais nous
pretendons qu'elle eft la partie malade & plus que de-
mi morte, & que nous fommes la partie faine. Nous
ne

ne nous fommes joins à aucune autre Eglife particuliere parce que cela n'eft nulle-nent de neceſſité. Quand meſme il y auroit eû une Eglife nombreuſe de Vaudois & faiſant figure au monde il n'auroit pas eſté neceſſaire que nous nous y fulſions joints.   Nous aurions pû faire noſtre confederation à part   Comme les proteſtants de deçà la mer ont leurs confederations differentes de l'Eglife Anglicane, quoy qu'ils ne ſoyent nullement en ſchiſme avec elle.

C'eſt ſur ce meſme faux principe qu'eſt fondée l'illuſion du troiſiefme chapitre dans lequel M. Nicole prononce de deſſus ſon tribunal un arreſt terrible de mort eternelle contre des millions de gens qui ſont en meilleur eſtat que luy. *Il eſt evident, dit il, qu'il n'y a ni pieté, ni charité dans la communion des pretendus reformés, & par conſequent il n'y a ni juſtes, ni vrays fideles.   On ne ſe fonde pas pour porter ce jugement terrible ſur de vaines conjectures mais ſur les principes immobiles de l'eſcriture & des Peres &c. que M. Claude ne faſſe donc point le fier dans la miſere effroyable où il eſt plongé avec toute ſa ſocieté.* Qui ne trembleroit au ſon de ces grands & eſpouventables mots? Les pretendus reformés ont l'ame bien dure, car ils n'en ſont pas le moins du monde emûs; ſi ce n'eſt de compaſſions pour des temeraires qui porteront quelque jour la peine de leurs temerités, & des ſoins qu'ils ſe donnent pour obſcurcir la verité & retenir l'Eglife dans la ſuperſtition & dans l'erreur.

Temeraire jugement de M. Nicole ſur l'eſtat des reformés.

Voicy le fondement de ce terrible arreſt. Nous ſommes ſans foy, ſans pieté, ſans charité, ſans S. Eſprit, ſans remiſſion de pechés.   Et par conſequent ſans ſalut tant par les principes de l'Eglife Romaine que par nos propres principes.   Nous le ſommes par les principes de l'Eglife Romaine, car nous ſommes ſortis de la veritable Eglife, hors de laquelle il n'y a ni pieté, ni charité, ni S. Eſprit, ni remiſſion, ni ſalut. *Selon les Catholiques ils eſtoient tous morts par l'hereſie.* Cela eſt vray, & c'eſt une bien petite nouvelle que M. Nicole ſe donne la peine de nous apprendre & de nous prouver icy: ſçavoir que ſelon ſes principes nous ſommes morts. Mais nous ne nous tenons pas morts pour cela, & nous ſommes aſſeurés heureuſement pour nous, que M. Nicole & ſes ſemblables ne dictent pas les arrets du Ciel. La

ſingulafingularité ne peut eftre qu'en ce que nous fommes auffi fans pieté & fans vie felon nos propres principes, par ce beau raifonnement.

Toute perfonne qui participe à des cultes incompatibles avec le falut eft mort, il eft fans vie, fans pieté, fans charité, fans remiffion, fans grace, fans efperance de falut.

Que felon nos principes nous ne fommes pas deftitués de vie.

Les pretendus Reformés eftoient morts dans l'Eglife Romaine felon leurs principes, car ils participoient à l'invocation des faints, au culte des images, à l'adoration du facrement &c. tous cultes qui, felon eux, font mortels. Il n'y a pas moyen de reffufciter de la mort fpirituelle dans laquelle on a efté engagé dans une fauffe Eglife qu'en fe joignant à la veritable Eglife. Car la vie fpirituelle, la grace & l'efperance du falut ne fe trouvent que dans cette veritable Eglife. Les Calviniftes ne fe font joints de leur confeffion à aucune Eglife, & ainfi ils ne fe font pas joints à la veritable. Ils font donc morts, fans pieté, fans charité, & fans grace. Car pour reffufciter de la mort où ils pretendoient avoir efté il faloit fe prefenter devant des Evefques, fe faire abfoudre du crime d'herefie, & fe reconcilier à l'Eglife. *Or ils ne fe font prefentés devant le fenat d'aucuns Evêques comme S. Ignace le prefcrit aux heretiques convertis.* En quittant *l'Eglife Romaine ils n'en ont point cherché d'autre. Ils n'ont donc point receu la vie, ils n'ont pas recouvré le S. Efprit qu'ils ont perdu.* Voila ce qu'on appelle une demonftration, facheufe à la verité, mais fort mefchante, & qui à caufe de cela ne nous fait pas de mal.

Nous voulons bien avoüer que ceux qui font fortis de l'Eglife Romaine eftoyent morts. Par la fuperftition & l'idolatrie. Il y en avoit fans doute beaucoup qui avoient gemi fous la corruption de l'Eglife Latine & qui avoient confervé la vie au milieu de fes defordres. Mais cela ne nous fait rien icy, qu'ils fuffent tous morts il ne nous importe: nous nions que pour reffufciter il fût neceffaire de fe joindre à aucune Eglife particuliere. C'eft de l'Eglife univerfelle dont eft vray ce principe, *hors de l'Eglife il n'y a ni pieté, ni charité, ni grace, ni remiffion, ni falut.* Cela n'eft vray d'aucune Eglife particuliere. Or quand nous fomme fortis de l'Eglife Romaine

En fortant d'une communion morte il n'eft pas neceffaire pour reffufciter de fe joindre à une autre communion vivante.

N n   encore

encore une fois nous ne sommes pas sortis de l'Eglise universelle. Nous y sommes demeurez parce que nous avons retenu tout ce qui est essentiel à l'Eglise, la veritable foy, les veritables sacrements, & le legitime ministere. Nous ne nous sommes pas mesme separés de l'Eglise Romaine entant qu'elle est Chrétienne : de sorte que si elle a quelque vie à la faveur des verités qu'elle a retenües, nous avons la mesme vie, puisque nous retenons les mesmes verités. M. Nicole sentira bien apparemment qu'il n'avancera jamais dans son dessein qu'il n'ait autrement prouvé qu'il n'a fait, que l'Eglise ne peut pas subsister dans des communions non seulement differentes, mais opposées & enemies. Si l'Eglise peut estre dans des communions differentes nous avons pu former une communion c'est à dire une confederation nouvelle, demeurer Eglise nonobstant : & par consequent conserver la vie, la pieté, la foy & le salut.

L'absolution episcopal est une forme dont on se peut passer.

Quant à ce qu'il dit, qu'il faut que les heretiques se fassent absoudre du crime d'heresie par un senat d'Evesques pour revenir de la mort spirituelle cela me paroist si petit que j'en ay pitié. Ce sont des formes qu'on fait fort bien d'observer dans les societés establies, & dont l'usage est en edification. Mais dans aucuns principes, ni dans ceux de l'Eglise Romaine, ni dans les nostres ces absolutions sacerdotales ne sont pas d'une absoluë necessité. La contrition produit la remission des pechés sans le secours d'un senat d'Evesques. Un homme qui meurt dans un desert sans pouvoir trouver personne qui l'absolue du crime d'heresie, dont il est tres repentant trouve la porte du ciel ouverte comme les autres fideles qui sont morts apres toutes les formes. Si cela n'est pas necessaire pour les particuliers, je ne sçay pourquoy on le veut rendre de necessité pour les societés.

CHAPITRE XVIII.

Que nos Reformateurs pour estre vrays pasteurs n'ont pas eû besoin de se faire absoudre par quelque Eglise du crime d'heresie, dont ils avoient eté entachéz dans la communion de Rome. De la vocation extraordinaire & ordinaire: en quel sens la mission de nos Reformateurs a eté extraordinaire.

M. Nicole aprés avoir long temps cherché des routes singulieres & de nouveaux tours à donner aux vieilles chicanes par lesquelles on nous veut convaincre d'estre schismatiques, est enfin obligé de revenir au grand chemin. C'est au deffaut de nôtre ministere ; nous n'avons point de million, nous n'avons pas de legitime vocation, point de legitimes pasteurs donc nous sommes schismatiques. C'est la matiere de sept grands chapitres qui sont beaucoup plus de moitié du troisiesme livre. Si ces Messrs. ne se lassent point de la repetition nous nous en lassons, & je declare que je veux estre court sur tout cela parce que je suis persuadé que ceux qui ne seront pas satisfaits de ce que M. Claude a dit sur ce sujet dans sa defence de la Reformation, ne le seront de rien qu'on pust ajouter.

Nostre adversaire entre dans cette matiere par une seule raison qui occupe un grand chapitre. Il continüe de raisonner sur nos principes, & il dit, que selon nous, le ministere dans l'Eglise Romaine estoit un cadaure qui n'estoit ministere que de nom. *Comme Lazare dans le tombeau n'estoit, lazare que de nom, mais en effet un cadaure puant.* A ce principe il joint celuy de son Eglise *que tout heretique perd par l'heresie dont il fait profession le droit d'exercer legitimement les fonctions des ordres qu'il a receus, quoy qu'il conserve le pouvoir d'exercer ses ordres validement.* Sur ces principes il est clair que des pasteurs qui ont receu leur ministere & leur million d'une Eglise heretique ou Idolatre quand ils viennent à rentrer dans la veritable Eglise ne peuvent exercer ce ministere à moins que d'avoir esté rehabilités & que d'avoir receu un nouveau droit d'exercer le ministere. La dessus

Argument de M. Nicole contre la validité dé nostre vocation.

P. 454.

il rapporte l'ufage de l'Eglife ancienne qui eftoit, la plus part du temps, de laiffer les Evefques convertis dans le rang des fimples laïques, mais auffi quelquefois de les recevoir en leur confervant leur degré & leur dignité. Les Evefques revenant, de l'herefie quand on leur confervoit leur caractere ne pouvoient faire aucune fonction de leurs ordres avant que d'avoir efté reconciliés à cette Eglife qui feule donne le S. Efprit. On nous cite fur cela. *Tous les canons & toutes les regles de l'Eglife ; on nous dit, qu'on n'en trouvera aucun qui difpenfe les heretiques de cette reconciliation & de cette reünion publique avec la vraye Eglife avant que de rentrer dans leurs fonctions.*

Apres cela on nous dit, de voftre confeffion le miniftere dans le papifme eftoit un cadavre ; du confentement de toute l'Eglife ancienne, des Pafteurs heretiques qui deviennent catholiques ne fçauroient exercer legitimement le miniftere avant que d'eftre reconciliés à la veritable Eglife. Or vos Reformateurs felon voftre fuppofition n'avoient tiré de l'Eglife Romaine qu'un cadavre de miffion. Ils avoient eté morts par l'herefie & par le fchifme, ils avoient perdu le droit d'exercer les fonctions du miniftere ; il faut une autre Eglife pour leur rendre ce droit. Mais où eft l'Eglife à laquelle ils fe foyent addreffés avec laquelle ils fe foyent reconciliés, & de laquelle ils ayent receu un nouveau droit d'exercer les fonctions du miniftere ? Il eft clair qu'il n'y en a point ; vous ne vous eftes joints à aucune focieté Chrêtienne. Vos Pafteurs n'ont donc point efté reconciliés a l'Eglife, ils n'ont pas receu de nouvelle vocation, ils n'en ont donc point ; Vous eftes donc fchifmatiques. Dans le fonds cela n'eft rien de nouveau, auffi n'avons nous rien de nouveau a repondre.

Le miniftere de l'Eglife Romaine eftoit en partie mort en partie vivant.

Premierement nous difons que le miniftere, de l'Eglife Romaine n'eftoit pas tout à fait un cadavre. Il avoit de la vie, autant qu'il avoit de verité, *car c'eft la verité qui donne la vie au miniftere.* Les Pafteurs eftoyent authorifés par leur miffion pour precher le Chriftianifme & pour enfeigner le Papifme, la premiere authorité eftoit emanée de Dieu, la feconde étoit emanée des hommes. Ils ont pû feparer ces deux commiffions
quoy

quoy qu'elle fuſſent conjointes dans l'intention de l'Egliſe Romaine. Elle leur avoit donné l'authorité de precher Jeſus Chriſt crucifié le fils eternel de Dieu, le ſauveur du monde. Il eſt vray qu'elle leur avoit auſſi donné commiſſion de precher l'invocation des Saints, l'adoration des images, les ſeconds mediateurs qui ſont les ſfauſſes divinités du paganiſme reſtuſcité; Mais ils étoient en pouvoir de ſe ſervir de la premiere commiſſion parce qu'elle eſtoit fondée ſur l'ordre de Dieu, & ils pouvoient renoncer à la ſeconde commiſſion parce qu'elle étoit fondée ſur des ordres humains & contraires à l'ordre de Dieu.

Les Paſteurs de l'Egliſe Romaine preſchoient le Chriſtianiſme avec une authorité & un droit reel; meſme dans la communion de Rome. Quand ils ſont ſortis de cette communion ils ont emporté leur droit avec eux, & ont pû l'exercer par tout & dans toutes les ſocietés Ainſi il n'a pas eſté neceſſaire qu'ils ſe reuniſſent à quelque Egliſe pour recevoir un droit qu'ils n'avoyent pas perdu. L'Egliſe Romaine meſme veut que le ſacrement de l'ordre donne un caractere ineffacable & qu'un preſtre puiſſe validement par tout faire les fonctions du ſacerdoce. Ce n'eſt pas ſur cette viſion que nous nous appuyons, mais au moins cela fait voir que le Papiſme n'eſt pas en droit de nous faire querelle la deſſus. Desja voila dans ce raiſonnement de M. Nicole une ſuppoſition fauſſe, c'eſt que le miniſtere de l'Egliſe Romaine ne fuſt qu'un cadaure ſelon nous.

Les preſtres du Papiſme avoient droit de preſcher la verité.

Mais quand meſme ce miniſtere n'auroit eté qu'un cadaure. Je pourrois tres bien me ſervir de l'ingenieuſe comparaiſon de Sadeel que M. Nicole nous cite, & dire que comme Lazare n'eſtoit qu'un cadaure puant, mais que la parole de J. Ch. le ranima, ainſi la verité qui eſt veritablement l'ame du miniſtere rentrant dans la vocation que nos reformateurs avoient receüe de l'Egliſe Romaine elle fit revivre cette vocation, & luy donna toute la vigueur qui eſtoit neceſſaire pour l'edification des ames. M. Nicole n'a rien à repondre à cette raiſon de Sadeel; ſinon qu'il auroit raiſon ſi un miniſtere mort pouvoit reprendre ſa vie par la ſeule preſence de la verité. Mais dit il, *on ne trouve cette reſurrection que dans l'Egliſe & dans l'union à ce corps hors duquel le S. Eſprit ne vivifie perſonne.* C'eſt à

Un miniſtere mort reſſuſcite par ſon union avec la verité.

dire

dire que pour retourner au droit d'exercer le miniſtere legitimement, quand on a eſté heretique il faut paſſer par les formes de la reconciliation, ſe preſenter devant un ſenat d'Eveſques, eſtre admis par eux dans le corps des paſteurs aprés une nouvelle impoſition des mains, ou du moins apres la confeſſion de la verité & l'abjuration de l'hereſie. C'eſt la ſeconde fauſſe ſuppoſition du raiſonnement de M. Nicole.

Les canons pour la rehabilitation des Eveſques autrefois heretiques ne ſont que des loix arbitraires.

C'eſt une choſe eſtrange que de toutes les formalités, on nous face des dogmes & des pratiques eſſentielles à la religion & neceſſaires au ſalut. Ces reconciliations ces rehabilitations, ces reinſtallations ſont des formes de diſcipline. L'Egliſe ancienne a fait la deſſus des canons. Les canons ne ſont pas des regles indiſpenſables, on ne les obſerve que quand cela eſt neceſſaire pour l'edification de l'Egliſe, & quand cela ſe peut, Voila une belle imagination que quand les Eveſques Arriens revenoient à la foy orthodoxe leur miniſtere n'avoit aucune validité qu'apres que les Eveſques Catholiques leur avoient ou impoſé les mains de nouveau, ou du moins, receu leur abjuration dans les formes. Il faut ſe ſouvenir que l'Orient, Souvent s'eſt veu Arrien. Les Egliſes Catholiques ne faiſoient ni figure ni nombre. Quand Theodoſe Prince orthodoxe monta ſur le Thrône la pluſpart des Eveſques Arriens retournerent & ſuivirent la religion du Prince. Que leur en couta-t-il une ſimple confeſſion ſans rehabilitation, M. Nicole luy meſme l'avoüe. *Il y en avoit*, dit il, *donc on n'exigeoit que la profeſſion de foy.* Mais peut etre eſtoit il de neceſſité abſolüe que cette confeſſion de foy & l'abjuration de l'hereſie ſe fit dans les formes & entre les mains des Eveſques orthodoxes? C'eſt une ſuppoſition fauſſe:

Tous les Eveſques revenus de l'Arrianiſme n'ont pas eſté rehabilitez par des formes.

Suppoſons que les Arriens de concert, de leur mouvement, & ſans y eſtre contraints par les edits de Theodoſe ſe fuſſent aſſemblés en Concile, & que là, reconnoiſſant leurs erreurs, ils les euſſent condamnés, fuſſent retournés à la verité & euſſent fait une reſolution unanime d'y ramener leurs peuples: eût il eſté neceſſaire qu'ils ſe fuſſent addreſſés à quelque ſenat d'Eveſques orthodoxes pour y recevoir une nouvelle miſſion? s'ils fuſſent retournés dans leur ſiege, & que ſur cela Theodoſe montant ſur le Throſne eût retabli la foy orthodoxe

doxe par authorité, auroit on obligé ces gens à une nouvelle confeffion devant que de leur permettre d'exercer leur miniftere? on peut repondre avec affeurance que non. Et mefme il y a bien apparence que la pluspart des Evefques Arriens furent rejoints à l'Eglife orthodoxe de cette maniere. Ils cefferent de prefcher l'herefie, ils prefcherent le *Confubftantiel*, & on ne leur demanda autre chofe. Ceux pour le retabliffement desquels on a obfervé quelques formes, furent ceux qui refifterent quelque temps, & qui fe diftinguerent entre les heretiques par une opiniatreté de quelque durée. Mais quand on les auroit tous fait paffer par quelques formalités, je foutiens que des formalités ne peuvent etre de l'effence du miniftere. Elles font bonnes à obferver autant qu'on le peut. Mais quand on ne le peut on s'en difpenfe, fans faire le moindre prejudice au fonds de la chofe.

J'ajoute que cette nouvelle chicane eft appuyée fur les fondements des precedentes. C'eft qu'en fe feparant d'une Eglife il faut fe joindre à une autre. Nous avons fait voir que cela n'eft pas vray. Il faut, dit on, recevoir le droit d'exercer le miniftere des mains de cette Eglife hors de laquelle le S. Efprit ne fe donne pas, je l'avoüe, mais cette Eglife qui donne le droit d'exercer le miniftere n'eft ni l'Eglife Romaine, ni la Grecque ni la proteftante, c'eft l'Eglife univerfelle. Et cette Eglife univerfelle ne donne pas ce droit par elle mefme, elle le donne par les diverfes focietés Chrétiennes qui vivent fous diverfes confederations, & lefquelles ont chacune chés elles le pouvoir d'eftablir le miniftere, pour l'edification de leurs peuples.

Chaque focieté Chrétienne quoy-que nouvellement erigée a le droit de s'eftablir un miniftere.

M. Nicole dans le chapitre cinquiefme paffe à la vocation extraordinaire. Il prouve que nous attribuons une vocation extraordinaire à nos premiers reformateurs parce que noftre confeffion de foy dit. *Que Dieu a fufcité des gens d'une façon extraordinaire pour dreffer l'Eglife de nouveau qui etoit tombée en ruine & defolation. Or c'eft un attentat facrilege, & notoirement criminel, c'eft un crime de leze Majefté divine de s'attribuer l'office de pafteur fous pretexte d'une vocation extraordinaire lorfqu'on ne l'a point reçeüe, & qu'on ne fçauroit la juftifier par des miracles.* Ces Meffrs. retombent toujours fur leurs pieds, & parlent

Enquel fens noftre vocation eft ordinaire & extraordinaire.

tous-

tousjours comme si on ne leur avoit rien repondu. Pour moy je ne sçaurois dire autre chose la dessus que ce que j'ay dit ailleurs : & je le rediray tousjours jusqu'ace que l'on m'ait fait voir que je n'ay pas raison de le dire. J'ay dit qu'une mission est nouvelle & extraordinaire, ou parce que n'estant nullement extraordinaire ni nouvelle au fonds elle l'est seulement dans la maniere. La mission de Moyse estoit extraordinaire & nouvelle parce qu'elle estoit destinée à donner au monde une nouvelle loy.   La mission des Apostres etoit extraordinaire , parce qu'elle estoit destinée à aneantir l'ancienne loy donnée de Dieu , & à establir une nouvelle alliance.   Nous n'avons jamais dit que la vocation de nos premiers reformateurs fût nouvelle en ce sens.   Ils n'ont point apporté un autre Euangile , ni mesme un autre ministére , ni pour la forme ni pour la substance. Si la forme du gouvernement ecclesiastique doit estre episcopale, les protestants l'ont retenüe en Angleterre, en Süede & en beaucoup d'autres lieux.   Car toute l'Allemagne Reformée a ses surintendans qui ne sont autre chose que des Evesqnes. Si le gouvernement presbyterien est plus conforme à celuy de l'Eglise Apostolique, les Protestants qui retiennent cette espece de gouvernement ont donc le mesme ministere , non seulement pour le fonds mais aussi pour la forme.   Et en general le ministere Chrêtien pour le fonds ne consistant qu'a avoir de personnes establies par l'authorité de la societé pour prescher & pour administrer les sacrements selon la parole de Dieu : Les protestants ayant cela par tout, ils ont aussi par tout le fonds du ministere Chretien , & du mesme ministere que les apostres ont etabli , car nous soutenons qu'ils n'ont etabli que cela.

Il ne peut rien y avoir d'extraordinaire dans nostre ministere que la maniere de son restablissement.   La maniere ordinaire etoit que les pasteurs s'envoyassent les uns les autres , que les premiers venus establissent ceux qui venoient en suitte, avec le consentement & l'authorité du peuple.   Il n'a pas esté possible d'observer cette forme par tout, à cause que les protestants sortoient d'une Eglise corrompüe, de la main de laquelle ils ne vouloient ni ne pouvoient recevoir des pasteurs.   La societé des Reformés s'est servie de son droit qui est de

se

Ianseniste convaincu art. 17.

Nostre ministere n'est extraordinaire que oans la maniere.

se faire des conducteurs, sans recevoir ces conducteurs de la main d'autres conducteurs. Nous soutenons que cette circonstance ne fait pas une vocation & un ministere extraordinaire, dans le fonds mais seulement dans la maniere.

Dans les courronnes successives la voye ordinaire de monter sur le thrône c'est le droit d'heredité & la succession par le sang & par la generation naturelle. Mais quand les successeurs viennent à manquer, le peuple rentre dans ses droits, les etats s'assemblent, on elit un Roy, on le met sur le thrône avec les ceremonies ordinaires sous les mesmes conditions, & dans la mesme authorité que tous ses predecesseurs. On peut appeller cette maniere de monter sur le thrône, extraordinaire par rapport à la voye de succession qui est la voye ordinaire. Mais cependant cela ne fait pas un gouvernement nouveau & extraordinaire. Quelle difficulté trouve-t-on a dire la mesme chose du ministere de l'Eglise? La voye ordinaire est d'y entrer par l'election du peuple. Et par l'imposition des mains des pasteurs, l'election du peuple est sans doute la principale partie: l'ordination & l'imposition des mains des pasteurs n'est qu'une formalité, l'omission de cette ceremonie ne peut faire une vocation extraordinaire ni un ministere extraordinaire. C'est tout au plus une nouvelle maniere d'entrer dans le ministere. Aussi nostre confession de foy ne dit nullement que nos reformateurs ayent eu *une vocation extraordinaire*, elle dit que Dieu a suscité des gens *d'une façon extraordinaire*. M. Nicole est admirable de ne vouloir pas que nous nous expliquions & que nous ne nous entendions mieux qu'il ne nous entend. Il nous accuse *de disposer du sens des termes selon nostre phantaisie & selon nos interets*. Et nous, nous luy soutenons que le vocabulaire qu'il nous fait n'est point le nostre, & que nous ne sommes pas obligés de donner à nos termes la signification qu'il trouve la plus commode pour debiter ses lieux communs. Que les des interessés en jugent; *Si susciter des gens d'une façon extraordinaire* pour redresser le ministere de l'Eglise, ne signifie pas plus naturellement, *faire entrer des gens dans le ministere ordinaire par des voyes extraordinaires*, que dresser *un ministere tout nouveau, & former une vocation toute extraordinaire*.

Nn 5

C'est ·

Le defaut d'election canonique rend la vocation des prestres de l'Eglise Romaine plus extraordinaire que ne peut être la nostre.

C'eft la noftre reponce, & pour la ruiner il ne faut pas repeter mille fois la mefme chofe, ni redire inceffamment, que les vocations extraordinaires doivent etré appuyées de miracles. Il faut s'attacher à la queftion, fçavoir fi le peuple tout feul n'eft pas en droit de faire une folide vocation dans les cas de neceffité, c'eft à dire dans les lieux & les temps où l'on ne peut recevoir des Pafteurs par la voye de l'ordination jointe à l'election du peuple. Ces deux chofes l'election du peuple & l'ordination des Pafteurs, étoient reputées neceffaires dans les premiers fiecles de l'Eglife Chrétienne pour faire une folide vocation; La Tyrannie du clergé & l'ufurpation des grands ont fait abolir les elections canoniques dans la pluspart des lieux: on donne à un peuple un Pafteur fans s'enquerir s'il le trouve bon. C'eft une omiffion confiderable, & plus confiderable que celle de l'ordination; & cela nous donneroit plus de droit d'accufer les vocations de l'Eglife Romaine d'eftre illegitimes, que l'omiffion de l'ordination dans la vocation de quelques uns de nos Pafteurs, ne donne droit à ces Meffrs. de nous accufer d'être de faux Pafteurs. C'eft tout au moins que la partie foit egale, & qu'on ne nous chicane plus fur le defaut d'ordination, à la charge que nous pafferons à nos adverfaires leur deffaut d'election canonique.

CHAPITRE XIX.

Inftitution de la vocation des pafteurs faite par des Laïques; Abbregé des difficultez de M. Nicole; quatre propofitions ausquelles toute la difpute fe reduit. Que J. Ch. n'a point depouillé les focietez Chretiennes du droit commun à toute les autres focietez de fe pouvoir faire des conducteurs & de pourvoir à leur confervation.

MOnfieur Nicole, qui dans le refte de fon ouvrage n'affecte plus d'eftre original, continue d'eftre le copifte des miffionaires, & après avoir traitté de la vocation extraordinaires en fuivant le grand chemin battu, il

parle

parle de la vocation faite par des Laïqnes, & travaille à prouver qu'elle eſt nulle. Il y employe trois grands chapitres dans lesquels il n'y a qu'une ſeule & unique raiſon eſtendüe & tournée en diverſes manieres. Il la renferme au commencement de ſa diſpute dans ces deux ou trois periodes.

Le 6. le 7. & le 8.

Il y a dit il, des gens dont la faute conſiſte à raiſonner mal, & qui ne doivent ainſi paſſer pour coupables qu'apres qu'on les a convaincus de faux raiſonnemens. Mais il y en a d'autres qu'on a droit de condamner ſur cela meſme qu'ils raiſonnent, parce que c'eſt un grand deffaut de vouloir decider par raiſonnement des queſtions & des matieres qui dependent uniquement de l'authorité. Or celle du miniſtere eccleſiaſtique en eſt une, parce que ce qui le rend bon, valide & legitime, ne depend point du tout de nos fantaiſies, mais de la ſeule volonté de J. Chriſt. L'Egliſe eſt un etat divin dont J. Chriſt eſt le Roy, le legiſlateur & le ſouverain Paſteur. L'authorité de ce Royaume luy appartient, il a pû la communiquer à ceux à qui il luy a plû, avec telles conditions qu'il luy a plû.

Pag. 475. Raiſon de M. Nicole contre la validité de la vocation des Paſteurs faite par des Laïques.

Il s'agit de ſçavoir ce qui eſt d'une abſolüe neceſſité pour faire un miniſtere legitime & valide; ſi la vocation du peuple eſt ſuffiſante pour cela, ou s'il faut de neceſſité que l'ordination faite par des Paſteurs en ſoit. M. Claude avoit prouvé par de tres beaux & tres ſolides raiſonnemens que le peuple Chretien poſſede ce privilege qui eſt inſeparable de toutes les ſocietés; C'eſt celuy de ſe pouvoir faire des chefs & des conducteurs, & que l'ordination ne peut etre qu'une forme. Ces raiſonnemens ont fort incommodé M. Nicole, c'eſt pourquoy d'abord il opine à ce qu'on les retranche. Dans une matiere qui depend uniquement de l'authorité il ne faut pas raiſonner. Voila ſon premier principe. Or c'eſt icy une affaire de pure authorité ſçavoir quelles ſont les conditions auſquelles J. Ch. a attaché la validité du miniſtere. Il a pû l'attacher à ce qu'il a voulu, il l'a attaché à l'ordination par des Paſteurs, c'eſt un fait conſtant, ce n'eſt plus aux hommes à raiſonner, il faut qu'ils obeiſſent.

Pour prouver que le miniſtere ſelon l'intention de J. Ch. ne peut etre legitime ſans l'ordination, il apporte divers exemples d'ordinations de miniſtre qui ont eté faites

P. 479.

faites par d'autres ministeres de l'Eglise: l'exemple de
S. Paul qui ordonna Timothée, celuy de Timothée luy
mesme qui reçoit ordre de S. Paul de n'imposer les
mains à personne avec precipitation, celuy de Tite qui
ordonnoit des prestres de ville en ville. Il employe
aussi les arguments qu'on appelle negatifs. Il veut qu'on
luy montre, *des passages de l'escriture où il soit dit que l'im-*
position des mains n'est pas une ceremonie essentielle & qu'une
societé de Laïque peut ordonner des ministres. Sur cela il
insulte en passant comme si nous abandonnions l'escriture à laquelle par tout ailleurs nous feignons nous vouloir attacher. Il dit que Dieu a pû conserver le ministere dans l'Eglise en deux manieres, ou en donnant à
certains ministres pouvoir d'en substituer d'autres en leur
place, qui est ce que les Catholiques Romains pretendent,
ou en donnant pouvoir à l'Eglise au defaut des ministres
d'en ordonner par elle mesme & par telles personnes qu'il
luy plait, qui est ce que nous pretendons. Il ajoute que
le choix de ces deux voyes a certainement eté au pouvoir de J. Ch. que *la raison ne sçauroit decider quel choix*
le Seigneur a fait, qu'on ne le peut sçavoir que par la decla-
ration qu'il nous en a faite. Il insiste fort sur la succession du sacerdoce de l'ancienne loy à l'establissement du
quel le peuple n'avoit aucune part, où la generation
charnelle, faisoit tout, où Dieu avoit attaché la validité du ministere à cette seule generation charnelle, &
il conclud par ces pompeuses & mysterieuses periodes.
Pourquoy Dieu auroit il perdu cette liberté dans le ministere
Euangelique. Et pourquoy ne l'auroit il pû conserver par
la fecondité spirituelle de l'ordre des premiers Pasteurs, c'est
à dire des Evesques ? Pourquoy ne l'auroit il pû attacher à
certaines ceremonies comme à l'imposition des mains ? Pour-
quoy l'auroit il du rendre necessairement dependant du consen-
tement du peuple?

Quatre
proposi-
tions à
quoy se re-
duit la dis-
pute avec
M. Nicole.

Voila les choses ausquelles je me croy obligé de repondre, car de suivre M. Nicole pour suivant M. Claude de periode en periode, c'est ce que je ne croy d'aucun usage, & qui selon moy n'est bon qu'à faire de
gros livres avec beaucoup de paroles & peu de choses.
C'est la methode favorite de M. Arnaud qui luy enfante si facilement de gros volumes chargés de tant de
mots, & de tant de repetitions.

Il me semble qu'on pourroit reduire commodement tout cecy a quatre propositions. I. La premiere est que c'est le droit naturel de toutes les societés de pourvoir à toutes les choses qui sont necessaires pour leur conservation, comme de se faire un chef quand elles n'en ont point & que dans le peuple reside naturellement & originellement le pouvoir de faire des Maitres & des loix. II. La seconde que l'Eglise en qualité de societé devroit avoir naturellement comme toutes les autres ce droit de se faire des conducteurs & des loix. III. La troisiesme que J.Christ a depoüillé l'Eglise de ce droit naturel & a ordonné que le peuple Chrétien recevroit les Pasteurs & les conducteurs non par voye d'election mais par succession & par la *fecondité spirituelle des Evesques*. IV. La quatriesme que Dieu a attaché l'essence du ministere & sa validité à une ceremonie qu'on appelle ordination. Les deux premieres propositions sont les nostres, & M. Nicole ne nous les conteste pas. Les deux dernieres sont de M. Nicole mais nous luy en contestons la verité.

Je dis que M. Nicole ne nous conteste pas les deux premieres ; c'est sur ces deux verités qu'avoient roulé tous les raisonnements de M. Claude dont M. Nicole s'est trouvé si incommodé, mais qu'il n'a pas voulu refuter. Il est vray qu'il a repondu à ces raisonnements de M. Claude mais ce n'est point en prouvant que les societés n'ont pas Originelement & naturellement le pouvoir de se faire des conducteurs, c'est en prouvant qu'il a eté libre à J. Christ de depoüiller l'Eglise de ce droit, & de luy donner des pasteurs par une generation spirituelle & par la voye de l'ordination des Evêques. Certes M. Nicole n'a pas mal fait de ne se pas engager à prouver que le peuple dans les societés n'est pas la source de l'authorité. Car le bon sens dicte à tous les hommes qu'un peuple qui n'a point de maître est en pouvoir de l'en faire un. Il luy est libre de se faire un monarque, ou de se faire un gouvernement composé de plusieurs testes. Je veux qu'apres son choix il ne soit plus libre & qu'il soit oblgé de se soumettre à ces souverains successifs à la famille desquels il a attaché le pouvoir de commander, au moins est-il clair que quand la race de ces anciens maitres vient à

Le peuple Chrétien comme les autres societés a naturellement le pouvoir de se faire des chefs.

man-

manquer & à etre interompüe il est en pouvoir de s'en faire de nouveaux ; il est evident aussi que toute societé est naturellement authorisée, pour faire toutes les choses qui sont necessaires à sa conservation. Enfin on ne sçauroit rendre aucune raison pourquoy l'Eglise seroit naturellement privée de ce droit qui convient à toutes les societés. C'est à dire, pourquoy à regarder le droit naturel & original, elle ne seroit pas propre à se choisir des chefs, & pourquoy la source de l'authorité ne seroit pas dans le peuple aussi bien dans la societé sacrée que dans la societé civile. M. Nicole n'ose nous contester ces veritez ; & voila des-ja quelque chose de considerable que les raisonnements de M. Claude nous ont gagné.

Mais, dit-on, il ne s'agit pas de raisonner en general sur le droit des societés, & sur les droits de l'Eglise par comparaison aux societés civiles. Il est vray J. Ch. pouvoit choisir la voye du peuple pour donner des conducteurs à l'Eglise, mais il pouvoit aussi choisir la voye de l'ordination des Evesques, & il l'a fait. C'est à dire

C'est à M. Nicole & non pas à nous à donner un texte formel de l'escriture sur nostre dispute de la vocation des Pasteurs.

qu'il a depouillé l'Eglise du droit naturel à toutes les societés. C'est la troisiesme proposition & nous la contestons a M. Nicole qu'apporte-il pour la prouver? Il apporte le silence de l'escriture, c'est un argument negatif, *qu'on me montre* dit il, *un passage où il soit dit qu'une societé de Laïques peut ordonner des ministres.* Voila qui est bien injuste! C'est à luy à me donner un passage dans lequel il soit dit ; *la vocation au ministere qui est faite par des Laïques est entierement nulle.* Quand on veut depouiller une societé ou un particulier de ses droits naturels il faut avoir des textes & des authoritez formelles, par exemple si un pere faisant son testament y faisoit mention de tous ses enfants excepté d'un seul dont il ne diroit rien, ce silence seroit il suffisant pour fonder une exheredation & pour ôter à ce fils le droit naturel aux enfants, d'heriter de leurs peres? M. Nicole nous avoüe que c'est le droit naturel des societés de pouvoir faire par elles mesmes toutes les choses qui sont necessaires pour leur conservation. Il veut ôter à l'Eglise ce droit naturel, il faut qu'il produise des preuves, & il n'a pas droit d'en demander. Et voicy une consideration qui me retablit dans le droit de raisonner malgré cette belle pensée de M. Nicole. *Il y a des gens dont la faute est à raisonner mal,*

mal, mais il y en a d'autres qu'on a droit de condamner par cela mesme qu'il raisonnent. On est toujours en droit de raisonner sur les droits naturels des societés jusqu'à ce qu'il paroisse que Dieu a depoüillé par son authorité une telle societé des droits naturels à toutes les autres : qu'on nous produise dont ce passage où il soit dit, l'Eglise c'est à dire, le peuple Chrétien n'a pas le pouvoir de se faire des Pasteurs.

Je pourrois me tenir ferme dans cet endroit, & je soutiens que M. Nicole avec toute sa capacité n'auroit pas la force de m'en faire sortir ; Mais je veux bien passer plus avant & luy soutenir par l'escriture sainte que Dieu n'a pas depoüillé l'Eglise Chrétienne du droit de se faire des Pasteurs. Il me cite *pour la fecondité spirituelle des Evêques*, les ordinations faites par S. Paul, par Timothée & par Tite. Et moy je luy citeray pour les droits du peuple ; l'election & la vocation de Mathias qui prit la place de l'Apostat Judas. Toute l'assemblée des fideles convoquée par les Apôtres presenta deux personnes afin que le sort fût jetté sur eux pour remplir la place vacanté dans le college Apostolique ; si le peuple n'a point de part à la vocation des Pasteurs ordinaires pourquoy a-t-il part à la vocation d'un Apôtre? Je luy citeray l'histoire de l'origine des Diacres: les Apôtres dirent au peuple, *regardés donc freres d'elire sept hommes d'entre vous &c. Et cela plus à toute la compagnie dont ils elûrent Estienne &c.* Je luy citeray les paroles de S. Luc qui dit que Paul & Barnabé *ayant choisi par le suffrage des assemblées des prestres dans toutes les Eglises*, les consacrerent par la priere & par le jeûne.

Le peuple choisissoit ses Pasteurs dans l'Eglise Apostolique.

Act. 1. 22.

Act. 6. 1.

Act. 14. 23.

Si cela n'est pas assez clair nous ferons voir pour commentaire la pratique de toute l'Eglise ancienne. Nous luy citerons S. Cyprien qui dit à son peuple. *Dans les ordinations des clercs nous avons accoutumé mes tres chers freres, de vous consulter, & de peser dans une assemblée publique, les mœurs, & les vertus de ceux qui doivent etre receus.* Qui dit ailleurs, que c'est principalement au peuple qu'appartient le droit d'elire des sacrificateurs & des prestres qui soyent dignes de cet employ, & de rejetter ceux qui en sont indignes. C'est luy mesme qui en decrivant l'election d'un Evesque dit, *qu'il est elû & choisi par les suffrages du peuple.* Nous luy citerons cent exemples & cent histoi-

Dans l'E-glise ancienne le peuple se faisoit des Pasteurs. Voy Epitre 33. 34. 37. & 55.

res

res de l'antiquité qui monstrent que le peuple avoit droit a la vocation des Pasteurs. Nous luy citerons le droit canon ; le canon *quanto*, le canon *plebs Diotrensis*, le canon *vota civium*, le canon, *sacrorum*. Enfin nous luy citerons les plaintes & les clameurs de luy & de ses confreres Jansenistes qui se sont si fort recriés contre l'abolition des elections canoniques. Car les elections canoniques qui dans les derniers siecles ont eté transferées au clergé dans les premiers siecles de l'Eglise de l'aveû de tout le monde appartenoient au peuple. Les Evesques de Rome aussi bien que les autres, s'elisoient par le peuple & par le clergé. Si le peuple n'avoit point eû de part à ces elections pourquoy auroit on vû des seditions populaires ? Pourquoy le peuple en seroit il venu aux mains, jusqu'a remplir les Eglises de sang humain & de corps morts, ainsi qu'il arriva dans l'election de Damase qui l'emporta sur Ursicin son competiteur ?

Distinct. 63.

Preuve que le peuple n'a pas esté depouillé du droit de se faire des Pasteurs.

Mais que fait tout cela dira-t-on ? Ce que cela fait ! Cela prouve que Dieu n'a pas depoüillé le peuple de ses droits à la vocation des Pasteurs, comme le veut prouver & le pretend M. Nicole par son exemple du sacerdoce Aaronique. Dieu, dit il, avoit attaché la succession & la validité du sacerdoce à la generation & à la fecondité naturelle de la famille d'Aaron, sans que le peuple eût aucune part à l'election. Pareillement il plait à Dieu de conserver le ministere Euangelique, *par la fecondité spirituelle de l'ordre des principaux Pasteurs c'est à dire des Evêques*. Ou sa comparaison ne vaut rien, ou pour la faire valoir quelque chose il doit entendre que *cette fecondité spirituelle*, fait l'office de la *fecondité naturelle*, & que le peuple non plus sous la nouvelle loy que sous l'ancienne ne doit point avoir de part a la vocation des Pasteurs, ce qui est faux & paroist tel par les preuves precedentes.

L'escriture ne determine pas laquelle des deux la vocation du peuple ou l'ordination fait l'essence du ministere.

Au moins dira-t-on encore, cela ne prouve pas que l'ordination faite par des Pasteurs, n'est pas de l'essence de la vocation legitime. Ce qui proprement est en question. Je responds qu'en joignant les preuves de M. Nicole pour l'ordination faite par des Pasteurs à nos preuves pour les droits du peuple, deux choses paroissent clairement ; la premiere que l'election se faisoit par le peuple, la seconde que la consecration se faisoit par des

des Pasteurs. Nous voila egaux jusqu'icy : M. Nicole
dit, l'election du peuple n'estoit pas de l'essence ; ce n'e-
stoit qu'un accident. Et moy je dis ; l'ordination &
l'imposition des mains n'estoit qu'une forme dans la vocation, necessaire pour l'ordre, & pour la bienseance
seulement ; l'election du peuple fait l'essence & la validité de la vocation : nous voila encore egaux : M.
Nicole pour prouver sa these, m'apporte les ordinations
faites par S. Paul, par Thimothée, par Tite. Cela est
plus vain que l'on ne sçauroit dire pour nostre but. On
ne dispute point que l'imposition des mains ne fût pratiquée dans les ordinations : on ne nie pas qu'autant qu'on
le peut elle ne se doive pratiquer. Mais les passages de
M. Nicole disent ils que l'ordination fait l'essence & la
validité de la vocation au ministere & qu'il ne faut que
cela seul ? Si je voulois prouver à M. Nicole que l'e-
lection du peuple etoit seule de l'essence de la vocation,
par les passages que je luy ay cités, je tomberois dans
la mesme faute que luy. Ainsi nous voila egaux par
tout, quand nous nous en tenons à l'escriture. Car l'e-
scriture dit que le peuple elisoit les Pasteurs, & que le
presbytere les consacroit par l'imposition des mains ; &
elle ne dit formellement ni de l'un ni de l'autre qu'il
fût de l'essence de la vocation, ou qu'il n'en fût pas. Il
faut donc avoir recours au raisonnement, & ce n'est
point abandonner l'escriture que de se donner la liberté de raisonner, où son authorité ne prononce rien.
Et cecy fait voir afin que je le remarque en passant combien peu sont judicieux les triomphes & les insultes de
M. Nicole. *Qui n'admirera dit il, dans cette rencontre,
l'inconstance des fantaisies des hommes ; quand on ne les regle
que sur ses differents interets ? quels fracas les pretendus Reformés n'ont ils pas fait pour obliger tout le monde à s'en rapporter à l'escriture seule ?* Ce n'est point se departir de
l'escriture que de raisonner sur le droit des gens & des
societés, ou l'escriture se taist & ne decide rien.

CHAPITRE XX.

Que l'ordination n'est pas de l'essence du ministere, ni ce qui fait sa validité. Nos raisons, & refutation de celles de M. Nicole.

LA question entre M. Nicole & moy ne doit pas estre de sçavoir si dans la vocation des ministres Euangeliques, l'election par le peuple & l'ordination par les Pasteurs concourroient. Nous en devons tomber d'accord si nous sommes raisonnables, l'escriture le marque asséz precisement. La question doit estre, sçavoir laquelle de ces deux choses y concourroit comme partie essentielle. Et c'est la quatrième des propositions, ausquelles j'ay reduit cette dispute. M. Nicole dit que *Dieu a attaché la validité du ministere à l'ordination, & nous le nions.* L'escriture n'en dit rien du tout. Il faut donc raisonner la dessus & voir qui raisonne le mieux.

Noftre premiere raison est que quand deux actions concourrent dans un establissement, celle qui est fondée sur un droit naturel est proprement de l'essence, & que celle qui est de droit positif & qui n'est qu'une ceremonie ne peut etre essentielle. Par exemple, quand une societé s'establit un Roy, deux actions y concourrent, le choix fait par les Etats qui sont & qui representent le peuple, le couronnement & l'installation. La premiere de ces deux choses est fondée sur un droit naturel & inseparable de toutes les societés qui n'ont pas de chef, c'est de s'en pouvoir faire un; la seconde est une pure ceremonie. Faut il plus que du bon sens pour voir que la premiere action, c'est à dire l'election & le consentement du peuple fait l'essence de la vocation legitime à la Royauté, & que l'installation n'est qu'une ceremonie. Preuve de cela; c'est que ce qui est necessaire & naturel est immuable & est le mesme par tout. Et ce qui est ceremoniel change & est different selon les lieux & les temps; ce qui fait voir qu'il n'est pas de l'essence. La premiere action pour la vocation à la Royauté c'est le consentement & l'election du peuple. Cela est egal, cela est le mesme par tout & en tout temps. Mais les cere-

C'est l'election & le consentement du peuple qui fait la solide vocation à la dignité Royale. Le couronnement & l'onction n'est qu'une ceremonie.

ceremonies de l'inftallation font differentes felon les
lieux & les temps ; les uns ont inftallé leurs Roys
par diadefme, les autres en les elevant fur des boucliers,
les autres en les courronnant. Et combien y a-t-il eû
de Roys eftimés tres legitimes qui n'ont jamais paffé par
aucune de ces ceremonies ?

Qui eft ce qui ne voit pareillement que des deux
actions que nous voyons concourir à la vocation des
peuples, celle la feule eft de l'effence qui nait des fources de la nature qui eft fondée fur le droit naturel de
toutes les focietés, fçavoir l'election & le confentement
du peuple ? & que l'impofition des mains ne peut etre
qu'une fimple ceremonie d'ordre, de bienfeance, &
non d'abfolüe neceffité ?

Noftre feconde raifon, c'eft que cette opinion qui Suittes ab-
fait confifter l'effence & la validité de la vocation au mi- furdes de
niftere dans l'ordination des Evêques, a des fuites abfur- cette Thefe
des & qui font peur. Faifons une fuppofition d'une nation eft
chofe qui pourroit facilement arriver : qu'un laïc porté de l'effence
dans des terres incognües par un naufrage & par une du mini-
tempefte, y formaft une focieté des Chrétiens. Il pour- ftere.
roit a la verité les baptizer, felon les Hypothefes Romaines, mais c'eft tout. Cet homme n'oferoit dreffer
une Eglife, former une difcipline, faire des loix & des
canons, il n'oferoit ni adminiftrer le facrement de l'Euchariftie, ni celebrer le facrifice de la meffe, ni adminiftrer le facrement de penitence, ce qui felon ces Meffis.
eft de fi grande neceffité. Ainfi ce peuple de nouveaux Chrétiens demeureroit eternellement fans Pafteurs,
fans conduitte, fans facrements. Je dis que cela eft abfurde d'une abfurdité monftrüeufe, & qu'il n'y a point
d'homme exempt de prejugés qui n'avoüe que cette nou-
vellé focieté des Chrétiens laïques auroit le pouvoir de
fe faire des Evefques & des preftres.

Noftre troifiefme raifon eft que la predication de la On peut
parole, fait la principale partie du miniftere, & l'admi- fans ordi-
niftration des facrements n'eft proprement qu'une depen- nation pre-
dance de la parole, comme les fceaux ne font qu'une fcher la pa-
dependance de la lettre de grace. Or nous voyons des role. on
gens qui fans ordination ont entrepris dans les cas de peut donc
neceffité de prefcher la parole fans en etre repris. Prif- aufii admi-
cile & Aquile fans aucune ordination, ne cognoiffant que niftrer les

facre-
ments.
Act. 18.

O o 2

le

le baptefme de Jean prefchent à Corinthe. Les difperfés de la perfecution qui arriva dans la Iudée dans le
temps de la mort de S. Eftienne *alloyent ça & la annon-
çants la parole de Dieu.* Il n'y a pas d'apparence que
tous ces difperfés euffent receu l'ordination.　Nous apprenons mefme qu'il y en eût d'entre eux qui pafferent
jufqu'en Phenice, en Cypre, & à Antioche, & mefmes
que quelques uns parlerent aux Grecs. *Et la main du
Seigneur etoit avec eux tellement qu'un grand nombre ayant
crû fut converti au Seigneur.*　Nous ne fçavons s'ils ad-
miniftrerent les facrements ; peut etre ne le firent ils
pas, parce qu'il n'y avoit pas de neceffité abfolue. Au lieu
qu'il y avoit neceffité de prefcher pour convertir les peuples. Mais nous croyons que fi lescas de neceffité ont rendu legitime la vocation de ceuxqui ont prefché fans miffion, la mefme neceffité rendroit legitime l'action de ceux
qui adminiftreroient les facrements fans autre vocation
que l'election & le choix d'un peuple Chrétien.

On fçait que les Juifs felon l'efprit de leur religion
faifoient le fond des chofes beaucoup plus dependant
des ceremonies que ne font les Chrétiens.　Ils avoient
l'ufage de l'ordination & de l'impofition des mains.
C'eft d'eux que l'Eglife Apoftolique l'a imitée. Cependant ils n'ont jamais crû que cette impofition des
mains fût detelle neceffité que fans elle on ne pût prefcher & enfeigner ; ce qui eft le principal office du
pafteur de l'Euangile.　Pourquoy Jefus Chrift enfeig-
noit-il fans contradiction dans toutes les Synagogues des
juifs? quel caractere avoit il à leur egard? où avoit il
pris fa miffion? Il prouvoit fa miffion extraordinaire par
des miracles; mais ces miracles etoyent conteftés par
les docteurs de la loy, les Maitres des chaires, les 70.
difciples qu'il envoya prefcher dans toutes les parties
de la Judée ; quelle vocation avoient ils par rapport
aux juifs? Ils avoient miffion de Jefus Chrift , mais
cette miffion etoit nulle à l'efgard des juifs qui ne cognoiffoient pas le feigneur Jefus Chrift. C'eftoyent donc
de fimples laïques fans ordination Judaïque ; neantmoins ils prechoient fans oppofition dans toutes les Synagogues. Toute l'hiftoire des actes des Apôtres eft une
preuve de cette verité. Nous voyons que les Apôtres
vont de ville en ville, ils prefchent dans les Synagogues

Act. 8.

Act. 11.
❡. 19. &c.

Les Iuifs
n'ont pas
crû que
l'impofi-
tion des
mains fût
de neceffi-
té.

Iefus
Chrift
n'avoit
aucune
vocation à
l'egard des
Iuifs.

gues des juifs perfonne ne s'y oppofe, au contraire
on les y invite, on leur dit, *Freres s'il y a de vôtre
part, quelque parole d'exhortation dites la.* Cependant à
l'efgard des juifs ils etoient fans ordination. Et il ne
faut pas dire qu'ils prouvoient une million extraordinaire par des miracles. Car ils ne debuttoient point
par faire un miracle? Ils prefchoient d'abord & on ne
leur demande point leurs bulles, & leurs temoignage
d'impofition des mains.

Mais que diront ces Meflieurs, fi on leur prouve
par des paflages formels que mefme dans l'Eglife Chrétienne lors que les differents ordres facrés etoient bien
affermis & bien diftingués, il etoit permis aux Laïques
de prefcher. Voicy les propres paroles d'Eufebe, c'eft
en parlant d'Origene. *Dans le mefme temps comme il etoit
à Alexandrie un certain foldat apporta au Gouverneur de
l'Egypte & à Demetrius Evefque d'Alexandrie des lettres de
la part d'un Prince Arabe qui demandoit qu'on luy envoyaft
Origene pour l'inftruire. Origenes fut envoyé, s'en alla en
Arabie & revint à Alexandrie apres avoir executé fa commiffion. Quelques temps apres une guerre s'eftant elevée à A-
lexandrie il s'en retira en cachette, & ne fe trouvant pas
en feureté dans toute l'Egypte, il paffa dans la Palestine &
s'arrefta à Cæfarée. Les Evêques de la province, le prierent
de vouloir prefcher dans l'Eglife & d'expliquer l'efcriture
fainte encore qu'il n'eût pas receu l'ordre de preftrife, & la
verité de ce fait eft evidente parce qu'Alexandre Evefque de
Jerufalem, & Theoctifte en écrivirent à Demetrius pour defendre ce qu'ils avoient fait. Voicy leurs termes. Quant a
ce que vous avés ajouté dans vos lettres qu'on n'a jamais vû
ni oüy parler que les Laïques prefchaffent où il y a des Evêques prefents, je ne fçay comment vous vous eftes fi fort eloignés de la verité. Car quand il fe rencontre des Laïques qui
puiffent etre utiles aux Freres, les Evefques ne font pas de
difficulté de les prier de prefcher devant le peuple. C'eft ainfi
que Evelpis fût prié de prefcher à Larandes, par Neon, Pau-
lin a Iconie, par Celfus, Theodoxe a Synnade par Atticus,
nos bien heureux Freres. Et il eft à croire que cela s'eft
fait ailleurs encore que nous ne le fçaehions pas.*

Voicy Origenes encore fimple laïc, fans autre caractere que celuy de catechifte, qui eft envoyé comme
Apôtre en Arabie pour prefcher la foy aux infideles.

il

Margin note: Dans l'E-glife an-cienne les laïques pouvoyent prefcher.

Margin note: Eufeb. hift. ecclef. lib. 6. cap. 19.

Il presche en presence des Evêques , & les Evêques assurent que c'est la coutume de faire prescher les Laïques
devant le peuple , quand ils sont capables d'edifier : O-
rigenes avoit aussi presché publiquement à Alexandrie ,
tesmoin Ruffin, qui dit, *que Demetrius voyant que grande mul-*
titude de gens se rangoient aupres de luy pour entendre la pre-
dication de la doctrine de la grace & de la parole de Dieu ,
luy donna pouvoir de catechiser , c'est à dire d'enseigner dans
l'Eglise. Valois dans ses notes pretend que Ruffin s'est
trompé & le prouve par le passage d'Eusebe que nous
venons de citer. Si dit il , Origenes eût presché publiquement à Alexandrie , l'Evesque de cette ville n'eût
pas trouvé mauvais que l'Evesque de Jerusalem & celuy
de Cesarée l'eussent fait precher. Mais il n'a pas pris
garde que ce que reprend ·Demetrius d'Alexandrie ;
c'est qu'on eût laissé prescher Origenes en presence des
Evesques à qui proprement appartenoit d'officier quand
ils estoient dans l'Eglise. Car autrement , il est constant que l'instruction des catechumenes se faisoit en
public , & qu'il etoit permis à tout le monde d'y assi-
ster. Et par consequent Origenes ayant eû la charge
d'instruire les Catechumenes , avoit eû sans doute celle
de prescher publiquement , quoy qu'il ne fût encore que
laïc. Or je le dis encore une fois , il n'y a pas d'apparence que ceux qui permettoient qu'on preschast sans
ordination regardassent cette ceremonie comme essentielle
au sacerdoce puisque la predication de la parole est la
principale partie de l'office de Pasteur. Voila nos raisons ,
voyons si celles de M. Nicole valent mieux.

In locum
Eusebii.

Pour nous prouver que l'ordination est de l'essence
de la vocation il nous dit , *que Dieu a pû l'attacher à*
certaines ceremonies , comme à l'imposition des mains. Premierement il ne s'agit pas de sçavoir si Dieu l'a pû , il
s'agit de sçavoir s'il l'a voulu. C'est pourquoy c'est à
luy à nous prouver que Dieu l'a voulu , secondement nous
disons qu'il ne s'agit pas de ce pouvoir absolu par lequel Dieu peut faire tout ce qui n'est pas opposé
à son essence. Il s'agit de ce pouvoir temperé par sa
bonté , par sa misericorde , & par sa condescendance pour
les besoins & les foiblesses des hommes. Nous sçavons
bien que Dieu pourroit avoir attaché le salut , l'essence
de l'Eglise , & la vocation legitime à certaines ceremonies ,

Il est faux
que Dieu
ait voulu
attacher ce
qui est de
necessité au
salut à des
ceremonies

nies, par son pouvoir absolu. Mais nous nions que
Dieu le puisse à regarder le pouvoir temperé par sa con-
descendence à nos besoins. Nous nions que Dieu ait
jamais attaché le salut à des ceremonies. S'il l'avoit
fait s'auroit eté sous l'ancienne loy. Mais alors ni la
circoncision, ni la pasque n'estoient pas tellement neces-
faires au salut qu'on ne pust bien etre sauvé, sans cela.
Comme il paroit par l'estat du peuple dans le desert,
où les enfants ne fûrent point circoncis, & où on ne
celebra point la pasque puisqu'on n'y avoit pas assés de
bestail.

La seconde preuve de M. Nicole, est tirée des passages où il est parlé d'imposition des mains & d'ordination. Nous luy avons deja repondu que cela ne sçauroit prouver que l'imposition des mains fût pratiquée
comme une chose essentielle à la vocation.

Sa troisiesme preuve est tirée du silence de l'escriture *L'escriture*
qui ne dit nulle part que l'imposition des mains n'est pas *ne dit nulle*
essentielle, *qu'on nous donne* dit il, *des passages où il soit* *part que*
dit que l'imposition des mains n'est pas une ceremonie essen- *tion soit de*
tielle. Quand il me plaira en raisonnant comme luy je *l'essence du*
diray. *Qu'on nous donne des passages où il soit dit qu'il ne* *ministere.*
faut pas croire à Mahomet. C'est a luy à prouver, & non
pas à moy, puisqu'il affirme & que je nie. Je luy reponds
donc comme je luy ay deja repondu au sujet de cette
proposition, *une société de laïques peut ordonner des mini-*
stres: C'est à luy à nous trouver dans l'escriture cette
proposition, *l'imposition des mains est une ceremonie essen-*
tielle. Car il est clair par les lumieres du sens commun
que les ceremonies ne sont pas de l'essence de l'establissement d'aucun ministere ; à moins que Dieu n'ait etabli ces ceremonies comme necessaires. Tellement qu'il
faut faire voir non seulement la pratique d'une ceremonie, mais aussi la necessité.

Sur ces deux dernieres preuves de M. Nicole, il faut *Par la me-*
luy faire sentir que ses raisonnements sont des sophismes, *thode de*
luy qui accuse si souvent les autres d'en faire. Le plon- *M. Nicole*
gement dans l'eau n'a-t-il pas eté pratiqué dans le bap- *on peut*
tesme? Nostre Seigneur a esté ainsi baptizé, & il est *prouver*
avoüé de tous que cette ceremonie étoit universellement *que l'im-*
mersion est
pratiquée dans l'ancienne Eglise. Il me plaît de soute- *d'absolüe*
nir que cette ceremonie est essentielle au sacrement du *necessité*
dans le
baptesme.

bap-

baptefme ; J'ay pour moy la pratique , & je citeray plus de batefmes par *immerfion* que M. Nicole ne me contera d'ordinations & de vocations faites par la voye des Pafteurs. Aprés cela je diray qu'on me trouve des paffages où il foit dit que *l'immerfion* n'eft pas une ceremonie effentielle au baptefme ; où en fera M. Nicole par fa methode ? C'eft encore une chofe conftante que J. Chrift a inftitué la fainte Euchariftie aprés fouper , & il parôit par l'onziefme chapitre de la premiere epiftre aux Corinthiens que c'eftoit la coutume dès premiers Chrétiens de communier aprés le repas. Que M. Nicole me faffe voir un paffage où il foit dit que cette ceremonie n'eft pas effentielle , ou qu'il condamne toute l'Eglife Chrétienne d'attentat & de facrilege pour avoir ofé abandonner cette coutume.

Il faut donc fçavoir que pourqu'il foit permis à l'Eglife de regarder une ceremonie comme non neceffaire , il fuffit qu'elle ne foit point commandée comme de neceffité. Mais afin qu'on foit obligé de croire qu'elle eft effentielle , il faut qu'il y ait un commandement pofitif qui l'ordónne fur peine de nullité dans l'action. Ainfi l'afperfion d'eau & la diftribution du pain font commandés , de forte qu'evidemment il y auroit fans cela nullité dans les facrements.

Je ne decouvre plus qu'une raifon dont M. Nicole fe foit fervi , c'eft celle dont il femble faire fon fort. Sçavoir la fucceffion du facerdoce de l'ancienne loy , où la generation charnelle faifoit tout , & où l'election du peuple n'avoit pas de part. J'ay bien des chofes à dire là deffus.

La genera-tion charnelle autre fois faifoit tout, au-jourd'huy elle ne fait plus rien.

Premierement cela mefme que la fucceffion charnelle faifoit tout dans le facerdoce Mofaïque eft une preuve qu'il n'en doit pas eftre de mefme fous la loy nouvelle. Car c'eft une de ces ceremonies & de ces loix qui ont fouffert abrogation par la loy de Jefus Chrift. Dans ce peuple la generation charnelle faifoit tout , aujourd'huy elle ne fait plus rien. Pour eftre reputé membre de l'Eglife il faloit etre né de la femence d'Abraham ; aujourd'huy toutes nations font admifes à l'Eglife indifferemment & egalement. Il eft vray que les profelytes appellés *de la juftice*, par les Maiftres des Juifs etoient incorporés dans la nation , mais c'eftoit avec une grande inegalité. Secon-

Secondement cêt exemple est autant contre M. Nicole qu'il se peut : la generation charnelle faisoit tout dans l'ancien sacerdoce, & par consequent la consecration & l'ordination ne faisoit rien ou ne faisoit que peu de chose. Aaron & ses enfants furent consacrés. Par de longues ceremonies qui nous sont recitées dans le livre de l'Exode & dans le Levitique. Ces ceremonies s'observoient quand on le pouvoit. Mais on omettoit sans scrupule celles qu'il etoit impossible de pratiquer. Par exemple l'onction qui êtoit la principale ceremonie de l'installation, fut omise dans toute la durée du second temple, parce qu'on n'avoit plus de cette huile sacrée composée par Moyse, & que les Juifs ne se creurent pas assez authorisez pour en faire d'autre. Et si dans quelques circonstances de temps on n'avoit pû avoir de bestes pour faire la ceremonie du sacrifice d'inauguration, l'heretier du souverain sacerdoce n'auroit pas laissé de se porter pour souverain sacrificateur. La naissance charnelle etoit donc dans l'ancien ministere ce qu'est l'election du peuple dans le nouveau : & les ceremonies de l'inauguration estoient alors ce que l'imposition des mains est aujourd'huy. De l'aveu de M. Nicole la naissance charnelle faisoit le principal, l'inauguration ne faisoit pas la validité du sacerdoce, d'ou il s'ensuit qu'aujourd'huy l'election du peuple qui repond à la naissance charnelle, fait le principal, & l'imposition des mains qui repond à l'inauguration n'est qu'une ceremonie non essentielle.

Si la generation faisoit tout, la consecration n'estoit rien d'essentiel.

Exod. 29.
Levit. 8.

L'election est aujourd'huy ce qu'estoit autrefois la naissance charnelle.

En troisiesme lieu je repons que la naissance charnelle de laquelle dependoit selon l'institution de Dieu, la succession au sacerdoce ne ruinoit pas les droits du peuple, pour le ministere non plus que la succession des princes à la Monarchie, ne detruit point les droits du peuple pour la Royauté, parce que le peuple s'en est une fois depoüillé en faveur d'une certaine famille. Car le peuple Iuif par l'ordre de Dieu avoit remis le droit de la sacrificature à la famille d'Aaron, & à la Tribu de Levi. Nous en avons une preuve bien claire dans ces paroles de Dieu à Moyse. *Tu feras approcher les Levites devant le Tabernacle d'assignation, & convoqueras toute l'assemblée des enfans d'Israël. Tu feras dis-je, approcher les Levites devant le Seigneur, & les enfans d'Israël poseront leurs mains sur les Levites, & Aaron presentera les*

C'estoit le peuple qui offroit à Dieu les Levites pour le ministere du temple.

Nomb. ch. 8.

Levites,

Levites en offrande devant l'Eternel de la part des en-
fants d'Israel & ils seront employés au service de l'Eternel.
Nous voyons les Levites qui paroissent devant Dieu pour
tout le peuple. Nous voyons le peuple qui les offre
& qui les presente à Dieu pour soy. Il n'en etoit pas autrement des sacrificateurs de la famille d'Aaron. Ils
representoient les premiers nés du peuple, lesquels selon l'ancienne coutume estoient les sacrificateurs nés.
Ainsi Aaron & sa famille etoient authorisés par le peuple, c'estoit en son nom & en sa place qu'ils officioient.
Aussi est-il indubitable que si dans la famille d'Aaron,
la race masculine fût venüe à manquer, le peuple seroit
rentré en possession de son droit. Il auroit pû se choisir
une autre famille de la Tribu de Levi à laquelle il auroit pû transporter la sacrificature, tout de mesme que
quand la race Royale vient à manquer dans les estats
monarchiques le peuple rentre en actuelle possession de son
droit, & peut elire une autre famille à laquelle il transporte la dignité Royale. Je pense qu'apres ces observations M. Nicole ne fera pas mal de retirer par devers
luy son petit discours mysterieux, *que Dieu conserve le mi-*
nistere Euangelique par la fecondité spirituelle de l'ordre des
premiers Pasteurs, c'est à dire des Evêques. Car je ne voy
pas que cela luy puisse desormais servir de rien.

CHAPITRE XXI.

Quel est le vray sens de S. Augustin, quand il dit que
la puissance des clefs a eté donnée au peuple fidele.
Chicane & mauvaise foy surprenante de Monf. Nicole
la dessus.

La puissan-
ce des clefs
a eté don-
née au peu-
ple & par
consequent
le pouvoir
de se faire
des Pa-
steurs.

L'Une des plus fortes raisons que nous ayons pour
prouver que le peuple Chrétien a le droit de se faire
des Pasteurs, & qu'il ne les tient point des Evesques
par une generation spirituelle, est tirée de ce que c'est
à l'Eglise, c'est à dire au peuple qu'a eté donnée la
puissance des clefs. Cette puissance est proprement ce qui
gouverne l'Eglise, c'est la predication de la parole, c'est
l'administration des sacrements, c'est l'administration des
censures. Le peuple Chrétien ne sçauroit faire cela par
luy

luy mefme, il ne fçauroit ni fe prefcher, ni fe donner les
facrements, ni adminiftrer les cenfures. Il faut donc qu'il
face faire tout cela par des Pafteurs qui font authorifés
par luy, & qui agiffent en fon nom. Si le peuple a
receu la puiffance des clefs, il eft clair que c'eft en fon
nom qu'elle s'adminiftre, que c'eft à luy à faire les
conducteurs. M. Claude avoit raifonné tres jufte en di-
fant, *puifque les clefs de l'Eglife, le pouvoir de lier & de de-*   Deffence
lier qui font les actes mefmes du miniftere appartiennent à la de la refor-
focieté des fideles, la vocation au miniftere luy appartient à mation p.
plus forte raifon. 353.

    L'une des preuves que nous employons pour prouver à
ces Meffieurs que les clefs ont eté données non à S. Pierre,
comme le veulent fur tout, les Theologiens de dela les
monts, mais à toute l'Eglife ; C'eft l'authorité de
S. Auguftin, lequel l'affirme & le dit avec une clarté
& une evidence qui ne peut pas laiffer aucun doute.
M. Nicole employe le neufjefme chapitre de fon dernier livre à prouver que M. Claude n'a pas entendu en
quel fens S. Auguftin a dit que les clefs ont eté données
à toute l'Eglife. Je prie le lecteur de faire attention à
cet endroit, car on y va voir le plus grand exemple
d'efprit de chicane & de mauvaife foy qui jamais ait eté
vû. Et je foutiens que ce feul chapitre eft capable de
ruiner toutes les favorables prefomptions qu'on auroit pû
avoir pour la bonne foy de M. Nicole. Il eft evident
qu'il cherche la victoire & nullement la verité.

    S. Auguftin dit en cent endroits que les clefs ont Chicane
eté données non à S. Pierre, ou à quelqu'autre parti- effroyable
culier, mais au corps de l'Eglife en general, on de- de M. Ni-
meure d'accord de cela, mais voicy quel eft le fens de cole fur le
S. Auguftin felon M. Nicole. *Il y a,* dit il, *deux cho-* fens de
fes dans le miniftere, l'action minifterielle par laquelle un mi- S. Auguftin
niftre confere la grace en adminiftrant les facrements, & au fujet de
l'effet de cette action minifterielle, que le S. Efprit produit des clefs.
dans les ames. l'action minifterielle appartient proprement
au miniftre, & le droit ou le pouvoir de l'exercer fait l'effen-
ce du miniftere, &c. Mais quand à la production de l'effet
du facrement, il y a une autre maniere d'y cooperer, que
celle que j'ay nommée minifterielle. C'eft de l'obtenir par
voye de priere & d'impetration efficace fondée fur les merites
de J. Chrift. Or ce n'eft que cette feconde maniere de coo-
perer

perer à l'effet des sacrements qui convient au corps des bons, à la societé des justes, qui sont dans l'Eglise, & qui ne convient pas aux méchans. C'est en ce sens que *S. Augustin a crû que les clefs ont eté données au corps des bons, & non aux seuls Pasteurs, & il n'a voulu dire autre chose sinon, que lors que les pechez sont remis ministeriellement par les Pasteurs de l'Eglise, l'effet du ministere est obtenu efficacement par les prieres de tous les saints qui sont dans l'Eglise.* C'est à dire, que les clefs selon S. Augustin n'ont eté donneés au peuple Chrétien, qu'à cause que par ses prieres il obtient que l'usage de ces clefs soit efficace dans la mains des Pasteurs. Je trouve icy mon foible, & il faut que je m'en confesse : ces sortes de choses me donnent une indignation dont je ne suis pas capable de revenir ; car on ne sçauroit imaginer aucun tour pour faire une excuse à un Autheur. Il n'y a ni prejugés, ni prevention, ni illusion qui puisse produire un tel effet. C'est une mauvaise foy toute pure, mais imprudente car un enfant la voit tant elle saute au yeux.

Passages où S. Augustin dit que les clefs ont eté donnés au peuple.

Si l'on vouloit rapporter chacun des passages où S. Augustin dit que les clefs ont eté données non à S. Pierre, mais à toute l'Eglise en general, & les comparer avec cette rare interpretation de M. Nicole la chose iroit plus loin que ne merite une vision aussi destituée de fondement. Deux ou trois passages suffiront ; le premier que produit M. Claude est tiré du traité cinquantieme sur l'Euangile selon S. Jean en ces mots. *Judas representoit le corps des méchans & S. Pierre representoit le corps des bons, & le corps de l'Eglise, je dis le corps de l'Eglise, mais de l'Eglise qui consiste dans les bons, car si S. Pierre n'eût pas representé l'Eglise le Seigneur ne luy auroit pas dit. Je te donneray les clefs du Royaume des cieux ; & tout ce que tu lieras sur la terre sera lié au Ciel & tout ce que tu delieras sur la terre sera delié au Ciel ; Car si cela n'avoit eté dit qu'à S. Pierre seulement, l'Eglise ne le feroit pas, mais puisque cela se fait dans l'Eglise, sçavoir que les choses qui sont liées sur la terre sont liées au ciel, & que celles qui sont deliées sur la terre sont deliées au ciel, Entant que celuy que l'Eglise excommunie est lié au ciel, & que celuy que l'Eglise reconcilie est delié au ciel ; puis, dis-je, que cela se fait dans l'Eglise il s'ensuit que S. Pierre recevant les clefs representoit l'Eglise sainte, &*

com-

comme les bons ont eté representés par la personne de S. Pierre ainsi les mechants ont eté representés par la personne de Judas, & c'est à eux que J. Christ a dit vous ne m'aurés pas toujours.

Il faut sçavoir que S. Augustin ne parle icy que par occasion de la puissance des clefs. Son but est de lever la difficulté que pouvoient jetter dans l'esprit ces paroles de Jesus Christ, *Vous aurés toujours les pauvres avec vous, mais vous ne m'aurés pas toujours.* Ce qui semble ne se pas accorder avec ce qu'il disoit ailleurs, *Je seray avec vous jusqu'à la fin du monde.* Il propose divers moyens de lever cette contradiction apparente entr'autres il dit que ces paroles *vous ne m'aurés pas toujours,* sont dites à Iudas, & que Iudas representoit les meschants, comme S. Pierre dans le mesme college apostolique representoit l'Eglise des bons quand il receût la puissance des clefs.

I. Afin que la comparaison soit juste il faut que S. Pierre representast l'Eglise quand Dieu dit aux apostres, *Je vous donne les clefs du Royaume des cieux,* tout de mesme que Iudas representoit les mechants quand il fut dit aux Apôtres, *Ie ne serai pas toujours avec vous.* Et il faloit que les paroles de la promesse, *je vous donneray la clef du royaume des cieux* tombât sur l'Eglise representée par S. Pierre, de mesme maniere que la menace, *je ne seray pas toujours avec vous,* tomboit sur les meschants representés par Judas. Or cette menace, *vous ne m'aurés par toujours, ou je ne seray pas toujours avec vous,* selon le sens de S. Augustin tomboit sur les meschants dans un sens propre, & par consequent la promesse, *je vous donne les clefs du Royaume des cieux* tomboit aussi & devoit tomber dans un sens propre sur les bons & sur l'Eglise. Mais le sens dans lequel M. Nicole pretend que S. Augustin conçoit que les clefs ont eté données à l'Eglise, non seulement n'est pas un sens propre, mais c'est un sens presque insensé tant la figure est forcée & violente. Je te donne les clefs du Royaume au nom de toute l'Eglise, & je les donne à toute l'Eglise, parce que l'Eglise priera afin que l'usage de ces clefs soit efficace pour l'edification. Il n'y a personne qui ne voye que ce sens est tout à fait violent.

II. Si la pensée de M. Nicole est celle de S. Augustin

Le sens que M. Nicole donne à S. Augustin est si violent & si figuré qu'il est sans exemple.

Selon M. Nicole S. Augustin donne aux paroles de Iesus Christ deux sens en mesme temps.

ftin il faut que, selon ce pere, Jesus Christ, eût eû deux sens, comme deux veües. La premiere de ses veües tomboit sur S. Pierre & ses Collegues Apôtres ; la seconde tomboit sur le peuple Chrétien. Ces mots, *je te donne les clefs du Royaume des cieux*, doivent donc signifier deux choses, l'une par rapport aux Apôtres, l'autre par rapport au peuple. Par rapport aux Apôtres, le sens est je vous donne la puissance d'administrer les sacrements, de lier, de delier, de retenir les pechés & de les remettre comme juges & comme mes vrays ministres agissant en mon authorité. Par rapport au peuple le sens doit étre je vous donne la puissance de lier & de delier, parce que par vos prieres vous obtiendrés l'efficace du ministere. Je soutiens qu'il faudroit que S. Augustin eût perdu l'esprit pour attribuer à J. Christ deux sens aussi eloignés & aussi opposés dans des paroles aussi simples que sont celles la, *je vous donne les clefs du Royaume des cieux*. Car on ne doit attribuer à celuy qui parle que des sens intelligibles, ou du moins des sens faciles à unir, & compatibles avec la signification naturelle des mots. Or qui est ce qui conceura que la signification naturelle de ces paroles, *je te donne les clefs du Royaume des cieux* est que le peuple par voye d'impetration obtiendra l'efficace du ministere ?

M. Nicole fait parler Iesus Christ d'une maniere absurde.

III. Ces mots *donner les clefs d'un Royaume* signifient quelque puissance : tout le monde en tombe d'accord, la clef étoit l'emblême de l'authorité. Or je vous prie quelle authorité est celle que J. Christ donne au peuple Chrétien selon S. Augustin interpreté par M. Nicole ? *je vous donne la clef du Royaume des cieux*, à vous peuple c'est à dire vous aurés la permission de prier Dieu à ce que vos conducteurs exercent efficacement leur ministere. Jamais personne n'a dit cela & il faloit se trouver dans une aussi grande extremité que celle où se trouve M. Nicole pour en venir la. Vous peuple, vous aurés la liberté de prier Dieu que vostre Roy reüssisse dans ses desseins, & qu'il se serve de son sceptre à l'utilité de ses sujets ; & à cause de cela je declare que je vous donne le sceptre, la couronne, l'authorité, & la puissance. Voila ce que l'on fait dire à S. Augustin, & à Iesus Christ. Est-ce faire parler raisonnablement & sagement celuy qui est la raison & la sagesse eternelle ?

IV. S. Au-

IV. S. Auguſtin dit, *ſi S. Pierre n'eût pas repreſenté* — M. Nicole
l'Egliſe, le Seigneur ne luy auroit pas dit-je te donneray les clefs — ruine le
du Royaume des cieux. En ſuppoſant la gloſe de M. Ni- — bon ſens
cole y a-t-il du ſens la dedans? Et pourquoy Dieu — du raiſon-
n'auroit il pas pu dire à S. Pierre & à ſes collegues je — nement de
vous donne la puiſſance de gouverner l'Egliſe, ſi en — M. Nicole.
effet cette puiſſance de gouverner leur eût eté donnée,
& nullement au peuple, ſi ce n'eſt d'une maniere figurée, & ſeulement parce que le peuple par voye de priere
& d'impetration auroit obtenu de Dieu ſa benediction
ſur le miniſtere. Un Monarque qui inſtalleroit un Prince ne luy pourroit il pas dire. Ie vous donne puiſſance ſur un tel etat à moins qu'il n'eut en veüe tout le
peuple de cêt etat? auquel il donneroit part à l'authorité?

V. S. Auguſtin dit que *l'Egliſe excommunie, & que ce-* — M Nicole
luy que l'Egliſe excommunie eſt lié au ciel. Ajoutés la glo- — fait prier S.
ſe de M. Nicole cela fera un beau ſens. C'eſt à dire — Auguſtin
que l'Egliſe par les prieres, par voye d'impetration ob- — pour la
tient de Dieu que cêt excommunié ſoit mis en etat de — damnation
damnation, & ſoit fait anatheme à l'eſgard de l'Egliſe — des excom-
qui eſt ſur la terre. N'eſt ce pas une charité de grand — muniés.
exemple, & cela n'a-il pas grand rapport avec la charité du peuple Chrétien qui doit tousjours prier pour
le ſalut des pécheurs, meſme de ceux que l'Egliſe excommunie?

VI. Dans un autre lieu S. Auguſtin dit. *C'eſt donc* — Traitté
cette Egliſe fondée ſur I. Chriſt qui a receu de luy en la per- — 124. in
ſonne de S. Pierre les clefs du Royaume des cieux, c'eſt à dire — Ioh.
la puiſſance de lier & de delier. Le peuple a donc receu
une *puiſſance,* une puiſſance de lier & de delier. Mais
où eſt elle cette puiſſance, ſelon la gloſe de M. Nicole? J'aimerois tout autant dire que les ſavetiers de Paris ont receu la puiſſance de commander, parce qu'ils
ſont obligés de demander à Dieu ſa protection pour le
gouvernement.

VII. *Il y a des choſes dites à S. Pierre qui ſemblent d'a-* — In Pſalm.
bord luy appartenir en propre, & neantmoins ne peuvent pas — 108.
être ſi bien entendües ſi on ne les rapporte à l'Egliſe que S.
Pierre repreſentoit. S. Auguſtin en apporte pour exemple celuy cy, de la puiſſance des clefs donnée à S. Pierre. Apportez icy la gloſe de M. Nicole, & vous faites
raiſon-

raisonner S. Augustin follement. En parlant à un Roy que Dieu établiroit sur une nation, il ne pourroit pas luy dire dans un sens propre, *je te donne la puissance de gouverner.* Il faudroit pour bien entendre ces paroles sous entendre le peuple & sous entendre ce sens. Je donne au peuple le pouvoir de prier pour la prosperité de ton gouvernement ?

De baptismo cont. donat. lib. 7. c. 51.1

VIII. Dans un autre lieu il dit, *c'est cette maison,* sçavoir l'Eglise, *qui a receu les clefs & la puissance de lier & de delier, & c'est d'elle qu'il est dit que si quelqu'un ne l'escoute lors qu'elle reprend & qu'elle corrige, qu'il soit estimé comme un peager & un payen.* Selon M. Nicole cela ne signifie autre chose sinon que l'Eglise a le pouvoir de prier que Dieu donne efficace aux censures. C'est renverser les regles de l'usage & la signification des termes.

Selon l'interpretation de M. Nicole S. Augustin ne fait rien contre les Donatistes.

IX. Il faut sçavoir que S. Augustin se servoit de cette pensée pour refuter les Donatistes lesquels croyoient que les meschants Evesques & les mauvais Pasteurs ne pouvoient administrer aucun sacrement legitime, ni aucune censure qui fût valide. Ce pere leur fait voir que les mauvais Pasteurs nonobstant leur malice & leur hypocrisie, pouvoient tres bien & legitimement exercer tous les actes de la puissance des clefs, parce qu'ils n'estoient que les instruments & les ministres de l'Eglise. La reponce est tres solide: Car un bon Prince peut tres bien faire executer ses ordres, & de bons ordres par de meschants ministres, parce qu'on regarde dans le ministre l'authorité du Prince. C'est le Prince qui fait comme la cause principale, le ministre n'est que l'instrument. Si c'est l'Eglise qui donne la commission, & si c'est en son nom & en sa presence que la puissance des clefs s'exerce, c'est elle proprement qui exerce. Et comme l'Eglise consiste dans les bons & les vrays fideles, le ministere se trouve fondé sur la foy & sur la justice: qui est ce que les Donatistes vouloient: car ils pretendoient que la justice & la sainteté étoient tellement essentielles a la puissance de manier les clefs de l'Eglise qu'il estoit impossible que cette puissance residât dans un sujet injuste. S. Augustin tombe d'accord de ce principe general, & c'est pourquoy il pretend que la puissance des clefs reside proprement dans le corps de l'Eglise laquelle est sainte. Selon quoy la puissance des clefs est toujours unie dans sa source, avec la sainteté. On ne peut pas

mieux

mieux raifonner. Mais amenés icy la glofe de M. Nicole, & vous ferés de S. Auguftin un ridicule difcoureur ; car il faudra qu'il ait voulu dire. J'avoue que la puiffance des clefs ne peut pas refider dans un fujet inique, mefchant, infidele, hypocrite. Cependant il eft certain que les Pafteurs mefchants, & hypocrites font le vray fujet où refide la puiffance des clefs, tout de mefme que les autres. Voila deux propofitions contradictoires, comment les reconciliés vous luy auroit on dit ? Comment ? C'eft que le peuple fidele par voye d'impetration obtient de Dieu que la puiffançe des clefs qui refide dans les mefchants foit neantmoins efficace pour le falut des fideles. Il n'y a perfonne qui ne voye que ce raifonnement eft ridicule. Car un Donatifte luy auroit repondu. Mais ces prieres & cette impetration du peuple empefchent elles que la puiffance des clefs ne refide actuellement & originellement dans un mefchant, & dans un hypocrite, ce qui eft proprement en queftion, ou pluftoft qui eft ce dont vous & moy tombons d'accord qu'il ne fe peut faire ? Il auroit donné beau jeu à fes ennemis, & on auroit bien pû le pouffer la deffus. Si c'eft par voye d'impetration feulement que le corps des fideles conferent la grace du baptefme, par la mefme impetration il fera qu'un Laïque fans aucun caractere confacrera dignement, & fera le corps de J. Chrift à l'autel. Il fera que les cenfures adminiftrées & les excommunications lancées par des gens fans authorité feront legitimes & valides. On pourroit pouffer M. Nicole beaucoup plus loin fur le fens qu'il attribüe à S. Auguftin, mais à quoy cela ferviroit il ? Il n'eft pas homme à demander quartier ; c'eft pourquoy il vaut autant le laiffer la:

Il fuffira de faire obferver que felon la penfée de S. Auguftin le corps des fideles, eft le fujet dans lequel refide la puiffance des clefs, & que les Pafteurs l'exercent au nom & en l'authorité de toute l'affemblée. Ce qui eft fi clair que plufieurs Docteurs Papiftes l'ont ainfi enfeigné & l'ont ecrit. M. Meftrezat a rapporté la deffus un grand paffage de Toftat Evêque d'Avila, qui dit & prouve, *que l'Eglife a reçeu les clefs de J. Chrift, que les Apôtres les ont reçeüs entant que miniftres de l'Eglife : que maintenant l'Eglife a les clefs, & les prelats auffi.* Mais

Plufieurs docteurs de l'Eglife Romaine tombent d'accord que la puiffance des clefs a eté accordée à toute l'Eglife.

Toftat. in quæft. 49. in cap. 15. Numetorum.

que

que l'Eglise les a d'une maniere bien autre que les prelats : parce que l'Eglise les a quant à l'origine & à la puissance, & les prelats ne les ont que pour l'usage. C'estoit

In prefat. Apolog. pro Ioh. Gerson.

la l'opinion de Jean Gerson & du Docteur Richer qui a fait l'Apologie de Gerson. C'est icy le principal point de la controverse dit Richer, que ce Docteur tres Chrétien pose aprés S. Augustin pour le tres certain & le tres ferme appuy des sentiments de l'université de Paris, que J. Christ & par luy mesme a donné les clefs à toute l'Eglise en general, & considerée en gros, afin que les clefs fussent exercées par un seul. Et par consequent S. Pierre & les autres prelats considerés separement & en particulier ne possedent les clefs que ministeriellement & instrumentalement, entant qu'ils representent toute l'Eglise à laquelle les clefs appartiennent principalement & au regard de la domination. Voila de quelle maniere on avoit jusquicy interpreté S. Augustin en attendant les nouvelles lumieres de M Nicole.

M. Nicole ne distingue que deux choses dans la puissance des clefs, il en faut distinguer trois.

Avant que de finir il est necessaire de remarquer qu'il n'y a espece d'obliquité qu'il n'ait fait entrer dans le chapitre où il traite cette matiere. Premierement, il ne luy plait de considerer dans l'exercice de la puissance des clefs, que deux choses, sçavoir l'action ministerielle, & l'effet de cette action ministerielle que le S. Esprit produit dans les ames, c'est à dire la grace. Il suppose que l'action ministerielle n'appartient qu'aux ministres, & qu'ainsi le peuple ne peut avoir part qu'a l'effet qui est la production de la grace. Il a raison de supposer que l'action ministerielle se fait uniquement par le ministre, mais il a tort d'en conclurre qu'elle ne se fait pas en l'authorité de l'Eglise : que diroit-il si quelqu'un raisonnoit ainsi. L'action par laquelle un Magistrat condamne un homme à la mort est une action ministerielle ; toute action ministerielle se fait par le ministre seul, dont le Prince n'y a aucune part, & ce n'est point en son authorité que la justice s'exerce. Il faloit donc distinguer trois choses dans la puissance des clefs : Le sujet dans lequel elle reside originellement, l'action ministerielle des Pasteurs : & l'effet de cette action. Le sujet dans lequel reside la puissance des clefs originellement c'est l'assemblée des fideles. L'action ministerielle se fait par le ministre seul, mais comme representant l'Eglise. Le terme de ministre fait assez voir qu'il represente quelqu'un.
Et

Et enfin l'effet de la puiſſance des clefs eſt produit par l'action miniſterielle faite en l'authorité de l'Egliſe.

Autre chicane. M. Nicole a trouvé dans S. Auguſtin que la remiſſion des pechés ſe donne dans le bapteſme conferé par de mauvais Paſteurs. *Per Orationes Sanctorum, id eſt per gemitus columbæ*, par les prieres des ſaints, & les gemiſſements de la colombe. Dont le peuple ne concourt au don de la grace qui eſt l'effet des ſacrements que par voye d'impetration. Bonne raiſon: par laquelle je m'en vay auſſi prouver que les miniſtres que conferent les ſacrements ne donnent la grace que par voye d'impetration. Car ils prient toujours en adminiſtrant les ſacrements à ce que les ſignes ſoyent efficaces. Qui eſt ce qui empeſcheroit l'aſſemblée au nom de laquelle on confere les ſacrements de joindre ſes prieres à celles de ſon miniſtre? Et parce qu'elle prie pour l'effet du ſacrement, s'enſuit il que le ſacrement ne ſe puiſſe adminiſtrer en ſon nom?

Le peuple prie pour l'effet du ſacrement qui s'adminiſtre en ſon nom.

Enfin M. Nicole jugeant bien que par toutes ces petites fineſſes il ne perſuadera perſonne, & qu'on croira toujours que ſelon S. Auguſtin, la puiſſance des clefs a eté donnée reellement & de fait à toute l'Egliſe ſe ſauve dans un dernier retranchement. *Que ce ſoit la le ſens de S. Auguſtin tant qu'on voudra*, dit il, *la vûe, l'odorat, l'ouye le gouſt ont eté donnés au corps ou plutoſt à l'homme; mais s'enſuit il de la qu'un homme puiſſe faire les fonctions d'un ſens par toutes ſortes d'organes, qu'il puiſſe voir par les oreilles & ouyr par les yeux.* Contre qui diſputet-il? qui eſt ce qui dit que l'Egliſe puiſſe exercer toute ſorte de miniſtere, & adminiſtrer toute cenſure & tout ſacrement par toutes ſortes de perſonnes? Nous ſçavons fort bien qu'elle doit exercer ſes fonctions par certains inſtrument deſtinés à cela. Mais s'enſuit il de ce que l'ame voit par les yeux, & qu'elle oit par les oreilles que ce ne ſoit pourtant pas elle qui entende & qui voye. Quoyque l'Egliſe baptiſe, cenſure, lie & delie, neceſſairement par ſes miniſtres, cela empeſche-t-il qu'elle ne face ces actions reellement & veritablement? La difference eſt que l'ame voit par des yeux & entend par des oreilles que la nature luy a faites, & qu'elle ne ſçauroit faire: mais il n'en eſt pas ainſi des corps politiques. Les corps politiques ſe peuvent faire des yeux des oreilles & des mains. L'Egliſe

Les corps politiques ſe peuvent faire une teſte des yeux & des mains.

glife a le mefme droit, & jamais toutes les chicanes de nos adverfaires n'obfcurciront cette verité.

CHAPITRE XXII.

Que les ordinations font legitimes, dans le gouverne-
ment prefbyterien: diftinction du preftre & de l'E-
vêque. Origine de cette diftinction; forme du gou-
vernement de l'Eglife Apoftolique: les Apoftres n'ont
pas eû deffein, de fixer une certaine forme de gou-
vernement.

A Fin que le lieu commun contre la vocation des miniftres fût complet, il faloit prouver que la vocation qu'ils peuvent avoir tirée de l'Eglife Romaine ne peut rien valoir. C'eft ce que M. Nicole entreprend de faire dans le dixjefme chapitre de fon troifieme livre. Le moyen par lequel il s'y prend eft de montrer que les ordinations faites par de fimples preftres ne valent rien. Les Ecclefiaftiques qui font fortis de l'Eglife Romaine n'eftoient que preftres, ils n'eftoient pas Evefques : dont toutes les ordinations qui ont eté faites par ces fimples preftres font nulles. Par cette porte il entre dans la difpute de la diftinction de l'Evêque & du preftre. Il copie Perfon, & refute Blondel. Il traitte de la validité, & de l'invalidité des ordinations felon l'antiquité, pour prouver que les preftres n'ont jamais eté ordonnés que par des Evefques. Il fe fourre dans le demêlé des Prefbyteriens & des Epifcopaux-Anglois, il donne toute forte d'avantage à ceux cy. C'eft à dire qu'il fournit la matiere à un nouveau livre, lequel je ne fuis nullement en difpofition de faire prefentement. Mais j'ofe dire que quand nous voudrons entreprendre la deffence de Blondel & de M. Daillé nous pourrons faire fouffrir à M. Nicole la mefme confufion dont on l'a couvert dans les fujets precedents, & le convaincre de temerité & de peu de jugement icy, auffi bien qu'ailleurs. Cela demanderoit une longue difcuffion qui n'eft point du tout de noftre fujet. Ainfi je me veux contenter de quelques remarques generales.

Premierement nous declarons à M. Nicole que quand
il

il seroit venu a bout de ce qu'il a entrepris, c'est à dire qu'il auroit bien prouvé que dés le temps des Apôtres, il y avoit difference entre l'Evesque & le prestre, il auroit tres peu gagné pour sa cause, & contre la nostre. Il a beau nous dire que *pour regarder cette dispute comme il faut on doit avoir dans l'esprit qu'il n'y va pas moins que du salut eternel de toute la societé des Pretendus Reformés s'ils y succombent.* Il n'y a que des gens comme luy qui puissent avoir dans l'esprit une pensée aussi cruelle, & si opposée à l'esprit de la religion, ou pour mieux dire il n'y a que gens penetrés d'une politique humaine qui puissent parler ainsy. Car jamais nous ne nous persuaderons qu'aucun homme bien sensé soit persuadé de bonne foy, qu'il ait eté dans le pouvoir de Zuingle & de Calvin de damner des millions d'ames seulement en alterant le gouvernement de l'Eglise.

(marginal note:) Que le salut ne peut être interessé dans la dispute touchant la difference du prestre & de l'Evesque.

Toutes les choses qui ont eté de la pratique des Apôstres n'ont pas esté pratiquées comme de necessité. Ils ont baptizé par l'immersion, ils ont celebré l'Eucharistie apres souper, ils envoyoient des Euangelistes qui estoient superieurs aux Evesques & aux prestres. On avoit de leur temps etabli des Diaconesses dans l'Eglise; ils avoient des prestres qui ne s'occupoient pas à la predication de la parole & à enseigner: Il faut sçavoir si toutes ces choses sont de necessité & si l'on n'a pas pû les changer sans crime. Supposé que dés le temps des Apôtres il y eut distinction entre l'Evêque & le prestre, qu'on me montre un seul endroit où il soit ordonné que cette distinction d'ordres demeure eternellement. Qu'on m'en face voir seulement l'institution & l'establissement. Nous voyons dans la loy, l'establissement de souverain sacerdoce d'Aaron, & de la sacrificature inferieure de ses enfants; l'ordre des Levites institué dans un degré inferieur à celuy des sacrificateurs. Et par la il est clair qu'il n'etoit nullement permis d'alterer & de changer cêt ordre qui avoit eté si precisement marqué & etabli de Dieu. Voit-on quelque chose de semblable dans le Nouveau Testament? Il y est parlé de prestres, d'Evêques, de Diacres, mais en passant, par hasard & en parlant d'autres choses. Et la dessus on veut faire des loix qui lient les consciences, & attacher le salut eternel à une certaine subordination

(marginal note:) La pratique des Apôtres n'impose pas toujours necessité aux aages suivants.

(marginal note:) Quand il y auroit eû distinction entre l'Evesque & le prestre, on ne lit pas l'establissement de ces deux ordres.

Pp 3   de

de miniftres, qu'on appelle hierarchie. C'eft une injuftice criante & un aveuglement qui ne me parôit pas
humain.

Pour le fonds quand les prefbyteriens & les Epifcopaux auront depoüillé les aigreurs & les prejugés, ils
en conviendront facilement. Car il n'eft point difficile
de trouver la verité la dedans, puifque cela ne depend
proprement que de la lecture des ecrits des trois premiers fiecles qui ne font pas en fort grand nombre.
Ceux qui les voudront lire avec attention y trouveront
facilement ce que je m'en vay marquer dans les articles
fuivants.

Les noms de preftre & d'Evef-que dans le Nouveau Teftament fignifient une mefme charge. 1. Que dans l'Eglife Apoftolique du premier & du
fecond fiecle le nom d'*Evefque* & celuy de *preftre*, ne
fignifioient pas dans l'Eglife des charges & des caracteres differents. Il eft fi clair que dans les ecrits de S.
Paul, & de S. Pierre ces deux noms fe prennent pour
la mefme chofe, que toutes les chicanes ne pourront
jamais empefcher qu'on ne le voye. Ceux que S. Luc
avoit appellés, les *anciens* ou les *preftres* de l'Eglife d'E-
pheze, S. Paul dans le mefme lieu les appelle *Evêques.*
Prenés garde à tout le troupeau, fur lequel le S. Efprit vous
a etablis Evêques. S'il y eut eû plufieurs Evêques des
Eglifes voifines autres que celle d'Ephefe & que S. Paul
leur eût parlé à tous, comme on le fuppofe, il n'auroit pas dit *paiffés le troupeau*, mais il auroit dit *les trou-*
peaux, au pluriel, comme il dit *les Evêques.* Mais il
ne s'agit pas feulement des termes, il s'agit des chofes. S'il y avoit eû un ordre d'Evefques diftingués des
preftres, c'eut efté un aveuglement & un oubli prodigieux à S. Paul de paffer immediatement de l'Evefque,
aux Diacres, quand il apprend à Tite & à Timothée
quels font les dévoirs des miniftres de l'Euangile. On
ne dira jamais rien de folide, & de fatisfaifant la deffus.
Si on lit les ecrits des hommes Apoftoliques c'eft à dire des difciples des Apôtres, on reconnoitra la mefme
chofe. Nous n'avons que l'Epitre de S. Clement aux
Corinthiens, & celle de Polycarpe aux Philippiens,
d'efcrits des difciples des Apôtres, qui du confentement
de tout le monde foient arrivés purs jufqu'à nous. Je
laiffe à part les Epitres de S. Ignace parce qu'elles font
difputées. Dans ces deux Epitres de Clement & de
Poly-

Polycarpe, on n'y voit que deux ordres de miniſtres.
S. Clement dit *que les Apôtres ayant preſché dans les pro-*
vinces & dans les villes, y ont etabli des Eſêques & des
Diacres. Et cette inſtitution des Eſêques & des Diacres,
dit il, *n'eſt pas nouvelle.* Car il la trouve dans un paſſage d'Eſaye, ou il lit, *j'eſtabliray leurs Eveſques en ju-*
ſtice, & leurs Diacres en foy. Polycarpe ecrivant aux
Philippiens leurs *dit ſoyés ſujets, aux preſtres & aux Di-*
acres comme à Jeſus Chriſt. On ne ſçauroit trouver de
bonne raiſon de l'omiſſion de l'ordre des Evêques dans
ce dernier paſſage, & de celuy des prêtres dans le premier, que celle cy, ſçavoir que le preſtre & l'Evêque
etoyent la meſme choſe. Car ſelon ces Meſſieurs, les
Apôtres ayant etabli les preſtres auſſi bien que les Evêques & les Diacres, S. Clement le devoit dire. Et l'o-
beiſſance etant dure à l'Eveſque plus qu'au preſtre & au
Diacre, je ne ſçay pourquoy S. Polycarpe n'auroit pas
dit, *obeiſſez aux Eveſques* auſſi bien & plutoſt, *qu'obeiſ-*
ſez aux preſtres & aux Diacres. Dans les petites Egliſes, il n'y avoit qu'un preſtre ou un Eveſque qui etoit
le meſme. Dans les grandes Egliſes comme etoit celle
d'Epheſe, il y avoit pluſieurs preſtres, qui etoient ſouvent appellez Eveſques.

I I: Quoyque tous les preſtres s'appellaſſent Eveſques,
& qu'ils fuſſent tous d'un meſme ordre, il eſt pourtant certain qu'ils avoient entre eux un preſident.
C'eſt le nom que luy donne Juſtin Martyr προεﬅως
& Tertullien, *præſident probati quique Seniores honorem*
illum non pretio, ſed teſtimonio adepti. Et ce preſident
n'eſtoit point alternatif comme dans le gouvernement
presbyterien d'aujourd'huy, il etoit perpetuel. C'eſt
celuy qui s'appelloit ſouvent Evêque par diſtinction.
C'eſt celuy à qui S. Paul laiſſe le nom de *preſtre,* en y
ajoutant celuy de *preſident que les preſtres qui preſident de-*
iiement ſoyent reputez dignes de double honneur. Il eſt clair
que *ce preſtre preſident,* ſoit que par l'honneur on entende la deference, ſoit qu'on entende l'entretien & la
penſion avoit quelque diſtinction par deſſus les autres.
Car S. Paul declare nettement qu'il luy faloit rendre *un*
double honneur. Ce ſont deux choſes qu'on ne doit pas
conteſter aux Epiſcopaux: La premiere que l'aſſemblée
des preſtres avoit un preſident perpetuel, la ſeconde

Juſtin
1. Apolog.
Tertul-
lien. Apo-
logetic. c.
39.

Il y avoit
entre les
preſtres un
preſident
perpetuel à
qui on de-
voit double
honneur.

1 Timot.
ch. 5. ℣. 17.

que ce prefident avoit quelque diftinction. Mais il ne devroient pas nous contefter une chofe certaine, c'eft que ce preftre prefident n'eftoit point d'un autre ordre que les autres preftres ; & n'avoit ni fuperiorité, ni juridiction, mais feulement le droit de prefider fur l'affemblée des preftres par l'advis desquels toutes chofes fe paffoient.

Ce preftre prefident reprefentoit tout le prefbytere & agifloit en fon nom.

III. Quoyque ce preftre prefident ne fut que preftre, c'eftoit pourtant à luy qu'on s'addreffoit quand on vouloit faire fçavoir quelque chofe à l'Eglife. C'eft pourquoy S. Jean écrivant aux Pafteurs des Eglifes d'Afie, ne parle en châque Eglife que d'un feul Ange, c'eft à dire d'un feul Evefque & non de plufieurs. Le preftre prefident faifoit auffi au nom de tout le prefbytere & comme le reptefentant, tous les offices du miniftere facré. En fa prefence les autres, n'eftoient que fpectateurs. Sur tout c'eftoit le preftre prefident qui impofoit les mains aux Pafteurs qu'on eftabliffoit. Il le fai-

Le preftre prefident faifoit les ordinations au nom des autres preftres.

1 Timoth. ch. 4. 14.

2 Timoth. 1. 6.

foit à la verité au nom de tout le prefbytere, & mefme les Apôtres avec toute leur authorité faifoient la ceremonie de l'impofition au nom de l'affemblée des preftres. C'eft pourquoy S. Paul dit à Timothée tantoft. *qu'il a receu l'impofition des mains de la compagnie des preftres,* tantoft *qu'il l'a receüe de luy, rallume le don qui eft en toy par l'impofition de mes mains.* Comme une compagnie ne peut jamais manquer de prefident, quand le preftre prefident etoit abfent ou malade, c'eftoit le plus ancien qui prefidoit, *probati quique Seniores,* comme la dit Tertullien. Et c'eftoit fans doute celuy qui prefidoit en l'abfence de l'Evefque qui donnoit l'impofition des mains en l'authorité de tous les autres.

Ces preftres prefidents peu à peu s'arrogerent des privileges de diftinction des autres preftres : & fur tout le droit d'ordonner des preftres.

IV. Bien que ce prefident dans fon origine n'eut qu'une prefeance d'ordre fur fes collegues, cependant cela changea bien toft. Ces prefidents s'arrogerent des privileges ; prirent le nom d'Evefques, & laifferent celuy de preftres aux autres. Ils s'attribuerent le pouvoir de donner les ordres & l'impofition des mains par exclufion aux autres preftres. On ne fçauroit marquer precifement ni le temps, ni l'année dans laquelle cela commença. Ce n'eft ni l'an 135me. ni le 15me. Cette ufurpation ou plutoft ce changement fe fit peu à peu comme tous les autres changements. On choififfoit pour

prefi-

prefident perpetuel, celuy qui avoit le plus de dons,
& qui etoit le plus propre à gouverner ; La capacité
qui le diftinguoit des autres fit qu'on luy cedoit facilement & fans oppofition. Cette poffeffion au bout de
peu d'années paffa pour un droit. Ce n'eft pas que les
Evefques fiffent rien, mefme dans le troifiefme fiecle
& plus avant, fans l'avis de leur clergé, & cela rendoit leur préeminence facile à fupporter. Car ils ne
faifoient toujours que ce que font des prefidents. Mais
ils vinrent à fe perfuader qu'ils avoient droit de faire
par prerogative, ce que dans le fonds ils ne pouvoient
faire que comme la tefte & le bras de leur corps. Sur
tout comme le droit d'eftablir des miniftres dans l'E-
glife eft celuy qui leur paroiffoit le plus beau, & qui
avoit le plus de caractere de fuperiorité, ils fe l'arrogerent en propre, & fe perfuadêrent qu'il leur appartenoit par prerogative. Cette opinion fe trouva bien etablie dés le troifiefme fiecle. Et c'eft en vain que l'on
cherche depuis ce temps la des ordinations faites par
autres que par les preftres prefidents, qui s'approprie-
rent le nom d'Evefques, & ne voulurent plus etre ap-
pelles preftres.

Voila en abbregé l'hiftoire de la diftinction qui eft
entre l'Evefque & le preftre. Et voila quelle etoit la
forme du gouvernement Ecclefiaftique dans le premier
& dans le fecond fiecle. Châque Eglife, c'eft à dire
chaque troupeau avoit fes pafteurs, & fes conducteurs.
Ces conducteurs êtoient divifés en deux claffes, les preftres & les diacres. Les preftres avoient à leur tefte
un prefident perpetuel fous lequel êtoient auffi les diacres; Les affaires d'un troupeau fe regloient par l'avis
commun de ce fenat compofé de preftres & de diacres,
& chacun faifoit les chofes à quoy le fenat le jugeoit
propre, les uns prefchoient, les autres catechifoient,
les autres adminiftroient les facrements, d'autres avoient
foin des pauvres. Et ce foin des pauvres n'eftoit pas fi
fort l'office des diacres qu'ils ne puffent auffi faire les
autres fonctions du miniftere. Ils prefchoient comme
il paroit par l'hiftoire de S. Eftienne l'un des premiers
diacres. Ils adminiftroient mefme les facrements comme on le prouve par l'hiftoire de l'Eglife.

Ce gouvernement n'eftoit pas precifément le gouver-

Quelle etoit la forme du gouverne-ment Ec-clefiaftique dans les premiers fiecles.

nement

*Ce gouver-
nement
n'estoit ni
presbyte-
rien ni E-
piscopal.*

nement presbyterien d'aujourd'huy, mais c'estoit bien moins le gouvernement Episcopal ; Je n'ay pas besoin d'en marquer les differences, chacun les sent asséz. Mais toutes ces differences du gouvernement de l'Eglise Apostolique d'avec l'ordre Episcopal & l'ordre presbyterien d'aujourd'huy, ne sont rien d'essentiel, cela ne ruine point le fonds du ministere. Et encore une fois, ce n'a point eté l'intention des Apostres de fixer la forme du gouvernement, afin de qu'on ne se pust jamais eloigner de cette forme sans faire perir le ministere. Si cela estoit les Episcopaux s'en trouveroient plus mal, que les Presbyteriens.

*Quand il
seroit vray
que l'Eves-
que au
commen-
cement fit
les ordina-
tions nostre
vocation
ne laisseroit
pas d'estre
legitime.*

Pour ce qui est du but de M. Nicole, qui est de prouver que nous sommes schismatiques & que nostre vocation ne vaut rien, il n'y arrivera jamais par le chemin qu'il a pris. Quand il auroit prouvé que les prestres presidents qui se sont depuis appellés Evesques par distinction auroient toujours donné l'imposition des mains aux Pasteurs, qu'on installoit de nouveau, il n'auroit rien fait. Premierement, parce que cette imposition des mains ne fait pas la validité du ministere, ainsi que je l'ay deja dit, & que c'est une pure ceremonie d'ordre & de bien seance. Quand elle seroit mal faite & par une personne à qui cela n'appartiendroit pas, cela ne changeroit rien dans le fonds du ministere. Secondement, parce qu'il ne sçauroit prouver que le *prestre president* donnast l'imposition des mains par un droit de prerogative. Il ne la donnoit que comme chef du senat Ecclesiastique. Or que ce president soit perpetuel, comme il estoit alors, ou qu'il soit crée pour l'action simplement, cela ne fait aucune difference essentielle dans l'un & dans l'autre ; C'est toujours un prestre president qui fait l'ordination, & qui la fait au nom & en l'authorité de l'assemblée des prestres, & du peuple, qui ont examiné & admis au ministere celuy qui doit estre consacré.

CHA-

CHAPITRE XXIII.

Vanité des moyens que M. Nicole employe pour nous convaincre d'avoir fait schisme avec l'Eglise ancienne. Que nous ne sommes pas novateurs, qu'el'Eglise Romaine s'est de partie de l'ancienne Eglise en plus de points que nous, qu'elle a abandonné ses canons & ses dogmes.

NOus pourrions negliger les cinq derniers chapitres de l'ouvrage de M. Nicole, sans faire aucun prejudice à la matiere de l'Eglise & du schisme. Car ce sont de petites disputes sur quelques points controversez, principalement sur l'invocation des saints. Nous pourrions laisser ces petits traités de controverses sans qu'il en arrivast aucun mal à la cause que nous plaidons icy. Cependant afin de faire voir que M. Nicole est tousjours luy mesme, nous le suivrons jusqu'à la fin. Dans l'onziesme chapitre il veut prouver que nous sommes schismatiques, parce que nous avons fait schisme avec l'ancienne Eglise. Et il le prouve parce que nous defendons des opinions que l'Eglise ancienne a condamnées avec anatheme. Par exemple, *nous sommes Novatiens à l'esgard de la remission des pechés commis apres le baptesme; Nous croyons comme eux que l'Eglise n'a le pouvoir de remettre les pechés que dans le baptesme & non dans la penitence, & cette opinion a eté condamnée par le grand Concile de Nicée.* Nous enseignons que les enfants peuvent etre sauvés sans baptesme. C'est encore une autre opinion que l'Eglise ancienne a condamné avec anatheme. Nous accusons le culte des images d'idolatrie, le second concile de Nicée prononce anatheme contre ceux qui disoient ce que nous disons. Nous tenons aussi *plusieurs dogmes marqués, dans les catalogues d'heresies, & dont S. Augustin dit qu'aucun catolique ne les doit croire.* Car quoy qu'on ne trouve pas des conciles qui les ayent expressément condamnés ceux qui les suivoyent n'en etoient pas regardés comme moins retranchés de l'Eglise. Enfin dit M. Nicole, on peut faire les mesmes reflexions sur quantité de canons de discipline

Divers points en quoy M. Nicole pretend que nous avons fait schisme avec l'Eglise ancienne;

Pp 4   qui:

qui n'ont pas perdu leur force & leur vigueur.

Par exemple celuy du Concile de Gangres, qui chaſſe de l'Egliſe ceux qui mepriſent les jeûnes ; celuy du Concile de Chalcedoine qui excommunie les vierges & les moines qui ſe marient aprés s'eſtre conſacrés à Dieu ; Tant de loix de l'Egliſe ancienne qui commandent le celibat aux Eveſques & aux preſtres. *Les pretendus Reformés ſe moquent de tout cela, ils font gloire d'y deſobeïr. Ils accuſent l'Egliſe de tyrannie. Refuſer d'obeïr à l'Egliſe c'eſt une revolte & un ſchiſme manifeſte, c'eſt meriter d'eſtre traité de payen & de publicain.* Ainſi nous voila au rang des Turcs, & des Chinois grace à M. Nicole, parce que nous ne voulons pas obſerver le quareſme & la loy du celibat. Toutes ces reflexions ne ſuffiſant pas pour remplir le chapitre, il a falu y coudre un petit lieu commun contre le mariage des preſtres.

M. Nicole nous accuſe d'avoir fait ſchiſme avec une Egliſe avec la quelle nous ne voulons pas de conformité.

En verité tout cela conviendroit bien mieux a un petit Miſſionnaire ſans ſçavoir & ſans jugement, qu'à un homme de la force de M. Nicole. Par exemple n'y a-t-il pas bien du jugement de nous produire le miſerable conciliabule d'Irem tenu à Nicée pour l'adoration des Images, pour nous prouver que nous avons abandonné l'ancienne Egliſe. L'Egliſe du huitjeſme ſiecle n'eſt plus celle avec qui nous nous faiſons honneur d'avoir de la conformité ; & j'aimerois tout autant qu'on nous eût produit les conciles de l'onſieſme ſiecle qui definirent la preſence reelle, celuy d'Innocent III. dans lequel on fit un decret pour la tranſubſtantiation, & enfin le concile de Trente.

Eſtrange beveüe de M. Nicole qui veut que nous ſoyons Novatiens.

N'eſt ce pas un article d'un grand ſçavoir que celuy où M. Nicole nous accuſe d'eſtre Novatiens & par conſequent d'avoir eté condamnés dans le grand Concile de Nicée ? Pour voir ſi nous ſommes Novatiens, il n'y a qu'à examiner quelle eſt la controverſe qui etoit entre les Novatiens & le reſte de l'Egliſe, & quelle eſt la controverſe entre l'Egliſe Romaine & nous, & l'on verra comme ces deux choſes conviennent. L'Egliſe ancienne recevoit à la paix de l'Egliſe, & à la communion ceux qui etoient tombés en Idolatrie durant la perſecution, & tous les autres grands peſcheurs, aprés qu'ils avoient eté quelques années ſous la cenſure eloignés des ſacrements. Les Novatiens au contraire abandonnoient

noient les pescheurs au jugement de Dieu, & quand un homme par quelque crime enorme s'estoit rendu indigne de la communion, ils ne l'y recevoient jamais. Sommes nous Novatiens ou Catholiques, refufons nous de reconcilier les plus grands pecheurs à l'Eglife & de les recevoir à la communion aprés quelques années de penitence? quelque fois il prend envie à fes Meffieurs de nous reprocher le relachement de noftre difcipline, & de nous faire un crime de ce que nous avons renoncé aux fatisfactions humaines. Aujourd'huy voila toute autre chofe: noftre difcipline eft fevere jufqu'á l'herefie, nous ne voulons point de reconciliation pour les pecheurs, nous les laiffons dans la cenfure jufqu'á la mort.

Entre l'Eglife Romaine & nous la controverfe eft, fi les preftres ont le pouvoir de pardonner les pechés avec authorité, comme Juges etablis pour cela, & s'ils font en droit de dire à un penitent, *abfoluo te*. Je te pardonne & t'abfous. L'Eglife Romaine l'affirme, nous le nions; Afin que nous foyons Novatiens fur cêt article, il faut que la controverfe qui etoit entre l'ancienne Eglife & les Novatiens fût la mefme que celle qui eft entre nous & l'Eglife Romaine d'aujourd'huy. M. Nicole oferoit il bien dire que ce fût la le different qui etoit entre les Novatiens & le refte de l'Eglife? s'agiffoit il entre eux fçavoir fi la remiffion que l'Eglife accorde aux pécheurs eft une fimple declaration, ou une reelle remiffion? Car c'eft la dequoy il s'agit entre nous. M. Nicole nous fait trop d'honnneur de dire que felon nous l'Eglife pardonne les pechés par le baptefme. Non plus dans le baptefme que dans la penitence l'homme n'a pas le pouvoir de pardonner les pechés. C'eft un privilege qui n'appartient qu'a Dieu. Si nous fommes Novatiens en cela, auffi l'eftoit le maitre des fentences, qui difoit, *que la puiffance de remettre les pechéz a eté commife aux preftres, non pour pardonner par leur propre force, parce que cela n'appartient qu'a Dieu, mais que comme miniftres ils declarent l'œuvre de Dieu qui pardonne les pechés.* Auffi l'eftoient les plus celebres fcolaftiques, Alenfis, Bonaventure, Altifiodorenfis, Thomas, Argentinenfis. Gabriel Biel, Jean Major Abulenfis, Occam, Marfilius. Car tous ces gens la croyoient

La controverfe entre les Novatiens & l'Eglife n'avoit rien de commun avec la controverfe que nous avons avec l'Eglife Romaine fur la penitence.

oient comme nous que la remission des pechéz que l'Eglise accorde n'est point *operative*, mais *declarative* comme on parle. Il faut donc avoüer que cet article est avancé avec une grande inconsideration.

Voy Vas-quéz in 3 Thom. quæst 84 art 3.

M. Nicole a-t-il bien pensé a l'Idée qu'il nous donne icy du schisme? Je croyois que selon luy le schisme distingué de l'heresie ne signifioit que la separation de communion, & qu'on poüvoit bien estre schismatique sans estre heretique. De la vient qu'aujourd'huy l'Eglise Romaine accuse l'Eglise Grecque d'estre schismatique, principalement à cause de la separation. Si cela est comment pouvons nous estre schismatiques par rapport à une Eglise qui n'est plus il y a mille ans? Avons nous rompu communion avec cette Eglise, avons nous fait nos assemblées à part? avons nous dressé autel, contre les autels? avons nous pris d'autres temples, nous sommes nous faits d'autres sacrements? M. Nicole en revient donc à nostre idée du schisme. L'heresie & le schisme sont donc la mesme chose, & l'on ne fait schisme avec une communion qu'entant qu'on se de part de ses opinions. A la bonne heure que nous convenions de ce principe.

Selon l'I-dée ordi-naire du schisme M. Nicole ne nous en peut accu-fer avec l'Eglise an-cienne,

Mais il faut que M. Nicole convienne aussi que l'Eglise Romaine est aujourd'huy schismatique, à l'esgard de l'ancienne Eglise parce qu'elle a abandonné les anciennes opinions. Si nous sommes schismatiques à l'esgard de l'Eglise qui subsistoit dans le huitjesme siecle, parce que nous ne voulons pas adorer les images comme l'a ordonné le second Concile de Nicée, l'Eglise Romaine est schismatique à l'esgard de l'Eglise des quatre premiers siecles qui n'avoit point d'images, qui ne les adoroit pas, & qui mesme les detestoit. C'est un fait constant, il est avoüé par les plus honnestes gens de l'Eglise Romaine. M. Baluze dans ses notes sur le traitté de S. Cyprien, *de mortibus persecutorum*, l'autheur du dialogue sur l'histoire des Iconoclastes du Pere Maimbourg le confessent, & M. Nicole sçait trop d'antiquité pour l'ignorer. Si nous sommes schismatiques à l'esgard de l'Eglise du temps de S. Augustin, parce que nous n'invoquons pas les saints, l'Eglise Romaine est schismatique à l'esgard de l'Eglise des trois premiers siecles à qui cette invocation estoit incognüe, & dans laquelle c'estoit un

L'Eglise Romaine est en schis-me avec l'Eglise an-cienne sur l'adoration des Images & l'invoca-tion des saints.

princi-

principe. *Que c'est une extreme ignorance de demander a ceux qui ne sont point Dieux, comme s'ils estoient Dieux, qu'avec raison le Dieu bon etant unique, c'est à luy seul qu'il faut demander les biens: qu'on ne peut ni ne doit servir aucun autre que J. Christ. Et que quand aux martyrs on les doit aimer comme les disciples & les imitateurs de Jesus Christ.*

Si nous sommes en schisme avec l'Eglise du hutiesme siecle & des suivants, parce que nous n'invoquons pas les anges. L'Eglise Romaine est en schisme avec l'E- glise ancienne dont Origenes rapporte le sentiment en ces termes. *Nous trouvons que les anges sont quelquefois nommés Dieux dans l'escriture, mais ce n'est pas dans un sens qui nous oblige à les honnorer & les adorer encore qu'ils nous apportent les dons de Dieu. Car tous les vœux, les prieres, les invoca- tions & les actions de graces sont offertes à Dieu, le souve- rain seigneur de toutes choses, par le verbe vivant qui est Dieu & qui est le souverain Pontife plus grand que tous les anges.*

L'Eglise Romaine est en schisme avec l'Eglise ancien- ne, parce qu'elle ne croit pas comme faisoit celle cy que les ames des fideles n'entrent point dans le ciel jusqu'au jour du jugement. *Et qu'elles s'en vont dans un lieu invisible defini de Dieu pour demeurer la en attendant la resurrection.* Sentiment receu par Tertullien, Origenes, Justin Martyr, Novatien, Lactance, Victorin, S Hi- laire, S. Ambroise, S. Chrisostome, S. Jerosme, S. Au- gustin & par plusieurs autres. L'Eglise Romaine est en schisme avec l'Eglise ancienne puisqu'elle ne croit pas comme elle que la resurrection se doive faire à di- verses fois durant le regne de mille ans, comme l'ont dit Papias, Justin Martyr, Irenée, Tertullien, Lactan- ce, S. Ambroise, Victorin & plusieurs autres qui sont les tesmoins de la foy de l'Eglise de leur temps.

L'Eglise Romaine est en schisme avec l'Eglise an- cienne, puisque celle cy prioit pour les Martyrs, pour les Prophetes, & pour les saints, & qu'aujourd'huy on les prie au lieu de prier pour eux. La liturgie attri- buée à S. Marc, dit, *fais reposer les ames de nos peres, & de nos freres qui se sont endormis en la foy de Jesus Christ: aye souvenance, aye souvenance de nos ancestres qui ont eté cy devant, des peres, des Patriarches, des Prophe- tes, des Apôtres, des Martyrs, des confesseurs, des saints*

Eve-

Clement d'Alexand. strom. lib. 7.

Epist. Smir- nensium apud Eu- seb lib. 4. historiæ ecclesiasti- cæ cap. 14.

Lib. 5. contra Celsum.

Opinions de l'Eglise ancienne ausquelles l'Eglise Romaine a renoncé.

Irenée l. 5.

L'Eglise ancienne prioit pour les martyrs aujour- d'huy on les prie.

Evefques, & des efprits des juftes confommés &c. fays repo-
fer leurs ames.

Points non contestés dans lesquels l'Eglise Romaine s'est departie de l'ancienne Eglise.

L'Eglife Romaine eft en fchifme avec l'Eglife ancienne puifqu'elle ne communie pas fes peuples fous les
deux efpeces, comme on avoüe que cela fe faifoit,
au moins ordinairement. Elle eft en fchifme avec cette Eglife, puifqu'elle a des meffes fans communiants,
ce qui dans la primitive Eglife eût paffé pour un facrilege. Que M. Nicole fi profond dans l'antiquité nous
trouve de ces meffes particulieres. Elle eft en fchifme
avec elle, puifqu'elle fait fon fervice en langage barbare, & que l'ancienne Eglife faifoit le fien en langage entendu des peuples. L'Eglife Romaine eft en fchifme
avec l'Eglife ancienne, parce qu'elle ne communie pas
les enfants, comme a fait l'Eglife univerfelle dûrant plufieurs fiecles. Ce ne font point la de faits conteftés.
Ce font des affaires inconteftables.

L'Eglife Romaine fuit plufieurs opinions condamnées dans les catalogues d'herefies.

M. Nicole juge à propos de nous prouver fchifmatiques & heretiques par les catalogues des herefies, compofés par Irenées, par S. Epiphanes, par S. Auguftin
& par d'autres; parce que nous tenons des opinions qui
font dans ces catalogues d'herefies. Il trouvera bon
auffi que nous le mettions luy & fon Eglife entre les
fchifmatiques par rapport à l'ancienne Eglife, puifque
l'Eglife Romaine enfeigne avec Simon le Magicien,
qu'apres la deftruction & la mort du corps, l'ame doit etre
purifiée. Avec les Offeniens qu'on peut jurer par les
creatures: avec les Carpocratiens, qu'on doit adorer
les images de J. Chrift, & des Apôtres: Avec les Au-
diens qu'on peut reprefenter Dieu fous la figure de
l'homme corruptible. Avec les Angeliques qu'on peut
adorer les Anges. Ces heretiques eftoyent ainfi appellés par opprobre, parce qu'ils etoient inclinés au culte
des anges: Avec les Collyridiens & avec Pierre Gna-
pheus herefiarque, qu'on doit invoquer la Vierge, la
fervir & l'adorer; Avec les Marcofiens que l'on doit
changer la coupe de l'Eucharistie en fang par la confecration: Avec les Encratites, que le mariage eft une
paillardife à certaines gens, & que l'ufage de la viande
eft criminel, au moins en certains temps.

Epiph. ha-
ref. 10.
Haref. 39.
Haref. 27.
Iren. lib. 2.
cap. 27.
Auguft.
ad quod
vult Deum
haref. 50.
& haref.
39.
Epiph. ha-
ref. 79.
Haref. 34.
Haref. 46.

Quant aux anciens canons, felon lefquels M. Nicole
veut nous declarer fchifmatiques, parce que nous n'y
obeïffons

obeïffons pas ; nous pafferons cêt article, à la charge qu'il veuille paffer pour fchifmatique luy & fon Eglife ; pour l'inobfervation des canons fuivants : du fixjefme attribué aux Apôtres qui dit, *que l'Evefque ou le preftre ne quitte point fa femme fous pretexte de Religion, s'il la quitte qu'il foit excommunié, & s'il perfevere qu'il foit chaffé ?* du feptiefme canon qui dit, *que le preftre & le diacre ne fe doivent point mefler d'affaires feculieres, ou qu'ils doivent etre depofés.* Du dixjefme canon qui ordonne, *que tous les fideles qui entrent dans l'Eglife affiftent à la lecture de l'efcriture & ceux qui ne communient pas doivent être excommuniés.* Du 18me. canon, qui defend de fouffrir & de recevoir dans le clergé des gens qui foyent, ou qui ayent eté concubinaires. Du 10me. qui ordonne, *que l'Evefque ou le preftre lequel fe contentera d'une feule immerfion dans le baptefme, & qui n'en fera par trois foit depofé.* Du 15me. des canons de Nicée qui defend la tranflation des Evêques & des preftres à une autre Eglife, abfolument & fans aucune reftriction. Du 20me. canon du mefme Concile qui ordonne expreffement qu'on prie de bout, & non à genoux les dimanches & tous les jours depuis pafque jufqu'a la pentecofte. Du 7me. canon de Neocefarée, qui fleftrit les fecondes nôces jufqu'à defendre au preftre de manger à de telles nôces, & jufqu'à foumettre les bigames à la penitence : Du 12me. du mefme Concile de Neocefarée qui defend de recevoir aux ordres de la clericature ceux qui auront eté baptizés durant une maladie. Du 33me. canon du Concile d'Elvire qui dit, *il ne faut point allumer de cierges dans les cimetieres durant le jour, car il ne faut pas inquieter les efprits des faints, qui ne veut obferver cela doit etre chaffé de l'Eglife.* Du canon 36me. du mefme Concile qui defend de mettre des images dans les Eglifes, *& de peindre ce qu'on adore & ce qu'on fert fur les murailles :* de tous les canons penitentiaux qui impofoient dix ans, vingt ans, 30 ans, deux ans, quatre ans &c. *d'abftention* felon la nature des pechés ; ces canons partagoeint les penitens en diverfes claffes felon le temps de leur penitence, aujourd'huy ce partage ne fubfifte plus. Je n'ay touché entre les anciens canons que ceux qui me font venus d'abord en l'efprit : car je penfe que fi l'on vouloit conter tous ceux que l'Eglife Romaine n'obfer-

Canóns anciens qui ne font pas obfervés dans l'Eglife Romaine.

Q q

ve plus, il en faudroit rapporter la moitié.

Ces canons etoient des loix & des regles de l'ancienne Eglise. Aujourd'huy les pretendus Catholiques refusent de s'y soumettre. Cette Eglise qui a fait ses canons, êtoit la vraye Eglise. M. Nicole en convient. Or selon luy, *refuser d'obeir à la vraye Eglise, c'est une revolte & un schisme manifeste, c'est meriter d'estre traité de payen & de publicain ; & c'est tomber dans les anathemes qu'elle a prononcés contre ceux qui refuseroient d'obeir à ses decrets.*

Nous avons pû changer des loix dont l'usage n'est point de necessité.

Si M. Nicole pense nous dire que l'Eglise n'avoit pas posé ces canons comme des regles irrevocables, & qu'elle mesme les a revoqués, il doit sentir que cette reponce est une pure illusion, à nostre egard & que nous repondrons pareillement, du celibat, & des jeûnes que l'Eglise ne les a point ordonnés, comme des choses de necessité, que nous qui sommes l'Eglise avons eté en droit de les abroger.

Monf. Nicole se tirera comme il luy plaira de toutes ces differences de son Eglise pour se justifier de schisme. Mais quant a nous, nous nous embarrassons fort peu de ces differences qu'il met entre nous & l'Eglise an-

Pour estre une mesme Eglise avec l'Eglise ancienne, il n'est pas necessaire de convenir avec elle en tout.

cienne, pour n'estre pas reputés schismatiques, il suffit que nous convenions avec elle dans ce qui fait la communion Chrétienne. Car nous ne voulons rien plus que d'estre Chrétiens. Cela nous suffit : Et il n'est nullement necessaire pour faire une seule Eglise avec l'Eglise des cinq premiers siecles, que nous adoptions toutes les opinions qu'elle a suivies : quand mesme elle les auroit munies d'anathemes. Il faut que M. Nicole prouve cette folle & cruelle opinion, qu'il ne tiendra qu'a ce qu'on appelle un Concile en ajoutant le mot *d'anathême* à une opinion auparavant tres indifferente de la rendre necessaire à salut. S'il faut damner tous ceux que les autheurs des Catalogues des heresies ont mis entre les heretiques il faut bien envoyer des honnestes gens aux enfers. M. Nicole y auroit regret, car je m'assure qu'il voudroit bien sauver tant de grands hommes, & de grandes lumieres de l'Eglise qui ont eté Origenistes. Il est certain que si l'on ne traitte ces matieres avec charité & avec jugement, on ne fait pas beaucoup d'honneur à l'Eglise, & on ne se fait point d'honneur à soy mesme & à son jugement. Car on descouvre un esprit de par-
tialité

tialité & de chicane, qui sans discernement se sert de tout ce qui peut rendre odieux ses adversaires, sans penser si la honte n'en reiallit pas sur le parti qu'on pretend defendre.

CHAPITRE XXIV.

Que l'invocation des saints telle qu'elle etoit tout au commencement n'etoit qu'une superstition, quoyque tres dangereuse, & que celle qui se pratique dans l'Eglise Romaine est une Idolatrie. Reponce à trois consequences que M. Nicole tire de nôtre sentiment sur l'invocation des saints.

IL faut par les machines de M. Nicole que tout aboutisse au schisme, & que tout prouve que nous sommes schismatiques, les Jeûnes, la loy du celibat, l'erreur des Novatiens, la necessité absolüe du baptesme, les anciens Catalogues des heresies, les canons de l'ancienne Eglise, lesquels nous n'observons pas viennent d'y servir. Presentement il faut que l'invocation des saints paroisse sur la scene, à la mesme fin. M. Claude a dit, *qu'on n'a jamais pû croire ni pratiquer l'invocation des saints sans ruiner la vraye foy & la vraye pieté.* C'en est assez pour faire dire à M. Nicole que selon nos principes, les peres du 4me. & du 5me. siecle, les Augustins, les Chrisostomes, les S. Basiles, les S. Gregoires de Nazianze, de Nysse, & tant d'autres sont *coupables d'avoir detruit la foy, & la pieté, d'avoir eté des meurtriers des ames & de veritables homicides, d'avoir commis des impietéz detestables, d'avoir eté des imposteurs publics dignes de l'execration de tous les siecles.* Le fondement de ces belles figures, c'est que les Peres du cinquiesme siecle & du quatriesme ont enseigné l'invocation des saints, & ont debité plusieurs histoires de miracles faits aux tombeaux des martyrs, pour porter les hommes à y aler faire leurs devotions. Or ces devotions etoient mortelles à l'ame & à la pieté, dont ceux qui les ont appuyées ont eté homicides de la pieté & des ames. Ces histoires de miracles etoyent des fables: par consequent les peres qui les ont debitées etoient *des imposteurs publics, dignes*

Nous ne condamnons pas les anciens d'Idolatrie pour avoir favorisé la premiere naissance de l'invocation des saints.

de

de l'execration de tous les fiecles. Si nous n'eſtions pas
a la fin d'un livre, voicy matiere à en faire un, où il
faudroit traitter de l'invocation des ſaints, de ſon Origine, de ſes progrés, & des grandes differences qui ſont
entre l'invocation des ſaints d'aujourd'huy & celle du
temps de S. Auguſtin. Mais en peu de mots M. Nicole & le public doivent ſçavoir.

Au com-
mencement
l'invoca-
tion des
ſaints n'en-
troit pas
dans les
liturgies
publiques
& n'eſtoit
pas ce qu'il
eſt aujour-
d'huy.

Premierement, que nous perſeverons à dire que le
culte des ſaints tel qu'il eſt etabli dans l'Egliſe Romaine eſt une veritable idolatrie tirée du paganiſme.

Secondement, que les maux n'ont point eté auſſi
grands dans leur ſource qu'ils ſont devenus du depuis.
Le ſuperſtitieux culte des reliques, & celuy des ſaints,
qui vint en conſequence, commencerent apres le milieu du quatrieſme ſiecle, nous n'en voyons aucune trace auparavant. Mais alors ni de long temps apres le
ſervice & l'invocation des ſaints n'entra dans les liturgies publiques. M. Nicole qui nous cite les plus anciennes litanies, ſur l'authorité & apres les recherches
du Pere Mabillon, n'en produit pas de plus vielles que
de mille ans. Qu'il nous en trouve du temps de S. Auguſtin
qu'il prouve que dans le quatrieſme ſiecle les voutes des
Egliſes retentiſſoient des *ora pro nobis*, addreſſés aux ſaints:
qu'il nous trouve des formulaires par leſquels il paroiſſe
qu'on demandoit aux ſaints dans le ſervice public la remiſſion des pechés, la delivrance de l'enfer, la grace du paradis, comme on fait dans l'Egliſe Romaine
qu'il nous prouve que du temps de S. Auguſtin on avoit
etabli les ſaints pour diſpenſateurs de tous nos beſoins:
l'un pour guerir de la peſte, l'autre pour proteger dans
la tempeſte, l'autre pour guerir de la rage; qu'il nous
face voir que chaque perſonne en ce temps la avoit ſon
Patron, & ſon ſaint & ſa ſainte, & qu'a l'article de la
mort on diſoit aux fideles invoqués le bon S. François, recommandés voſtre ame a S. Marguerite, priés
les ſaints Apôtres Pierre & Paul: qu'il nous prouve
qu'en ce temps la chaque Egliſe avoit ſon Saint & ſon
Patron: qu'il nous face voir qu'alors dans la conſecra-
tion des temples & des autels, on dedioit ces temples
& ces autels aux Apoſtres & aux Martyrs apres les
avoir conſacrés à Dieu. Qu'il nous prouve que l'on
ſacrifioit le corps de Jeſus Chriſt à l'honneur de S. Pierre

de

de S. Paul & des autres faints : qu'il nous montre qu'a-
lors on mettoit les images des faints fur les autels pour
les encenfer, les baifer, fe profterner devant elles, &
les porter en proceffion : qu'il nous prouve qu'on adoroit la vierge qu'on l'appelloit la redemptrice du genre
humain, la porte des cieux, la Reyne du Paradis, qu'on
la prioit de commander à fon fils : qu'on l'appelloit la
perfection de la Trinité, qu'on la nommoit la mere de
mifericorde, qu'on eftoit en doute ou aller à elle, ou
à fon fils : qu'on donnoit pour marque de predeftination
d'eftre devôt a la vierge, qu'on difoit que fes devots ne
pouvoient pas être damnés ; qu'on avoit etabli des temples pour la vierge, ausquels on couroit d'un bout du
monde pour y etre gueris ; qu'on nous face voir de
ce fiecle la des livres de devotion faits comme font
ceux des Latins pleins de prieres à la vierge & aux
faints.

Le culte d'aujour-d'huy pour la vierge etoit inco-gnu alors.

Il eft vray que dans le quatriefme fiecle, l'Eglife
n'ayant plus de martyrs, pleine d'admiration pour les
faints confeffeurs du nom de J. Chrift, fe mit à ouvrir
leurs tombeaux, à ferrer leurs cendres, à les mettre
dans les temples. La fuperftition augmentant ou crût
que les prieres qui fe faifoient auprés de ces reliques
etoient beaucoup plus efficaces. On ne tarda pas à fe
perfuader que les faints cognoiffoient l'honneur qu'on
leur faifoit, qu'il leur etoit tresagreable, & qu'ils
avoient foin de ceux qui les invoquoient, ou qui invoquoient Dieu à leurs tombeaux. Car les prieres qui fe
faifoient dans les *memoires* des martyrs ne s'addreffoient
pas aux faints, la pluspart s'addreffoient au Dieu des
martyrs. Ces prieres n'etoient pas folemnelles, c'eft à
dire qu'elles n'etoient pas authorifées, par des jugemens,
& des canons de l'Eglife. C'eft le peuple aveugle, &
le clergé entrainé par le peuple qui faifoit cela fans authorité. On n'invoiquoit pas les faints dans toutes les
Eglifes, il y en avoit tres peu car au commencement
on n'invoquoit les faints que dans lieux, où on croyoit
avoir de leurs reliques. On fe perfuadoit ou que les
ames des martyrs venoient autour de ces reliques, ou
tout au moins que Dieu leur reveloit ce qui fe faifoit.
Et comme le nombre des reliques n'approchoit pas de
ce qui s'en voit aujourd'huy, il y avoit peu de devots,

On n'invo-quoit les faints que dans les lieux ou etoient leurs reli-ques.

&

& peu de devotion qui s'addreſſaſſent aux ſaints. Parce que dans ces commencements on n'invoquoit les ſaints que par rapport à leurs reliques.

Ni la vierge, ni les anges au commencement n'eſtoient pas invoquez. La vierge dont on n'avoit pas de reliques n'eſtoit point adorée, les anges qui n'avoient point eû de corps ſur la terre n'eſtoient pas non plus invoquez, M. Nicole nous fera plaiſir de nousfaire voir dans ces ſiecles des exemples d'invocations d'anges. Cependant ces eſprits ſont bien ſuperieurs à ceux des ſaints, & il eſt ſçeu de tous les Chrétiens que Dieu ſe ſert de leur miniſtere pour le ſalut des fideles. Ils meritent donc pour le moins autant d'eſtre invoqués que l'ame de ſainte Barbe, & de S. Chriſtophle. Pourqouy Theodoret dans qui l'on trouve l'invocation des ſaints condamne-t-il ſi expreſſement le ſervice des anges dans ſon commentaire ſur le ſecond chapitre de l'Epitre aux Coloſſiens?

Les prieres aux ſaints etoient indirectes. Enfin les prieres que l'on adreſſoit aux ſaints etoient preſque toutes indirectes. On ne diſoit pas ô! S. Pierre & S. Paul accordés nous telles graces, mais on demandoit à Dieu qu'il voulut accorder tels & tels biens à la priere & à l'interceſſion des ſaints. Cela ne valoit aſſeurement rien, mais au moins cela etoit moins mechant que ce qui s'eſt fait du depuis. Auſſi obſerve-t-on que les communions qui ſe ſont ſeparées du reſte de l'Egliſe dans le cinquieſme ſiecle ne pratiquent l'invocation des ſaints que de cette maniere. C'eſt ainſi que les Neſtoriens invoquent les ſaints, comme nous l'apprend le St. Simon dans ſes notes ſur l'hiſtoire du voyage de Dandini au mont Liban. Il eſt bien ayſé de ſentir dans ces notes que le St. Simon eſt un tres mechant catholique, & en general un tres meſchant Chrétien caractere qui regne dans tous ſes ouvrages. L'Egliſe Grecque à cêt egard a conſervé beaucoup plus de pureté que la Latine qui eſt devenüe entierement Payenne pour le culte des creatures, & qui n'a commencé à ſortir de ce paganiſme qu'environ depuis cent ans dans les lieux où noſtre reformation s'eſt etablie. Dans les rituels Grecs on trouve bien quelques prieres directes adreſſées à la vierge & aux ſaints, mais peu en comparaiſon de ce qui s'en fait dans l'Egliſe Latine.

Il y a plus de 15. ou 20. differences eſſentielles entre le culte des ſaints dans ſa naiſſance & celuy d'aujourd'huy. Ce que je viens de dire pourroit etré partagé en plus de quinze ou vingt articles de differences eſſentielles en-

entre le culte des faints d'aujourd'huy, & l'invocation qui fe pratiquoit à la fin du quatriefme fiecle. Nous ne fommes donc pas obligés à porter le mefme jugement de l'une & de l'autre. Celle de ce temps la etoit une tres mauvaife devotion, & une dangereufe fuperftition, comme il a paru par l'evenement. Celle d'aujourd'huy eft une veritable & abominable Idolatrie. Cependant nous ne voulons pas excufer le culte des faints tel qu'il fe trouva dans le milieu du cinquiefme fiecle. Certainement il commençoit à eftre tres Idolatre. L'Idolatrie n'eftoit pourtant pas à beaucoup, pas fi outrée qu'elle a efté depuis dans l'Eglife Grecque & Latine. Les commencements d'une maladie mortelle, ne font pas neceffairement mortels. C'eft l'illufion perpetuelle de ces Meffieurs, d'abord qu'ils trouvent quelques germes de leurs faux cultes dans l'antiquité, incontinent ils fuppofent hardiment à leurs peuples que l'Eglife ancienne etoit dans la mefme pratique ou eft à prefent l'Eglife Romaine.

Pour ce qui eft des hiftoires des faux miracles, tous ceux qui les ont debitées n'eftoient pas d'execrables impofteurs; à Dieu ne plaife que nous ayons une telle penfée. C'eftoient de bonnes gens fort credules qui fe laiffoient impofer par des ignorants, des femmes, des fots & des impofteurs. Il peut y avoir une partye de ces hiftoires forgées par les moines des fiecles fuivants, & fourrées dans les ecrits des anciens. Enfin il fe peut faire que de tres honneftes gens ayent eté trompés la deffus, en cent manieres qu'il n'eft pas neceffaire de rapporter icy.

Les Peres qui ont debité des fables n'ont pas efté des impofteurs.

Monf. Nicole dans le mefme chapitre, revient encore à la loy du celibat, & veut que, felon nous, ceux qui l'ont etablie ayent tous eté des reprouvez, parce que nous foutenons que c'eft une loy tyrannique. Mais quelle neceffité y a-t-il de tirer cette conclufion? comme fi des honneftes gens trompés & abufes par une fauffe idée de fainteté & de pureté Chrétienne ne pouvoient pas faire d'injuftes loix?

Dans fon treizjefme chapitre ne pouvant abandonner l'invocation des faints, il trouve trois confequences terribles, qui fuivent de notre doctrine la deffus. La premiere eft qu'il s'enfuit que dans le quatriefme, & le cin-

Les payens & les Manicheens attribuoient à l'Eglife des Idolatries dont elle n'eftoit pas coupable.

cinquiefme fiecle toute l'intelligence & toute la raifon
fur le culte & l'invocation des faints, s'eft trouvée dans
les payens & dans les Apoftats. Car les payens & les
Apoftats comme etoit l'empereur Julien, avoient tout
à fait raifon fur le culte des faints quand ils reprochoi-
ent aux Chrétiens, *d'avoir ajouté de nouveaux morts, à
cêt ancien mort, d'avoir changé les idoles en Martyrs & de
leur rendre un culte femblable.* Sans doute Julien l'Apoftat, & le Manicheen Fauftus auroient eû raifon de faire
ces reproches aux Chrétiens s'ils euffent rendu aux faints
l'honneur qu'on leur a depuis rendu dans l'Eglife Latine. Et ils commencoient à avoir raifon, car en effet
ces fuperftitions populaires ont eté les fources de ces
prodigieufes Idolatries, qui depuis ont deshonnoré la
religion Chretienne.

Il n'a pas falu de lumiere de grace dans les payens pour voir en quoy les Chrétiens s'appro-choient d'eux.

Sur cela M. Nicole pouffe la declamation auffi loin
qu'elle peut aller. Les payens s'appercevoient que ce
culte qu'on rendoit aux martyrs êtoit en quelque chofe
femblable à celuy que les Idolatres rendoient à leurs
demy-Dieux; les Chrétiens, & les plus grands docteurs
de l'Eglife ne s'en appercevoient pas, il s'enfuit de là
que les payens avoient plus de lumiere de grace que
les Chrétiens, & là deffus on dit. *Que M. Claude nous
dife tant qu'il voudra que Dieu diftribue fes graces à qui il
veut. Je m'affeure qu'avec toutes fes raifons il n'empefchera
pas le monde de s'eftonner de cette etrange difpenfation des
lumieres de Dieu.* En verité on ne fçait quel nom donner à cela? faut-il des lumieres de grace pour voir que
trois font fort pres de quatre? N'avons nous pas un
fens commun qui nous fait connoitre quand les chofes
font voifines & femblables, ou ne le font pas? faut il
etre illuminé par le S. Efprit pour voir que ceux qui
adreffent des prieres à des morts imitent en cela ceux
qui ont invoqué & adoré des heros, ou des demy-Dieux
qu'il avoüoient avoir eté des hommes autrefois vivants
fur la terre?

Comment les peres ne fe font pas oppofés à la fuperfti-tion naif-fante.

La feconde confequence, dit-on, n'eft pas moins fur-
prenante. C'eft que les Peres s'amufant à combattre
les Arriens, les Manicheens, & les autres heretiques
ne s'appercevoient pas d'une herefie beaucoup plus dangereufe qui fe repandoit dans l'Eglife, c'eftoit l'invocation des faints. Je reponds que fi l'Idolatrie eût efté

au

au comble où elle a eté du depuis ils s'en fuſſent bien appérceus. Ce ſont les tresprofonds Jugements de Dieu qui veut permettre la corruption de ſon Egliſe, afin de la punir de ſa negligence. C'eſt ainſi que toutes corruptions ont commencé *nemo repenté fit turpiſſimus.* Le mal s'introduit ſous une belle forme, l'eſprit de menſonge qui travaille finement & qui a ſon but ne porte pas d'abord le mal juſqu'à l'extreme. Il colore les premiers degrés du deſordre d'une apparence de devotion, & ſouvent les honneſtes gens y ſont trompés. L'antichriſtianiſme ou le Papiſme eſt un myſtere d'iniquité le demon qui en avoit concu le projeét eſt de toutes les intelligences crées la plus fine. Il avanceoit *l'iniquité* à la faveur du myſtere, & s'il eut agi ouverttement il auroit eſté tout d'un coup arreſté. Les Peres ayoyent tort, dit on, de s'amuſer à combattre les Arriens, Pelagiens, & autres heretiques en negligeant le principal. C'eſt pour cela meſme qu'ils eſtoient fort occupés à combattre tant d'hereſies, qu'ils ne ſe ſont pas appliqués à conſiderer toutes les funeſtes ſuites de ſes ſuperſtitions naiſſantes. Le Diable a imité ces ennemis qui donnent l'aſſaut par tout, qui ſont repouſſés à la brêche, & qui ſe rendent Maitres de la place par un conduit ſouterrain l'Egliſe n'a jamais eté ſi affligée d'hereſies que dans ce quatrieſme ſiecle. Le courage des Paſteurs les a ſupprimées, mais la fineſſe du Demon a prevalû par un autre endroit ſur leur vigilance.

La troiſieſme conſequence n'eſt qu'une ſuitte de la fauſſe ſuppoſition ſur laquelle on a fondé la premiere, ſçavoir que l'invocation des ſaints telle qu'elle etoit du temps de S. Auguſtin, ruinoit entierement la pieté & la foy. Sur quoy M. Nicole dit que ſi cela eſt, les Donatiſtes avoient raiſon quand ils ſoutenoient à S. Auguſtin que l'Egliſe etoit perie hors de leur communion. Premierement ils n'auroient pû avoir raiſon ſelon nous tout au plus qu'au cas que l'invocation des ſaints, fût alors montée juſqu'au plus haut degré de l'Idolatrie, comme elle y eſt montée du depuis. Mais c'eſt ce que nous nions, elle etoit d'abord dans le ſimple degré de ſuperſtition. Elle devint Idolatrie peu à peu je l'avoue; mais les commencemens de l'Idolatrie ne ruinent pas tousjours entierement la pieté. Secondement quand elle auroit deja

Les Donatiſtes n'avoient pas raiſon de dire que l'Egliſe etoit perie quoyque l'on commençaſt a y invoquer les ſaints.

eté

eté dans le plufhaut degré de l'Idolatrie les Donatiftes n'auroient pas eu raifon de conclurre que l'Eglife etoit perie hors de leur communion. Car Dieu fe conferve des elûs dans les communions Idolatres. Il s'en eft confervé dans le fchifme des dix tribus fur lequel on avoit bafti un culte Idolatre.

CHAPITRE XXV.

Que l'union de l'Eglife Romaine n'eft pas une marque de la bonté de fes principes: que l'efcriture fainte eft un lien d'union fuffifant pour tous les Chrétiens: que les myfteres y font clairement exprimez. Preuve de cela par l'experience.

LE quatorfiefme chapitre de ce dernier livre eft une affez violente fatyre qui a pour fujet nos divifions. Les Epifcopaux & les Prefbyteriens d'Angleterre, les Independants, les Remonftrants, les Mennonites font mis en jeu, & paroiffent comme tefmoins de noftre efprit de fchifme. Je ne fçaurois me refoudre à la repetition de ce que j'ay dit fur la matiere dans mon Apologie pour nos Reformateurs. Dans le chapitre quatriefme de la premiere partie, on verra les raifons de la providence, fur cette difpenfation. On cognoitra que ç'a toujours eté le malheur de l'Eglife; qu'elle a toujours efté perfecutée par les fchifmes, les divifions, & les herefies. Dans le cinquiefme chapitre on verra que l'Eglife Romaine n'a gueres de chofes à nous reprocher la deffus. Et que fes divifions font auffi grandes & auffi fcandaleufes que les nôtres.

Mais ce qui meriteroit qu'on y fit attention & qu'on s'y arreftaft long temps c'eft là pretendüe caufe de ces divifions felon M. Nicole. Le mal vient dit il, de ce que nous avons abandonné le principe de l'unité c'eft l'authorité de l'Eglife. Sur cela il montre comment le bel ordre & la fubordination qui eft dans la Hierarchie Romaine empefche la divifion, & tient fes membres dans l'union. Puis il fait voir comment au contraire, nos principes conduifent à la divifion & authorifent chaque particulier de fe faire s'il veut, une Religion à part.

Quel eft le principe de l'union entre les Chrétiens, l'Eglife ou l'efcriture.

II

Il travaille apres cela à prouver que l'escriture sainte qui est nostre regle commune, ne peut être, & n'est point en effet un principe d'union, parce qu'elle n'est pas assez claire pour terminer les differents. Il entreprend de soutenir encore une fois cette horrible These que la divinité de J. Christ, & les autres mysteres de la mesme importance ne sont pas couchés dans l'escriture sainte de maniere, & dans des termes qui ne puissent estre eludés. Enfin pour ne pas discourir en l'air & pour appuyer ses reflexions sur des faits, il fait un abbregé de l'histoire des sectes, qui se sont elevées, en Angleterre & en Hollande.

Assurement, voila un texte sur quoy il y auroit long temps à parler si l'on vouloit tout dire. Mais parce que je me suis imposé la necessité de finir cêt ouvrage avec ce chapitre je me contenteray d'indiquer les sources d'où je tirerois mes reponces, si je voulois faire un nouveau livre.

Premierement, je ne me mettrois pas fort en peine de refuter ce que dit M. Nicole sur les principes, & la conduite de l'Eglise Romaine si bien conceus pour prevenir les divisions. J'avoüe que le Papisme est un empire mondain le mieux basti qui ait jamais eté au monde. Toute la politique & toutes les ruses de celuy qui est le Prince des tenebres, sont entrées dans l'ouvrage & dans l'establissement de cêt empire Antichrétien. On peut voir la dessus si l'on veut, ce que nous avons ecrit dans le 15. & 16. chapitres de la premiere partie de nos *prejugés legitimes contre le Papisme*: où nous tirons notre cinquiesme prejugé de cette politique purement humaine qui est l'ame, & qui fait la subsistance du Papisme. Cela ne nous est pas une preuve que cette Eglise soit l'Eglise de Dieu. Au contraire nous ne voyons pas que Dieu ait suivi ces Idées de sagesse humaine, dans aucun des siecles de son Eglise. De plus ces principes propres à empecher la desunion ne suppriment pourtant pas toutes les divisions. Nous avons dit quelque part que l'Eglise Romaine, est une grande enceinte qui renferme une multitude de gens qui se battent & qui ne sont unis que parce qu'ils sont renfermés dans les mesmes murailles & derriere les mesmes remparts.

Il est vray que le Papisme a des liens d'union bien conceuz.

Image de l'union qui regne dans le Papisme.

En second lieu je ferois voir que nostre gouvernement,

ment, soit qu'on le regarde tel qu'il est en Angleterre composé d'Evesques de Prestres & de Synodes, soit qu'on le regarde tel qu'il est dans les Pays où l'ordre presbyterien est etabli est tres propre à conserver l'union; & je montrerois que les divisions qui sont arrivées entre les protestants, & les sectes qui sont sorties du milieu de nous, ne doivent point leur naissance aux defauts de nôtre gouvernement. Nous ne donnons pas comme on suppose la permission à chaque particulier de se faire une religion à part, sans avoir egard aux decisions des Conciles & des Synodes. Nous voulons bien que les decisions des Conciles soient des guides pour conduire les simples dans la verité de la foy, mais nous ne pretendons pas que les hommes soient obligés de se laisser guider aux aveugles. On leur fait comprendre la verité, on la leur fait sentir; les Pasteurs & les Conciles sont utiles à cela.

Mais sur tout je m'estendrois à prouver que l'escriture sainte est un principe d'union plus seur & legitime que l'authorité de l'Eglise. Il faudroit la dessus montrer la fausseté de cette Thèse que j'ose appeller *impie*, malgré les oppositions de M. Nicole. C'est que les tesmoignages de l'escriture pour la verité des points fondamentaux ne sont point si clairs qu'on ne les puisse eluder. M. Nicole a eté penetré, on le voit bien de certains ecrits, où l'on a poussé luy & les gens de sa societé sur cette hypothese. On leur a reproché qu'ils abandonnoient les plus augustes mysteres du Christianisme aux heretiques, qu'ils leurs fournissoient des armes, & qu'ils les confirmoient dans leur heresie. Nous n'avons point d'armes pour combattre les Sociniens que l'escriture saincte. Ils se moquent de l'authorité de l'Eglise, nous ne sçaurions donc les convaincre par la. Ils recoivent l'escriture, mais c'est nous ôter le moyen de les convaincre par l'escriture qu'ils recoivent que de leur avoüer, que les passages qui etablissent l'Eternelle divinité du fils ne sont pas clairs, est qu'on les peut eluder. Je ne voy pas qu'il y ait rien de plus faux que cela si j'escrivois un livre contre Socin. Je m'assure que je pourrois faire voir qu'il ne fut jamais rien dit de plus absurde que ce que disent les Sociniens, pour se defaire des textes de l'escriture

ture par lesquels nous les preſſons. Si on s'attendoit de les reduire à ne plus parler, on attendroit long temps, & ſi on appelle pouvoir eluder un paſſage, fournir des impertinences & des abſurdités pour en obſcurcir le ſens, j'avoüeray qu'on peut eluder tous les paſſages, qui prouvent les myſteres conteſtez. Mais je ſoutiendray qu'il n'y à rien qu'on ne puiſſe eluder de cette maniere, ſans en excepter ces deux verités. *Il y a un Dieu, & Dieu eſt le createur du ciel & de la terre.*

M. Nicole veut bien avoüer que les preuves contre les Sociniens tirées de l'eſcriture ſont convaincantes, mais à la faveur d'une longue diſcuſſion & par de longs raiſonnements. Et moy je pretends que ſans raiſonnement, ſans diſcuſſion la ſeule veüe & la ſeule lecture des paſſages qui etabliſſent les verités que les Sociniens diſputent peut faire une ſi vive impreſſion qu'il en reſultera une certitude plus entiere que celle qui viendroit aprés la diſcuſſion. Mais qui nous jugera la deſſus. Il faudroit entrer en examen, produire des preuves, faire voir leur evidence, monſtrer l'abſurdité des moyens dont on ſe ſert pour les eluder, faire ſentir que la force de ces preuves, ſans grammaire & ſans critique eſt de la portée des ſimples. C'eſt à dire qu'il faudroit faire un nouveau livre au bout de celuy cy ; or c'eſt ce que nous ne ferons pas, & que nous ne voulons pas faire.

Sans diſcuſſion les textes qui appuyent les myſteres ſont clairs & de la portée des ſimples.

Je me contenteray donc d'un ſeul & unique moyen pour prouver à M. Nicole que l'eſcriture ſainte eſt un tres bon lien d'union entre les Chrétiens, mais c'eſt un moyen ſans replique puis qu'il eſt tiré d'une verité de fait & d'une experience notoire. L'eſcriture ſainte eſt un tres bon lien d'union entre les Chrétiens pour les unir dans la meſme foy des points fondamentaux affirmatifs ſi effectivement, & de fait, elle les unit dans la meſme foy. Or effectivement & de fait c'eſt elle qui unit les Chrétiens dans la meſme foy des points fondamentaux poſitifs, dont elle eſt capable de les unir la deſſus, dont elle eſt claire ſur ces points.

L'Eſcriture ſainte actuellement & de fait unit tou les Chrétiens dans une meſme foy ſur les points fondamentaux.

Il n'y a que la mineure qui peüt etre douteuſe ſçavoir ſi en effet c'eſt l'eſcriture qui unit les Chrétiens dans la creance des points fondamentaux poſitifs ; qu'ils ſoyent actuellement unis en cela on n'en peut douter.

Ii

Il est notoire que tous les Chrétiens conviennent, & sont toujours convenus dans tous les siecles, d'un Dieu en trois personnes, d'un Jesus Christ fils de Dieu eternel comme son Pere createur du ciel & de la terre. Toutes les societés Chrétiennes conviennent que ce J. Christ est mort pour expier les pechéz du genre humain, qu'il a satisfait pour les pechéz des hommes, & qu'il est ressuscité, qu'il est monté aux cieux, & qu'il viendra juger les vivants & les morts. Que nous devons nostre salut entier à la grace de Dieu, que tous les hommes naturellement par leurs pechés sont soumis à la malediction & que le sang de Jesus Christ seul les en delivre, qu'il y a une resurrection derniere, des recompenses, & des peines eternelles.

Cette union de sentiments ne vient ni de l'Eglise ni des conciles.

D'où vient l'union de tous les Chrétiens dans ces points? Vient elle de l'authorité de l'Eglise? Il faudroit pour cela qu'ils reconneussent une seule & mesme Eglise; mais chacune de ces societés a son Eglise, & tient les autres communions pour de fausses Eglises. Cela vient il de l'authorité des conciles? Cela ne peut etre; car dans le temps du concile de Nicée on croyoit deja tous ces points, & ce n'est pas l'authorité de ce concile qui a fait croire ces articles. Outre qu'il n'en a decidé qu'un. Il faloit donc que ce fût l'evidence de la revelation qui eut frapé tous les esprits. Avant que Pelage fût venu au monde, on croyoit unanimement la necessité du secours de la grace, au moins comme les semipelagiens la croyent, on croyoit le peché originel: d'ou venoit cette creance uniforme? Elle ne venoit pas des conciles, car ils n'avoient encore fait aucune decision la dessus. Il y a mesme des articles dont la foy est repandüe dans toutes les societés Chrétiennes, sur lesquels, je ne sçay pas qu'on ait fait des decisions. Par exemple tout le Christianisme tient unanimement contre les Sociniens que Jesus Christ a reellement satisfait pour les pechés des

On croit la satisfaction de Iesus Christ, par evidence de l'escriture uniquement.

hommes. Ce consentement unanime vient il de l'Eglise? où est la decision, où est l'authorité? Il peut y en avoir, & je ne me pique pas d'avoir assez fureté tous les coins des conciles pour assurer qu'il n'y a rien qui pust confirmer la satisfaction de Jesus Christ. Mais ce que j'ignore, je croy que tous les simples du Christianisme me l'ignorent auffi : Or ce qu'ils ignorent n'eft pas le fondement de leur foy. C'eft donc l'evidence de la revelation qui fait ce confentement unanime fur cêt article. Et en effet cette evidence eft telle que le jour n'eft pas plus clair.

Pareillement tous les Chrétiens conviennent de l'Eternité des peines contre les Sociniens, eft ce par quelque definition de l'Eglife? où eft ce que cette controverfe a eté agitée en Concile, où en font les decrets? N'eft il pas certain que c'eft la clarté de la revelation qui fait ce confentement unanime de tous les Chrétiens en ce point? Et l'eternité des peines auffi.

Cette reflexion, ce me femble, eft bien capable de faire fentir ces deux chofes : la premiere qu'en effet l'efcriture fainte eft tres claire dans tous les points que les Sociniens nous conteftent, car on peut affeurer que le confentement de tous les Chrétiens contre eux ne vient d'autre chofe que de la clarté de la revelation. Un petit nombre de gens comme font ces heretiques dans tout le monde, ne peut former aucun prejugé contre la clarté des articles qu'ils nous conteftent. Si un million de gens voyent une chofe & que deux perfonnes ne la voyent pas, ou feignent de ne la pas voir, on ne peut pas dire, à caufe de cela que cette chofe n'eft pas claire & n'eft pas vifible. Or les Sociniens ne font pas dans le monde à conter les Chrétiens depuis Jefus Chrift deux perfonnes pour un million. Si on me dit que ces millions de gens qui font dans des fentiments oppofés à Socin, fe laiffent conduire à un petit nombre de docteurs qui font leurs yeux, je repondray qu'il en eft de mefme de la focieté des Sociniens. Je croy qu'ils ne font pas tous docteurs & que leurs fimples font faits comme les noftres. Ainfi à cêt egard toutes chofes font egales, & ma Thefe demeure qu'ils ne font pas un contre un million. Le confentement unanime des Chrétiens fur les myfteres conteftés par les Sociniens vient de l'efcriture & de la clarté de la revelation.

Ce qui fait voir combien M. Nicole & fes femblables font de mauvaife foy, de nous produire les Sociniens pour prouver que les preuves de l'efcriture fainte qui appuyent nos myfteres ne font pas claires par elles mefmes. C'eft tout de mefme que fi je produifois le petit nombre d'aveugles qui eft au monde pour prouver que le foleil n'eft pas vifible. Car je foutiens que les Sociniens ne font pas dans le monde pour le nombre par rapport La petit nombre des Sociniens ne peut faire aucun prejugé contre la clarté de la revelation.

aux

aux autres Chrétiens, ce que les aveugles font à l'egard des autres hommes. Au reste Dieu pour exercer ses triftes jugements laiffe tomber certains hommes dans des profondeurs de tenebres qui font incomprehensibles. Mais on ne doit tirer aucun prejugé contre la clarté des mysteres de ce que les abandonnées de Dieu ne les voyent pas.

C'est purement la faute des hommes si l'escriture ne leur est pas un lien de parfaite union. Elle est claire en ce qu'elle dit, & dans ce qu'elle ne dit pas.

L'autre chofe que cette reflexion tirée de l'experience doit rendre fenfible. C'est qu'en effet l'escriture en elle mesme est un fuffisant moyen d'union entre les Chrétiens : & si elle ne suffit pas, c'est purement la faute de l'esprit humain & nullement celle de Dieu. Il parôit que l'escriture est claire, dans les chofes qu'elle dit & qu'elle affirme, au moins dans les chofes fondamentales, & capitales. Parce que tous les Chrétiens malgré la diverfité de leurs interets & la violence de leurs paffions, les uns contre les autres en conviennent. Elle est encore plus claire dans les chofes qu'elle ne dit pas. Car il est facile de voir qu'elle n'ordonne, par exemple ni d'adorer les images, ni d'invoquer les faints, ni de faire le facrifice de la meffe ; & autres chofes femblables. De forte qu'il ne tient qu'aux Chrétiens que l'escriture fainte ne leur foit un lien d'union auffi parfait qu'on le peut concevoir. Ils n'auroient qu'a recevoir les chofes qu'elles dit clairement comme ils le font desja, & rejetter ce dont elle ne dit rien. C'est la clef de la reünion que l'on cherche, & il est indubitable que c'est par la que les Chrétiens fe reüniront un jour avant que le monde finiffe.

Auſſi toſt que le Livre de M. Ferrand *parut, on ſe donna la peine de le lire. Il n'eſtoit pas neceſſaire de faire ſçavoir au public qu'on l'a lû : & ſi res reflexions n'avoient trouvé une place fort commode à la fin de cette reponce à* M. Nicole, *ſans ſcrupule & ſans faire prejudice à noſtre cauſe, on auroit laiſſé courir ſans oppoſition le livre* M. Ferrand, *& noſtre reflexions ſeroient demeurées enſevelies dans le cabinet.*

REFLEXIONS

Sur l'Eſcrit de M. FERRAND, *intitulé reponce à l'Apologie pour les Reformateurs, pour la Reformation, & pour les Reformêz.*

JE ne ſuis pas pour les dupliques, & les tripliques ; une diſpute tirée en longueur de genere en chicane. Ce n'eſt plus pour la cauſe generale que l'on plaide, c'eſt pour l'intereſt perſonnel. Ce ſont de perpetuelles accuſations, de ſophiſmes, de mauvais raiſonnements, de citations infideles. Toutes choſes au quelles ſouvent le public prend fort peu de part : Car encor qu'un autheur ait laiſſé aller quelques faux raiſonnements, il n'eſt pas neceſſaire qu'il ſe ſoit trompé par tout, fort ſouvent on deffend mal une bonne cauſe. Quand donc il ſeroit vray que M. Ferrand auroit repondu à noſtre Apologie pour la reformation, & pour les Reformés, je ne luy repliquerois pas. A plus forte raiſon de la

R r   ma-

maniere dont fon livre eft compofé nous ne nous trouvons dans aucune obligation de le refuter. Cependant
afin de faire un peu fentir quel eft ce livre, & quel eft
l'autheur il fera bon de faire quelques reflexions fur
certains endroits de l'ouvrage. Quant à l'autheur nous
n'avons aucun mal à en dire, je ne doute nullement
qu'il ne foit habile homme & honnefte homme: Au
moins écrit il affez honneftement & il feroit à fouhaiter que fes fentiments fuffent auffi moderés que fon tour
& fes manieres. Nous n'avons point deffein de luy
rien dire de chagrinant, ou dont il doive fe chagriner.
On s'eft plaint qu'en quelques uns de nos ouvrages
nous avions repandu trop de bile & trop de fiel. Ces
perfonnes qui fe font un fi grand honneur de leur mo-
deration n'ont pas confideré contre qui nous ecrivions
dans ces livres qu'on a trouvés fi echauffés. Nous
n'avons pas crû etre obligés de garder des mefures
avec des gens qui n'en gardoient pas avec nous. Mais
on ne nous reprochera jamais avec juftice que nous en
ayons ufé mal honneftement à l'egard de ceux qui ont
ecrit moderement contre nous.

Premiere obfervation. Le livre de M. Ferrand n'eft pas une reponce à l'Apologie.

Ma premiere reflexion fur le livre de M. Ferrand regarde le tiltre *Refponce à l'Apologie pour la reformation,
& pour les reformateurs.* Si l'ufage qui eft le grand mai-
ftre de la fignification des mots avoit transferé fon empire à M. Ferrand, nous n'aurions rien à dire la deffus.
Il feroit en pouvoir d'appeller *Reponce* & fon livre &
tout autre, la fignification des termes feroit en fon pouvoir, il en difpoferoit comme du fien. Mais jufques
la nous ne confentirons jamais qu'on appelle ce livre
une *Reponfe.* On le fera pourtant malgré nos oppofi-
tions. Mais nous en appellerons au fiecle prefent, &
au fiecle à venir, fi le livre de M. Ferrand eft deftiné à vivre. Nous en appellons à tous les gens de
bon fens qui font & qui feront. Je ne penfe pas qu'il
y ait d'exemple entre les ecrivains d'un plus grand abus
des termes. Je n'ay jamais oüy dire que prendre d'un
livre de quatre tomes huit ou dix periodes, & s'en faire
des textes pour debiter des recueils & des lieux communs fur des affaires qui ne font gueres conteftées, &
dont il ne s'agiffoit point du tout, fe puiffe appeller
reponce. Et en verité on peut dire que Meffieurs les

ap-

approbateurs qui trouvent que c'eſt icy un David qui
proſterne Goliath ſont aiſés à contenter.   Je n'ay nullement deſſein de dire du mal du livre de M. Ferrand
s'il avoit paru aujour, ſous ſon tiltre naturel, j'aurois
eſté le premier à confeſſer que jamais homme ne com-
pila tant de paſſages par les travaux d'autruy, & par les
ſiens propres, pour apprendre au public quelles ſont
les loix & les devoirs de la vie monaſtique & du celibat des preſtres.   Jamais on ne vit tant de citations
entaſſées, ni un auſſi grand menage de raiſonnemens. Cinq
ou ſix periodes de l'autheur ſont preſque autant de grands
chapitres. M. Ferrand nous a donné un eſſay de ce qu'il
ſçait faire en matiere de traduction.   Hardiment ſes
amis le peuvent pouſſer de ce coſté la, il y a apparence
qu'il reuſſira fort bien.   Apparemment il avoit fait ſes
lectures dans la veüe de mettre au jour un traitté ſur
le celibat du clergé, & ſur la vie monaſtique.   La matiere etoit preſte, il ne s'agiſſoit que de luy donner un
tiltre.   Le livre de l'Apologie pour les Reformés &
pour les Reformateurs heureuſement s'eſt trouvé en chemin: belle occaſion pour trouver ce tiltre. En ajoutant
deux ou trois petits chapitres, & autant de periodes
detachées on fait une *reſponce*: & ce petit detour mene beaucoup plus droit à la penſion que n'eût fait un
livre qui auroit marché ſon grand chemin, & qui ſe feroit
appellé par ſon nom. L'eſperance de l'autheur n'a pas
eſté trompée, & Meſſrs. du clergé qui ont trop d'eſprit
& de jugement pour regarder cela comme une reſponſe
n'ont pas laiſſé de recompenſer les bonnes intentions
de l'autheur par une augmentation d'appointement. En
verité on ne manque jamais de bien eſcrire quand on eſt
bien payé, *honos alit artes*, auſſi fait l'argent.
    Je vous prie que fait à l'affaire que nous avons avec
M. Maimbourg ce long traitté de la vie monaſtique de
laquelle on explique l'Origine, les regles, les inſtituts,
le temps dans lequel les filles prenoient le voile, les
ceremonies qu'on y obſervoit, la diverſité de la diſcipline pour l'annulation des mariages contractés par les
religieux & les religieuſes, la diverſité des veuves ſecu-
lieres, & religieuſes & leurs occupations? Et ſur tout
cela on cite les peres, les canons, les Conciles, avec
une profuſion qui comble tout l'ouvrage. Ce n'eſt pas

aſſés

aſſés d'y avoir employé les trois quarts de la premiere partie, on y revient dans la ſeconde.   On cite tout ce que les anciens ont dit en faveur de la virginité, & pour le celibat des Eccleſiaſtiques.   Et croyant faire une nouvelle decouverte on fourre dans l'ouvrage une longue diſſertation du celibat des ſousdiacres.   Le reſte n'eſt pas cent pages, ſur un ouvrage de pres de ſix cents. Apres cela qui ne demeurera tres perſuadé que Calvin, Beze, Martyr, & nos autres reformateurs eſtoyent des ſcelerats & de mal 'honneſtes gens, noircis de crimes & d'une reputation infame? Qui ne ſera convaincu que noſtre religion s'eſt etablie par le ſang, par le carnage, & par la revolte contre les ſouverains.   Car c'eſt proprement cela dont il s'agiſſoit entre le Pere Maimbourg & moy.   L'Egliſe Romaine ne demeure-t-elle pas bien dechargée du blaſme d'avoir rempli l'Europe de confuſions, d'avoir exercé les dernieres cruautés & les plus Antichretiennes; d'avoir fomenté & excité les revoltes des ſujets contre leurs ſouverains? Car c'eſt cela dont on a eû deſſein de l'accuſer dans les deux derniers tomes de l'ouvrage.

M. Ferrand a bien prevû cette objeĉtion, & il a jugé à propos d'y repondre.   Il a laiſſé la tout ce qui avoit eté objeĉté à ſa religion comme n'eſtant pas ſon affaire, & a prevenu l'objeĉtion qu'on luy pouvoit faire de n'avoir pas ſuivi le tiltre de ſon livre.   Le meilleur moyen qu'il ait trouvé pour ſe juſtifier, c'eſt d'accuſer & de recriminer.   Il accuſe donc l'autheur de l'apologie d'avoir oublié le tiltre de ſon livre dans les deux derniers tomes, qui ne contiennent, dit il, que des matieres fort etrangeres au ſujet qu'il avoit en main, c'eſt une apologie pour la reformation.   La deſſus il copie la table des chapitres de l'hiſtoire du Papiſme.   Et conclut que les troubles excités par la controverſe des images, par le ſchiſme des Grecs, par les Croyſades, par les entrepriſes des Papes, par les perſecutions contre les Albigeois &c. ne ſont rien à la reformation & ne la juſtifient pas.   Premierement quand cela ſeroit, que cette partie ſeroit un nouveau livre eſtranger au premier, cela empeſcheroit il qu'il ne meritaſt reponce? Et les accuſations dont on charge le Papiſme ne ſont-elles plus capables de le rendre odieux, parce qu'elles ne ſont point placées dans leur

leur lieu naturel? N'eût-il pas esté de l'interest de la religion Romaine qu'on fit voir que c'est à tort qu'on l'accuse d'avoir fait tant de maux? De plus à quoy pense M. Ferrand de dire que cela ne justifie pas nostre reformation? Je soutiens au contraire que si le Papisme est bien convaincu, d'avoir esté une furie dechainée qui depuis sa naissance a rempli le monde de crimes & de malheurs, c'est une raison suffisante pour prouver que c'est une religion reprouvée qui tire sa naissance d'un tout autre esprit que de celuy de Dieu, & qui merite par consequent d'estre abandonnée. Cela fait un prejugé si puissant que pour cela seul, je quitterois une religion dans laquelle je serois né. Car jamais un tel caractere ne peut convenir à la veritable religion.

Que dira M. Ferrand des deux premiers tomes dans lesquels on fait voir l'innocence de nos Reformateurs, où l'on prouve que toutes les accusations qu'on a faites contre eux sont des calomnies, que tous les crimes dont on les accusés se trouvent dans leurs accusateurs, que les divisions dont on veut faire un prejugé contre nous se trouvent dans l'Eglise Romaine: que la reformation s'est faite en Angleterre non par l'emotion des peuples, mais par l'authorité des souverains: qu'en France elle s'est faite par la patience, par la predication de la verité sans aucun mouvement, & sans aucune prise d'armes: que la prise d'armes qui est venüe en suitte n'a point eû pour veritable cause la religion. Que la reformation de Geneve, de Zurich, & des Suisses s'est faite par les regles & comme elle pouvoit & devoit se faire. Tout cela & cent autres choses sur lesquelles M. Ferrand ne dit rien, ne faisoient-elles pas pour le moins autant à l'inocence de nostre reformations que la justification de certains mariages pretendus sçandaleux de religieux & de religieuses, qui est l'unique sujet auquel il a plû à M. Ferrand de s'attacher?

A ne regarder que la table des chapitres du livre de M. Ferrand, on en jugeroit un peu plus favorablement car on croiroit que s'il ne repond pas à tout, au moins il repond à quelque chose. On y trouve un chapitre qui parle de la reformation de Zurich un autre de Calvin, & de son erudition, un autre des martyrs pretendus

dus des proteſtants, un autre ſur l'accuſation qu'on nous fait d'avoir ruiné les Egliſes, & briſé les images, un autre ou l'on parle des ceremonies de l'Egliſe, à propos de l'accuſation qu'on nous fait d'avoir rejetté les ceremonies. Mais quand on vient à conſulter les chapitres dont on a trouvé les tiltres, on trouve que ce ne ſont pas des reſponces: ou c'eſt un mot qui ſe dit en paſſant, ou ce ſont des citations hors de ſaiſon, qu'on a pris occaſion de faire ſur quelque choſe qu'on a trouvé dans l'Apologie. Car il eſt à remarquer que M. Ferrand eſt ſi fort de ſerment de ne rien dire de luy, que par tout où il n'a pas trouvé matiere a citer il a religieuſement gardé le ſilence. Il ne ſe peut rien de plus humble, & c'eſt ſe defier de ſa raiſon que de n'en vouloir jamais faire aucun uſage.

Seconde obſervation. M. Ferrand cite ſans regarder à quoy bon, & ſi cela eſt contre ſes intereſts.

Puiſque nous en ſommes ſur les citations, il faut que j'en faſſe ma ſeconde remarque generale ſur le livre de M. Ferrand. Je ſçavois bien que la tentation de citer & d'eſtaler de la lecture eſt la plus grande de celles auxquelles les autheurs ſont expoſés. Mais je ne croyois pas qu'on y puſt ſuccomber au point qu'a fait l'autheur de la reſponce à l'apologie. Déja c'eſt imprudemment ſuccomber à la tentation de citer, que de rapporter des paſſages qui ne ſont rien, qui ne prouvent pas ce qui eſt en queſtion, & qui prouvent ce que tout le monde avoüe. Or le livre de M. Ferrand n'eſt preſque compoſé que de ces ſortes de citations. Qui eſt ce qui luy nie par exemple que les anciens n'ayent eû la virginité en une ſinguliere eſtime, à quoy bon citer la deſſus S. Jerôme, S. Cyprien, S. Methodius, Saint Cyrille. S. Athanaſe, S. Epiphane, Dydime, Sulpice Severe, S. Martin, Theodoret, Theodore ſtudite, l'abbé Chœremon. S. Chriſoſtome, Socrate, Sozomene, Origene, Euſebe, S. Cyrille de Jeruſalem, Iſidore de Damiette &c. Et tous les autres anciens. De quel uſage etoit il de rapporter les canons & les ordonnances des conciles depuis le cinq & ſixjeſme ſiecle, juſqu'au dixjeſme & douxjeſme pour prouver que l'Egliſe Latine a travaillé à impoſer à ſes Eccleſiaſtiques la loy du celibat? qui eſt ce qui ignore cela, & qui eſt ce qui le diſpute? qu'eſtoit il beſoin d'accumuler tant de paſſages au ſujet des martyrs pour prouver cêt ancien mot, *non pœna, ſed cauſa facit martyrem,*

tyrem, qui eſt ce qui a jamais nié cela? etoit ce la ce dont il s'agiſſoit?

Mais outre les citations inutiles combien y en a-t-il dans le livre de M. Ferrand qui ſont contraires à ſes interets, & à ſes intentions? Au ſujet du ſupplice des heretiques il cite un grand nombre de teſmoins graves importants, & qui s'appuyent de bonnes raiſons pour prouver qu'on ne doit pas forcer la religion & que la perſecution eſt contre l'eſprit & le genie de l'Euangile. Il laiſſe toutes ces authorités, & ces raiſons dans leur entier, il n'y touche pas, neantmoins il ſe declare contre & dit qu'on peut faire mourir les heretiques, & que nos martyrs n'ont ſouffert qu'un juſte ſupplice. Puiſqu'il avoit deſſein de dire cela, ce n'eſtoit pas la peine de citer tant d'autheurs plus habiles que luy, & d'une plus grande authorité qui diſent le contraire.

M. Ferrand a voulu profiter de ſes recueils au ſujet des 2mes. 3mes. 4mes. & 5mes. nôces, & il rapporte la deſſus tous les exces des anciens. Comment ils ont appellé ces nôces des adulteres, & des fornications. Cela eſt fort bon pour faire voir que M. Ferrand a beaucoup lû, mais cela eſt tout à fait ruineux à ſa cauſe. Car cela fait voir qu'on ne doit pas prendre à la lettre tout ce que les peres ont dit contre les mariages des religieux & des religieuſes; ou qu'on ne s'en doit pas tenir à ce qu'ils en diſent, puiſqu'il leur etoit ordinaire d'outrer leurs maximes de morale. C'eſt donc la citer pour citer ſans ſçavoir ſi cela peut ſervir ou nuire.

Peut on d'avantage s'oublier en matiere de citations qu'a fait M. Ferrand au ſujet des martyrs? Il veut prouver que les martyrs, c'eſt à dire ceux qui ſouffrent volontairement & opiniaſtrement pour une religion ne ſont pas une bonne preuve de la bonté de la cauſe qu'ils ſoutiennent. Pour ſoutenir cela il rapporte un extrait d'un livre Hebreu manuſcrit qui ſe trouve dans la Bibliotheque du Roy compoſé par un Juif nommé *Joſeph le preſtre.* Cet autheur recite les perſecutions crüelles que les ſaints Catholiques croiſéz, pour la conqueſte de la terre ſainte, eſmurent contre les Juifs de l'Europe, les maſſacres horribles qu'ils en firent par tout, & les extremités affreuſes où ils les reduiſirent. On peut bien dire que cêt extrait eſt le plus effroyable petit morceau d'hiſtoire

qu'on

qu'on puiſſe voir. Quand je ne connoiſtrois le Papiſme que par la, je le regarderois comme une religion
reprouvée & poſſedée par le malin eſprit. Car il n'y
eût jamais de barbarie & de cruauté pouſſée plus loin
que le fut celle de Papiſtes dans ce ſiecle des Croiſades
contre cette pauvre nation, qui dans ſon aveuglement
doit etre l'objet de noſtre compaſſion & non pas de noſtre colere.

M. Ferrand veut bien que nous en croyons ce qu'en
dit Joſeph le preſtre, & en effet il ne dit rien qui ne
ſoit tres certain & confeſſé par des autheurs du temps.
Mais c'eſt un objet ſur lequel il etoit de l'intereſt de
noſtre autheur de tirer le rideau, car la veüe de cet endroit peut donner de l'averſion à toute perſonne raiſonnable pour une religion qui a eſté capable d'inſpirer de
pareilles fureurs. Il me ſemble que le plaiſir d'apprendre
au public, que M. Ferrand à la liberté de chercher &
de lire les manuſcrits de la Bibliotheque du Roy, qu'il
ſçait de l'Hebreu, & qu'il eſt capable de dechiffrer les
manuſcrits en cette langue ne valoit pas le tort que cette hiſtoire pouvoit faire à ſon parti, & à ſa cauſe. C'eſt
une hiſtoire à laquelle il nous faudra revenir tantoſt dans
une autre reflexion, pour le preſent je paſſe à la troisjeſme de mes remarques.

3me. Ob-
ſervation.
M. Ferrand
outre tous
ſes ſenti-
ments. Cette troiſieſme remarque eſt que M. Ferrand ne cherche point la verité, *il cherche à plaire à ceux qui l'ont*
etabli pour eſcrire. Preuve de cela c'eſt qu'eſtant naturellement moderé comme il paroiſt par ſa maniere d'eſcrire, il ne garde cependant aucune eſpece de modera-
tion & de milieu dans ſes ſentiments: Il outre tout.
Par exemple y a-t-il rien de plus outré que ce qu'il dit
du celibat des Eccleſiaſtiques· Il ne garde aucune meſure la deſſus. Un eſprit moderé ſe ſeroit contenté de
prouver que des la naiſſance de l'Egliſe on avoit fait un
grand cas de la virginité & du celibat, qu'on y avoit peu
à peu accoutumé les miniſtres des autels, que peu d'E-
veſques dans les premiers ſiecles furent mariés. Que
les preſtres gardoient auſſi pour la pluſpart le celibat;
que des le premier Concile de Nicée on en etoit deja
la. C'eſt de ne vouloir pas permettre que ceux qui
avoient pris les ordres ſe mariaſſent en ſuitte, mais qu'on
ne refuſoit pas les ordres à ceux qui etoyent deja mariés.

Di-

Difcipline qui s'eft tousjours confervée dans l'Eglife
Grecque, & qui s'y conferve encore aujourd'huy. Il
auroit ajouté que l'Eglife Latine fut plus fevere dans fa
difcipline, qu'elle avoit interdit le mariage à tous les
preftres: Il auroit avoüé que cette loy ne fe feroit pourtant pas obfervée à la rigueur, que l'Eglife Latine avoit
eû des preftres mariés encore apres le dixjefme fiecle.
Enfin il auroit recognu que c'eft un point de difcipline
qui n'eft point defcendu des Apoftres, mais que l'Eglife
a eftabli felon fa prudence & qu'elle a etrecy, & etendu felon qu'elle l'a jugé à propos: qu'elle a interdit le
mariage aux preftres, mais qu'elle ne l'a pas interdit aux
ordres inferieurs, comme font les fousdiacres. Mais
tout cela n'auroit pas contenté ces Meffieurs de qui il
avoit receu fa commiffion. Il faut pouffer les chofes
auffi loin qu'elles peuvent aller. Il faut que la loy du
celibat ait eté impofée aux Ecclefiaftiques par les Apôtres, que tous les preftres mariés ayent eté des facrileges, & des prevaricateurs des loix divines, que jamais le relachement n'ait eté permis la deffus, que la difcipline des Grecs foit relâchée: que la neceffité de garder le celibat foit pour les bas ordres auffi bien que pour
celuy de preftre. Pour eftablir ces beaux paradoxes il
renverfe toute l'antiquité. Il donne au 26. canon des
Apoftres, au 1. de Neocefaré & au 14. de Calcedoine
qui defendent aux preftres ordonnés dans le celibat, de fe
marier. Il donne, dis-je, à ces canons des interpretations
violentes, & dans lesquelles il eft abfolument impoffible que des perfonnes raifonnables puiffent entrer. On
a affez bonne opinion du bon fens de M. Ferrand pour
croire qu'il n'y entre pas luy mefme. Il s'infcrit en faux
contre l'hiftoire, que fait Socrate de Paphnuce confeffeur,
qui dans le Concile de Nicée s'oppofa à ce qu'on n'impo-
faft pas aux preftres le joug du celibat; Il trouve la loy du
celibat dans le canon du Concile de Nicée qui defend aux
preftres & aux Evefques d'avoir chez eux des femmes e-
ftrangeres. Ce que toute l'antiquité a tousjours entendu de
ces femmes qu'on appelloit παρεισακτοι; c'eftoit d'honneftes concubines que les Ecclefiaftiques gardoient dans leurs
maifons, & avec lesquelles ils avoient toutes fortes de
familiarités mal-honneftes, excepté la derniere, fi on les
en croyoit. Il entreprend une longue difpute contre

R r 5   les

les autheurs de son propre parti, pour prouver que les sousdiacres ont tousjours esté soumis à la loy du celibat. Enfin il nie les faits les plus constants, donne la gêsne aux loix, & aux authoritéz les plus claires & les plus evidentes. Et tout luy est bon pourveû qu'il ne relache rien.

Pour mieux voir combien il outre cette matiere du celibat, il sera bon de voir quelques unes de ses pensées. Des la page 4me. en repondant à un passage de S. Cyprien, par lequel il paroit que ce saint donne permission aux vierges qui avoient formé le dessein de conserver leur virginité, de se marier si elles ne peuvent pas perseverer, il repond *que quand S. Cyprien parle du mariage des vierges, il ne repond pas de leur salut, & il n'assure point qu'elles puissent se marier sans sacrilege &c. ce sage pere croyoit devoir leur conseiller le mariage non comme un bien, mais comme un mal beaucoup moindre.* Comment peut on escrire ainsi quand on y pense? S. Cyprien conseille à ces vierges incontinentes de se marier, mais il ne repond pas de leur salut, c'est à dire qu'il leur conseille de se damner. Il ne leur conseille pas le mariage comme un bien, mais comme un moindre mal, cependant ce mariage que S. Cyprien conseille selon M. Ferrand est un sacrilege. Quel mal peut etre plus grand qu'un sacrilege? Ainsi voila un S. Martyr de J. Christ qui conseille à des vierges de se damner par un sacrilege pour eviter un moindre mal. Quel plus grand mal peut il arriver à de miserables filles que de se damner? Et que devient la regle qu'il ne faut jamais faire ni conseiller un mal afin que bien en advienne.

S. Paul dans sa premiere Epistre à Timothée avoit dit des vefues qui apres s'estre consacrées au service des pauvres & de l'Eglise viennent à se remarier qu'elles violent leur premiere foy, & qu'elles remportent leur condamnation ἐχουσαι κριμα ce que la vulgate tourne, *damnationem habentes* ayant leur condamnation. C'est à dire, selon l'interpretation de M. Ferrand, qu'elles sont damnées eternellement comme des demons. Suivant le mesme esprit par tout où M. Ferrand trouve dans les Peres latins les mots de *damnare, damnatio damnabile,* à propos du mariage de ceux ou de celles qui avoient

pro-

promis à Dieu virginité, il faut tousjours que cela signifie, que les religieuses & les religieux qui se marient
sont damnés au feu eternel. Dans la page 125. il nous
cite un passage de S. Augustin tel qu'il est rapporté dans
le droit canon où ce pere dit. *Dans l'estat du mariage
on ne craint point d'estre damné lors qu'on ne garde pas la
virginité. Mais quand une vierge ou une vefue s'engagent à
la continence elles se* DAMNENT *non seulement si
elles se marient, mais mesme si elles n'en ont que la volonté.*
Il y a dans le latin: *Etiamsi non nubant, nubere velle
damnabile est,* un aûtre auroit tourné, *en core qu'elle ne
se marient pas, c'est en elles une chose condemnable que d'en
avoir la volonté.* Mais selon le vocabulaire de M. Ferrand cela signifie qu'elle se *damnent eternellement.* C'est
aller bien viste, & bien loin ce me semble. Le moindre petit escolier pourroit avertir nostre autheur que
damnare, & *damnatio, & damnabile,* ne signifient que
tres rarement la damnation eternelle dans les ecrits des
latins.   Un peu d'usage de son bon sens luy auroit fait
comprendre que le mot κρίμα & *damnatio* dans le passage de S. Paul ne peut signifier la damnation eternelle.
Puisque S. Paul permet à ces vefues incontinentes de
se marier mesme apres leur engagement. Or on ne permet jamais aux gens une chose qui assurement les doit
damner si elles y perseverent ; Enfin un peu de memoire auroit empesché M. Ferrand d'attribuer à S. Augustin cette cruelle pensée qu'un religieux ou religieuse
qui se marie se damne eternellement.   Car il se seroit
souvenu que luy mesme a recognu que selon S. Augustin. *Le mariage des personnes qui ont fait des voeux est* P. 125.
valide, & qu'il ne faloit pas le dissoudre. Comment donc
S. Augustin pourroit il avoir dit que les religieux qui se
marient se damnent eternellement? ou comment leur
auroit il permis de continuer dans une union damnable
& qui les auroit menés indubitablement à l'enfer?
M. Ferrand selon sa grande lecture, nous cite toujours
le pour & le contre. Il rapporte plusieurs canons qui
dissolvent les mariage des personnes qui ont fait voeu,
comme des mariages adulteres & sacrileges, mais il en
rapporte aussi quantité d'autres qui se contentent de
soumettre à la penitence ces personnes, sans les obliger
à se separer. Neantmoins parce que les conciles, &
les

les peres qui ont fait ces canons mitigéz n'ont pas laiffé
de fe fervir pourtant des mots de *damnare*, & qu'ils ont
tous cité ces paroles de S. Paul, *damnationem habentes*,
il faut qu'ils ayent tous condamné au feu eternel les
religieux & religieufes qui fe marient. Ainfi voila des
perfonnes fages & pieufes qui permettent à des gens de
perfeverer dans un peché qui les damne, & qui leur
impofe pourtant penitence fans les obliger à renoncer
à leur peché. C'eft à dire qui leur impofent une penitence pour les conduire feurement aux enfers. Si ce
n'eft la outrer les chofes j'avoüe que je n'y entends
rien.

Voicy un autre excés fur la mefme matiere qui ne
me paroift gueres moins furprenant. *Le defaut du rai-*
124. *fonnement de l'Apologifte*, dit M. Ferrand, *paroift encore
en ce que la validité d'une chofe n'eft pas toujours une conclufion feure pour fon acte. Il m'explique & je dis qu'une
chofe peut etre valide, fans qu'on la puiffe faire en confcien-*
125. *ce &c. Tel eft le mariage des perfonnes qui ont fait des
voeux &c.* C'eft à dire que felon nôtre autheur le mariage des perfonnes qui ont fait des voeux peut étre valide : mais qu'il n'eft pas innocent : qu'il n'eft pas neceffaire de diffoudre ces mariages, mais que ceux qui
y demeurent font pourtant coupables : & de quel crime? de facrilege, comme l'a defini cy deffus M. Ferrand. Qu'elle en eft la fuitte? c'eft qu'ils fe damnent
eternellement comme luy mefme nous l'a dit. Ainfi
voicy des mariages valides, & qui ne font ni des con-
cubinages, mais qui pourtant font des facrileges, &
qui menent au feu eternel. Pour moy qui n'ay pas
les grandes lumieres de M. Ferrand, & qui ne me con-
duis que par le fens commun de tous les hommes, je
ne comprends pas comment un mariage facrilege peut
etre valide & comment une couche qui n'eft ni inceftueufe
ni coucubinage peut éftre un facrilege. Il me femble
qu'une couche eft criminelle quand elle en leve à un mari
fa femme, à un pere fa fille j'aurois donc cru qu'une
couche qui eft facrilege parce qu'elle en leve à Dieu l'u-
ne de fes epoufes auroit efté bien pire qu'un incefte, &
par confequent qu'elle n'auroit pu compatir avec un mariage valide. Mais quelle decouverte n'eft pas capable
de nous faire M. Ferrand? fi le mariage d'une religieu-

se est un crime continué comme un mariage inceſtueux je ne ſçay comment le crime ne detruit pas la validité. Je conçoy bien qu'il y a des mariages criminels dans les circonſtances externes qui ne laiſſent pas d'eſtre valides, par exemple un mariage contracté ſans le conſente-ment de pere & de mere eſt criminel, c'eſt une deso-beïſſance aux ſuperieurs. Mais il eſt valide parce qu'il n'eſt point criminel dans la ſubſtance à cauſe qu'il eſt contracté entre perſonnes qui ne ſont pas d'un meſme ſang & dont la liaiſon n'eſt defendüe par aucunes loix divines. C'eſt ainſi ſans doute que les anciens ont en-tendu que le mariage des perſonnes qui avoient fait voeu etoit criminel ſans etre invalide. C'eſt à dire qu'il avoit commencé par la rupture d'un voeu; cir conſtance externe au mariage, tout de meſme que la desobeïſſance aux parents; & qui ne repand pas la malignité de ſon influence ſur toute la durée du mariage pour le rendre invalide. Mais un crime de ſacrilege & de ſacrilege continué, de rapt fait à Dieu qui ne rend pas le mariage invalide, j'avoüe que c'eſt une idée qui doit paroitre bien nouvelle au public. Il faloit que M. Ferrand vint au monde pour y apporter cette revela-tion.

Si apres cêt exemple nous en avions beſoin d'un au-tre pour prouver que M. Ferrand ne ſçait garder meſu-re ſur rien, & qu'il outre tout, nous prendrions ce qu'il dit au ſujet de la maniere dont on doit agir avec les he-retiques. Il trouve que l'authorité de S. Auguſtin qui deſapprouve le ſupplice des heretiques, & celle de S. Hi-laire, de S. Athanaſe, de Tertullien, de Lactance, de Gregoire de Naziance, de Sulpice Severe, de S. Martin & de Saint Ambroiſe qui condamnent la perſe-cution pour cauſe de religion. Il trouve disje que tou-tes ces authorités & les raiſons dont ces autheurs ſe ſont ſervis, *nous convient à ſauver la vie aux heretiques. Le* 248. *Roy authoriſe extremement cette maxime par ſon exemple* dit il, *car ſa Majeſté bien loin de punir de mort les Calviniſtes de ſon Royaume ne leur impoſe aucune peine corporelle &c. l'Eloge que S. Auguſtin & la pluſpart des autheurs que j'ay cités font de la douceur envers les heretiques, & l'exemple que le Roy en donne me font conclurre pour ceux qui ne puniſſent pas l'hereſie de mort, ſans condamner pourtant ceux qui pra-*
ti-

tiquent le contraire.

J'Explique ma pensée & je dis que je suis pour ceux qui ne font pas mourir les heretiques, & j'opine qu'on suive leur exemple. Mais comme je crois d'une autre part qu'il est permis de punir les heretiques du dernier supplice, je ne condamne pas ceux qui les y livrent. Les uns & les autres font bien selon mon sentiment. M. Ferrand ajoute cette derniere periode pour expliquer sa pensée à ce qu'il dit. Il n'eut pas mal fait d'en ajouter encore deux ou trois autres pour l'expliquer davantage. Car tous les gens qui ont un peu de penetration auront peine à demesler les sentiments de l'autheur. Ils jugeront qu'il a pris là un plaisant milieu. Il trouve qu'il est tres permis & par consequent tres juste de faire brûler les Calvinistes, mais pourtant que le meilleur est de ne le faire pas : quelque discoureur incommode raisonnera ainsi. Il n'est jamais permis de faire souffrir la mort qu'à ceux qui la meritent. S'il est permis de faire mourir les Calvinistes, ils meritent asseurement la mort. Or comment, la raison, la justice, & l'equité peuvent elles permettre qu'on laisse vivre dans la societé publique des gens qui meritent la mort ? Je sçay bien qu'un souverain peut sans crime donner la vie à un meurtrier, à un larron, à des rebelles qui meritent la mort : Mais on suppose que ce sont des gens repentants qui sont tombés une fois dans le crime, qui y ont renoncé, & qui s'engagent à n'y retourner jamais ; à tout peché misericorde. Mais il n'y a rien là dedans de semblable, à laisser vivre des heretiques qui meritent la mort par leur heresie, & qui perseverent pourtant & declarent vouloir perseverer dans leur heresie. J'aimerois tout autant dire qu'il est juste de faire mourir les larrons, les homicides, & les sorciers qui protestent qu'ils voleront, qu'ils tüeront, & qu'ils empoisonneront autant de gens qu'ils pourront, tout autant qu'on les laissera vivre.

Voicy donc à quoy se reduit la debonnaireté de M. Ferrand, il juge qu'il est meilleur de ne nous pas egorger. Cependant quand il plaira au Roy de renfermer tous les huguenots dans leurs maisons comme il les a deja enfermes dans son Royaume, & de mettre le feu dans toutes ces maisons pour les faire bruler tous vifs. Le Roy fera tres bien de l'avis de M. Ferrand. C'est

asseu-

affeurement un peu outrer la complaifance. Je dis la
complaifance, car je fuppofe que M. Ferrand eft plus
moderé qu'il ne veut paroitre & que fa feule complaifance l'a pouffé dans cêt excez abominable & en mefme
temps la jetté dans cêt embarras. Je voy bien que le
fentiment de S. Auguftin & l'exemple du Roy font les regles de fa foy fur le fupplice des heretiques; Et mefme
le fentiment de S. Auguftin dans cette affaire n'eft conté pour quelque chofe qu'a caufe de l'exemple du Roy.
M. Ferrand voyoit que le Roy n'avoit pas encore fait
bruler & pendre de Calviniftes precifement pour caufe
d'herefie. Il juge donc qu'il faloit pour le prefent que
ce fût le meilleur d'en agir ainfi. Mais il ne fçavoit
pas ou les chofes pourroient aller a l'avenir, & il fe
doutoit bien de ce qui fe fait aujourd'huy & que bien
toft le fer, le feu, les dragons, les tourments les plus
ingenieux & la prifon s'employeroient. M. Ferrand a
jugé à propos de fe faire une referve pour le temps prefent. Car aujourd'huy il dira que le Roy fait bien, qu'il
fuffit de faire le bien & qu'on n'eft pas toujours obligé
de faire le mieux. Voila le myftere developpé, &
pourquoy noftre autheur s'eft jetté dans ce fentiment
incompatible, qu'on fait bien de faire mourir les Calviniftes, mais qu'on fait mieux en les laiffant vivre. Dieu
veille luy pardonner cette mauvaife complaifance.

Encore un exemple propre à prouver combien M.
Ferrand, eft capable d'outrer les chofes par complaifance. Meffieurs les prelats de France ne veulent pas
que le Pape foit infaillible, non pas mefme quand il parle *ex Cathedra*. M. Ferrand fans doute ne le veut pas
non plus que ces Meffieurs. Car il eft payé pour etre
de leur fentiment. Mais par recognoiffance il leur donne l'infaillibilité qu'il ofte au Pape. C'eft dans la page 542. *Je veux dire que les pafteurs peuvent bien enfeigner* 542.
quelque chofe du leur quand ils parlent comme des par-
ticuliers, mais que lors qu'ils parlent en prelats & du haut
de leur chaife, ils ne fçauroient rien enfeigner du leur, c'eft
à dire rien de mauvais. Ainfi le Pape ayant perdu fon
infaillibilité M. L'arche vefque de Paris heureufement
la recueillie, & il eft devenu infaillible au moins dans fa
chaire.

Les trois obfervations precedentes peuvent fervir d'autant

4me. Observation.
M. Ferrand accusé de mensonge & de faux sans prendre garde à ce qu'il dit & sans examen.

Ad Demetriadem.

tant d'avis à M. Ferrand. En voicy un quatriesme qu'il me permettra de luy donner. C'est qu'il doit mieux prendre garde à ce qu'il dit quand il accuse les gens de faux, de mensonge & d'imposture, car il s'y trompe assés malheureusement. Exemple de cela: L'Autheur de l'Apologie pour les Reformateurs avoit dit que S. Jerosme renvoyoit au mariage les religieuses qui ne pouvoient se contenir. Il avoit cité les propres paroles de ce pere dans leur langue originale afin qu'il ne pût y avoir ancun soupçon de faux. *Apertè dicendum est ut aut nubant si se non possunt continere, aut contineant si nolunt nubere.* Il avoit ainsi tourné ces paroles. *Il leur faut dire nettement ou qu'elles se marient, si elles ne se peuvent contenir, ou qu'elles se contiennent si elles ne veulent pas se marier.* Je prie le lecteur d'examiner s'il y a fausseté dans la citation, ou infidelité dans la version. Je demande avec instance qu'on me dise si ce n'est pas la renvoyer les filles religieuses incontinentes au mariage. Cependant écoutés ce que dit M. Ferrand apres avoir cité un grand passage de S. Jerosme. *On voit dans ces paroles de S. Jerosme que ce Pere renvoye à la priere & exhorte à la resistance une religieuse qui sent les mouvements de sa chair.* L'Apologiste du Calvinisme la renvoye au mariage, & ce qui m'estonne le plus & qui estonnera sans doute tous ceux qui liront ceci, c'est qu'il assure que S. Jerôme favorise ces mariages, luy qui n'en dit pas un mot. Asseurement M. Ferrand a eû raison de croire que tous ceux qui liront cet endroit seroient estonnés. Car pour moy je ne sçaurois revenir de la surprise où cela me met. Et je ne puis comprendre quelle espece d'eblouissement c'est, la de dire que S. Jerosme ne dit pas un mot pour renvoyer les religieuses incontinentes au mariage apres les paroles que j'avois citées de cêt ancien.

Mais ce qui augmente la surprise c'est que M. Ferrand luy mesme dans la 18me. page de son livre reconnoit la fidelité de ma citation de S. Jerosme; il cite luy mesme ce passage, dans les propres termes de ma version, comme bien cité & bien traduit. Il y ajoute un autre passage du mesme autheur de mesme sens, de la lettre à Eustochium en ces termes. *Si quelqu'une de ces vierges fait l'Hypocrite & quelle fuye l'esclavage de Jesus Christ lisés luy nettement le passage de l'Apostre qui dit, qu'il vaut mieux se marier que brûler.* Et sur cela il donne la reponce qu'il

qu'il avoit donnée au paffage de S. Cyprien. *Je refponds
dit il , que quand S. Jerofme confeille le mariage aux vierges
il le fait dans le mefme efprit que S. Cyprien, c'eft à dire
qu'il confeille un mal pour en eviter un plus grand, & qu'il
ne pretend pas que le mariage qu'il confeille aux vierges profeffes puiffe fe contracter fans crime* S. Jerofme a donc con-
feillé le mariage aux vierges profeffes de l'aveu de M.
Ferrand. Comment donc peut il dire qu'il n'a jamais
renvoyé de religieufes incontinentes au mariage. Pour
moy je ne fçay pas comment definir cela & comment
l'appeller. J'avoue que de femblables chofes m'incli-
nent fort à croire ce que des gens tres habiles m'ont dit
c'eft que M. Ferrand n'eft point du tout fidele dans la
citation des autheurs & qu'entre fes paffages il y en a beaucoup de faux. J'avoüe que je ne les ay point veri-
fiés & ferois tresfafché de m'eftre donné la peine de le
faire. Mais il eft à prefumer qu'un autheur qui eft fi peu
fidele en cet endroit ne l'eft gueres dans les autres. Au
moins ne fçauroit on juftifier fon jugement fi l'on veut
bien prefumer de fa bonne foy.

Au refte voila un beau raifonnement. S. Jerofme renvoye les religieufes incontinentes à la priere & à la refiftance, dont il ne les renvoye pas au mariage. Comme fi l'on ne renvoyoit pas les malades aux remedes les
plus doux devantque de les renvoyer aux remedes externes. On fçait bien que fi une vierge qui a fait vœu
de virginité peut vaincre fon incontinence par la priere
& par la refiftance elle fera beaucoup mieux felon S.
Jerôme, mais on voit bien auffi que, felon luy, fi ces
remedes ne font pas utiles, & ne reüffiffent pas, il faut
aller au mariage comme au dernier remede. Or encore une fois il feroit abfurde de renvoyer une religieu-
fe à un remede qui feroit un facrilege & qui la damne-
roit.

Voicy une autre infidelité de M. Ferrand fur la matiere. L'autheur de l'Apologie avoit dit que du temps
de S. Jerofme les religieufes n'eftoient pas aftreintes aux
regles feveres auxquelles on les a foumifes du depuis,
& qu'alors elles n'eftoient pas obligées à la clofture,
qu'elles pouvoient demeurer chez leurs parents, avoir
leur propre maifon, s'y faire fervir, y vivre à peu pres
à leur fantaifie, aller aux bains & aux nôces: libertes

dont elles abusoient fort souvent & qu'elles poussoien jusqu'au libertinage. Nostre Autheur se fait un plaisir de travestir ainsi cette observation. *Cet autheur*, en parlant *de moy, par un renversement qui n'a gueres d'exemples nous debite pour regles de la vie monastique, ce que S. Jerosme donne pour des abus qui s'en faisoient.* Ce n'est pas une accusation qui luy soit echappée il s'en fait, une affaire serieuse, & employe un grand chapitre à prouver que j'ay pris les abus pour des regles. C'est à dire que, selon moy, du temps de S. Jerosme ces religieuses étoient obligées par leurs voeu & par leurs regles à aller aux bains publics à se trouver aux noces, à y prendre part à toutes les rejouissances les moins honnestes & les plus libertines, à se parer extraordinairement, à tenir des maisons propres & bien meublées, à souffrir la compagnie des hommes. Cela n'est il pas bien divertissant de se faire une telle regle de la vie monastique, & de croire que des filles par voeu etoient obligées au libertinage. Il n'y avoit rien de plus propre à divertir le lecteur.

J'ay eté tenté de passer cêt endroit à M. Ferrand. Il a pris un grand soin d'epurer son ouvrage de ces innocentes licences qui egayent le style & qui font lire un livre sans ennuy. Il veut qu'on le lise pour estre instruit uniquement & qu'on franchisse les duretés d'une infinité de citations pour aller trouver ses decouvertes, sans s'attendre à aucun rafraichissement sur le chemin. Il n'y a que ce seul endroit où il ait donné matiere a des reflexions divertissantes. Encore ne les a-t-il pas faites luy mesme, mais elles sont aysées à faire. Cette raison m'a presque induit à ne pas envier à ses lecteurs ce petit regal qu'il leur a fourni. Cependant apres que ces Messieurs s'en seront suffisamment divertis je les prie de revenir à la verité : & de concevoir qu'on n'a pas pretendu dire que ces abus estoyent les regles de la vie monastique du temps de S. Jerôme. Mais qu'on a seulement voulu prouver par là que ces abus font voir que les regles de la vie monastique n'estoyent pas alors ce qu'elles sont aujourd'huy. Car aujourd'huy on n'appelleroit pas religieuses des filles professes qui vivroient ainsi. Au lieu que du temps de S. Jerôme toutes libertines qu'estoient ces filles, elles passoient pour religieuses.

ſes. D'où il eſt clair qu'alors les religieuſes n'eſtoient
obligées ſur des peines, ni à la cloſture, ni à la ſolitude
ni au renoncement au mariage. On ſçait bien qu'il y
avoit alors des religieuſes qui obſervoient de grandes
auſterités, mais puiſqu'elles s'en pouvoient diſpenſer,
il faloit qu'elles n'y fuſſent pas obligées par des voeux
inviolables.

Voicy un autre exemple de legereté de M. Ferrand,
en matiere d'accuſation de faux & d'impoſture. On
avoit dit dans l'Apologie que Ignace Loyola avoit eû
au commencement de ſa converſion & du regne de ſa
ſainteté une conduitte ſi extraordinaire qu'il fût ſaiſi par
les mains de la juſtice & que ce fût par une eſpece de
miracle qu'il en echappa ſans paſſer par les mains du
bourreau. Icy le Zele pour la ſocieté dominante ſaiſit
M. Ferrand, & le fait ſortir de ſon caractere qui eſt une
affectation de grande douceur, il appelle cela ; *une
groſſiere impoſture qui ne merite pas d'eſtre refutée.* S'il ne
tient qu'a traitter ainſi les faits les mieux atteſtéz pour
les aneantir ce ſera la choſe du monde la plus commode pour les accuſés. On n'a qu'a voir Orlandin en
original, & l'on verra s'il ne dit pas en propres termes qu'a Salamanque, Ignace fut mis en priſon dans un L. N°. 61.
cul de baſſe foſſe les fers aux pieds. Je ne ſçay com- N°. 76.
ment cela s'appelle ſi ce n'eſt pas eſtre repris par juſtice.
On lira dans le meſme livre un peu auparavant qu'il fut
pluſieurs jours dans les priſons de l'inquiſition à Bar-
celone. On verra enfin qu'eſtant à Paris il penſa être N°. 68. 69.
foüetté publiquement dans l'univerſité & que ce fût 71.
preſque pas miracle qu'il en echappa. C'eſt une choſe
aſſéz ſurprenante qu'on oſe s'inſcrire en faux contre des
faits auſſi bien atteſtés. Telle eſt encore l'hiſtoire de
Dominique le perſecuteur des Albigeois. Il eſt ſi
cognu qu'il fut le flambeau qui alluma la guerre contre
eux que je ne ſçais, s'il avoit pris envie à quelque autre que M. Ferrand de le nier. Antonin dit de S. Fran- 3me. tome
çois que ſe ſouvenant qu'il eſt ecrit, *je ſuis un vermiſſeau* de la chro-
& non un homme, ne vouloit pas ſouffrir qu'on eſcralaſt nique Ti-
des vers. *Vermiculos etiam ne contererentur de via levabat.* tul. 22. c. 2.
M. Ferrand, je ne ſçay pourquoy, met cela entre les ỹ. 5.
choſes qui *ſont notoirement fauſſes* & inventées par l'A-
pologiſte. Je pourrois trouver pluſieurs autres exem-

ples de ces accufations de faux mal fondées. Mais c'en
eft affez pour faire comprendre à M. Ferrand qu'en qualité d'honnefte homme qui doit repondre de ce qu'il dit,
il y doit prendre garde de plus pres.

Reflexion
fur ce que
dit l'au-
theur à
propos des
Martyrs.
Apres ces quatres obfervations generales, j'en feray
quelques unes de particulieres, la premiere fera fur les
martyrs. Le Sieur Maimbourg avoit cruellement diffa-
mé nos Martyrs, & fur tout le bien heureux Anne du
Bourg. On s'eftoit crû obligé de le refuter la deffus,
& de donner les caracteres du veritable Martyre,
afin qu'on vit que nos Martyrs font de veritables Martyrs. M. Ferrand qui ne s'eft fait neceffité de repondre
à rien, comme nous l'avons remarqué, a voulu pourtant repondre à cecy. Et premierement il entreprend
la deffence du S. Maimbourg. On l'avoit accufé & on
l'accufe encore d'une temerité mêlée d'ignorance auffi
grande qu'on en puiffe voir dans un homme qui fe méle
d'efcrire. *Il avoit avancé que les Marcionites couroyent au
fupplice avec une ardeur incroyable de mourir pour leur fecte.*
Dans le fonds il n'eft rien de fi faux que cela, & je
l'ay demontré par des raifons invincibles. Premierement parce qu'on ne trouvera pas que les Chrétiens.
ayent jamais fait mourir les Marcionites pour leurs herefies, ni que les Payens ayent fait mourir les Marcionites à caufe des herefies particulieres à cette fecte. S'ils
les avoient fait mourir ç'auroit efté pour le Chriftianifme
& non pour le Marcionifme. Mais de plus j'ay fait voir
qu'il eft faux que jamais les Marcionites *ayent couru au
fupplice avec une ardeur incroyable de mourir pour leur fecte.*
Puifque c'eftoit le dogme commun à tous les Gnoftiques du nombre defquels, ils etoient qu'il faloit fuir le
Martyre. Ils fe moquoient des Chretiens comme de
fous & d'enteftés. J'ay fait entendre la deffus Tertullien commenté & appuyé en cela par Rigault un peu
plus fçavant dans l'antiquité que M. Maimbourg. Sur
cela M. Ferrand m'accufe d'ignorance, parce que j'ay
L. 5. c. 16. ignoré un paffage d'Eufebe dans lequel il eft dit *que les
Marcionites difent qu'ils ont plufieurs Martyrs de J. Chrift.*
Je ne me ferois point une honte d'apprendre de M. Ferrand en matiere de citations. Mais je puis bien l'affurer que j'avois lû & remarqué ce paffage d'Eufebe avant
qu'il m'en eût averti. Et que cela ne m'a pas fait comprendre

prendre qu'il y eût la moindre chose du monde à retracter sur ce que j'avois dit contre le S. Maimbourg.
I. Il ne s'agit pas de ce que les Marcionites disoient,
il s'agit de ce qui est. Je ne doute pas qu'apres que le
peril etoit passé ; & que la paix étoit rendüe à l'Eglise
les Marcionites ne se vantassent comme les autres d'a-
voir eû des Martyrs. C'est un honneur qu'ils se faisoient sans qu'il leur en coutast rien. Mais il etoit faux
qu'ils eussent aucuns Martyrs. Tertullien, & tous les
autres anciens sont plus croyables la dessus que les Marcionites eux mesmes. Ils se messoient des plus avant
dans la foule des persecuteurs bien loin de souffrir eux
mesmes persecution. 11. De plus je voudrois bien sçavoir, si un petit mot dit foiblement & en passant comme celuy cy : *Les Marcionites disent qu'ils ont plusieurs
Martyrs de Jesus Christ*, suffit pour assurer d'un ton ferme, *que les Marcionites couroyent au supplice avec une ardeur
incroyable de mourir pour leur secte ?* Vous diries à entendre cela que M. Maimbourg auroit vû quelque Marty-
rologe Marcionites où il auroit lû l'histoire & toutes les
circonstances de la mort de ces Martyrs, & où entr'autres il auroit remarqué leur constance, & leur zele incroyable. Asseurement je le redis encore une fois, s'il
avoit lû Tertullien, il n'auroit pas avancé une fausseté
telle que celle cy avec tant d'assurance. Ainsi n'en de-
plaise à M. Ferrand nous dirons que le S. Maimbourg
n'est ni solidement ni universellement sçavant.

Dans le reste M. Ferrand fait une longue digression
pour citer une infinité de passages des anciens sur les supplices des heretiques: les uns voulant qu'on les abandonne à leur conscience, les autres voulant bien qu'on
les reprime, mais non par les derniers supplices ; Et
quelques autres enfin trouvant bon qu'on les conduise
jusqu'a la mort. Il acheve son chapitre en nous citant
de longs extraits d'Optat, & de S. Augustin qui prouvent la maxime, *causa non pœna facit Martyrem*. Il semble
que M. Ferrand soit de serment de ne rien dire d'apro-
pos : A quoy bon tout cela ? qui est ce qui nie que ce
n'est pas la mort, mais la cause de la mort qui fait le
Martyre ? qui est ce qui nie qu'il n'y ait eû des heretiques qui soient morts pour leur heresie ? Il s'agissoit
de sçavoir s'il est possible que des heretiques meurent

pour l'herefie.   1. en grand nombre.   2. des perfonnes
de tout fexe & de tout aâge jufqu'a des femmes & des
enfants.   3. après avoir fait attention à la caufe pour
laquelle ils meurent, & avoir eu le temps de le faire.
4. en fouffrant des fupplices d'une longue durée fans fe vouloir retracter.   5. en fouffrant avec joye, avec courage en
beniffant leurs meurtriers & leurs perfecuteurs, en allant
à la mort avec une allegreffe incroyable : C'eft ce qu'on
luy nie, c'eft ce qu'il devoit prouver, c'eft ce que l'e-
fprit de Dieu feul peut faire, & qui ne fe trouvera jamais que l'efprit de folie & d'enteftement pour l'her-
fie ait pû faire.

Mais dans tout cecy, rien ne m'a furpris comme
cette effroyable hiftoire du maffacre commis fur les Juifs
par les croifés de la premiere croifade.   Nous luy aurons mis en avant pour preuve, des martyrs de noftre
reformation qui mouroient avec toutes les marques de
la grace du ciel, pleins de zele & de courage, mais
fur tout remplis d'une patience & d'une humilité profonde, beniffant Dieu de tout, attendant la mort fans la
prevenir & fans la donner à perfonne.   Et il nous met
en parallele, ces pretendus martyrs du Judaïfme qui, felon la defcription mefme de l'Autheur Juif dont il a
fait fes extraits, meurent comme des furieux & des de-
fefperés.   Une Juifue de Spire, s'egorgea elle mefme
à Wormes; plufieurs Juifs fe tuerent eux mefmes, ai-
mant mieux mourir que de fe convertir. Les Juifs egorgerent leurs freres, leurs amis, leurs filles, leurs gen-
dres, leurs brus & leurs femmes, les meres egorgerent
leurs enfants de tout leur cœur. à Woultfec, Rabbi
Levi fils de Samuel & fa famille, une vielle femme,
appellée Rachel, un preftre nomme Rabbi Salomon,
& plufieurs autres Juifs s'entr'egorgerent les uns les autres. Parmi ces Juifs de Woultfec, il y avoit un Vieil-
lard appellé Samuel fils de Jehiel qui avoit un fils unique d'une grande beauté: Cet enfant fuit avec fon Pere
au milieu d'un étang.   Il decouvrit fon col, le vieil-
lard prit un couteau benit la victime & l'egorgea.   A
Elvire environ 1300. Juifs s'eftant enfermés dans une
chambre fe tuerent les uns les autres. A Zante un Rab-
bin François creufa fa foffe, benit le facrifice & fe cou-
pa le cou. A Mire deux Iuifues *gentile* & *Rebeque* eftoient
pri-

prifonnieres dans la tour de cette ville. L'une accoucha
d'un fils, & comme elles virent venir les ennemis elles
prirent l'enfant, le couvrirent & le precipiterent du
haut de la tour.

Voila les martyrs qu'on nous oppofe & qu'on met en
parallele avec les noftres. C'eft à dire que l'on compare des furieux qui tüent leurs enfants, leurs peres,
feurs meres, & eux mefmes à des gens qui attendoient
la mort & la recevoient avec une douceur & une de
bonnaireté incroyable. En verité M. Ferrand femble
avoir fait vœu de ne rien dire de raifonnable, ou de ruiner fa propre fa propre caufe en la deffendant mal, &
en citant contre nous precifément ce que j'aurois voulu
citer contre luy. Car fi j'avois voulu donner des exemples pour marquer la difference qu'il y a entre les martyrs de l'herefie & les noftres j'aurois juftement cité ces
gens la.

Dans le chapitre qui fuit M. Ferrand cite à fon or- *Chap. XI.*
dinaire force paffages pour prouver que les herefies ont *Nous n'a-*
cû leurs faints. Pour conclure que la fainteté de ceux *vons pas*
qui enfeignent de nouvelles opinions n'eft pas une preuve *prouvé la*
qu'ils prefchent la verité. Je voudrois bien fçavoir de *verité de*
quel ufage cela eft? Il fuppofe que j'ay voulu prouver *noftre reli-*
la verité de la doctrine de nos Reformateurs par la fain- *gion par la*
teté de leur vie; C'eft à quoy je n'ay pas penfé. Je *fainteté de*
n'ay point prefché leur fainteté, j'ay feulement fait leur *nos refor-*
Apologie. Je n'ay pas voulu tirer une preuve pour la ve- *mateurs.*
rité de leur doctrine: feulement parce que des mœurs
deteftables qu'on leur impute on veut conclurre, contre leur doctrine: il faloit les juftifier des noires calomnies dont on les a chargés. C'eft tout ce qu'on a fait,
& cela ne donnoit guere de lieu à M. Ferrand de nous
citer tant d'autheurs qui difent que la fainteté apparente
de la vie peut eftre fans la pureté de la doctrine.

Il en eft de mefme du fçavoir & de l'Eloquence. On *Ni par leur*
accufoit Calvin de n'avoir pas efté Theologien, & d'a- *fçavoir &*
voir efté par confequent un ignorant en fa profeffion. *leur elo-*
Il faloit neceffairement faire voir qu'il etoit fçavant & *quence.*
qu'il paffoit pour tel dans l'efprit de tous les habiles
gens M. Ferrand jugeoit bien qu'a fuivre ce tour, ce
n'eftoit pas fujet à citer les anciens qui n'ont pas connu
Calvin; C'eft pourquoy il a falu fuppofer ce qui n'eft

pas

pas. C'eſt que j'ay voulu prouver la verité de noſtre religion par le ſçavoir de Calvin. Impertinence à laquelle je n'ay jamais penſé. Mais il faloit pourtant le ſuppoſer pour avoir lieu de nous parler du ſçavoir de Pelage & de l'Eloquence de Priſcillien deux celebres hereſiarques.

Nous avons travaillé à juſtifier nos gens de la violence qui a eſté commiſe contre les Egliſes & les images. En quoy ce ne ſont pas les images qu'on a offenſées, car elles meritoient bien d'eſtre briſées, mais l'authorité des ſouverains qui ſeuls ont droit de les briſer. Nous avons dit que ces violences ont eté deſapprouvées par tout ce qu'il y a de gens ſages entre nous, & qu'on ne les doit imputer qu'a la canaille dans laquelle ſouvent il y avoit plus de Papiſtes que de reforméz. Que repond à cela M. Ferrand, il nous cite de grands paſſages & de longs extraits d'Optat de Mileve, où cêt Eveſque repreſente les fureurs des Donatiſtes contre les Egliſes, & les autels. N'eſt ce pas bien repondre? Et cela n'eſt il pas fort a propos?

On avoit juſtifié la reformation de Geneve, & celle des Suiſſes qui s'eſt faite ſous l'authorité du peuple & des Magiſtrats. Le moyen de faire venir à cela les Peres qui vivoient mille ou douze cents ans avant que les Suiſſes, & la ville de Geneve euſſent fait leur reformation: N'importe il faut qu'ils y viennent. M.Ferrand ne dit que trois mots de cette reformation pour ſe faire une occaſion de nous apprendre qu'il a remarqué dans l'hiſtoire Eccleſiaſtiques l'*Henotique* de Zenon, l'*Ecthese* d'Heraclius, & le *Type* de Conſtant. Nous aurions bien deviné ſans cela qu'un homme qui aime autant à copier que luy n'auroit pas oublié dans ſes extraits ces faits ſi conſiderables.

Reflexion ſur le maniere dont M.Ferrand deffend S. François. Dans l'endroit où M. Ferrand fait l'Apologie des fondateurs des ordres S.François, S. Dominique, & S. Ignace; Je n'ay pû m'empeſcher de croire qu'il meſnage ſes forces pour quelque autre grand ouvrage, & qu'il ne les veut pas prodiguer. Car j'avoüe que je n'ay jamais rien vû de ſi foible & pour appeller les choſes par leur nom de ſi pitoyable. On avoit produit des actions de ces Patriarches des derniers moines, dont l'extravagance ſaute aux yeux. Par exemple celle d'un S. Fran-
çois

çois qui fait des folies qui le font paſſer pour fou dans
l'eſprit meſme de ſon pere ; ſon impudence de ſe depoüiller tout nud devant l'Eveſque & tous les aſſiſtants ;
ſa folie de faire des pelottes de neige pour eſteindre le
feu de ſa concupiſcence, & de les appeller ſes femmes
& ſes ſoeurs. M. Ferrand pour toute Apologie nous
renvoye aux eloges que Bonaventure a données à ces
actions. Si par hazard il ſe trouve beauconp de gens
qui n'ayent pas plus de foy pour S. Bonaventure que
pour S. François, voila le dernier ſaint bien juſtifié, ce
ſont ces ſortes de choſes dont chacun pouvant juger
par ſoy meſme ne s'en rapporte gueres au jugement
d'autruy.

Peut on s'empeſcher à propos de ce S. François, &
de ſa tresſinguliere facon de renoncer au monde, c'eſt
en ſe depoüillant tout nud devant un peuple. Peut on,
dis-je, s'empeſcher de faire reflexion ſur la remarque de
M. Ferrand? Il trouve qu'on ne ſçauroit blamer. S.
François de cette action, parce que David en a fait une
toute ſemblable. Il avoit danſé devant l'arche avec un
Ephod de lin, c'eſt à dire avec une grande Robe blan-
che ſemblable à celle dont les ſacrificateurs ſe ſervoient
durant le temps de leur miniſtere dans le temple. Sur
cela Mical ſa femme à cauſe qu'il avoit quitté l'appa-
reil des habits Royaux pour prendre ceux de ſacrificateur luy reproche *qu'il s'eſtoit decouvert en preſence des*
ſervantes de ſes ſujets & qu'il s'eſt depoüillé nud comme un
debauché. Ces paroles pleines d'excez etoyent auſſi
pleines de fauſſeté M. Ferrand luy meſme le reconnoit.
David danſe couvert d'un habit leger afin d'eſtre moins
embaraſſé ; & d'un habit ſacré pour montrer que ſa joye
étoit une ſainte joye ; Cela eſt fort propre à ce que juge M. Ferrand pour juſtifier un homme qui expoſe aux
yeux du public ſes parties les plus ſales & les plus honteuſes. En verité ſi M. Ferrand a des amis fideles, ils
l'avertiront que ces ſortes d'endroits font grand tort à
la reputation d'un autheur qui veut paſſer pour judicieux.

Je mets entre les choſes qui ne font pas honneur au
jugement d'un ſçavant, cette longue diſpute de M. Ferrand dans le XII. chapitre de ſa premiere partie pour
prouver l'obſcurité de l'eſcriture & la ſageſſe de ceux
qui

Reflexion
fur ce que
dit M. Fer
rand fur
l'obfcurité
de l'efcri-
ture.

qui en ont empefché la lecture aux fimples. Noftre Autheur vouloit trouver une porte pour debiter icy fes lieux communs, comme ailleurs; afin de continuer a un grand commerce, avec ces anciens Theologiens qu'on appelle les peres. Pour nous prouver par l'antiquité que l'efcriture eft obfcure & que fon obfcurité eft caufe des herefies il nous cite Origenes qui dit *que Marcion Valentin & Bafilide, voyant dans les livres de Moyfe & des Prophetes quantité de menaces, & de chaiments rejetterent ces livres & eûrent la folie de diftinguer deux Dieux l'un bon & l'autre jufte.* En confcience eft ce l'obfcurité du Vieux Teftament qui a donne lieu à ces monftrueufes herefies? Parce qu'un mefme homme tantoft menace les enfants & les chatie, & tantôt leur promet & les careffe, eft ce un pretexte de faire deux hommes d'un feul homme? Je ne fçay pas bien comment M. Ferrand tournera cette citation afin de la faire recognoitre pour judicieufe.

Origene avoit un amour immodere pour les allegories. Il n'a pas voulu prendre à la lettre ce qui eft dit, qu'on n'entendit pas un coup de marteau, lors de la conftruction du temple de Salomon, ni ce qui eft ecrit de la lepre des maifons & des murailles; ni l'hiftoire d'Agar au 21. de la genefe, ni ce qui eft dit d'Abraham, qu'a l'aage de cent ans il n'avoit plus de force pour engendrer. Le mefme Origene par le mefme amour pour l'allegorie difoit des loix Mofaïques, qu'a les prendre à la lettre les loix des Atheniens, & des Lacedemoniens font plus belles & plus raifonnables. C'eft pourquoy il y faut neceffairement chercher du myftere. Origene tombé dans devers excés de ce genre: dont l'efcriture fainte eft obfcure, dont c'eft un piege pour les ames ignorantes, dont parmi ces chofes difficiles le peuple ne fçauroit trouver des chofes faciles propres à le repaitre dont la forbonne a tres bien fait d'appeller *fçandaleufes, heretiques & temeraires* les propofitions d'Erafme qui vouloit que les femmes & les artifants leûffent l'efcriture fainte. Je ne fçay fi un Autheur qui raifonne ainfi a foin de fa reputation.

Ce n'eft pas tout: Origene a tres fouvent dit vray. Par exemple quand il difoit *qu'il y a dans les livres facres comme dans les viandes corporelles, une nourriture de lait c'eft* à dire une doctrine claire & facile, telle qu'est celle où il est parlé de la morale & de l'histoire. Mais il y a des endroits dont le sens mystique est impenetrable aux simples. Ils ne sçauroyent appercevoir par eux mesmes les mysteres cachés sous les types & sous les sacrifices de l'ancienne loy, ils ne sçauroient bien comprendre les profondeurs du cantique des cantiques; qu'est ce que tout cela fait? C'est que selon M. Ferrand à cause de cela il faut absolument defendre la lecture de l'escriture sainte aux simples. Est cela prouver? Est cela raisonner? M. Ferrand avoit deja suffisamment cité de passages d'Origene pour nous faire soupsconner met qu'il l'avoit lû. Il auroit bien pû se passer de ceux cy qui ne servent qu'a faire voir qu'il debite ses lectures sans choix.

Je n'ay plus qu'une reflexion à faire, c'est sur ce qu'il dit à propos de la persecution. Parce que c'est une conduitte à la mode M. Ferrand s'y attache beaucoup: des l'entrée de son livre il fait un grand discours qui n'est qu'un tissu de divers passages de S. Augustin sur la maniere dont il croyoit qu'on devoit agir contre les Donatistes. Nostre Autheur trouve que les rigueurs qu'on exerçoit contre les Donatistes avec approbation de S. Augustin, sont absolument les mesmes que le Roy excerce aujourd'huy contre nous en France, & de la il prend occasion de faire l'eloge du Roy & de sa conduitte. Il y revient dans le corps de son livre. Il fait un grand chapitre sur le supplice des heretiques, on y trouve le pour & le contre. Voila pour le droit: quand au fait il soutient que nous avons tort de nous plaindre comme nous faisons, qu'il n'est pas vray qu'on ait employé des violences pour nous convertir, que seulement quelques soldats en Poitou ont fait quelque dissipation de pailles & de fourrages à la compagne.

Reflexion sur ce que dit M. Ferrand dit de la persecution.

Si M. Ferrand avoit pris garde aux consequences qu'on peut tirer de ses citations, il les auroit sans doute un peu epargnées. Car elles ne sont bonnes qu'a faire voir qu'en tout temps les hommes n'ont jugé de la violence en fait de religion que suivant leurs interets presents. M. Ferrand nous cite Tertullien, Lactance & les autres Autheurs des trois premiers siecles qui blament fort la persecution & la violence en matiere de religion.   Aussi

Aussi font S. Hilaire, S. Athanase, S. Gregoire de Nazianze. Ils avoient grand interest à se declarer contre la persecution. Les premiers estoyent cruellement persecutéz par les Payens, les derniers par les Arriens. S. Augustin au commencement avoit formé ses maximes la dessus, sur le bon sens, & sur l'esprit de l'Evangile, c'est pourquoy il ne vouloit pas qu'on persecutast les Donatistes. Mais parce que la rigueur des edits des Empereurs eut un admirable succez pour la reduction de ces schismatiques. S. Augustin trompé par le succéz changea d'opinion & crût qu'il etoit bon de forcer les heretiques, par la violence à se convertir. Ce furent donc ses interets presents qui le determinerent. Il estoit bon de n'escouter sur la matiere que les autheurs qui sans avoir d'interest particulier & present à persecuter ou à n'estre pas persecuté ont formé leurs avis sur la raison, & sur l'authorité de l'escriture, & c'estoit cela que M. Ferrand devoit examiner sans nous faire tant de citations inutiles.

J'ajoute que quand les Empereurs auroient eû droit d'amener les Donatistes à la conversion par des rigueurs, les princes n'ont pas pour cela le droit de faire violence aux Reforméz. Pour avoir droit de chatier des coupables on n'a pas le droit de faire souffrir des innocents. Les Donatistes estoyent de miserables entestés qui n'avoyent rien du tout à reprocher à l'Eglise. Mais nous avons à reprocher à l'Eglise Romaine seulement qu'elle est Idolatre, & le regne de l'Antechrist. Ce sont des affaires asséz importantes pour ne pas obliger les gens à rentrer dans une telle Eglise contre leur conscience quand mesme ils se tromperoient pour le fonds.

Enfin sur ce que M. Ferrand s'inscrit en faux contre ce que nous disons des violences faites en Poitou, nous disons que Dieu des à present decouvre de quel costé est la mauvaise foy. Les enormes cruautez qu'on a depuis peu exercées sur les peuples Reforméz du Royaume pour les subvertir seront quelque jour bien prouvées. On y a brulé les pieds, les mains, les joües, tenaillé avec des fer chauds battu, traisné dechiré torturé les corps d'une maniere inouye, & qui n'a jamais esté exercée par le soldat en pays de conqueste. M. Ferrand doit sçavoir que ceux qui veulent passer pour honnestes gens se font un tort irreparable de s'inscrire en faux contre des faits aussi cognus & aussi notoires. Nous voila en moins de deux feuilles au bout d'une reponce au livre de M. Ferrand. Je ne pretends pas abuser de terme de *reponce* autant qu'il en a abusé j'en fais Iuges ceux qui voudront se donner la peine de nous lire.

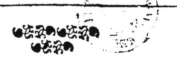

Imprimé en France
FROC030926131020
25418FR00020B/207